2021
中国证券期货统计年鉴

贰零贰壹

贰零贰壹 贰零贰壹 贰零贰壹

China Securities and Futures Statistical YEARBOOK

中国证券监督管理委员会 编
CHINA SECURITIES REGULATORY COMMISSION

中国统计出版社
China Statistics Press

图书在版编目（CIP）数据

中国证券期货统计年鉴. 2021 = China Securities and Futures Statistical Yearbook 2021 : 汉、英 / 中国证券监督管理委员会编. -- 北京 : 中国统计出版社, 2021.9
ISBN 978-7-5037-9583-1

Ⅰ. ①中… Ⅱ. ①中… Ⅲ. ①证券市场－统计资料－中国－2021－年鉴－汉、英②期货交易－统计资料－中国－2021－年鉴－汉、英 Ⅳ. ①F832.5-66

中国版本图书馆 CIP 数据核字(2021)第 158411 号

中国证券期货统计年鉴-2021

作　　者/中国证券监督管理委员会
责任编辑/郭　栋
执行编辑/吕仁睿
封面设计/张　冰
出版发行/中国统计出版社有限公司
通信地址/北京市丰台区西三环南路甲 6 号　邮政编码/100073
电　　话/邮购（010）63376909　书店（010）68783171
网　　址/ http://www.zgtjcbs.com
印　　刷/河北鑫兆源印刷有限公司
经　　销/新华书店
开　　本/880mm×1230mm　1/16
字　　数/1120 千字
印　　张/35
版　　别/2021 年 9 月第 1 版
版　　次/2021 年 9 月第 1 次印刷
定　　价/298.00 元

本书附同版本 CD-ROM 一张，光盘内容以书面文字为准。
如有印装差错，由本社发行部调换。

编 者 说 明

一、《中国证券期货统计年鉴（2021）》（中英文）收录了2020年证券期货市场的统计数据以及与证券期货市场相关的部分宏观经济数据，是一部全面反映中华人民共和国证券期货市场发展情况的资料性年刊。

二、年鉴分为概况、股票、债券、基金、期货、上市和挂牌公司、证券期货经营机构7个篇章，另附世界主要国家的证券化率，世界主要交易所业务量排名，全球主要经济体资本市场业务量排名，全球期货及期权市场交易所排名，上市公司名录和退市公司名录，证券期货经营机构名录以及上海证券交易所、深圳证券交易所、全国股转系统收费标准。

三、年鉴数据主要来自中国证监会各业务部门、交易所和中国证监会下属单位；宏观经济数据主要来自国家统计局、中国人民银行、世界交易所联合会（WFE）。

四、与2020年版《中国证券期货统计年鉴》相比，本年鉴稍有调整，增加了新三板市场精选层挂牌公司情况、ETF期权情况及会计师事务所名录等内容。为方便读者使用，每章末附有“主要统计指标解释”。

五、年鉴中部分数据合计数由于单位取舍不同而产生的计算误差，均未作机械调整。

六、年鉴各表中，度量单位均在该表上方，对表中部分指标的注释、资料来源、汇率换算标准等内容注释在该表的下方。凡带续表的资料，对部分指标的注释一律在第一张表的下方。

七、年鉴各表中的“—”表示该统计指标数据不详或无该项数据。

八、本年鉴由中证数据有限责任公司负责编制。

编　者

2021年9月

目 录

CONTENTS

一、概 况
Summary

二、股 票
Stocks

三、债　券
Bonds

四、基　金
Funds

五、期 货
Futures

六、上市和挂牌公司
Listed Companies

七、证券期货经营机构
Securities and Futures Institutions

附 录
Appendix

贰零贰壹

一. 概况

Summary

贰零贰壹

2020 年证券期货市场综述

2020 年，面对疫情全球流行和复杂形势带来的严峻考验，中国证监会认真贯彻党中央、国务院决策部署，在国务院金融委的统一指挥协调下，始终坚持稳中求进工作总基调，贯彻新发展理念，落实中央“六稳”“六保”方针，坚持“建制度、不干预、零容忍”，坚持市场化、法治化、国际化方向，统筹推进防控疫情、深化改革、防范风险和支持经济社会发展各项工作。资本市场总体运行平稳，市场韧性明显增强，保持了稳健良好发展势头。

一、市场交易情况

2020 年，上证综指上涨 13.87%，深证综指上涨 35.20%。全年上证综指盘中振幅 27.15%。沪深两市日均成交金额为8511.33亿元，较2019年增加3289.37亿元，增幅为 62.99%；沪市和深市股票换手率较 2019 年分别上升 100.91 个百分点和 99.72 个百分点。

2020 年，交易所债券市场现券成交金额为 20.18 万亿元，同比增加 141.68%；回购成交金额为 287.42 万亿元，同比增加 20.25%。

2020 年，以单边计算，期货市场合计成交 60.27 亿手，同比增加 53.71%，成交金额 437.30 万亿元，同比增加 50.49%。期权市场合计成交 1.26 亿手，同比增加 208.84%，成交金额 2488.19 亿元，同比增加 618.52%。

二、服务实体经济情况

2020 年来，证监会坚持服务实体经济发展的根本方向，科学合理保持 IPO、再融资常态化，有力支持实体经济加快恢复发展。全年交易所市场共实现融资 9.90 万亿元，同比增长 17.16%。其中，394 家企业在沪深交易所首发上市（IPO），融资 4742 亿元，同比增长 90.44%，其中 145 只科创板股票实现筹资 2226 亿元。上市公司再融资约 9479 亿元。交易所债券市场发行各类债券 8.48 万亿元，同比增长 17.78%。资本市场已成为并购重组主渠道，全年并购重组交易金额达 1.66 万亿元。

三、多层次资本市场建设情况

截至 2020 年底，沪深两市上市公司 4154 家，全年净增 377 家。其中主板 2053 家，中小板 994 家，创业板 892 家，科创板 215 家。沪深两市总市值 79.72 万亿元，流通市值 64.36 万亿元，流通市值占总市值的 80.73%，其中主板、中小板、创业板、科创板总市值分别为 51.90 万亿元、13.54 万亿元、10.93 万亿元和 3.35 万亿元。沪深两市总市值占 2020 年国内生产总值的 78.46%，总市值位居全球第二位。

截至 2020 年底，全国中小企业股份转让系统挂牌公司 8187 家，总股本 5335.28 亿股，总市值约 2.65 万亿元，其中精选层公司 41 家，创新层公司 1138 家，基础层公司 7008 家。全年共有 674 家挂牌公司完成 716 次股票发行，融资 338.50 亿元，其中精选层公开发行募资 105.62 亿元。区域性股权市场规范发展，全国共设立34家区域性股权市场，共有挂牌企业3.47 万家（其中股份公司 1.36 万家），展示企业 12.93 万家，全年累计为企业实现融资 2883 亿元。

交易所债券市场规模稳步扩张。截至 2020 年底，交易所债券市场托管面值达 16.33 万亿元，占全市场的 14.13%，其中非金融公司债托管面值为 9.18 万亿元，占全市场的 39.89%。

引导私募基金稳步发展。截至 2020 年底，基金业协会备案私募基金 9.68 万只，管理基金规模 16.96 万亿元，同比分别增长 18%和 20%。

四、资本市场经营机构情况

截至 2020 年底，138 家证券公司总资产 8.90 万亿元，净资产 2.30 万亿元，全年累计净利润 1466.91

亿元。149家期货公司总资产9845.13亿元，净资产1362.43亿元，客户保证金8216.16亿元，净利润82.96亿元。133家基金管理公司总资产2576.44亿元，净资产1882.84亿元，管理资产合计31.32万亿元。已登记的私募基金管理人共24561家，平均管理基金规模6.90亿元。全国共有83家证券投资咨询机构、69家证券资格会计师事务所、160家证券资格资产评估机构、11家证券评级机构。

五、对外开放情况

支持符合条件的境内企业境外上市融资。2020年，经中国证监会核准，30家境内企业实现境外融资（含可转债和GDR）约1714亿港元，其中境外首发融资约920亿港元，境外再融资（含可转债和GDR）约795亿港元。截至2020年底，共有297家境内企业在境外上市，境内企业境外上市融资总额约31150亿港元。

扩大资本市场对外开放。2020年全年，互联互通交易金额为259756亿元，沪港通、深港通交易金额分别为116596亿元、143160亿元。2020年9月，发布《合格境外机构投资者和人民币合格境外机构投资者境内证券期货投资管理办法》及配套规则，修改内容包括降低准入门槛、扩大投资范围、加强持续监管、便利投资运作等， 有利于推进资本市场高水平双向开放。2020年全年，批准71家合格境外投资者资格。截至2020年底，共有558家合格境外投资者。

1-1 证券期货市场概况

Overview of Securities and Futures Market

年份 Year	股票 Stock					
	沪深交易所 SSE and SZSE					
	股票只数(只) Number of Stocks (unit)	上市公司家数(家) Number of Listed Companies (unit)	上市公司股本(亿股) Share Capital of Listed Companies (100 million shares)	流通股本(亿股) Negotiable Shares (100 million shares)	股票市值(亿元) Market Capitalization of Shares (100 million yuan)	流通市值(亿元) Negotiable Market Capitalization (100 million yuan)
1992	71	53	73.22	8.55	1048.15	170.64
1993	218	183	328.68	81.62	3531.01	832.28
1994	345	291	641.01	185.63	3690.62	968.90
1995	381	323	770.08	224.98	3474.28	938.22
1996	599	530	1110.73	345.57	9842.58	2867.03
1997	821	745	1771.43	560.82	17529.24	5204.42
1998	932	852	2346.69	741.70	19514.03	5750.35
1999	1031	949	2911.49	953.65	26485.15	8221.11
2000	1174	1088	3616.26	1234.35	48121.51	16098.00
2001	1248	1160	4851.88	1487.66	43582.90	14488.82
2002	1311	1224	5464.19	1680.26	38338.79	12487.20
2003	1374	1287	6003.34	1899.05	42477.63	13185.13
2004	1463	1377	6714.74	2194.15	37080.95	11701.20
2005	1467	1381	7163.54	2498.89	32446.02	10638.01
2006	1520	1434	12683.99	3444.50	89441.35	25021.11
2007	1636	1550	17000.45	4933.64	327291.31	93140.66
2008	1711	1625	18900.13	6964.97	121541.05	45303.02
2009	1804	1718	20606.26	14200.19	244103.91	151342.07
2010	2149	2063	26984.49	19442.15	265422.59	193110.41
2011	2428	2342	29745.11	22499.86	214758.09	164921.30
2012	2579	2494	31833.62	24778.22	230357.62	181658.26
2013	2574	2489	33822.04	29997.12	239077.19	199579.54
2014	2696	2613	36795.10	32289.25	372546.96	315624.31
2015	2909	2827	43024.14	37043.37	531462.70	417914.95
2016	3134	3052	48750.29	41136.05	507685.88	393401.68
2017	3567	3485	53746.67	45044.87	567086.08	449298.15
2018	3666	3584	57581.03	49047.57	434924.03	353794.20
2019	3857	3777	61719.92	52487.62	592934.57	483461.26
2020	4233	4154	65479.19	56353.50	797238.17	643605.29

注：1.表中债券数据为全国债券市场，包括银行间市场和交易所市场，具体债券品种详见3-1；其中兑付金额仅包含本金兑付，成交金额包含现券和回购。

2.期货账户数和投资者个数2012年之前为总账户数和总投资者个数，2012年之后为有效账户数和有效投资者个数；沪深交易所及新三板股票投资者个数历年均为有效投资者个数。

数据来源：本书各章相关表

Source: Relative Tables followed

1-1 续表 1 continued

年份 Year	股票 Stock						
	沪深交易所 SSE and SZSE						
	成交量 (亿股) Trading Volume (100 million shares)	成交金额 (亿元) Trading Turnover (100 million yuan)	印花税 (亿元) Stamp Tax (100 million yuan)	印花税在中央财政收入中的比重(%) The Percentage of Stamp Tax from Central Revenue(%)	市盈率 (倍) P/E Ratio (times)	换手率 (%) Turnover Rate (%)	股票者个数 (万个) Number of Stock Investors (10 thousand units)
1992	36.90	683.04	—	—	—	—	—
1993	226.56	3627.21	22.00	2.30	—	—	—
1994	1013.34	8127.63	48.77	1.68	—	—	—
1995	705.31	4036.45	24.22	0.74	—	—	—
1996	2533.14	21332.18	127.99	3.50	—	—	—
1997	2560.02	30721.83	250.76	5.93	—	—	—
1998	2154.11	23544.25	225.75	4.62	—	—	—
1999	2932.90	31322.37	248.07	4.28	—	—	—
2000	4759.45	60835.19	485.89	6.41	—	491.19	—
2001	3155.93	38325.39	291.44	3.40	81.92	227.07	—
2002	3017.14	27993.91	111.95	1.02	62.51	195.86	—
2003	4163.08	32115.27	128.35	1.08	45.89	237.04	—
2004	5827.73	42333.95	169.08	1.17	32.16	303.45	—
2005	6623.73	31664.78	66.35	0.40	28.59	295.11	—
2006	16145.23	90468.89	180.94	1.05	29.72	547.40	—
2007	36403.75	460556.23	2062.00	7.43	44.13	817.95	—
2008	24131.39	267112.66	927.68	2.84	19.29	402.29	—
2009	51107.00	535986.77	510.38	1.42	29.78	582.88	—
2010	42151.98	545633.54	545.65	1.28	20.32	344.34	—
2011	33956.57	421644.58	421.66	0.82	14.18	214.16	—
2012	32860.54	314583.27	314.59	0.56	15.04	180.55	—
2013	48372.68	468728.61	468.27	0.78	15.53	245.49	—
2014	73383.09	742385.26	742.38	1.15	20.83	317.71	7294.36
2015	171039.47	2550541.31	2550.55	1.00	18.94	612.50	9910.54
2016	95525.43	1277680.32	1274.40	1.74	25.29	348.43	11811.04
2017	87780.84	1124625.11	1124.63	1.39	24.85	265.86	13398.29
2018	82037.25	901739.40	901.75	1.06	15.38	217.51	14650.44
2019	126624.29	1274158.80	1274.15	1.43	20.63	288.81	15975.24
2020	167451.86	2068252.52	2067.86	2.50	20.65	379.33	17777.49

1-1 续表 2 continued

年份 Year	股票 Stock 新三板 NEEQ 股票只数（只）Number of Stocks (unit)	挂牌公司家数（家）Number of Listed Companies (unit)	挂牌公司股本（亿股）Share Capital of Listed Companies (100 million shares)	股票市值（亿元）Market Capitalization of Shares (100 million yuan)	成交量（亿股）Trading Volume (100 million shares)
1992	—	—	—	—	—
1993	—	—	—	—	—
1994	—	—	—	—	—
1995	—	—	—	—	—
1996	—	—	—	—	—
1997	—	—	—	—	—
1998	—	—	—	—	—
1999	—	—	—	—	—
2000	—	—	—	—	—
2001	—	—	—	—	—
2002	—	—	—	—	—
2003	—	—	—	—	—
2004	—	—	—	—	—
2005	—	—	—	—	—
2006	—	—	—	—	—
2007	—	—	—	—	—
2008	—	—	—	—	—
2009	—	—	—	—	—
2010	—	—	—	—	—
2011	—	—	—	—	—
2012	200	200	55.27	336.10	1.15
2013	356	356	97.17	553.06	2.02
2014	1572	1572	658.35	4591.42	22.82
2015	5129	5129	2959.51	24584.42	278.91
2016	10163	10163	5851.55	40558.11	363.63
2017	11630	11630	6756.73	49404.56	433.22
2018	10691	10691	6324.53	34487.26	236.29
2019	8953	8953	5616.29	29399.60	220.20
2020	8187	8187	5335.28	26542.31	260.42

1-1 续表 3 continued

年份 Year	股票 Stock 新三板 NEEQ 成交金额(亿元) Trading Turnover (100 million yuan)	市盈率(倍) P/E Ratio (times)	换手率(%) Turnover Rate (%)	股票投资者个数(万个) Number of Stock Investors (10 thousand units)
1992	—	—	—	—
1993	—	—	—	—
1994	—	—	—	—
1995	—	—	—	—
1996	—	—	—	—
1997	—	—	—	—
1998	—	—	—	—
1999	—	—	—	—
2000	—	—	—	—
2001	—	—	—	—
2002	—	—	—	—
2003	—	—	—	—
2004	—	—	—	—
2005	—	—	—	—
2006	—	—	—	—
2007	—	—	—	—
2008	—	—	—	—
2009	—	—	—	—
2010	—	—	—	—
2011	—	—	—	—
2012	5.84	20.69	4.47	0.53
2013	8.14	21.44	4.47	0.85
2014	130.36	35.27	19.67	4.87
2015	1910.62	47.23	53.88	22.13
2016	1912.29	28.71	20.74	33.42
2017	2271.80	30.18	13.47	40.86
2018	888.01	20.86	5.31	43.38
2019	825.69	19.74	6.00	44.62
2020	1294.64	21.10	9.90	165.82

1-1 续表 4 continued

年份 Year	股票 Stock 区域性股权市场 Regional Equity Trading Platforms Market				债券 Bond			
	挂牌公司家数(家) Number of Listed Companies (unit)	成交金额(亿元) Trading Turnover (100 million yuan)	展示企业家数(家) Number of Exhibiting Companies (Unit)	纯托管公司家数(家) Number of Companies' Equity Under Custody (Unit)	债券发行额(亿元) Value of Bonds Issued (100 million yuan)	兑付金额(亿元) Amount of Payments (100 million yuan)	债券成交金额(亿元) Bond Trading Turnover (100 million yuan)	年末托管额(亿元) Value of Bonds under Custody at the End of Year (100 million yuan)
1992	—	—	—	—	—	—	—	—
1993	—	—	—	—	—	—	—	—
1994	—	—	—	—	—	—	—	—
1995	—	—	—	—	—	—	—	—
1996	—	—	—	—	—	—	—	—
1997	—	—	—	—	2084.62	—	16481.26	984.59
1998	—	—	—	—	6203.73	—	21677.39	9199.16
1999	—	—	—	—	4369.50	410.16	22301.82	12878.71
2000	—	—	—	—	4414.50	1629.16	35374.40	16077.61
2001	—	—	—	—	5848.53	1859.97	61043.42	18931.81
2002	—	—	—	—	9943.90	2841.35	138292.59	24680.66
2003	—	—	—	—	17647.17	7886.44	208124.89	36524.29
2004	—	—	—	—	27295.66	12548.65	169718.85	50112.52
2005	—	—	—	—	42182.07	22531.33	245976.01	71194.88
2006	—	—	—	—	57096.11	38597.83	384712.67	71744.70
2007	—	—	—	—	80163.36	49931.98	624720.03	114769.32
2008	—	—	—	—	71732.16	48265.29	981119.88	143463.06
2009	—	—	—	—	87286.22	67282.32	1216107.43	164714.14
2010	—	—	—	—	96408.63	73205.88	1592579.40	195029.82
2011	—	—	—	—	77275.52	64819.78	1847311.25	214757.10
2012	—	—	—	—	80261.89	47625.00	2572526.57	253868.31
2013	—	—	—	—	89127.69	63093.04	2677160.68	288073.12
2014	—	—	—	—	119380.02	72904.38	3591269.28	355504.40
2015	—	—	—	—	234604.73	117608.31	6783173.38	479217.27
2016	—	—	—	—	361548.66	204425.19	9708152.80	642245.80
2017	—	—	—	—	408256.35	298390.64	9879660.63	750209.90
2018	—	—	—	—	435968.07	315793.99	11138432.56	864033.11
2019	28831	391.87	—	—	448538.22	326387.66	12857900.70	981459.24
2020	34666	672.42	129292	10305	565951.32	385305.72	15001169.13	1155904.78

1-1 续表 5 continued

年份 Year	基金 Fund					
	公募基金 Public Fund				私募基金 Private Fund	
	基金只数（只） Number of Funds (unit)	基金份额（亿份） Fund Units (100 million units)	基金资产规模（亿元） Fund Asset Value (100 million yuan)	基金账户数（万户） Number of Fund Accounts (10 thousand units)	已备案私募基金数量（个） Number of Filed Private Fund (unit)	管理基金规模（亿元） Managed Fund Size (100 million dollar)
1992	—	—	—	—	—	—
1993	—	—	—	—	—	—
1994	—	—	—	—	—	—
1995	—	—	—	—	—	—
1996	—	—	—	—	—	—
1997	—	—	—	—	—	—
1998	5	100.00	107.00	—	—	—
1999	16	505.00	577.00	—	—	—
2000	34	562.00	847.35	—	—	—
2001	51	804.23	809.24	—	—	—
2002	71	1318.85	1185.56	—	—	—
2003	95	1614.67	1699.22	—	—	—
2004	161	3308.79	3246.34	—	—	—
2005	218	4714.18	4691.38	—	—	—
2006	307	6220.67	8565.05	—	—	—
2007	346	22339.84	32762.32	—	—	—
2008	439	25741.78	19403.25	16846.00	—	—
2009	547	23518.55	26024.80	17480.00	—	—
2010	704	23955.33	25040.86	19672.00	—	—
2011	914	26510.37	21918.55	22987.00	—	—
2012	1173	31708.41	28661.81	22948.00	—	—
2013	1551	31167.18	30011.54	28773.46	—	—
2014	1899	42032.72	45374.30	46409.34	—	—
2015	2723	76674.13	83971.83	67917.87	—	—
2016	3873	88428.32	91595.16	94303.67	—	—
2017	4848	110182.12	115989.13	134903.95	66418	114992.53
2018	5580	128961.33	130339.08	212638.47	74629	127064.20
2019	6111	136937.42	147672.51	294432.51	81710	140829.62
2020	7237	169974.29	198519.33	387155.04	96818	169578.29

1-1 续表 6 continued

年份 Year	期货及衍生品 Futures and Options			
	期货 Futures			
	品种数量 (个) Number of Products (unit)	持仓金额 (亿元) Value of Positions (100 million yuan)	成交金额 (亿元) Trading Turnover (100 million yuan)	期货投资者个数 (万个) Number of Futures Investors (10 thousand units)
1992	—	—	—	—
1993	8	—	2761.00	—
1994	6	—	15800.71	—
1995	6	—	50282.65	—
1996	2	—	42059.58	—
1997	2	—	30885.33	—
1998	9	—	18483.62	—
1999	8	—	11171.51	—
2000	9	145.57	8041.14	—
2001	9	175.75	15071.76	—
2002	10	277.43	19745.30	—
2003	10	423.66	54194.67	—
2004	12	388.77	73465.27	—
2005	11	350.71	67224.19	—
2006	14	564.05	105023.16	24.46
2007	18	990.31	204861.23	39.55
2008	19	740.90	359570.98	61.64
2009	23	2775.49	652553.80	91.63
2010	24	3095.90	1545582.31	121.37
2011	27	2972.73	1375134.23	141.14
2012	32	4122.62	1711231.31	71.73
2013	40	6744.94	2674739.52	77.24
2014	46	6900.25	2919882.26	82.26
2015	51	6200.88	5542311.75	107.52
2016	51	7605.86	1956316.08	118.64
2017	53	8940.47	1878925.88	127.72
2018	57	8375.21	2107973.78	132.26
2019	64	15289.05	2905739.14	151.73
2020	68	21390.93	4372770.66	186.33

1-1 续表 7 continued

年份 Year	期货及衍生品 Futures and Options					
	期权 Options					
	成交金额（亿元） Trading Turnover (100 million yuan)	成交量（万手） Trading Volume (10 thousand lots)	持仓金额（亿元） Value of Positions (10 thousand lots)	持仓量（万手） Positions (10 thousand lots)	行权金额（亿元） Value of Delivery (100 million yuan)	行权量（万手） Delivery Quantity (10 thousand lots)
1992	—	—	—	—	—	—
1993	—	—	—	—	—	—
1994	—	—	—	—	—	—
1995	—	—	—	—	—	—
1996	—	—	—	—	—	—
1997	—	—	—	—	—	—
1998	—	—	—	—	—	—
1999	—	—	—	—	—	—
2000	—	—	—	—	—	—
2001	—	—	—	—	—	—
2002	—	—	—	—	—	—
2003	—	—	—	—	—	—
2004	—	—	—	—	—	—
2005	—	—	—	—	—	—
2006	—	—	—	—	—	—
2007	—	—	—	—	—	—
2008	—	—	—	—	—	—
2009	—	—	—	—	—	—
2010	—	—	—	—	—	—
2011	—	—	—	—	—	—
2012	—	—	—	—	—	—
2013	—	—	—	—	—	—
2014	—	—	—	—	—	—
2015	—	—	—	—	—	—
2016	—	—	—	—	—	—
2017	38.24	512.81	12.74	23.61	37.89	7.15
2018	210.16	1836.35	4.23	31.56	63.24	15.39
2019	346.29	4072.21	14.66	130.18	184.21	34.51
2020	2487.85	12571.59	48.76	200.75	569.52	112.56

1-2 证券市场指数运行情况

Securities-Market Indexes

年份 Year	上证综指 SSE Composite Index					深证综指 SZSE Composite Index				
	开盘 Opening Price	最高 Highest	最低 Lowest	收盘 Closing Price	涨跌幅(%) Change Rate (%)	开盘 Opening Price	最高 Highest	最低 Lowest	收盘 Closing Price	涨跌幅(%) Change Rate (%)
1992	293.74	1429.01	292.76	780.39	165.67	110.53	312.21	107.08	241.21	118.23
1993	802.14	1558.95	750.46	833.80	6.84	241.21	359.44	203.91	238.28	-1.21
1994	837.70	1052.94	325.89	647.87	-22.30	238.28	242.06	96.56	140.63	-40.98
1995	637.72	926.41	524.43	555.29	-14.29	139.62	169.66	112.63	113.25	-19.47
1996	550.26	1258.69	512.83	917.02	65.14	112.85	473.02	105.34	327.34	189.04
1997	914.06	1510.18	870.18	1194.10	30.22	326.33	517.91	305.81	381.29	16.48
1998	1200.95	1422.98	1043.02	1146.70	-3.97	382.85	441.04	317.10	343.85	-9.82
1999	1144.89	1756.18	1047.83	1366.58	19.18	343.29	525.14	310.65	402.18	16.96
2000	1368.69	2125.72	1361.21	2073.48	51.73	402.71	654.37	414.69	635.73	58.07
2001	2077.08	2245.44	1514.86	1645.97	-20.62	636.62	664.85	439.36	475.94	-25.13
2002	1643.49	1748.89	1339.20	1357.65	-17.52	475.14	512.38	371.79	388.76	-18.32
2003	1347.43	1649.60	1307.40	1497.04	10.27	386.61	449.42	350.74	378.63	-2.61
2004	1492.72	1783.01	1259.43	1266.50	-15.40	377.93	470.55	315.17	315.81	-16.59
2005	1260.78	1328.53	998.23	1161.06	-8.33	313.81	333.28	237.18	278.75	-11.73
2006	1163.88	2698.90	1161.91	2675.47	130.43	278.99	552.93	278.99	550.59	97.52
2007	2728.19	6124.04	2541.53	5261.56	96.66	555.26	1567.74	547.89	1447.02	162.81
2008	5265.00	5522.78	1664.93	1820.81	-65.39	1450.33	1584.40	452.33	553.30	-61.76
2009	1849.02	3478.01	1844.09	3277.13	79.98	560.09	1240.64	557.68	1201.34	117.12
2010	3289.75	3306.75	2319.73	2808.07	-14.31	1207.33	1412.63	890.23	1290.86	7.45
2011	2825.33	3067.46	2134.02	2199.42	-21.68	1298.59	1316.18	828.83	866.65	-32.86
2012	2212.00	2478.38	1949.46	2269.13	3.17	871.93	1020.29	724.97	881.17	1.68
2013	2289.51	2444.80	1849.65	2115.98	-6.75	887.36	1106.27	815.89	1057.67	20.03
2014	2112.13	3239.36	1974.38	3234.68	52.87	1055.88	1504.48	1004.93	1415.19	33.80
2015	3258.63	5178.19	2850.71	3539.18	9.41	1419.44	3156.96	1408.99	2308.91	63.15
2016	3536.59	3538.69	2638.30	3103.64	-12.31	2304.48	2304.49	1618.12	1969.11	-14.72
2017	3105.31	3450.49	3016.53	3307.17	6.56	1972.55	2054.02	1753.53	1899.34	-3.54
2018	3314.03	3587.03	2449.20	2493.90	-24.59	1903.49	1966.15	1212.23	1267.87	-33.25
2019	2497.88	3288.45	2440.91	3050.12	22.30	1270.50	1799.10	1231.83	1722.95	35.89
2020	3066.34	3474.92	2646.80	3473.07	13.87	1734.63	2340.89	1552.96	2329.37	35.20

注：1.指数最高、最低点为盘中最高最低点。

2.三板成指为静态指数，故不展示开盘、最高和最低。

数据来源：上海证券交易所、深圳证券交易所、全国中小企业股份转让系统

Source: SSE、SZSE、NEEQ

1-2 续表 1 continued

年份 Year	沪深300指数 CSI 300 Index					上证50指数 SSE 50 Index				
	开盘 Opening Price	最高 Highest	最低 Lowest	收盘 Closing Price	涨跌幅(%) Change Rate (%)	开盘 Opening Price	最高 Highest	最低 Lowest	收盘 Closing Price	涨跌幅(%) Change Rate (%)
1992	—	—	—	—	—	—	—	—	—	—
1993	—	—	—	—	—	—	—	—	—	—
1994	—	—	—	—	—	—	—	—	—	—
1995	—	—	—	—	—	—	—	—	—	—
1996	—	—	—	—	—	—	—	—	—	—
1997	—	—	—	—	—	—	—	—	—	—
1998	—	—	—	—	—	—	—	—	—	—
1999	—	—	—	—	—	—	—	—	—	—
2000	—	—	—	—	—	—	—	—	—	—
2001	—	—	—	—	—	—	—	—	—	—
2002	—	—	—	—	—	—	—	—	—	—
2003	—	—	—	—	—	—	—	—	—	—
2004	—	—	—	—	—	997.00	1141.99	833.09	842.73	-15.47
2005	984.66	1008.73	807.78	923.45	-7.65	836.99	889.98	693.53	796.40	-5.50
2006	926.56	2052.86	926.41	2041.05	121.02	801.41	1819.04	800.21	1805.31	126.69
2007	2073.25	5891.72	2030.76	5338.28	161.55	1842.63	4772.93	1791.64	4226.76	134.13
2008	5349.76	5756.92	1606.73	1817.72	-65.95	4230.81	4524.29	1269.29	1384.91	-67.24
2009	1848.33	3803.06	1837.84	3575.68	96.71	1411.08	2849.41	1402.05	2553.80	84.40
2010	3592.47	3597.75	2462.20	3128.26	-12.51	2565.11	2584.53	1771.49	1977.37	-22.57
2011	3155.56	3380.53	2267.11	2345.74	-25.01	1994.36	2214.84	1571.51	1617.61	-18.19
2012	2361.50	2717.83	2102.14	2522.95	7.55	1628.17	1877.43	1528.28	1857.68	14.84
2013	2551.81	2791.30	2023.17	2330.03	-7.65	1885.96	2088.45	1422.98	1574.78	-15.23
2014	2323.43	3542.34	2077.76	3533.71	51.66	1570.05	2590.09	1402.18	2581.57	63.93
2015	3566.09	5380.43	2952.01	3731.01	5.58	2612.85	3494.82	1874.22	2420.80	-6.23
2016	3725.86	3726.25	2821.22	3310.08	-11.28	2417.03	2455.43	1891.10	2286.90	-5.53
2017	3313.95	4260.64	3264.21	4030.85	21.78	2285.27	3038.28	2282.24	2860.44	25.08
2018	4045.21	4403.34	2964.88	3010.65	-25.31	2867.53	3202.47	2256.47	2293.10	-19.83
2019	3017.07	4126.09	2935.83	4096.58	36.07	2298.18	3065.93	2249.37	3063.22	33.58
2020	4121.35	5215.62	3503.19	5211.29	27.21	3073.93	3646.75	2517.30	3640.64	18.85

1-2 续表 2 continued

年份 Year	深证成份指数 SZSE Component Index					上证国债指数 SSE T-Bond Index				
	开盘 Opening Price	最高 Highest	最低 Lowest	收盘 Closing Price	涨跌幅(%) Change Rate (%)	开盘 Opening Price	最高 Highest	最低 Lowest	收盘 Closing Price	涨跌幅(%) Change Rate (%)
1992	966.22	2918.09	917.37	2309.77	139.71	—	—	—	—	—
1993	2424.00	3422.22	1688.18	2225.38	-3.65	—	—	—	—	—
1994	2221.95	2271.39	944.02	1271.05	-42.88	—	—	—	—	—
1995	1257.65	1473.29	980.25	987.75	-22.29	—	—	—	—	—
1996	987.07	4522.39	924.33	3217.54	225.74	—	—	—	—	—
1997	3195.52	6103.62	2985.40	4184.84	30.06	—	—	—	—	—
1998	4199.51	4336.32	2902.44	2949.32	-29.52	—	—	—	—	—
1999	2945.24	4896.04	2521.08	3369.61	14.25	—	—	—	—	—
2000	3374.11	5062.29	3360.21	4752.75	41.05	—	—	—	—	—
2001	4756.18	5091.46	3124.57	3325.66	-30.03	—	—	—	—	—
2002	3319.21	3586.06	2661.91	2759.30	-17.03	—	—	—	—	—
2003	2743.21	3557.89	2673.25	3479.80	26.11	100.67	102.08	96.86	99.40	-1.27
2004	3473.35	4187.23	2996.08	3067.57	-11.85	99.39	99.42	91.10	95.61	-3.81
2005	3051.24	3481.44	2590.53	2863.61	-6.65	95.64	109.73	95.61	109.06	14.06
2006	2873.54	6687.28	2873.54	6647.14	132.12	109.11	111.63	109.07	111.39	2.14
2007	6730.12	19600.03	6585.06	17700.62	166.29	111.45	111.96	109.33	110.87	-0.46
2008	17731.84	19219.89	5577.23	6485.51	-63.36	110.92	121.53	110.73	121.30	9.40
2009	6557.42	14096.87	6514.49	13699.97	111.24	121.35	122.99	119.62	122.35	0.87
2010	13766.10	13936.88	8945.20	12458.55	-9.06	122.39	127.10	122.13	126.28	3.21
2011	12578.45	13233.02	8555.12	8918.82	-28.41	126.32	131.39	126.31	131.39	4.05
2012	8980.76	10616.28	7660.45	9116.48	2.22	131.45	135.82	131.44	135.79	3.35
2013	9204.11	10057.97	7045.60	8121.79	-10.91	135.84	139.91	135.84	139.52	2.75
2014	8083.77	11050.85	6959.25	11014.62	35.62	139.54	145.78	139.42	145.68	4.42
2015	11150.98	18211.76	9259.65	12664.89	14.98	145.75	154.67	145.75	154.54	6.09
2016	12650.72	12659.41	8986.52	10177.14	-19.64	154.61	160.86	154.58	159.79	3.39
2017	10205.14	11714.98	9482.84	11040.45	8.48	159.85	161.07	159.59	160.85	0.67
2018	11079.64	11633.46	7084.44	7239.79	-34.42	160.91	169.88	160.89	169.88	5.61
2019	7259.49	10541.19	7011.33	10430.77	44.08	169.97	177.28	169.96	177.27	4.35
2020	10509.12	14476.55	9578.87	14470.68	38.73	177.31	183.79	177.26	183.78	3.67

1-2 续表 3 continued

年份 Year	上证企业债指数 SSE Corporate Bond Index					中证综合债指数 CSI Universal Bond Index				
	开盘 Opening Price	最高 Highest	最低 Lowest	收盘 Closing Price	涨跌幅(%) Change Rate (%)	开盘 Opening Price	最高 Highest	最低 Lowest	收盘 Closing Price	涨跌幅(%) Change Rate (%)
1992	—	—	—	—	—	—	—	—	—	—
1993	—	—	—	—	—	—	—	—	—	—
1994	—	—	—	—	—	—	—	—	—	—
1995	—	—	—	—	—	—	—	—	—	—
1996	—	—	—	—	—	—	—	—	—	—
1997	—	—	—	—	—	—	—	—	—	—
1998	—	—	—	—	—	—	—	—	—	—
1999	—	—	—	—	—	—	—	—	—	—
2000	—	—	—	—	—	—	—	—	—	—
2001	—	—	—	—	—	—	—	—	—	—
2002	—	—	—	—	—	—	—	—	—	—
2003	104.38	105.45	98.67	99.93	-4.27	99.91	102.66	99.87	101.34	1.34
2004	99.99	100.04	86.72	95.84	-4.09	100.95	101.34	97.75	100.38	-0.94
2005	95.84	118.98	90.90	118.92	24.08	100.43	108.90	100.43	108.68	8.26
2006	118.91	122.19	115.35	119.84	0.77	108.64	111.36	108.64	111.24	2.36
2007	119.84	121.65	112.68	113.27	-5.49	111.28	111.28	111.28	111.24	0.00
2008	113.27	132.80	112.25	132.64	17.11	—	—	—	124.50	11.92
2009	132.69	134.70	130.91	133.55	0.68	123.68	124.06	123.68	124.02	-0.39
2010	133.61	144.01	133.61	143.45	7.42	124.06	129.22	123.92	127.09	2.48
2011	143.52	148.51	143.24	148.48	3.50	127.23	134.14	126.60	134.14	5.54
2012	148.56	159.65	148.22	159.60	7.49	134.19	138.95	134.16	138.95	3.59
2013	159.70	167.41	159.63	166.56	4.36	138.92	142.58	137.71	138.36	-0.42
2014	166.61	181.54	166.05	181.10	8.73	138.33	152.34	138.18	151.84	9.74
2015	181.25	197.18	181.24	197.12	8.84	151.83	163.98	151.83	163.91	7.95
2016	197.24	209.43	197.23	209.03	6.04	163.85	170.75	163.70	167.39	2.12
2017	209.14	213.54	209.07	213.49	2.13	167.42	168.81	165.55	167.86	0.28
2018	213.61	225.78	213.61	225.75	5.74	168.00	181.49	167.99	181.49	8.12
2019	225.90	238.76	225.90	238.72	5.74	181.90	189.96	181.90	189.96	4.67
2020	238.78	249.46	238.78	249.44	4.49	189.97	197.62	189.96	195.59	2.97

1-2 续表 4 continued

年份 Year	三板成指 NEEQ Component Index					三板做市 NEEQ Market Making Component Index				
	开盘 Opening Price	最高 Highest	最低 Lowest	收盘 Closing Price	涨跌幅(%) Change Rate (%)	开盘 Opening Price	最高 Highest	最低 Lowest	收盘 Closing Price	涨跌幅(%) Change Rate (%)
1992	—	—	—	—	—	—	—	—	—	—
1993	—	—	—	—	—	—	—	—	—	—
1994	—	—	—	—	—	—	—	—	—	—
1995	—	—	—	—	—	—	—	—	—	—
1996	—	—	—	—	—	—	—	—	—	—
1997	—	—	—	—	—	—	—	—	—	—
1998	—	—	—	—	—	—	—	—	—	—
1999	—	—	—	—	—	—	—	—	—	—
2000	—	—	—	—	—	—	—	—	—	—
2001	—	—	—	—	—	—	—	—	—	—
2002	—	—	—	—	—	—	—	—	—	—
2003	—	—	—	—	—	—	—	—	—	—
2004	—	—	—	—	—	—	—	—	—	—
2005	—	—	—	—	—	—	—	—	—	—
2006	—	—	—	—	—	—	—	—	—	—
2007	—	—	—	—	—	—	—	—	—	—
2008	—	—	—	—	—	—	—	—	—	—
2009	—	—	—	—	—	—	—	—	—	—
2010	—	—	—	—	—	—	—	—	—	—
2011	—	—	—	—	—	—	—	—	—	—
2012	—	—	—	—	—	—	—	—	—	—
2013	—	—	—	—	—	—	—	—	—	—
2014	—	—	—	—	—	—	—	—	—	—
2015	—	—	—	—	48.50	998.38	2673.17	991.47	1438.00	43.80
2016	—	—	—	—	-16.23	1438.00	1442.45	1073.47	1112.11	-22.66
2017	—	—	—	—	2.55	1112.11	1162.54	983.01	993.65	-10.65
2018	—	—	—	—	-25.13	993.65	993.65	713.01	718.94	-27.65
2019	—	—	—	—	-2.73	718.94	914.75	706.67	914.75	27.24
2020	—	—	—	—	8.83	914.67	1217.34	914.67	1073.18	17.32

1-3　境内外证券市场筹资情况
Proceeds Raised in Domestic and Foreign Capital Markets

年份 Year	境内股票筹资 Proceeds Raised in Domestic Capital Market by Offering of Shares			
	沪深交易所 SSE and SZSE			
	发行量(亿股) Number of Shares (100 million shares)	筹资金额(亿元) Proceeds Raised through Offering Shares(100 million yuan)		
		合计 Total	首发筹资金额 Proceeds Raised by IPO	再筹资 Proceeds Raised by Subsequent Offerings of Shares
1992	10.65	68.91	68.91	0.00
1993	51.07	245.02	184.83	60.19
1994	48.64	213.63	154.44	59.19
1995	18.01	99.78	42.37	57.41
1996	66.54	308.04	241.32	66.71
1997	129.64	859.98	651.56	208.42
1998	81.37	787.44	412.22	375.22
1999	86.87	873.63	494.71	378.93
2000	122.17	1515.82	862.56	653.26
2001	84.57	1238.14	614.03	624.11
2002	117.34	720.05	498.75	221.29
2003	89.34	665.51	472.42	193.08
2004	56.13	650.53	361.05	289.47
2005	13.92	339.03	57.63	281.40
2006	377.89	2374.50	1341.70	1032.80
2007	430.63	7814.74	4770.83	3043.91
2008	114.96	3312.39	1034.38	2278.01
2009	244.47	4834.34	1878.98	2955.36
2010	553.95	9799.80	4882.59	4917.21
2011	163.99	7154.43	2824.43	4330.00
2012	78.86	4542.40	1034.32	3508.08
2013	0.00	4131.46	0.00	4131.46
2014	70.10	8498.26	668.89	7829.38
2015	151.52	16361.62	1576.39	14785.23
2016	137.47	20297.39	1496.07	18801.32
2017	224.20	15534.98	2301.08	13233.90
2018	129.20	11377.88	1378.15	9999.73
2019	297.57	12538.82	2489.81	10049.01
2020	300.83	14221.61	4742.30	9479.31

注：1.股票筹资包括首发筹资和再筹资，均按股份上市日统计；再筹资包含公开增发、定向增发、配股、权证和优先股，其中权证为2008年之后开展的业务，优先股为2014年之后开展的业务。
2.境外股票筹资指在港交所上市的H股股票、伦交所发行的GDR筹资，不含可转债。
3.新三板股票筹资金额中不含优先股。

数据来源：中国证券监督管理委员会、上海证券交易所、深圳证券交易所、全国中小企业股份转让系统、中央国债登记结算有限责任公司、上海清算所

Source:CSRC、SSE、SZSE、NEEQ、CCDC、SHCH

1-3 续表 1 continued

年份 Year	境内股票筹资 Proceeds Raised in Domestic Capital Market by Offering of Shares			
	新三板 NEEQ		区域性股权市场 Regional Equity Market	
	发行量 (亿股) Number of Shares (100 million shares)	筹资金额 (亿元) Proceeds Raised through Offering Shares (100 million yuan)	发行量 (亿股) Number of Shares (100 million shares)	筹资金额 (亿元) Proceeds Raised through Offering Shares (100 million yuan)
1992	—	—	—	—
1993	—	—	—	—
1994	—	—	—	—
1995	—	—	—	—
1996	—	—	—	—
1997	—	—	—	—
1998	—	—	—	—
1999	—	—	—	—
2000	—	—	—	—
2001	—	—	—	—
2002	—	—	—	—
2003	—	—	—	—
2004	—	—	—	—
2005	—	—	—	—
2006	—	—	—	—
2007	—	—	—	—
2008	—	—	—	—
2009	—	—	—	—
2010	—	—	—	—
2011	—	—	—	—
2012	1.93	8.59	—	—
2013	2.92	10.02	—	—
2014	26.52	132.09	—	—
2015	230.79	1216.17	—	—
2016	294.61	1390.89	—	—
2017	239.26	1336.25	—	—
2018	123.83	604.43	—	—
2019	73.73	264.63	—	2312.53
2020	74.54	338.50	—	2883.64

1-3 续表 2 continued

年份 Year	境内债券筹资 Proceeds Raised in Domestic Capital Market by Bond					
	全市场 Whole Market		银行间 Interbank Market		交易所 Stock Exchange	
	发行额 (亿元) Value of Bonds Issued (100 million yuan)	兑付金额 (亿元) Amount of Payments (100 million yuan)	发行额 (亿元) Value of Bonds Issued (100 million yuan)	兑付金额 (亿元) Amount of Payments (100 million yuan)	发行额 (亿元) Value of Bonds Issued (100 million yuan)	兑付金额 (亿元) Amount of Payments (100 million yuan)
1992	—	—	—	—	—	—
1993	—	—	—	—	—	—
1994	—	—	—	—	—	—
1995	—	—	—	—	—	—
1996	—	—	—	—	—	—
1997	2084.62	—	2084.62	—	—	—
1998	6203.73	—	6203.73	—	—	—
1999	4369.50	410.16	4369.50	410.16	—	—
2000	4414.50	1629.16	4414.50	1629.16	—	—
2001	5848.53	1859.97	5848.53	1859.97	—	—
2002	9943.90	2841.35	9943.90	2841.35	—	—
2003	17647.17	7886.44	17647.17	7886.44	—	—
2004	27295.66	12548.65	27295.66	12548.65	—	—
2005	42182.07	22531.33	42182.07	22531.33	—	—
2006	57096.11	38597.83	57096.11	38597.83	—	—
2007	80163.36	49931.98	79756.08	49931.98	407.28	—
2008	71732.16	48265.29	70734.11	48265.29	998.05	—
2009	87286.22	67282.32	86474.71	67282.32	811.51	—
2010	96408.63	73205.88	95088.33	73205.88	1320.30	—
2011	77275.52	64819.78	75501.82	64709.81	1773.70	109.97
2012	80261.89	47625.00	77474.98	47269.27	2786.91	355.73
2013	89127.69	63093.04	85248.00	62332.88	3879.69	760.16
2014	119380.02	72904.38	115112.62	71358.08	4267.40	1546.30
2015	234604.73	117608.31	210936.25	114140.25	23668.48	3468.07
2016	361548.66	204425.19	324880.30	199138.51	36668.36	5286.68
2017	408256.35	296374.85	369109.44	290020.83	39146.91	8369.81
2018	435968.07	310776.99	379090.36	302485.47	56877.70	13308.52
2019	448538.22	326387.66	376551.50	306774.83	71986.71	19612.84
2020	565951.32	385305.72	481173.97	362331.05	84777.35	22974.66

1-3 续表 3 continued

年份 Year	境外股票筹资 Proceeds Raised in Foreign Capital Market by Offering of Shares			
	发行量 (亿股) Number of Shares (100 million shares)	筹资金额(亿元) Proceeds Raised through Offering Shares (100 million yuan)		
		合计 Total	首发筹资金额 Proceeds Raised by IPO	再筹资 Proceeds Raised by Subsequent Offerings of Shares
1992	—	—	—	—
1993	40.41	60.84	60.84	0.00
1994	69.89	188.75	188.75	0.00
1995	15.38	31.53	21.13	10.40
1996	31.77	100.57	72.94	27.63
1997	136.88	387.91	348.66	39.25
1998	12.86	37.83	22.10	15.73
1999	23.05	47.11	47.11	0.00
2000	359.26	562.08	562.08	0.00
2001	48.48	73.00	67.70	5.30
2002	157.54	192.28	191.12	1.16
2003	196.79	537.32	506.53	30.79
2004	171.51	647.72	433.44	214.28
2005	553.25	1666.25	1421.24	245.01
2006	936.66	3072.57	2925.30	147.27
2007	223.97	927.46	701.31	226.15
2008	65.38	311.38	259.92	51.46
2009	155.58	1067.66	999.51	68.15
2010	367.04	2343.11	1061.09	1282.02
2011	108.37	732.41	431.23	301.18
2012	220.95	997.83	515.54	482.29
2013	259.92	1060.24	691.57	368.67
2014	288.40	2253.40	914.51	1338.89
2015	444.15	7090.12	2053.15	5036.97
2016	—	1271.48	1091.46	180.02
2017	178.18	1829.19	487.26	1341.93
2018	652.67	1387.61	938.45	449.16
2019	119.82	781.65	449.40	332.24
2020	116.04	1443.04	774.12	668.92

1-4 证券期货市场投资者情况
Investor Accounts of Securities and Futures Market

年份 Year	股票 Stock					
	沪深交易所 SSE and SZSE					
	期末投资者个数(万个) Number of Investors at the End of the Year (10 thousand units)			新增投资者个数(万个) Number of New Investors (10 thousand units)		
	个人 Individual	机构 Institution	合计 Total	个人 Individual	机构 Institution	合计 Total
2003	—	—	—	—	—	—
2004	—	—	—	—	—	—
2005	—	—	—	—	—	—
2006	—	—	—	—	—	—
2007	—	—	—	—	—	—
2008	—	—	—	—	—	—
2009	—	—	—	—	—	—
2010	—	—	—	—	—	—
2011	—	—	—	—	—	—
2012	—	—	—	—	—	—
2013	—	—	—	—	—	—
2014	7270.95	23.42	7294.36	—	—	—
2015	9882.15	28.38	9910.54	2611.20	4.96	2616.18
2016	11778.42	32.62	11811.04	1896.27	4.24	1900.50
2017	13362.21	36.08	13398.30	1583.79	3.46	1587.26
2018	14615.11	35.33	14650.44	—	—	1252.14
2019	15937.22	38.02	15975.24	1322.11	2.69	1324.80
2020	17735.77	41.72	17777.49	1798.55	3.70	1802.25

注：1.期末投资者数量指持有未注销、未休眠的A股、B股账户的一码通账户数量。
2.新增投资者数量=本期期末投资者数量-上期期末投资者数量。
3.2018年底，按照《关于加强私募投资基金等产品账户管理有关事项的通知》要求，部分历史遗留已到期账户集中完成了注销。
4.期货账户数和投资者个数2012年之前为总账户数和总投资者个数，2012年之后为有效账户数和有效投资者个数。
5.豁免投资者是指在企业来区域性股权市场挂牌前已经持有该企业股票或股权的投资者。该类投资者只能卖出所持公司股份或股权，如要参与其他其他公司股份买卖或其他产品买卖，须通过合格投资者适当性认可。

数据来源：中国证券监督管理委员会、中国证券登记结算公司、中国期货市场监控中心、全国中小企业股份转让系统
Source:CSRC、CSDC、CFMMC、NEEQ

1-4 续表 1 continued

年份 Year	股票 Stock					
	新三板 NEEQ					
	期末投资者个数(万个) Number of Investors at the End of the Year (10 thousand units)			新增投资者个数(万个) Number of New Investors (10 thousand units)		
	个人 Individual	机构 Institution	合计 Total	个人 Individual	机构 Institution	合计 Total
2003	—	—	—	—	—	—
2004	—	—	—	—	—	—
2005	—	—	—	—	—	—
2006	—	—	—	—	—	—
2007	—	—	—	—	—	—
2008	—	—	—	—	—	—
2009	—	—	—	—	—	—
2010	—	—	—	—	—	—
2011	—	—	—	—	—	—
2012	0.43	0.09	0.53	—	—	—
2013	0.74	0.11	0.85	0.31	0.02	0.33
2014	4.40	0.47	4.87	3.65	0.36	4.02
2015	19.86	2.27	22.13	15.46	1.80	17.26
2016	29.57	3.85	33.42	9.71	1.58	11.29
2017	35.74	5.12	40.86	6.17	1.27	7.44
2018	37.75	5.63	43.38	2.01	0.51	2.52
2019	38.73	5.89	44.62	0.98	0.26	1.24
2020	156.64	5.38	162.03	137.84	1.27	139.11

1-4 续表 2 continued

年份 Year	股票 Stock 区域性股权市场 Regional Equity Trading Platforms Market 期末投资者数(万个) Number of Investors at the End of the Year (10 thousand units)				基金 Fund
	个人 Individual	机构 Institution	豁免投资者 Exempt	合计 Total	基金账户数 (万户) Number of Fund Accounts (10 thousand units)
2003	—	—	—	—	—
2004	—	—	—	—	—
2005	—	—	—	—	—
2006	—	—	—	—	—
2007	—	—	—	—	—
2008	—	—	—	—	16846.00
2009	—	—	—	—	17480.00
2010	—	—	—	—	19672.00
2011	—	—	—	—	22987.00
2012	—	—	—	—	22948.00
2013	—	—	—	—	28773.46
2014	—	—	—	—	46409.34
2015	—	—	—	—	67917.87
2016	—	—	—	—	94303.67
2017	—	—	—	—	134903.95
2018	6.86	0.94	29.12	36.91	212638.47
2019	8.44	1.18	29.29	38.90	294432.51
2020	9.85	1.5	33.36	44.71	387155.04

1-4 续表 3 continued

年份 Year	期货 Futures			
	期货账户数 (万户) Number of Futures Accounts (10 thousand units)	期货投资者个数(万个) Number of Futures Investors (10 thousand units)		
		个人 Individual	单位 Institution	合计 Total
2003	—	—	—	—
2004	—	—	—	—
2005	—	—	—	—
2006	27.74	—	—	24.46
2007	44.77	—	—	39.55
2008	71.28	59.54	2.10	61.64
2009	110.61	88.76	2.86	91.63
2010	150.55	117.82	3.55	121.37
2011	179.34	137.06	4.08	141.14
2012	89.69	69.74	1.99	71.73
2013	97.72	75.17	2.07	77.24
2014	99.35	79.52	2.74	82.26
2015	126.88	104.62	2.90	107.52
2016	138.53	115.06	3.58	118.64
2017	151.14	123.81	3.91	127.72
2018	158.70	128.34	3.92	132.26
2019	183.21	147.15	4.57	151.73
2020	227.64	180.45	5.88	186.33

1-5 证券期货市场参与主体情况
Participant of Securities and Futures Market

年份 Year	上市公司 Listed Company		新三板挂牌公司 NEEQ	
	家数(家) Number of Companies (unit)	总资产(亿元) Total Assets (100 million yuan)	家数(家) Number of Companies (unit)	总资产(亿元) Total Assets (100 million yuan)
1993	183	1821.00	—	—
1994	291	3309.00	—	—
1995	323	4301.61	—	—
1996	530	6346.68	—	—
1997	745	9681.16	—	—
1998	851	12404.86	—	—
1999	949	16174.41	—	—
2000	1088	21676.39	—	—
2001	1160	30457.30	—	—
2002	1224	41539.86	—	—
2003	1287	53302.61	—	—
2004	1377	63277.29	—	—
2005	1381	72769.33	—	—
2006	1434	221069.33	—	—
2007	1550	414286.97	—	—
2008	1625	487007.21	—	—
2009	1718	617738.72	—	—
2010	2063	862290.24	—	—
2011	2342	1028873.51	—	—
2012	2494	1193598.71	200	239.65
2013	2489	1330017.51	356	345.13
2014	2613	1501082.96	1572	3232.85
2015	2827	1724649.05	5129	11608.91
2016	3052	2019170.62	10163	28266.63
2017	3485	2205062.02	11630	30805.51
2018	3584	2412856.04	10691	28220.69
2019	3777	2807826.22	8953	26906.24
2020	4154	3134275.88	8187	22606.06

注：1.证券公司、期货公司总资产包含客户资金。
2.新三板挂牌公司总资产统计样本为截至2020年6月30日披露2019年年报的8252家公司。

数据来源：中国证券监督管理委员会、上海证券交易所、深圳证券交易所、中国期货业协会、全国中小企业股份转让系统、中国证券投资基金业协会

Source:CSRC、SSE、SZSE、CFA、NEEQ、AMAC

1-5 续表 1 continued

年份 Year	区域性股权市场服务企业 Regional Equity Trading Platforms Market			证券公司 Securities Company	
	挂牌企业家数(家) Number of Listed Companies (unit)	展示企业家数(家) Number of Exhibiting Companies (Unit)	纯托管企业家数(家) Number of Companies' Equity Under Custody(Unit)	家数(家) Number of Companies (unit)	总资产(亿元) Total Assets (100 million yuan)
1993	—	—	—	—	—
1994	—	—	—	91	—
1995	—	—	—	97	—
1996	—	—	—	94	—
1997	—	—	—	90	—
1998	—	—	—	90	—
1999	—	—	—	90	—
2000	—	—	—	100	—
2001	—	—	—	109	—
2002	—	—	—	127	—
2003	—	—	—	133	—
2004	—	—	—	133	—
2005	—	—	—	116	—
2006	—	—	—	104	—
2007	—	—	—	106	17313.39
2008	—	—	—	107	11912.23
2009	—	—	—	106	20286.91
2010	—	—	—	106	19686.13
2011	—	—	—	109	15722.53
2012	—	—	—	114	17209.32
2013	—	—	—	115	20803.46
2014	—	—	—	121	40340.65
2015	—	—	—	125	64170.00
2016	—	—	—	129	57934.47
2017	—	—	—	131	61413.53
2018	—	—	—	131	62648.96
2019	28831	—	—	133	72586.78
2020	34666	129292	10305	138	89018.09

1-5 续表 2 continued

年份 Year	基金管理公司 Fund Management Company		期货公司 Futures Company		已登记私募基金管理人 Registered Private Fund Manager	
	家数(家) Number of Companies (unit)	总资产(亿元) Total Assets (100 million yuan)	家数(家) Number of Companies (unit)	总资产(亿元) Total Assets (100 million yuan)	家数(家) Number of Companies (unit)	总规模(亿元) Total Assets (100 million yuan)
1993	—	—	—	—	—	—
1994	—	—	—	—	—	—
1995	—	—	—	—	—	—
1996	—	—	329	—	—	—
1997	—	—	294	—	—	—
1998	6	—	278	—	—	—
1999	10	—	213	—	—	—
2000	10	—	178	—	—	—
2001	15	—	200	—	—	—
2002	21	—	179	—	—	—
2003	33	79.98	186	—	—	—
2004	44	79.95	188	—	—	—
2005	52	81.16	183	—	—	—
2006	57	128.66	183	—	—	—
2007	58	366.53	177	—	—	—
2008	60	365.96	171	—	—	—
2009	60	442.29	167	—	—	—
2010	63	486.72	163	—	—	—
2011	69	493.73	163	—	—	—
2012	77	536.63	161	2318.48	—	—
2013	89	655.86	156	2569.82	—	—
2014	95	1047.26	152	3431.99	—	—
2015	101	1177.39	150	4749.67	—	—
2016	109	1332.01	149	5438.31	—	—
2017	113	1659.93	149	5247.48	22446	114992.53
2018	120	1820.44	149	5142.50	24448	127064.20
2019	128	2095.58	149	6452.46	24471	140829.62
2020	133	2576.44	149	9845.14	24561	169578.29

主要统计指标解释

Explanatory Notes on Main Statistical Indicators

上市公司家数 指在统计期末其发行的股票在沪、深交易所上市的股份有限公司的数量。以股票上市日进行统计，同时发行 A、B 股的上市公司，按一家计算。

上市公司股本 也称上市公司总股本，是指统计期末上市公司在境内发行的全部股份数量合计，包括 A 股股本、B 股股本和其他不流通的境内股本。

流通股本 也即非限售股本，计算公式为：上市公司股本-限售股本。

股票市值 指统计期末根据上市公司股票价格和对应股票数量计算的股权价值合计。具体统计口径和计算方法如下：如当日无交易价格，采用最后交易日的收盘价；暂停上市股票的价格以零计算；未股改公司的非流通股以流通 A 股价格计算市值；仅发行 B 股的上市公司，其非流通股不进行股票市值计算；对当日除权股票进行市值计算时需要包含在途股份（已登记未上市）的市值。

流通市值 指根据股票价格与其非限售股本计算出的股权价值合计，也即 A 股流通市值和 B 股流通市值的合计。

成交量 指统计期内全部股票成交数量的合计，包含竞价交易和协议交易（大宗交易）。

成交金额 指在统计期内全部股票成交金额合计，包含竞价交易和协议交易（大宗交易）。

市盈率（静态） 指上市公司每股股价与每股收益的比率，通常用上市公司股票市值与其对应的归属母公司股东净利润的比率进行计算。需要注意事项如下：每股收益和净利润数据在财务报告公告截止日的次日集中更新，且每股收益根据期末股本计算；如截止日未公布财务报告，在计算个股市盈率时采用向前追溯的净利润数据，在计算市场市盈率时剔除该股票；对单个股票计算市盈率时仅考虑每股收益为正的股票；对多个股票计算平均市盈率时通常采用上市公司股票市值合计与其对应的归属母公司股东的净利润合计的比率进行计算（剔除暂停上市公司股票，含净利润为负的股票）；对于发行多种类型股份的公司，根据各类性质股份股本按比例分配该公司归属母公司股东净利润。首发市盈率为股票首发价格与每股收益的比率，其中每股收益按照最新年度财务报告中对应的归属母公司股东净利润除以发行后总股本计算。

公式：市盈率（静态）=Σ股票市值/Σ该股份对应的归属母公司股东净利润

换手率（股本） 换手率可采用股票成交量/相应股票股本，通常称为股本换手率。对于某一区间换手率的计算，通常采用统计期内全部交易日的股本换手率合计进行计算。通常对单只股票采用股本换手率，对一组股票采用市值换手率；在计算一组股票换手率时，暂停上市股票不纳入计算。

公式：换手率（股本）=（当日成交股数/流通股本）×100%

换手率（市值） 换手率可采用股票成交金额/股票市值，通常称为市值换手率。对于某一区间换手率的计算，通常采用统计期内全部交易日的市值换手率合计进行计算。通常对单只股票采用股本换手率，对一组股票采用市值换手率；在计算一组股票换手率时，暂停上市股票不纳入计算。

公式：换手率（市值）=（当日成交金额/流通市值）×100%

股票投资者数 指统计期末已开立股票账户的投资者数量。统计时按照“投资者全称相同且证件代码相同”合并。

涨跌幅 指统计期内股票期末价格相对期初价格的变化幅度。统计区间如果包含上市首日则统计期内股票期末价格相对首发价格的变化幅度。指数涨跌幅参照股票涨跌幅处理；对股票区间涨跌幅的计算需要对股票价格进行复权处理，复权因素包括分红、送股、配股等，复权价格的公式为：复权价格=当前价格×（1+送股比例+配股比例）+每股红利-配股价格×配股比例，若统计期内存在多次分红、送股、配股事件，复权价格采用递归方式进行计算。在计算复权价时，通常采用区间分段涨跌幅连乘或复权因子连乘进行速算。

公式：涨跌幅=（期末收盘价/期初前收盘价-1）×100%

股票筹资金额 指统计期内通过发行股票筹集的资金总额，以股份上市日作为统计指标的计算日。

首发筹资金额 指统计期内首次公开发行股票（IPO）筹集的资金总额，计算公式：首发筹资金额=Σ（每股发行价格×发行股份数）；

其中，对于发行股份吸收合并已上市公司的筹资金额，计算公式为：首发筹资金额=每股发行价格×（发行股份数-换股股份数）；

对于存在超额配售权的IPO，根据超额配售权的实际行使情况对统计期内的IPO募集资金进行回溯调整。

再筹资金额 指统计期内上市公司通过增发（公开增发和定向增发）、配股、行权、优先股等方式筹集的资金总额。

其中增发筹资金额是指统计期内上市公司增发股份筹集的资金总额。

根据股份认购对象的不同，增发筹资金额指标可分为公开增发筹资金额和定向增发筹资金额。

根据增发时是否以现金认购，增发筹资金额指标可分为增发筹资金额（现金）和增发筹资金额（资产）；增发筹资金额=Σ增发每股价格×发行股份数。

配股筹资金额指统计期内上市公司通过向原股东配售股份筹集的资金总额；配股筹资金额=Σ配股价格×配售股份数=Σ配股价格×股份数量×配售比例。

行权筹资金额包括权证（期权）行权筹资金额和可转债转股金额；行权筹资金额=Σ行权价格×行权认购股份数+Σ转股价格×可转债转股数量。

优先股筹资金额包括统计期内通过发行优先股筹集的资金总额。

公式：再筹资金额=增发筹资金额+配股筹资金额+行权筹资金额+优先股筹资金额。

债券发行额 指统计期内各类债券发行票面金额合计。按发行首日口径计算。

债券兑付金额 指统计期内债券发行人按照约定向债券投资者偿还本金和支付利息的金额合计。

债券成交金额 指统计期内各类债券成交金额合计，包括债券现货成交金额和债券回购成交金额。

公式：现货成交金额=Σ（成交价格×成交量〔现货〕）；回购成交金额=Σ（成交量〔回购〕×1000）

债券托管额 指统计期末托管在债券登记结算机构的各类债券面额合计。

债券筹资金额 也即债券融资金额，是指统计期内债券发行所募集到的资金总额。通常统计范围包括中国证监会审批的公司债券（含证券交易所备案的中小企业私募债）；以发行首日计算。

基金只数 指统计期末基金市场上基金产品的只数。自基金合同生效日（基金成立日）纳入统计，自基金合同终止日从统计中剔除。一般根据证监会主代码（基金主合同）口径统计。

基金份额 指统计期末基金市场基金份额的合计。

基金资产规模 指在统计期末市场上基金产品资产的合计。

基金账户数 基金账户通常称基金TA账户，基金账户数是指统计期末注册登记人为投资人建立的用于管理和记录基金持有的账户数量。

私募基金只数 指统计期末已在中国证券投资基金业协会备案的正在运作私募基金产品只数。

私募基金管理人家数 指统计期末在中国证券投资基金业协会登记的未注销从事私募基金管理人数量。

私募基金管理规模 指统计期末正在运作的私募基金净资产规模。

期货持仓金额 指统计期末未平仓期货合约的金额合计。除备注中注明双边口径外，其余均按单边口径统计。

期货成交金额 指统计期内全部期货合约成交金额合计。除备注中注明双边口径外，其余均按单边口径统计。

期货客户数 统计期末已在期货市场开户，按照“客户全称相同且证件代码相同”原则合并的客户数量。

证券公司家数 统计期末已获得中国证监会颁发

经营证券期货业务许可证的证券公司数量合计，以获得经营证券期货业务许可证为标准，已办理机构注销的证券公司从统计中剔除。

基金管理公司家数 统计期末经中国证监会批准，并获得经营证券期货业务许可证的基金管理公司的数量合计，以获得经营证券期货业务许可证为标准，已办理取消经营证券期货业务许可证的基金管理公司从统计中剔除。

期货公司家数 统计期末经中国证监会批准，并获得中国证监会颁发经营期货业务许可证的期货公司的数量合计，以获得经营期货业务许可证为标准，已办理机构注销的期货公司从统计中剔除。

总资产 统计期末证券期货机构全部资产总额合计。

贰零贰壹

二. 股票

Stocks

贰零贰壹

2020年股票市场综述

一、沪深交易所股票市场基本情况

市场规模。截至2020年底，沪深两市上市公司共4154家。其中，沪市1800家，深市2354家。全年净增上市公司377家，其中沪市净增228家，深市净增149家。此外，主板上市公司共2053家，中小企业板994家，创业板892家，科创板215家。沪深两市总市值79.72万亿元，流通市值64.36万亿元，流通市值占总市值的80.73%。沪市总市值、流通市值分别为45.53万亿元、38.00万亿元；深市分别为34.19万亿元、26.40万亿元。沪深两市总市值占2020年国内生产总值（GDP）的78.46%。境内总市值位居全球第二位，仅次于美国。2020年底，世界交易所联合会（WFE）市值、成交金额和筹资额排名[1]中，上交所分列第3、第4、第2名，深交所分列第7、第3、第4名。

发行情况。2020年，沪深两市合计融资金额14221.61亿元（其中首发4742.30亿元，再筹资9479.31亿元），同比上升13.42%。沪深两市发行A股股票394只，融资4742.30亿元，沪市发行股票233只，融资3477.06亿元，深市发行股票161只，融资1265.24亿元，两市首发融资金额同比上升90.47%。此外，2020年，沪深两市公开增发融资25.71亿元，定向增发融资8753.28亿元（含资产认购3544.86亿元），配股融资512.97亿元，优先股融资187.35亿元，再融资金额同比下降5.67%。

交易情况。2020年，上证综指上涨13.87%，深证成指上涨38.73%，中小板指上涨43.91%，创业板指上涨64.96%，科创50指数上涨39.30%。沪深两市累计成交金额为206.83万亿元（日均8511.33亿元），同比增加62.99%，其中主板103.35万亿元（日均4253.10亿元），中小板50.18万亿元（日均2065.00亿元），创业板46.67万亿元（日均1920.67亿元），科创板6.62万亿元（日均272.55亿元）。沪市和深市换手率较2019年分别上升100.91个百分点和99.72个百分点。

估值情况。截至2020年底，沪市市盈率为16.76倍，较2019年上升15.19%；深市市盈率为34.51倍，较2019年上升31.70%。

融资融券及转融通业务情况。2020年，沪深两市融资买入金额为195842.93亿元，同比上升72.47%；融券卖出金额为8143.41亿元，同比上升179.51%。截至2020年底，沪深两市融资余额为14819.95亿元，同比上升47.31%；融券余额为1369.73亿元，同比上升897.04%。2020年，沪深两市转融资交易金额为1739.14亿元，同比上升38.90%；转融券交易金额为8070.15亿元，同比上升1142.09%。截至2020年底，沪深两市转融资余额为662.12亿元，同比下降8.26%；转融券余额为1458.11亿元，同比上升1155.15%。

沪深港通情况。2020年，沪深股通投资者净买入2089.33亿元，同比减少1428.10亿元；其中沪股通投资者净买入855.13亿元，同比减少711.20亿元；深股通投资者净买入1234.19亿元，同比减少716.91亿元。南向港股通投资者净买入5966.76亿元，同比增加3748.98亿元；其中港股通（沪市）投资者净买入2970.27亿元，同比增加1639.25亿元；港股通（深市）投资者净买入2996.48亿元，同比增加2109.72亿元。

二、股转系统发展情况

市场规模。2020年末，全国中小企业股份转让

[1] 排名剔除电子交易所BATS GLOBAL和CBOE EUROPE。

系统（以下简称“全国股转系统”）挂牌公司 8187 家（精选层公司 41 家、创新层公司 1138 家、基础层公司 7008 家），总股本 5335.28 亿股，总市值约 2.65 万亿元。

发行情况。2020 年共有 674 家挂牌公司完成 716 次普通股发行，融资 338.50 亿元，其中 635 家挂牌公司完成 675 次定向发行，融资 232.87 亿元；41 家挂牌公司完成公开发行进入精选层，融资 105.62 亿元。非金融企业融资 333.23 亿元，占比 98.44%。2020 年，共有 2 家挂牌公司完成优先股发行，募集资金 0.24 亿元。

交易情况。2020 年，全国股转系统股票成交 260.42 亿股，成交金额 1294.64 亿元。其中精选层股票成交 273.89 亿元，创新层股票成交 650.99 亿元，基础层股票成交 369.75 亿元，占比分别为 21.16%、50.28%、28.56%；连续竞价股票成交 273.89 亿元，集合竞价股票成交 543.54 亿元，做市股票成交 477.20 亿元，占比分别为 21.16%、41.98%、36.86%。

投资者情况。2020 年末，合格投资者账户合计 165.82 万户，较上年末增加 141.73 万户。其中个人和机构合格投资者分别为 160.08 万户和 5.74 万户，占比分别为 97%和 3%。有持股的合格投资者 32.68 万户，占合格投资者总数的 20%，有持股的合格机构投资者 1.79 万户，占合格机构投资者总数的 31%。

三、区域性股权市场基本概况

区域性股权市场是主要服务于所在地中小微企业的私募股权市场，是多层次资本市场体系的重要组成部分，在拓宽中小微企业融资渠道、支持创新创业等方面发挥了积极作用。近年来，区域性股权市场在多层次资本市场体系中的地位进一步提升，服务中小微企业、支持科技创新的包容度和覆盖面持续拓展，与多层次资本市场关系更为密切，改革发展稳定各项工作取得积极进展，市场功能作用不断增强。新《证券法》首次在法律层面明确了区域性股权市场的功能定位。各地方政府积极采取措施，发挥区域性股权市场作为扶持中小微企业政策措施综合运用平台的重要作用，服务企业方式更加灵活多样，与地方经济发展、科技创新结合得更加紧密。

2020 年，证监会积极推进区域性股权市场创新试点，目前浙江区域性股权市场制度和业务创新试点工作顺利启动，地方政府和监管部门共同推出了十多项创新措施，完善市场生态，激发市场活力，探索可复制可推广的改革经验；依托北京区域性股权市场开展股权投资和创业投资份额转让试点已落地实施，北京、上海、深圳、江苏、浙江 5 地区域性股权市场区块链建设试点工作取得阶段性成果，地方业务链与证监会监管链成功联通，完成了业务数据标准化、明细数据入库等工作。截至 2020 年底，区域性股权市场共服务中小微企业 17.2 万家，为商业银行提供股权托管服务 2302 家，累计实现各类融资 1.42 万亿元，其中股权融资 2936 亿元，服务企业中累计转沪深交易所上市 54 家，转新三板挂牌 724 家，被上市公司和新三板挂牌公司收购 51 家，改制为股份公司 4954 家。

2-1 股票市场概况
Overview of Stock Market

年份 Year	股票只数(只) Number of Stocks (unit)		上市公司家数(家) Number of Listed Companies(unit)		上市公司股本(亿股) Share Capital of Listed Companies(100 million shares)	
	上交所 SSE	深交所 SZSE	上交所 SSE	深交所 SZSE	上交所 SSE	深交所 SZSE
1992	38	33	29	24	46.94	26.28
1993	123	95	106	77	206.62	122.06
1994	203	142	171	120	419.06	221.95
1995	220	161	188	135	498.25	271.83
1996	329	270	293	237	671.19	439.54
1997	422	399	383	362	975.57	795.86
1998	477	455	438	414	1280.35	1066.34
1999	525	506	484	465	1580.15	1331.34
2000	614	560	572	516	2032.42	1583.84
2001	690	558	646	514	3164.44	1687.44
2002	759	552	715	509	3727.84	1736.35
2003	824	550	780	507	4170.39	1832.95
2004	881	582	837	540	4700.55	2014.19
2005	878	589	834	547	5023.05	2140.49
2006	886	634	842	592	10279.54	2404.45
2007	904	732	860	690	14173.10	2827.35
2008	908	803	864	761	15410.39	3489.74
2009	914	890	870	848	16659.96	3946.30
2010	938	1211	894	1169	21939.51	5044.98
2011	975	1453	931	1411	23466.65	6278.46
2012	998	1581	954	1540	24617.62	7216.00
2013	997	1577	953	1536	25751.69	8070.35
2014	1039	1657	995	1618	27085.17	9709.93
2015	1125	1784	1081	1746	30244.86	12779.28
2016	1226	1908	1182	1870	32707.76	16042.53
2017	1440	2127	1396	2089	35288.35	18458.32
2018	1494	2172	1450	2134	37708.96	19872.07
2019	1615	2242	1572	2205	40199.42	21520.50
2020	1843	2390	1800	2354	42623.77	22855.42

注：存在同一家上市公司在A股、B股同时上市的情况。
数据来源：上海证券交易所、深圳证券交易所
Source:SSE、SZSE

2-1 续表 1 continued

年份 Year	流通股本(亿股) Negotiable Shares (100 million shares)		股票市值(亿元) Market Capitalization of Shares(100 million yuan)		流通市值(亿元) Negotiable Market Capitali- zation(100 million yuan)	
	上交所 SSE	深交所 SZSE	上交所 SSE	深交所 SZSE	上交所 SSE	深交所 SZSE
1992	—	8.55	558.40	489.75	—	170.64
1993	45.43	36.19	2195.69	1335.32	423.94	408.34
1994	108.06	77.57	2600.13	1090.49	586.96	381.94
1995	119.85	105.13	2525.66	948.62	587.00	351.22
1996	186.81	158.76	5478.01	4364.57	1408.74	1458.29
1997	285.76	275.06	9218.07	8311.17	2513.47	2690.95
1998	379.73	361.97	10625.91	8888.12	2947.45	2802.90
1999	494.41	459.24	14580.47	11904.68	4249.69	3971.42
2000	648.99	585.36	26930.86	21190.65	8481.33	7616.67
2001	837.53	650.13	27590.57	15992.33	8382.11	6106.71
2002	992.53	687.73	25363.72	12975.07	7467.30	5019.90
2003	1157.10	741.95	29804.92	12672.71	8201.14	4983.99
2004	1366.58	827.57	26014.34	11066.61	7350.88	4350.32
2005	1561.21	937.68	23096.13	9349.89	6754.61	3883.40
2006	2254.48	1190.02	71612.38	17828.97	16428.33	8592.78
2007	3399.30	1534.34	269838.87	57452.44	64532.17	28608.49
2008	4916.04	2048.93	97251.91	24289.14	32305.91	12997.11
2009	11578.56	2621.63	184655.23	59448.68	114805.00	36537.07
2010	16031.30	3410.85	179007.24	86415.35	142337.44	50772.97
2011	17993.80	4506.06	148376.22	66381.87	122851.36	42069.94
2012	19521.33	5256.89	158698.44	71659.18	134294.45	47363.81
2013	23731.13	6265.99	151165.27	87911.92	136526.38	63053.16
2014	24914.59	7374.66	243974.02	128572.94	220495.87	95128.44
2015	27417.77	9625.60	295386.90	236110.00	254117.39	163797.56
2016	29372.25	11763.80	284607.63	223078.25	240006.24	153395.44
2017	31119.45	13925.42	331324.82	235761.26	281365.67	167932.47
2018	33497.24	15550.33	269515.01	165409.02	232698.75	121095.45
2019	35170.22	17317.40	355519.70	237414.87	301254.52	182206.74
2020	37501.48	18852.02	455321.59	341916.58	380012.99	263592.30

2-1　续表 2　continued

年份 Year	成交量(亿股) Trading Volume (100 million shares)		日均成交量(亿股) Average Daily Volume (100 million shares)		成交金额(亿元) Trading Turnover (100 million yuan)	
	上交所 SSE	深交所 SZSE	上交所 SSE	深交所 SZSE	上交所 SSE	深交所 SZSE
1992	17.78	19.12	0.07	0.07	248.96	434.08
1993	147.42	79.15	0.57	0.31	2340.54	1286.67
1994	656.76	356.58	2.61	1.41	5735.07	2392.56
1995	513.83	191.48	2.03	0.76	3103.46	932.99
1996	1101.88	1431.26	4.46	5.79	9114.82	12217.36
1997	1215.68	1344.34	5.00	5.53	13763.17	16958.66
1998	1127.95	1026.15	4.59	4.17	12386.11	11158.14
1999	1560.38	1372.52	6.53	5.74	16965.79	14356.58
2000	2437.65	2321.80	10.20	9.71	31373.86	29461.33
2001	1819.95	1335.97	7.58	5.57	22709.38	15616.01
2002	1781.10	1236.05	7.52	5.22	16959.09	11034.82
2003	2692.73	1470.36	11.17	6.10	20824.14	11291.13
2004	3607.74	2219.99	14.85	9.14	26470.60	15863.35
2005	3986.59	2637.14	16.47	10.90	19240.21	12424.57
2006	10283.93	5861.29	42.67	24.32	57816.60	32652.29
2007	24325.38	12078.37	100.52	49.91	305434.29	155121.94
2008	16311.60	7819.79	66.31	31.79	180429.95	86682.71
2009	33679.64	17427.36	138.03	71.42	346511.91	189474.86
2010	25964.43	16187.55	107.29	66.89	304312.01	241321.53
2011	21192.91	12763.66	86.86	52.31	237555.30	184089.28
2012	18928.43	13932.12	77.89	57.33	164460.86	150122.41
2013	26718.86	21653.82	112.26	90.98	230266.02	238462.58
2014	42567.36	30815.73	173.74	125.78	375634.40	366750.86
2015	101701.68	69337.80	413.42	284.17	1325590.45	1224950.01
2016	45718.62	49806.81	187.37	204.13	501700.42	775979.90
2017	43799.31	43981.53	179.51	180.25	507770.10	616855.01
2018	37234.65	44802.60	153.23	184.37	401965.01	499774.39
2019	53792.15	72832.14	220.46	298.49	543844.01	730314.79
2020	68360.89	99090.97	281.32	407.78	839860.86	1228391.66

2-1 续表 3 continued

年份 Year	日均成交金额(亿元) Average Daily Turnover (100 million yuan)		市值换手率(%) Turnover Ratio of Market Capitalization(%)		市盈率(倍) P/E Ratio (times)		股息率(%) Dividend Yield Ratio(%)	
	上交所 SSE	深交所 SZSE	上交所 SSE	深交所 SZSE	上交所 SSE	深交所 SZSE	上交所 SSE	深交所 SZSE
1992	0.97	1.69	—	329.78	—	33.81	—	—
1993	9.04	4.97	—	459.54	42.48	33.36	—	—
1994	22.76	9.49	1134.65	579.90	23.45	10.29	—	—
1995	12.27	3.69	528.72	241.55	15.70	9.48	—	—
1996	36.90	49.46	913.43	1173.86	31.32	34.85	—	—
1997	56.64	69.79	701.81	746.40	39.86	39.86	—	—
1998	50.35	45.36	453.63	379.34	34.38	30.62	—	—
1999	70.99	60.07	471.46	386.79	38.13	36.32	—	—
2000	131.27	123.27	498.80	483.10	58.22	56.03	—	0.44
2001	94.62	65.07	243.60	206.30	37.71	39.80	—	0.95
2002	71.56	46.56	202.68	186.14	34.43	36.99	—	1.02
2003	86.41	46.85	252.07	213.29	36.54	36.19	—	0.95
2004	108.93	65.28	304.69	301.36	24.23	24.64	—	1.41
2005	79.51	51.34	283.49	315.18	16.33	16.36	—	2.19
2006	239.90	135.49	544.39	552.01	33.30	32.72	—	1.09
2007	1262.13	641.00	817.72	818.67	59.24	69.75	—	0.46
2008	733.46	352.37	384.11	447.24	17.99	16.73	2.23	1.48
2009	1420.13	776.54	523.12	747.76	27.04	46.01	1.21	0.50
2010	1257.49	997.20	259.25	587.29	16.71	44.69	1.42	0.56
2011	973.59	754.46	163.75	353.48	12.08	23.11	2.18	1.01
2012	676.79	617.79	128.19	325.84	12.59	22.02	2.49	1.14
2013	967.50	1001.94	169.22	423.79	10.99	34.05	2.96	0.89
2014	1533.20	1496.94	242.01	471.99	15.99	41.91	2.04	0.91
2015	5388.58	5020.29	489.63	825.65	17.63	52.75	1.72	0.49
2016	2056.15	3180.25	158.43	541.76	15.94	41.21	1.79	0.72
2017	2081.02	2528.09	180.47	412.88	16.30	36.21	1.86	0.81
2018	1654.18	2056.68	150.91	356.92	12.49	20.00	2.69	1.47
2019	2228.87	2993.09	157.59	456.16	14.55	26.15	2.16	1.07
2020	3456.22	5055.11	258.50	555.88	16.76	34.51	1.89	0.85

2-2 股票市场历史记录情况
Historical Records of Stock Market

年份 Year	日收市综合指数 Daily Closing Composite Index							
	最高 Highest				最低 Lowest			
	上证综指 SSE Composite Index	日期 Date	深证综指 SZSE Composite Index	日期 Date	上证综指 SSE Composite Index	日期 Date	深证综指 SZSE Composite Index	日期 Date
1992	1421.57	1992-05-25	312.21	1992-05-26	293.75	1992-01-02	107.08	1992-01-16
1993	1536.82	1993-02-15	359.44	1993-02-22	778.33	1993-10-27	203.91	1993-07-21
1994	1033.47	1994-09-13	242.06	1994-01-07	333.92	1994-07-29	96.56	1994-07-29
1995	897.42	1995-05-22	169.66	1995-05-22	532.49	1995-02-07	112.63	1995-12-28
1996	1247.66	1996-12-09	473.02	1996-12-11	516.46	1996-01-22	105.34	1996-01-22
1997	1500.40	1997-05-12	517.91	1997-05-12	876.50	1997-01-06	305.81	1997-01-06
1998	1420.00	1998-06-03	441.04	1998-06-03	1070.41	1998-08-17	317.10	1998-08-18
1999	1739.21	1999-06-29	525.14	1999-06-29	1059.87	1999-05-18	310.65	1999-05-18
2000	2119.44	2000-11-23	654.37	2000-11-23	1406.37	2000-01-04	414.69	2000-01-04
2001	2242.42	2001-06-13	664.85	2001-06-13	1520.67	2001-10-22	439.36	2001-10-22
2002	1732.93	2002-07-08	512.38	2002-06-24	1357.65	2002-12-31	371.79	2002-01-22
2003	1631.47	2003-04-15	449.42	2003-04-15	1316.56	2003-11-18	350.74	2003-11-18
2004	1777.52	2004-04-06	470.55	2004-04-07	1260.32	2004-09-13	315.17	2004-09-13
2005	1317.27	2005-03-08	333.28	2005-03-09	1011.50	2005-07-11	237.18	2005-07-18
2006	2675.47	2006-12-29	552.93	2006-12-29	1180.96	2006-01-04	278.99	2006-01-04
2007	6092.06	2007-10-16	1567.74	2007-10-08	2612.54	2007-02-05	547.89	2007-01-05
2008	5497.90	2008-01-14	1584.40	2008-01-15	1706.70	2008-11-04	452.33	2008-11-04
2009	3471.44	2009-08-04	1240.64	2009-12-04	1863.37	2009-01-13	557.69	2009-01-05
2010	3306.75	2010-01-05	1412.64	2010-11-11	2319.74	2010-07-05	890.24	2010-07-02
2011	3057.33	2011-04-18	1311.34	2011-03-09	2166.21	2011-12-27	849.76	2011-12-28
2012	2460.69	2012-03-02	1010.46	2012-03-13	1959.77	2012-12-03	734.28	2012-12-03
2013	2434.48	2013-02-06	1101.59	2013-10-21	1950.01	2013-06-27	877.76	2013-01-04
2014	3234.68	2014-12-31	1503.58	2014-12-16	1991.25	2014-01-20	1007.27	2014-04-28
2015	5166.35	2015-06-12	3140.66	2015-06-12	2927.29	2015-08-26	1428.37	2015-01-19
2016	3361.84	2016-01-06	2137.88	2016-11-22	2655.66	2016-01-28	1618.12	2016-01-27
2017	3447.84	2017-11-13	2046.74	2017-03-24	3052.79	2017-05-10	1773.61	2017-06-01
2018	3587.03	2018-01-29	1966.15	2018-01-25	2449.20	2018-10-19	1212.23	2018-10-19
2019	3270.80	2019-04-19	1799.10	2019-04-08	2464.36	2019-01-03	1231.83	2019-01-04
2020	3473.07	2020-12-31	2333.46	2020-11-09	2660.17	2020-03-23	1609.00	2020-02-03

注：指数最高、最低价分别为收盘最高、最低价。
数据来源：上海证券交易所、深圳证券交易所
Source:SSE、SZSE

2-2 续表 1 continued

年份 Year	日收市综合指数 Daily Closing Composite Index							
	最大涨幅(%) Maximum Change of Increment(%)				最大跌幅(%) Maximum Change of Decrement(%)			
	上证综指 SSE Composite Index	日期 Date	深证综指 SZSE Composite Index	日期 Date	上证综指 SSE Composite Index	日期 Date	深证综指 SZSE Composite Index	日期 Date
1992	105.27	1992-05-21	12.02	1992-04-13	-11.18	1992-10-27	-10.04	1992-11-16
1993	16.44	1993-06-02	12.43	1993-08-24	-13.08	1993-12-20	-11.80	1993-08-17
1994	33.46	1994-08-01	31.29	1994-08-01	-12.68	1994-08-09	-12.66	1994-10-05
1995	30.99	1995-05-18	28.28	1995-05-18	-16.39	1995-05-23	-17.21	1995-05-23
1996	9.83	1996-12-02	11.04	1996-04-26	-9.91	1996-12-16	-10.00	1996-12-16
1997	7.58	1997-02-19	6.55	1997-06-20	-8.91	1997-02-18	-9.75	1997-02-18
1998	5.11	1998-08-19	5.87	1998-08-19	-8.36	1998-08-17	-8.32	1998-08-17
1999	6.59	1999-09-09	7.03	1999-07-20	-7.61	1999-07-01	-7.99	1999-07-01
2000	9.05	2000-02-14	9.07	2000-02-14	-4.40	2000-03-16	-4.75	2000-03-16
2001	9.86	2001-10-23	9.68	2001-10-23	-5.27	2001-07-30	-5.50	2001-07-30
2002	9.25	2002-06-24	9.05	2002-06-24	-6.33	2002-01-28	-6.59	2002-01-28
2003	5.81	2003-01-14	4.65	2003-01-14	-3.04	2003-05-13	-2.90	2003-05-13
2004	4.22	2004-09-15	4.68	2004-09-15	-3.88	2004-10-14	-4.99	2004-10-14
2005	8.21	2005-06-08	7.92	2005-06-08	-3.76	2005-08-18	-3.38	2005-08-18
2006	4.26	2006-05-12	4.42	2006-05-15	-5.34	2006-06-07	-5.79	2006-06-07
2007	5.33	2007-08-20	5.26	2007-01-15	-8.84	2007-02-27	-8.54	2007-02-27
2008	9.46	2008-09-19	8.89	2008-09-19	-7.73	2008-06-10	-8.02	2008-06-10
2009	6.12	2009-03-04	6.18	2009-03-04	-6.75	2009-08-31	-7.14	2009-08-31
2010	3.48	2010-05-24	4.28	2010-05-24	-5.16	2010-11-12	-6.12	2010-11-12
2011	3.04	2011-10-12	3.50	2011-10-12	-3.79	2011-08-08	-4.43	2011-08-08
2012	4.33	2012-12-14	5.14	2012-01-17	-2.73	2012-06-04	-4.09	2012-03-14
2013	3.39	2013-09-09	3.63	2013-01-14	-5.30	2013-06-24	-6.10	2013-06-24
2014	4.31	2014-12-04	3.50	2014-12-10	-5.43	2014-12-09	-4.31	2014-12-09
2015	5.76	2015-07-09	6.52	2015-09-16	-8.49	2015-08-24	-7.87	2015-06-26
2016	4.26	2016-03-02	4.70	2016-03-02	-7.04	2016-01-07	-8.24	2016-01-07
2017	1.83	2017-08-25	2.19	2017-06-07	-2.29	2017-11-23	-4.28	2017-07-17
2018	4.09	2018-10-22	4.90	2018-10-22	-5.22	2018-10-11	-6.45	2018-10-11
2019	5.60	2019-02-25	5.42	2019-02-25	-5.58	2019-05-06	-7.38	2019-05-06
2020	5.71	2020-07-06	3.90	2020-07-06	-7.72	2020-02-03	-8.41	2020-02-03

2-2 续表 2 continued

年份 Year	日成交金额(亿元) Daily Turnover(100 million yuan)							
	最大 Maximum				最小 Minimum			
	上交所 SSE	日期 Date	深交所 SZSE	日期 Date	上交所 SSE	日期 Date	深交所 SZSE	日期 Date
1992	5.96	1992-12-08	5.06	1992-12-01	0.00	1992-01-15	0.11	1992-02-02
1993	38.24	1993-12-07	22.71	1993-11-18	0.98	1993-07-22	0.02	1993-07-17
1994	157.54	1994-09-06	74.49	1994-09-06	1.60	1994-07-12	0.03	1994-07-07
1995	114.30	1995-05-22	42.15	1995-05-22	1.14	1995-02-15	0.02	1995-06-17
1996	192.74	1996-12-03	189.57	1996-11-20	1.53	1996-02-09	0.51	1996-02-07
1997	159.83	1997-05-12	215.81	1997-05-07	11.51	1997-10-14	11.59	1997-10-07
1998	119.00	1998-04-09	101.37	1998-05-11	16.48	1998-12-21	14.77	1998-12-31
1999	404.43	1999-06-25	353.36	1999-06-25	11.62	1999-01-04	10.51	1999-01-04
2000	472.62	2000-02-17	408.34	2000-02-17	42.92	2000-09-27	46.73	2000-09-25
2001	234.13	2001-10-24	187.97	2001-03-23	27.27	2001-11-15	14.41	2001-11-15
2002	494.80	2002-06-24	325.87	2002-06-24	26.60	2002-10-08	16.15	2002-12-09
2003	330.15	2003-04-16	189.41	2003-04-16	27.24	2003-01-03	17.59	2003-09-22
2004	286.68	2004-09-24	185.24	2004-09-24	31.67	2004-09-07	17.45	2004-09-07
2005	221.57	2005-08-18	137.72	2005-08-18	36.75	2005-07-07	24.74	2005-01-04
2006	626.89	2006-12-06	341.23	2006-05-16	67.63	2006-03-13	37.05	2006-03-14
2007	2712.94	2007-05-30	1358.40	2007-05-30	502.08	2007-11-23	241.00	2007-11-23
2008	1896.84	2008-04-24	921.64	2008-01-08	217.96	2008-09-09	89.79	2008-11-03
2009	2969.29	2009-07-29	1781.92	2009-11-24	461.01	2009-01-05	246.16	2009-01-05
2010	3076.92	2010-11-02	2317.56	2010-11-02	432.14	2010-07-05	403.31	2010-07-05
2011	2080.93	2011-03-07	1459.64	2011-02-22	364.74	2011-12-29	307.93	2011-10-10
2012	1709.83	2012-03-14	1542.85	2012-03-14	331.30	2012-11-26	299.30	2012-11-26
2013	1954.28	2013-09-11	1590.18	2013-10-22	522.23	2013-07-09	525.53	2013-04-15
2014	7933.59	2014-12-09	4418.26	2014-12-09	482.99	2014-01-20	583.55	2014-05-19
2015	13107.85	2015-04-20	11150.06	2015-05-28	1565.69	2015-09-30	1672.18	2015-02-10
2016	3808.23	2016-03-21	5947.67	2016-03-21	799.82	2016-01-07	1577.30	2016-01-07
2017	3287.49	2017-04-11	4324.64	2017-09-12	1080.67	2017-02-03	1323.21	2017-02-03
2018	3190.81	2018-02-06	3608.24	2018-03-12	862.11	2018-12-24	1201.17	2018-09-17
2019	5261.03	2019-03-07	6601.46	2019-03-08	979.19	2019-01-02	1290.81	2019-01-02
2020	7949.18	2020-07-07	9985.79	2020-07-14	1842.26	2020-04-13	2625.04	2020-02-03

2-3 股票市场分板块规模
Dimensions of Stock Market by Board

年份 Year	股票只数(只) Number of Stocks (unit)					上市公司家数(家) Number of Listed Companies (unit)				
	主板 Main Board	中小板 SME Board	创业板 ChiNext Board	科创板 STAR Market	总体 Total	主板 Main Board	中小板 SME Board	创业板 ChiNext Board	科创板 STAR Market	总体 Total
1992	71	—	—	—	71	53	—	—	—	53
1993	218	—	—	—	218	183	—	—	—	183
1994	345	—	—	—	345	291	—	—	—	291
1995	381	—	—	—	381	323	—	—	—	323
1996	599	—	—	—	599	530	—	—	—	530
1997	821	—	—	—	821	745	—	—	—	745
1998	932	—	—	—	932	852	—	—	—	852
1999	1031	—	—	—	1031	949	—	—	—	949
2000	1174	—	—	—	1174	1088	—	—	—	1088
2001	1248	—	—	—	1248	1160	—	—	—	1160
2002	1311	—	—	—	1311	1224	—	—	—	1224
2003	1374	—	—	—	1374	1287	—	—	—	1287
2004	1425	38	—	—	1463	1339	38	—	—	1377
2005	1417	50	—	—	1467	1331	50	—	—	1381
2006	1418	102	—	—	1520	1332	102	—	—	1434
2007	1434	202	—	—	1636	1348	202	—	—	1550
2008	1438	273	—	—	1711	1352	273	—	—	1625
2009	1441	327	36	—	1804	1355	327	36	—	1718
2010	1465	531	153	—	2149	1379	531	153	—	2063
2011	1501	646	281	—	2428	1415	646	281	—	2342
2012	1523	701	355	—	2579	1438	701	355	—	2494
2013	1518	701	355	—	2574	1433	701	355	—	2489
2014	1558	732	406	—	2696	1475	732	406	—	2613
2015	1641	776	492	—	2909	1559	776	492	—	2827
2016	1742	822	570	—	3134	1660	822	570	—	3052
2017	1954	903	710	—	3567	1872	903	710	—	3485
2018	2005	922	739	—	3666	1923	922	739	—	3584
2019	2053	943	791	70	3857	1973	943	791	70	3777
2020	2132	994	892	215	4233	2053	994	892	215	4154

数据来源：上海证券交易所、深圳证券交易所
Source:SSE、SZSE

2-3 续表 1 continued

年份 Year	上市公司股本(亿股) Share Capital of Listed Companies (100 million shares)					流通股本(亿股) Negotiable Shares (100 million shares)				
	主板 Main Board	中小板 SME Board	创业板 ChiNext Board	科创板 STAR Market	总体 Total	主板 Main Board	中小板 SME Board	创业板 ChiNext Board	科创板 STAR Market	总体 Total
1992	—	—	—	—	—	—	—	—	—	—
1993	328.68	—	—	—	328.68	81.62	—	—	—	81.62
1994	641.01	—	—	—	641.01	185.63	—	—	—	185.63
1995	770.08	—	—	—	770.08	224.98	—	—	—	224.98
1996	1110.73	—	—	—	1110.73	345.57	—	—	—	345.57
1997	1771.43	—	—	—	1771.43	560.82	—	—	—	560.82
1998	2346.69	—	—	—	2346.69	741.70	—	—	—	741.70
1999	2911.49	—	—	—	2911.49	953.66	—	—	—	953.66
2000	3616.26	—	—	—	3616.26	1234.35	—	—	—	1234.35
2001	4851.88	—	—	—	4851.88	1487.66	—	—	—	1487.66
2002	5464.19	—	—	—	5464.19	1680.27	—	—	—	1680.27
2003	6003.34	—	—	—	6003.34	1899.05	—	—	—	1899.05
2004	6682.50	32.23	—	—	6714.74	2184.56	9.59	—	—	2194.15
2005	7107.40	56.14	—	—	7163.54	2476.69	22.20	—	—	2498.89
2006	12540.78	143.21	—	—	12683.99	3389.82	54.68	—	—	3444.50
2007	16660.81	339.64	—	—	17000.45	4806.99	126.66	—	—	4933.64
2008	18308.52	591.60	—	—	18900.13	6704.75	260.22	—	—	6964.97
2009	19777.53	794.13	34.60	—	20606.26	13813.22	380.49	6.48	—	14200.19
2010	25442.68	1366.74	175.06	—	26984.48	18686.62	705.15	50.38	—	19442.15
2011	27402.08	1943.50	399.53	—	29745.11	21232.99	1124.65	142.22	—	22499.86
2012	28822.47	2410.25	600.89	—	31833.62	23049.78	1486.39	242.05	—	24778.22
2013	30242.00	2818.48	761.56	—	33822.04	27514.12	2052.99	430.01	—	29997.12
2014	32247.25	3470.59	1077.26	—	36795.10	29049.51	2552.05	687.69	—	32289.25
2015	36329.75	4853.94	1840.45	—	43024.14	32373.83	3500.65	1168.89	—	37043.37
2016	39696.00	6423.69	2630.61	—	48750.30	34969.72	4465.89	1700.44	—	41136.05
2017	42875.95	7612.24	3258.49	—	53746.67	37276.99	5581.40	2186.49	—	45044.87
2018	45492.75	8360.10	3728.17	—	57581.03	40025.09	6375.03	2647.45	—	49047.57
2019	48058.99	9322.12	4097.12	241.69	61719.92	42223.57	7166.28	3061.87	35.91	52487.62
2020	50403.58	9923.58	4510.43	641.59	65479.19	44815.09	7886.08	3482.30	170.02	56353.50

2-3 续表 2 continued

年份 Year	股票市值(亿元) Market Capitalization of Shares (100 million yuan)					流通市值(亿元) Negotiable Market Capitalization (100 million yuan)				
	主板 Main Board	中小板 SME Board	创业板 ChiNext Board	科创板 STAR Market	总体 Total	主板 Main Board	中小板 SME Board	创业板 ChiNext Board	科创板 STAR Market	总体 Total
1992	1048.15	—	—	—	1048.15	—	—	—	—	—
1993	3531.01	—	—	—	3531.01	832.28	—	—	—	832.28
1994	3690.62	—	—	—	3690.62	968.90	—	—	—	968.90
1995	3474.28	—	—	—	3474.28	938.23	—	—	—	938.23
1996	9842.58	—	—	—	9842.58	2867.03	—	—	—	2867.03
1997	17529.24	—	—	—	17529.24	5204.42	—	—	—	5204.42
1998	19514.03	—	—	—	19514.03	5750.35	—	—	—	5750.35
1999	26485.15	—	—	—	26485.15	8221.11	—	—	—	8221.11
2000	48121.51	—	—	—	48121.51	16098.00	—	—	—	16098.00
2001	43582.89	—	—	—	43582.89	14488.82	—	—	—	14488.82
2002	38338.80	—	—	—	38338.80	12487.20	—	—	—	12487.20
2003	42477.63	—	—	—	42477.63	13185.13	—	—	—	13185.13
2004	36667.51	413.43	—	—	37080.95	11581.24	119.96	—	—	11701.20
2005	31964.46	481.55	—	—	32446.02	10452.71	185.29	—	—	10638.01
2006	87426.06	2015.30	—	—	89441.35	24297.49	723.63	—	—	25021.11
2007	316644.48	10646.84	—	—	327291.31	89317.00	3823.66	—	—	93140.66
2008	115271.36	6269.68	—	—	121541.05	42630.34	2672.68	—	—	45303.02
2009	225621.27	16872.55	1610.08	—	244103.90	143539.53	7503.57	298.97	—	151342.07
2010	222692.76	35364.61	7365.22	—	265422.59	174954.45	16150.32	2005.64	—	193110.41
2011	179894.98	27429.32	7433.79	—	214758.10	148073.70	14343.52	2504.08	—	164921.30
2012	192822.39	28804.03	8731.21	—	230357.62	162078.83	16244.15	3335.29	—	181658.26
2013	186821.47	37163.74	15091.98	—	239077.19	165817.01	25543.70	8218.83	—	199579.54
2014	299637.81	51058.20	21850.95	—	372546.96	266533.42	36017.99	13072.90	—	315624.31
2015	371595.98	103950.47	55916.25	—	531462.70	316065.04	69737.04	32078.68	—	417880.76
2016	357317.41	98113.98	52254.50	—	507685.89	298776.00	64088.77	30536.90	—	393401.67
2017	411805.24	103992.02	51288.81	—	567086.08	347648.30	71155.07	30494.77	—	449298.14
2018	324342.44	70122.00	40459.59	—	434924.03	278772.38	50478.88	24542.95	—	353794.20
2019	424268.00	98681.32	61347.62	8637.64	592934.58	368280.20	73661.29	40231.74	1288.04	483461.27
2020	519031.32	135377.58	109338.54	33490.72	797238.17	457867.76	106105.00	69630.42	10002.11	643605.29

2-4　股票市场分股份类型规模
Dimensions of Stock Market by Type of Share

年份 Year	股票只数(只) Number of Stocks (unit)		上市公司家数(家) Number of Listed Companies (unit)		
	A股 A-shares	B股 B-shares	发行A股上市公司家数 A-shares	发行B股上市公司家数 B-shares	同时发行A、B股上市公司家数 A-shares and B-shares
1992	53	18	53	18	18
1993	177	41	177	41	35
1994	287	58	287	58	54
1995	311	70	311	70	58
1996	514	85	514	85	69
1997	720	101	720	101	76
1998	826	106	826	106	80
1999	923	108	923	108	82
2000	1060	114	1060	114	86
2001	1136	112	1136	112	88
2002	1200	111	1200	111	87
2003	1263	111	1263	111	87
2004	1353	110	1353	110	86
2005	1358	109	1358	109	86
2006	1411	109	1411	109	86
2007	1527	109	1527	109	86
2008	1602	109	1602	109	86
2009	1696	108	1696	108	86
2010	2041	108	2041	108	86
2011	2320	108	2320	108	86
2012	2472	107	2472	107	85
2013	2468	106	2468	106	85
2014	2592	104	2592	104	83
2015	2808	101	2808	101	82
2016	3034	100	3034	100	82
2017	3467	100	3467	100	82
2018	3567	99	3567	99	82
2019	3760	97	3760	97	80
2020	4140	93	4140	93	79

注：发A股公司包括既发A股又发B股的公司，发B股公司包括既发A股又发B股的公司。
数据来源：上海证券交易所、深圳证券交易所
Source:SSE、SZSE

2-4 续表 continued

年份 Year	上市公司股本(亿股) Share Capital of Listed Companies (100 million shares)		流通股本(亿股) Negotiable Shares (100 million shares)		股票市值(亿元) Market Capitalization of Shares (100 million yuan)		流通市值(亿元) Negotiable Market Capitalization (100 million yuan)	
	A股 A-shares	B股 B-shares	A股 A-shares	B股 B-shares	A股 A-shares	B股 B-shares	A股 A-shares	B股 B-shares
1992	—	—	—	—	—	—	—	—
1993	300.19	28.49	57.14	24.48	3318.67	212.35	653.68	178.60
1994	594.71	46.30	144.41	41.22	3516.04	174.58	813.88	155.02
1995	708.00	62.09	178.98	46.00	3310.58	163.71	790.94	147.28
1996	1025.24	85.49	267.15	78.42	9448.56	394.03	2514.02	353.02
1997	1646.13	125.30	443.25	117.58	17154.19	375.04	4856.09	348.34
1998	2205.30	141.38	607.78	133.92	19307.68	206.35	5554.78	195.58
1999	2760.52	150.97	811.77	141.89	26181.61	303.54	7944.61	276.50
2000	3442.26	174.00	1079.15	155.21	47486.10	635.41	15534.47	563.53
2001	4662.36	189.53	1320.37	167.30	42303.22	1279.68	13367.52	1121.31
2002	5284.85	179.34	1508.76	171.51	37536.23	802.57	11721.40	765.81
2003	5813.72	189.62	1719.66	179.39	41540.40	937.23	12312.53	872.60
2004	6505.83	208.91	1996.65	197.50	36334.72	746.22	11011.02	690.17
2005	6936.08	227.47	2280.84	218.05	31826.28	619.73	10035.93	602.08
2006	12445.65	238.34	3215.54	228.96	88151.42	1289.94	23748.73	1272.38
2007	16746.63	253.84	4682.77	250.87	324738.16	2553.15	90602.83	2537.83
2008	18629.78	270.35	6696.76	268.21	120741.17	799.88	44508.22	794.80
2009	20332.77	273.49	13928.71	271.48	242291.80	1812.11	149539.38	1802.69
2010	26701.52	282.97	19160.47	281.68	263220.54	2202.05	190917.10	2193.31
2011	29448.60	296.52	22204.54	295.32	213309.84	1448.26	163479.07	1442.24
2012	31551.24	282.38	24497.05	281.18	228775.33	1582.29	180082.94	1575.32
2013	33538.25	283.79	29714.53	282.59	237403.27	1673.92	197915.96	1663.57
2014	36517.75	277.35	32013.11	276.14	370823.17	1723.79	313910.42	1713.89
2015	42753.16	270.98	36773.67	269.70	529251.65	2211.05	415680.99	2199.76
2016	48468.16	282.13	40855.20	280.85	505772.76	1913.12	391498.97	1902.70
2017	53461.94	284.74	44761.43	283.45	565254.86	1831.21	447476.33	1821.82
2018	57290.35	291.08	48758.19	289.38	433547.91	1376.13	352428.06	1366.14
2019	61427.79	292.13	52196.79	290.83	591623.19	1311.38	482157.73	1303.53
2020	65173.71	305.47	56072.58	280.92	796024.47	1213.70	642395.81	1209.49

2-5 股票市场分监管辖区规模
Dimensions of Stock Market by Regulatory Jurisdiction

辖区	Jurisdiction	上市公司家数(家) Number of Listed Companies (unit)		上市公司股本(亿股) Share Capital of Listed Companies (100 million shares)		股票市值(亿元) Market Capitalization of Shares (100 million yuan)	
		2019	2020	2019	2020	2019	2020
北京	Beijing	343	380	20676.82	21304.46	138914.67	152040.62
天津	Tianjin	53	60	673.89	828.25	5618.19	9203.03
河北	Hebei	58	61	962.86	1070.21	6805.45	10754.69
山西	Shanxi	38	39	804.97	916.23	5317.12	7685.62
内蒙古	Inner Mongolia	26	26	960.94	989.22	5098.85	6335.93
辽宁	Liaoning	47	49	552.50	581.98	3491.59	3787.16
吉林	Jilin	42	45	449.93	515.80	3405.00	4992.68
黑龙江	Heilongjiang	37	39	506.40	579.40	2755.24	3585.57
上海	Shanghai	309	343	4986.28	5382.63	53043.65	72226.60
江苏	Jiangsu	428	482	3854.10	4113.83	43762.84	61627.05
浙江	Zhejiang	380	425	3543.38	3814.81	39350.24	55379.45
安徽	Anhui	105	126	1197.68	1269.57	12809.69	18772.08
福建	Fujian	89	93	1287.60	1293.35	15019.02	24540.08
江西	Jiangxi	44	55	360.33	436.91	3913.28	6286.33
山东	Shandong	173	185	1755.31	1923.60	17632.38	26219.66
河南	Henan	82	87	1053.94	1099.18	9923.08	14659.53
湖北	Hubei	106	114	1165.26	1228.06	12430.84	15764.68
湖南	Hunan	105	117	1018.45	1127.41	9857.92	17514.39
广东	Guangdong	319	344	3189.60	3356.28	43584.05	59316.53
广西	Guangxi	38	38	434.60	474.50	2735.37	2913.56
海南	Hainan	31	32	498.61	512.95	2291.99	2500.92
重庆	Chongqing	55	57	817.57	897.88	6304.93	9766.41
四川	Sichuan	125	136	1298.34	1437.11	17773.11	30559.95
贵州	Guizhou	29	31	293.59	309.64	16931.54	28280.48
云南	Yunnan	36	37	630.86	639.79	5743.70	7558.55
西藏	Tibet	19	20	139.32	145.47	1687.45	2089.69
陕西	Shaanxi	54	59	764.34	858.00	6784.84	12690.45
甘肃	Gansu	34	34	471.76	488.86	2242.82	2499.42
青海	Qinghai	12	12	140.09	166.56	964.13	1352.08
宁夏	Ningxia	14	14	202.31	206.15	1272.31	1357.41
新疆	Xinjiang	55	59	938.35	996.03	6108.56	6045.30
深圳	Shenzhen	299	333	4092.00	4294.03	70460.40	91195.66
大连	Dalian	28	27	611.28	617.02	3442.73	4342.01
宁波	Ningbo	77	93	661.35	783.34	7130.22	10926.47
厦门	Xiamen	49	58	293.60	360.95	3992.26	6324.34
青岛	Qingdao	38	44	431.72	459.71	4335.11	6143.79

注：所属辖区按上市公司注册地划分，注册地为境外的上市公司，以其实际办公地为口径统计上市公司家数，以注册地(境外)为口径统计IPO家数，以沪深交易所股东大会公告为准。

数据来源：上海证券交易所、深圳证券交易所

Source:SSE、SZSE

2-6 境内股票市场筹资情况
Proceeds Raised in Domestic Stock Market

年份 Year	境内股票首发发行数量(亿股) Number of Initial Public Offerings in Domestic Capital Market (100 million shares)	境内股票筹资金额(亿元) Proceeds Raised in Domestic Capital Market by Offering of Shares (100 million yuan)					
		小计 Subtotal	首发筹资金额(IPO) Proceeds Raised by IPO	增发筹资金额 Proceeds Raised by Following on Offering	配股筹资金额 Proceeds Raised by Rights Issues	行权筹资金额 Proceeds Raised by Warrant Exercise	优先股 Proceeds Raised by Preference Stock
1992	10.65	68.91	68.91	0.00	0.00	—	—
1993	51.07	245.02	184.83	0.00	60.19	—	—
1994	48.64	213.63	154.44	7.68	51.51	—	—
1995	18.01	99.78	42.37	1.16	56.25	—	—
1996	66.54	308.04	241.32	0.00	66.71	—	—
1997	129.64	859.98	651.56	0.00	208.42	—	—
1998	81.37	787.44	412.22	30.46	344.76	—	—
1999	86.87	873.63	494.71	59.95	318.98	—	—
2000	122.17	1515.82	862.56	143.73	509.53	—	—
2001	84.57	1238.14	614.03	193.48	430.64	—	—
2002	117.34	720.05	498.75	164.68	56.61	—	—
2003	89.34	665.51	472.42	116.56	76.52	—	—
2004	56.13	650.53	361.05	184.71	104.77	—	—
2005	13.92	339.03	57.63	278.78	2.62	—	—
2006	377.89	2374.50	1341.70	1028.48	4.32	—	—
2007	430.63	7814.74	4770.83	2816.24	227.68	—	—
2008	114.96	3312.39	1034.38	2095.68	151.57	30.76	—
2009	244.47	4834.34	1878.98	2818.99	105.97	30.40	—
2010	553.95	9799.80	4882.59	3394.71	1438.22	84.28	—
2011	163.99	7154.43	2824.43	3878.54	421.96	29.49	—
2012	78.86	4542.40	1034.32	3387.07	121.00	0.00	—
2013	0.00	4131.46	0.00	3655.74	475.73	0.00	0.00
2014	70.10	8498.26	668.89	6661.41	137.97	0.00	1030.00
2015	151.52	16361.62	1576.39	12741.29	36.44	0.00	2007.50
2016	137.47	20297.39	1496.07	16879.80	298.51	0.00	1623.00
2017	224.20	15534.98	2301.08	12870.94	162.96	0.00	200.00
2018	129.20	11377.88	1378.15	8421.66	228.32	0.00	1349.76
2019	297.57	12538.83	2489.81	7365.14	133.88	0.00	2550.00
2020	300.83	14221.61	4742.30	8778.99	512.97	0.00	187.35

注：本表筹资情况包含首发上市及再筹资。再筹资包含公开增发、定向增发、配股、权证和优先股筹资，其中权证筹资仅指期权行权筹资(不包括可转债转股)，为2008年之后开展的业务，优先股为2014年之后开展的业务。

数据来源：上海证券交易所、深圳证券交易所

Source: SSE、SZSE

2-7 2020年股票市场分行业筹资情况
Summary of Stock Market Financing by Industry in 2020

单位：亿元 (100 million yuan)

行业 Industry	A股 A-Shares				
	主板 Main Board	中小板 SME Board	创业板 ChiNext Board	科创板 STAR Market	合计 Total
农、林、牧、渔 Agriculture, Forestry, Animal Husbandry and Fishery	17.02	39.14	0.74	0.00	56.91
采矿业 Mining	114.70	29.86	17.39	0.00	161.95
制造业 Manufacturing	3728.66	1658.47	1441.58	1865.78	8694.49
电力、热力、燃气及水生产和供应业 Production and Supply of Electricity, Gas and Water	549.13	0.00	0.00	0.00	549.13
建筑业 Construction	179.35	113.69	0.00	0.00	293.03
批发和零售业 Wholesale and Retail Trades	182.45	63.66	6.67	0.00	252.78
交通运输、仓储和邮政业 Transport, Storage and Post	705.59	0.65	10.24	0.00	716.48
住宿和餐饮业 Hotels and Catering Services	8.39	0.82	0.00	0.00	9.21
信息传输、软件和信息技术服务业 Information Transmission, Computer Services and Software	131.86	148.51	143.90	302.72	727.00
金融业 Financial Intermediation	1814.11	356.45	0.39	0.00	2170.95
房地产业 Real Estate	76.28	22.86	4.70	0.00	103.83
租赁和商务服务业 Leasing and Business Services	31.73	1.03	0.56	0.00	33.32
科学研究和技术服务业 Scientific Research, Technical Service	73.26	11.46	31.92	21.73	138.36
水利、环境和公共设施管理业 Management of Water Conservancy, Environment and Public Facilities	51.71	11.43	51.05	47.12	178.65
居民服务、修理和其他服务业 Resident Services, Repairs and Other Services	0.00	0.00	0.00	0.00	0.00
教育 Education	0.00	4.72	0.00	0.00	4.72
卫生和社会工作 Health and Social Works	6.35	0.06	30.96	0.00	37.37
文化、体育和娱乐业 Culture, Sports and Entertainment	35.02	29.29	28.87	0.00	93.18
综合 Others	0.24	0.00	0.00	0.00	0.24

注：1.本表筹资情况包含境内首发上市及再筹资。再筹资包含公开增发、定向增发、配股、权证和优先股筹资，其中权证筹资仅指期权行权筹资(不包括可转债转股)，为2008年之后开展的业务，优先股为2014年之后开展的业务。

2.募集资金以股票上市日口径统计。

数据来源：上海证券交易所、深圳证券交易所

Source:SSE、SZSE

2-8 2020年股票市场分监管辖区筹资情况

Summary of Stock Market Financing by Jurisdiction in 2020

单位：亿元 (100 million yuan)

辖区	Jurisdiction	A股 A-Shares				
		主板 Main Board	中小板 SME Board	创业板 ChiNext Board	科创板 STAR Market	合计 Total
北京	Beijing	949.95	143.29	228.67	296.34	1618.24
天津	Tianjin	254.09	74.29	17.45	56.06	401.90
河北	Hebei	387.81	57.82	12.08	0.00	457.72
山西	Shanxi	14.51	42.16	1.40	0.00	58.07
内蒙古	Inner Mongolia	49.96	0.00	8.00	0.00	57.96
辽宁	Liaoning	6.66	1.08	2.44	15.13	25.31
吉林	Jilin	214.87	5.08	5.56	11.44	236.95
黑龙江	Heilongjiang	126.07	0.00	9.39	0.00	135.46
上海	Shanghai	1336.71	143.55	189.01	412.90	2082.16
江苏	Jiangsu	788.73	116.60	148.47	290.32	1344.11
浙江	Zhejiang	624.22	658.31	120.34	55.85	1458.72
安徽	Anhui	75.94	67.20	57.26	52.03	252.42
福建	Fujian	107.26	1.94	210.33	37.37	356.91
江西	Jiangxi	55.13	24.34	9.75	58.39	147.61
山东	Shandong	148.93	104.24	60.48	30.16	343.81
河南	Henan	217.34	87.43	39.56	4.98	349.31
湖北	Hubei	379.50	8.19	24.81	21.12	433.62
湖南	Hunan	239.71	122.41	59.06	61.61	482.79
广东	Guangdong	571.30	157.89	138.33	186.56	1054.08
广西	Guangxi	111.41	0.00	5.80	0.00	117.21
海南	Hainan	19.34	0.00	5.98	0.00	25.32
重庆	Chongqing	243.44	10.42	0.07	0.00	253.93
四川	Sichuan	245.59	56.73	37.24	38.38	377.93
贵州	Guizhou	3.89	9.28	14.01	0.00	27.18
云南	Yunnan	37.66	50.53	0.00	0.00	88.19
西藏	Tibet	0.00	0.08	11.99	0.00	12.08
陕西	Shaanxi	232.97	5.03	23.71	19.96	281.67
甘肃	Gansu	0.00	19.78	0.00	0.00	19.78
青海	Qinghai	0.00	0.00	0.00	0.00	0.00
宁夏	Ningxia	0.00	0.00	0.00	0.00	0.00
新疆	Xinjiang	36.56	9.51	2.96	0.00	49.03
深圳	Shenzhen	220.00	368.31	268.56	0.00	856.87
大连	Dalian	0.00	0.14	0.00	0.00	0.14
宁波	Ningbo	0.00	111.56	25.40	0.00	136.95
厦门	Xiamen	6.30	21.82	37.31	0.00	65.42
青岛	Qingdao	0.00	13.08	10.89	0.00	23.98
境外	Overseas	0.00	0.00	0.00	588.77	588.77

注：1.本表筹资情况包含境内首发上市及再筹资。再筹资包含公开增发、定向增发、配股、权证和优先股筹资，其中权证筹资仅指期权行权筹资(不包括可转债转股)，为2008年之后开展的业务，优先股为 2014年之后开展的业务。

2.募集资金以股票上市日口径统计。

3.上市公司辖区按公司注册地划分，以沪深交易所股东大会公告为准。

数据来源：上海证券交易所、深圳证券交易所

Source:SSE、SZSE

2-9 股票市场分板块首发筹资情况(IPO)
Statistics for Stock Market IPO Financing by Board

年份 Year	境内首发筹资公司家数(家) Number of Listed Companies Financing in Domestic Capital Market by IPO(unit)					境内首发筹资金额(IPO)(亿元) Proceeds Raised in Domestic Capital Market by IPO(100 million yuan)				
	主板 Main Board	中小板 SME Board	创业板 ChiNext Board	科创板 STAR Market	合计 Total	主板 Main Board	中小板 SME Board	创业板 ChiNext Board	科创板 STAR Market	合计 Total
1990	8	—	—	—	8	2.11	—	—	—	2.11
1991	5	—	—	—	5	1.03	—	—	—	1.03
1992	41	—	—	—	41	68.91	—	—	—	68.91
1993	134	—	—	—	134	184.83	—	—	—	184.83
1994	117	—	—	—	117	154.44	—	—	—	154.44
1995	36	—	—	—	36	42.37	—	—	—	42.37
1996	212	—	—	—	212	241.32	—	—	—	241.32
1997	222	—	—	—	222	651.56	—	—	—	651.56
1998	111	—	—	—	111	412.22	—	—	—	412.22
1999	100	—	—	—	100	494.71	—	—	—	494.71
2000	143	—	—	—	143	862.56	—	—	—	862.56
2001	79	—	—	—	79	614.03	—	—	—	614.03
2002	71	—	—	—	71	498.75	—	—	—	498.75
2003	67	—	—	—	67	472.42	—	—	—	472.42
2004	62	38	—	—	100	269.97	91.08	—	—	361.05
2005	3	12	—	—	15	28.55	29.09	—	—	57.63
2006	14	52	—	—	66	1180.23	161.46	—	—	1341.70
2007	26	100	—	—	126	4379.92	390.91	—	—	4770.83
2008	5	71	—	—	76	733.54	300.84	—	—	1034.38
2009	9	54	36	—	99	1251.25	423.64	204.09	—	1878.98
2010	26	204	117	—	347	1891.51	2027.73	963.34	—	4882.59
2011	39	115	128	—	282	1014.01	1018.95	791.47	—	2824.43
2012	25	55	74	—	154	333.57	349.25	351.49	—	1034.32
2013	0	0	0	—	0	0.00	0.00	0.00	—	0.00
2014	43	31	51	—	125	311.77	197.66	159.45	—	668.89
2015	89	44	86	—	219	1086.90	181.86	307.62	—	1576.39
2016	103	46	78	—	227	1017.23	221.21	257.64	—	1496.07
2017	214	81	141	—	436	1376.56	402.68	521.84	—	2301.08
2018	57	19	29	—	105	864.93	226.33	286.89	—	1378.15
2019	53	26	52	70	201	1019.66	344.67	301.21	824.27	2489.81
2020	88	54	107	145	394	1250.85	372.29	892.95	2226.22	4742.30

注：1.股票首发筹资以上市日口径统计。
2.对同一年份发行A股和B股的上市公司在主板算作1家；筹资金额包含A、B股首发筹资金额。
3.对不同年份发行A、B股的公司筹资家数和筹资金额分别计入当年筹资家数和筹资金额。

数据来源：上海证券交易所、深圳证券交易所

Source: SSE、SZSE

2-10 股票市场分股份类型首发筹资情况(IPO)
Statistics for Stock Market IPO Financing by Type of Shares

年份 Year	境内首发筹资公司家数(家) Number of Listed Companies Financing in Domestic Capital Market by IPO(unit)		境内首发筹资金额(IPO)(亿元) Proceeds Raised in Domestic Capital Market by IPO(100 million yuan)	
	发行A股的公司 Listed Companies Issued the A-shares	发行B股的公司 Listed Companies Issued the B-shares	A股 A-shares	B股 B-shares
1990	8	0	2.11	0.00
1991	5	0	1.03	0.00
1992	40	18	20.46	48.45
1993	124	23	143.50	41.34
1994	110	17	143.23	11.21
1995	24	12	21.90	20.47
1996	203	15	211.68	29.65
1997	206	16	613.97	37.59
1998	106	5	404.14	8.08
1999	98	2	494.20	0.51
2000	137	6	852.05	10.51
2001	79	0	614.03	0.00
2002	71	0	498.75	0.00
2003	67	0	472.42	0.00
2004	100	0	361.05	0.00
2005	15	0	57.63	0.00
2006	66	0	1341.70	0.00
2007	126	0	4770.83	0.00
2008	76	0	1034.38	0.00
2009	99	0	1878.98	0.00
2010	347	0	4882.59	0.00
2011	282	0	2824.43	0.00
2012	154	0	1034.32	0.00
2013	0	0	0.00	0.00
2014	125	0	668.89	0.00
2015	219	0	1576.39	0.00
2016	227	0	1496.07	0.00
2017	436	0	2301.08	0.00
2018	105	0	1378.15	0.00
2019	201	0	2489.81	0.00
2020	394	0	4742.30	0.00

注：1.股票首发筹资以上市日口径统计。

2.对A、B股同年首发的公司分别计入A、B股公司家数和筹资金额。

3.对不同年份发行A、B股的公司筹资家数和筹资金额分别计入当年筹资家数和筹资金额。

数据来源：上海证券交易所、深圳证券交易所

Source: SSE、SZSE

2-11 A股市场新股首发及上市首日情况

Issue-Day Statistics of the A-Share Market IPO

年份 Year	平均超募比率(%) Average Oversubscription Rate(%)					上市首日平均换手率(%) Average Turnover Ratio of Issue-day(%)				
	总体 Total	主板 Main Board	中小板 SME Board	创业板 ChiNext Board	科创板 STAR Market	总体 Total	主板 Main Board	中小板 SME Board	创业板 ChiNext Board	科创板 STAR Market
1995	0.00	0.00	0.00	0.00	—	31.57	31.57	0.00	0.00	—
1996	0.00	0.00	0.00	0.00	—	57.67	57.67	0.00	0.00	—
1997	0.00	0.00	0.00	0.00	—	58.53	58.53	0.00	0.00	—
1998	0.00	0.00	0.00	0.00	—	58.96	58.96	0.00	0.00	—
1999	0.00	0.00	0.00	0.00	—	58.84	58.84	0.00	0.00	—
2000	0.00	0.00	0.00	0.00	—	57.99	57.99	0.00	0.00	—
2001	0.00	0.00	0.00	0.00	—	64.31	64.31	0.00	0.00	—
2002	0.00	0.00	0.00	0.00	—	62.57	62.57	0.00	0.00	—
2003	0.00	0.00	0.00	0.00	—	51.99	51.99	0.00	0.00	—
2004	0.00	0.00	0.00	0.00	—	54.80	52.15	59.05	0.00	—
2005	0.00	0.00	0.00	0.00	—	58.03	72.35	55.64	0.00	—
2006	2.20	2.41	1.31	0.00	—	71.12	61.54	73.52	0.00	—
2007	67.70	84.29	9.64	0.00	—	65.59	58.28	66.71	0.00	—
2008	18.96	25.19	6.07	0.00	—	80.74	71.46	81.39	0.00	—
2009	56.42	35.46	96.09	144.88	—	79.31	73.02	76.44	85.18	—
2010	124.36	37.81	150.23	234.59	—	72.14	67.18	72.80	72.11	—
2011	93.88	57.99	96.48	154.23	—	68.42	61.31	68.32	70.62	—
2012	43.46	4.75	65.96	84.59	—	62.72	65.53	60.74	63.24	—
2013	0.00	0.00	0.00	0.00	—	0.00	0.00	0.00	0.00	—
2014	0.00	0.00	0.00	0.00	—	5.25	6.00	4.39	5.14	—
2015	0.00	0.00	0.00	0.00	—	0.07	0.08	0.09	0.05	—
2016	0.00	0.00	0.00	0.00	—	0.05	0.06	0.05	0.04	—
2017	0.00	0.00	0.00	0.00	—	0.04	0.04	0.04	0.03	—
2018	0.00	0.00	0.00	0.00	—	0.14	0.19	0.09	0.10	—
2019	0.00	0.00	0.00	0.00	0.00	27.42	3.09	0.28	0.30	76.06
2020	17.00	-0.12	0.00	8.88	37.86	38.88	5.25	0.60	39.39	73.18

注：1.股票首发以上市日口径统计。

2.以上数据除超募比率使用整体法计算外，其他均为算数平均。

3.首日破发指的是首日收盘破发。

4.首发市盈率指的摊薄后的市盈率。

数据来源：上海证券交易所、深圳证券交易所

Source:SSE、SZSE

2-11 续表 1 continued

年份 Year	首日破发率(%) the Ratio of Breaking Issue Price(%)					平均首发价格(元) Average IPO Price(yuan)				
	总体 Total	主板 Main Board	中小板 SME Board	创业板 ChiNext Board	科创板 STAR Market	总体 Total	主板 Main Board	中小板 SME Board	创业板 ChiNext Board	科创板 STAR Market
1995	11.11	11.11	0.00	0.00	—	4.06	4.06	0.00	0.00	—
1996	1.38	1.38	0.00	0.00	—	5.57	5.57	0.00	0.00	—
1997	1.35	1.35	0.00	0.00	—	5.87	5.87	0.00	0.00	—
1998	2.70	2.70	0.00	0.00	—	5.28	5.28	0.00	0.00	—
1999	0.00	0.00	0.00	0.00	—	6.15	6.15	0.00	0.00	—
2000	0.00	0.00	0.00	0.00	—	7.95	7.95	0.00	0.00	—
2001	0.00	0.00	0.00	0.00	—	9.49	9.49	0.00	0.00	—
2002	0.00	0.00	0.00	0.00	—	7.23	7.23	0.00	0.00	—
2003	0.00	0.00	0.00	0.00	—	7.33	7.33	0.00	0.00	—
2004	3.00	1.61	5.26	0.00	—	8.45	7.61	9.80	0.00	—
2005	0.00	0.00	0.00	0.00	—	6.87	5.03	7.18	0.00	—
2006	0.00	0.00	0.00	0.00	—	8.15	5.77	8.75	0.00	—
2007	0.00	0.00	0.00	0.00	—	11.47	12.17	11.40	0.00	—
2008	0.00	0.00	0.00	0.00	—	12.04	10.36	12.16	0.00	—
2009	0.00	0.00	0.00	0.00	—	23.32	10.77	23.56	26.11	—
2010	7.49	19.23	7.84	4.27	—	29.83	12.52	28.02	36.84	—
2011	27.40	39.47	27.83	23.44	—	26.33	19.87	25.96	28.58	—
2012	26.62	32.00	29.09	22.97	—	18.84	10.88	18.00	22.17	—
2013	0.00	0.00	0.00	0.00	—	0.00	0.00	0.00	0.00	—
2014	0.00	0.00	0.00	0.00	—	17.56	13.08	15.25	22.74	—
2015	0.00	0.00	0.00	0.00	—	14.05	12.53	13.90	15.70	—
2016	0.00	0.00	0.00	0.00	—	13.80	12.66	13.99	15.22	—
2017	0.00	0.00	0.00	0.00	—	14.45	13.49	15.29	15.43	—
2018	0.00	0.00	0.00	0.00	—	17.75	17.06	15.30	20.71	—
2019	0.50	0.00	0.00	0.00	1.43	22.84	14.45	16.40	21.78	32.36
2020	0.00	0.00	0.00	0.00	0.00	27.53	18.34	20.76	25.73	36.96

2-11 续表 2 continued

年份 Year	首日平均涨跌幅(%) Average Price Change Rate on the First Trading Day of IPO (%)					平均网上发行中签率(%) Average Lot Winning Rate for Online Subscription(%)					平均首发市盈率(倍) Average IPO P/E Ratio(times)				
	总体 Total	主板 Main Board	中小板 SME Board	创业板 ChiNext Board	科创板 STAR Market	总体 Total	主板 Main Board	中小板 SME Board	创业板 ChiNext Board	科创板 STAR Market	总体 Total	主板 Main Board	中小板 SME Board	创业板 ChiNext Board	科创板 STAR Market
1995	102.99	102.99	0.00	0.00	—	0.00	0.00	0.00	0.00	—	0.00	0.00	0.00	0.00	—
1996	111.08	111.08	0.00	0.00	—	0.00	0.00	0.00	0.00	—	0.00	0.00	0.00	0.00	—
1997	151.59	151.59	0.00	0.00	—	2.05	2.05	0.00	0.00	—	0.00	0.00	0.00	0.00	—
1998	142.36	142.36	0.00	0.00	—	0.60	0.60	0.00	0.00	—	0.00	0.00	0.00	0.00	—
1999	110.97	110.97	0.00	0.00	—	0.71	0.71	0.00	0.00	—	0.00	0.00	0.00	0.00	—
2000	147.35	147.35	0.00	0.00	—	0.50	0.50	0.00	0.00	—	28.55	28.55	0.00	0.00	—
2001	137.43	137.43	0.00	0.00	—	0.58	0.58	0.00	0.00	—	30.54	30.54	0.00	0.00	—
2002	135.48	135.48	0.00	0.00	—	0.00	0.00	0.00	0.00	—	19.12	19.12	0.00	0.00	—
2003	72.03	72.03	0.00	0.00	—	0.00	0.00	0.00	0.00	—	17.92	17.92	0.00	0.00	—
2004	70.78	72.50	68.02	0.00	—	0.00	0.00	0.04	0.00	—	17.25	17.32	17.14	0.00	—
2005	47.53	106.42	37.72	0.00	—	0.00	0.00	0.06	0.00	—	20.69	20.83	20.67	0.00	—
2006	84.81	37.90	96.54	0.00	—	0.50	1.52	0.24	0.00	—	23.23	18.61	24.38	0.00	—
2007	191.09	113.40	209.05	0.00	—	0.34	0.87	0.21	0.00	—	30.10	38.36	28.33	0.00	—
2008	115.82	49.94	120.46	0.00	—	0.11	0.47	0.08	0.00	—	26.94	31.43	26.63	0.00	—
2009	74.15	55.95	64.83	92.67	—	0.56	1.05	0.35	0.73	—	51.73	46.45	45.37	62.60	—
2010	41.42	28.52	45.13	37.83	—	0.88	2.33	0.78	0.73	—	58.77	39.09	54.59	70.45	—
2011	20.91	16.10	20.65	22.59	—	2.27	4.52	2.27	1.61	—	47.40	39.35	43.85	52.98	—
2012	26.71	40.05	28.15	21.13	—	1.84	3.08	1.77	1.48	—	30.18	23.35	28.71	33.58	—
2013	0.00	0.00	0.00	0.00	—	0.00	0.00	0.00	0.00	—	0.00	0.00	0.00	0.00	—
2014	43.52	42.72	44.27	43.74	—	1.07	0.94	1.17	1.11	—	23.82	21.32	23.45	26.16	—
2015	44.00	44.00	44.00	44.00	—	0.49	0.57	0.42	0.43	—	21.87	22.13	21.87	21.62	—
2016	44.00	44.00	44.00	44.00	—	0.05	0.06	0.03	0.03	—	21.44	20.64	21.48	22.48	—
2017	44.00	44.00	44.00	44.00	—	0.03	0.04	0.02	0.02	—	27.57	25.22	29.84	29.84	—
2018	44.00	44.01	44.00	44.00	—	0.06	0.07	0.06	0.04	—	24.75	21.12	29.52	28.76	—
2019	65.06	42.07	44.00	44.00	115.06	0.07	0.11	0.08	0.03	0.05	33.73	20.32	19.21	20.18	59.33
2020	125.64	43.44	44.00	157.87	182.15	0.04	0.05	0.03	0.02	0.04	40.47	22.57	20.72	27.25	71.68

2-12　2020年A股市场首发及上市首日表现

序号 Number	股票代码 Stock Code	股票简称 Stock Abbreviation	所属辖区 Jurisdiction	行业分类 Industry Classification	上市日期 Listing Date	首发数量（万股） Number of IPO Shares (10 thousand shares)
1	688181	八亿时空	北京	制造业	2020-01-06	2411.83
2	688081	兴图新科	湖北	制造业	2020-01-06	1840.00
3	002973	侨银环保	广东	水利、环境和公共设施管理业	2020-01-06	4089.00
4	300812	易天股份	广东	制造业	2020-01-09	1938.00
5	002971	和远气体	湖北	制造业	2020-01-13	4000.00
6	688178	万德斯	江苏	水利、环境和公共设施管理业	2020-01-14	2124.95
7	300813	泰林生物	浙江	制造业	2020-01-14	1300.00
8	603551	奥普家居	浙江	制造业	2020-01-15	4001.00
9	601816	京沪高铁	北京	交通运输、仓储和邮政业	2020-01-16	628563.00
10	688278	特宝生物	福建	制造业	2020-01-17	4650.00
11	688158	优刻得	上海	信息传输、软件和信息技术服务业	2020-01-20	5850.00
12	688100	威胜信息	湖南	制造业	2020-01-21	5000.00
13	688026	洁特生物	广东	制造业	2020-01-22	2500.00
14	688266	泽璟制药	江苏	制造业	2020-01-23	6000.00
15	688159	有方科技	广东	制造业	2020-01-23	2292.00
16	300815	玉禾田	安徽	水利、环境和公共设施管理业	2020-01-23	3460.00
17	603290	斯达半导	浙江	制造业	2020-02-04	4000.00
18	688298	东方生物	浙江	制造业	2020-02-05	3000.00
19	002975	博杰股份	广东	制造业	2020-02-05	1736.67
20	603195	公牛集团	浙江	制造业	2020-02-06	6000.00
21	603893	瑞芯微	福建	制造业	2020-02-07	4200.00
22	300816	艾可蓝	安徽	水利、环境和公共设施管理业	2020-02-10	2000.00
23	688398	赛特新材	福建	制造业	2020-02-11	2000.00
24	688186	广大特材	江苏	制造业	2020-02-11	4180.00
25	688080	映翰通	北京	制造业	2020-02-12	1310.72
26	300818	耐普矿机	江西	制造业	2020-02-12	1750.00
27	688208	道通科技	广东	制造业	2020-02-13	5000.00
28	300820	英杰电气	四川	制造业	2020-02-13	1584.00
29	688090	瑞松科技	广东	制造业	2020-02-17	1684.01
30	688200	华峰测控	北京	制造业	2020-02-18	1529.63
31	300817	双飞股份	浙江	制造业	2020-02-18	2106.00
32	688233	神工股份	辽宁	制造业	2020-02-21	4000.00
33	688177	百奥泰	广东	制造业	2020-02-21	6000.00
34	688169	石头科技	北京	制造业	2020-02-21	1666.67
35	603719	良品铺子	湖北	批发和零售业	2020-02-24	4100.00
36	688086	紫晶存储	广东	制造业	2020-02-26	4759.61
37	601696	中银证券	上海	金融业	2020-02-26	27800.00
38	688396	华润微	境外	制造业	2020-02-27	33694.30
39	603948	建业股份	浙江	制造业	2020-03-02	4000.00
40	002976	瑞玛工业	江苏	制造业	2020-03-06	2500.00
41	603949	雪龙集团	浙江	制造业	2020-03-10	3747.00
42	300821	东岳硅材	山东	制造业	2020-03-12	30000.00
43	300819	聚杰微纤	江苏	制造业	2020-03-12	2487.00

数据来源：上海证券交易所、深圳证券交易所
Source: SSE、SZSE

Issue-Day Statistics of IPO in the A-Share Stock Market in 2020

发行价格(元) IPO Price (yuan)	首发筹资金额(百万元) Proceeds Raised by IPO (million yuan)	上市首日涨跌幅(%) Price Change Rate on Issue Day of IPO (%)	超募比例(%) Oversubscription Rate (%)	网上发行中签率(%) Lot Winning Rate for Online Subscription(%)	首发市盈率(摊薄)(倍) IPO P/E Ratio (times)	上市交易所 Stock Exchange	是否注册制 Registration or Not
43.98	1060.72	39.36	170.21	0.04	37.35	上海证券交易所	是
28.21	519.06	86.92	13.16	0.04	51.70	上海证券交易所	是
5.74	234.71	44.08	0.00	0.04	22.87	深圳证券交易所	否
21.46	415.89	43.99	0.00	0.02	22.68	深圳证券交易所	否
10.82	432.80	43.99	0.00	0.03	22.97	深圳证券交易所	否
25.20	535.49	102.90	-9.28	0.04	29.14	上海证券交易所	是
18.35	238.55	43.98	0.00	0.01	19.77	深圳证券交易所	否
15.21	608.55	43.98	0.00	0.04	21.85	上海证券交易所	否
4.88	30673.87	38.73	0.00	0.79	23.39	上海证券交易所	否
8.24	383.16	328.40	-41.98	0.05	209.46	上海证券交易所	是
33.23	1943.96	119.53	-7.10	0.05	181.85	上海证券交易所	是
13.78	689.00	192.45	0.85	0.05	42.46	上海证券交易所	是
16.49	412.25	223.59	20.24	0.04	34.93	上海证券交易所	是
33.76	2025.60	120.94	-19.02	0.05		上海证券交易所	是
20.35	466.42	178.18	-23.57	0.04	49.31	上海证券交易所	是
29.55	1022.43	43.99	0.00	0.03	22.42	深圳证券交易所	否
12.74	509.60	44.03	0.00	0.04	22.98	上海证券交易所	否
21.25	637.50	586.96	-1.67	0.04	40.73	上海证券交易所	是
34.60	600.89	43.99	0.00	0.01	21.53	深圳证券交易所	否
59.45	3567.00	44.00	0.00	0.05	22.93	上海证券交易所	否
9.68	406.56	44.01	0.00	0.04	22.98	上海证券交易所	否
20.28	405.60	43.98	0.00	0.02	19.58	深圳证券交易所	否
24.12	482.40	252.40	4.26	0.04	47.45	上海证券交易所	是
17.16	717.29	210.20	-6.57	0.05	23.40	上海证券交易所	是
27.63	362.15	383.17	16.44	0.04	32.38	上海证券交易所	是
21.14	369.95	43.99	0.00	0.02	22.59	深圳证券交易所	否
24.36	1218.00	204.19	58.44	0.05	36.16	上海证券交易所	是
33.66	533.17	44.00	0.00	0.02	18.83	深圳证券交易所	否
27.55	463.95	263.01	7.12	0.04	43.30	上海证券交易所	是
107.41	1642.98	216.55	45.30	0.05	72.58	上海证券交易所	是
18.37	386.87	43.98	0.00	0.03	22.99	深圳证券交易所	否
21.67	866.80	259.76	-27.40	0.04	32.53	上海证券交易所	是
32.76	1965.60	83.76	-5.93	0.05		上海证券交易所	是
271.12	4518.67	84.46	211.18	0.04	58.76	上海证券交易所	是
11.90	487.90	44.03	0.00	0.04	22.99	上海证券交易所	否
21.49	1022.84	264.08	-24.16	0.04	39.80	上海证券交易所	是
5.47	1520.66	44.06	0.00	0.13	22.97	上海证券交易所	否
12.80	4312.87	228.20	40.16	0.08	48.31	上海证券交易所	是
14.25	570.00	44.00	0.00	0.03	17.94	上海证券交易所	否
19.01	475.25	43.98	0.00	0.02	22.36	深圳证券交易所	否
12.66	474.37	44.00	0.00	0.03	22.99	上海证券交易所	否
6.90	2070.00	44.06	0.00	0.11	14.97	深圳证券交易所	否
15.07	374.79	43.99	0.00	0.03	22.59	深圳证券交易所	否

2-12 续表 1

序号 Number	股票代码 Stock Code	股票简称 Stock Abbreviation	所属辖区 Jurisdiction	行业分类 Industry Classification	上市日期 Listing Date	首发数量 (万股) Number of IPO Shares (10 thousand shares)
44	300822	贝仕达克	广东	制造业	2020-03-13	2667.00
45	002977	天箭科技	四川	制造业	2020-03-17	1790.00
46	300823	建科机械	天津	制造业	2020-03-19	2340.00
47	688051	佳华科技	北京	信息传输、软件和信息技术服务业	2020-03-20	1933.40
48	603221	爱丽家居	江苏	制造业	2020-03-23	6000.00
49	688189	南新制药	湖南	制造业	2020-03-26	3500.00
50	688228	开普云	广东	信息传输、软件和信息技术服务业	2020-03-27	1678.34
51	300825	阿尔特	北京	科学研究和技术服务业	2020-03-27	7641.50
52	300826	测绘股份	江苏	科学研究和技术服务业	2020-04-03	2000.00
53	603353	和顺石油	湖南	批发和零售业	2020-04-07	3338.00
54	002979	雷赛智能	广东	制造业	2020-04-08	5200.00
55	688096	京源环保	江苏	制造业	2020-04-09	2683.00
56	688085	三友医疗	上海	制造业	2020-04-09	5133.35
57	300827	上能电气	江苏	制造业	2020-04-10	1833.36
58	603095	越剑智能	浙江	制造业	2020-04-15	3300.00
59	002980	华盛昌	广东	制造业	2020-04-15	3333.34
60	688222	成都先导	四川	科学研究和技术服务业	2020-04-16	4068.00
61	002981	朝阳科技	广东	制造业	2020-04-17	2400.00
62	002978	安宁股份	四川	采矿业	2020-04-17	4060.00
63	688126	沪硅产业	上海	制造业	2020-04-20	62006.82
64	603682	锦和商业	上海	租赁和商务服务业	2020-04-21	9450.00
65	300828	锐新科技	天津	制造业	2020-04-21	2757.00
66	601609	金田铜业	浙江	制造业	2020-04-22	24200.00
67	300829	金丹科技	河南	制造业	2020-04-22	2830.00
68	002982	湘佳股份	湖南	农、林、牧、渔业	2020-04-24	2563.00
69	688318	财富趋势	广东	信息传输、软件和信息技术服务业	2020-04-27	1667.00
70	603439	贵州三力	贵州	制造业	2020-04-28	4074.00
71	002983	芯瑞达	安徽	制造业	2020-04-28	3542.00
72	688365	光云科技	浙江	信息传输、软件和信息技术服务业	2020-04-29	4010.00
73	603392	万泰生物	北京	制造业	2020-04-29	4360.00
74	002985	北摩高科	北京	制造业	2020-04-29	3754.00
75	603212	赛伍技术	江苏	制造业	2020-04-30	4001.00
76	300830	金现代	山东	信息传输、软件和信息技术服务业	2020-05-06	8602.50
77	300831	派瑞股份	陕西	制造业	2020-05-07	8000.00
78	002987	京北方	北京	信息传输、软件和信息技术服务业	2020-05-07	4017.00
79	688466	金科环境	北京	水利、环境和公共设施管理业	2020-05-08	2569.00
80	688588	凌志软件	江苏	信息传输、软件和信息技术服务业	2020-05-11	4001.00
81	300832	新产业	广东	制造业	2020-05-12	4120.00
82	688598	金博股份	湖南	制造业	2020-05-18	2000.00
83	688566	吉贝尔	江苏	制造业	2020-05-18	4673.54
84	002988	豪美新材	广东	制造业	2020-05-18	5821.41
85	601778	晶科科技	江西	电力、热力、燃气及水生产和供应业	2020-05-19	59459.29
86	300833	浩洋股份	广东	制造业	2020-05-20	2108.20
87	688516	奥特维	江苏	制造业	2020-05-21	2467.00

continued

发行价格 (元) IPO Price (yuan)	首发筹资金额 (百万元) Proceeds Raised by IPO (million yuan)	上市首日涨跌幅 (%) Price Change Rate on Issue Day of IPO (%)	超募比例 (%) Oversubscription Rate (%)	网上发行中签率(%) Lot Winning Rate for Online Subscription(%)	首发市盈率(摊薄)(倍) IPO P/E Ratio (times)	上市交易所 Stock Exchange	是否注册制 Registration or Not
23.57	628.61	44.00	0.00	0.03	17.41	深圳证券交易所	否
29.98	536.64	44.00	0.00	0.01	22.31	深圳证券交易所	否
16.58	387.97	44.03	0.00	0.03	18.42	深圳证券交易所	否
50.81	982.36	130.29	58.96	0.04	35.93	上海证券交易所	是
12.90	774.00	44.03	0.00	0.04	22.98	上海证券交易所	否
34.94	1222.90	86.29	61.48	0.04	55.48	上海证券交易所	是
59.26	994.58	51.97	78.05	0.04	53.58	上海证券交易所	是
6.14	469.19	43.97	0.00	0.04	14.41	深圳证券交易所	否
22.88	457.60	44.01	0.00	0.02	21.19	深圳证券交易所	否
27.79	927.63	44.01	0.00	0.03	22.99	上海证券交易所	否
9.80	509.60	43.98	0.00	0.03	18.96	深圳证券交易所	否
14.34	384.74	102.58	20.83	0.04	25.56	上海证券交易所	是
20.96	1075.95	71.76	54.17	0.04	48.96	上海证券交易所	是
21.64	396.74	43.99	0.00	0.02	18.93	深圳证券交易所	否
26.16	863.28	44.00	0.00	0.03	22.99	上海证券交易所	否
14.89	496.33	43.99	0.00	0.03	21.83	深圳证券交易所	否
20.52	834.75	129.43	11.48	0.05	110.77	上海证券交易所	是
17.32	415.68	44.00	0.00	0.02	20.00	深圳证券交易所	否
27.47	1115.28	44.01	0.00	0.03	21.21	深圳证券交易所	否
3.89	2412.07	180.46	-8.21	0.10		上海证券交易所	是
7.91	747.50	43.99	0.00	0.06	22.28	上海证券交易所	否
12.26	338.01	43.96	0.00	0.03	21.62	深圳证券交易所	否
6.55	1585.10	43.97	0.00	0.12	22.97	上海证券交易所	否
22.53	637.60	43.99	0.00	0.03	22.09	深圳证券交易所	否
29.63	759.42	44.01	0.00	0.02	13.29	深圳证券交易所	否
107.41	1790.52	87.41	109.52	0.04	42.12	上海证券交易所	是
7.35	299.44	43.95	0.00	0.04	22.97	上海证券交易所	否
12.97	459.40	44.02	0.00	0.03	19.65	深圳证券交易所	否
10.80	433.08	252.13	4.99	0.04	61.79	上海证券交易所	是
8.75	381.50	44.00	0.00	0.04	22.98	上海证券交易所	否
22.53	845.78	43.99	0.00	0.03	15.93	深圳证券交易所	否
10.46	418.50	43.98	0.00	0.04	22.57	上海证券交易所	否
4.40	378.51	44.09	0.00	0.05	21.05	深圳证券交易所	否
3.98	318.40	43.97	0.00	0.04	20.41	深圳证券交易所	否
23.04	925.52	44.01	0.00	0.03	21.20	深圳证券交易所	否
24.61	632.23	112.52	-21.52	0.04	34.61	上海证券交易所	是
11.49	459.71	264.93	35.19	0.05	34.82	上海证券交易所	是
31.39	1293.27	43.99	0.00	0.04	16.72	深圳证券交易所	否
47.20	944.00	92.65	135.86	0.04	59.60	上海证券交易所	是
23.69	1107.16	92.91	42.63	0.04	40.55	上海证券交易所	是
10.94	636.86	43.97	0.00	0.03	15.22	深圳证券交易所	否
4.37	2598.37	43.94	-3.10	0.22	16.58	上海证券交易所	否
52.09	1098.16	44.00	0.00	0.03	22.39	深圳证券交易所	否
23.28	574.32	167.18	-30.47	0.04	33.15	上海证券交易所	是

2-12 续表 2

序号 Number	股票代码 Stock Code	股票简称 Stock Abbreviation	所属辖区 Jurisdiction	行业分类 Industry Classification	上市日期 Listing Date	首发数量 (万股) Number of IPO Shares (10 thousand shares)
88	605001	威奥股份	山东	制造业	2020-05-22	7556.00
89	300835	龙磁科技	安徽	制造业	2020-05-25	1767.00
90	002990	盛视科技	广东	信息传输、软件和信息技术服务业	2020-05-25	3156.00
91	603950	长源东谷	湖北	制造业	2020-05-26	5788.05
92	605168	三人行	陕西	租赁和商务服务业	2020-05-28	1726.67
93	300836	佰奥智能	江苏	制造业	2020-05-28	1231.39
94	605288	凯迪股份	江苏	制造业	2020-06-01	1250.00
95	688360	德马科技	浙江	制造业	2020-06-02	2141.92
96	002986	宇新股份	湖南	制造业	2020-06-02	2834.00
97	600918	中泰证券	山东	金融业	2020-06-03	69686.26
98	601827	三峰环境	重庆	水利、环境和公共设施管理业	2020-06-05	37826.80
99	300837	浙矿股份	浙江	制造业	2020-06-05	2500.00
100	688312	燕麦科技	广东	制造业	2020-06-08	3587.00
101	300838	浙江力诺	浙江	制造业	2020-06-08	3408.50
102	688157	松井股份	湖南	制造业	2020-06-09	1990.00
103	688599	天合光能	江苏	制造业	2020-06-10	31020.00
104	002989	中天精装	广东	建筑业	2020-06-10	3785.00
105	688004	博汇科技	北京	信息传输、软件和信息技术服务业	2020-06-12	1420.00
106	688106	金宏气体	江苏	制造业	2020-06-16	12108.34
107	300841	康华生物	四川	制造业	2020-06-16	1500.00
108	605166	聚合顺	浙江	制造业	2020-06-18	7888.70
109	300842	帝科股份	江苏	制造业	2020-06-18	2500.00
110	688505	复旦张江	上海	制造业	2020-06-19	12000.00
111	300824	北鼎股份	广东	制造业	2020-06-19	5435.00
112	688520	神州细胞	北京	制造业	2020-06-22	5000.00
113	688518	联赢激光	广东	制造业	2020-06-22	7480.00
114	688555	泽达易盛	天津	信息传输、软件和信息技术服务业	2020-06-23	2078.00
115	603087	甘李药业	北京	制造业	2020-06-29	4020.00
116	600956	新天绿能	河北	电力、热力、燃气及水生产和供应业	2020-06-29	13475.00
117	688558	国盛智科	江苏	制造业	2020-06-30	3300.00
118	300839	博汇股份	浙江	制造业	2020-06-30	2600.00
119	688528	秦川物联	四川	制造业	2020-07-01	4200.00
120	300846	首都在线	北京	信息传输、软件和信息技术服务业	2020-07-01	5000.00
121	300843	胜蓝股份	广东	制造业	2020-07-02	3723.00
122	688600	皖仪科技	安徽	制造业	2020-07-03	3334.00
123	300845	捷安高科	河南	信息传输、软件和信息技术服务业	2020-07-03	2309.00
124	688277	天智航	北京	制造业	2020-07-07	4190.00
125	688568	中科星图	北京	信息传输、软件和信息技术服务业	2020-07-08	5500.00
126	688377	迪威尔	江苏	制造业	2020-07-08	4866.70
127	300840	酷特智能	山东	制造业	2020-07-08	6000.00
128	688027	国盾量子	安徽	制造业	2020-07-09	2000.00
129	300847	中船汉光	河北	制造业	2020-07-09	4934.00
130	688060	云涌科技	江苏	信息传输、软件和信息技术服务业	2020-07-10	1500.00
131	605199	葫芦娃	海南	制造业	2020-07-10	4010.00

continued

发行价格(元) IPO Price (yuan)	首发筹资金额(百万元) Proceeds Raised by IPO (million yuan)	上市首日涨跌幅(%) Price Change Rate on Issue Day of IPO (%)	超募比例(%) Oversubscription Rate (%)	网上发行中签率(%) Lot Winning Rate for Online Subscription(%)	首发市盈率(摊薄)(倍) IPO P/E Ratio (times)	上市交易所 Stock Exchange	是否注册制 Registration or Not
16.14	1219.54	43.99	0.00	0.05	22.99	上海证券交易所	否
20.00	353.40	44.00	0.00	0.01	16.71	深圳证券交易所	否
36.81	1161.72	44.01	0.00	0.03	21.81	深圳证券交易所	否
15.81	915.09	44.02	0.00	0.04	22.99	上海证券交易所	否
60.62	1046.71	44.00	0.00	0.02	22.99	上海证券交易所	否
28.18	347.01	44.00	0.00	0.01	21.59	深圳证券交易所	否
92.59	1157.38	44.00	0.00	0.01	22.99	上海证券交易所	否
25.12	538.05	193.79	18.23	0.04	40.02	上海证券交易所	是
39.99	1133.32	44.01	0.00	0.03	18.68	深圳证券交易所	否
4.38	3052.26	44.06	0.00	0.24	48.08	上海证券交易所	否
6.84	2587.35	44.01	0.00	0.15	22.67	上海证券交易所	否
17.57	439.25	44.00	0.00	0.03	18.26	深圳证券交易所	否
19.68	705.92	210.87	14.23	0.04	32.26	上海证券交易所	是
10.78	367.44	43.97	0.00	0.03	21.69	深圳证券交易所	否
34.48	686.15	166.82	40.23	0.04	30.18	上海证券交易所	是
8.16	2531.23	110.91	-21.42	0.08	27.61	上海证券交易所	是
24.52	928.08	44.00	-0.02	0.03	20.26	深圳证券交易所	否
28.77	408.53	340.74	-1.92	0.04	35.53	上海证券交易所	是
15.48	1874.37	151.49	68.46	0.05	43.93	上海证券交易所	是
70.37	1055.55	44.00	0.00	0.01	22.62	深圳证券交易所	否
7.05	556.15	43.97	0.00	0.05	22.97	上海证券交易所	否
15.96	399.00	43.99	0.00	0.03	22.57	深圳证券交易所	否
8.95	1074.00	313.41	43.26	0.05	46.93	上海证券交易所	是
5.91	321.21	43.99	0.00	0.04	19.50	深圳证券交易所	否
25.64	1282.00	184.98	-37.85	0.04		上海证券交易所	是
7.81	584.19	235.72	-12.31	0.04	43.04	上海证券交易所	是
19.49	405.00	312.42	-19.32	0.04	31.95	上海证券交易所	是
63.32	2545.46	44.00	0.00	0.04	22.99	上海证券交易所	否
3.18	428.51	44.03	0.00	0.07	8.96	上海证券交易所	否
17.37	573.21	155.04	-29.47	0.04	29.77	上海证券交易所	是
16.26	422.76	43.97	0.00	0.03	22.34	深圳证券交易所	否
11.33	475.86	186.41	2.07	0.04	45.43	上海证券交易所	是
3.37	168.50	43.92	0.00	0.04	20.80	深圳证券交易所	否
10.01	372.67	43.96	0.00	0.03	18.82	深圳证券交易所	否
15.50	516.77	131.61	64.55	0.04	38.81	上海证券交易所	是
17.63	407.08	44.02	0.00	0.02	20.24	深圳证券交易所	否
12.04	504.48	614.29	-0.73	0.04		上海证券交易所	是
16.21	891.55	438.37	12.73	0.04	37.88	上海证券交易所	是
16.42	799.11	143.61	31.57	0.04	33.71	上海证券交易所	是
5.94	356.40	43.94	0.00	0.04	20.77	深圳证券交易所	否
36.18	723.60	923.91	94.89	0.04	196.99	上海证券交易所	是
6.94	342.42	43.95	0.00	0.03	17.75	深圳证券交易所	否
44.47	667.05	468.05	73.84	0.04	41.90	上海证券交易所	是
5.19	208.12	43.93	0.00	0.04	22.98	上海证券交易所	否

2-12 续表 3

序号 Number	股票代码 Stock Code	股票简称 Stock Abbreviation	所属辖区 Jurisdiction	行业分类 Industry Classification	上市日期 Listing Date	首发数量 (万股) Number of IPO Shares (10 thousand shares)
132	300849	锦盛新材	浙江	制造业	2020-07-10	2500.00
133	300852	四会富仕	广东	制造业	2020-07-13	1416.00
134	300850	新强联	河南	制造业	2020-07-13	2650.00
135	688309	恒誉环保	山东	制造业	2020-07-14	2000.27
136	688180	君实生物	上海	制造业	2020-07-15	8713.00
137	688165	埃夫特	安徽	制造业	2020-07-15	13044.68
138	688981	中芯国际	境外	制造业	2020-07-16	193846.30
139	688500	慧辰资讯	北京	信息传输、软件和信息技术服务业	2020-07-16	1856.86
140	605108	同庆楼	安徽	住宿和餐饮业	2020-07-16	5000.00
141	688579	山大地纬	山东	信息传输、软件和信息技术服务业	2020-07-17	4001.00
142	688567	孚能科技	江西	制造业	2020-07-17	21413.39
143	300851	交大思诺	北京	信息传输、软件和信息技术服务业	2020-07-17	2173.34
144	688488	艾迪药业	江苏	制造业	2020-07-20	6000.00
145	688256	寒武纪	北京	信息传输、软件和信息技术服务业	2020-07-20	4010.00
146	300848	美瑞新材	山东	制造业	2020-07-20	1667.00
147	688580	伟思医疗	江苏	制造业	2020-07-21	1708.67
148	688589	力合微	广东	信息传输、软件和信息技术服务业	2020-07-22	2700.00
149	688561	奇安信	北京	信息传输、软件和信息技术服务业	2020-07-22	10194.16
150	688508	芯朋微	江苏	信息传输、软件和信息技术服务业	2020-07-22	2820.00
151	688418	震有科技	广东	制造业	2020-07-22	4841.00
152	688336	三生国健	上海	制造业	2020-07-22	6162.11
153	688077	大地熊	安徽	制造业	2020-07-22	2000.00
154	688069	德林海	江苏	水利、环境和公共设施管理业	2020-07-22	1487.00
155	300856	科思股份	江苏	制造业	2020-07-22	2822.00
156	300855	图南股份	江苏	制造业	2020-07-23	5000.00
157	300853	申昊科技	浙江	制造业	2020-07-24	2040.70
158	300858	科拓生物	北京	制造业	2020-07-27	2063.00
159	300857	协创数据	广东	制造业	2020-07-27	5163.94
160	605188	国光连锁	江西	批发和零售业	2020-07-28	4958.00
161	688050	爱博医疗	北京	制造业	2020-07-29	2629.00
162	605118	力鼎光电	福建	制造业	2020-07-30	4100.00
163	603408	建霖家居	福建	制造业	2020-07-30	4500.00
164	688586	江航装备	安徽	制造业	2020-07-31	10093.61
165	688311	盟升电子	四川	制造业	2020-07-31	2867.00
166	605222	起帆电缆	上海	制造业	2020-07-31	5000.00
167	601456	国联证券	江苏	金融业	2020-07-31	47571.90
168	002991	甘源食品	江西	制造业	2020-07-31	2330.40
169	605318	法狮龙	浙江	制造业	2020-08-03	3229.28
170	002992	宝明科技	广东	制造业	2020-08-03	3450.00
171	605399	晨光新材	江西	制造业	2020-08-04	4600.00
172	605158	华达新材	浙江	制造业	2020-08-05	9840.00
173	002995	天地在线	北京	信息传输、软件和信息技术服务业	2020-08-05	1617.00
174	688338	赛科希德	北京	制造业	2020-08-06	2041.20
175	300859	西域旅游	新疆	水利、环境和公共设施管理业	2020-08-06	3875.00

continued

发行价格(元) IPO Price (yuan)	首发筹资金额(百万元) Proceeds Raised by IPO (million yuan)	上市首日涨跌幅(%) Price Change Rate on Issue Day of IPO (%)	超募比例(%) Oversubscription Rate (%)	网上发行中签率(%) Lot Winning Rate for Online Subscription(%)	首发市盈率(摊薄)(倍) IPO P/E Ratio (times)	上市交易所 Stock Exchange	是否注册制 Registration or Not
13.99	349.75	44.03	0.00	0.02	21.33	深圳证券交易所	否
33.06	468.13	44.01	0.00	0.01	21.33	深圳证券交易所	否
19.66	520.99	44.00	0.00	0.02	20.87	深圳证券交易所	否
24.79	495.87	239.73	-28.48	0.04	31.44	上海证券交易所	是
55.50	4835.72	172.07	59.14	0.04		上海证券交易所	是
6.35	828.34	387.87	-33.08	0.05		上海证券交易所	是
27.46	53230.19	201.97	156.97	0.21	113.12	上海证券交易所	是
34.21	635.23	218.65	4.58	0.03	41.80	上海证券交易所	是
16.70	835.00	44.01	0.00	0.03	18.67	上海证券交易所	否
8.12	324.88	271.92	-23.32	0.04	46.49	上海证券交易所	是
15.90	3404.73	75.85	-5.87	0.05	1737.49	上海证券交易所	是
28.69	623.53	43.99	0.00	0.02	21.02	深圳证券交易所	否
13.99	839.40	121.02	2.19	0.04	285.07	上海证券交易所	是
64.39	2582.04	229.86	-10.50	0.04		上海证券交易所	是
28.18	469.76	44.00	0.00	0.01	22.54	深圳证券交易所	否
67.58	1154.72	167.83	106.72	0.03	48.88	上海证券交易所	是
17.91	483.57	341.49	28.65	0.03	48.48	上海证券交易所	是
56.10	5718.92	138.06	18.57	0.04		上海证券交易所	是
28.30	798.06	367.67	23.92	0.03	52.16	上海证券交易所	是
16.25	786.66	158.40	27.14	0.03	54.27	上海证券交易所	是
28.18	1736.48	91.98	-47.14	0.04	75.73	上海证券交易所	是
28.07	561.40	117.35	36.29	0.03	49.01	上海证券交易所	是
67.20	999.26	51.34	92.28	0.03	42.36	上海证券交易所	是
30.56	862.40	44.01	0.00	0.02	22.44	深圳证券交易所	否
10.51	525.50	43.96	0.00	0.03	20.61	深圳证券交易所	否
30.41	620.58	44.00	0.00	0.02	21.96	深圳证券交易所	否
23.70	488.93	44.01	0.00	0.02	20.97	深圳证券交易所	否
9.30	480.25	43.98	0.00	0.03	20.17	深圳证券交易所	否
4.65	230.55	44.09	0.00	0.04	22.98	上海证券交易所	否
33.55	882.03	616.84	0.43	0.03	55.55	上海证券交易所	是
9.28	380.48	43.97	0.00	0.03	22.99	上海证券交易所	否
15.53	698.85	43.98	0.00	0.04	22.98	上海证券交易所	否
10.27	1036.61	292.99	65.39	0.04	47.17	上海证券交易所	是
41.58	1192.10	228.91	84.62	0.03	68.31	上海证券交易所	是
18.43	921.50	44.00	0.00	0.04	22.98	上海证券交易所	否
4.25	2021.81	44.00	0.00	0.15	19.60	上海证券交易所	否
38.76	903.26	43.99	0.00	0.02	21.51	深圳证券交易所	否
13.09	422.71	44.00	0.00	0.03	22.99	上海证券交易所	否
22.35	771.08	43.98	0.00	0.02	21.35	深圳证券交易所	否
13.16	605.36	44.00	0.00	0.03	22.99	上海证券交易所	否
8.55	841.32	43.98	0.00	0.04	20.66	上海证券交易所	否
33.84	547.19	44.00	0.00	0.01	22.09	深圳证券交易所	否
50.35	1027.74	237.99	116.53	0.03	57.99	上海证券交易所	是
7.19	278.61	43.95	0.00	0.03	15.14	深圳证券交易所	是

2-12 续表 4

序号 Number	股票代码 Stock Code	股票简称 Stock Abbreviation	所属辖区 Jurisdiction	行业分类 Industry Classification	上市日期 Listing Date	首发数量 (万股) Number of IPO Shares (10 thousand shares)
176	688556	高测股份	山东	制造业	2020-08-07	4046.29
177	605066	天正电气	浙江	制造业	2020-08-07	7100.00
178	688339	亿华通	北京	制造业	2020-08-10	1763.05
179	688286	敏芯股份	江苏	制造业	2020-08-10	1330.00
180	688155	先惠技术	上海	制造业	2020-08-11	1891.00
181	605100	华丰股份	山东	制造业	2020-08-11	2170.00
182	688313	仕佳光子	河南	制造业	2020-08-12	4600.00
183	688065	凯赛生物	上海	制造业	2020-08-12	4166.82
184	605366	宏柏新材	江西	制造业	2020-08-12	8300.00
185	688185	康希诺	天津	制造业	2020-08-13	2480.00
186	688335	复洁环保	上海	制造业	2020-08-17	1820.00
187	688229	博睿数据	北京	信息传输、软件和信息技术服务业	2020-08-17	1110.00
188	688055	龙腾光电	江苏	制造业	2020-08-17	33333.34
189	605088	冠盛股份	浙江	制造业	2020-08-17	4000.00
190	002993	奥海科技	广东	制造业	2020-08-17	4520.00
191	688521	芯原股份	上海	信息传输、软件和信息技术服务业	2020-08-18	4831.93
192	688519	南亚新材	上海	制造业	2020-08-18	5860.00
193	605388	均瑶健康	湖北	制造业	2020-08-18	7000.00
194	605333	沪光股份	江苏	制造业	2020-08-18	4010.00
195	688379	华光新材	浙江	制造业	2020-08-19	2200.00
196	603931	格林达	浙江	制造业	2020-08-19	2545.39
197	688596	正帆科技	上海	制造业	2020-08-20	6423.54
198	688393	安必平	广东	制造业	2020-08-20	2334.00
199	605178	时空科技	北京	建筑业	2020-08-21	1772.70
200	605008	长鸿高科	浙江	制造业	2020-08-21	4600.00
201	300878	维康药业	浙江	制造业	2020-08-24	2011.00
202	300877	金春股份	安徽	制造业	2020-08-24	3000.00
203	300876	蒙泰高新	广东	制造业	2020-08-24	2400.00
204	300875	捷强装备	天津	制造业	2020-08-24	1919.90
205	300873	海晨股份	江苏	交通运输、仓储和邮政业	2020-08-24	3333.33
206	300872	天阳科技	西藏	信息传输、软件和信息技术服务业	2020-08-24	5620.00
207	300871	回盛生物	湖北	制造业	2020-08-24	2770.00
208	300870	欧陆通	广东	制造业	2020-08-24	2530.00
209	300869	康泰医学	河北	制造业	2020-08-24	4100.00
210	300868	杰美特	广东	制造业	2020-08-24	3200.00
211	300867	圣元环保	福建	水利、环境和公共设施管理业	2020-08-24	6800.00
212	300866	安克创新	湖南	制造业	2020-08-24	4100.00
213	300865	大宏立	四川	制造业	2020-08-24	2392.00
214	300864	南大环境	江苏	科学研究和技术服务业	2020-08-24	1200.00
215	300863	卡倍亿	浙江	制造业	2020-08-24	1381.00
216	300862	蓝盾光电	安徽	制造业	2020-08-24	3297.00
217	300861	美畅股份	陕西	制造业	2020-08-24	4001.00
218	300860	锋尚文化	北京	文化、体育和娱乐业	2020-08-24	1802.00
219	605255	天普股份	浙江	制造业	2020-08-25	3352.00

continued

发行价格(元) IPO Price (yuan)	首发筹资金额(百万元) Proceeds Raised by IPO (million yuan)	上市首日涨跌幅(%) Price Change Rate on Issue Day of IPO (%)	超募比例(%) Oversubscription Rate (%)	网上发行中签率(%) Lot Winning Rate for Online Subscription(%)	首发市盈率(摊薄)(倍) IPO P/E Ratio (times)	上市交易所 Stock Exchange	是否注册制 Registration or Not
14.41	583.07	240.39	-10.65	0.03	80.67	上海证券交易所	是
10.02	711.42	44.01	0.00	0.04	22.98	上海证券交易所	否
76.65	1351.38	144.12	1.86	0.04		上海证券交易所	是
62.67	833.51	269.40	1.74	0.03	65.46	上海证券交易所	是
38.77	733.14	111.53	49.80	0.03	47.74	上海证券交易所	是
39.43	855.63	44.00	0.00	0.02	22.99	上海证券交易所	否
10.82	497.72	269.04	-9.97	0.03		上海证券交易所	是
133.45	5560.62	17.65	11.67	0.04	120.70	上海证券交易所	是
9.98	828.34	43.99	0.00	0.04	22.78	上海证券交易所	否
209.71	5200.81	87.45	325.83	0.03		上海证券交易所	是
46.22	841.20	40.89	45.61	0.03	56.67	上海证券交易所	是
65.82	730.60	84.00	47.99	0.03	51.73	上海证券交易所	是
1.22	406.67	707.38	-73.79	0.06	38.35	上海证券交易所	是
15.57	622.80	43.99	0.00	0.03	22.98	上海证券交易所	否
26.88	1214.98	44.01	0.00	0.02	21.94	深圳证券交易所	否
38.53	1861.74	284.12	91.19	0.04		上海证券交易所	是
32.60	1910.36	88.80	83.10	0.03	55.24	上海证券交易所	是
13.43	940.10	44.01	0.00	0.04	22.98	上海证券交易所	否
5.30	212.53	43.96	0.00	0.03	22.97	上海证券交易所	否
16.78	369.16	199.23	-8.95	0.03	26.71	上海证券交易所	是
21.38	544.20	44.01	0.00	0.02	22.98	上海证券交易所	否
15.67	1006.57	111.23	87.03	0.03	52.97	上海证券交易所	是
30.56	713.27	97.91	59.50	0.03	40.37	上海证券交易所	是
64.31	1140.02	44.01	0.00	0.01	22.38	上海证券交易所	否
10.54	484.84	44.02	0.00	0.04	22.99	上海证券交易所	否
41.34	831.35	96.03	28.73	0.02	26.38	深圳证券交易所	是
30.54	916.20	92.53	87.00	0.02	41.44	深圳证券交易所	是
20.09	482.16	201.39	9.80	0.02	28.02	深圳证券交易所	是
53.10	1019.47	173.07	0.00	0.01	42.86	深圳证券交易所	是
30.72	1024.00	88.77	36.15	0.02	31.90	深圳证券交易所	是
21.34	1199.31	258.62	73.61	0.02	44.27	深圳证券交易所	是
33.61	931.00	84.02	38.90	0.02	54.04	深圳证券交易所	是
36.81	931.29	130.92	46.40	0.02	33.13	深圳证券交易所	是
10.16	416.56	1061.42	22.94	0.02	55.22	深圳证券交易所	是
41.26	1320.32	82.43	105.07	0.02	40.25	深圳证券交易所	是
19.34	1315.12	136.71	-29.53	0.02	24.18	深圳证券交易所	是
66.32	2719.12	121.44	74.35	0.02	37.38	深圳证券交易所	是
20.20	483.18	226.73	14.16	0.02	25.00	深圳证券交易所	是
71.71	860.52	131.52	30.35	0.02	31.33	深圳证券交易所	是
18.79	259.49	743.27	-33.18	0.02	17.19	深圳证券交易所	是
33.95	1119.33	90.52	52.73	0.02	29.29	深圳证券交易所	是
43.76	1750.84	60.10	-28.22	0.02	42.94	深圳证券交易所	是
138.02	2487.12	43.10	62.90	0.02	39.19	深圳证券交易所	是
12.66	424.36	44.00	0.00	0.03	22.99	上海证券交易所	否

2-12 续表 5

序号 Number	股票代码 Stock Code	股票简称 Stock Abbreviation	所属辖区 Jurisdiction	行业分类 Industry Classification	上市日期 Listing Date	首发数量 (万股) Number of IPO Shares (10 thousand shares)
220	605123	派克新材	江苏	制造业	2020-08-25	2700.00
221	688356	键凯科技	北京	制造业	2020-08-26	1500.00
222	688408	中信博	江苏	制造业	2020-08-28	3392.89
223	688289	圣湘生物	湖南	制造业	2020-08-28	4000.00
224	688215	瑞晟智能	浙江	制造业	2020-08-28	1001.00
225	688017	绿的谐波	江苏	制造业	2020-08-28	3010.42
226	002996	顺博合金	重庆	制造业	2020-08-28	5300.00
227	688569	铁科轨道	北京	制造业	2020-08-31	5266.67
228	603155	新亚强	江苏	制造业	2020-09-01	3889.00
229	300881	盛德鑫泰	江苏	制造业	2020-09-01	2500.00
230	300880	迦南智能	浙江	制造业	2020-09-01	3334.00
231	300879	大叶股份	浙江	制造业	2020-09-01	4000.00
232	688550	瑞联新材	陕西	制造业	2020-09-02	1755.00
233	688513	苑东生物	四川	制造业	2020-09-02	3009.00
234	688056	莱伯泰科	北京	制造业	2020-09-02	1700.00
235	688378	奥来德	吉林	制造业	2020-09-03	1828.42
236	605006	山东玻纤	山东	制造业	2020-09-03	10000.00
237	002999	天禾股份	广东	批发和零售业	2020-09-03	6208.00
238	002997	瑞鹄模具	安徽	制造业	2020-09-03	4590.00
239	688390	固德威	江苏	制造业	2020-09-04	2200.00
240	601702	华峰铝业	上海	制造业	2020-09-07	24963.00
241	688095	福昕软件	福建	信息传输、软件和信息技术服务业	2020-09-08	1204.00
242	605003	众望布艺	浙江	制造业	2020-09-08	2200.00
243	688559	海目星	广东	制造业	2020-09-09	5000.00
244	688551	科威尔	安徽	制造业	2020-09-10	2000.00
245	300885	海昌新材	江苏	制造业	2020-09-10	2000.00
246	300883	龙利得	安徽	制造业	2020-09-10	8650.00
247	300882	万胜智能	浙江	制造业	2020-09-10	3931.34
248	605358	立昂微	浙江	制造业	2020-09-11	4058.00
249	605009	豪悦护理	浙江	制造业	2020-09-11	2667.00
250	002984	森麒麟	山东	制造业	2020-09-11	6900.00
251	003000	华文食品	湖南	制造业	2020-09-14	4001.00
252	605128	上海沿浦	上海	制造业	2020-09-15	2000.00
253	688577	浙海德曼	浙江	制造业	2020-09-16	1350.00
254	605369	拱东医疗	浙江	制造业	2020-09-16	2000.00
255	300889	爱克股份	广东	制造业	2020-09-16	3900.00
256	300887	谱尼测试	北京	科学研究和技术服务业	2020-09-16	1900.00
257	300886	华业香料	安徽	制造业	2020-09-16	1435.00
258	603112	华翔股份	山西	制造业	2020-09-17	5320.00
259	300891	惠云钛业	广东	制造业	2020-09-17	10000.00
260	300890	翔丰华	广东	制造业	2020-09-17	2500.00
261	300888	稳健医疗	广东	制造业	2020-09-17	5000.00
262	688301	奕瑞科技	上海	制造业	2020-09-18	1820.00
263	605198	德利股份	山东	制造业	2020-09-18	2000.00

continued

发行价格(元) IPO Price (yuan)	首发筹资金额(百万元) Proceeds Raised by IPO (million yuan)	上市首日涨跌幅(%) Price Change Rate on Issue Day of IPO (%)	超募比例(%) Oversubscription Rate (%)	网上发行中签率(%) Lot Winning Rate for Online Subscription(%)	首发市盈率(摊薄)(倍) IPO P/E Ratio (times)	上市交易所 Stock Exchange	是否注册制 Registration or Not
30.33	818.91	44.02	0.00	0.02	22.99	上海证券交易所	否
41.18	617.70	232.30	60.27	0.03	45.26	上海证券交易所	是
42.19	1431.46	84.40	77.65	0.03	40.48	上海证券交易所	是
50.48	2019.20	129.91	185.80	0.03	536.30	上海证券交易所	是
34.73	347.65	160.32	-22.89	0.03	34.75	上海证券交易所	是
35.06	1055.45	68.08	65.02	0.03	106.24	上海证券交易所	是
8.41	445.73	44.00	0.00	0.03	21.96	深圳证券交易所	否
22.46	1182.89	52.89	47.09	0.03	32.53	上海证券交易所	是
31.85	1238.65	43.99	0.00	0.03	22.76	上海证券交易所	否
14.17	354.25	450.46	-9.54	0.02	20.27	深圳证券交易所	是
9.73	324.40	693.42	2.72	0.02	17.50	深圳证券交易所	是
10.58	423.20	561.53	-18.29	0.02	20.79	深圳证券交易所	是
113.72	1995.79	11.84	65.79	0.03	56.56	上海证券交易所	是
44.36	1334.79	68.44	4.85	0.03	60.64	上海证券交易所	是
24.80	421.60	91.13	3.67	0.03	27.15	上海证券交易所	是
62.57	1144.04	51.25	50.31	0.03	51.45	上海证券交易所	是
3.84	384.00	44.01	0.00	0.05	15.98	上海证券交易所	否
6.62	410.97	43.96	-0.15	0.03	21.22	深圳证券交易所	否
12.48	572.83	43.99	0.00	0.02	16.86	深圳证券交易所	否
37.93	834.46	255.92	10.95	0.03	34.59	上海证券交易所	是
3.69	921.13	43.90	0.00	0.09	22.93	上海证券交易所	否
238.53	2871.90	29.66	314.54	0.03	191.42	上海证券交易所	是
25.75	566.50	44.00	0.00	0.02	22.24	上海证券交易所	否
14.56	728.00	119.51	-17.17	0.03	37.60	上海证券交易所	是
37.94	758.80	33.10	118.63	0.03	53.52	上海证券交易所	是
18.97	379.40	176.12	0.00	0.01	25.46	深圳证券交易所	是
4.64	401.36	384.27	-13.36	0.02	18.63	深圳证券交易所	是
10.33	406.11	266.21	149.53	0.02	21.57	深圳证券交易所	是
4.92	199.65	43.90	0.00	0.03	22.97	上海证券交易所	否
62.26	1660.47	43.99	0.00	0.02	21.58	上海证券交易所	否
18.96	1308.24	43.99	0.00	0.03	16.63	深圳证券交易所	否
5.02	200.85	44.02	0.00	0.03	16.96	深圳证券交易所	否
23.31	466.20	44.02	0.00	0.01	22.99	上海证券交易所	否
33.13	447.26	85.15	15.74	0.03	42.47	上海证券交易所	是
31.65	633.00	44.01	0.00	0.01	22.99	上海证券交易所	否
27.97	1090.83	129.25	14.44	0.02	31.97	深圳证券交易所	是
44.47	844.93	149.38	-7.00	0.01	27.02	深圳证券交易所	是
18.59	266.77	393.81	-17.08	0.01	23.30	深圳证券交易所	是
7.82	416.02	43.99	0.00	0.04	22.98	上海证券交易所	否
3.64	364.00	527.47	-18.79	0.03	14.86	深圳证券交易所	是
14.69	367.25	308.44	-32.46	0.02	23.81	深圳证券交易所	是
74.30	3715.00	69.92	134.86	0.02	58.00	深圳证券交易所	是
119.60	2176.72	33.86	126.62	0.03	101.78	上海证券交易所	是
7.60	152.00	43.95	-0.65	0.01	18.10	上海证券交易所	否

2-12 续表 6

序号 Number	股票代码 Stock Code	股票简称 Stock Abbreviation	所属辖区 Jurisdiction	行业分类 Industry Classification	上市日期 Listing Date	首发数量 （万股） Number of IPO Shares (10 thousand shares)
264	688536	思瑞浦	江苏	信息传输、软件和信息技术服务业	2020-09-21	2000.00
265	688127	蓝特光学	浙江	制造业	2020-09-21	4090.00
266	605116	奥锐特	浙江	制造业	2020-09-21	4100.00
267	003006	百亚股份	重庆	制造业	2020-09-21	4277.78
268	003003	天元股份	广东	制造业	2020-09-21	4420.00
269	688526	科前生物	湖北	制造业	2020-09-22	10500.00
270	688156	路德环境	湖北	水利、环境和公共设施管理业	2020-09-22	2296.00
271	003005	竞业达	北京	信息传输、软件和信息技术服务业	2020-09-22	2650.00
272	003002	壶化股份	山西	制造业	2020-09-22	5000.00
273	003008	开普检测	河南	科学研究和技术服务业	2020-09-23	2000.00
274	003007	直真科技	北京	信息传输、软件和信息技术服务业	2020-09-23	2000.00
275	605050	福然德	上海	交通运输、仓储和邮政业	2020-09-24	7500.00
276	300895	铜牛信息	北京	信息传输、软件和信息技术服务业	2020-09-24	2425.00
277	300893	松原股份	浙江	制造业	2020-09-24	2500.00
278	300892	品渥食品	上海	批发和零售业	2020-09-24	2500.00
279	603565	中谷物流	上海	交通运输、仓储和邮政业	2020-09-25	6666.67
280	003010	若羽臣	广东	信息传输、软件和信息技术服务业	2020-09-25	3043.00
281	003009	中天火箭	陕西	制造业	2020-09-25	3884.81
282	002998	优彩资源	江苏	制造业	2020-09-25	8159.96
283	688595	芯海科技	广东	制造业	2020-09-28	2500.00
284	688585	上纬新材	上海	制造业	2020-09-28	4320.00
285	688013	天臣医疗	江苏	制造业	2020-09-28	2000.00
286	605218	伟时电子	江苏	制造业	2020-09-28	5320.84
287	605111	新洁能	江苏	制造业	2020-09-28	2530.00
288	300897	山科智能	浙江	制造业	2020-09-28	1700.00
289	300896	爱美客	北京	制造业	2020-09-28	3020.00
290	605136	丽人丽妆	上海	批发和零售业	2020-09-29	4001.00
291	605018	长华股份	浙江	制造业	2020-09-29	4168.00
292	688093	世华科技	江苏	制造业	2020-09-30	4300.00
293	605099	共创草坪	江苏	制造业	2020-09-30	4009.00
294	003011	海象新材	浙江	制造业	2020-09-30	1834.00
295	605338	巴比食品	上海	制造业	2020-10-12	6200.00
296	003001	中岩大地	北京	建筑业	2020-10-13	2429.38
297	688330	宏力达	上海	制造业	2020-10-15	2500.00
298	300999	金龙鱼	上海	制造业	2020-10-15	54215.92
299	688386	泛亚微透	江苏	制造业	2020-10-16	1750.00
300	300899	上海凯鑫	上海	水利、环境和公共设施管理业	2020-10-16	1595.00
301	300898	熊猫乳品	浙江	制造业	2020-10-16	3100.00
302	605336	帅丰电器	浙江	制造业	2020-10-19	3520.00
303	003012	东鹏控股	广东	制造业	2020-10-19	14300.00
304	601568	北元集团	陕西	制造业	2020-10-20	36111.11
305	605058	澳弘电子	江苏	制造业	2020-10-21	3573.10
306	003015	日久光电	江苏	制造业	2020-10-21	7026.67
307	688788	科思科技	广东	制造业	2020-10-22	1888.36

continued

发行价格(元) IPO Price (yuan)	首发筹资金额(百万元) Proceeds Raised by IPO (million yuan)	上市首日涨跌幅(%) Price Change Rate on Issue Day of IPO (%)	超募比例(%) Oversubscription Rate (%)	网上发行中签率(%) Lot Winning Rate for Online Subscription(%)	首发市盈率(摊薄)(倍) IPO P/E Ratio (times)	上市交易所 Stock Exchange	是否注册制 Registration or Not
115.71	2314.20	77.17	127.23	0.03	141.48	上海证券交易所	是
15.41	630.27	126.02	-19.45	0.03	56.80	上海证券交易所	是
8.37	343.17	43.97	0.00	0.03	22.98	上海证券交易所	否
6.61	282.76	44.02	0.00	0.03	22.03	深圳证券交易所	否
10.49	463.66	44.04	0.00	0.02	22.41	深圳证券交易所	否
11.69	1227.45	170.15	-33.04	0.04	26.23	上海证券交易所	是
15.91	365.29	84.16	-6.60	0.03	34.01	上海证券交易所	是
31.83	843.50	44.02	0.00	0.02	22.62	深圳证券交易所	否
8.22	411.00	44.04	0.00	0.03	21.52	深圳证券交易所	否
30.42	608.40	43.98	0.00	0.01	22.48	深圳证券交易所	否
23.40	468.00	44.02	0.00	0.01	22.01	深圳证券交易所	否
10.90	817.50	44.04	0.00	0.04	19.00	上海证券交易所	否
12.65	306.76	446.17	-20.86	0.02	23.21	深圳证券交易所	是
13.47	336.75	205.12	-38.17	0.02	16.71	深圳证券交易所	是
26.66	666.50	188.82	19.51	0.02	26.96	深圳证券交易所	是
22.19	1479.33	43.98	0.00	0.04	22.99	上海证券交易所	否
15.20	462.54	44.01	0.00	0.02	21.44	深圳证券交易所	否
12.94	502.69	43.97	0.00	0.02	20.31	深圳证券交易所	否
5.85	477.36	43.93	0.00	0.03	21.83	深圳证券交易所	否
22.82	570.50	175.24	-8.15	0.03	61.14	上海证券交易所	是
2.49	107.57	556.63	-57.49	0.03	12.83	上海证券交易所	是
18.62	372.40	118.64	-8.82	0.03	38.21	上海证券交易所	是
10.97	583.70	44.03	0.00	0.03	22.98	上海证券交易所	否
19.91	503.72	44.00	0.00	0.02	22.99	上海证券交易所	否
33.46	568.82	74.78	0.00	0.01	34.96	深圳证券交易所	是
118.27	3571.75	187.56	72.42	0.02	46.53	深圳证券交易所	是
12.23	489.32	43.99	-2.39	0.03	22.44	上海证券交易所	否
9.72	405.13	44.03	-4.33	0.03	21.98	上海证券交易所	否
17.55	754.65	62.22	-12.02	0.03	41.12	上海证券交易所	是
15.44	618.99	43.98	0.00	0.03	22.99	上海证券交易所	否
38.67	709.21	43.99	0.00	0.01	20.50	深圳证券交易所	否
12.72	788.64	44.03	0.00	0.03	22.99	上海证券交易所	否
30.16	732.70	44.00	0.00	0.02	22.80	深圳证券交易所	否
88.23	2205.75	22.97	64.87	0.03	41.97	上海证券交易所	是
25.70	13933.49	117.90	-1.25	0.06	25.78	深圳证券交易所	是
16.28	284.90	183.60	-19.17	0.03	26.08	上海证券交易所	是
24.43	389.66	219.28	0.00	0.01	26.55	深圳证券交易所	是
10.78	334.18	476.53	-45.11	0.02	20.07	深圳证券交易所	是
24.29	855.01	44.01	0.00	0.03	22.99	上海证券交易所	否
11.35	1623.05	43.96	0.00	0.05	16.77	深圳证券交易所	否
10.17	3672.50	38.74	0.00	0.12	22.41	上海证券交易所	否
18.23	651.38	43.99	0.00	0.03	22.98	上海证券交易所	否
6.57	461.65	43.99	0.00	0.03	21.75	深圳证券交易所	否
106.04	2002.41	107.01	43.75	0.03	37.13	上海证券交易所	是

2-12 续表 7

序号 Number	股票代码 Stock Code	股票简称 Stock Abbreviation	所属辖区 Jurisdiction	行业分类 Industry Classification	上市日期 Listing Date	首发数量（万股） Number of IPO Shares (10 thousand shares)
308	003013	地铁设计	广东	科学研究和技术服务业	2020-10-22	4001.00
309	688129	东来技术	上海	制造业	2020-10-23	3000.00
310	688179	阿拉丁	上海	科学研究和技术服务业	2020-10-26	2523.34
311	003017	大洋生物	浙江	制造业	2020-10-26	1500.00
312	003016	欣贺股份	福建	制造业	2020-10-26	10666.67
313	601187	厦门银行	福建	金融业	2020-10-27	26391.28
314	688221	前沿生物	江苏	制造业	2020-10-28	8996.00
315	689009	九号公司	境外	制造业	2020-10-29	7040.92
316	300902	国安达	福建	制造业	2020-10-29	3199.50
317	300901	中胤时尚	浙江	科学研究和技术服务业	2020-10-29	6000.00
318	300900	广联航空	黑龙江	制造业	2020-10-29	5256.00
319	688133	泰坦科技	上海	科学研究和技术服务业	2020-10-30	1906.23
320	605169	洪通燃气	新疆	电力、热力、燃气及水生产和供应业	2020-10-30	4000.00
321	601995	中金公司	北京	金融业	2020-11-2	45858.90
322	300906	日月明	江西	制造业	2020-11-5	2000.00
323	300905	宝丽迪	江苏	制造业	2020-11-5	1800.00
324	300903	科翔股份	广东	制造业	2020-11-5	4310.00
325	003018	金富科技	广东	制造业	2020-11-6	6500.00
326	688529	豪森股份	辽宁	制造业	2020-11-9	3200.00
327	605007	五洲特纸	浙江	制造业	2020-11-10	4001.00
328	688135	利扬芯片	广东	制造业	2020-11-11	3410.00
329	688057	金达莱	江西	水利、环境和公共设施管理业	2020-11-11	6900.00
330	688160	步科股份	上海	制造业	2020-11-12	2100.00
331	300884	狄耐克	福建	制造业	2020-11-12	3000.00
332	003019	宸展光电	福建	制造业	2020-11-17	3200.00
333	688219	会通股份	安徽	制造业	2020-11-18	4592.84
334	300909	汇创达	广东	制造业	2020-11-18	2522.67
335	300907	康平科技	江苏	制造业	2020-11-18	2400.00
336	605068	明新旭腾	浙江	制造业	2020-11-23	4150.00
337	300908	仲景食品	河南	制造业	2020-11-23	2500.00
338	688777	中控技术	浙江	信息传输、软件和信息技术服务业	2020-11-24	4913.00
339	605177	东亚药业	浙江	制造业	2020-11-25	2840.00
340	003004	声迅股份	北京	信息传输、软件和信息技术服务业	2020-11-26	2046.00
341	300910	瑞丰新材	河南	制造业	2020-11-27	3750.00
342	605266	健之佳	云南	批发和零售业	2020-12-1	1325.00
343	688578	艾力斯	上海	制造业	2020-12-2	9000.00
344	688557	兰剑智能	山东	制造业	2020-12-2	1817.00
345	300916	朗特智能	广东	制造业	2020-12-2	1065.00
346	300915	海融科技	上海	制造业	2020-12-2	1500.00
347	605258	协和电子	江苏	制造业	2020-12-3	2200.00
348	300911	亿田智能	浙江	制造业	2020-12-3	2666.67
349	601686	友发集团	天津	制造业	2020-12-4	14200.00
350	003021	兆威机电	广东	制造业	2020-12-4	2667.00
351	688590	新致软件	上海	信息传输、软件和信息技术服务业	2020-12-7	4550.56

continued

发行价格(元) IPO Price (yuan)	首发筹资金额(百万元) Proceeds Raised by IPO (million yuan)	上市首日涨跌幅(%) Price Change Rate on Issue Day of IPO (%)	超募比例(%) Oversubscription Rate (%)	网上发行中签率(%) Lot Winning Rate for Online Subscription(%)	首发市盈率(摊薄)(倍) IPO P/E Ratio (times)	上市交易所 Stock Exchange	是否注册制 Registration or Not
13.43	537.33	44.01	0.00	0.03	22.69	深圳证券交易所	否
15.22	456.60	123.39	-5.03	0.03	24.71	上海证券交易所	是
19.43	490.28	131.91	0.20	0.03	30.79	上海证券交易所	是
28.85	432.75	43.99	0.00	0.01	21.77	深圳证券交易所	否
8.99	958.93	44.05	0.00	0.04	15.83	深圳证券交易所	否
6.71	1770.85	40.24	0.00	0.09	10.35	上海证券交易所	否
20.50	1844.18	45.90	-13.56	0.04		上海证券交易所	是
18.94	1333.55	103.27	-38.54	0.04		上海证券交易所	是
15.38	492.08	301.82	0.00	0.02	26.38	深圳证券交易所	是
8.96	537.60	361.27	0.00	0.02	19.69	深圳证券交易所	是
17.87	939.25	304.53	16.85	0.02	50.34	深圳证券交易所	是
44.47	847.70	48.55	38.97	0.03	48.81	上海证券交易所	是
22.22	888.80	35.46	-3.31	0.03	22.23	上海证券交易所	否
28.78	13198.19	30.99	0.00	0.09	33.89	上海证券交易所	否
26.42	528.40	148.79	0.00	0.01	33.96	深圳证券交易所	是
49.32	887.76	106.93	0.00	0.01	35.28	深圳证券交易所	是
13.06	562.89	342.73	-30.00	0.02	30.02	深圳证券交易所	是
8.93	580.45	44.01	0.00	0.03	22.38	深圳证券交易所	否
20.20	646.40	291.58	-24.52	0.03	75.80	上海证券交易所	是
10.09	403.70	44.00	0.00	0.03	22.97	上海证券交易所	否
15.72	536.05	297.77	-14.64	0.03	36.58	上海证券交易所	是
25.84	1782.96	70.12	60.86	0.03	29.11	上海证券交易所	是
20.34	427.14	180.48	34.94	0.03	41.62	上海证券交易所	是
24.87	746.10	208.00	2.64	0.02	23.60	深圳证券交易所	是
23.58	754.56	44.02	0.00	0.02	20.52	深圳证券交易所	否
8.29	380.75	373.46	-78.28	0.03	38.14	上海证券交易所	是
29.57	745.95	204.94	44.20	0.02	37.53	深圳证券交易所	是
14.30	343.20	319.65	0.00	0.02	26.83	深圳证券交易所	是
23.17	961.56	43.98	0.00	0.03	22.99	上海证券交易所	否
39.74	993.50	203.98	73.46	0.02	43.38	深圳证券交易所	是
35.73	1755.41	204.03	1.78	0.03	64.04	上海证券交易所	是
31.13	884.09	44.01	0.00	0.03	22.99	上海证券交易所	否
20.26	414.52	43.98	0.00	0.02	22.61	深圳证券交易所	否
30.26	1134.75	240.38	162.12	0.02	46.13	深圳证券交易所	是
72.89	965.79	44.00	0.00	0.01	22.99	上海证券交易所	否
22.73	2045.70	69.60	26.60	0.04	63.14	上海证券交易所	是
27.70	503.31	137.36	17.27	0.03	31.69	上海证券交易所	是
56.52	601.94	191.67	0.00	0.01	46.37	深圳证券交易所	是
70.03	1050.45	104.91	0.00	0.01	54.75	深圳证券交易所	是
26.56	584.32	44.01	0.00	0.02	22.99	上海证券交易所	否
24.35	649.33	163.20	-12.77	0.02	26.41	深圳证券交易所	是
12.86	1826.12	44.01	0.00	0.06	22.97	上海证券交易所	否
75.12	2003.45	44.00	0.00	0.02	22.44	深圳证券交易所	否
10.73	488.28	151.26	-18.82	0.03	30.15	上海证券交易所	是

2-12 续表 8

序号 Number	股票代码 Stock Code	股票简称 Stock Abbreviation	所属辖区 Jurisdiction	行业分类 Industry Classification	上市日期 Listing Date	首发数量 (万股) Number of IPO Shares (10 thousand shares)
352	605183	确成股份	江苏	制造业	2020-12-07	4872.04
353	300913	兆龙互连	浙江	制造业	2020-12-07	3062.50
354	300912	凯龙高科	江苏	水利、环境和公共设施管理业	2020-12-07	2800.00
355	605376	博迁新材	江苏	制造业	2020-12-08	6540.00
356	003022	联泓新科	山东	制造业	2020-12-08	14736.00
357	688308	欧科亿	湖南	制造业	2020-12-10	2500.00
358	688571	杭华股份	浙江	制造业	2020-12-11	8000.00
359	003025	思进智能	浙江	制造业	2020-12-11	2010.00
360	003023	彩虹集团	四川	制造业	2020-12-11	2030.00
361	688136	科兴制药	山东	制造业	2020-12-14	4967.53
362	605299	舒华体育	福建	制造业	2020-12-15	5000.00
363	605151	西上海	上海	制造业	2020-12-15	3334.00
364	003020	立方制药	安徽	批发和零售业	2020-12-15	2316.00
365	688608	恒玄科技	上海	制造业	2020-12-16	3000.00
366	688510	航亚科技	江苏	制造业	2020-12-16	6460.00
367	688699	明微电子	广东	信息传输、软件和信息技术服务业	2020-12-18	1859.20
368	003027	同兴环保	安徽	水利、环境和公共设施管理业	2020-12-18	2167.00
369	003026	中晶科技	浙江	制造业	2020-12-18	2494.70
370	688668	鼎通科技	广东	制造业	2020-12-21	2129.00
371	300917	特发服务	广东	房地产业	2020-12-21	2500.00
372	605500	森林包装	浙江	制造业	2020-12-22	5000.00
373	605186	健麾信息	上海	制造业	2020-12-22	3400.00
374	300921	南凌科技	广东	信息传输、软件和信息技术服务业	2020-12-22	1823.00
375	300918	南山智尚	山东	制造业	2020-12-22	9000.00
376	688678	福立旺	江苏	制造业	2020-12-23	4335.00
377	300919	中伟股份	贵州	制造业	2020-12-23	5697.00
378	688658	悦康药业	北京	制造业	2020-12-24	9000.00
379	688560	明冠新材	江西	制造业	2020-12-24	4102.20
380	300923	研奥股份	吉林	制造业	2020-12-24	1965.00
381	003029	吉大正元	吉林	信息传输、软件和信息技术服务业	2020-12-24	4510.00
382	688679	通源环境	安徽	水利、环境和公共设施管理业	2020-12-25	3292.24
383	300922	天秦装备	河北	制造业	2020-12-25	2800.20
384	300920	润阳科技	浙江	制造业	2020-12-25	2500.00
385	605377	华旺科技	浙江	制造业	2020-12-28	5096.67
386	605179	一鸣食品	浙江	制造业	2020-12-28	6100.00
387	003028	振邦智能	广东	制造业	2020-12-28	2740.00
388	688698	伟创电气	江苏	制造业	2020-12-29	4500.00
389	688618	三旺通信	广东	制造业	2020-12-30	1263.20
390	688063	派能科技	上海	制造业	2020-12-30	3871.12
391	300925	法本信息	广东	信息传输、软件和信息技术服务业	2020-12-30	3237.00
392	688686	奥普特	广东	制造业	2020-12-31	2062.00
393	605155	西大门	浙江	制造业	2020-12-31	2400.00
394	300894	火星人	浙江	制造业	2020-12-31	4050.00

continued

发行价格(元) IPO Price (yuan)	首发筹资金额(百万元) Proceeds Raised by IPO (million yuan)	上市首日涨跌幅(%) Price Change Rate on Issue Day of IPO (%)	超募比例(%) Oversubscription Rate (%)	网上发行中签率(%) Lot Winning Rate for Online Subscription(%)	首发市盈率(摊薄)(倍) IPO P/E Ratio (times)	上市交易所 Stock Exchange	是否注册制 Registration or Not
14.38	700.60	44.02	0.00	0.04	22.99	上海证券交易所	否
13.21	404.56	218.09	-15.10	0.02	21.51	深圳证券交易所	是
17.62	493.36	257.72	-2.77	0.02	32.51	深圳证券交易所	是
11.69	764.53	43.97	0.00	0.04	22.98	上海证券交易所	否
11.46	1688.75	43.98	0.00	0.05	22.12	深圳证券交易所	否
23.99	599.75	76.70	4.33	0.03	28.93	上海证券交易所	是
5.33	426.40	174.30	-3.49	0.04	21.82	上海证券交易所	是
21.34	428.93	44.00	0.00	0.02	21.28	深圳证券交易所	否
23.89	484.97	43.99	0.00	0.02	22.99	深圳证券交易所	否
22.33	1109.25	83.65	-39.04	0.03	27.76	上海证券交易所	是
7.27	363.50	44.02	0.00	0.04	22.99	上海证券交易所	否
16.13	537.77	44.02	0.00	0.03	22.99	上海证券交易所	否
23.13	535.69	44.01	0.00	0.02	20.38	深圳证券交易所	否
162.07	4862.10	123.36	131.16	0.03	355.03	上海证券交易所	是
8.17	527.78	355.08	-27.25	0.03	53.35	上海证券交易所	是
38.43	714.49	118.53	33.70	0.03	39.13	上海证券交易所	是
40.11	869.18	44.00	0.00	0.02	20.41	深圳证券交易所	否
13.89	346.51	43.99	0.00	0.02	20.70	深圳证券交易所	否
20.07	427.29	123.67	-13.52	0.03	33.25	上海证券交易所	是
18.78	469.50	153.46	22.86	0.02	28.76	深圳证券交易所	是
18.97	948.50	44.02	0.00	0.03	22.99	上海证券交易所	否
14.20	482.80	44.01	0.00	0.03	22.98	上海证券交易所	否
32.54	593.20	88.69	0.00	0.01	33.00	深圳证券交易所	是
4.97	447.30	254.12	-39.38	0.03	14.70	深圳证券交易所	是
18.05	782.47	59.94	27.59	0.03	30.04	上海证券交易所	是
24.60	1401.46	245.53	-21.64	0.02	77.85	深圳证券交易所	是
24.36	2192.40	29.89	30.51	0.04	40.78	上海证券交易所	是
15.87	651.02	109.70	33.46	0.03	32.11	上海证券交易所	是
28.28	555.70	76.31	0.00	0.01	37.21	深圳证券交易所	是
11.27	508.28	44.01	0.00	0.02	22.86	深圳证券交易所	否
12.05	396.72	57.84	-25.01	0.03	18.86	上海证券交易所	是
16.05	449.43	132.40	33.19	0.02	34.22	深圳证券交易所	是
26.93	673.25	66.58	-3.29	0.02	23.26	深圳证券交易所	是
18.63	949.51	30.54	0.00	0.03	22.98	上海证券交易所	否
9.21	561.81	43.97	0.00	0.04	22.98	上海证券交易所	否
21.75	595.95	44.00	0.00	0.02	20.60	深圳证券交易所	否
10.75	483.75	86.23	12.88	0.03	33.62	上海证券交易所	是
34.08	430.50	79.49	-13.13	0.03	31.79	上海证券交易所	是
56.00	2167.83	320.16	0.67	0.03	60.17	上海证券交易所	是
20.08	649.99	163.99	24.40	0.02	27.10	深圳证券交易所	是
78.49	1618.46	176.21	7.52	0.03	31.46	上海证券交易所	是
21.17	508.08	43.98	0.00	0.02	22.99	上海证券交易所	否
14.07	569.84	248.26	-40.70	0.02	23.77	深圳证券交易所	是

2-13 股票市场分板块再筹资情况

Statistics for Stock Market Refinancing by Board

年份 Year	境内再筹资公司家数(家) Number of Listed Companies Financing in Domestic Capital Market by Subsequent Offerings of Shares(unit)					境内再筹资金额(亿元) Proceeds Raised in Domestic Capital Market by Subsequent Offerings of Shares (100 million yuan)				
	主板 Main Board	中小板 SME Board	创业板 ChiNext Board	科创板 STAR Market	合计 Total	主板 Main Board	中小板 SME Board	创业板 ChiNext Board	科创板 STAR Market	合计 Total
1992	0	—	—	—	0	0.00	—	—	—	0.00
1993	54	—	—	—	54	60.19	—	—	—	60.19
1994	53	—	—	—	53	59.19	—	—	—	59.19
1995	79	—	—	—	79	57.41	—	—	—	57.41
1996	40	—	—	—	40	66.71	—	—	—	66.71
1997	95	—	—	—	95	208.42	—	—	—	208.42
1998	167	—	—	—	167	375.22	—	—	—	375.22
1999	123	—	—	—	123	378.93	—	—	—	378.93
2000	177	—	—	—	177	653.26	—	—	—	653.26
2001	148	—	—	—	148	624.11	—	—	—	624.11
2002	50	—	—	—	50	221.29	—	—	—	221.29
2003	43	—	—	—	43	193.08	—	—	—	193.08
2004	36	0	—	—	36	289.47	0.00	—	—	289.47
2005	7	0	—	—	7	281.40	0.00	—	—	281.40
2006	55	3	—	—	58	1014.99	17.81	—	—	1032.80
2007	152	12	—	—	164	2986.24	57.67	—	—	3043.91
2008	129	17	—	—	146	2149.87	128.14	—	—	2278.01
2009	126	23	0	—	149	2801.88	153.48	0.00	—	2955.36
2010	140	45	0	—	185	4597.61	319.60	0.00	—	4917.21
2011	139	65	0	—	204	3874.16	455.84	0.00	—	4330.00
2012	119	39	4	—	162	3103.15	394.66	10.26	—	3508.08
2013	199	117	56	—	372	3510.18	536.64	84.64	—	4131.46
2014	252	190	103	—	545	5987.25	1501.52	340.61	—	7829.38
2015	330	245	195	—	770	10433.75	3094.98	1256.50	—	14785.23
2016	345	272	228	—	845	12336.78	4480.96	1983.58	—	18801.32
2017	320	238	210	—	768	9226.97	3033.60	973.33	—	13233.90
2018	285	173	196	—	654	7726.35	1573.87	699.51	—	9999.73
2019	233	121	150	0	504	7851.58	1582.05	615.38	0.00	10049.01
2020	300	158	147	6	611	6455.01	2119.80	893.36	11.14	9479.31

注：1.再筹资包含公开增发、定向增发、配股、权证和优先股筹资。其中权证筹资仅指期权行权筹资(不包括可转债转股)，为2008年之后开展的业务；优先股为2014年之后开展的业务。再筹资以上市日口径统计。

2.一家公司在当年以多种方式或多次进行再筹资的,相应筹资家数计为1，筹资金额为合计数。

数据来源：上海证券交易所、深圳证券交易所

Source: SSE、SZSE

2-14 股票市场分股份类型再筹资情况
Statistics for Stock Market Refinancing by Type of Shares

年份 Year	境内再筹资公司家数(家) Number of Listed Companies Financing in Domestic Capital Market by Subsequent Offerings of Shares(unit)				
	A股 A-shares				B股 B-shares
	增发公司家数 Number of Companies Financing by Following on Offering	配股公司家数 Number of Companies Financing by Rights Issues	行权筹资家数 Number of Companies Financing by Warrant Exercise	优先股家数 Number of Companies Financing by Preference Stock	
1992	0	0	—	—	0
1993	0	53	—	—	1
1994	1	51	—	—	1
1995	0	78	—	—	1
1996	0	40	—	—	1
1997	0	93	—	—	3
1998	7	160	—	—	0
1999	6	116	—	—	1
2000	16	161	—	—	0
2001	22	126	—	—	0
2002	28	22	—	—	0
2003	17	25	—	—	1
2004	11	23	—	—	2
2005	5	2	—	—	0
2006	56	2	—	—	0
2007	157	7	—	—	0
2008	135	9	2	—	0
2009	131	10	8	—	0
2010	160	18	7	—	0
2011	188	15	1	—	0
2012	155	7	0	—	0
2013	360	13	0	0	0
2014	528	13	0	5	0
2015	756	5	0	11	0
2016	827	11	0	8	0
2017	761	7	0	1	0
2018	633	15	0	7	0
2019	489	9	0	6	0
2020	589	18	0	6	0

注：1.再筹资包含公开增发、定向增发、配股、权证和优先股筹资。其中权证筹资仅指期权行权筹资(不包括可转债转股)，为2008年之后开展的业务；优先股为2014年之后开展的业务。再筹资以上市日口径统计。

2.同年以多种方式或者多次进行再筹资的，A股公司分别计入当年相应筹资家数和金额；B股公司的筹资家数计为1，筹资金额为合计数。

数据来源：上海证券交易所、深圳证券交易所

Source:SSE、SZSE

2-14 续表 continued

年份 Year	境内再筹资金额(亿元) Proceeds Raised in Domestic Capital Market by Subsequent Offerings of Shares (100 million yuan)				
	A股 A-shares				B股 B-shares
	增发筹资金额 Proceeds Raised by Following on Offering	配股筹资金额 Proceeds Raised by Rights Issues	行权筹资金额 Proceeds Raised by Warrant Exercise	优先股 Proceeds Raised by Overview Preference Stock	
1992	0.00	0.00	—	—	0.00
1993	0.00	60.10	—	—	0.09
1994	7.68	51.36	—	—	0.15
1995	0.00	56.25	—	—	1.16
1996	0.00	64.64	—	—	2.07
1997	0.00	205.68	—	—	2.74
1998	30.46	344.76	—	—	0.00
1999	59.75	318.98	—	—	0.20
2000	143.73	509.53	—	—	0.00
2001	193.48	430.64	—	—	0.00
2002	164.68	56.61	—	—	0.00
2003	116.13	76.52	—	—	0.43
2004	159.73	104.77	—	—	24.98
2005	278.78	2.62	—	—	0.00
2006	1028.48	4.32	—	—	0.00
2007	2816.24	227.68	—	—	0.00
2008	2095.68	151.57	30.76	—	0.00
2009	2818.99	105.97	30.40	—	0.00
2010	3394.71	1438.22	84.28	—	0.00
2011	3878.54	421.96	29.49	—	0.00
2012	3387.07	121.00	0.00	—	0.00
2013	3655.74	475.73	0.00	0.00	0.00
2014	6661.41	137.97	0.00	1030.00	0.00
2015	12741.29	36.44	0.00	2007.50	0.00
2016	16879.80	298.51	0.00	1623.00	0.00
2017	12870.94	162.96	0.00	200.00	0.00
2018	8421.66	228.32	0.00	1349.76	0.00
2019	7365.13	133.88	0.00	2550.00	0.00
2020	8778.99	512.97	0.00	187.35	0.00

2-15 股票市场优先股情况
Overview of Preference Stock in Stock Market

年份 Year	A 股 A-Shares				
	证券代码 Stock Code	证券简称 Stock Abbreviation	上市日 Offering Day	优先股股本合计（万股） Share Capital of Preference Stock (10 thousand shares)	优先股筹资金额（亿元） Proceeds Raised (100 million yuan)
2014	360001.SH	农行优1	2014-11-28	40000.00	400.00
	360002.SH	中行优1	2014-12-08	32000.00	320.00
	360003.SH	浦发优1	2014-12-18	15000.00	150.00
	360005.SH	兴业优1	2014-12-19	13000.00	130.00
	360006.SH	康美优1	2014-12-30	3000.00	30.00
2015	360007.SH	中建优1	2015-03-20	15000.00	150.00
	360008.SH	浦发优2	2015-03-26	15000.00	150.00
	360009.SH	农行优2	2015-03-27	40000.00	400.00
	360010.SH	中行优2	2015-03-31	28000.00	280.00
	360012.SH	兴业优2	2015-07-17	13000.00	130.00
	360013.SH	光大优1	2015-07-21	20000.00	200.00
	360014.SH	中原优1	2015-08-10	3400.00	34.00
	360015.SH	中交优1	2015-09-22	9000.00	90.00
	360016.SH	电建优1	2015-10-26	2000.00	20.00
	360017.SH	中交优2	2015-11-06	5500.00	55.00
	360011.SH	工行优1	2015-12-11	45000.00	450.00
	140001.SZ	宁行优01	2015-12-09	4850.00	48.50
2016	360018.SH	北银优1	2016-01-04	4900.00	49.00
	360019.SH	南银优1	2016-01-11	4900.00	49.00
	360020.SH	华夏优1	2016-04-20	20000.00	200.00
	360023.SH	北银优2	2016-08-26	13000.00	130.00
	360022.SH	光大优2	2016-08-26	10000.00	100.00
	360024.SH	南银优2	2016-09-26	5000.00	50.00
	360021.SH	交行优1	2016-09-29	45000.00	450.00
	360025.SH	中信优1	2016-11-21	35000.00	350.00
	140002.SZ	平银优01	2016-03-25	20000.00	200.00
	140003.SZ	晨鸣优01	2016-04-08	2250.00	22.50
	140004.SZ	晨鸣优02	2016-09-12	1000.00	10.00
	140005.SZ	晨鸣优03	2016-10-24	1250.00	12.50

注：优先股以上市日口径统计。
数据来源：上海证券交易所、深圳证券交易所
Source:SSE、SZSE

2-15 续表 continued

年份 Year	A 股 A-Shares				
	证券代码 Stock Code	证券简称 Stock Abbreviation	上市日 Offering Day	优先股股本合计（万股） Share Capital of Preference Stock (10 thousand shares)	优先股筹资金额（亿元） Proceeds Raised (100 million yuan)
2017	360026.SH	苏银优1	2017-12-21	20000.00	200.00
2018	360027.SH	杭银优1	2018-01-04	10000.00	100.00
	360028.SH	招银优1	2018-01-12	27500.00	275.00
	360029.SH	上银优1	2018-01-12	20000.00	200.00
	360030.SH	建行优1	2018-01-15	60000.00	600.00
	360031.SH	贵银优1	2018-12-12	5000.00	50.00
	140006.SZ	牧原优01	2018-02-06	2475.93	24.76
	140007.SZ	宁行优02	2018-11-28	10000.00	100.00
2019	360032.SH	兴业优3	2019-04-26	30000.00	300.00
	360033.SH	中行优3	2019-07-17	73000.00	730.00
	360034.SH	光大优3	2019-08-05	35000.00	350.00
	360035.SH	中行优4	2019-09-17	27000.00	270.00
	360036.SH	工行优2	2019-10-16	70000.00	700.00
	360037.SH	民生优1	2019-11-08	20000.00	200.00
2020	360038.SH	长银优1	2020-01-21	6000.00	60.00
	360039.SH	九州优1	2020-08-21	1200.00	12.00
	360040.SH	阳煤优1	2020-09-16	1000.00	10.00
	360041.SH	九州优2	2020-11-26	800.00	8.00
	360042.SH	五矿优1	2020-11-30	5000.00	50.00
	360043.SH	五矿优2	2020-12-29	3000.00	30.00
	140008.SZ	铁汉优01	2020-02-26	935.00	9.35
	140009.SZ	蒙草优01	2020-02-26	800.00	8.00

2-16 股票市场分板块交易情况

Statistics for Stock Market Transaction by Board

年份 Year	交易天数 (天) Number of Trading Days (day)	成交量(亿股) Trading Volume(100 million shares)				
		主板 Main Board	中小板 SME Board	创业板 ChiNext Board	科创板 STAR Market	合计 Total
1992	257	36.90	—	—	—	36.90
1993	259	226.56	—	—	—	226.56
1994	252	1013.34	—	—	—	1013.34
1995	253	705.31	—	—	—	705.31
1996	247	2533.14	—	—	—	2533.14
1997	243	2560.02	—	—	—	2560.02
1998	246	2154.11	—	—	—	2154.11
1999	239	2932.90	—	—	—	2932.90
2000	239	4759.45	—	—	—	4759.45
2001	240	3155.93	—	—	—	3155.93
2002	237	3017.14	—	—	—	3017.14
2003	241	4163.08	—	—	—	4163.08
2004	243	5768.57	59.16	—	—	5827.73
2005	242	6493.43	130.30	—	—	6623.73
2006	241	15848.45	296.78	—	—	16145.23
2007	242	35588.19	815.56	—	—	36403.76
2008	246	22942.14	1189.26	—	—	24131.39
2009	244	47784.81	3283.65	38.55	—	51107.00
2010	242	37696.10	4055.35	400.53	—	42151.98
2011	244	29465.14	3729.74	761.69	—	33956.57
2012	243	26306.55	5075.85	1478.14	—	32860.54
2013	238	37090.93	8245.92	3035.84	—	48372.68
2014	245	58405.71	11313.55	4035.30	—	73754.56
2015	244	135690.64	25409.95	9938.88	—	171039.47
2016	244	64602.50	20578.13	9509.90	—	94690.53
2017	244	61541.52	17409.44	8829.88	—	87780.84
2018	243	52108.58	18286.37	11642.30	—	82037.25
2019	244	75338.20	31971.44	19009.23	305.42	126624.28
2020	243	93785.58	42243.89	30218.85	1203.53	167451.86

数据来源：上海证券交易所、深圳证券交易所
Source:SSE、SZSE

2-16 续表 1 continued

年份 Year	日均成交量(亿股) Average Daily Volume (100 million shares)	成交金额(亿元) Trading Turnover(100 million yuan)				
		主板 Main Board	中小板 SME Board	创业板 ChiNext Board	科创板 STAR Market	合计 Total
1992	0.14	683.04	—	—	—	683.04
1993	0.87	3627.20	—	—	—	3627.21
1994	4.02	8127.63	—	—	—	8127.63
1995	2.79	4036.45	—	—	—	4036.45
1996	10.26	21332.17	—	—	—	21332.18
1997	10.54	30721.83	—	—	—	30721.83
1998	8.76	23527.31	—	—	—	23544.25
1999	12.27	31319.60	—	—	—	31322.37
2000	19.91	60826.65	—	—	—	60835.19
2001	13.15	38305.18	—	—	—	38325.39
2002	12.73	27990.46	—	—	—	27993.91
2003	17.27	32115.27	—	—	—	32115.27
2004	23.98	41511.32	822.63	—	—	42333.95
2005	27.37	30460.85	1203.92	—	—	31664.78
2006	66.99	87397.34	3071.55	—	—	90468.89
2007	150.43	444382.56	16173.66	—	—	460556.22
2008	98.10	250475.38	16637.28	—	—	267112.66
2009	209.45	485885.13	48273.52	1828.11	—	535986.76
2010	174.18	444083.25	85832.43	15717.87	—	545633.54
2011	139.17	333739.00	69026.46	18879.12	—	421644.58
2012	135.23	229387.19	61891.45	23304.63	—	314583.27
2013	203.25	317322.27	100224.40	51181.94	—	468728.61
2014	301.04	513705.37	152166.57	78041.34	—	743912.98
2015	700.98	1767632.33	497556.18	285352.81	—	2550541.31
2016	388.08	712848.18	344164.94	216831.62	—	1273844.74
2017	359.76	699223.72	259879.80	165521.59	—	1124625.11
2018	337.60	539251.39	203625.83	158862.19	—	901739.41
2019	518.95	718584.29	310656.51	231604.19	13313.81	1274158.80
2020	689.10	1033503.65	501795.70	466722.99	66230.17	2068252.52

2-16 续表 2 continued

年份 Year	日均成交金额(亿元) Average Daily Turnover (100 million yuan)	市值换手率(%) Turnover Ratio of Market Capitalization(%)			
		主板 Main Board	中小板 SME Board	创业板 ChiNext Board	科创板 STAR Market
1992	2.66	—	—	—	—
1993	14.00	—	—	—	—
1994	32.25	—	—	—	—
1995	15.95	—	—	—	—
1996	86.37	—	—	—	—
1997	126.43	—	—	—	—
1998	95.71	—	—	—	—
1999	131.06	—	—	—	—
2000	254.54	491.19	—	—	—
2001	159.69	227.07	—	—	—
2002	118.12	195.86	—	—	—
2003	133.26	237.04	—	—	—
2004	174.21	298.15	862.32	—	—
2005	130.85	287.77	811.53	—	—
2006	375.39	540.03	918.62	—	—
2007	1903.12	815.84	875.60	—	—
2008	1085.82	394.80	549.73	—	—
2009	2196.67	558.47	1030.48	723.60	—
2010	2254.68	302.98	789.10	1739.37	—
2011	1728.05	187.22	410.88	750.91	—
2012	1294.58	147.19	394.46	792.21	—
2013	1969.45	191.74	467.71	855.08	—
2014	3036.38	363.19	478.76	685.04	—
2015	10453.04	533.73	813.95	1068.84	—
2016	5220.68	254.45	567.69	760.10	—
2017	4609.12	215.32	417.91	590.07	—
2018	3710.86	167.04	351.20	574.12	—
2019	5221.96	210.69	470.37	690.32	1531.29
2020	8511.33	262.89	556.98	822.03	1741.39

2-17 股票市场分股份类型交易情况
Statistics for Stock Market Transaction by Type of Shares

年份 Year	成交量(亿股) Trading Volume (100 million shares)		成交金额(亿元) Trading Turnover (100 million yuan)		市值换手率(%) Turnover Ratio of Market Capitalization (%)	
	A股 A-shares	B股 B-shares	A股 A-shares	B股 B-shares	A股 A-shares	B股 B-shares
1992	32.88	4.02	651.81	31.23	—	—
1993	209.17	17.40	3522.55	104.65	—	—
1994	988.02	25.32	8003.08	124.55	—	—
1995	681.07	24.24	3958.58	77.86	—	—
1996	2464.93	68.22	21052.29	279.87	—	—
1997	2471.30	88.72	30295.21	426.62	—	—
1998	2092.50	61.60	23417.72	126.52	—	—
1999	2810.26	122.64	31052.33	270.04	—	—
2000	4559.06	200.40	60287.20	547.97	501.50	133.27
2001	2466.14	689.79	33260.08	5063.13	211.54	438.72
2002	2860.21	156.94	27145.06	848.41	203.38	88.87
2003	3992.28	170.80	31269.96	845.30	131.25	40.94
2004	5672.91	154.83	41576.19	757.76	321.58	139.88
2005	6470.87	152.86	31099.38	565.40	309.87	79.86
2006	15808.62	336.61	89217.11	1251.78	572.37	135.48
2007	35683.93	719.82	454771.30	5784.93	840.22	264.98
2008	23912.78	218.62	265890.43	1222.23	409.26	85.70
2009	50648.91	458.09	533889.40	2097.37	589.30	153.54
2010	41806.42	345.56	543465.92	2167.63	347.12	114.48
2011	33748.72	207.85	420339.19	1305.40	215.62	67.23
2012	32681.93	178.61	313715.14	868.13	181.65	56.37
2013	47953.66	263.89	466632.02	1439.32	244.30	86.88
2014	73188.22	194.87	741378.07	1007.19	315.85	130.72
2015	170541.00	498.48	2546837.74	3703.57	612.68	167.69
2016	94480.50	210.03	1272358.71	1486.02	346.84	77.95
2017	87628.57	152.27	1123647.88	977.23	265.86	56.17
2018	81926.96	110.30	901103.16	636.24	217.50	40.70
2019	126508.50	115.79	1273572.03	586.78	288.90	41.00
2020	167323.96	127.90	2067631.86	620.66	379.33	50.76

数据来源：上海证券交易所、深圳证券交易所
Source:SSE、SZSE

2-18　上海证券交易所股票市场交易情况

Statistics of Stock Market Transaction of Shanghai Stock Exchange

年份 Year	成交量(亿股) Trading Volume(100 million shares)			日均成交量 (亿股) Average Daily Volume (100 million yuan)
	A股 A-shares	B股 B-shares	合计 Total	
1992	15.21	2.56	17.78	0.07
1993	133.68	13.74	147.42	0.57
1994	634.33	22.43	656.76	2.61
1995	494.50	19.33	513.83	2.05
1996	1074.00	27.88	1101.88	4.46
1997	1166.01	49.67	1215.68	5.00
1998	1085.42	42.54	1127.95	4.59
1999	1488.25	72.13	1560.38	6.53
2000	2310.88	126.78	2437.65	10.20
2001	1429.69	390.26	1819.95	7.58
2002	1693.53	87.56	1781.10	7.52
2003	2632.63	60.09	2692.73	11.17
2004	3550.88	56.86	3607.74	14.85
2005	3926.89	59.70	3986.59	16.47
2006	10124.28	159.66	10283.93	42.67
2007	23931.39	393.99	24325.38	100.52
2008	16207.24	104.36	16311.60	66.31
2009	33476.72	202.92	33679.64	138.03
2010	25812.40	152.03	25964.43	107.29
2011	21078.72	114.19	21192.91	86.86
2012	18850.54	77.89	18928.43	77.90
2013	26432.16	131.57	26563.73	111.61
2014	42471.35	96.01	42567.36	173.74
2015	101396.17	305.51	101701.68	413.42
2016	44751.80	131.92	44883.72	183.95
2017	43719.05	80.26	43799.31	179.51
2018	37173.54	61.12	37234.65	153.23
2019	53726.50	65.65	53792.15	220.46
2020	68289.34	71.55	68360.89	281.32

数据来源：上海证券交易所
Source:SSE

2-18 续表 1 continued

年份 Year	成交金额(亿元) Trading Turnover (100 million yuan)			日均成交金额(亿元) Average Daily Turnover (100 million yuan)
	A股 A-shares	B股 B-shares	合计 Total	
1992	234.37	14.60	248.96	0.97
1993	2261.68	78.86	2340.54	9.11
1994	5626.73	108.35	5735.07	22.76
1995	3042.63	60.83	3103.46	12.36
1996	9020.24	94.57	9114.82	36.90
1997	13550.24	212.93	13763.17	56.64
1998	12304.23	81.88	12386.11	50.35
1999	16826.20	139.59	16965.79	70.99
2000	31029.69	344.17	31373.86	131.27
2001	19876.84	2832.54	22709.38	94.62
2002	16441.71	517.38	16959.09	71.56
2003	20541.25	282.89	20824.14	86.41
2004	26229.30	241.30	26470.60	108.93
2005	19061.49	178.72	19240.21	79.51
2006	57245.11	571.49	57816.60	239.90
2007	301960.29	3473.99	305434.29	1262.13
2008	179762.44	667.51	180429.95	733.46
2009	345443.26	1068.65	346511.91	1420.13
2010	303215.93	1096.08	304312.01	1257.49
2011	236809.12	746.19	237555.30	973.59
2012	164047.38	413.48	164460.86	676.79
2013	228918.82	689.69	229608.51	964.74
2014	375149.95	480.70	375630.66	1533.19
2015	1323231.16	2359.28	1325590.45	5388.58
2016	496880.34	984.49	497864.83	2040.42
2017	507214.81	555.30	507770.10	2081.03
2018	401575.27	389.75	401965.02	1654.18
2019	543463.81	380.21	543844.01	2228.87
2020	839470.30	390.56	839860.86	3456.22

2-18 续表 2 continued

年份 Year	市值换手率(%) Turnover Ratio of Market Capitalization(%)		
	A股 A-shares	B股 B-shares	合计 Total
1992	—	—	—
1993	—	—	—
1994	—	—	—
1995	—	—	—
1996	—	—	—
1997	—	—	—
1998	—	—	—
1999	—	—	—
2000	509.34	145.34	498.80
2001	228.79	447.12	243.60
2002	210.38	92.84	202.68
2003	262.82	63.31	252.07
2004	316.44	60.18	304.69
2005	292.40	65.93	283.49
2006	559.07	151.79	544.39
2007	830.76	333.62	817.72
2008	388.58	94.58	384.11
2009	526.69	165.31	523.12
2010	260.25	125.57	259.25
2011	164.28	80.88	163.75
2012	128.60	56.51	128.26
2013	169.72	84.70	169.22
2014	235.59	63.46	234.76
2015	490.77	203.38	489.60
2016	222.73	92.51	222.12
2017	180.91	55.67	180.47
2018	151.27	43.93	150.91
2019	193.90	43.98	193.44
2020	258.95	54.79	258.50

2-19 深圳证券交易所股票市场交易情况
Statistics of Stock Market Transaction of Shenzhen Stock Exchange

年份 Year	成交量(亿股) Trading Volume(100 million shares)			日均成交量 (亿股) Average Daily Volume (100 million shares)
	A股 A-shares	B股 B-shares	合计 Total	
1992	17.66	1.46	19.12	0.07
1993	75.49	3.66	79.15	0.32
1994	353.70	2.88	356.58	1.42
1995	186.57	4.91	191.48	0.79
1996	1390.93	40.33	1431.26	5.80
1997	1305.29	39.05	1344.34	5.53
1998	1007.08	19.07	1026.15	4.17
1999	1322.01	50.51	1372.52	5.74
2000	2248.18	73.62	2321.80	9.72
2001	1036.45	299.53	1335.97	5.57
2002	1166.68	69.37	1236.05	5.22
2003	1359.65	110.71	1470.36	6.10
2004	2122.03	97.96	2219.99	9.14
2005	2543.98	93.16	2637.14	10.90
2006	5684.34	176.95	5861.29	24.32
2007	11752.53	325.84	12078.37	49.91
2008	7705.54	114.26	7819.79	31.79
2009	17172.19	255.17	17427.36	71.42
2010	15994.02	193.52	16187.55	66.89
2011	12670.00	93.66	12763.66	52.31
2012	13831.39	100.72	13932.12	57.33
2013	21521.50	132.32	21653.82	90.98
2014	30716.87	98.86	30815.73	125.78
2015	69144.83	192.97	69337.80	281.86
2016	49728.70	78.11	49806.81	204.13
2017	43909.52	72.01	43981.53	180.25
2018	44753.42	49.18	44802.60	184.37
2019	72782.00	50.14	72832.14	298.49
2020	99034.62	56.35	99090.97	407.78

数据来源：深圳证券交易所
Source:SZSE

2-19 续表 continued

年份 Year	成交金额(亿元) Trading Turnover(100 million yuan)			日均成交金额(亿元) Average Daily Turnover (100 million yuan)	市值换手率(%) Turnover Ratio of Market Capitalization(%)		
	A股 A-shares	B股 B-shares	合计 Total		A股 A-shares	B股 B-shares	合计 Total
1992	417.44	16.63	434.08	1.69	351.80	130.91	329.78
1993	1260.87	25.80	1286.67	5.13	494.01	86.80	459.54
1994	2376.35	16.20	2392.56	9.49	650.12	35.08	579.90
1995	915.96	17.04	932.99	3.82	268.10	37.28	241.55
1996	12032.05	185.30	12217.36	49.46	1295.32	139.26	1173.86
1997	16744.97	213.69	16958.66	69.79	813.95	99.88	746.40
1998	11113.50	44.65	11158.14	45.36	395.92	34.10	379.34
1999	14226.13	130.46	14356.58	60.07	398.52	86.63	386.79
2000	29257.50	203.83	29461.33	123.27	493.22	115.23	483.10
2001	13383.24	2232.77	15616.02	65.07	190.00	422.05	206.30
2002	10703.35	331.47	11034.82	46.56	193.41	83.13	186.14
2003	10728.72	562.41	11291.13	46.85	218.75	138.17	213.29
2004	15346.89	516.46	15863.35	65.28	319.76	110.57	301.36
2005	12037.89	386.68	12424.57	51.34	342.37	88.95	315.18
2006	31972.00	680.29	32652.29	135.49	596.64	124.10	552.01
2007	152811.01	2310.94	155121.94	641.00	859.48	203.27	818.67
2008	86127.99	554.72	86682.71	352.37	461.50	77.15	447.24
2009	188446.14	1028.72	189474.86	776.54	764.97	142.56	747.76
2010	240249.99	1071.55	241321.53	997.20	599.48	104.82	587.29
2011	183530.07	559.21	184089.28	754.46	359.38	55.06	353.48
2012	149667.76	454.65	150122.41	617.79	330.67	56.21	325.84
2013	237713.21	749.11	238462.31	1001.94	431.07	84.13	425.62
2014	366228.12	523.69	366751.81	1496.95	480.79	634.60	476.32
2015	1223606.58	1344.29	1224950.86	4979.48	829.30	163.77	852.02
2016	775478.37	501.53	775979.90	3180.25	508.36	59.00	505.87
2017	616433.07	421.94	616855.01	2528.09	414.78	53.82	412.88
2018	499527.90	246.49	499774.39	2056.68	358.41	37.92	356.93
2019	730108.22	206.57	730314.79	2993.09	457.61	37.13	456.16
2020	1228161.56	230.10	1228391.66	5055.11	557.02	47.80	555.88

2-20 股票分行业成交情况

Statistics for Stock Transaction by Industry

行业 Industry	成交量(百万股) Trading Volume(million shares)		成交金额(百万元) Trading Turnover(million yuan)	
	2019	2020	2019	2020
农、林、牧、渔业 Agriculture, Forestry, Animal Husbandry and Fishery	192213.61	256445.1531	2225051.49	3005827.91
采矿业 Mining	478302.63	580879.3524	3003943.83	4056553.31
制造业 Manufacturing	7034628.51	9590816.179	75450117.61	133450801.39
电力、热力、燃气及水的生产和供应业 Production and Supply of Electricity, Gas and Water	325231.85	402056.0779	1974399.69	2111738.74
建筑业 Construction	342540.59	432741.2378	2321555.19	2682524.31
批发和零售业 Wholesale and Retail Trades	412941.67	607604.4225	3398464.15	5628921.22
交通运输、仓储和邮政业 Transport, Storage and Post	368298.68	466831.3087	2531965.04	3494662.87
住宿和餐饮业 Hotels and Catering Services	11157.27	24473.99658	107148.74	245636.54
信息传输、软件和信息技术服务业 Information Transmission, Computer Services and Software	1169527.12	1408364.428	14089089.25	19559854.00
金融业 Financial Intermediation	1163413.21	1514358.647	12495653.02	18419336.13
房地产业 Real Estate	467345.87	546137.0963	3604331.59	4226714.92
租赁和商务服务业 Leasing and Business Services	205131.20	311325.00	1495120.56	2906307.55
科学研究和技术服务业 Scientific Research, Technical Service	69326.95	87381.64	1075031.78	1962939.19
水利、环境和公共设施管理业 Management of Water Conservancy, Environment and Public Facilities	112977.80	156589.12	907375.87	1428769.93
居民服务、修理和其他服务业 Resident Services, Repairs and Other Services	718.79	939.05	11193.31	10757.13
教育 Education	6319.71	12039.28	88179.70	183020.17
卫生和社会工作业 Health and Social Works	30020.99	47612.33	542598.35	1108921.50
文化、体育和娱乐业 Culture, Sports and Entertainment	165884.09	211099.01	1354429.44	1795122.18
综合 Others	106448.14	87492.98	740231.67	546842.85

数据来源：上海证券交易所、深圳证券交易所
Source:SSE、SZSE

2-21 股票按监管辖区成交情况

Statistics for Stock Transaction by Regulatory Jurisdiction

辖区	Jurisdiction	成交量(百万股) Trading Volume(million shares)		成交金额(百万元) Trading Turnover(million yuan)	
		2019	2020	2019	2020
北京	Beijing	1810284.06	2264441.26	16220172.70	25103485.72
天津	Tianjin	146847.62	254039.16	1361346.28	2886428.72
河北	Hebei	216956.53	293379.23	1800626.56	3254060.15
山西	Shanxi	217722.61	200392.88	1478261.00	1349256.05
内蒙古	InnerMongolia	194396.12	265786.96	1300207.56	2144417.91
辽宁	Liaoning	109579.47	145886.95	924513.51	1456874.30
吉林	Jilin	138625.61	122910.80	1092521.50	803518.30
黑龙江	Heilongjiang	135004.26	221812.02	875348.52	2056531.82
上海	Shanghai	950624.23	804371.82	10647210.71	11424499.59
江苏	Jiangsu	1204414.27	1075130.63	12121215.99	14730467.66
浙江	Zhejiang	1009771.06	1527630.98	11118957.08	19002391.71
安徽	Anhui	334729.14	1054347.19	3036194.15	12038287.10
福建	Fujian	349546.65	308262.82	3311086.27	4013580.92
江西	Jiangxi	142912.60	342359.03	1731301.33	4607581.60
山东	Shandong	533132.36	498756.18	5445756.50	5994564.78
河南	Henan	294344.22	267024.52	2334394.65	2519997.44
湖北	Hubei	336665.02	331948.64	3714478.39	5210449.53
湖南	Hunan	324676.80	573343.72	2912157.26	6999606.55
广东	Guangdong	1020142.86	344345.80	10721735.44	4373166.48
广西	Guangxi	113318.41	276704.54	729578.87	3285032.09
海南	Hainan	134034.34	296694.18	868448.28	3085917.39
重庆	Chongqing	150449.06	424247.65	1165669.69	4698593.67
四川	Sichuan	375120.48	1366696.09	4632169.86	16367106.91
贵州	Guizhou	76815.07	1245675.23	1564003.01	20466525.50
云南	Yunnan	159075.59	205700.15	1348340.89	1356971.94
西藏	Tibet	35709.50	153843.07	445521.42	1384194.50
陕西	Shaanxi	185386.96	215642.71	1732292.79	3304063.89
甘肃	Gansu	156790.96	362106.03	998784.96	5643071.38
青海	Qinghai	31856.19	88234.15	230832.73	794264.87
宁夏	Ningxia	49304.22	129084.06	348565.30	1820468.17
新疆	Xinjiang	196783.16	152394.06	1629877.17	1327827.60
深圳	Shenzhen	1089198.43	327775.23	15216371.75	6339555.56
大连	Dalian	95435.51	172325.04	562191.31	1555628.41
宁波	Ningbo	143754.65	148173.41	1603710.93	1797044.80
厦门	Xiamen	89766.56	82376.71	1071332.94	861856.79
青岛	Qingdao	109254.08	189636.84	1120702.98	2050607.01
其他			11706.55		717355.01

注：上市公司辖区按公司注册地划分，以沪深交易所股东大会公告为准。
数据来源：上海证券交易所、深圳证券交易所
Source:SSE、SZSE

2-22 2020年A股总市值前50只股票交易情况

排名 Ranking	股票代码 Stock Code	股票简称 Stock Abbreviation	股票市值 (百万元) Market Capitalization of Shares (million yuan)	占比 (%) Proportion (%)	流通市值 (百万元) Negotiable Market Capitalization (million yuan)
1	600519	贵州茅台	25098.83	3.15	25098.83
2	601398	工商银行	13453.65	1.69	13453.65
3	000858	五 粮 液	11328.47	1.42	11078.00
4	601288	农业银行	10024.27	1.26	9233.34
5	601318	中国平安	9422.25	1.18	9422.25
6	600036	招商银行	9066.42	1.14	9066.42
7	300750	宁德时代	8179.02	1.03	4334.94
8	601628	中国人寿	7994.15	1.00	7994.15
9	000333	美的集团	6920.20	0.87	6740.19
10	601857	中国石油	6719.77	0.84	6719.77
11	601988	中国银行	6702.34	0.84	6702.34
12	603288	海天味业	6498.38	0.82	6498.38
13	600276	恒瑞医药	5942.73	0.75	5902.63
14	300999	金龙鱼	5872.67	0.74	400.89
15	601888	中国中免	5514.77	0.69	5514.77
16	300760	迈瑞医疗	5178.84	0.65	2126.31
17	002415	海康威视	4532.49	0.57	3927.07
18	600900	长江电力	4357.34	0.55	4357.34
19	601166	兴业银行	4335.57	0.54	4093.70
20	002352	顺丰控股	4020.15	0.51	3961.80
21	002475	立讯精密	3938.41	0.49	3932.23
22	600028	中国石化	3850.98	0.48	3850.98
23	000001	平安银行	3753.10	0.47	3753.07
24	000651	格力电器	3726.14	0.47	3697.76

注：1.按年末股票市值进行排名。

2.占比为个股市值占A股股票总市值的比重。

数据来源：上海证券交易所、深圳证券交易所

Source:SSE、SZSE

Statistics of Top 50 A-share Stock Transaction Ranked by Stock Market Capitalization in 2020

成交量（百万股）Trading Volume (million shares)	成交金额（百万元）Trading Turnover (million yuan)	市盈率（倍）P/E Ratio (times)	市净率（倍）P/B Ratio (times)	涨跌幅（%）Price Change Rate (%)	股本换手率（%）Turnover Ratio of Share Capital (%)
8.85	12765.41	60.91	18.45	70.86	70.48
526.86	2732.79	5.70	0.66	-10.71	19.54
57.01	10331.71	65.10	14.11	122.37	150.19
462.37	1545.22	5.18	0.56	-10.48	15.72
169.31	13442.87	10.64	2.36	4.65	156.29
164.46	6132.42	11.94	1.81	20.58	79.72
49.68	8713.26	179.35	13.33	230.48	409.22
59.21	2251.66	18.62	2.69	12.16	28.44
72.77	4816.44	28.46	6.12	73.56	106.42
251.93	1167.00	16.63	0.62	-26.06	15.56
261.39	890.18	5.00	0.51	-9.12	12.40
13.29	1859.95	121.39	39.19	125.76	43.45
63.54	5840.60	111.54	23.99	53.19	128.24
41.26	2623.01	108.65	8.51	321.48	1103.48
36.43	5559.54	119.14	27.73	218.74	186.57
13.47	3965.22	110.64	23.49	135.51	269.89
133.31	4893.61	36.51	9.48	51.91	164.73
62.28	1159.04	20.23	2.91	8.09	28.06
230.03	4030.83	6.58	0.80	10.23	117.96
50.46	3161.34	67.19	7.64	138.55	121.24
193.94	9654.74	83.14	15.74	100.33	315.19
289.13	1240.97	8.47	0.66	-15.98	30.26
276.75	4205.95	13.74	1.05	19.59	142.61
132.36	7800.72	15.09	3.25	-2.21	221.70

2-22 续表

排名 Ranking	股票代码 Stock Code	股票简称 Stock Abbreviation	股票市值（百万元） Market Capitalization of Shares (million yuan)	占比(%) Proportion (%)	流通市值（百万元） Negotiable Market Capitalization (million yuan)
25	002304	洋河股份	3556.34	0.45	2944.02
26	002594	比亚迪	3522.94	0.44	2226.66
27	601012	隆基股份	3477.57	0.44	3477.49
28	000568	泸州老窖	3312.68	0.42	3311.68
29	600809	山西汾酒	3270.76	0.41	3249.44
30	601658	邮储银行	3208.45	0.40	538.92
31	600030	中信证券	3130.64	0.39	2885.51
32	300015	爱尔眼科	3086.60	0.39	2558.64
33	601088	中国神华	2970.04	0.37	2970.04
34	600031	三一重工	2964.81	0.37	2964.81
35	002714	牧原股份	2889.58	0.36	1923.62
36	603259	药明康德	2875.95	0.36	1903.87
37	600309	万华化学	2858.43	0.36	1296.19
38	600104	上汽集团	2855.44	0.36	2855.44
39	600000	浦发银行	2841.29	0.36	2841.29
40	000002	万 科A	2790.84	0.35	2788.94
41	601816	京沪高铁	2779.43	0.35	181.79
42	601138	工业富联	2720.24	0.34	396.46
43	600887	伊利股份	2698.86	0.34	2631.25
44	601066	中信建投	2681.85	0.34	552.30
45	300059	东方财富	2670.07	0.34	2210.98
46	601601	中国太保	2628.50	0.33	2628.50
47	300122	智飞生物	2366.56	0.30	1331.74
48	601319	中国人保	2332.20	0.29	368.02
49	601633	长城汽车	2297.49	0.29	2279.08
50	601995	中金公司	2200.55	0.28	195.91

continued

成交量（百万股）Trading Volume (million shares)	成交金额（百万元）Trading Turnover (million yuan)	市盈率（倍）P/E Ratio (times)	市净率（倍）P/B Ratio (times)	涨跌幅(%) Price Change Rate (%)	股本换手率(%) Turnover Ratio of Share Capital (%)
20.52	2737.18	48.17	9.31	119.55	164.41
74.35	8095.36	328.32	8.87	307.89	648.89
139.88	7032.77	65.87	12.59	274.65	371.22
33.53	3984.97	71.36	15.13	164.20	229.46
13.13	2125.00	168.73	43.92	321.23	151.64
165.89	833.07	6.82	0.76	-15.01	455.14
404.09	11159.78	31.08	2.35	18.05	411.72
55.23	2671.56	223.82	32.49	146.85	181.58
84.24	1413.84	8.28	1.02	6.96	51.08
199.68	4275.10	26.46	6.67	109.00	236.39
55.91	5149.28	48.60	6.59	48.29	311.30
34.85	3608.11	177.37	19.00	105.34	283.96
46.35	2839.86	28.22	6.75	66.79	325.53
112.35	2440.48	11.15	1.14	7.75	96.21
109.44	1144.44	4.82	0.51	-17.49	38.28
200.16	5639.05	8.34	1.65	-7.52	206.03
267.43	1786.76	23.28	1.75	16.90	975.81
124.72	1931.72	14.62	3.05	-24.07	664.80
151.20	5165.90	38.92	10.33	47.31	256.15
113.10	4603.99	58.37	5.68	39.01	1160.93
714.88	15709.77	136.38	8.40	136.34	1133.15
88.67	2878.48	13.32	2.07	5.72	133.35
41.16	4726.23	100.01	31.87	198.79	458.91
170.64	1210.73	12.97	1.59	-11.53	304.63
67.86	1172.60	77.15	6.38	341.16	112.58
25.21	1474.12	85.72	7.52	161.54	968.67

2-23　2020年A股流通市值前50只股票交易情况

排名 Ranking	股票代码 Stock Code	股票简称 Stock Abbreviation	流通市值(百万元) Negotiable Market Capitalization (million yuan)	占比(%) Proportion (%)	股票市值(亿元) Market Capitalization of Shares (100 million yuan)
1	600519	贵州茅台	25098.83	3.91	25098.83
2	601398	工商银行	13453.65	2.09	13453.65
3	000858	五 粮 液	11078.00	1.72	11328.47
4	601318	中国平安	9422.25	1.47	9422.25
5	601288	农业银行	9233.34	1.44	10024.27
6	600036	招商银行	9066.42	1.41	9066.42
7	601628	中国人寿	7994.15	1.24	7994.15
8	000333	美的集团	6740.19	1.05	6920.20
9	601857	中国石油	6719.77	1.05	6719.77
10	601988	中国银行	6702.34	1.04	6702.34
11	603288	海天味业	6498.38	1.01	6498.38
12	600276	恒瑞医药	5902.63	0.92	5942.73
13	601888	中国中免	5514.77	0.86	5514.77
14	600900	长江电力	4357.34	0.68	4357.34
15	300750	宁德时代	4334.94	0.67	8179.02
16	601166	兴业银行	4093.70	0.64	4335.57
17	002352	顺丰控股	3961.80	0.62	4020.15
18	002475	立讯精密	3932.23	0.61	3938.41
19	002415	海康威视	3927.07	0.61	4532.49
20	600028	中国石化	3850.98	0.60	3850.98
21	000001	平安银行	3753.07	0.58	3753.10
22	000651	格力电器	3697.76	0.58	3726.14
23	601012	隆基股份	3477.49	0.54	3477.57
24	000568	泸州老窖	3311.68	0.52	3312.68

注：1.按年末股票流通市值进行排名。
2.占比为个股流通市值占A股股票总流通市值的比重。
数据来源：上海证券交易所、深圳证券交易所
Source:SSE、SZSE

Statistics of Top 50 A-share Stock Transaction Ranked by Stock Free Float Market Capitalization in 2020

成交量 (亿股) Trading Volume (100 million shares)	成交金额 (亿元) Trading Turnover (100 million yuan)	市盈率 (倍) P/E Ratio (times)	市净率 (倍) P/B Ratio (times)	涨跌幅 (%) Price Change Rate (%)	股本换手率 (%) Turnover Ratio of Share Capital (%)
8.85	12765.41	60.91	18.45	70.86	70.48
526.86	2732.79	5.70	0.66	-10.71	19.54
57.01	10331.71	65.10	14.11	122.37	150.19
169.31	13442.87	10.64	2.36	4.65	156.29
462.37	1545.22	5.18	0.56	-10.48	15.72
164.46	6132.42	11.94	1.81	20.58	79.72
59.21	2251.66	18.62	2.69	12.16	28.44
72.77	4816.44	28.46	6.12	73.56	106.42
251.93	1167.00	16.63	0.62	-26.06	15.56
261.39	890.18	5.00	0.51	-9.12	12.40
13.29	1859.95	121.39	39.19	125.76	43.45
63.54	5840.60	111.54	23.99	53.19	128.24
36.43	5559.54	119.14	27.73	218.74	186.57
62.28	1159.04	20.23	2.91	8.09	28.06
49.68	8713.26	179.35	13.33	230.48	409.22
230.03	4030.83	6.58	0.80	10.23	117.96
50.46	3161.34	67.19	7.64	138.55	121.24
193.94	9654.74	83.14	15.74	100.33	315.19
133.31	4893.61	36.51	9.48	51.91	164.73
289.13	1240.97	8.47	0.66	-15.98	30.26
276.75	4205.95	13.74	1.05	19.59	142.61
132.36	7800.72	15.09	3.25	-2.21	221.70
139.88	7032.77	65.87	12.59	274.65	371.22
33.53	3984.97	71.36	15.13	164.20	229.46

2-23 续表

排名 Ranking	股票代码 Stock Code	股票简称 Stock Abbreviation	流通市值(百万元) Negotiable Market Capitalization (million yuan)	占比(%) Proportion (%)	股票市值(亿元) Market Capitalization of Shares (100 million yuan)
25	600809	山西汾酒	3249.44	0.51	3270.76
26	601088	中国神华	2970.04	0.46	2970.04
27	600031	三一重工	2964.81	0.46	2964.81
28	002304	洋河股份	2944.02	0.46	3556.34
29	600030	中信证券	2885.51	0.45	3130.64
30	600104	上汽集团	2855.44	0.44	2855.44
31	600000	浦发银行	2841.29	0.44	2841.29
32	000002	万 科A	2788.94	0.43	2790.84
33	600887	伊利股份	2631.25	0.41	2698.86
34	601601	中国太保	2628.50	0.41	2628.50
35	300015	爱尔眼科	2558.64	0.40	3086.60
36	601633	长城汽车	2279.08	0.35	2297.49
37	002594	比亚迪	2226.66	0.35	3522.94
38	300059	东方财富	2210.98	0.34	2670.07
39	300760	迈瑞医疗	2126.31	0.33	5178.84
40	002142	宁波银行	2095.05	0.33	2123.23
41	600585	海螺水泥	2064.65	0.32	2064.65
42	601668	中国建筑	2050.30	0.32	2085.66
43	000725	京东方A	2012.22	0.31	2031.74
44	002714	牧原股份	1923.62	0.30	2889.58
45	603259	药明康德	1903.87	0.30	2875.95
46	600048	保利地产	1893.28	0.29	1893.28
47	600016	民生银行	1844.03	0.29	1844.03
48	600690	海尔智家	1842.73	0.29	1842.73
49	601899	紫金矿业	1824.59	0.28	1824.59
50	603501	韦尔股份	1812.91	0.28	2005.02

continued

成交量 （亿股） Trading Volume (100 million shares)	成交金额 （亿元） Trading Turnover (100 million yuan)	市盈率 （倍） P/E Ratio (times)	市净率 （倍） P/B Ratio (times)	涨跌幅 (%) Price Change Rate (%)	股本换手率 (%) Turnover Ratio of Share Capital (%)
13.13	2125.00	168.73	43.92	321.23	151.64
84.24	1413.84	8.28	1.02	6.96	51.08
199.68	4275.10	26.46	6.67	109.00	236.39
20.52	2737.18	48.17	9.31	119.55	164.41
404.09	11159.78	31.08	2.35	18.05	411.72
112.35	2440.48	11.15	1.14	7.75	96.21
109.44	1144.44	4.82	0.51	-17.49	38.28
200.16	5639.05	8.34	1.65	-7.52	206.03
151.20	5165.90	38.92	10.33	47.31	256.15
88.67	2878.48	13.32	2.07	5.72	133.35
55.23	2671.56	223.82	32.49	146.85	181.58
67.86	1172.60	77.15	6.38	341.16	112.58
74.35	8095.36	328.32	8.87	307.89	648.89
714.88	15709.77	136.38	8.40	136.34	1133.15
13.47	3965.22	110.64	23.49	135.51	269.89
81.77	2473.46	15.48	1.84	27.54	144.25
75.61	4238.38	8.14	1.99	-2.32	189.03
540.46	2853.02	4.98	0.75	-8.26	131.04
2253.36	10962.45	108.89	2.07	32.71	665.64
55.91	5149.28	48.60	6.59	48.29	311.30
34.85	3608.11	177.37	19.00	105.34	283.96
198.67	3178.31	6.77	1.21	3.24	166.37
231.90	1315.30	4.23	0.44	-12.42	65.39
121.89	2504.22	32.13	5.51	52.84	193.21
681.76	3967.99	55.03	4.61	106.19	349.94
18.50	3549.30	430.60	25.30	61.21	787.39

2-24 2020年A股成交金额前50股票交易情况

排名 Ranking	股票代码 Stock Code	股票简称 Stock Abbreviation	成交金额 (亿元) Trading Turnover (100 million yuan)	占比 (%) Proportion (%)	股票市值(亿元) Market Capitalization of Shares (100 million yuan)
1	300059	东方财富	15709.77	0.76	2670.07
2	601318	中国平安	13442.87	0.65	9422.25
3	600519	贵州茅台	12765.41	0.62	25098.83
4	600030	中信证券	11159.78	0.54	3130.64
5	000725	京东方A	10962.45	0.53	2031.74
6	000858	五 粮 液	10331.71	0.50	11328.47
7	002475	立讯精密	9654.74	0.47	3938.41
8	000063	中兴通讯	9132.37	0.44	1298.19
9	300750	宁德时代	8713.26	0.42	8179.02
10	002594	比亚迪	8095.36	0.39	3522.94
11	000651	格力电器	7800.72	0.38	3726.14
12	601012	隆基股份	7032.77	0.34	3477.57
13	600196	复星医药	6789.46	0.33	1085.72
14	000100	TCL 集团	6738.95	0.33	993.38
15	002241	歌尔股份	6665.71	0.32	1222.38
16	600036	招商银行	6132.42	0.30	9066.42
17	600584	长电科技	6050.22	0.29	682.34
18	002185	华天科技	5987.08	0.29	373.19
19	600703	三安光电	5909.87	0.29	1209.87
20	603986	兆易创新	5848.16	0.28	931.46
21	600276	恒瑞医药	5840.60	0.28	5942.73
22	002049	紫光国微	5666.90	0.27	811.98
23	000002	万 科A	5639.05	0.27	2790.84
24	601888	中国中免	5559.54	0.27	5514.77

注：1.按全年股票成交金额进行排名。
2.占比为个股成交金额占A股股票总成交金额的比重。
数据来源：上海证券交易所、深圳证券交易所
Source:SSE、SZSE

Statistics of Top 50 A-share Stock Transaction Ranked by Stock Trading Turnover in 2020

流通市值(亿元) Negotiable Market Capitalization (100 million yuan)	成交量(亿股) Trading Volume (100 million shares)	市盈率 (倍) P/E Ratio (times)	市净率 (倍) P/B Ratio (times)	涨跌幅 (%) Price Change Rate(%)	股本换手率(%) Turnover Ratio of Share Capital (%)
2210.98	714.88	136.38	8.40	136.34	1133.15
9422.25	169.31	10.64	2.36	4.65	156.29
25098.83	8.85	60.91	18.45	70.86	70.48
2885.51	404.09	31.08	2.35	18.05	411.72
2012.22	2253.36	108.89	2.07	32.71	665.64
11078.00	57.01	65.10	14.11	122.37	150.19
3932.23	193.94	83.14	15.74	100.33	315.19
1169.76	224.22	30.15	3.70	-4.41	645.19
4334.94	49.68	179.35	13.33	230.48	409.22
2226.66	74.35	328.32	8.87	307.89	648.89
3697.76	132.36	15.09	3.25	-2.21	221.70
3477.49	139.88	65.87	12.59	274.65	371.22
1085.72	146.58	41.66	4.34	104.40	728.90
896.06	1126.24	34.79	3.20	62.14	889.63
1040.79	221.03	94.58	6.78	88.33	797.55
9066.42	164.46	11.94	1.81	20.58	79.72
578.89	177.91	769.52	5.40	93.68	1586.57
373.08	449.25	130.09	4.60	82.46	1640.09
1101.58	238.62	93.18	5.56	47.70	585.09
867.35	24.59	153.47	17.83	35.12	683.94
5902.63	63.54	111.54	23.99	53.19	128.24
811.98	64.75	200.10	16.84	163.36	1068.07
2788.94	200.16	8.34	1.65	-7.52	206.03
5514.77	36.43	119.14	27.73	218.74	186.57

2-24 续表

排名 Ranking	股票代码 Stock Code	股票简称 Stock Abbreviation	成交金额 (亿元) Trading Turnover (100 million yuan)	占比 (%) Proportion (%)	股票市值(亿元) Market Capitalization of Shares (100 million yuan)
25	600745	闻泰科技	5523.55	0.27	1232.49
26	002456	欧菲光	5501.14	0.27	355.17
27	300433	蓝思科技	5167.66	0.25	1341.90
28	600887	伊利股份	5165.90	0.25	2698.86
29	002714	牧原股份	5149.28	0.25	2889.58
30	300142	沃森生物	5081.58	0.25	596.22
31	002460	赣锋锂业	4918.85	0.24	1112.83
32	002466	天齐锂业	4907.31	0.24	580.06
33	002415	海康威视	4893.61	0.24	4532.49
34	000333	美的集团	4816.44	0.23	6920.20
35	300122	智飞生物	4726.23	0.23	2366.56
36	000661	长春高新	4700.58	0.23	1816.83
37	601066	中信建投	4603.99	0.22	2681.85
38	688981	中芯国际	4542.67	0.22	1119.46
39	603799	华友钴业	4497.34	0.22	905.02
40	002129	中环股份	4468.78	0.22	773.40
41	600438	通威股份	4401.14	0.21	1730.40
42	300014	亿纬锂能	4283.25	0.21	1539.43
43	600031	三一重工	4275.10	0.21	2964.81
44	002230	科大讯飞	4251.40	0.21	909.25
45	600585	海螺水泥	4238.38	0.20	2064.65
46	000001	平安银行	4205.95	0.20	3753.10
47	601166	兴业银行	4030.83	0.19	4335.57
48	002030	达安基因	4002.10	0.19	300.86
49	000568	泸州老窖	3984.97	0.19	3312.68
50	601899	紫金矿业	3967.99	0.19	1824.59

continued

流通市值(亿元) Negotiable Market Capitalization (100 million yuan)	成交量(亿股) Trading Volume (100 million shares)	市盈率 (倍) P/E Ratio (times)	市净率 (倍) P/B Ratio (times)	涨跌幅 (%) Price Change Rate(%)	股本换手率(%) Turnover Ratio of Share Capital (%)
811.50	46.14	98.32	5.82	7.14	706.73
350.95	320.59	70.14	3.52	-15.37	1202.50
1337.59	203.09	54.35	5.20	123.56	465.48
2631.25	151.20	38.92	10.33	47.31	256.15
1923.62	55.91	48.60	6.59	48.29	311.30
571.82	104.57	417.77	10.30	18.91	707.32
801.38	88.76	365.34	13.58	191.96	1111.68
578.42	187.56	0.00	9.91	30.12	1274.29
3927.07	133.31	36.51	9.48	51.91	164.73
6740.19	72.77	28.46	6.12	73.56	106.42
1331.74	41.16	100.01	31.87	198.79	458.91
1594.45	10.72	102.36	17.92	101.16	387.45
552.30	113.10	58.37	5.68	39.01	1160.93
642.24	65.76	247.21	10.18	110.31	611.64
877.97	104.00	757.11	11.68	101.32	958.82
684.23	223.52	85.57	4.08	116.22	833.02
1648.25	212.11	65.68	9.84	197.03	503.62
1448.27	72.98	101.14	18.49	209.59	571.21
2964.81	199.68	26.46	6.67	109.00	236.39
828.22	112.00	109.69	7.56	18.87	577.78
2064.65	75.61	8.14	1.99	-2.32	189.03
3753.07	276.75	13.74	1.05	19.59	142.61
4093.70	230.03	6.58	0.80	10.23	117.96
293.74	142.83	326.36	8.95	228.32	1751.32
3311.68	33.53	71.36	15.13	164.20	229.46
1824.59	681.76	55.03	4.61	106.19	349.94

2-25 2020年A股涨幅前50股票交易情况

排名 Ranking	股票代码 Stock Code	股票简称 Stock Abbreviation	涨幅(%) Price Increase Rate (%)	股票市值(亿元) Market Capitalization of Shares (100 million yuan)	流通市值(亿元) Negotiable Market Capitalization (100 million yuan)
1	605358	立昂微	2347.15	482.30	48.86
2	603392	万泰生物	2203.20	873.83	87.87
3	603290	斯达半导	1794.09	385.44	96.36
4	300677	英科医疗	1428.06	592.27	393.30
5	300869	康泰医学	1070.77	477.94	45.84
6	605111	新洁能	882.12	197.89	49.47
7	688298	东方生物	857.01	243.60	59.30
8	002985	北摩高科	766.50	290.26	72.56
9	688126	沪硅产业	751.41	821.46	165.43
10	300850	新强联	713.28	169.48	42.37
11	603893	瑞芯微	651.31	300.89	30.39
12	603185	上机数控	619.71	321.91	80.58
13	300274	阳光电源	589.16	1053.29	784.38
14	688055	龙腾光电	586.89	279.33	22.84
15	300841	康华生物	565.40	280.94	70.24
16	300846	首都在线	559.51	91.27	11.10
17	688027	国盾量子	551.41	188.54	41.35
18	002975	博杰股份	544.63	154.36	38.59
19	688390	固德威	527.21	209.35	48.16
20	300763	锦浪科技	515.83	217.03	82.04
21	300863	卡倍亿	475.20	59.69	14.16
22	003009	中天火箭	463.37	113.28	28.32
23	300896	爱美客	453.83	787.33	170.35
24	688585	上纬新材	428.51	53.06	5.18
25	688050	爱博医疗	415.59	181.87	37.56

数据来源：上海证券交易所、深圳证券交易所
Source:SSE、SZSE

Statistics of Top 50 A-share Stock Transaction Ranked by Stock Price Increase Rate in 2020

成交量 (亿股) Trading Volume (100 million shares)	成交金额 (亿元) Trading Turnover (100 million yuan)	市盈率 (倍) P/E Ratio (times)	市净率 (倍) P/B Ratio (times)	股本换手率(%) Turnover Ratio of Share Capital (%)
5.09	439.45	376.24	31.86	1254.85
4.56	843.89	418.37	56.06	1046.75
8.93	1575.40	284.92	68.87	2232.26
17.81	1773.87	331.72	9.78	1161.57
8.43	1033.96	646.47	32.48	2187.31
2.49	427.98	201.49	34.62	985.20
6.83	909.35	296.69	96.77	2384.42
5.35	716.04	136.70	15.08	1425.59
115.48	3705.27	—	16.20	2445.54
4.94	409.65	169.73	12.58	1864.52
9.54	713.78	146.98	17.53	2271.85
10.97	702.68	173.71	18.85	2078.94
97.26	2506.32	117.97	10.86	899.99
38.05	382.00	113.97	8.91	1361.52
1.54	906.14	150.51	14.73	1027.51
9.30	295.65	136.98	11.87	1859.23
1.98	611.70	382.39	19.13	1096.77
5.44	633.50	102.61	11.77	2334.41
1.31	207.64	203.62	49.99	636.86
6.61	528.89	171.46	22.69	1717.86
3.64	471.11	98.88	10.68	2780.63
3.92	258.49	114.44	9.41	1008.57
1.19	574.33	257.68	17.96	458.76
3.13	48.51	67.79	6.16	775.80
1.20	262.78	272.73	29.45	545.57

2-25 续表

排名 Ranking	股票代码 Stock Code	股票简称 Stock Abbreviation	涨幅(%) Price Increase Rate (%)	股票市值(亿元) Market Capitalization of Shares (100 million yuan)	流通市值(亿元) Negotiable Market Capitalization (100 million yuan)
26	601696	中银证券	406.51	768.95	76.95
27	002709	天赐材料	402.20	566.88	393.38
28	601456	国联证券	401.88	412.84	101.47
29	603719	良品铺子	394.65	235.27	24.05
30	300831	派瑞股份	392.18	62.59	15.65
31	300891	惠云钛业	389.56	71.28	16.90
32	688396	华润微	388.55	759.83	159.29
33	300751	迈为股份	380.58	352.74	196.45
34	300824	北鼎股份	375.65	60.72	15.18
35	002791	坚朗五金	373.14	463.02	225.27
36	002977	天箭科技	365.41	99.53	24.92
37	605199	葫芦娃	364.74	96.51	9.67
38	688063	派能科技	361.82	400.46	95.97
39	002979	雷赛智能	360.78	92.23	23.06
40	688598	金博股份	359.35	173.02	43.16
41	300855	图南股份	355.66	95.78	23.95
42	689009	九号公司	353.12	604.25	50.47
43	600399	抚顺特钢	351.52	293.84	293.84
44	300825	阿尔特	349.51	84.36	21.09
45	601633	长城汽车	341.16	2297.49	2279.08
46	300898	熊猫乳品	339.15	58.70	13.93
47	00799	酒鬼酒	338.27	508.51	508.51
48	600316	洪都航空	336.62	407.82	407.82
49	603486	科沃斯	336.13	499.41	158.97
50	688510	航亚科技	333.66	91.54	22.10

continued

成交量 (亿股) Trading Volume (100 million shares)	成交金额 (亿元) Trading Turnover (100 million yuan)	市盈率 (倍) P/E Ratio (times)	市净率 (倍) P/B Ratio (times)	股本换手率(%) Turnover Ratio of Share Capital (%)
84.36	2132.57	96.33	6.04	3034.46
32.44	1476.33	3483.22	17.21	880.85
83.61	1508.70	97.30	6.29	1757.50
8.37	547.84	69.12	16.62	2040.97
19.69	487.32	100.31	8.26	2461.52
19.73	422.78	72.73	6.39	2080.42
45.18	2230.79	189.60	14.01	1835.32
2.17	609.11	142.22	22.10	750.24
9.39	305.60	92.18	9.66	1727.66
4.87	438.17	105.39	12.65	311.63
4.58	470.87	103.57	11.30	2558.90
4.70	156.34	80.20	14.99	1170.85
0.37	83.07	277.88	90.10	102.35
11.48	386.67	85.76	8.74	2208.31
2.88	303.60	222.76	64.08	1515.78
7.31	342.65	93.90	9.30	1461.31
6.13	400.09	—	28.51	962.91
42.08	308.96	97.29	6.57	213.35
21.93	474.44	64.79	5.88	2870.44
67.86	1172.60	77.15	6.38	112.58
5.23	312.59	88.16	13.10	1807.38
35.66	2502.26	169.79	18.86	1097.46
62.25	1716.92	492.13	8.22	868.13
11.32	421.76	413.74	20.17	629.97
2.25	83.41	217.00	22.57	382.05

2-26 2020年A股跌幅前50股票交易情况

排名 Ranking	股票代码 Stock Code	股票简称 Stock Abbreviation	跌幅(%) Price Decrease Rate (%)	股票市值(亿元) Market Capitalization of Shares (100 million yuan)	流通市值(亿元) Negotiable Market Capitalization (100 million yuan)
1	600146	*ST环球	-92.37	4.84	4.84
2	600069	退市银鸽	-89.51	0.00	0.00
3	600175	退市美都	-88.46	0.00	0.00
4	000662	*ST天夏	-84.73	8.96	8.96
5	600074	退市保千	-83.65	0.00	0.00
6	600734	*ST实达	-82.18	7.53	6.47
7	601558	退市锐电	-77.06	0.00	0.00
8	002592	ST八菱	-75.69	9.49	8.24
9	000673	*ST当代	-75.69	9.82	9.79
10	603222	济民制药	-75.39	43.26	43.26
11	000687	*ST华讯	-74.81	12.95	12.72
12	603157	*ST拉夏	-74.39	4.86	2.13
13	600083	*ST博信	-73.29	13.09	12.97
14	002071	*ST长城	-72.17	5.04	5.04
15	600687	退市刚泰	-71.26	7.44	7.44
16	600978	*ST宜生	-71.04	12.75	12.75
17	600086	退市金钰	-68.95	11.61	9.09
18	600242	*ST中昌	-68.36	11.37	11.24
19	600247	*ST成城	-68.31	3.90	3.90
20	600816	ST安信	-67.34	79.30	76.33
21	600090	*ST济堂	-67.22	19.72	19.72
22	002052	*ST同洲	-66.98	7.83	7.83
23	002411	延安必康	-66.73	79.68	79.68
24	600677	*ST航通	-65.48	0.00	0.00
25	603399	吉翔股份	-64.59	24.40	24.28

数据来源：上海证券交易所、深圳证券交易所
Source:SSE、SZSE

Statistics of Top 50 A-share Stock Transaction Ranked by Stock Price Decrease Rate in 2020

成交量 (亿股) Trading Volume (100 million shares)	成交金额 (亿元) Trading Turnover (100 million yuan)	市盈率 (倍) P/E Ratio (times)	市净率 (倍) P/B Ratio (times)	股本换手率(%) Turnover Ratio of Share Capital (%)
54.59	255.11	—	0.55	1161.46
41.23	70.18	—	—	253.88
81.79	96.96	—	—	228.69
81.00	232.49	0.00	1.38	740.97
8.56	1.75	—	—	84.05
38.74	122.65	—	—	742.66
54.02	36.49	—	—	89.57
12.31	103.17	0.00	0.66	497.78
60.67	167.48	0.00	0.00	768.51
6.49	213.33	62.52	4.96	202.75
41.41	129.78	0.00	0.00	550.05
19.24	71.42	—	0.64	1319.83
23.99	246.74	—	—	1052.40
45.23	97.61	0.00	0.00	864.87
27.65	32.70	—	0.49	185.73
57.51	86.33	—	0.16	387.83
79.60	139.66	—	3.49	753.21
47.13	303.98	—	2.19	1132.46
10.83	21.98	—	—	321.81
84.11	215.51	—	1.04	159.78
52.09	150.33	16.21	0.32	361.83
41.34	84.45	0.00	2.30	554.15
88.94	918.81	19.92	0.83	611.34
16.79	100.35	—	—	370.07
27.91	237.35	—	1.13	549.42

2-26 续表

排名 Ranking	股票代码 Stock Code	股票简称 Stock Abbreviation	跌幅(%) Price Decrease Rate (%)	股票市值(亿元) Market Capitalization of Shares (100 million yuan)	流通市值(亿元) Negotiable Market Capitalization (100 million yuan)
26	603996	*ST中新	-63.82	5.46	5.46
27	000835	*ST长动	-63.13	5.78	5.35
28	002656	ST摩登	-62.85	10.40	8.37
29	002280	*ST联络	-62.79	31.35	25.36
30	603555	*ST贵人	-62.03	14.08	14.08
31	600122	ST宏图	-59.62	12.39	12.39
32	002618	丹邦科技	-58.07	28.33	28.33
33	002256	*ST兆新	-57.14	20.89	15.44
34	600593	大连圣亚	-56.97	24.09	24.09
35	002638	*ST勤上	-56.64	24.30	15.58
36	300038	数知科技	-56.40	43.94	43.54
37	600145	*ST新亿	-55.79	18.79	18.79
38	600599	*ST熊猫	-55.42	7.79	7.79
39	603133	碳元科技	-55.27	23.45	23.30
40	600614	*ST鹏起	-54.60	0.00	0.00
41	600485	*ST信威	-54.58	0.00	0.00
42	600225	*ST松江	-54.05	12.72	12.69
43	000980	*ST众泰	-53.92	27.37	16.75
44	600712	南宁百货	-53.62	24.46	24.17
45	300609	汇纳科技	-52.71	21.21	15.80
46	600640	号百控股	-52.42	97.47	97.47
47	002969	嘉美包装	-52.31	54.45	25.18
48	603721	中广天择	-52.20	16.37	16.37
49	002470	*ST金正	-51.88	42.06	37.07
50	002356	*ST赫美	-51.82	5.59	5.58

continued

成交量 (亿股) Trading Volume (100 million shares)	成交金额 (亿元) Trading Turnover (100 million yuan)	市盈率 (倍) P/E Ratio (times)	市净率 (倍) P/B Ratio (times)	股本换手率(%) Turnover Ratio of Share Capital (%)
6.49	18.86	—	—	216.20
25.28	77.65	0.00	0.00	834.53
19.94	43.73	0.00	1.40	379.48
195.86	453.54	0.00	1.79	1111.96
16.06	49.32	—	2.88	255.51
44.72	75.13	—	0.47	386.13
42.84	393.40	163.61	1.64	781.80
71.17	108.69	0.00	1.36	510.90
3.62	118.73	57.67	4.37	281.30
56.75	132.29	0.00	0.69	581.84
86.33	748.03	7.63	0.41	884.22
14.96	23.69	151.62	7.48	100.35
13.55	97.60	—	1.34	816.08
13.33	263.42	—	2.63	816.14
25.02	34.60	—	—	165.55
45.32	91.80	—	—	239.13
29.37	66.89	—	4.02	314.80
76.16	143.38	0.00	0.57	613.96
77.04	507.18	514.91	2.39	1431.03
4.25	146.84	30.94	1.78	665.63
23.67	473.40	68.61	2.15	330.22
22.22	205.13	31.41	2.65	2287.27
12.62	313.18	84.59	3.01	1873.00
131.20	295.31	0.00	0.45	461.77
16.05	25.25	0.00	0.00	312.55

2-27 2020年B股总市值前50股票交易情况

排名 Ranking	股票代码 Stock Code	股票简称 Stock Abbreviation	股票市值(亿元) Market Capitalization of Shares (100 million yuan)	占比 (%) Proportion (%)	流通市值(亿元) Negotiable Market Capitalization (100 million yuan)
1	200596	古井贡B	109.20	9.00	109.20
2	900933	华新B股	104.02	8.57	104.02
3	900926	宝信B股	79.03	6.51	79.03
4	200625	长 安B	60.50	4.98	60.50
5	900932	陆家B股	56.24	4.63	56.24
6	900948	伊泰B股	48.59	4.00	48.59
7	900905	老凤祥B	39.00	3.21	39.00
8	900947	振华B股	32.81	2.70	32.81
9	200869	张 裕B	31.05	2.56	31.04
10	200012	南 玻B	28.04	2.31	28.04
11	900936	鄂资B股	26.64	2.20	26.64
12	200771	杭汽轮B	26.48	2.18	26.47
13	200725	京东方B	25.95	2.14	25.95
14	200581	苏威孚B	21.60	1.78	21.60
15	200550	江 铃B	21.33	1.76	21.33
16	900925	机电B股	20.99	1.73	20.99
17	900934	锦江B股	19.98	1.65	19.98
18	200488	晨 鸣B	16.96	1.40	16.96
19	200016	深康佳B	16.89	1.39	16.89
20	900911	金桥B股	16.32	1.34	16.32
21	900903	大众B股	15.70	1.29	15.70
22	200539	粤电力B	15.68	1.29	15.68
23	200429	粤高速B	12.72	1.05	12.72
24	900912	外高B股	12.05	0.99	12.05

注：1.按年末股票市值进行排名。
2.占比为个股市值占B股股票总市值的比重。
数据来源：上海证券交易所、深圳证券交易所
Source:SSE、SZSE

Statistics of Top 50 B-share Stock Transaction Ranked by Stock Market Capitalization in 2020

成交量 (亿股) Trading Volume (100 million shares)	成交金额 (亿元) Trading Turnover (100 million yuan)	市盈率 (倍) P/E Ratio (times)	市净率 (倍) P/B Ratio (times)	涨跌幅(%) Price Change Rate (%)	股本换手率(%) Turnover Ratio of Share Capital (%)
0.62	44.97	23.23	4.71	55.66	52.01
4.35	57.77	5.01	1.49	14.32	59.14
4.64	87.89	37.34	4.65	118.36	155.94
7.08	34.81	0.00	0.76	69.36	78.50
3.13	17.94	5.99	1.22	-12.46	28.41
7.11	31.48	3.36	0.36	-25.53	53.52
0.83	17.60	7.52	1.51	-6.87	40.49
2.33	4.15	18.44	0.61	-19.57	11.96
0.78	10.41	8.63	0.90	7.38	33.80
4.41	9.64	15.56	0.76	26.17	39.71
1.07	6.36	7.23	0.77	20.65	25.48
0.96	7.21	22.43	1.00	44.28	35.07
7.07	19.09	53.50	0.95	8.61	75.54
0.72	8.71	5.93	0.71	21.30	41.99
0.62	3.27	38.51	0.50	24.18	18.08
1.30	11.38	9.84	0.93	4.78	60.01
0.77	8.70	12.01	0.99	10.34	49.61
4.18	10.60	7.74	0.31	-12.03	59.17
4.23	10.77	25.10	0.59	2.83	52.14
0.82	5.47	6.64	0.73	2.65	30.14
1.27	3.07	5.05	0.53	-28.01	15.90
1.58	3.08	9.56	0.38	3.33	19.75
1.40	6.01	6.44	0.83	-23.74	40.22
0.45	3.10	8.34	0.69	-22.42	22.60

2-27 续表

排名 Ranking	股票代码 Stock Code	股票简称 Stock Abbreviation	股票市值(亿元) Market Capitalization of Shares (100 million yuan)	占比 (%) Proportion (%)	流通市值(亿元) Negotiable Market Capitalization (100 million yuan)
25	900908	氯碱B股	11.98	0.99	11.98
26	201872	招港B	10.78	0.89	10.78
27	900917	海欣B股	10.51	0.87	10.51
28	900942	黄山B股	10.50	0.87	10.50
29	200055	方大B	10.43	0.86	10.43
30	200028	一致B	10.37	0.85	10.37
31	900902	市北B股	10.32	0.85	10.32
32	900920	上柴B股	9.78	0.81	9.78
33	200726	鲁 泰B	9.76	0.80	5.86
34	900910	海立B股	9.56	0.79	9.56
35	900923	百联B股	9.52	0.78	9.52
36	900928	临港B股	9.06	0.75	9.06
37	200037	深南电B	8.98	0.74	8.98
38	200541	粤照明B	8.74	0.72	8.50
39	900901	云赛B股	8.61	0.71	8.61
40	900941	东信B股	8.58	0.71	8.58
41	200512	闽灿坤B	8.30	0.68	8.30
42	900909	华谊B股	7.32	0.60	7.32
43	200152	山 航B	7.22	0.59	7.22
44	900914	锦在线B	7.04	0.58	7.04
45	900929	锦旅B股	7.00	0.58	7.00
46	200986	粤华包B	6.91	0.57	6.91
47	900919	*ST绿庭B	6.19	0.51	6.19
48	900957	凌云B股	6.05	0.50	6.05
49	900953	凯马B	6.02	0.50	6.02
50	900924	上工B股	5.88	0.48	5.88

continued

成交量(亿股) Trading Volume (100 million shares)	成交金额(亿元) Trading Turnover (100 million yuan)	市盈率(倍) P/E Ratio (times)	市净率(倍) P/B Ratio (times)	涨跌幅(%) Price Change Rate (%)	股本换手率(%) Turnover Ratio of Share Capital (%)
1.63	5.48	4.49	0.78	-17.29	40.21
0.68	4.37	4.22	0.32	-16.73	37.79
1.52	3.66	27.84	0.75	-13.53	32.41
0.80	4.11	11.15	0.87	-15.10	37.07
1.27	3.50	8.77	0.53	-6.26	29.55
0.22	4.48	6.76	0.60	-15.91	39.76
2.82	7.49	21.03	0.71	-11.21	60.56
1.43	4.03	22.49	0.69	-0.44	41.50
0.84	3.76	3.16	0.37	-43.81	47.33
0.66	2.67	11.14	0.70	-20.23	23.08
1.38	8.57	10.55	0.55	-2.76	76.57
0.58	5.34	14.11	1.40	-8.84	54.44
0.41	1.60	87.64	0.97	-9.32	15.57
0.77	1.83	13.41	0.73	27.39	24.68
1.53	6.03	17.75	1.04	-25.26	52.28
1.50	5.08	29.20	1.23	-16.96	49.92
0.61	2.06	8.38	1.01	44.72	33.02
0.63	2.06	10.85	0.37	-17.73	26.02
0.55	3.38	6.07	0.64	-33.04	39.16
0.34	1.72	9.63	0.74	-19.78	20.86
0.37	3.86	23.55	1.73	1.63	56.11
1.02	3.08	60.53	0.97	97.81	59.61
1.62	3.57	35.58	1.94	-26.27	46.93
1.18	4.12	48.51	2.58	-9.53	63.99
1.20	3.54	55.73	2.23	-19.67	50.10
0.66	1.82	16.51	0.61	-19.43	27.16

2-28 2020年B股成交金额前50股票交易情况

排名 Ranking	股票代码 Stock Code	股票简称 Stock Abbreviation	成交金额 (亿元) Trading Turnover (100 million yuan)	占比 (%) Proportion (%)	股票市值(亿元) Market Capitalization of Shares (100 million yuan)
1	900926	宝信B股	87.89	14.16	79.03
2	900933	华新B股	57.77	9.31	104.02
3	200596	古井贡B	44.97	7.25	109.20
4	200625	长 安B	34.81	5.61	60.50
5	900948	伊泰B股	31.48	5.07	48.59
6	200725	京东方B	19.09	3.08	25.95
7	900956	东贝B股	18.07	2.91	0.00
8	900932	陆家B股	17.94	2.89	56.24
9	900905	老凤祥B	17.60	2.84	39.00
10	900925	机电B股	11.38	1.83	20.99
11	200016	深康佳B	10.77	1.73	16.89
12	200488	晨 鸣B	10.60	1.71	16.96
13	200869	张 裕B	10.41	1.68	31.05
14	200012	南 玻B	9.64	1.55	28.04
15	200581	苏威孚B	8.71	1.40	21.60
16	900934	锦江B股	8.70	1.40	19.98
17	900923	百联B股	8.57	1.38	9.52
18	900902	市北B股	7.49	1.21	10.32
19	200771	杭汽轮B	7.21	1.16	26.48
20	900936	鄂资B股	6.36	1.02	26.64
21	900938	海科B	6.32	1.02	5.09
22	900901	云赛B股	6.03	0.97	8.61
23	200429	粤高速B	6.01	0.97	12.72
24	900937	华电B股	5.94	0.96	3.98

注：1.按2019全年股票成交金额进行排名。

2.占比为个股成交金额占B股股票总成交金额的比重。

数据来源：上海证券交易所、深圳证券交易所

Source:SSE、SZSE

Statistics of Top 50 B-share Stock Transaction Ranked by Stock Trading Turnover in 2020

流通市值(亿元) Negotiable Market Capitalization (100 million yuan)	成交量 (亿股) Trading Volume (100 million shares)	市盈率 (倍) P/E Ratio (times)	市净率 (倍) P/B Ratio (times)	涨跌幅(%) Price Change Rate (%)	股本换手率(%) Turnover Ratio of Share Capital (%)
79.03	4.64	37.34	4.65	118.36	155.94
104.02	4.35	5.01	1.49	14.32	59.14
109.20	0.62	23.23	4.71	55.66	52.01
60.50	7.08	0.00	0.76	69.36	78.50
48.59	7.11	3.36	0.36	-25.53	53.52
25.95	7.07	53.50	0.95	8.61	75.54
0.00	1.12			130.48	97.17
56.24	3.13	5.99	1.22	-12.46	28.41
39.00	0.83	7.52	1.51	-6.87	40.49
20.99	1.30	9.84	0.93	4.78	60.01
16.89	4.23	25.10	0.59	2.83	52.14
16.96	4.18	7.74	0.31	-12.03	59.17
31.04	0.78	8.63	0.90	7.38	33.80
28.04	4.41	15.56	0.76	26.17	39.71
21.60	0.72	5.93	0.71	21.30	41.99
19.98	0.77	12.01	0.99	10.34	49.61
9.52	1.38	10.55	0.55	-2.76	76.57
10.32	2.82	21.03	0.71	-11.21	60.56
26.47	0.96	22.43	1.00	44.28	35.07
26.64	1.07	7.23	0.77	20.65	25.48
5.09	3.04	9.28	0.35	-14.03	93.13
8.61	1.53	17.75	1.04	-25.26	52.28
12.72	1.40	6.44	0.83	-23.74	40.22
3.98	5.21	25.64	1.16	17.50	120.64

2-28 续表

排名 Ranking	股票代码 Stock Code	股票简称 Stock Abbreviation	成交金额 (亿元) Trading Turnover (100 million yuan)	占比 (%) Proportion (%)	股票市值(亿元) Market Capitalization of Shares (100 million yuan)
25	900908	氯碱B股	5.48	0.88	11.98
26	900911	金桥B股	5.47	0.88	16.32
27	900928	临港B股	5.34	0.86	9.06
28	900939	汇丽B	5.12	0.83	4.49
29	900941	东信B股	5.08	0.82	8.58
30	200028	一致B	4.48	0.72	10.37
31	201872	招港B	4.37	0.70	10.78
32	900947	振华B股	4.15	0.67	32.81
33	900957	凌云B股	4.12	0.66	6.05
34	900942	黄山B股	4.11	0.66	10.50
35	900920	上柴B股	4.03	0.65	9.78
36	900929	锦旅B股	3.86	0.62	7.00
37	200726	鲁 泰B	3.76	0.61	9.76
38	200011	深物业B	3.71	0.60	3.04
39	900917	海欣B股	3.66	0.59	10.51
40	900919	*ST绿庭B	3.57	0.58	6.19
41	900953	凯马B	3.54	0.57	6.02
42	200055	方大B	3.50	0.56	10.43
43	200152	山 航B	3.38	0.54	7.22
44	200553	安道麦B	3.29	0.53	5.59
45	200550	江 铃B	3.27	0.53	21.33
46	900912	外高B股	3.10	0.50	12.05
47	200986	粤华包B	3.08	0.50	6.91
48	200539	粤电力B	3.08	0.50	15.68
49	900903	大众B股	3.07	0.49	15.70
50	900918	耀皮B股	3.07	0.49	5.82

continued

流通市值(亿元) Negotiable Market Capitalization (100 million yuan)	成交量(亿股) Trading Volume (100 million shares)	市盈率(倍) P/E Ratio (times)	市净率(倍) P/B Ratio (times)	涨跌幅(%) Price Change Rate (%)	股本换手率(%) Turnover Ratio of Share Capital (%)
11.98	1.63	4.49	0.78	-17.29	40.21
16.32	0.82	6.64	0.73	2.65	30.14
9.06	0.58	14.11	1.40	-8.84	54.44
4.49	1.00	131.04	12.34	18.51	113.67
8.58	1.50	29.20	1.23	-16.96	49.92
10.37	0.22	6.76	0.60	-15.91	39.76
10.78	0.68	4.22	0.32	-16.73	37.79
32.81	2.33	18.44	0.61	-19.57	11.96
6.05	1.18	48.51	2.58	-9.53	63.99
10.50	0.80	11.15	0.87	-15.10	37.07
9.78	1.43	22.49	0.69	-0.44	41.50
7.00	0.37	23.55	1.73	1.63	56.11
5.86	0.84	3.16	0.37	-43.81	47.33
3.04	0.69	3.49	0.86	11.38	101.59
10.51	1.52	27.84	0.75	-13.53	32.41
6.19	1.62	35.58	1.94	-26.27	46.93
6.02	1.20	55.73	2.23	-19.67	50.10
10.43	1.27	8.77	0.53	-6.26	29.55
7.22	0.55	6.07	0.64	-33.04	39.16
5.59	0.81	31.41	0.36	-18.76	48.27
21.33	0.62	38.51	0.50	24.18	18.08
12.05	0.45	8.34	0.69	-22.42	22.60
6.91	1.02	60.53	0.97	97.81	59.61
15.68	1.58	9.56	0.38	3.33	19.75
15.70	1.27	5.05	0.53	-28.01	15.90
5.82	0.97	14.89	0.94	-8.37	51.61

2-29 股票市场估值水平概况
Level of Stock Market Valuation

单位：倍 (times)

	市盈率 P/E Ratio		市净率 P/B Ratio	
	2019	2020	2019	2020
主板 Main Board	13.82	16.29	1.44	1.58
中小板 SME Board	26.51	35.81	2.70	3.27
创业板 ChiNext Board	39.89	64.91	3.94	5.58
科创板 STAR Market	58.34	94.63	58.34	11.05
A股 A-Shares	16.31	20.15	1.70	2.02
B股 B-Shares	9.55	9.88	0.87	0.80
沪深300指数 CSI 300 Index	13.12	16.34	1.48	1.73
上证综指 SSE Composite Index	14.55	16.76	1.57	1.76
深证综指 SZSE Composite Index	26.15	34.14	2.38	3.23
深证成指 SZSE Component Index	23.96	34.51	2.53	3.60
中小板指 SZSE SME Price Index	27.03	40.41	3.06	4.56
创业板指 ChiNext Price Index	50.43	77.25	5.61	7.95
上证50指数 SSE 50 Index	11.78	13.56	1.35	1.56
上证180指数 SSE 180 Index	12.65	14.05	1.43	1.55

数据来源：上海证券交易所、深圳证券交易所、中证指数有限公司
Source:SSE、SZSE、CSINDEX

2-30 股票市场行业估值水平情况
Level of Stock Market Valuation by Industry

单位：倍 (times)

行业 Industry	A 股 A-Shares			
	市盈率 P/E Ratio		市净率 P/B Ratio	
	2019	2020	2019	2020
农、林、牧、渔业 Agriculture, Forestry, Animal Husbandry and Fishery	17.39	16.75	3.80	3.70
采矿业 Mining	15.68	18.69	1.06	0.98
制造业 Manufacturing	26.22	34.73	2.74	3.77
电力、热力、燃气及水的生产和供应业 Production and Supply of Electricity, Gas and Water	18.10	15.13	1.41	1.29
建筑业 Construction	8.50	7.30	0.86	0.73
批发和零售业 Wholesale and Retail Trades	16.79	20.45	1.51	1.62
交通运输、仓储和邮政业 Transport, Storage and Post	17.55	21.74	1.55	1.65
住宿和餐饮业 Hotels and Catering Services	25.34	151.23	2.09	2.85
信息传输、软件和信息技术服务业 Information Transmission, Computer Services and Software	43.66	43.75	3.54	3.77
金融业 Financial Intermediation	9.04	9.18	0.99	0.92
房地产业 Real Estate	9.08	8.12	1.34	1.08
租赁和商务服务业 Leasing and Business Services	25.43	32.81	2.28	3.98
科学研究和技术服务业 Scientific Research, Technical Service	40.38	51.53	3.92	5.63
水利、环境和公共设施管理业 Management of Water Conservancy, Environment and Public Facilities	22.00	21.40	1.65	1.75
居民服务、修理和其他服务业 Residential Services, Repairs and Other Services	—	—	5.24	6.56
教育 Education	60.89	93.42	11.14	19.25
卫生和社会工作业 Health and Social Works	69.97	100.82	8.61	12.82
文化、体育和娱乐业 Culture, Sports and Entertainment	24.73	22.28	2.17	2.32
综合 Others	27.40	25.78	1.89	1.97

注：1.行业分类使用2020年第四季度证监会行业分类结果。
2.市盈率和市净率计算剔除净利润为负的公司。

数据来源：中证指数有限公司
Source:CSINDEX

2-31 证券市场股息率情况
Dividend Yield Ratio of Security Market

单位: % (%)

年份 Year	主板 Main Board	中小板 SME Board	创业板 ChiNext Board	科创板 STAR Market	上证综指 SSE Composite Index	深证综指 SZSE Composite Index	上证50指数 SSE 50 Index	上证180指数 SSE 180 Index	深证成份指数 SZSE Component Index
2008	2.14	0.85	—	—	2.23	1.49	2.70	2.52	2.07
2009	1.08	0.48	—	—	1.21	0.50	1.59	1.43	0.67
2010	1.29	0.39	0.19	—	1.43	0.56	2.10	1.79	0.91
2011	1.99	0.99	0.73	—	2.18	1.02	2.73	2.58	1.39
2012	2.25	1.20	1.00	—	2.49	1.14	3.17	2.91	1.38
2013	2.62	0.92	0.54	—	2.96	0.89	4.06	3.66	1.68
2014	2.56	0.69	0.40	—	2.03	0.91	2.86	2.50	1.40
2015	1.53	0.41	0.19	—	1.73	0.48	2.93	2.41	0.68
2016	1.66	0.57	0.37	—	1.79	0.72	2.96	2.50	1.09
2017	2.05	1.98	0.47	—	1.86	0.81	2.58	2.25	0.99
2018	1.58	1.26	0.71	—	2.69	1.39	3.50	3.20	1.64
2019	2.08	1.04	0.55	0.00	2.16	1.07	2.79	2.62	1.23
2020	1.91	0.82	0.39	0.23	1.89	0.85	2.46	2.34	0.93

数据来源：上海证券交易所、深圳证券交易所、中证指数有限公司
Source:SSE、SZSE、CSINDEX

2-32 融资融券业务情况
Statistics of Margin Transactions

年份 Year	标的证券数量(只) Number of Designated Securities for Margin Transactions(unit)			融资融券交易金额(亿元) Turnover of Margin Transactions (100 million yuan)		
	股票 Stock	ETF	合计 Total	股票 Stock	其中：融资买入额 Margin Purchase	其中：融券卖出额 Short Selling
2014	899	15	914	101824.43	92962.43	8862.01
2015	891	22	913	345664.31	319749.23	25915.08
2016	950	22	972	114825.92	114206.26	619.66
2017	949	21	970	103603.57	102066.28	1537.29
2018	949	45	994	74277.92	72782.17	1495.75
2019	1669	69	1738	111619.08	109269.26	2349.82
2020	1878	114	1992	194004.84	186796.43	7208.41

注：1.融资融券交易额=融资买入额+融券卖出额。
2.融券余额=融券余量*统计日收盘价格。
3.平均维持担保比例=全市场有融资融券负债的客户资产总额/全市场客户负债总额。
4.ETF自2011年12月开始被纳入融资融券标的证券。

数据来源：中国证券金融公司
Source:CSF

2-32 续表 1 continued

年份 Year	融资融券交易金额(亿元) Turnover of Margin Transactions (100 million yuan)					
	ETF	其中：融资买入额 Margin Purchase	其中：融券卖出额 Short Selling	合计 Total	其中：融资买入额 Margin Purchase	其中：融券卖出额 Short Selling
2014	4700.82	2295.28	2405.53	106525.25	95257.71	11267.54
2015	7316.31	4003.14	3313.17	352980.62	323752.37	29228.25
2016	822.10	605.56	216.53	115648.01	114811.82	836.19
2017	2182.36	1843.28	339.08	105785.93	103909.56	1876.37
2018	3365.20	2953.30	411.91	77643.12	75735.47	1907.66
2019	4843.41	4279.77	563.64	116462.49	113549.03	2913.46
2020	9981.50	9046.50	935.00	203986.34	195842.93	8143.41

2-32 续表 2 continued

年份 Year	融资融券余额(亿元) Outstanding Balance of Margin Transactions (100 million yuan)					
	股票 Stock	其中: 融资余额 Margin Purchase	其中: 融券余额 Short Selling	ETF	其中: 融资余额 Margin Purchase	其中: 融券余额 Short Selling
2014	9419.54	9369.43	50.11	854.02	822.41	31.61
2015	11220.55	11205.07	15.48	531.16	517.03	14.13
2016	9003.04	8980.41	22.62	395.15	382.92	12.23
2017	9431.11	9405.18	25.93	836.59	817.44	19.15
2018	6719.94	6693.17	26.77	842.56	801.47	41.09
2019	9020.03	8926.75	93.29	1177.63	1133.54	44.09
2020	14340.20	13179.01	1161.19	1849.48	1640.94	208.54

2-32 续表 3 continued

年份 Year	融资融券余额(亿元) Outstanding Balance of Margin Transactions (100 million yuan)			开展融资融券业务证券公司及营业部(家) Security Companies Operating Margin Transactions(unit)	
	合计 Total	其中: 融资余额 Margin Purchase	其中: 融券余额 Short Selling	证券公司数量 Number of Security Companies	营业部数量 Number of Branches
2014	10273.56	10191.84	81.72	91	5805
2015	11751.71	11722.11	29.60	93	7529
2016	9398.19	9363.33	34.85	93	8635
2017	10267.70	10222.62	45.08	93	10024
2018	7562.51	7494.64	67.86	94	10768
2019	10197.66	10060.28	137.38	93	11287
2020	16189.68	14819.95	1369.73	93	11404

2-32 续表 4 continued

年份 Year	担保物(亿元) Margin(100 million yuan)					客户平均维持担保比例(%) Average Maintenance Ratio(%)
	证券市值 Market Value of Securities Used as Margin			现金 Cash	合计 Total	
	小计 Subtotal	股票 Stock	债券、基金及其它 Bond、Fund and Others			
2014	25974.51	25763.16	211.35	1339.27	27313.79	240.44
2015	35941.93	35798.53	143.40	2442.97	38384.90	277.30
2016	28712.68	28617.32	95.36	1394.26	30106.94	269.81
2017	30176.28	30013.99	162.29	1110.09	31286.37	261.84
2018	19855.74	19556.67	299.06	1060.33	20916.07	230.53
2019	31450.15	31056.44	393.71	1441.09	32891.25	276.56
2020	48938.31	46999.31	1939.00	1986.89	50925.20	277.30

2-33 转融通业务情况
Statistics of Refinancing Securities

项目 Items	指标 Index		2019	2020
借入人数量（家） Number of Borrowers(unit)	证券公司 Security Company		91	93
转融券标的证券数量（只）Number of Margin Securities（unit）			1669	1878
交易金额（亿元） Turnover(100 million yuan)	转融资 Margin Funds	转融资交易金额 Margin Funds Loans	1252.07	1739.14
		其中：新合约融出 New Loans	1252.07	1739.14
		展期融出 Rollover	0.00	0.00
	转融券 Magin Securities	转融券交易金额 Margin Securities Loans	649.72	8070.15
		其中：新合约融出 New Loans	510.52	4030.86
		展期融出 Rollover	139.21	4039.29
	合计 Total		1901.79	9809.29
归还金额（亿元） Redemption Value (100 million yuan)	转融资归还金额 Repaid Margin Funds Loans		1041.42	1798.73
	转融券归还金额 Returned Margin Securities Loans		392.04	3289.29
	合计 Total		1433.46	5088.02
余额（亿元） Outstanding Loans (100 million yuan)	转融资余额 Outstanding Margin Funds Loans		721.71	662.12
	转融券余额 Outstanding Margin Securities Loans		116.17	1458.11
	合计 Total		837.88	2120.23
负债（亿元） Liability(100 million yuan)	转融资总负债 Total Liabilities of Margin Funds		733.72	667.35
	转融券总负债 Total Liabilities of Margin Securities		117.21	1467.84
	合计 Total		850.93	2135.19
保证金（亿元） Collateral Value (100 million yuan)	货币资金金额 Cash		117.03	260.86
	可充抵保证金证券价值 Securities		103.81	198.44
	合计 Total		220.84	459.30
保证金比例（%） Collateral Ratio（%）	市场平均 Average		27.15	23.03
	市场最低 Lowest		20.05	20.24
保证金比例分布（家） Distribution of Collateral Ratio(unit)	>=50%		11	10
	[24%，50%）		27	31
	[20%，24%）		24	26
	<20%		0	0

注：1.转融通交易额=转融资交易额+转融券交易额=转融资新融出额+转融资展期融出额+转融券新融出额+转融券展期融出额。
2.归还额指归还转融通本金金额以及证券出借期间因发生证券权益分派而产生的权益补偿金额，不包含息费。
3.证券公司数量、转融资余额、保证金、保证金比例及分布为截至当年12月31日数据。
4.可充抵保证金证券价值是指折算后的可充抵保证金证券市值。
5.市场平均保证金比例=有转融通余额的证券公司保证金总额/证券公司总负债。
6.转融资业务开始于2012年8月30日，转融券业务开始于2013年2月28日。

数据来源：中国证券金融公司
Source:CSF

2-34 开立信用证券账户的投资者情况
Investors with Credit Security Accounts

单位：万 (10,000)

	个人 Individual		机构 Institution	
	2019	2020	2019	2020
一、期初开立的信用证券账户的投资者数 Number of Investors with Credit Security Accounts, Beginning of Year	470.70	507.65	1.72	2.25
二、本年新开信用证券账户的投资者数 Number of Investors with New Credit Security Accounts, Opening this Year	40.08	50.31	0.73	1.13
三、本年新销信用证券账户的投资者数 Number of Investors with Credit Security Accounts, Closed this Year	3.13	3.03	0.2	0.23
四、期末开立的信用证券账户的投资者数 Number of Investors with Credit Security Accounts, End of Year	507.65	554.93	2.25	3.14

注：1.开立信用证券账户的投资者数以信用证券账户对应的一码通账户数统计。
2.信用证券账户不同于普通证券账户，是投资者为参与融资融券交易而向证券公司申请开立的证券账户。该账户是证券公司在我公司开立的“客户信用交易担保证券账户”的二级账户，用于记录投资者委托证券公司持有的担保证券的明细数据。

数据来源：中国证券登记结算公司
Source:CSDC

2-35 证券及股票期权投资者的资金余额及变动情况
Outstanding Fund and Its Change of Securities and Stock Options

年份 Year	资金类别 Type of Fund	资金余额(亿元) Outstanding Fund Value (100 million yuan)		投资者银证转账/银衍转账引起的资金变动金额(亿元) Change of Fund Caused by Bank-stock Transaction/ Bank-derivative Transaction (100 million yuan)		
		期末金额 Ending Value	日平均金额 Daily Turnover	转入额 Input	转出额 Output	净转入额 Net Input
2014	证券交易结算资金 Securities Transaction Settlement Fund	10977.14	7387.01	138105.05	129501.48	8603.57
	股票期权保证金 Stock Option Margin	—	—	—	—	—
	融资融券担保资金 Collateral Value of Margin Transaction	—	—	—	—	—
2015	证券交易结算资金 Securities Transaction Settlement Fund	17648.83	22148.81	429831.51	402942.06	26889.45
	股票期权保证金 Stock Option Margin	—	—	—	—	—
	融资融券担保资金 Collateral Value of Margin Transaction	—	—	—	—	—

注：1.“证券交易结算资金”是指“证券市场交易结算资金监控系统”获取的有经纪业务的证券公司全部经纪业务客户(含部分采取证券公司结算模式的资产管理计划)从事证券交易等的人民币交易结算资金，不包括投资者从事B股交易、融资融券业务等的资金，也不包括证券公司自营、QFII以及采用托管人结算模式的证券公司资产管理计划和公开募集证券投资基金等从事证券交易的资金。

2.“股票期权保证金”是指“证券市场交易结算资金监控系统”获取的证券公司的客户用于证券交易所股票期权交易、行权结算和履约保证的资金(包括权利金、保证金及行权资金)，不包括证券公司自营及做市业务、QFII及采用托管人结算模式的证券公司资产管理计划和公开募集证券投资基金等从事股票期权交易、行权结算和履约保证的资金。

3.“银证转账”是指在客户交易结算资金第三方存管制度下投资者在银行结算账户和证券资金账户之间的资金划转方式，是引起“证券交易结算资金”变动的重要方式之一。“投资者银证转账引起的资金变动金额”项下的“转入额”是指投资者从银行结算账户转入资金账户的金额；“转出额”是指投资者从资金账户转出到银行结算账户的金额；“净转入(转出)额”=“转入额”-“转出额”，其中，正数为净转入，负数为净转出。

4.“银行转账”是指投资者在银行结算账户和衍生品资金账户之间的资金划转方式，是引起“股票期权保证金”变动的重要方式之一。“投资者银衍转账引起的资金变动金额”项下的“转入额”是指投资者从银行结算账户转入衍生品资金账户的金额(入金)；“转出额”是指投资者从衍生品资金账户转出到银行结算账户的金额(出金)；“净转入(转出)额”(即出入金净额)=“转入额”-“转出额”,其中，正数为净转入，负数为净转出。

5.证券市场交易结算资金监控系统自2015年2月9日对股票期权保证金实施监控，自2015年9月11日对融资融券担保资金实施监控。

数据来源：中国证券投资者保护基金有限责任公司

Source:SIPF

2-35 续表 continued

年份 Year	资金类别 Type of Fund	资金余额(亿元) Outstanding Fund Value (100 million yuan)		投资者银证转账/银衍转账引起的资金变动金额(亿元) Change of Fund Caused by Bank-stock Transaction/ Bank-derivative Transaction (100 million yuan)		
		期末金额 Ending Value	日平均金额 Daily Turnover	转入额 Input	转出额 Output	净转入额 Net Input
2016	证券交易结算资金 Securities Transaction Settlement Fund	12678.46	15680.03	248810.27	248937.20	-126.93
	股票期权保证金 Stock Option Margin	47.56	38.45	248.94	214.92	34.02
	融资融券担保资金 Collateral Value of Margin Transaction	1392.32	2047.98	30346.46	33091.00	-2744.54
2017	证券交易结算资金 Securities Transaction Settlement Fund	9217.16	12347.80	226998.03	227630.27	-632.24
	股票期权保证金 Stock Option Margin	50.82	57.36	291.03	277.75	13.28
	融资融券担保资金 Collateral Value of Margin Transaction	1107.46	1459.59	22276.43	23876.18	-1599.75
2018	证券交易结算资金 Securities Transaction Settlement Fund	8048.41	10287.32	205626.82	210187.31	-4560.49
	股票期权保证金 Stock Option Margin	71.40	57.06	425.39	378.62	46.78
	融资融券担保资金 Collateral Value of Margin Transaction	1057.00	1333.57	18943.25	19433.90	-490.65
2019	证券交易结算资金 Security Transaction Settlement Fund	11201.26	11811.63	232217.38	240598.30	-8380.92
	股票期权保证金 Stock Option Margin	166.45	130.68	1179.36	1055.41	123.95
	融资融券担保资金 Collateral Value of Margin Transaction	1438.41	1657.98	25420.91	26125.38	-704.47
2020	证券交易结算资金 Security Transaction Settlement Fund	14209.06	15394.79	322743.82	315107.51	7636.31
	股票期权保证金 Stock Option Margin	191.15	183.78	1572.59	1495.96	76.63
	融资融券担保资金 Collateral Value of Margin Transaction	1977.46	2308.60	34783.62	36285.03	-1501.41

2-36 沪深港通情况
Statistics of Shanghai and Shenzhen-Hong Kong Stock Connect

年份 Year	标的股票数量(只) Number of Underlying Stocks (unit)			
	沪股通标的股 Underlying Stocks of Shanghai Stock Connect	港股通(沪市)标的股 Underlying Stocks of Hong Kong Stock Connect (Shanghai)	深股通标的股 Underlying Stocks of Shenzhen Stock Connect	港股通(深市)标的股 Underlying Stocks of Hong Kong Stock Connect (Shenzhen)
2014	569	273	—	—
2015	569	296	—	—
2016	574	316	881	418
2017	576	311	944	445
2018	577	323	859	479
2019	916	328	708	476
2020	574	325	886	498

注：1.标的股依据年末时点划分。
2.买卖净额为全年净买卖金额。
3.市盈率和市净率计算剔除净利润、净资产为负的数据。
数据来源：上海证券交易所、深圳证券交易所
Source:SSE、SZSE

2-36 续表 1 continued

年份 Year	总市值(亿元) Market Capitalization of Shares (100 million yuan)			
	沪股通标的股 Underlying Stocks of Shanghai Stock Connect	港股通(沪市)标的股 Underlying Stocks of Hong Kong Stock Connect (Shanghai)	深股通标的股 Underlying Stocks of Shenzhen Stock Connect	港股通(深市)标的股 Underlying Stocks of Hong Kong Stock Connect (Shenzhen)
2014	220286.28	162323.13	—	—
2015	247931.89	164209.39	—	—
2016	229989.62	182001.69	161650.98	146.27
2017	275797.96	238803.66	175824.12	1983.83
2018	229521.23	212627.94	121840.23	213503.46
2019	322529.02	256990.22	177247.23	269025.42
2020	360598.75	279170.87	278110.86	358538.11

2-36 续表 2 continued

年份 Year	流通市值(亿元) Negotiable Market Capitalization (100 million yuan)		市盈率(倍) P/E Ratio (times)	
	沪股通标的股 Underlying Stocks of Shanghai Stock Connect	深股通标的股 Underlying Stocks of Shenzhen Stock Connect	沪股通标的股 Underlying Stocks of Shanghai Stock Connect	深股通标的股 Underlying Stocks of Shenzhen Stock Connect
2014	202746.98	—	13.21	—
2015	221572.57	—	14.55	—
2016	206064.03	128133.03	13.25	34.64
2017	244770.84	132881.85	13.51	32.94
2018	202207.78	93986.54	11.63	17.98
2019	282579.56	138879.37	13.79	24.40
2020	319480.39	218473.55	14.86	33.97

2-36 续表 3 continued

年份 Year	市净率(倍) P/B Ratio (times)		买卖净额(亿元) Net Amount of Buy and Sell Trade (100 million yuan)			
	沪股通标的股 Underlying Stocks of Shanghai Stock Connect	深股通标的股 Underlying Stocks of Shenzhen Stock Connect	沪股通投资者买卖净额(亿元) Shanghai Stock Connect	港股通(沪市)投资者买卖净额(亿元) Hong Kong Stock Connect (Shanghai)	深股通投资者买卖净额(亿元) Shenzhen Stock Connect	港股通(深市)投资者买卖净额(亿元) Hong Kong Stock Connect (Shenzhen)
2014	1.75	—	685.70	103.97	—	—
2015	1.65	—	185.29	1016.21	—	—
2016	1.39	2.81	455.11	2051.88	151.68	59.95
2017	1.50	2.68	629.73	1968.06	1367.64	978.78
2018	1.31	1.67	1810.94	103.42	1131.24	567.07
2019	1.50	2.49	1566.33	1331.81	1951.10	886.39
2020	1.61	3.51	855.13	2970.21	1234.19	2994.37

2-37 2020年新三板市场分行业规模情况
Dimensions of Listed Companies in NEEQ by Industry in 2020

行业 Industry	挂牌公司家数(家) Number of Listed NEEQ Companies (unit)	挂牌公司股本(亿股) Share Capital of Listed NEEQ Companies (100 million shares)	挂牌公司流通股本(亿股) Negotiable Shares (100 million shares)
农、林、牧、渔业 Agriculture, Forestry, Animal Husbandry and Fishery	189	149.11	88.07
采矿业 Mining	25	36.04	29.49
制造业 Manufacturing	4016	2324.02	1240.01
电力、热力、燃气及水生产和供应业 Production and Supply of Electricity, Gas and Water	101	144.32	85.42
建筑业 Construction	280	202.59	105.61
批发和零售业 Wholesale and Retail Trades	362	186.02	100.40
交通运输、仓储和邮政业 Transport, Storage and Post	148	95.05	61.76
住宿和餐饮业 Hotels and Catering Services	28	11.87	7.36
信息传输、软件和信息技术服务业 Information Transmission, Computer Services and Software	1605	712.02	420.45
金融业 Financial Intermediation	104	755.35	638.16
房地产业 Real Estate	60	24.69	13.49
租赁和商务服务业 Leasing and Business Services	422	278.50	190.61
科学研究和技术服务业 Scientific Research, Technical Service	393	160.41	84.29
水利、环境和公共设施管理业 Management of Water Conservancy, Environment and Public Facilities	152	101.29	49.80
居民服务、修理和其他服务业 Residential Services, Repairing and Other Services	18	5.11	2.93
教育 Education	61	26.14	13.85
卫生和社会工作 Health and Social Works	34	16.34	9.27
文化、体育和娱乐业 Culture, Sports and Entertainment	189	106.41	67.13

注：挂牌公司数量以挂牌日口径统计。
数据来源：全国中小企业股份转让系统
Source:NEEQ

2-38 2020年新三板市场分辖区规模情况

Dimensions of Listed Companies in NEEQ by Jurisdiction in 2020

辖区	Jurisdiction	挂牌公司家数(家) Number of Listed NEEQ Companies(unit)	挂牌公司股本(亿股) Share Capital of Listed NEEQ Companies (100 million shares)	挂牌公司流通股本(亿股) Negotiable Shares (100 million shares)
北京	Beijing	1073	948.61	665.56
天津	Tianjin	148	64.19	35.86
河北	Hebei	203	134.54	75.65
山西	Shanxi	84	51.07	24.26
内蒙古	Inner Mongolia	50	43.71	22.09
辽宁	Liaoning	104	71.62	38.98
吉林	Jilin	63	36.23	19.37
黑龙江	Heilongjiang	66	47.47	28.08
上海	Shanghai	647	355.05	225.61
江苏	Jiangsu	987	563.27	308.59
浙江	Zhejiang	609	346.82	199.04
安徽	Anhui	294	243.16	132.28
福建	Fujian	166	141.36	85.85
江西	Jiangxi	119	65.30	30.97
山东	Shandong	425	293.02	181.18
河南	Henan	290	197.46	109.51
湖北	Hubei	294	151.64	87.67
湖南	Hunan	165	110.55	65.31
广东	Guangdong	753	425.81	221.50
广西	Guangxi	65	49.05	32.07
海南	Hainan	30	37.75	31.41
重庆	Chongqing	101	58.96	36.25
四川	Sichuan	239	133.47	73.47
贵州	Guizhou	47	69.17	47.29
云南	Yunnan	77	59.28	40.58
西藏	Tibet	13	11.58	7.51
陕西	Shaanxi	135	89.37	46.75
甘肃	Gansu	32	38.18	29.27
青海	Qinghai	3	3.51	1.46
宁夏	Ningxia	48	35.29	23.12
新疆	Xinjiang	62	43.16	30.24
深圳	Shenzhen	428	229.75	136.38
大连	Dalian	66	29.36	17.59
宁波	Ningbo	104	81.09	56.18
厦门	Xiamen	116	45.05	26.79
青岛	Qingdao	81	30.41	14.37

注：1.挂牌公司数量以挂牌日口径统计。
　　2.辖区按挂牌公司注册地统计。
数据来源：全国中小企业股份转让系统
Source:NEEQ

2-39 新三板市场挂牌公司股票发行情况
Directional Issuance of Listed Companies in NEEQ

年份 Year	发行次数(次) Number of Issuance (times)	发行股数(亿股) Number of Shares Issued (100 million shares)	筹资金额(亿元) Proceeds Raised (100 million yuan)	均价(元) Average Price (yuan)
2012	24	1.93	8.59	4.45
2013	60	2.92	10.02	3.43
2014	329	26.52	132.09	4.98
2015	2565	230.79	1216.17	5.27
2016	2940	294.61	1390.89	4.72
2017	2725	239.26	1336.25	5.58
2018	1402	123.83	604.43	4.88
2019	637	73.73	264.63	3.59
2020	716	74.54	338.50	4.54

注：发行统计中不包含优先股。
数据来源：全国中小企业股份转让系统
Source:NEEQ

2-40 2020年新三板市场挂牌公司分行业股票发行情况

Directional Issuance of Listed Companies in NEEQ by Industry in 2020

行业 Industry	发行次数(次) Number of Issuance (times)	发行股数(亿股) Number of Shares Issued (100 million shares)	筹资金额(亿元) Proceeds Raised (100 million yuan)	均价(元) Average Price (yuan)
农、林、牧、渔业 Agriculture, Forestry, Animal Husbandry and Fishery	18	1.59	6.20	3.91
采矿业 Mining	1	0.03	0.10	4.00
制造业 Manufacturing	391	33.30	192.97	5.80
电力、热力、燃气及水生产和供应业 Production and Supply of Electricity, Gas and Water	13	10.00	15.44	1.54
建筑业 Construction	22	2.20	4.91	2.24
批发和零售业 Wholesale and Retail Trades	34	2.86	14.75	5.16
交通运输、仓储和邮政业 Transport, Storage and Post	6	0.27	1.29	4.77
住宿和餐饮业 Hotels and Catering Services	0	0.00	0.00	0.00
信息传输、软件和信息技术服务业 Information Transmission, Computer Services and Software	116	12.86	57.31	4.46
金融业 Financial Intermediation	4	2.77	5.27	1.90
房地产业 Real Estate	3	0.04	0.26	6.65
租赁和商务服务业 Leasing and Business Services	21	1.07	8.76	8.17
科学研究和技术服务业 Scientific Research, Technical Service	51	3.07	15.52	5.05
水利、环境和公共设施管理业 Management of Water Conservancy, Environment and Public Facilities	21	2.68	10.97	4.09
居民服务、修理和其他服务业 Residential Services, Repairing and Other Services	2	0.06	0.23	3.79
教育 Education	2	1.02	2.40	2.36
卫生和社会工作 Health and Social Works	4	0.12	1.19	9.93
文化、体育和娱乐业 Culture, Sports and Entertainment	7	0.62	0.92	1.49

注：发行统计中不包含优先股。
数据来源：全国中小企业股份转让系统
Source:NEEQ

2-41 2020年新三板市场挂牌公司分辖区股票发行情况
Directional Issuance of Listed Companies in NEEQ by Jurisdiction in 2020

辖区	Jurisdiction	发行次数(次) Number of Issuance (times)	发行股数(亿股) Number of Shares Issued (100 million shares)	筹资金额(亿元) Proceeds Raised (100 million yuan)	均价(元) Average Price (yuan)
北京	Beijing	82	8.54	59.79	7.00
天津	Tianjin	12	0.98	1.73	1.77
河北	Hebei	18	1.06	5.06	4.78
山西	Shanxi	17	2.01	4.91	2.44
内蒙古	Inner Mongolia	7	0.67	3.67	5.46
辽宁	Liaoning	6	0.88	3.49	3.95
吉林	Jilin	8	0.76	4.05	5.30
黑龙江	Heilongjiang	4	0.20	2.26	11.15
上海	Shanghai	54	3.94	21.72	5.52
江苏	Jiangsu	97	9.02	39.63	4.39
浙江	Zhejiang	56	3.33	17.50	5.25
安徽	Anhui	41	5.09	23.27	4.57
福建	Fujian	11	0.88	4.77	5.45
江西	Jiangxi	9	0.44	1.30	2.94
山东	Shandong	40	2.22	9.77	4.40
河南	Henan	35	4.44	15.84	3.57
湖北	Hubei	26	1.81	10.41	5.76
湖南	Hunan	18	1.14	4.40	3.86
广东	Guangdong	53	2.70	15.30	5.68
广西	Guangxi	3	0.04	0.20	4.93
海南	Hainan	2	0.97	2.10	2.16
重庆	Chongqing	11	1.04	5.14	4.92
四川	Sichuan	17	5.06	10.06	1.99
贵州	Guizhou	5	8.35	10.49	1.26
云南	Yunnan	6	0.38	1.49	3.96
西藏	Tibet	1	0.21	0.76	3.65
陕西	Shaanxi	11	0.59	6.74	11.35
甘肃	Gansu	2	0.01	0.15	12.69
青海	Qinghai	0	0.00	0.00	0.00
宁夏	Ningxia	7	3.26	6.21	1.90
新疆	Xinjiang	1	0.20	0.20	1.00
深圳	Shenzhen	30	2.66	29.76	11.19
大连	Dalian	1	0.15	5.68	37.89
宁波	Ningbo	10	0.82	5.27	6.39
厦门	Xiamen	8	0.39	2.48	6.36
青岛	Qingdao	7	0.29	2.89	10.07

注：1.发行统计中不包含优先股。
　　2.挂牌公司辖区按挂牌公司注册地划分。
数据来源：全国中小企业股份转让系统
Source：NEEQ

2-42 新三板市场优先股情况
Overview of Preference Stock in NEEQ

年份 Year	证券代码 Stock Code	证券简称 Stock Abbreviation	挂牌日 Offering Day	优先股股本合计(万股) Share Capital of Preference Stock (10 thousand shares)	优先股筹资金额(亿元) Proceeds Raised (100 million yuan)
2016	820002	中视优1	2016-08-08	10.00	0.10
	820003	高峰优1	2016-08-16	10.45	0.10
	820004	齐鲁优1	2016-11-14	2000.00	20.00
2017	820005	贝融优1	2017-01-23	15.00	0.15
	820006	中视优2	2017-03-21	10.00	0.10
	820007	钢泓优1	2017-03-23	20.00	0.20
	820008	时代优1	2017-05-22	7.50	0.08
	820009	晖速优1	2017-07-04	15.00	0.15
	820010	肇庆优1	2017-08-02	47.00	0.47
	820011	裕丰优1	2017-10-09	24.00	0.24
	820012	通力优1	2017-10-17	10.00	0.10
	820014	海帝优1	2017-12-25	9.70	0.10
	820013	中导优1	2017-12-29	22.00	0.22
2018	820015	荣昌优1	2018-01-29	18.00	0.18
	820016	云叶优1	2018-02-08	20.00	0.20
	820017	通海优1	2018-06-22	30.00	0.30
	820018	肇庆优2	2018-08-07	61.00	0.61
	820020	丁香优1	2018-09-12	10.00	0.10
	820019	鑫辉优1	2018-09-13	10.22	0.10
	820022	纬视优1	2018-12-03	15.00	0.15
	820023	远东优1	2018-12-17	80.00	0.80
	820021	美味优1	2018-12-24	15.00	0.15
2019	820026	顺兴优1	2019-01-09	37.00	0.37
	820024	绿湖优1	2019-01-11	30.00	0.30
	820027	晓鸣优1	2019-01-17	29.00	0.29
	820025	润生优1	2019-02-01	30.00	0.30
	820028	信友优1	2019-04-09	16.00	0.16
	820029	宝石优1	2019-06-25	26.00	0.26
	820032	安瑞优1	2019-07-16	80.00	0.80
	820031	航饮优1	2019-07-29	11.50	0.12
	820030	南海优1	2019-08-05	10.00	0.10
	820033	肇庆优3	2019-12-09	74.78	0.75
	820034	恒鑫优1	2019-12-31	16.00	0.16
2020	820035	新剑优1	2020-01-22	10.00	0.10
	820036	天鸿优1	2020-01-22	14.00	0.14

注：优先股以挂牌日口径统计。
数据来源：全国中小企业股份转让系统
Source:NEEQ

2-43 新三板市场分行业股票成交情况
Stock Transaction of Listed Companies in NEEQ by Industry

行业 Industry	成交量(百万股) Trading Volume(million shares)		成交金额(百万元) Trading Turnover(million yuan)	
	2019	2020	2019	2020
农、林、牧、渔业 Agriculture, Forestry, Animal Husbandry and Fishery	448.37	445.89	1593.10	1271.23
采矿业 Mining	50.87	56.89	123.10	171.15
制造业 Manufacturing	9751.04	11781.47	43779.60	71070.63
电力、热力、燃气及水生产和供应业 Production and Supply of Electricity, Gas and Water	202.15	356.01	541.36	972.10
建筑业 Construction	510.98	515.20	1664.41	1215.59
批发和零售业 Wholesale and Retail Trades	686.03	631.27	3132.61	4374.87
交通运输、仓储和邮政业 Transport, Storage and Post	447.89	466.86	1671.47	1262.46
住宿和餐饮业 Hotels and Catering Services	28.05	25.74	256.25	26.00
信息传输、软件和信息技术服务业 Information Transmission, Computer Services and Software	3592.51	4704.12	15139.48	27244.41
金融业 Financial Intermediation	2919.92	4321.69	4429.09	6983.41
房地产业 Real Estate	91.57	62.10	290.18	301.58
租赁和商务服务业 Leasing and Business Services	1652.07	724.05	3792.00	1910.94
科学研究和技术服务业 Scientific Research, Technical Service	656.91	703.92	2423.10	4439.47
水利、环境和公共设施管理业 Management of Water Conservancy, Environment and Public Facilities	289.87	377.06	1023.05	1920.13
居民服务、修理和其他服务业 Residential Services, Repair and Other Services	32.75	11.05	105.86	33.54
教育 Education	153.98	228.45	255.90	253.38
卫生和社会工作 Health and Social Works	47.17	223.59	335.78	4356.71
文化、体育和娱乐业 Culture, Sports and Entertainment	406.28	407.03	1961.87	1656.07
综合 Others	51.77	0.00	50.71	0.00

数据来源：全国中小企业股份转让系统
Source:NEEQ

2-44 新三板市场分辖区股票成交情况

Stock Transaction of Listed Companies in NEEQ by Jurisdiction

辖区	Jurisdiction	成交量(百万股) Trading Volume(million shares)		成交金额(百万元) Trading Turnover(million yuan)	
		2019	2020	2019	2020
北京	Beijing	4788.89	6760.06	13431.01	26641.44
天津	Tianjin	174.40	129.38	595.13	376.25
河北	Hebei	426.46	710.47	946.25	2698.49
山西	Shanxi	195.37	153.05	338.36	546.30
内蒙古	Inner Mongolia	301.72	242.74	748.03	1290.20
辽宁	Liaoning	354.97	272.83	6290.62	3268.74
吉林	Jilin	55.37	92.67	355.60	410.19
黑龙江	Heilongjiang	163.26	72.75	497.14	263.25
上海	Shanghai	2175.28	2436.10	14512.13	13996.92
江苏	Jiangsu	2046.52	2600.71	6347.66	15354.26
浙江	Zhejiang	1777.59	1533.91	6138.27	8024.71
安徽	Anhui	459.61	480.12	1712.48	3065.61
福建	Fujian	940.63	638.81	2437.64	1934.96
江西	Jiangxi	186.04	153.72	709.06	552.41
山东	Shandong	983.92	1204.97	4118.27	5395.27
河南	Henan	721.61	1022.26	1924.96	3099.44
湖北	Hubei	505.35	560.08	1774.88	3189.13
湖南	Hunan	221.33	229.77	639.87	642.64
广东	Guangdong	2118.75	2668.05	6221.22	9851.51
广西	Guangxi	281.94	163.80	481.00	276.96
海南	Hainan	143.35	147.44	391.24	597.94
重庆	Chongqing	136.79	156.02	328.38	651.71
四川	Sichuan	333.65	408.69	1814.97	2148.72
贵州	Guizhou	197.01	173.93	369.51	426.92
云南	Yunnan	135.11	233.04	526.81	1122.19
西藏	Tibet	49.72	59.06	137.48	202.49
陕西	Shaannxi	128.41	283.25	539.96	2625.75
甘肃	Gansu	61.72	130.08	101.26	318.47
青海	Qinghai	3.63	9.76	16.57	56.04
宁夏	Ningxia	132.09	194.34	173.36	636.44
新疆	Xinjiang	97.26	93.58	242.12	306.22
深圳	Shenzhen	913.63	1084.04	4636.17	12465.46
大连	Dalian	204.50	165.35	687.68	3546.75
宁波	Ningbo	332.86	490.69	1336.55	1804.23
厦门	Xiamen	167.75	163.14	648.42	926.82
青岛	Qingdao	103.72	123.70	398.85	748.81

注：挂牌公司辖区按挂牌公司注册地划分。

数据来源：全国中小企业股份转让系统

Source:NEEQ

2-45 新三板市场估值水平概况
Level of NEEQ Market Valuation

单位：倍 (times)

项目 Item	市盈率 P/E Ratio		市净率 P/B Ratio	
	2019	2020	2019	2020
三板成指	23.04	23.44	2.41	2.56
三板做市	21.22	16.88	1.94	1.62
新三板市场	19.74	21.1	2.19	2.35
新三板精选层	-	28.59	-	4.03
创新成指	20.29	21.56	2.21	2.58

数据来源：全国中小企业股份转让系统
Source:NEEQ

2-46 2020年新三板市场精选层挂牌公司分行业公开发行情况
Directional Issuance of Listed Companies in NEEQ Select by Indusrty in 2020

行业 Industry	发行次数(次) Number of Issuance (times)	发行股数(亿股) Number of Shares Issued (100 million shares)	筹资金额(亿元) Proceeds Raised (100 million yuan)	均价(元) Average Price (yuan)
农、林、牧、渔业 Agriculture, Forestry, Animal Husbandry and Fishery	0	0.00	0.00	-
采矿业 Mining	0	0.00	0.00	-
制造业 Manufacturing	29	6.50	75.70	11.64
电力、热力、燃气及水生产和供应业 Production and Supply of Electricity, Gas and Water	1	0.52	2.49	4.79
建筑业 Construction	0	0.00	0.00	-
批发和零售业 Wholesale and Retail Trades	1	0.33	1.19	3.60
交通运输、仓储和邮政业 Transport, Storage and Post	0	0.00	0.00	-
住宿和餐饮业 Hotels and Catering Services	0	0.00	0.00	-
信息传输、软件和信息技术服务业 Information Transmission, Computer Services and Software	6	1.28	12.92	10.11
金融业 Financial Intermediation	0	0.00	0.00	-
房地产业 Real Estate	0	0.00	0.00	-
租赁和商务服务业 Leasing and Business Services	1	0.10	1.97	18.86
科学研究和技术服务业 Scientific Research, Technical Service	1	0.40	5.42	13.69
水利、环境和公共设施管理业 Management of Water Conservancy, Environment and Public Facilities	2	0.95	5.93	6.25
居民服务、修理和其他服务业 Residential services, Repairing and other services	0	0.00	0.00	-
教育 Education	0	0.00	0.00	-
卫生和社会工作 Health and Social Works	0	0.00	0.00	-
文化、体育和娱乐业 Culture, Sports and Entertainment	0	0.00	0.00	-

注：发行统计中不包含优先股。
数据来源：全国中小企业股份转让系统
Source:NEEQ

2-47 2020年新三板市场精选层挂牌公司分辖区公开发行情况

Directional Issuance of Listed Companies in NEEQ Select by Jurisdiction in 2020

辖区	Jurisdiction	发行次数(次) Number of Issuance (times)	发行股数(亿股) Number of Shares Issued (100 million shares)	筹资金额(亿元) Proceeds Raised (100 million yuan)	均价(元) Average Price (yuan)
北京	Beijing	7	2.89	22.88	7.91
天津	Tianjin	0	0.00	0.00	-
河北	Hebei	2	0.55	3.15	5.71
山西	Shanxi	0	0.00	0.00	-
内蒙古	Inner Mongolia	1	0.35	2.90	8.19
辽宁	Liaoning	0	0.00	0.00	-
吉林	Jilin	0	0.00	0.00	-
黑龙江	Heilongjiang	0	0.00	0.00	-
上海	Shanghai	2	0.21	4.89	23.52
江苏	Jiangsu	6	1.11	8.56	7.71
浙江	Zhejiang	1	0.14	1.43	9.98
安徽	Anhui	4	0.59	8.71	14.82
福建	Fujian	1	0.20	1.84	9.18
江西	Jiangxi	0	0.00	0.00	-
山东	Shandong	2	0.23	2.16	9.36
河南	Henan	1	0.39	2.71	7.03
湖北	Hubei	2	0.26	4.48	17.23
湖南	Hunan	1	0.33	1.19	3.60
广东	Guangdong	1	0.01	0.36	29.88
广西	Guangxi	0	0.00	0.00	-
海南	Hainan	0	0.00	0.00	-
重庆	Chongqing	1	0.60	3.52	5.87
四川	Sichuan	1	0.36	2.56	7.20
贵州	Guizhou	0	0.00	0.00	-
云南	Yunnan	1	0.07	0.96	13.99
西藏	Tibet	0	0.00	0.00	-
陕西	Shaanxi	1	0.15	2.39	15.96
甘肃	Gansu	0	0.00	0.00	-
青海	Qinghai	0	0.00	0.00	-
宁夏	Ningxia	1	0.52	2.49	4.79
新疆	Xinjiang	0	0.00	0.00	-
深圳	Shenzhen	1	0.40	16.72	41.80
大连	Dalian	1	0.15	5.68	37.89
宁波	Ningbo	1	0.40	3.64	9.10
厦门	Xiamen	0	0.00	0.00	-
青岛	Qingdao	2	0.17	2.41	13.85

注：1.发行统计中不包含优先股。

2.挂牌公司辖区按挂牌公司注册地划分。

数据来源：全国中小企业股份转让系统

Source：NEEQ

2-48　2020年新三板市场精选层分行业股票成交情况
Stock Transaction of Listed Companies in NEEQ Select by Industry in 2020

行业 Industry	成交量(百万股) Trading Volume (million shares)	成交金额(百万元) Trading Turnover (million yuan)
农、林、牧、渔业 Agriculture, Forestry, Animal Husbandry and Fishery	0.00	0.00
采矿业 Mining	0.00	0.00
制造业 Manufacturing	1387.19	21627.84
电力、热力、燃气及水生产和供应业 Production and Supply of Electricity, Gas and Water	72.23	284.34
建筑业 Construction	0.00	0.00
批发和零售业 Wholesale and Retail Trades	45.65	168.47
交通运输、仓储和邮政业 Transport, Storage and Post	0.00	0.00
住宿和餐饮业 Hotels and Catering Services	0.00	0.00
信息传输、软件和信息技术服务业 Information Transmission, Computer Services and Software	261.78	2567.14
金融业 Financial Intermediation	0.00	0.00
房地产业 Real Estate	0.00	0.00
租赁和商务服务业 Leasing and Business Services	20.74	320.41
科学研究和技术服务业 Scientific Research, Technical Service	122.08	1796.86
水利、环境和公共设施管理业 Management of Water Conservancy, Environment and Public Facilities	108.31	624.37
居民服务、修理和其他服务业 Residential Services, Repair and Other Services	0.00	0.00
教育 Education	0.00	0.00
卫生和社会工作 Health and Social Works	0.00	0.00
文化、体育和娱乐业 Culture, Sports and Entertainment	0.00	0.00
综合 Others	0.00	0.00

数据来源：全国中小企业股份转让系统
Source:NEEQ

2-49 2020年新三板市场精选层分辖区股票成交情况
Stock Transaction of Listed Companies in NEEQ by Jurisdiction in 2020

辖区	Jurisdiction	成交量(百万股) Trading Volume (million shares)	成交金额(百万元) Trading Turnover (million yuan)
北京	Beijing	594.90	5194.70
天津	Tianjin	0.00	0.00
河北	Hebei	111.93	546.59
山西	Shanxi	0.00	0.00
内蒙古	Inner Mongolia	54.70	412.15
辽宁	Liaoning	0.00	0.00
吉林	Jilin	0.00	0.00
黑龙江	Heilongjiang	0.00	0.00
上海	Shanghai	68.68	1706.59
江苏	Jiangsu	355.54	3585.31
浙江	Zhejiang	39.82	498.54
安徽	Anhui	72.67	1688.63
福建	Fujian	28.41	237.76
江西	Jiangxi	0.00	0.00
山东	Shandong	50.96	595.80
河南	Henan	69.69	430.80
湖北	Hubei	43.37	696.13
湖南	Hunan	45.65	168.47
广东	Guangdong	11.49	539.20
广西	Guangxi	0.00	0.00
海南	Hainan	0.00	0.00
重庆	Chongqing	71.30	401.47
四川	Sichuan	8.70	62.33
贵州	Guizhou	0.00	0.00
云南	Yunnan	43.52	615.60
西藏	Tibet	0.00	0.00
陕西	Shaanxi	34.15	638.15
甘肃	Gansu	0.00	0.00
青海	Qinghai	0.00	0.00
宁夏	Ningxia	72.23	284.34
新疆	Xinjiang	0.00	0.00
深圳	Shenzhen	115.02	5712.57
大连	Dalian	38.66	2555.91
宁波	Ningbo	63.05	479.90
厦门	Xiamen	0.00	0.00
青岛	Qingdao	23.56	338.50

注：挂牌公司辖区按挂牌公司注册地划分。
数据来源：全国中小企业股份转让系统
Source:NEEQ

2-50 2020年区域性股权市场概况

Overview of Regional Equity Trading Platforms Market in 2020

年份 Year	挂牌企业 公司家数(家) Number of Listed Companies (unit)	展示企业 公司家数(家) Number of Listed Companies (unit)	纯托管企业 公司家数(家) Number of Listed Companies (unit)	筹资金额 (亿元) Proceeds Raised (100 million yuan)	成交金额 (亿元) Trading Turnover (100 million yuan)	日均成交金额 (亿元) Average Daily Turnover (100 million yuan)	期末投资者账户数 (万个) Number of Investors at the End of the Year (10 thousand units)
2018	24808	-	-	1783.88	133.044	0.55	36.91
2019	28831	-	-	2312.53	391.87	1.61	38.90
2020	34666	129292	10305	2883.64	672.42	2.76	44.71

注：1.本表中的挂牌公司家数统计的是在各区域股权市场挂牌的公司家数。

2.本表中筹资及成交统计的是各区域股权市场中挂牌公司及部分托管公司的股票筹资及成交部分。

3.本表中的期末投资者账户数不包括部分托管公司的股东。

数据来源：中国证券监督管理委员会

Source:CSRC

2-51 2020年区域性股权市场分辖区股票情况
Statistics of Regional Equity Trading Platforms Market by Jurisdiction in 2020

辖区	Jurisdiction	挂牌企业 公司家数（家） Number of Listed Companies (unit)	展示企业 公司家数（家） Number of Listed Companies (unit)	纯托管企业 公司家数（家） Number of Listed Companies (unit)	筹资金额（亿元） Trading Turnover (100 million yuan)	成交金额（亿元） Trading Turnover (100 million yuan)
北京	Beijing	311	5143	1155	67.45	212.31
天津	Tianjin	974	3811	40	36.40	13.39
河北	Hebei	744	1370	622	87.58	26.56
山西	Shanxi	738	1618	194	31.54	14.47
内蒙古	Inner Mongolia	223	1916	248	88.28	7.58
辽宁	Liaoning	1131	1204	185	75.89	40.11
吉林	Jilin	60	493	32	0.20	0.04
黑龙江	Heilongjiang	0	1162	392	26.79	0.00
上海	Shanghai	786	9693	227	418.27	68.65
江苏	Jiangsu	160	8442	136	124.04	22.91
浙江	Zhejiang	1340	8620	306	24.25	13.08
安徽	Anhui	7146	0	319	106.84	2.10
福建	Fujian	211	6216	129	21.08	1.99
江西	Jiangxi	79	6026	228	131.97	30.10
山东	Shandong	4445	10421	454	140.65	49.36
河南	Henan	300	9437	145	18.74	15.98
湖北	Hubei	5594	0	870	361.27	42.46
湖南	Hunan	611	3039	394	90.58	24.01
广东	Guangdong	3423	14725	127	81.95	0.40
广西	Guangxi	185	2686	330	40.68	13.73
海南	Hainan	85	1623	50	13.19	6.00
重庆	Chongqing	1805	-	887	52.15	1.08
四川	Sichuan	0	8539	98	30.04	8.42
贵州	Guizhou	192	2366	102	334.04	5.29
陕西	Shaanxi	1402	949	215	2.56	1.46
甘肃	Gansu	249	2272	1746	30.55	8.06
青海	Qinghai	34	383	34	1.60	0.00
宁夏	Ningxia	103	1220	39	4.04	0.96
新疆	Xinjiang	58	741	74	0.55	5.18
深圳	Shenzhen	12	7302	97	379.60	20.34
大连	Dalian	11	632	107	0.00	0.00
宁波	Ningbo	103	2345	23	14.85	0.00
厦门	Xiamen	223	3628	164	4.47	5.37
青岛	Qingdao	1928	1270	136	41.56	11.02

注：1.本表中的挂牌公司辖区按挂牌公司注册地划分。
2.本表中的挂牌公司家数统计的是在各区域股权市场挂牌的公司家数。
3.本表中筹资及成交统计的是各区域股权市场中挂牌公司及部分托管公司的股票筹资及成交部分。

数据来源：中国证券监督管理委员会

Source:CSRC

2-52 2020年区域性股权市场分辖区投资者情况
Investors in Regional Equity Trading Platforms Market by Jurisdiction in 2020

辖区	Jurisdiction	合格投资者账户数（个）Number of Accredited Investor Accounts (unit)	豁免投资者账户数（个）Number of Exempt Investor Accounts (unit)	合计投资者账户数（个）Number of Total Investor Accounts (unit)
北京	Beijing	612	245	857
天津	Tianjin	2401	13641	16042
河北	Hebei	624	39	663
山西	Shanxi	369	1269	1638
内蒙古	Inner Mongolia	397	782	1179
辽宁	Liaoning	209	431	640
吉林	Jilin	19	0	19
黑龙江	Heilongjiang	0	0	0
上海	Shanghai	8559	5414	13973
江苏	Jiangsu	2270	73500	75770
浙江	Zhejiang	2648	43542	46190
安徽	Anhui	4765	0	4765
福建	Fujian	52	598	650
江西	Jiangxi	70	0	70
山东	Shandong	1578	16031	17609
河南	Henan	69	8	77
湖北	Hubei	3068	78580	81648
湖南	Hunan	38	2165	2203
广东	Guangdong	1074	9874	10948
广西	Guangxi	504	4450	4954
海南	Hainan	24280	3259	27539
重庆	Chongqing	10501	37095	47596
四川	Sichuan	1605	1487	3092
贵州	Guizhou	44416	0	44416
陕西	Shaanxi	548	16687	17235
甘肃	Gansu	320	0	320
青海	Qinghai	578	0	578
宁夏	Ningxia	97	14	111
新疆	Xinjiang	555	13963	14518
深圳	Shenzhen	124	5814	5938
大连	Dalian	0	0	0
宁波	Ningbo	5	0	5
厦门	Xiamen	10	0	10
青岛	Qingdao	1183	4711	5894

注：豁免投资者是指满足《区域性股权市场监督管理试行办法》第十八条规定，且在区域性股权市场运营机构开立账户的投资者。该类投资者只能卖出所持公司股份或股权，如要参与其他其他公司股份买卖或其他产品买卖，须通过合格投资者适当性认可。

数据来源：中国证券监督管理委员会

Source: CSRC

主要统计指标解释

Explanatory Notes on Main Statistical Indicators

上市公司家数 指在统计期末其发行的股票在沪、深交易所上市的股份有限公司的数量。以股票上市日进行统计，同时发行 A、B 股的上市公司，按一家计算。

上市公司股本 也称上市公司总股本，是指统计期末上市公司在境内发行的全部股份数量合计，包括 A 股股本、B 股股本和其他不流通的境内股本。

流通股本 也即非限售股本，计算公式为：流通股本=上市公司股本-限售股本。

首发筹资公司家数 指在统计期内首次公开发行股份（IPO）进行筹资的公司数量。以吸收合并、分拆等方式且未公开发行新股筹资的公司，不计入首发筹资公司家数。

再筹资公司家数 指通过增发（公开增发和定向增发），配股，行权，优先股筹资等方式进行筹资的上市公司家数。以股份上市日期或发行日期作为统计指标的计算日；同一家公司在统计期内多次筹资时，筹资公司家数计为 1 家。

其中，增发公司家数是指统计期内通过增发股份进行筹资的上市公司数量。根据增发对象不同，增发公司家数可分为公开增发公司家数和定向增发公司家数两个指标。配股公司家数是指统计期内通过向原股东配售股份进行筹资的上市公司数量。行权筹资公司是指统计期内权证（期权）行权筹资的上市公司数量，这里的权证（期权）行权筹资是指权证（期权）持有人根据约定向上市公司认购股份从而增加上市公司股份的行为。优先股公司家数是指统计期末发行优先股筹资的上市公司数量。

股票筹资金额 指统计期内通过发行股票筹集的资金总额，以股份上市日作为统计指标的计算日。

首发筹资金额 指统计期内首次公开发行股票（IPO）筹集的资金总额，计算公式为：首发筹资金额=Σ（每股发行价格×发行股份数）。

其中，对于发行股份吸收合并已上市公司的筹资金额，计算公式为：首发筹资金额=每股发行价格×（发行股份数-换股股份数）。

对于存在超额配售权的 IPO，根据超额配售权的实际行使情况对统计期内的 IPO 募集资金进行回溯调整。

再筹资金额 指统计期内上市公司通过增发（公开增发和定向增发）、配股、行权、优先股等方式筹集的资金总额。以优先股方式筹集资金以股份发行日为统计指标的计算日，以其它方式筹集资金以股份上市日为统计指标的计算日。

其中，增发筹资金额是指统计期内上市公司增发股份筹集的资金总额，增发筹资金额=Σ（增发每股价格×发行股份数）。

根据股份认购对象的不同，增发筹资金额指标可分为公开增发筹资金额和定向增发筹资金额。

根据增发时是否以现金认购，增发筹资金额指标可分为增发筹资金额（现金）和增发筹资金额（资产）。

配股筹资金额指统计期内上市公司通过向原股东配售股份筹集的资金总额，配股筹资金额=Σ（配股价格×配售股份数）=Σ（配股价格×股份数量×配售比例）。

行权筹资金额指统计期内权证（期权）行权筹集的资金总额，行权筹资金额=Σ（行权价格×行权认购股份数）。

优先股筹资金额包括统计期内通过发行优先股筹集的资金总额。

公式：再筹资金额=增发筹资金额+配股筹资金额+行权筹资金额+优先股筹资金额。

股票市值　指统计期末根据上市公司股票价格和对应股票数量计算的股权价值合计。具体统计口径和计算方法如下：如当日无交易价格，采用最后交易日的收盘价；暂停上市股票的价格以零计算；未股改公司的非流通股以流通A股价格计算市值；仅发行B股的上市公司，其非流通股不进行股票市值计算；对当日除权股票进行市值计算时需要包含在途股份（已登记未上市）的市值。

流通市值　指根据股票价格与其流通股本计算出的股权价值合计，也即A股流通市值和B股流通市值的合计。

涨跌幅　指统计期内股票期末价格相对期初价格的变化幅度。统计区间如果包含上市首日则统计期内股票期末价格相对首发价格的变化幅度。指数涨跌幅参照股票涨跌幅处理。对股票区间涨跌幅的计算需要对股票价格进行复权处理，复权因素包括分红、送股、配股等，复权价格的公式为：复权价格=当前价格×（1+送股比例+配股比例）+每股红利−配股价格×配股比。若统计期内存在多次分红、送股、配股事件，复权价格采用递归方式进行计算。在计算复权价时，通常采用区间分段涨跌幅连乘或复权因子连乘进行速算。

公式：涨跌幅=（期末收盘价/期初前收盘价−1）×100%

振幅　指股票价格在统计期内的波动程度，采用区间内最大差价与最低价格的比率来进行计算 。

成交量　指统计期内全部股票成交数量的合计，包含竞价交易和协议交易（大宗交易）。

成交金额　指在统计期内全部股票成交金额合计，包含竞价交易和协议交易（大宗交易）。

换手率（股本）　指当日股票成交量与其流通股本的比率。对于某一区间换手率的计算，通常采用统计期内全部交易日的股本换手率合计进行计算。

公式：换手率（股本）=（当日成交股数/流通股本）×100%

换手率（市值）　指当日股票成交金额与其流通市值的比率。对于某一区间换手率的计算，通常采用统计期内全部交易日的市值换手率合计进行计算。通常对单只股票采用股本换手率，对一组股票采用市值换手率；在计算一组股票换手率时，暂停上市股票不纳入计算。

公式：换手率（市值）=（当日成交金额/流通市值）×100%

市盈率（静态）　指上市公司每股股价与每股收益的比率，通常用上市公司股票市值与其对应的归属母公司股东净利润的比率进行计算。需要注意事项如下：每股收益和净利润数据在财务报告公告截止日的次日集中更新，且每股收益根据期末股本计算；如截止日未公布财务报告，在计算个股市盈率时采用向前追溯的净利润数据，在计算市场市盈率时剔除该股票；对单个股票计算市盈率时仅考虑每股收益为正的股票；对多个股票计算平均市盈率时通常采用上市公司股票市值合计与其对应的归属母公司股东的净利润合计的比率进行计算（剔除暂停上市公司股票，含净利润为负的股票）；对于发行多种类型股份的公司，根据各类性质股份股本按比例分配该公司归属母公司股东净利润。首发市盈率为股票首发价格与每股收益的比率，其中每股收益按照最新年度财务报告中对应的归属母公司股东净利润除以发行后总股本计算。

公式：市盈率（静态）=Σ股票市值/Σ该股份对应的归属母公司股东净利润

市净率　指上市公司每股股价与每股净资产的比率，通常用股票市值与对应的归属母公司股东权益的比率进行计算。需要注意事项如下：每股净资产数据在财务报告公告截止日的次日集中更新；通常用最新财务报告中的每股净资产数据进行市净率计算；对单个股票计算市净率时仅考虑每股净资产为正的股票；对多个股票计算平均市净率时通常采用上市公司股票市值合计与其对应的归属母公司股东的权益合计的比率进行计算（剔除暂停上市公司股票，含权宜为负的股票）。

公式：市净率=Σ股票市值/Σ该股份对应的归属母公司股东权益

股息率　指每股现金分红与股票价格之间的比率，通常用对应的实际分红总额与期末股票市值的比率来计算。统计时剔出暂停上市公司；对一组股票的平均股息率通常用总体法计算。

公式：股息率=（Σ统计期内的对应现金分红合计/Σ样本股票期末市值）×100%

融资融券交易金额 指统计期内通过融资融券方式在市场上进行证券交易的金额。

公式：融资融券交易金额=融资买入金额+融券卖出金额

融资融券余额 指统计期末投资者未了结的融资交易和融券交易的金额。

公式：融资融券余额=融资余额+融券余额=Σ(融资买入额-融资偿还额)+Σ(融券卖出量-融券偿还量)×标的的证券统计日收盘价格

融资买入金额 指统计期内投资者从证券公司借入资金买入标的证券的金额。融资买入以交易系统中申报指令的标签为计算基准。

融券卖出金额 指统计期内投资者从证券公司借入证券并卖出的金额。融券卖出以交易系统中申报指令的标签为计算基准。

维持担保比例 指统计期末客户担保物价值与融资融券债务之间的比例。

计算公式为：

维持担保比例=担保物价值/融资融券业务负债*100%=（现金+Σ信用账户证券价值+其他担保物）/（融资余额+融券余额+利息和费用）*100%

转融通交易金额 指统计期内中国证券金融公司将自有或者依法筹集的资金和证券出借给证券公司的金额。

公式：转融通交易金额=转融资交易额+转融券交易额=转融资新融出额+转融资展期融出额+转融券新融出额+转融券展期融出额

转融通归还金额 指统计期内证券公司到期需归还给中国证券金融公司的转融通本金金额以及证券出借期间发生证券权益分派而产生的权益补偿金额，不包含息费。

公式：转融通归还金额=转融资归还金额+转融券归还金额=转融资归还金额+Σ（转融券融出归还量×标的证券到期日收盘价）+转融券权益补偿资金归还金额

转融通期末余额 指统计期末证券公司未了结的转融资合约和转融券合约的金额。

公式：转融通期末余额=转融资期末余额+转融券期末余额=Σ（业务开展以来转融资借入总额-业务开展以来转融资归还总额）+Σ[（转融券融出量-转融券融出归还量+未了结转融券合约的权益补偿量）×标的证券统计日收盘价+未了结转融券合约的权益补偿资金金额]

转融通保证金余额 指统计期末证券公司在中国证券金融公司交存的转融通担保物的余额。担保物包括资金和中国证券金融公司认可的证券。

公式：转融通保证金余额=现金+未到账现金权益+Σ可充抵保证金证券市值×证券转融通折算率+Σ未到账证券权益市值×证券转融通折算率

其中：

现金=转融通担保资金账户余额-被异常冻结的保证金+被临时使用的保证金等

可充抵保证金证券市值=(转融通担保证券账户余额-被异常冻结的证券+被临时使用的证券等）×证券最近成交价格或公允价格

平均超募比率 指统计期内全部 IPO 公司的超募资金与预计募集资金的比率。

平均首发价格 指统计期内 IPO 股票的平均发行价格。

平均网上发行中签率 指统计期内 IPO 股票的网上发行发行中签率的平均值。

新股破发率 指统计期内破发的 IPO 股票占全部 IPO 股票的比例。

证券交易结算资金 指有经纪业务的证券公司全部经纪业务客户（含部分采取证券公司结算模式的资产管理计划）从事证券交易等的人民币交易结算资金。

股票期权保证金 指统计期末，股票期权交易者按照规定标准缴纳的资金或者证券，用于结算和担保期权合约履行。

银证转账 指投资者在银行结算账户和证券资金

账户之间的资金划转方式。“转入额”是指投资者从银行结算账户转入资金账户的金额；“转出额”是指投资者从资金账户转出到银行结算账户的金额；“转入（转出）额”=“转入额”-“转出额”，其中，正数为净转入，负数为净转出。

银行转账 指投资者在银行结算账户和衍生品资金账户之间的资金划转方式。“转入额”是指投资者从银行结算账户转入衍生品资金账户的金额(入金)；“转出额”是指投资者从衍生品资金账户转出到银行结算账户的金额（出金）；“净转入（转出）额”（即出入金净额）= “转入额”-“转出额”,其中，正数为净转入，负数为净转出。

挂牌公司家数 指统计期末其股票在全国股转公司挂牌的股份有限公司的数量。

挂牌公司股本 也称挂牌公司总股本，是指统计期末挂牌公司全部股份数量合计。

挂牌公司股票市值 指统计期末根据挂牌公司股票价格和总股本计算的股权价值合计。

挂牌公司股票发行次数 指统计期内挂牌公司在境内发行股票筹集资金的次数。

挂牌公司股票筹资金额 指统计期内挂牌公司通过在境内发行股票筹集的资金总额。

区域性股权市场 指为其所在省级行政区域内中小微企业证券非公开发行、转让及相关活动提供设施与服务的场所。

贰 零 贰 壹

三. 债 券
Bonds

贰 零 贰 壹

2020年债券市场综述

2020年，证监会债券部始终坚持以习近平新时代中国特色社会主义思想为指导，深入学习贯彻党中央、国务院对资本市场的重大决策部署，坚持市场化法治化改革方向，贯彻落实全面深化资本市场改革总体方案的各项部署，坚持"建制度、不干预、零容忍"九字方针和"四个敬畏、一个合力"监管理念，坚决防控债券市场风险，健全债券市场基础制度，全面深化债券市场改革开放，推进债券市场制度品种创新，提升服务实体经济质效，推动交易所债券市场向更高质量发展，进一步服务好新发展大局。

一、交易所债券市场总体情况

市场规模。交易所债券市场规模稳步扩张，已成为支持实体经济直接融资的重要渠道。截至2020年底，交易所债券市场托管面值达 16.33 万亿元，占全市场的14.13%。其中，非金融公司债（包含公司债、可转债、可交换债，不含资产证券化产品和企业债）托管量为9.18万亿元，占全市场的39.89%。

融资情况。2020年，交易所债券市场累计发行各类债券（含公司债、资产证券化产品、地方政府债券和政策性金融债券）8.48 万亿元，同比增长17.78%，本年累计净融资6.18万亿元。分品种看，2020年，交易所债券市场发行公司债4.53万亿元，同比增长39.3%；其中发行可转债2734.21亿元，同比增长12.99%。发行资产支持证券1.46万亿元，同比增长45.83%。发行地方政府债券2.42万亿元，同比减少14.76%。发行政策性金融债券675亿元，同比减少37.79%。发行绿色债券（含ABS）905.82亿元，同比减少10.22%。

成交情况。2020年，交易所债券市场累计成交额为20.18万亿元，同比增长141.68%；累计回购金额287.42万亿元，同比增长20.25%。

二、交易所债券市场发展情况

（一）推动公开发行公司债券注册制落地

2020年3月，新《证券法》施行，公开发行公司债券正式实施注册制，由证券交易所负责受理、审核，我会履行发行注册程序。公开发行公司债券注册制的落地，进一步提升了交易所债券市场服务实体经济的能力。

（二）统一信披规则

2020 年 12 月，人民银行、发展改革委、我会联合发布了《公司信用类债券信息披露管理办法》，统一公司信用类债券信息披露规则，完善公司信用类债券信息披露制度。

（三）深化产品创新

一是2020年4月30日，我会、发展改革委联合发布《关于推进基础设施领域不动产投资信托基金（REITs）试点相关工作的通知》，推出基础设施领域公募REITs试点，助力盘活基础设施存量资产，拓宽社会资本投资渠道，增强资本市场服务实体经济质效。

二是2020年5月21日，我部指导沪深交易所发布开展公开发行短期公司债券试点有关事项的通知，明确了公开发行短期公司债券的试点范围、余额管理方式等事项，满足发行人流动性管理需求，降低融资成本。2020年，交易所债券市场累计发行公募短债1106亿元。

三、依法从严全面监管

（一）强化日常监管

加强交易所债券市场监管。一是组织1765家公司债券发行人开展自查，对139家开展现场检查，针对检查发现的问题，对发行人及受托管理人采取行政监管措施21家次。完成债券发行人年度报告审核工作。加强科技监管，推动债券监管信息系统二期上线，初步开发债券发行人“画像”风险预警功能。针对新冠肺炎疫情影响，提升监管“柔性”和“温度”，允许受疫情影响的债券发行人申请暂缓披露年度报告，推广电子化工作方式，灵活处理债券回售、转售相关安排。

二是组织开展中介机构现场检查。2020年对公司债券承销、受托管理人及相关责任人采取行政监管措施15次；对资产证券化相关机构及相关责任人采取行政监管措施1次；对评级机构及其从业人员采取行政监管措施4次，其中对东方金诚采取责令改正行政监管措施，限期3个月不得承接证券评级业务。

（二）压实中介机构责任

落实债券业务分类评价制度。指导证券业协会发布2020年公司债券业务执业能力评价结果，进一步修订完善评价办法，传递监管信号。指导沪深交易所落实“负面清单管理”相关自律规则，2020年共对7家次证券公司采取自查整改措施，其间不予出具上市/挂牌确认文件。

惩治低价承销行为。指导派出机构及证券业协会对低价承销的证券公司进行现场检查，并采取行政监管措施1次、日常监管措施1次、自律管理措施13次、集中约谈12家次；指导证券业协会制定《公司债券承销报价内部约束指引》、按季度报送《证券公司开展公司债券承销业务情况专报》，加强行业自律约束，营造公平竞争的市场环境。

加强评级行业监管。落实新《证券法》要求，修订《证券市场资信评级业务管理暂行办法》，取消了证券评级业务行政许可，改为备案管理；发布《证券服务机构从事证券服务业务备案管理规定》，明确资信评级机构备案管理要求；指导证券业协会修订市场化评价标准，会同交易商协会开展联合市场化评价工作，并定期通报全市场评级机构业务运行及合规情况。

强化债券市场稽查执法。对华晨集团、永煤控股等违法案件及时立案稽查，对富贵鸟案件进行行政处罚，传递“零容忍”态度。落实债券市场统一执法机制，对康得新、永煤控股等4起案件启动跨市场执法程序。

四、深化对外开放

拓展境外机构投资者进入交易所债券市场的渠道。与人民银行、外汇局等相关部门进一步沟通协调，积极拓宽境外投资者投资交易所债券市场的渠道，稳步推进境外机构投资者参与交易所债券市场的相关工作。

3-1 全国债券市场概况
Overview of Bond Market

年份 Year	发行金额(亿元) Value of Bonds Issued(100 million yuan)			兑付金额(亿元) Amount of Payments(100 million yuan)		
	全市场 Whole Market	银行间 Interbank Market	交易所 Stock Exchange	全市场 Whole Market	银行间 Interbank Market	交易所 Stock Exchange
1997	2084.62	2084.62	—	—	—	—
1998	6203.73	6203.73	—	—	—	—
1999	4369.50	4369.50	—	410.16	410.16	—
2000	4414.50	4414.50	—	1629.16	1629.16	—
2001	5848.53	5848.53	—	1859.97	1859.97	—
2002	9943.90	9943.90	—	2841.35	2841.35	—
2003	17647.17	17647.17	—	7886.44	7886.44	—
2004	27295.66	27295.66	—	12548.65	12548.65	—
2005	42182.07	42182.07	—	22531.33	22531.33	—
2006	57096.11	57096.11	—	38597.83	38597.83	—
2007	80163.36	79756.08	407.28	49931.98	49931.98	—
2008	71732.16	70734.11	998.05	48265.29	48265.29	—
2009	87286.22	86474.71	811.51	67282.32	67282.32	—
2010	96408.63	95088.33	1320.30	73205.88	73205.88	—
2011	77275.52	75501.82	1773.70	64819.78	64709.81	109.97
2012	80261.89	77474.98	2786.91	47625.00	47269.27	355.73
2013	89127.69	85248.00	3879.69	63093.04	62332.88	760.16
2014	119380.02	115112.62	4267.40	72904.38	71358.08	1546.30
2015	234604.73	210936.25	23668.48	117608.31	114140.25	3468.07
2016	361548.66	324880.30	36668.36	204425.19	199138.51	5286.68
2017	408256.35	369109.44	39146.91	298390.64	290020.83	8369.81
2018	435968.07	379090.36	56877.71	315793.99	302485.47	13308.52
2019	448538.22	376551.50	71986.72	326387.66	306774.83	19612.84
2020	565951.32	481173.97	84777.35	385305.72	362331.05	22974.66

注：1."发行金额""兑付金额"中的"交易所"统计数据包括由中国证监会审批或备案的公司债、可转债、可交换债、可分离债、企业资产支持证券，以及交易所招标发行的地方政府债、政策性金融债；"发行金额""兑付金额"中的"银行间"统计数据是包括国债、央行票据、金融债券、企业债、短期融资券、超短期融资券、中期票据、中小企业集合票据、非公开定向债务融资工具和资产支持票据等；本章所有"发行额"均按照发行首日口径统计。

2."兑付金额"仅包含本金兑付。

3."成交金额"中的"交易所"统计数据包括在沪深交易所交易的债券的成交金额，"银行间"统计数据包括在银行间市场交易的债券的成交金额。

4."托管金额"中的"银行间"统计数据包括柜台和其他市场，"发行金额""兑付金额""成交金额"均不包括柜台和其他市场。

5.自2019年起，将初步测算的企业资产支持证券兑付数据纳入统计，并对历史数据做追溯调整。

数据来源：上海证券交易所、深圳证券交易所、中国证券投资基金业协会、中国证券业协会、中央国债登记结算有限责任公司、上海清算所

Source:SSE、SZSE、AMAC、SAC、CCDC

3-1 续表 continued

年份 Year	成交金额(亿元) Trading Turnover(100 million yuan)				托管金额(亿元) Value of Bonds under Custody(100 million yuan)		
	银行间现券 Interbank Market Spot Transaction	银行间回购 Interbank Market Repo Transaction	交易所现券 Stock Exchange Spot Transaction	交易所回购 Stock Exchange Repo Transaction	全市场 Whole Market	银行间 Interbank Market	交易所 Stock Exchange
1997	4.37	—	3600.82	12876.06	984.59	984.59	—
1998	15.62	—	6120.94	15540.84	9199.16	9199.16	—
1999	60.77	3956.93	5393.59	12890.53	12878.71	12878.71	—
2000	541.03	15714.21	4385.48	14733.68	16077.61	16077.61	—
2001	416.67	40208.99	4930.13	15487.64	18931.81	18931.81	—
2002	4098.47	100918.61	8852.71	24422.80	24680.66	24680.66	—
2003	29866.33	116122.20	6783.11	55353.25	36524.29	32436.51	4087.78
2004	22451.93	96943.42	3717.09	46606.41	50112.52	45326.44	4786.08
2005	58310.02	159297.65	3449.30	24919.05	71194.88	66483.70	4711.18
2006	100461.68	265914.42	2035.09	16301.48	71744.70	68277.56	3467.14
2007	156043.39	447951.18	2109.99	18615.47	114769.32	111355.62	3413.70
2008	371157.70	581331.15	4324.26	24306.77	143463.06	138972.54	4490.52
2009	472655.00	702779.16	4698.08	35975.19	164714.14	159766.72	4947.42
2010	640422.10	875936.00	5847.54	70373.76	195029.82	188751.50	6278.32
2011	636422.90	994534.80	6843.93	209509.62	214757.10	206328.71	8428.39
2012	751952.80	1417140.30	9882.53	393550.94	253868.31	241412.03	12456.28
2013	416106.00	1581639.00	17411.83	662003.84	288073.12	268618.45	19454.67
2014	403565.00	2244226.00	28191.38	915286.90	355504.40	329783.92	25720.48
2015	867370.20	4577637.50	34464.32	1303701.36	479217.27	439214.81	40002.46
2016	1270918.30	6013024.72	53294.20	2370915.58	642245.80	563329.21	78916.59
2017	1028351.73	6163673.24	55441.79	2632193.87	750209.90	654265.95	95943.95
2018	1507367.33	7226761.42	63821.94	2340481.87	864033.11	756752.74	107280.38
2019	2137448.26	8196298.22	83530.20	2440624.02	981459.24	854495.09	126964.15
2020	2327679.15	9597515.72	201785.82	2953588.22	1155904.78	984100.01	163274.43

3-2 交易所市场债券发行、兑付、余额情况

Statistics of Bond Issuance, Payment, Balance in Exchange Market

单位：亿元 (100 million yuan)

年份 Year	金融机构发行的债券 Financial Bonds					
	公司债(金融) Corporate Bonds(Financial)			可转债(金融) Convertible Bonds(Financial)		
	发行额 Value of Bonds Issued	兑付金额 Amount of Payments	期末余额 Ending Balance	发行额 Value of Bonds Issued	兑付金额 Amount of Payments	期末余额 Ending Balance
2008	—	—	—	—	—	—
2009	—	—	—	—	—	—
2010	—	—	—	650.00	—	—
2011	44.00	—	—	—	—	—
2012	—	—	—	—	—	—
2013	1663.96	376.86	1794.60	460.00	0.00	1018.04
2014	2184.25	428.67	3063.25	25.00	0.00	537.02
2015	12525.50	2288.23	8180.28	0.00	35.10	0.00
2016	5435.30	3053.70	12939.18	0.00	0.00	0.00
2017	6735.80	3966.58	15781.15	370.00	0.00	470.00
2018	5530.36	4147.44	15908.06	180.00	0.00	622.67
2019	5353.35	4367.47	16495.28	1395.00	3.87	1640.43
2020	10446.26	5177.27	21226.67	326.50	0.64	1794.79

3-2 续表 1 continued

单位：亿元 (100 million yuan)

年份 Year	金融机构发行的债券 Financial Bonds					
	可交换债(金融) Exchangeable Corporate Bonds(Financial)			可分离债(金融) Warrant Bonds(Financial)		
	发行额 Value of Bonds Issued	兑付金额 Amount of Payments	期末余额 Ending Balance	发行额 Value of Bonds Issued	兑付金额 Amount of Payments	期末余额 Ending Balance
2008	—	—	—	—	—	—
2009	—	—	—	—	—	—
2010	—	—	—	—	—	—
2011	—	—	—	—	—	—
2012	—	—	—	—	—	—
2013	—	—	—	—	—	—
2014	—	—	—	—	—	—
2015	30	0.00	30.00	—	—	—
2016	0	0.00	30.00	—	—	—
2017	15	3.20	45.00	—	—	—
2018	1.5	16.97	19.81	—	—	—
2019	5	0.00	18.57	—	—	—
2020	60	8.83	10.00	—	—	—

3-2 续表 2 continued

单位：亿元 (100 million yuan)

年份 Year	非金融企业发行的债券 Non-financial Bonds					
	公司债(非金融) Corporate Bonds(Non-financial)			可转债(非金融) Convertible Bonds(Non-financial)		
	发行额 Value of Bonds Issued	兑付金额 Amount of Payments	期末余额 Ending Balance	发行额 Value of Bonds Issued	兑付金额 Amount of Payments	期末余额 Ending Balance
2008	288.00	—	400.00	77.20	—	139.20
2009	734.90	—	1134.90	46.61	—	0.00
2010	603.00	—	1641.40	67.30	—	1942.11
2011	1252.50	51.05	2842.85	445.20	58.92	2328.39
2012	2623.31	186.99	5532.71	163.60	42.05	636.62
2013	1670.92	191.40	6981.58	84.81	38.10	568.01
2014	1302.09	562.13	7543.04	295.99	1.29	586.73
2015	8890.24	889.55	15242.84	98.00	20.15	132.74
2016	25485.12	1194.61	41196.31	212.52	0.00	344.10
2017	10067.16	2363.35	48324.71	422.20	0.37	651.61
2018	15472.98	4053.99	55352.62	607.49	0.40	1254.37
2019	23936.50	8974.96	66217.26	1024.83	6.39	2083.69
2020	31783.22	8967.10	86453.02	2407.71	19.14	3510.51

3-2 续表 3 continued

单位：亿元 (100 million yuan)

年份 Year	非金融企业发行的债券 Non-financial Bonds					
	可交换债(非金融) Exchangeable Corporate Bonds(Non-financial)			可分离债(非金融) Warrant Bonds(Non-financial)		
	发行额 Value of Bonds Issued	兑付金额 Amount of Payments	期末余额 Ending Balance	发行额 Value of Bonds Issued	兑付金额 Amount of Payments	期末余额 Ending Balance
2008	—	—	—	632.85	0.00	920.65
2009	—	—	—	30.00	0.00	0.00
2010	—	—	—	0.00	0.00	0.00
2011	—	—	—	32.00	0.00	0.00
2012	—	—	—	0.00	126.69	752.15
2013	—	—	—	0.00	153.80	598.35
2014	40	0.00	40.00	0.00	500.35	98.00
2015	78	0.00	108.00	0.00	30.00	68.00
2016	579.81	16.42	771.06	0.00	68.00	0.00
2017	1033.84	20.52	1675.97	0.00	0.00	0.00
2018	408.2	72.72	1829.88	0.00	0.00	0.00
2019	813.64	150.59	2267.43	0.00	0.00	0.00
2020	289.36	565.62	1786.82	0.00	0.00	0.00

3-2 续表 4 continued

单位：亿元 (100 million yuan)

年份 Year	上市公司发行的债券 Financial Bonds					
	公司债(上市公司) Corporate Bonds(Listed company)			可转债(上市公司) Convertible Bonds(Listed company)		
	发行额 Value of Bonds Issued	兑付金额 Amount of Payments	期末余额 Ending Balance	发行额 Value of Bonds Issued	兑付金额 Amount of Payments	期末余额 Ending Balance
2008	288.00	6.32	—	77.20	0.85	—
2009	669.40	24.98	—	46.61	1.70	—
2010	498.00	64.63	—	717.30	1.22	—
2011	1295.40	97.88	—	413.20	4.31	—
2012	2398.27	206.98	—	163.55	41.93	—
2013	2413.41	482.86	—	544.81	40.30	—
2014	2952.78	968.33	—	320.99	16.35	—
2015	9168.51	2602.65	—	98.00	12.34	—
2016	10439.51	3779.74	46386.20	212.52	0.49	688.97
2017	7293.54	5998.07	25084.58	946.21	1.32	1120.70
2018	7890.87	6587.62	24904.52	787.50	4.12	1796.47
2019	7489.15	6736.51	24871.55	2950.77	13.78	3494.22
2020	10538.91	2862.15	29174.37	1784.31	6.00	5305.30

3-2 续表 5 continued

单位：亿元 (100 million yuan)

年份 Year	上市公司发行的债券 Financial Bonds					
	可交换债(上市公司) Exchangeable Corporate Bonds(Listed company)			可分离债(上市公司) Warrant Bonds(Listed company)		
	发行额 Value of Bonds Issued	兑付金额 Amount of Payments	期末余额 Ending Balance	发行额 Value of Bonds Issued	兑付金额 Amount of Payments	期末余额 Ending Balance
2008	—	—	—	632.85	1.88	—
2009	—	—	—	30.00	7.08	—
2010	—	—	—	—	7.32	—
2011	—	—	—	—	86.82	—
2012	—	—	—	—	18.40	—
2013	—	—	—	—	142.99	—
2014	—	—	—	—	505.32	—
2015	—	—	—	—	30.92	—
2016	—	—	—	—	68.68	—
2017	11.39	—	11.39	—	—	—
2018	1.76	0.01	13.15	—	—	—
2019	1.5	0.01	13.14	—	—	—
2020	—	—	13.04	—	—	—

3-2 续表 6 continued

单位：亿元 (100 million yuan)

年份 Year	非上市公司发行的债券 Non-financial Bonds					
	公司债(非上市公司) Corporate Bonds(Non-listed)			可转债(非上市公司) Convertible Bonds(Non-listed)		
	发行额 Value of Bonds Issued	兑付金额 Amount of Payments	期末余额 Ending Balance	发行额 Value of Bonds Issued	兑付金额 Amount of Payments	期末余额 Ending Balance
2008	—	—	—	—	—	—
2009	59.50	—	—	—	—	—
2010	19.50	3.95	—	—	—	—
2011	39.80	5.18	—	—	—	—
2012	223.71	7.94	—	—	—	—
2013	1058.40	99.37	—	—	—	—
2014	1449.78	132.21	—	—	—	—
2015	9009.61	658.06	—	—	—	—
2016	22036.87	1269.89	58997.74	—	—	—
2017	10198.26	3286.94	38353.27	—	—	0.91
2018	13282.28	5458.29	44813.01	—	—	—
2019	23278.44	7942.14	55601.69	—	—	0.11
2020	30870.20	12536.07	78505.32	—	8.42	—

3-2 续表 7 continued

单位：亿元 (100 million yuan)

年份 Year	非上市公司发行的债券 Non-financial Bonds					
	可交换债(非上市公司) Exchangeable Corporate Bonds(Non-listed)			可分离债(非上市公司) Warrant Bonds(Non-listed)		
	发行额 Value of Bonds Issued	兑付金额 Amount of Payments	期末余额 Ending Balance	发行额 Value of Bonds Issued	兑付金额 Amount of Payments	期末余额 Ending Balance
2008	—	—	—	—	0.90	—
2009	—	—	—	—	0.90	—
2010	—	—	—	—	0.90	—
2011	—	—	—	—	0.90	—
2012	—	—	—	—	75.90	—
2013	—	—	—	—	—	—
2014	—	—	—	—	—	—
2015	269.371062	27.14	—	—	—	—
2016	671.29	53.75	1507.51	—	—	—
2017	1152.45	72.19	1699.08	—	—	—
2018	471.975	125.58	1840.35	—	—	—
2019	988.548	121.84	2253.52	—	—	—
2020	459.3885	544.07	1783.78	—	—	—

3-2 续表 8 continued

单位：亿元 (100 million yuan)

年份 Year	企业资产支持证券 Asset-based Securities			地方政府债 Local Treasury Bonds			政策性金融债 Policy Bank Bond		
	发行额 Value of Bonds Issued	兑付金额 Amount of Payments	期末余额 Ending Balance	发行额 Value of Bonds Issued	兑付金额 Amount of Payments	期末余额 Ending Balance	发行额 Value of Bonds Issued	兑付金额 Amount of Payments	期末余额 Ending Balance
2008	—	—	—	—	—	—	—	—	0.00
2009	—	—	—	—	—	—	—	—	0.00
2010	—	—	—	—	—	—	—	—	0.00
2011	—	—	—	—	—	—	—	—	0.00
2012	—	—	—	—	—	—	—	—	0.00
2013	—	—	—	—	—	—	—	—	0.00
2014	—	—	—	0.00	—	17.10	—	—	300.00
2015	2046.74	205.04	1597.66	0.00	—	367.16	0.00	0.00	95.00
2016	4955.61	748.95	5419.11	0.00	—	2283.08	0.00	205.00	95.00
2017	9460.93	2015.79	9482.87	10241.98	—	2482.69	800.00	0.00	895.00
2018	8869.18	5016.99	13708.68	25567.99	—	3753.27	240.00	0.00	858.30
2019	10034.93	5765.77	18014.78	28338.46	—	4603.67	1085.00	343.80	1479.50
2020	14634.35	7886.07	23111.22	24154.95	—	7044.42	675.00	350.00	1395.00

3-3 交易所市场债券发行额按监管辖区分布

单位：亿元

辖区	Jurisdiction	合计 Total	公司债 Corporate Bonds	可转债 Convertible Bonds
安徽	Anhui	1069.68	419.90	91.91
北京	Beijing	10809.60	6544.54	75.56
大连	Dalian	395.86	150.50	33.70
福建	Fujian	1599.09	832.83	93.65
甘肃	Gansu	821.73	73.50	34.38
广东	Guangdong	5473.66	1924.46	342.57
广西	Guangxi	937.56	726.67	38.92
贵州	Guizhou	2546.17	883.93	0.00
海南	Hainan	98.89	56.00	0.00
河北	Hebei	1791.18	443.10	34.50
河南	Henan	1495.20	676.60	0.65
黑龙江	Heilongjiang	170.68	164.73	5.00
湖北	Hubei	1449.73	944.43	19.07
湖南	Hunan	2582.18	1058.62	69.78
吉林	Jilin	271.50	259.24	4.50
江苏	Jiangsu	8174.14	5409.16	200.23
江西	Jiangxi	2430.59	832.60	71.68
辽宁	Liaoning	641.00	119.20	72.40
内蒙古	Inner Mongolia	1060.79	101.00	0.00
宁波	Ningbo	756.91	449.52	28.92
宁夏	Ningxia	104.09	30.50	13.00
青岛	Qingdao	1155.01	711.70	80.00
青海	Qinghai	464.25	21.25	0.00
厦门	Xiamen	689.04	439.30	68.87
山东	Shandong	3903.74	2164.03	161.49
山西	Shanxi	1390.79	624.50	321.44
陕西	Shaanxi	867.50	754.16	50.00
上海	Shanghai	7112.62	4117.39	264.05
深圳	Shenzhen	6957.19	3581.19	172.96
四川	Sichuan	3518.93	1450.64	68.77
天津	Tianjin	3388.07	840.13	0.00
西藏	Tibet	154.75	32.00	13.25
新疆	Xinjiang	422.77	221.95	21.75
云南	Yunnan	2366.46	504.95	19.68
浙江	Zhejiang	4360.43	3506.77	253.01
重庆	Chongqing	3304.59	1117.49	8.50
其他	Others	41.00	41.00	0.00

注：“其他”包含熊猫债以及无法判断辖区的债券。

数据来源：上海证券交易所、深圳证券交易所、中国证券投资基金业协会、中国证券业协会

Source:SSE、SZSE、AMAC、SAC

Regulatory Jurisdiction Distribution of Stock Exchange Market Bond Issuance

(100 million yuan)

可分离债 Warrant Bonds	可交换债 Exchangeable Corporate Bonds	政策性金融债 Policy Bank Bonds	地方政府债 Local Treasury Bonds	企业资产支持证券 Asset-based Securities
0.00	3.00	0.00	548.87	6.00
0.00	26.99	675.00	0.00	3487.50
0.00	0.00	0.00	211.66	0.00
0.00	0.00	0.00	549.43	123.18
0.00	0.00	0.00	557.54	156.31
0.00	9.66	0.00	2572.07	624.90
0.00	0.00	0.00	141.01	30.96
0.00	0.00	0.00	632.92	1029.32
0.00	0.00	0.00	18.89	24.00
0.00	33.09	0.00	1249.28	31.21
0.00	6.00	0.00	749.70	62.24
0.00	0.00	0.00	0.00	0.95
0.00	0.00	0.00	446.00	40.23
0.00	83.00	0.00	1293.33	77.44
0.00	0.00	0.00	0.00	7.76
0.00	0.00	0.00	2166.46	398.28
0.00	0.00	0.00	1373.23	153.08
0.00	5.00	0.00	423.28	21.12
0.00	0.00	0.00	953.28	6.51
0.00	0.00	0.00	276.33	2.14
0.00	0.00	0.00	51.49	9.10
0.00	0.00	0.00	355.10	8.21
0.00	0.00	0.00	224.00	219.00
0.00	0.00	0.00	100.00	80.87
0.00	27.00	0.00	1417.89	133.32
0.00	0.00	0.00	424.32	20.53
0.00	7.00	0.00	0.00	56.34
0.00	52.50	0.00	836.70	1841.98
0.00	50.00	0.00	381.94	2771.09
0.00	2.60	0.00	1945.95	50.97
0.00	0.00	0.00	1149.68	1398.26
0.00	2.50	0.00	107.00	0.00
0.00	12.00	0.00	136.00	31.07
0.00	0.00	0.00	1810.17	31.66
0.00	25.23	0.00	352.40	223.02
0.00	3.79	0.00	699.02	1475.79
0.00	0.00	0.00	0.00	0.00

3-4 交易所市场债券现券交易情况

成交量(亿张)

年份 Year	合计 Total	国债 T-Bonds	地方政府债 Local Treasury Bonds	公司债 Corporate Bonds	企业债 Enterprise Bonds
1996	44.19	44.17	—	—	0.01
1997	32.77	32.61	—	—	0.15
1998	46.30	45.97	—	—	0.15
1999	38.84	38.21	—	—	0.22
2000	39.99	38.02	—	—	0.35
2001	46.46	45.47	—	—	0.50
2002	85.28	83.96	—	—	0.64
2003	66.66	57.39	—	—	3.44
2004	38.15	31.36	—	—	1.16
2005	34.53	28.21	—	—	1.49
2006	20.03	15.35	—	—	0.90
2007	20.25	12.73	—	0.04	0.58
2008	46.18	21.26	—	3.91	1.12
2009	46.32	20.56	0.01	6.03	6.28
2010	56.50	16.42	0.00	8.58	11.30
2011	67.75	12.57	0.00	13.07	15.54
2012	97.98	9.04	0.00	31.91	29.47
2013	169.32	8.03	0.01	44.28	64.88
2014	269.71	12.64	0.00	58.68	123.78
2015	313.28	41.00	2.13	101.22	101.67
2016	525.85	56.67	20.02	346.84	73.65
2017	562.47	17.66	7.48	422.26	66.81
2018	646.42	12.46	13.80	481.80	48.31
2019	812.05	16.15	8.29	561.56	42.29
2020	1629.61	57.84	730.77	294.41	15.01

数据来源：上海证券交易所、深圳证券交易所

Source: SSE、SZSE

Bond Trading in Stock Exchange

Trading Volume(100 million units)

可转债 Convertible Bonds	可交换债 Exchange Corporate Bonds	可分离债 Warrant Bonds	政策性银行债 Policy Bank Bonds	企业资产支持证券 Asset-based Securities
—	—	—	—	—
—	—	—	—	—
0.18	—	—	—	—
0.41	—	—	—	—
1.62	—	—	—	—
0.48	—	—	—	—
0.69	—	—	—	—
5.83	—	—	—	—
5.63	—	—	—	—
4.82	—	—	—	0.01
2.37	—	0.82	—	0.59
2.42	—	3.88	—	0.61
3.83	—	15.72	—	0.34
4.79	—	8.26	—	0.40
13.44	—	6.60	—	0.16
20.67	—	5.85	—	0.04
22.14	—	5.34	—	0.07
45.65	0.01	6.22	—	0.24
67.68	0.23	2.75	2.38	1.56
53.84	2.73	1.23	4.55	4.92
11.10	4.63	0.58	0.31	12.06
19.79	9.79	0.00	2.72	15.96
41.02	13.39	0.00	11.05	24.59
116.28	13.06	0.00	22.48	31.94
406.66	37.28	9.20	6.08	65.98

3-4 续表

成交金额(亿元)

年份 Year	合计 Total	国债 T-Bonds	地方政府债 Local Treasury Bonds	公司债 Corporate Bonds	企业债 Enterprise Bonds
1996	5030.70	5029.24	—	—	1.46
1997	3600.82	3582.75	—	—	18.08
1998	6120.94	6059.95	—	—	18.40
1999	5393.59	5300.87	—	—	26.58
2000	4385.48	4157.49	—	—	40.49
2001	4930.13	4815.60	—	—	57.25
2002	8852.71	8708.68	—	—	70.33
2003	6783.11	5756.11	—	—	363.61
2004	3717.09	2966.46	—	—	113.36
2005	3449.30	2780.63	—	—	154.71
2006	2035.09	1540.71	—	—	94.44
2007	2109.99	1267.28	—	3.74	58.12
2008	4324.26	2122.52	—	404.41	113.60
2009	4698.08	2085.11	0.60	631.31	639.55
2010	5847.54	1661.64	0.01	877.51	1164.67
2011	6843.93	1252.93	0.21	1301.81	1538.71
2012	9882.53	914.18	0.01	3217.86	2970.10
2013	17411.83	803.75	0.50	4422.74	6602.34
2014	28191.38	1260.27	0.00	5751.53	12511.63
2015	34464.32	4134.49	213.19	10239.97	10339.95
2016	53294.20	5794.89	2015.36	35053.72	7335.84
2017	55441.79	1747.87	731.25	41858.83	5986.00
2018	63821.55	1225.39	1369.90	47874.95	4076.64
2019	83530.18	1606.99	837.06	56339.84	3497.14
2020	201785.85	4776.45	73085.43	38451.01	1579.85

continued

Trading Turnover(100 million yuan)

可转债 Convertible Bonds	可交换债 Exchange Corporate Bonds	可分离债 Warrant Bonds	政策性银行债 Policy Bank Bonds	企业资产支持证券 Asset-based Securities
—	—	—	—	—
—	—	—	—	—
42.59	—	—	—	—
66.14	—	—	—	—
187.50	—	—	—	—
57.28	—	—	—	—
73.70	—	—	—	—
663.39	—	—	—	—
637.26	—	—	—	—
513.46	—	—	—	0.50
274.50	—	68.19	—	57.25
409.24	—	313.37	—	58.25
442.13	—	1212.06	—	29.54
636.41	—	666.90	—	38.21
1560.61	—	567.83	—	15.27
2217.95	—	528.29	—	4.03
2275.32	—	498.11	—	6.96
4960.13	1.11	597.05	—	24.22
7972.97	28.11	265.88	243.88	157.11
8093.92	365.21	120.09	467.84	489.65
1317.03	500.88	57.82	34.20	1184.46
2261.29	1037.62	0.00	272.23	1546.69
4473.82	1374.38	0.00	1107.97	2318.50
14510.18	1373.26	0.00	2271.77	3093.95
71454.00	3876.48	934.62	611.62	6373.79

3-5 上海证券交易所债券现券交易情况

成交量(亿张)

年份 Year	合计 Total	国债 T-Bonds	地方政府债 Local Treasury Bonds	公司债 Corporate Bonds	企业债 Enterprise Bonds
1996	43.55	43.54	—	—	0.01
1997	31.65	31.52	—	—	0.13
1998	46.03	45.86	—	—	0.07
1999	38.29	37.99	—	—	0.21
2000	33.86	33.07	—	—	0.34
2001	41.85	41.23	—	—	0.50
2002	61.51	60.83	—	—	0.45
2003	61.72	54.84	—	—	2.99
2004	35.26	31.31	—	—	0.98
2005	32.37	28.13	—	—	1.20
2006	18.08	15.32	—	—	0.72
2007	17.76	12.68	—	0.04	0.45
2008	40.71	20.79	—	2.36	0.68
2009	38.68	20.25	0.01	4.16	3.65
2010	47.88	15.70	0.00	5.78	8.85
2011	60.65	12.47	0.00	9.67	13.71
2012	83.78	8.95	0.00	21.27	27.50
2013	148.58	7.70	0.01	27.95	62.70
2014	242.42	12.51	0.00	37.10	121.79
2015	279.18	40.84	2.13	74.05	100.52
2016	433.89	56.54	19.79	262.44	73.05
2017	453.99	17.58	7.31	324.32	66.32
2018	523.04	12.41	13.42	389.14	47.93
2019	637.35	16.11	7.74	468.43	41.80
2020	1067.23	57.71	730.46	171.70	13.37

数据来源：上海证券交易所
Source: SSE

Bond Trading in Shanghai Stock Exchange

Trading Volume(100 million units)

可转债 Convertible Bonds	可交换债 Exchange Corporate Bonds	可分离债 Warrant Bonds	政策性银行债 Policy Bank Bonds	企业资产支持证券 Asset-based Securities
—	—	—	—	—
—	—	—	—	—
0.10	—	—	—	—
0.09	—	—	—	—
0.45	—	—	—	—
0.11	—	—	—	—
0.23	—	—	—	—
3.89	—	—	—	—
2.97	—	—	—	—
3.04	—	—	—	—
1.46	—	0.58	—	—
1.33	—	3.26	—	—
2.64	—	14.24	—	—
3.11	—	7.51	—	—
11.57	—	5.99	—	—
19.30	—	5.51	—	—
21.23	—	4.83	—	—
44.21	—	5.96	—	0.05
65.08	0.18	2.75	2.38	0.63
50.32	2.60	1.23	4.55	2.93
8.80	3.80	0.58	0.31	8.58
16.27	7.47	0.00	1.60	13.13
21.22	11.50	0.00	8.76	18.67
59.23	11.03	0.00	13.56	19.45
—	35.03	9.20	6.08	43.68

3-5 续表

成交金额(亿元)

年份 Year	合计 Total	国债 T-Bonds	地方政府债 Local Treasury Bonds	公司债 Corporate Bonds	企业债 Enterprise Bonds
1996	4963.54	4962.38	—	—	1.16
1997	3483.90	3468.40	—	—	15.50
1998	6078.02	6046.70	—	—	9.03
1999	5322.62	5276.77	—	—	24.43
2000	3748.61	3657.06	—	—	39.13
2001	4451.06	4383.06	—	—	56.40
2002	6454.69	6380.83	—	—	51.04
2003	6261.71	5500.36	—	—	316.04
2004	3395.92	2961.50	—	—	95.88
2005	3219.36	2772.79	—	—	124.88
2006	1831.03	1537.40	—	—	76.69
2007	1790.45	1262.20	—	3.74	44.90
2008	3783.86	2075.90	—	243.81	67.65
2009	3877.09	2054.90	0.60	435.57	365.56
2010	4896.84	1590.03	0.01	585.43	909.13
2011	6093.58	1242.90	0.21	960.61	1352.62
2012	8442.99	905.56	0.01	2141.16	2770.67
2013	15312.48	771.10	0.50	2792.32	6378.26
2014	25446.42	1247.47	0.00	3632.44	12309.55
2015	30681.10	4117.52	213.19	7473.93	10223.31
2016	43823.28	5780.50	1992.51	26399.60	7275.06
2017	44431.20	1740.33	713.48	31959.14	5937.67
2018	51252.14	1220.33	1331.83	38552.95	4038.10
2019	64086.85	1602.53	781.04	46928.42	3447.82
2020	114502.25	4764.24	73054.59	26072.20	1415.27

continued

Trading Turnover(100 million yuan)

可转债 Convertible Bonds	可交换债 Exchange Corporate Bonds	可分离债 Warrant Bonds	政策性银行债 Policy Bank Bonds	企业资产支持证券 Asset-based Securities
—	—	—	—	—
—	—	—	—	—
22.29	—	—	—	—
21.41	—	—	—	—
52.43	—	—	—	—
11.60	—	—	—	—
22.82	—	—	—	—
445.31	—	—	—	—
338.55	—	—	—	—
321.68	—	—	—	—
169.03	—	47.92	—	—
211.83	—	267.77	—	—
301.59	—	1094.92	—	—
418.32	—	602.13	—	—
1300.20	—	512.04	—	—
2041.14	—	496.10	—	—
2177.36	—	448.24	—	—
4793.97	—	571.53	—	4.80
7661.18	22.78	265.88	243.88	63.25
7426.80	351.94	120.09	467.84	286.47
1034.95	415.02	57.82	34.20	833.64
1858.70	795.55	0.00	160.06	1266.27
2314.82	1180.23	0.00	878.58	1735.29
6967.13	1129.34	0.00	1374.06	1856.52
—	3493.25	934.62	611.62	4156.45

3-6 深圳证券交易所债券现券交易情况

成交量(亿张)

年份 Year	合计 Total	国债 T-Bonds	地方政府债 Local Treasury Bonds	公司债 Corporate Bonds	企业债 Enterprise Bonds
1996	0.64	0.64	—	—	—
1997	1.12	1.10	—	—	0.02
1998	0.28	0.12	—	—	0.08
1999	0.55	0.22	—	—	0.02
2000	6.13	4.94	—	—	0.01
2001	4.61	4.24	—	—	0.01
2002	23.77	23.12	—	—	0.18
2003	4.94	2.55	—	—	0.45
2004	2.89	0.05	—	—	0.18
2005	2.16	0.08	—	—	0.29
2006	1.95	0.03	—	—	0.17
2007	2.49	0.05	—	—	0.13
2008	5.47	0.47	—	1.55	0.44
2009	7.64	0.30	—	1.87	2.63
2010	8.62	0.72	—	2.81	2.45
2011	7.10	0.10	—	3.40	1.84
2012	14.20	0.09	—	10.64	1.98
2013	20.74	0.33	—	16.32	2.18
2014	27.29	0.13	—	21.59	1.99
2015	34.10	0.17	—	27.16	1.14
2016	91.96	0.14	0.23	84.40	0.60
2017	108.48	0.08	0.18	97.95	0.49
2018	123.37	0.05	0.38	92.67	0.38
2019	174.70	0.04	0.55	93.13	0.49
2020	562.38	0.13	0.31	122.71	1.64

数据来源：深圳证券交易所
Source: SZSE

Bond Trading in Shenzhen Stock Exchange

Trading Volume(100 million units)

可转债 Convertible Bonds	可交换债 Exchange Corporate Bonds	可分离债 Warrant Bonds	政策性银行债 Policy Bank Bonds	企业资产支持证券 Asset-based Securities
—	—	—	—	—
—	—	—	—	—
0.08	—	—	—	—
0.31	—	—	—	—
1.17	—	—	—	—
0.37	—	—	—	—
0.46	—	—	—	—
1.94	—	—	—	—
2.66	—	—	—	—
1.79	—	—	—	0.01
0.91	—	0.24	—	0.59
1.08	—	0.62	—	0.61
1.19	—	1.48	—	0.34
1.69	—	0.75	—	0.40
1.87	—	0.61	—	0.16
1.37	—	0.35	—	0.04
0.92	—	0.51	—	0.07
1.44	0.01	0.26	—	0.19
2.60	0.05	0.00	—	0.93
3.51	0.13	0.00	—	1.99
2.30	0.82	0.00	—	3.48
3.52	2.32	0.00	1.12	2.82
19.80	1.89	0.00	2.29	5.92
57.05	2.03	0.00	8.92	12.49
406.66	2.24	0.00	6.39	22.30

3-6 续表

年份 Year	成交金额(亿元)				
	合计 Total	国债 T-Bonds	地方政府债 Local Treasury Bonds	公司债 Corporate Bonds	企业债 Enterprise Bonds
1996	67.17	66.87	—	—	0.30
1997	116.92	114.35	—	—	2.58
1998	42.92	13.25	—	—	9.37
1999	70.98	24.09	—	—	2.15
2000	636.87	500.43	—	—	1.37
2001	479.07	432.55	—	—	0.84
2002	2398.02	2327.85	—	—	19.29
2003	521.40	255.75	—	—	47.57
2004	321.16	4.96	—	—	17.49
2005	229.94	7.84	—	—	29.83
2006	204.05	3.31	—	—	17.74
2007	319.54	5.08	—	—	13.22
2008	540.39	46.63	—	160.61	45.95
2009	820.99	30.20	—	195.74	273.98
2010	950.70	71.61	—	292.09	255.54
2011	750.35	10.02	—	341.20	186.09
2012	1439.54	8.62	—	1076.69	199.44
2013	2099.35	32.65	—	1630.42	224.08
2014	2744.96	12.80	—	2119.10	202.08
2015	3783.22	16.96	—	2766.04	116.65
2016	9470.92	14.39	22.86	8654.11	60.78
2017	11010.59	7.55	17.77	9899.69	48.33
2018	12569.41	5.06	38.07	9321.99	38.54
2019	19443.33	4.46	56.02	9411.42	49.32
2020	87283.60	12.21	30.84	12378.81	164.57

continued

Trading Turnover(100 million yuan)				
可转债 Convertible Bonds	可交换债 Exchange Corporate Bonds	可分离债 Warrant Bonds	政策性银行债 Policy Bank Bonds	企业资产支持证券 Asset-based Securities
0.00	—	—	—	—
0.00	—	—	—	—
20.30	—	—	—	—
44.73	—	—	—	—
135.07	—	—	—	—
45.68	—	—	—	—
50.88	—	—	—	—
218.08	—	—	—	—
298.72	—	—	—	—
191.78	—	—	—	0.50
105.47	—	20.28	—	57.25
197.40	—	45.60	—	58.25
140.54	—	117.13	—	29.54
218.08	—	64.77	—	38.21
260.41	—	55.79	—	15.27
176.81	—	32.19	—	4.03
97.96	—	49.87	—	6.96
166.16	1.11	25.51	—	19.42
311.79	5.34	0.00	—	93.85
667.12	13.27	0.00	—	203.18
282.08	85.87	0.00	—	350.82
402.59	242.08	0.00	112.17	280.43
2159.00	194.15	0.00	229.39	583.21
7543.05	243.92	0.00	230.39	1237.43
71454.00	383.22	0.00	642.61	2217.34

3-7 2020年上海证券交易所国债预发行情况

Bond Pre Issuance in Shanghai Stock Exchange in 2020

债券简称 Bond Name	交易起始日 Initial Trading Date	交易截止日 Trading deadline	基准价格 Bench mark price	收益率 Yield
19国债11	2020/02/03	2020/02/04	101.74	—
19国债13	2020/01/09	2020/01/14	100.85	—
19国债13	2020/02/06	2020/02/11	102.34	—
19国债13	2020/03/05	2020/03/10	103.00	—
19国债15	2020/01/09	2020/01/14	100.35	—
19国债15	2020/02/13	2020/02/18	103.42	—
19国债15	2020/03/12	2020/03/17	105.46	—
19国债16	2020/02/03	2020/02/04	101.36	—
19国债16	2020/02/27	2020/03/03	102.53	—
19国债16	2020/04/27	2020/04/30	105.48	—
20国债01	2020/02/13	2020/02/18	100.48	—
20国债01	2020/03/12	2020/03/17	100.63	—
20国债01	2020/05/14	2020/05/19	101.43	—
20国债01	2020/06/11	2020/06/16	101.12	—
20国债03	2020/02/27	2020/03/03	—	2.40
20国债03	2020/04/27	2020/04/30	102.37	—
20国债03	2020/05/28	2020/06/02	101.99	—
20国债05	2020/05/08	2020/05/12	101.03	—
20国债05	2020/06/04	2020/06/09	98.94	—
20国债05	2020/08/06	2020/08/11	97.70	—
20国债05	2020/09/03	2020/09/08	96.73	—
20国债06	2020/05/14	2020/05/19	—	2.67
20国债06	2020/06/11	2020/06/16	98.97	—
20国债06	2020/08/13	2020/08/18	98.24	—
20国债06	2020/09/10	2020/09/15	97.10	—
20国债06	2020/10/22	2020/10/27	96.84	—
20国债08	2020/05/28	2020/06/02	—	2.61
20国债08	2020/08/27	2020/09/01	99.28	—
20国债09	2020/08/27	2020/09/01	99.23	—
20国债10	2020/07/09	2020/07/14	—	2.10
20国债10	2020/08/13	2020/08/18	100.11	—
20国债10	2020/09/10	2020/09/15	100.00	—
20国债10	2020/10/22	2020/10/27	100.25	—
20国债13	2020/10/15	2020/10/20	—	3.11
20国债13	2020/11/05	2020/11/10	100.32	—
20国债13	2020/12/03	2020/12/08	100.07	—
20国债14	2020/11/26	2020/12/01	99.54	—
20国债15	2020/11/12	2020/11/17	—	2.79
20国债15	2020/12/10	2020/12/15	100.19	—
20国债16	2020/11/12	2020/11/17	—	3.23
20国债16	2020/12/10	2020/12/15	100.30	—
20国债17	2020/11/26	2020/12/01	—	3.33

数据来源：上海证券交易所
Source:SSE

3-8 交易所市场债券回购交易情况
Repo Trading in Stock Exchange

年份 Year	成交金额(亿元) Trading Turnover(100 million yuan)					
	合计 Total	质押式回购 Pledge-style Repo	报价回购 Quotation-based Repo	约定式购回 Pre-arranged Repo	质押式协议回购 Pledge agreement Repo	三方回购 Tri-party Repo
1996	13008.64	13008.64	—	—	—	—
1997	12876.06	12876.06	—	—	—	—
1998	15540.84	15540.84	—	—	—	—
1999	12890.53	12890.53	—	—	—	—
2000	14733.68	14733.68	—	—	—	—
2001	15487.64	15487.64	—	—	—	—
2002	24422.80	24422.80	—	—	—	—
2003	55353.25	55353.25	—	—	—	—
2004	46606.41	46606.41	—	—	—	—
2005	24919.05	24919.05	—	—	—	—
2006	16301.48	16301.48	—	—	—	—
2007	18615.47	18615.47	—	—	—	—
2008	24306.77	24306.77	—	—	—	—
2009	35975.19	35521.81	453.39	—	—	—
2010	70373.76	66233.95	4139.81	—	—	—
2011	209509.62	204469.83	5039.77	0.02	—	—
2012	393550.94	368535.82	25012.26	2.87	—	—
2013	662003.84	630720.85	31069.18	213.81	—	—
2014	915286.90	878705.94	36484.69	96.28	—	—
2015	1303701.36	1250959.55	52512.09	68.83	160.90	—
2016	2370915.58	2297358.03	60832.98	36.71	12687.86	—
2017	2632193.87	2551470.62	48986.37	36.22	31700.66	—
2018	2340481.87	2259882.18	44161.52	20.09	34197.93	2220.16
2019	2440624.02	2331849.26	76365.60	15.64	24296.54	8096.98
2020	2953588.22	2805313.36	120401.68	9.51	22373.38	5490.30

数据来源：上海证券交易所、深圳证券交易所
Source: SSE、SZSE

3-9 上海证券交易所债券回购交易情况
Repo Trading in Shanghai Stock Exchange

年份 Year	成交金额(亿元) Trading Turnover(100 million yuan)					
	合计 Total	质押式回购 Pledge-style Repo	报价回购 Quotation-based Repo	约定式购回 Pre-arranged Repo	质押式协议回购 Pledge agreement Repo	三方回购 Tri-party Repo
1996	12439.16	12439.16	—	—	—	—
1997	11912.16	11912.16	—	—	—	—
1998	15188.54	15188.54	—	—	—	—
1999	12124.12	12124.12	—	—	—	—
2000	13147.21	13147.21	—	—	—	—
2001	15342.98	15342.98	—	—	—	—
2002	24422.35	24422.35	—	—	—	—
2003	55334.68	55334.68	—	—	—	—
2004	46601.81	46601.81	—	—	—	—
2005	24919.05	24919.05	—	—	—	—
2006	16299.25	16299.25	—	—	—	—
2007	18608.92	18608.92	—	—	—	—
2008	24306.77	24306.77	—	—	—	—
2009	35929.25	35475.87	453.39	—	—	—
2010	70017.59	65877.79	4139.81	—	—	—
2011	204621.29	199581.50	5039.77	0.02	—	—
2012	371375.86	346360.74	25012.26	2.87	—	—
2013	610526.93	580224.78	30294.00	8.15	—	—
2014	841402.16	812941.84	28457.36	2.96	—	—
2015	1197852.61	1166704.67	30986.49	0.56	160.90	—
2016	2203351.93	2164883.84	26214.35	0.00	12253.74	—
2017	2428986.63	2378286.19	20535.74	0.00	30164.70	—
2018	2118206.00	2067540.25	17120.28	0.00	31325.44	2220.04
2019	2153748.51	2096845.92	25950.65	0.35	22854.61	8096.98
2020	2595999.34	2528235.02	41011.34	0.07	21262.62	5490.30

数据来源：上海证券交易所
Source: SSE

3-10 深圳证券交易所债券回购交易情况
Repo Trading in Shenzhen Stock Exchange

年份 Year	成交金额(亿元) Trading Turnover(100 million yuan)					
	合计 Total	质押式回购 Pledge-style Repo	报价回购 Quotation-based Repo	约定式购回 Pre-arranged Repo	质押式协议回购 Pledge agreement Repo	三方回购 Tri-party Repo
1996	569.48	569.48	—	—	—	—
1997	963.91	963.91	—	—	—	—
1998	352.30	352.30	—	—	—	—
1999	766.41	766.41	—	—	—	—
2000	1586.47	1586.47	—	—	—	—
2001	144.66	144.66	—	—	—	—
2002	0.45	0.45	—	—	—	—
2003	18.58	18.58	—	—	—	—
2004	4.60	4.60	—	—	—	—
2005	0.00	0.00	—	—	—	—
2006	2.23	2.23	—	—	—	—
2007	6.54	6.54	—	—	—	—
2008	0.00	0.00	—	—	—	—
2009	45.94	45.94	—	—	—	—
2010	356.16	356.16	—	—	—	—
2011	4888.34	4888.34	—	—	—	—
2012	22175.08	22175.08	—	—	—	—
2013	51476.91	50496.07	775.18	205.66	—	—
2014	73884.74	65764.09	8027.32	93.32	—	—
2015	105848.75	84254.88	21525.60	68.27	—	—
2016	167563.66	132474.19	34618.63	36.71	434.12	—
2017	203207.24	173184.43	28450.62	36.22	1535.96	—
2018	222275.87	192341.93	27041.24	20.09	2872.49	0.12
2019	286875.51	235003.34	50414.95	15.29	1441.93	0.00
2020	357588.88	277078.34	79390.34	9.44	1110.76	0.00

数据来源：深圳证券交易所
Source: SZSE

3-11 交易所市场债券发行额按行业分布

单位：亿元

行业 Industry	合计 Total	公司债 Corporate Bonds	可转债 Convertible Bonds
农、林、牧、渔业	104.35	88.00	5.85
采矿业	1164.96	1034.60	130.36
制造业	3888.40	2178.39	1429.00
电力、热力、燃气及水生产和供应业	2204.43	1982.70	40.83
建筑业	11344.84	10886.38	59.07
批发和零售业	1438.79	957.61	112.50
交通运输、仓储和邮政业	2110.21	1474.33	493.90
住宿和餐饮业	47.54	36.05	0.00
信息传输、软件和信息技术服务业	219.58	76.54	65.51
金融业	17703.63	10446.26	326.50
房地产业	4166.01	2677.44	0.00
租赁和商务服务业	7353.50	1859.05	0.00
科学研究和技术服务业	41.42	10.00	13.36
水利、环境和公共设施管理业	465.22	363.07	53.05
居民服务、修理和其他服务业	18.00	18.00	0.00
教育	4.28	0.00	4.28
卫生和社会工作	0.00	0.00	0.00
文化、体育和娱乐业	100.22	84.50	0.00
综合	8247.01	8056.56	0.00
其他	24154.95	0.00	0.00

数据来源：上海证券交易所、深圳证券交易所、中国证券投资基金业协会
Source:SSE、SZSE、AMAC

Industry Distribution of Exchange Market Bond Issuance

(100 million yuan)

可分离债 Warrant Bonds	可交换债 Exchangeable Corporate Bonds	政策性金融债 Policy Bank Bonds	地方政府债 Local Treasury Bonds	企业资产支持证券 Asset-based Securities
0.00	0.00	0.00	0.00	10.50
0.00	0.00	0.00	0.00	0.00
0.00	201.04	0.00	0.00	79.97
0.00	10.00	0.00	0.00	170.90
0.00	0.00	0.00	0.00	399.39
0.00	1.66	0.00	0.00	367.02
0.00	0.00	0.00	0.00	141.98
0.00	2.99	0.00	0.00	8.50
0.00	12.00	0.00	0.00	65.53
0.00	60.00	675.00	0.00	6195.87
0.00	33.09	0.00	0.00	1455.48
0.00	14.00	0.00	0.00	5480.45
0.00	0.00	0.00	0.00	18.06
0.00	0.00	0.00	0.00	49.10
0.00	0.00	0.00	0.00	0.00
0.00	0.00	0.00	0.00	0.00
0.00	0.00	0.00	0.00	0.00
0.00	8.00	0.00	0.00	7.72
0.00	6.58	0.00	0.00	183.87
0.00	0.00	0.00	24154.95	0.00

主要统计指标解释

Explanatory Notes on Main Statistical Indicators

债券发行额 指统计期内各类债券发行票面金额合计。按发行首日口径计算。

债券兑付金额 指统计期内债券发行人按照约定向债券投资者偿还本金和支付利息的金额合计。

债券成交金额 指统计期内各类债券成交金额合计，包括债券现货成交金额和债券回购成交金额。

公式：现券成交金额=Σ[成交价格×成交量(现货)]；回购成交金额=Σ[成交量(回购)×1000]。

债券回购交易 是指债券交易的双方在进行债券交易的同时，约定在将来某一日期以约定的价格，由债券的卖方向买方再次购回该笔债券的交易行为。

债券托管额 指统计期末托管在债券登记结算机构的各类债券面额合计。

债券成交量 指统计期内各类债券成交数量合计，包括债券现货成交数量和债券回购成交数量。

国债 指国家为筹集财政资金，以其信用为基础，通过向社会筹集资金所形成的债权债务关系。

地方政府债 指地方政府、地方公共机构发行的债券，一般以当地政府的税收能力和其他收入作为还本付息的担保。

政策性银行金融债 指政策性银行（国家开发银行、中国农业发展银行和中国进出口银行）为筹集信贷资金，经国务院批准向银行金融机构及其他机构发行的金融债券。

公司债券 指公司依照法定程序发行，约定在一定期限内还本付息的有价证券。2015年证监会发布《公司债券发行与交易管理办法》，规定公司债发行按照大公募债、小公募债和私募债进行分类审核。

企业债 指根据《企业债券管理条例》的规定，企业依照法定程序发行、约定在一定期限内还本付息的有价证券，由国家发展与改革委员会作为主管机关负责发行核准工作。

可转债 指在一定时间内可以按照既定的转股价格转换为指定股票的债券。

可交换债 指上市公司的股东依法发行、在一定期限内依据约定的条件可以交换成该股东所持有的上市公司股份的债券品种。

资产支持证券 指以基础资产所产生的现金流作为偿付支持，通过结构化等方式进行信用增级，在此基础上发行的证券。

短期融资券 指具有法人资格的非金融企业在银行间债券市场发行的，约定在1年内还本付息的债务融资工具。

超短期融资券 指具有法人资格、信用评级较高的非金融企业在银行间债券市场发行的，期限在270天以内的短期融资券。

中期票据 指具有法人资格的非金融企业在银行间市场按照计划分期发行的，约定在一定期限内还本付息的债务融资工具。

非公开定向债务融资工具 指具有法人资格的非金融企业在银行间债券市场发行的、约定在一定期限内还本付息的、向银行间市场特定机构投资人发行的有价证券。

中小企业集合票据 指国家相关法律法规及政策界定为中小企业的非金融企业在银行间债券市场以统一产品设计、统一券种冠名、统一信用增进、统一发行注册方式共同发行的，约定在一定期限内还本付息的债务融资工具。

资产支持票据 指非金融企业在银行间债券市场发行的，由基础资产所产生的现金流作为还款支持的，约定在一定期限内还本付息的债务融资工具。

国债预发行 指以即将发行的记账式国债为标的进行的债券买卖行为。

贰零贰壹

四. 基金
Funds

贰零贰壹

2020 年基金情况综述

一、公募基金发展概况

截至 2020 年底，公募基金资产规模合计 19.85 万亿元，其中封闭式基金与开放式基金规模分别为 2.56 万亿元、17.29 万亿元。开放式基金中，股票型基金、混合型基金、债券型基金、货币基金、QDII 基金规模分别为 2.00 万亿元、4.36 万亿元、2.75 万亿元、8.05 万亿元、1288.94 亿元。截至 2020 年底，比照公募基金规范的证券公司大集合规模为 1119.37 亿元。

2020 年，公募基金产品结构逐步优化，开放式基金中股票型、混合型基金规模分别增长 54.59%、130.24%，合计规模占比从 2019 年底的 24.22%上升到 36.79%。专业机构投资者作用进一步发挥，2020 年底公募基金持股市值 4.86 万亿元，占 A 股总市值比例约为 6.14%，较 2019 年底增长 2.39 万亿，增幅 96.76%。进一步丰富基金产品体系，增加改革主题基金产品供给，注册 62 只科创主题基金和 15 只可投资新三板精选层公募基金，积极支持股票发行注册制改革。注册 21 只养老目标基金，进一步增加公募基金行业服务养老市场化改革相关产品储备。持续推进内地与香港基金互认，批复北上基金 6 只；推动内地与香港 ETF 互通，首批 4 只深港 ETF 互通产品（南北向各 2 只）已在深交所、港交所同步上市交易。优化公募基金投资顾问试点安排，稳步扩大试点范围，推出 10 家基金投资顾问试点机构。

二、私募基金发展概况

截至 2020 年末，中国证券投资基金业协会已备案基金 9.68 万只，私募基金规模 16.96 万亿元，较 2019 年末分别增长 18%和 20%。其中私募证券投资基金、私募股权投资基金、创业投资基金、其他私募投资基金、私募资产配置基金规模分别为 4.3 万亿元、9.87 万亿元、1.69 万亿元、1.10 万亿元、9.77 亿元。

继续深化私募基金登记备案改革。2020 年，中国证券投资基金业协会开展私募基金备案“分道制+抽查制”试点，实现信用良好的管理人产品备案实时通过，初步实现分类、差异化自律管理。改进登记备案服务，提升透明化、规范化水平，整合发布登记备案材料清单，全流程实时公示办理进度；丰富完善私募基金管理人公示信息维度和查询机制，提升社会监督和信用约束水平。

加强私募基金监管。为贯彻落实有关防范化解私募基金行业风险的要求，进一步引导私募基金行业树立底线意识、合规意识，严厉打击各类违法违规行为，严控私募基金增量风险，稳妥化解存量风险，证监会于 2020 年 12 月 30 日发布了《关于加强私募投资基金监管的若干规定》，提升行业规范发展水平，保护投资者及相关当事人合法权益。

4-1　公募基金概况
Overview of Public Funds

年份 Year	基金只数(只) Number of Funds(unit)			基金份额(亿份) Fund Units (100 million units)		
	合计 Total	封闭式 Close-ended Funds	开放式 Open-ended Funds	合计 Total	封闭式 Close-ended Funds	开放式 Open-ended Funds
1998	5	5	—	100.00	100.00	—
1999	16	16	—	505.00	505.00	—
2000	34	34	—	562.00	562.00	—
2001	51	48	3	804.23	686.73	117.50
2002	71	54	17	1318.85	817.00	501.85
2003	95	54	41	1614.67	817.00	797.67
2004	161	54	107	3308.79	817.00	2491.79
2005	218	54	164	4714.18	817.00	3897.18
2006	307	53	254	6220.67	812.00	5408.67
2007	346	36	310	22339.84	844.14	21495.70
2008	439	33	406	25741.78	890.32	24851.46
2009	547	31	516	23518.55	945.02	22573.53
2010	704	39	665	23955.33	1119.80	22835.53
2011	914	57	857	26510.37	1371.32	25139.05
2012	1173	68	1105	31708.41	1424.85	30283.56
2013	1551	130	1421	31167.18	1953.94	29213.24
2014	1899	135	1764	42032.72	1256.71	40776.00
2015	2723	164	2559	76674.13	1669.54	75004.59
2016	3873	304	3569	88428.32	6181.24	82247.08
2017	4848	479	4369	110182.12	5862.57	104319.55
2018	5580	662	4918	128961.33	8707.02	120254.31
2019	6111	779	5332	136937.42	15214.30	121723.12
2020	7237	1024	6213	169974.29	23961.85	146012.44

注：1.本章公募基金是指公开募集证券投资基金，不包括社保基金、基金专户等。
　　2.本表中封闭式基金分类以截至统计时点的基金运作模式划分，开放式基金以设立时点的基金运作模式划分。
数据来源：中国证券监督管理委员会、上海证券交易所、深圳证券交易所
Source: CSRC、SSE、SZSE

4-1 续表 continued

年份 Year	基金资产规模(亿元) Fund Asset Value (100 million yuan)			上市基金成交份额(亿份) Trading Volume of Listed Funds (100 million units)			上市基金成交金额(亿元) Trading Turnover of Listed Funds(100 million yuan)		
	合计 Total	封闭式 Close-ended Funds	开放式 Open-ended Funds	合计 Total	上交所 SSE	深交所 SZSE	合计 Total	上交所 SSE	深交所 SZSE
1998	107.00	107.00	—	555.33	329.58	225.75	1016.89	605.28	411.61
1999	577.00	577.00	—	1623.12	827.95	795.17	2485.48	1365.82	1119.66
2000	847.35	847.35	—	2180.62	995.32	1185.30	2801.84	1334.18	1467.66
2001	809.24	691.15	118.09	2208.62	1148.35	1060.27	2561.88	1348.92	1212.96
2002	1185.56	717.06	468.50	1218.60	573.69	644.91	1166.62	556.77	609.85
2003	1699.22	862.00	837.22	849.18	441.62	407.56	682.65	362.16	320.49
2004	3246.34	809.71	2436.63	589.72	297.78	291.94	479.47	249.10	230.37
2005	4691.38	822.17	3869.21	1098.41	778.73	319.68	773.15	576.78	196.37
2006	8565.05	1623.64	6941.41	2058.16	1042.85	1015.31	2002.65	1024.35	978.30
2007	32762.32	2442.17	30320.15	4330.52	1981.36	2349.16	8620.09	4298.24	4321.85
2008	19403.25	758.95	18644.30	3742.28	2001.43	1740.85	5831.05	3700.23	2130.82
2009	26024.80	1238.78	24786.02	6531.40	3690.94	2840.46	10340.02	6549.06	3790.96
2010	25040.86	1299.00	23741.86	6582.01	3580.37	3001.64	8996.44	4771.71	4224.73
2011	21918.55	1234.15	20684.40	6125.90	2370.84	3755.06	6365.81	2901.41	3464.40
2012	28661.81	1413.01	27248.80	9374.61	2540.73	6833.88	8123.61	3171.12	4952.49
2013	30011.54	1987.56	28023.98	11280.60	3743.85	7536.75	14785.47	8988.79	5796.68
2014	45374.30	1366.81	44007.49	13742.58	4547.41	9195.17	47230.89	37477.49	9753.40
2015	83971.83	1947.72	82024.11	50423.73	12103.62	38320.11	152684.59	103799.88	48884.71
2016	91595.16	6342.22	85252.94	24609.83	4577.78	20032.05	111444.32	89359.23	22085.09
2017	115989.13	6097.29	109891.84	13626.64	5773.00	7853.64	98051.89	78169.57	19882.32
2018	130339.08	8986.26	121352.82	17941.63	8897.92	9043.70	102704.59	71651.46	31053.13
2019	147672.51	16024.48	131648.03	25140.94	14364.59	10776.35	91679.38	68589.58	23089.80
2020	198519.33	25606.39	172912.94	51089.10	31560.17	19528.93	136238.63	107526.85	28711.79

4-2 公募基金规模
Dimensions of Public Funds

基金类型	Type of Funds	基金只数(只) Number of Funds (unit)		基金份额(亿份) Fund Units (100 million units)		基金资产规模(亿元) Fund Asset Value (100 million yuan)	
		2019	2020	2019	2020	2019	2020
封闭式基金合计	Close-ended Funds	779	1024	15214.30	23961.85	16024.48	25606.39
开放式基金合计	Open-ended Funds	5332	6213	121723.12	146012.44	131648.03	172912.94
其中：股票型	Thereinto:Equity Funds	1079	1268	9309.22	11746.07	12948.40	20017.48
混合型	Blend Funds	2408	3030	14821.86	27857.78	18937.41	43600.75
其中：FOF	Thereinto:Fund of Funds	82	141	361.48	753.65	381.84	899.38
债券型	Bond Funds	1358	1417	25687.88	24478.40	27660.83	27484.30
货币市场型	Money Market Funds	333	332	71110.11	80915.99	71170.56	80521.47
QDII	Qualified Domestic Institutional Investor	154	166	794.05	1014.21	930.83	1288.94
合计	Total	6111	7237	136937.42	169974.29	147672.51	198519.33

注：本表中封闭式基金分类以截至统计时点的基金运作模式划分，开放式基金以设立时点的基金运作模式划分。
数据来源：中国证券监督管理委员会
Source: CSRC

4-3 合格境外投资者及QDII情况
Statistics of QFII、RQFII and QDII

年份 Year	QFII Qualified Foreign Institutional Investor 资产规模(亿美元) Asset Value(100 million USD)				
	合计 Total	股票 Stock	债券 Bond	现金 Cash	其他 Other
2003	—	—	—	—	—
2004	37.00	11.30	11.20	11.00	3.50
2005	47.80	28.90	7.80	3.70	7.40
2006	62.75	48.76	0.69	7.88	5.42
2007	296.22	157.34	5.63	113.30	19.96
2008	261.58	118.36	28.54	108.27	6.41
2009	424.57	311.22	24.88	77.40	11.07
2010	448.66	357.66	33.81	47.36	9.83
2011	401.56	282.13	57.60	49.98	11.84
2012	525.81	393.11	67.15	46.74	18.82
2013	693.64	496.39	100.05	70.55	26.65
2014	1027.89	723.63	95.32	134.10	74.84
2015	1049.07	626.52	124.99	154.90	142.66
2016	785.54	571.03	84.28	78.33	51.91
2017	997.12	794.90	82.52	63.05	56.64
2018	787.26	567.19	75.00	70.41	74.66
2019	1014.75	774.02	84.88	57.94	97.90

注：1.2019年9月，国家外汇管理局发布通知取消QFII、RQFII投资额度限制。
2.2020年QFII和RQFII资格制度规则合二为一，统一为“合格境外投资者”。
数据来源：中国证券监督管理委员会、国家外汇管理局
Source: CSRC、SAFE

4-3 续表 1 continued

年份 Year	RQFII RMB Qualified Foreign Institutional Investor 资产规模(亿元) Asset Value (100 million yuan)				
	合计 Total	股票 Stock	债券 Bond	现金 Cash	其他 Other
2003	—	—	—	—	—
2004	—	—	—	—	—
2005	—	—	—	—	—
2006	—	—	—	—	—
2007	—	—	—	—	—
2008	—	—	—	—	—
2009	—	—	—	—	—
2010	—	—	—	—	—
2011	0	0.00	0.00	0.00	0.00
2012	506.996	443.52	109.85	21.43	3.62
2013	532.26	430.53	74.01	8.96	18.76
2014	2195.4	1058.06	785.57	181.73	170.04
2015	1735.436576	715.27	649.63	218.86	151.68
2016	1489.426565	864.17	460.27	119.48	45.50
2017	1673.074021	1204.24	312.93	74.61	81.30
2018	1340.52	932.63	298.55	74.79	34.55
2019	1920.06	1257.21	501.48	105.68	55.69

4-3 续表 2 continued

年份 Year	QDII Qualified Domestic Institutional Investor					
	成立的产品数量(只) Number of Products (unit)	累计批准额度(亿美元) Cumulative Approved Quota (100 million USD)	资产规模(亿元) Asset Value (100 million yuan)			
			合计 Total	股票 Stock	债券 Bond	其他 Other
2003	—	—	—	—	—	—
2004	—	98.90	—	—	—	—
2005	—	98.90	—	—	—	—
2006	1	206.65	—	—	—	—
2007	4	523.66	1081.73	799.56	0.00	282.17
2008	9	551.21	522.41	319.86	71.35	131.20
2009	10	668.00	742.24	542.07	4.93	195.24
2010	27	759.17	735.50	546.84	11.68	176.98
2011	51	783.97	576.02	358.83	9.51	207.68
2012	67	828.77	632.02	422.87	33.61	175.54
2013	83	842.32	597.60	390.70	28.73	178.17
2014	90	833.23	495.54	342.61	41.13	111.80
2015	101	899.93	662.53	412.46	38.98	211.09
2016	120	899.93	947.70	550.05	195.54	202.11
2017	142	899.93	913.59	499.21	144.63	269.75
2018	152	1032.33	705.73	549.00	75.55	81.18
2019	154	1039.83	930.83	708.37	135.71	86.75

4-3　续表 3　continued

<table>
<tr><td rowspan="3">年份</td><td colspan="5">合格境外投资者
QFII、RQFII</td></tr>
<tr><td colspan="5">资产规模(亿元人民币)
Asset Value (100 million yuan)</td></tr>
<tr><td>合计
Total</td><td>股票
Stock</td><td>债券
Bond</td><td>现金
Cash</td><td>其他
Other</td></tr>
<tr><td>2020</td><td>13177.12</td><td>10577.39</td><td>1435.06</td><td>937.52</td><td>227.15</td></tr>
</table>

<table>
<tr><td rowspan="4">年份</td><td colspan="6">QDII
Qualified Domestic Institutional Investor</td></tr>
<tr><td rowspan="3">成立的产品数量(只)
Number of
Products
(unit)</td><td rowspan="3">累计批准额度(亿美元)
Cumulative
Approved Quota
(100 million USD)</td><td colspan="4">资产规模(亿元)</td></tr>
<tr><td colspan="4">Asset Value (100 million yuan)</td></tr>
<tr><td>合计
Total</td><td>股票
Stock</td><td>债券
Bond</td><td>其他
Other</td></tr>
<tr><td>2020</td><td>166</td><td>-</td><td>1288.94</td><td>991.84</td><td>122.12</td><td>174.98</td></tr>
</table>

4-4　交易所基金市场指数情况
Fund Indexes

<table>
<tr><td rowspan="3">年份
Year</td><td colspan="6">上交所　SSE</td></tr>
<tr><td colspan="6">上证基金指数
SSE Fund Index</td></tr>
<tr><td>开市
Open</td><td>最高
Highest</td><td>最低
Lowest</td><td>收市
Close</td><td>涨跌幅(%)
Change Rate(%)</td><td>振幅(%)
Amplitude(%)</td></tr>
<tr><td>2000</td><td>996.69</td><td>1121.71</td><td>968.70</td><td>1121.71</td><td>12.17</td><td>15.80</td></tr>
<tr><td>2001</td><td>1133.17</td><td>1367.37</td><td>1077.73</td><td>1183.13</td><td>5.48</td><td>26.88</td></tr>
<tr><td>2002</td><td>1168.82</td><td>1237.98</td><td>934.54</td><td>942.33</td><td>-20.35</td><td>32.47</td></tr>
<tr><td>2003</td><td>933.96</td><td>1057.46</td><td>889.81</td><td>1016.96</td><td>7.92</td><td>18.84</td></tr>
<tr><td>2004</td><td>1012.37</td><td>1101.88</td><td>836.81</td><td>872.01</td><td>-14.25</td><td>31.68</td></tr>
<tr><td>2005</td><td>866.93</td><td>866.93</td><td>706.53</td><td>840.19</td><td>-3.65</td><td>22.70</td></tr>
<tr><td>2006</td><td>837.92</td><td>2091.30</td><td>837.82</td><td>2090.52</td><td>148.82</td><td>149.61</td></tr>
<tr><td>2007</td><td>2132.24</td><td>5112.83</td><td>2041.89</td><td>5070.79</td><td>142.56</td><td>150.40</td></tr>
<tr><td>2008</td><td>5088.47</td><td>5525.57</td><td>2214.27</td><td>2512.49</td><td>-50.45</td><td>149.54</td></tr>
<tr><td>2009</td><td>2541.64</td><td>4813.13</td><td>2528.83</td><td>4765.75</td><td>89.68</td><td>90.33</td></tr>
<tr><td>2010</td><td>4785.96</td><td>5038.23</td><td>3752.78</td><td>4557.66</td><td>-4.37</td><td>34.25</td></tr>
<tr><td>2011</td><td>4580.40</td><td>4854.30</td><td>3516.42</td><td>3592.26</td><td>-21.18</td><td>38.05</td></tr>
<tr><td>2012</td><td>3603.59</td><td>4014.86</td><td>3347.34</td><td>3921.09</td><td>9.15</td><td>19.94</td></tr>
<tr><td>2013</td><td>3956.37</td><td>4319.18</td><td>3398.71</td><td>3880.27</td><td>-1.04</td><td>27.08</td></tr>
<tr><td>2014</td><td>3874.76</td><td>5557.49</td><td>3624.31</td><td>5550.63</td><td>43.05</td><td>53.34</td></tr>
<tr><td>2015</td><td>5578.87</td><td>7670.68</td><td>5114.16</td><td>5904.92</td><td>6.38</td><td>49.99</td></tr>
<tr><td>2016</td><td>5901.84</td><td>5927.80</td><td>5443.92</td><td>5733.60</td><td>-2.90</td><td>8.89</td></tr>
<tr><td>2017</td><td>5732.11</td><td>6389.99</td><td>5704.18</td><td>6220.06</td><td>8.48</td><td>12.02</td></tr>
<tr><td>2018</td><td>6222.93</td><td>6502.37</td><td>5465.12</td><td>5499.31</td><td>-11.59</td><td>18.98</td></tr>
<tr><td>2019</td><td>5503.54</td><td>6482.18</td><td>5454.86</td><td>6425.03</td><td>16.83</td><td>18.83</td></tr>
<tr><td>2020</td><td>6446.91</td><td>7470.84</td><td>5860.29</td><td>7467.43</td><td>16.22</td><td>27.48</td></tr>
</table>

数据来源：上海证券交易所、深圳证券交易所
Source:SSE、SZSE

4-4 续表 1 continued

年份 Year	深交所 SZSE 乐富基金指数 SZSE Lefu Fund Index 开市 Open	最高 Highest	最低 Lowest	收市 Close	涨跌幅(%) Change Rate(%)	振幅(%) Amplitude(%)
2000	—	—	—	—	—	—
2001	—	—	—	—	—	—
2002	—	—	—	—	—	—
2003	—	—	—	—	—	—
2004	—	—	—	—	—	—
2005	978.19	1011.17	834.20	1001.46	2.38	21.21
2006	1010.88	2536.73	990.67	2536.73	154.38	156.06
2007	2570.95	6251.41	2452.55	6251.41	146.44	154.89
2008	6364.67	6734.29	2817.53	3144.08	-49.71	139.01
2009	3198.83	5396.12	3198.83	5329.45	69.51	68.69
2010	5280.03	6023.94	4385.37	5597.02	5.02	37.36
2011	5651.64	5831.13	4223.39	4333.89	-22.57	38.07
2012	4349.06	4807.29	3988.10	4574.63	5.55	20.54
2013	4604.92	4948.94	4052.24	4470.05	-2.29	22.13
2014	4460.73	6154.83	4054.64	6152.11	37.63	51.80
2015	6174.36	9178.71	5353.76	6678.31	8.55	71.44
2016	6684.64	6685.60	5143.23	5856.94	-12.30	29.99
2017	5858.10	6405.68	5513.37	6032.25	2.99	16.18
2018	6035.82	6365.74	4547.49	4632.10	-23.21	39.98
2019	4639.35	6337.57	4530.98	6335.13	36.77	39.87
2020	6368.48	8312.98	5852.27	8312.10	31.21	42.05

4-4 续表 2 continued

年份 Year	深交所 SZSE 深证ETF指数 SZSE ETF Index 开市 Open	最高 Highest	最低 Lowest	收市 Close	涨跌幅(%) Change Rate(%)	振幅(%) Amplitude(%)
2000	—	—	—	—	—	—
2001	—	—	—	—	—	—
2002	—	—	—	—	—	—
2003	—	—	—	—	—	—
2004	—	—	—	—	—	—
2005	—	—	—	—	—	—
2006	—	—	—	—	—	—
2007	—	—	—	—	—	—
2008	—	—	—	—	—	—
2009	—	—	—	—	—	—
2010	—	—	—	—	—	—
2011	1015.92	1045.28	663.34	690.36	-32.05	57.58
2012	694.108	814.51	612.29	729.70	5.70	33.03
2013	735.936	808.34	609.10	712.86	-2.31	32.71
2014	711.104	1045.12	640.67	1044.36	46.50	63.13
2015	1049.497	1646.03	919.03	1191.12	14.05	79.10
2016	1188.688	1189.60	897.41	1038.69	-12.80	32.56
2017	1038.9152	1264.01	1006.60	1202.39	15.76	25.57
2018	1203.9186	1288.05	898.75	908.97	-24.40	43.32
2019	911.05	1253.97	884.88	1253.54	37.91	41.71
2020	1259.2359	1686.62	1159.19	1679.80	34.00	45.50

4-5 上市基金成交情况
Transaction Data of Listed Fund

年份 Year	交易天数(天) Trading Days (day)	封闭式基金 Close-ended Funds			ETF		
		成交份额(亿份) Trading Volume (100 million units)	成交金额(亿元) Trading Turnover (100 million yuan)	日均成交金额(亿元) Daily Average Turnover (100 million yuan)	成交份额(亿份) Trading Volume (100 million units)	成交金额(亿元) Trading Turnover (100 million yuan)	日均成交金额(亿元) Daily Average Turnover (100 million yuan)
2005	242	562.07	341.10	1.41	525.01	420.92	1.98
2006	241	1723.59	1626.36	6.75	306.21	339.97	1.41
2007	242	3100.51	6027.21	24.91	475.87	1544.61	6.38
2008	246	1624.12	1986.23	8.07	1411.49	3178.58	12.92
2009	244	1803.58	1613.68	6.61	3452.19	7652.13	31.36
2010	242	1095.05	1136.12	4.69	4020.85	6450.80	26.66
2011	244	447.46	451.15	1.85	3933.13	4213.25	17.27
2012	243	363.60	284.34	1.17	4766.86	4781.75	19.68
2013	238	489.02	433.16	1.82	5976.80	11012.74	46.89
2014	245	403.47	383.45	1.57	6148.76	40388.83	164.85
2015	244	815.73	981.84	4.02	12705.32	113160.86	463.77
2016	244	303.67	327.15	1.34	5017.87	96495.94	395.48
2017	244	134.64	144.59	0.59	6460.75	92890.39	380.70
2018	243	87.60	89.06	0.37	13485.83	99448.25	409.25
2019	244	72.64	75.17	0.61	20102.74	87147.57	357.16
2020	243	0.03	3.23	0.01	45055.63	130472.10	536.92

注：ETF中包含交易型货币基金；LOF中包含分级基金。
数据来源：上海证券交易所、深圳证券交易所
Source: SSE、SZSE

4-5 续表 continued

年份 Year	LOF			合计 Total		
	成交份额(亿份) Trading Volume (100 million units)	成交金额(亿元) Trading Turnover (100 million yuan)	日均成交金额(亿元) Daily Average Turnover (100 million yuan)	成交份额(亿份) Trading Volume (100 million units)	成交金额(亿元) Trading Turnover (100 million yuan)	日均成交金额(亿元) Daily Average Turnover (100 million yuan)
2005	11.33	11.14	0.05	1098.40	773.15	3.43
2006	28.36	36.32	0.15	2058.17	2002.65	8.31
2007	701.87	989.68	4.09	4278.26	8561.50	35.38
2008	608.24	600.59	2.44	3643.84	5765.40	23.44
2009	1146.95	992.94	4.07	6402.72	10258.75	42.04
2010	1383.12	1338.94	5.53	6499.03	8925.86	36.88
2011	1682.48	1643.30	6.73	6063.07	6307.70	25.85
2012	4212.16	3032.54	12.48	9342.62	8098.63	33.33
2013	4811.85	3336.90	14.02	11277.67	14782.80	62.73
2014	7190.35	6458.60	26.36	13742.58	47230.89	192.78
2015	36902.67	38541.90	160.40	50423.73	152684.60	628.20
2016	19288.29	14621.23	59.92	24609.83	111444.31	456.74
2017	7031.25	5016.90	20.56	13626.65	98051.88	401.85
2018	4368.20	3167.28	13.03	17941.63	102704.59	422.65
2019	4965.55	4456.65	18.26	25140.94	91679.38	375.73
2020	6033.44	5763.30	23.72	51089.10	136238.63	560.66

4-6 私募基金概况
Overview of Private Funds

年份 Year	已登记私募基金管理人家数(个) Number of Registered Private Fund Managers(unit)				
	合计 Total	私募证券投资基金管理人 Private Security Investment Fund Managers	私募股权、创业投资基金管理人 Private Equity Investment and Venture Capital Fund Managers	其他私募投资基金管理人 Other Private Investment Fund Managers	私募资产配置类管理人 Private Asset Allocation Fund Managers
2017	22446	8467	13200	779	—
2018	24448	8989	14683	776	—
2019	24471	8857	14882	727	5
2020	24561	8908	14986	658	9

注：私募基金是指在中国证券投资基金业协会备案的以非公开方式向投资者募集资金设立的投资基金。
数据来源：中国证券投资基金业协会
Source:AMAC

4-6 续表 1 continued

年份 Year	已备案私募基金数量(个) Number of Filed Private Funds(unit)					
	合计 Total	私募证券投资基金 Private Security Investment Funds	私募股权投资基金 Private Equity Investment Funds	创业投资基金 Venture Capital Funds	其他私募投资基金 Other Private Investment Funds	私募资产配置基金 Private Asset Allocation Funds
2017	66417	34097	21827	4372	6121	—
2018	74629	35675	27175	6508	5271	—
2019	81710	41392	28477	7978	3858	5
2020	96818	54324	29402	10398	2684	10

4-6 续表 2 continued

年份 Year	管理基金规模(亿元) Managed Fund Size(100 million dollar)					
	合计 Total	私募证券投资基金 Private Security Investment Funds	私募股权投资基金 Private Equity Investment Funds	创业投资基金 Venture Capital Funds	其他私募投资基金 Other Private Investment Funds	私募资产配置基金 Private Asset Allocation Funds
2017	114992.53	25671.95	62910.99	6076.68	20332.91	—
2018	127064.20	21385.06	78014.08	9094.61	18570.44	—
2019	140829.62	25610.41	88713.18	12088.26	14412.29	5.48
2020	169578.29	42979.27	98716.38	16904.05	10968.82	9.77

4-7 2020年私募基金按监管辖区分布概况
Regulatory Jurisdiction Distribution of Private Fund

辖区	Jurisdiction	管理人数量（家） Number of Private Fund Managers(unit)	管理基金数量（只） Number of Private Investment Funds(unit)	管理基金规模（亿元） Managed Fund Size (100 million yuan)
北京	Beijing	4336	15832	37517.50
天津	Tianjin	470	1989	8422.95
河北	Hebei	125	233	535.93
山西	Shanxi	65	136	819.35
内蒙古	Inner Mongolia	54	115	323.76
辽宁	Liaoning	76	133	110.12
吉林	Jilin	69	122	302.57
黑龙江	Heilongjiang	60	92	102.02
上海	Shanghai	4648	27224	40081.91
江苏	Jiangsu	1165	3603	8593.10
浙江	Zhejiang	2074	8042	9807.85
安徽	Anhui	224	886	2998.72
福建	Fujian	239	1086	1783.37
江西	Jiangxi	265	718	1612.81
山东	Shandong	345	824	1574.11
河南	Henan	148	375	810.61
湖北	Hubei	383	805	1832.88
湖南	Hunan	263	686	882.23
广东	Guangdong	1746	6827	9536.84
广西	Guangxi	86	213	645.09
海南	Hainan	70	175	363.38
重庆	Chongqing	210	504	1551.78
四川	Sichuan	434	1039	2017.80
贵州	Guizhou	85	222	1397.31
云南	Yunnan	87	164	1215.34
西藏	Tibet	214	1328	3349.80
陕西	Shaanxi	260	620	1050.28
甘肃	Gansu	36	52	187.77
青海	Qinghai	14	33	138.75
宁夏	Ningxia	55	137	258.01
新疆	Xinjiang	135	331	1352.26
深圳	Shenzhen	4473	16361	20596.93
大连	Dalian	88	229	116.04
宁波	Ningbo	844	3521	5610.27
厦门	Xiamen	353	1274	972.26
青岛	Qingdao	362	887	1106.58

注：私募基金管理人按照公司注册地所在辖区统计。
数据来源：中国证券投资基金业协会
Source:AMAC

主要统计指标解释

Explanatory Notes on Main Statistical Indicators

基金只数 指统计期内基金市场上基金产品的只数。自基金合同生效日（基金成立日）纳入统计，自基金合同终止日从统计中剔除。一般根据中国证监会代码（基金主合同）口径统计。

基金份额 指统计期末基金市场基金份额的合计。

基金资产规模 指在统计期末市场上基金产品资产的合计。

上市基金成交金额 指统计期内在交易所上市的各类基金成交金额合计。

QDII 额度 指统计期末国家外汇管理局批准合格境内机构投资者进行境外证券投资的投资额度。

封闭式基金 采用封闭式运作方式的基金，是指经核准的基金份额总额在基金合同期限内固定不变，基金份额可以在依法设立的证券交易所交易，但基金份额持有人不得申请赎回的基金。

开放式基金 采用开放式运作方式的基金，是指基金份额总额不固定，基金份额可以在基金合同约定的时间和场所申购或者赎回的基金。

交易型货币市场基金 指符合上交所上市条件并在上交所交易系统以竞价方式进行交易，以基金净值申购或者赎回的货币市场基金，基金份额总额不固定且永久存续。

私募基金只数 指统计期末已在中国证券投资基金业协会备案的正在运作私募基金产品只数。

私募基金管理人家数 指统计期末在中国证券投资基金业协会登记的未注销从事私募基金管理人数量。

私募基金管理规模 指统计期末正在运作的私募基金净资产规模。

贰零贰壹

五. 期货

Futures

贰零贰壹

2020 年期货市场综述

2020 年，期货市场持续加大期货品种供给，不断提升市场运行质量，稳步扩大“保险+期货”试点范围，有效促进风险管理和价格发现功能的发挥，在提升服务实体经济质效和服务“三农”方面取得了新成效。

一、全力保障市场平稳运行，市场规模创新高

2020 年 2 月 3 日，期货市场与证券市场在疫情冲击下同步正常开市。面对全球大宗商品市场剧烈波动和疫情发展变化，证监会采取一系列措施，全力保障市场平稳运行。加强场外衍生品市场监管和场外交易报告库建设，金融稳定理事会（FSB）认定期货市场监控中心为交易报告库。

2020 年，我国期货市场成交量 60.27 亿手，成交金额为 437.28 万亿元，较 2019 年分别增加 53.69% 和 50.49%。其中，商品期货成交量 59.28 亿手，占全市场的 98.37%，成交金额 321.98 万亿元，占全市场的 73.63%；金融期货成交量 0.99 亿手，占全市场的 1.63%，成交金额 115.30 万亿元，占全市场的 26.37%。期权市场成交量 1.26 亿手，成交金额 2487.86 亿元，较 2019 年分别增加 208.72%和 618.43%。

二、拓展服务实体经济领域，继续推进期货市场建设

围绕丰富服务实体经济载体，继续加大市场建设力度，积极稳妥有序推进新品种上市。一是加强期货产品供给，助力现代产业体系建设。2020 年新上市液化石油气、低硫燃料油、涤纶短纤等 12 个期货、期权品种。全市场期货、期权品种已达 90 个，基本覆盖国民经济主要行业。二是推进期货市场建设。中证商品指数有限责任公司年底在雄安注册成立，将进一步丰富商品期货指数产品，促进衍生品市场发展。积极推进广州期货交易所筹备工作。山东港信期货有限公司 12 月 2 日获批设立，为行业清理整顿后首家新设期货公司。

三、积极推进法规制度建设，加强新闻宣传和舆情监测

积极配合做好期货法立法工作。修订《期货交易所管理办法》《期货公司董事、监事和高级管理人员任职管理办法》《期货公司保证金封闭管理办法》等一批基础性制度。公布《期货公司境外子公司备案事项服务指南》。持续推进规章制度系统性清理，全年修订、废止规范性文件 7 件、废止监管工作指引 4 件。同时，围绕期货市场支持防疫复产、重大改革落地、重要品种上市等，突出重点，统筹做好期货市场新闻宣传和舆情监测，增进社会对期货衍生品市场发展的共识。

四、注重日常监测监控，加快推进信息技术和科技监管

2020 年，证监会持续加强日常监管，提升监管效能。指导期货交易所对各类异常交易行为加大排查力度。加强期货公司风险监管指标日常监测。克服疫情影响，统筹开展 2020 年度期货公司现场检查，其中全面检查 127 家次，专项检查 146 家次，采取行政监管措施 63 份。加快推进信息技术和科技监管，初步建立期货信息技术工作统筹协作“一盘棋”格局。稳步推进期货公司监管综合系统（FISS）升级，优化期货公司风险监管报表。实施结算风险隔离方案，切实解决交易所间结算风险传导问题。强化程序化交易监管，督导期货公司部署云端交易中继服务器，落实

客户指令直达期货公司的监管要求。

五、应对新冠肺炎疫情冲击，服务实体经济避险需求

面对突如其来的新冠肺炎疫情冲击和市场剧烈波动，期货市场为实体企业做好风险管理、应对疫情冲击提供了有效支撑。一是期货市场发挥作用，为受疫情影响企业纾困解难。证监会指导各期货交易所充分发挥期货市场功能，助力企业风险管理。大型企业利用原油期货对冲现货市场波动风险取得较好的效果。期货行业积极行动，帮助实体企业进行套期保值，并通过期货交割、期转现、仓单交易等多种期现“转换”途径，支持企业在期货市场实现采购和销售。全面推动交易所场外服务平台建设，支持期货经营机构通过场外衍生品交易为企业提供精细化风险管理服务。中国金融期货交易所将抗疫特别国债纳入国债期货可交割券范围，助力抗疫特别国债顺利发行。二是引导期货行业支持抗疫复工复产。大连商品交易所在湖北省开展 7 个“保险+期货”试点项目，累计为 322 户农户、4 家合作社和 8 家企业提供风险管理服务，保障现货规模 11.66 万吨，累计赔付 948.84 万元。4 家期货交易所和期货业协会直接向湖北省重点疫区捐款 4000 万元人民币。组织动员行业 105 家期货经营机构捐赠资金及紧缺物资 4332.42 万元。期货公司还通过“口罩期权”“手套期权”“消毒液期权”等场外工具，支持企业稳定价格、保障防疫物资生产。

六、做好功能评估工作，提升期货市场运行质量

为检视已上市品种运行质量和功能发挥情况，及时补足短板，证监会组织各期货交易所优化功能评估指标体系，扎实开展 2020 年评估工作。一方面，持续优化品种运行，做精做细已上市品种。各期货交易所全年修改期货合约业务细则 71 项，增加做市品种 27 个，全市场做市品种达到 48 个，基本实现了重点品种全覆盖，做市品种目标合约交投逐步活跃。2020 年期货市场套期保值效率为 89.38%，同比增加 1.05 个百分点；期现价格相关性 93.44%，同比增加 1.1 个百分点；法人持仓占比（不含做市商）52.63%，同比增加 2.24 个百分点；活跃合约连续性 86.46%，市场运行质量得到进一步提升。不断提高市场效率，增强期货市场服务能力。国债作为保证金业务从金融期货推广至商品期货，截至 2020 年底，国债交存余额 253.26 亿元，占全市场交易保证金 5.93%。组合保证金业务稳步推进，各期货交易所基于风险的组合保证金模拟系统已开展仿真测试，为下一步降低市场成本打下基础。另一方面，积极引导长期资金参与期货衍生品市场，市场生态趋于完善。证监会与财政部、人民银行、银保监会联合发布公告，允许试点商业银行和保险机构参与国债期货市场。人社部发文明确年金基金的投资范围扩展至国债期货。《合格境外机构投资者和人民币合格境外机构投资者境内证券期货投资管理办法》及配套文件修订发布，允许 QFII、RQFII 参与商品期货期权、国债期货，更有利于形成以机构为主导的市场格局。

七、服务脱贫攻坚和乡村振兴战略，持续推进“保险+期货”等长效机制

一是稳步推进“保险+期货”保障范围。2020 年在 26 个省（区、市）开展 210 个试点项目，涉及天然橡胶、苹果、红枣等 8 个品种，保障现货规模 469 万吨，承包土地 1033 万亩，惠及 93.5 万农户、40 万建档立卡贫困户。通过引入金融机构，探索“保险+期货+银行”模式，推动 4 家商业银行参与试点，为服务主体提供了约 2.8 亿元的授信额度，为农户和涉农企业的“融资难”困境提供解决方案。二是整合期货行业资源，支持贫困地区发展。截至 2020 年末，已有 113 家期货经营机构与 242 个国家级贫困县(乡、村)签署了 455 份结对帮扶协议，行业累计投入扶贫资金达 6.11 亿元。帮助 29 家贫困地区企业成为期货交易所交割仓库。为贫困地区实体机构或个人提供合作套保、点价、场外期权等风险管理

服务方案 119 个，名义本金约 10.94 亿元。累计举办期货专业知识培训 899 场，参加培训人员累计 52561 人次。

八、持续推动双向开放，加强国际交流与合作

一是双向开放多元化。持续扩大特定品种范围，全年推出低硫燃料油、国际铜、棕榈油期货 3 个特定品种，特定品种数量增至 7 个。挪威浆纸交易所率先推出基于上期所纸浆期货价格进行结算的期货合约。推动低硫燃料油期货试点境外设库，打通境外提货路径，提升期货市场跨境服务能力。核准摩根大通期货成为我国首家外资全资控股期货公司。二是协调优化配套政策。推动财税部门出台商品期货对外开放保税交割免征增值税的一揽子政策。三是推进国际交流与合作。积极推动各期货交易所参与欧洲证券及市场管理局（ESMA）交易后透明度评估，并成功纳入第三国交易场所正面清单。郑州商品交易所获批新加坡认可市场运营商（RMO）牌照。

5-1 期货期权交易品种名录
List of Futures & Options Products

	交易品种 Futures & Options Products
农产品 Agricultural Products	天然橡胶、强麦、普麦、棉花、白糖、菜籽油、早籼稻、晚籼稻、油菜籽、菜籽粕、粳稻、棉纱、苹果、红枣、玉米、玉米淀粉、黄大豆1号、黄大豆2号、豆粕、豆油、棕榈油、鸡蛋、胶合板、纤维板、粳米
能源、化工及其他 Energy & Chemical Products & Others	原油、燃料油、低硫燃料油、石油沥青、20号胶、纸浆、甲醇、PTA、玻璃、动力煤、尿素、纯碱、短纤、聚乙烯、聚氯乙烯、聚丙烯、焦炭、焦煤、乙二醇、苯乙烯、液化石油气
金属 Metal Products	铜、铜（BC）、铝、锌、铅、镍、锡、黄金、白银、螺纹钢、线材、热轧卷板、不锈钢、硅铁、锰硅、铁矿石
金融 Financial Futures	沪深300股指期货(IF)、中证500股指期货(IC)、上证50股指期货(IH)、沪深300股指期权(IO)、2年期国债期货(TS)、5年期国债期货(TF)、10年期国债期货(T)

数据来源：上海期货交易所、郑州商品交易所、大连商品交易所、中国金融期货交易所
Source：SHFE、ZCE、DCE、CFFEX

5-2 期货市场规模概况
Dimensions of Futures Market

年份 Year	市场资金 (亿元) Market Funds (100 million yuan)	期货账户数 (户) Number of Futures Accounts (unit)	客户数(个) Number of Futures Investors (unit)		
			个人 Individual Customers	单位 Corporate	合计 Total
2006	214.42	277390	—	—	244590
2007	395.40	447720	—	—	395533
2008	457.22	712773	595434	21001	616435
2009	1113.73	1106099	887627	28634	916261
2010	1696.31	1505530	1178225	35483	1213708
2011	1594.24	1793448	1370577	40804	1411381
2012	1904.68	896934	697442	19868	717310
2013	2069.06	977185	751665	20743	772408
2014	2923.84	993527	795210	27409	822619
2015	4138.50	1268765	1046190	29017	1075207
2016	4787.89	1385277	1150649	35771	1186420
2017	4441.88	1511380	1238117	39111	1277228
2018	4338.73	1587012	1283397	39161	1322558
2019	5561.49	1832128	1471541	45743	1517284
2020	8820.24	2276367	1804441	58833	1863274

注：期货账户数和投资者个数2012年之前为总账户数和总投资者个数，2012年之后为有效账户数和有效投资者个数。
数据来源：中国期货市场监控中心有限责任公司
Source：CFMMC

5-3 期货会员机构数情况

Number of Futures Exchange Members

单位：家 (unit)

年份 Year	上海期货交易所 SHFE			上海国际能源交易中心 INE		
	合计 Total	期货公司会员 Members of Futures Companies	非期货公司会员 Non-Members of Futures Companies	合计 Total	期货公司会员 Members of Futures Companies	非期货公司会员 Non-Members of Futures Companies
1999	206	153	53	—	—	—
2000	216	165	51	—	—	—
2001	225	171	54	—	—	—
2002	215	178	37	—	—	—
2003	219	185	34	—	—	—
2004	224	184	40	—	—	—
2005	215	175	40	—	—	—
2006	209	172	37	—	—	—
2007	213	172	41	—	—	—
2008	207	167	40	—	—	—
2009	210	167	43	—	—	—
2010	209	164	45	—	—	—
2011	208	163	45	—	—	—
2012	208	161	47	—	—	—
2013	206	157	49	—	—	—
2014	203	151	52	—	—	—
2015	201	150	51	—	—	—
2016	199	149	50	—	—	—
2017	196	149	47	—	—	—
2018	197	149	48	155	149	6
2019	198	149	49	157	149	8
2020	196	149	47	158	149	9

注：交易所合计会员数量中存在冻结会员账户。

数据来源：上海期货交易所、郑州商品交易所、大连商品交易所、中国金融期货交易所、上海国际能源交易中心

Source：SHFE、ZCE、DCE、CFFEX、INE

5-3　续表 1　continued

单位：家 (unit)

年份 Year	郑州商品交易所 ZCE 合计 Total	郑州商品交易所 ZCE 期货公司会员 Members of Futures Companies	郑州商品交易所 ZCE 非期货公司会员 Non-Members of Futures Companies	大连商品交易所 DCE 合计 Total	大连商品交易所 DCE 期货公司会员 Members of Futures Companies	大连商品交易所 DCE 非期货公司会员 Non-Members of Futures Companies
1999	—	—	—	—	—	—
2000	—	—	—	164	150	14
2001	208	159	49	185	170	15
2002	212	166	46	195	180	15
2003	218	176	42	199	186	13
2004	219	185	44	199	186	13
2005	222	179	43	196	181	15
2006	226	180	46	196	180	16
2007	226	183	43	193	177	16
2008	215	172	43	193	175	18
2009	215	173	42	189	173	16
2010	215	173	42	189	173	16
2011	213	171	42	187	172	15
2012	209	167	42	178	163	15
2013	205	163	42	175	160	15
2014	198	157	41	170	155	15
2015	196	155	41	168	152	16
2016	196	149	47	166	151	15
2017	164	149	15	165	150	15
2018	164	149	15	165	150	15
2019	164	149	15	163	149	14
2020	164	149	15	160	149	11

5-3　续表 2　continued

单位：家 (unit)

年份 Year	中国金融期货交易所 CFFEX 合计 Total	期货公司会员 Members of Futures Companies 合计 Total	期货公司会员 全面结算会员 Full Clearing Members	期货公司会员 交易结算会员 Limited Clearing Members	期货公司会员 交易会员 Trading Members	非期货公司会员 Non-Members of Futures Companies
1999	—	—	—	—	—	—
2000	—	—	—	—	—	—
2001	—	—	—	—	—	—
2002	—	—	—	—	—	—
2003	—	—	—	—	—	—
2004	—	—	—	—	—	—
2005	—	—	—	—	—	—
2006	—	—	—	—	—	—
2007	—	—	—	—	—	—
2008	—	—	—	—	—	—
2009	—	—	—	—	—	—
2010	133	133	15	61	57	0
2011	146	146	15	61	70	0
2012	146	146	15	61	70	0
2013	150	150	15	68	67	0
2014	146	146	24	76	46	0
2015	146	146	25	78	43	0
2016	147	147	26	83	38	0
2017	147	147	26	88	33	0
2018	147	147	26	88	33	0
2019	147	147	27	89	31	0
2020	152	147	27	92	28	5

5-4 期货交易概况
Overview of Futures Transaction

年份 Year	成交金额(亿元) Trading Turnover (100 million yuan)			成交量(万手) Trading Volume (10 thousand lots)			持仓金额(亿元) Value of Positions (100 million yuan)		
	合计 Total	商品期货 Commodity Futures	金融期货 Financial Futures	合计 Total	商品期货 Commodity Futures	金融期货 Financial Futures	合计 Total	商品期货 Commodity Futures	金融期货 Financial Futures
2000	8041.14	8041.14	—	2730.54	2730.54	—	145.57	145.57	—
2001	15071.76	15071.76	—	6022.54	6022.54	—	175.75	175.75	—
2002	19745.30	19745.30	—	6971.50	6971.50	—	277.43	277.43	—
2003	54194.67	54194.67	—	13993.32	13993.32	—	423.66	423.66	—
2004	73465.27	73465.27	—	15283.27	15283.27	—	388.77	388.77	—
2005	67224.19	67224.19	—	16142.38	16142.38	—	350.71	350.71	—
2006	105023.16	105023.16	—	22473.70	22473.70	—	564.05	564.05	—
2007	204861.23	204861.23	—	36421.34	36421.34	—	990.31	990.31	—
2008	359570.98	359570.98	—	68194.36	68194.36	—	740.90	740.90	—
2009	652553.80	652553.80	—	107871.49	107871.49	—	2775.49	2775.49	—
2010	1545582.31	1134883.54	410698.77	156676.46	152089.14	4587.33	3095.90	2812.04	283.86
2011	1375134.23	937475.68	437658.55	105408.87	100367.68	5041.19	2972.73	2629.90	342.83
2012	1711231.31	952824.54	758406.78	145046.24	134540.06	10506.18	4122.62	3279.94	842.68
2013	2674739.52	1264673.31	1410066.21	206177.33	186822.39	19354.93	6744.94	5867.87	877.07
2014	2919882.26	1279712.53	1640169.73	250585.57	228827.45	21758.11	6900.25	4356.81	2543.44
2015	5542311.75	1364707.05	4177604.71	357791.06	323704.12	34086.93	6200.88	4828.81	1372.07
2016	1956316.08	1774124.99	182191.10	413776.83	411943.25	1833.59	7605.86	5845.66	1760.20
2017	1878925.88	1633003.86	245922.02	307102.17	304642.57	2459.59	8940.47	6922.67	2017.79
2018	2107973.78	1846750.81	261222.97	301055.65	298334.65	2721.01	8375.21	6096.13	2279.08
2019	2905739.14	2209542.00	696197.14	392135.56	385507.22	6628.34	15289.05	10008.54	5280.52
2020	4372770.66	3219785.23	1152985.43	602691.01	592837.15	9853.86	21390.93	12280.39	9110.55

注：1.表中数据均按单边口径统计。
2.交割金额、交割量中包含期转现。
3.上海期货交易所数据包含上海国际能源交易中心。
4.上海期货交易所铜期货数据不含自对冲。

数据来源：上海期货交易所、郑州商品交易所、大连商品交易所、中国金融期货交易所
Source：SHFE、ZCE、DCE、CFFEX

5-4 续表 continued

年份 Year	持仓量(万手) Positions (10 thousand lots)			交割金额(亿元) Delivery Amount (100 million yuan)			交割量(万手) Delivery Quantity (10 thousand lots)		
	合计 Total	商品期货 Commodity Futures	金融期货 Financial Futures	合计 Total	商品期货 Commodity Futures	金融期货 Financial Futures	合计 Total	商品期货 Commodity Futures	金融期货 Financial Futures
2000	111.67	111.67	—	65.16	65.16	—	8.40	8.40	—
2001	134.47	134.47	—	59.63	59.63	—	16.34	16.34	—
2002	101.58	101.58	—	100.99	100.99	—	23.32	23.32	—
2003	91.88	91.88	—	130.94	130.94	—	32.10	32.10	—
2004	106.95	106.95	—	183.21	183.21	—	32.70	32.70	—
2005	160.05	160.05	—	213.37	213.37	—	30.71	30.71	—
2006	345.31	345.31	—	225.47	225.47	—	30.66	30.66	—
2007	355.20	355.20	—	283.73	283.73	—	42.76	42.76	—
2008	162.55	162.55	—	339.26	339.26	—	54.94	54.94	—
2009	649.34	649.34	—	284.72	284.72	—	50.34	50.34	—
2010	580.63	577.65	2.98	586.49	516.89	69.60	74.04	73.25	0.80
2011	603.38	598.54	4.84	632.50	490.15	142.35	66.58	64.93	1.65
2012	757.68	746.64	11.04	695.48	528.04	167.44	61.30	58.96	2.34
2013	736.98	724.66	12.32	749.90	465.25	284.65	60.68	56.79	3.89
2014	909.94	886.24	23.70	712.29	451.58	260.70	67.19	63.50	3.69
2015	1178.32	1165.36	12.96	1426.65	641.76	784.89	122.14	115.36	6.78
2016	1190.48	1172.54	17.94	1478.12	783.34	694.78	136.23	129.19	7.04
2017	1194.06	1174.54	19.51	1528.47	881.94	646.53	130.69	124.51	6.18
2018	1168.73	1142.87	25.87	1767.47	1018.52	748.95	144.22	136.52	7.70
2019	1914.23	1866.18	48.04	2641.41	1055.55	1585.86	163.82	148.44	15.39
2020	2287.01	2215.85	71.16	3849.49	1515.04	2334.44	244.31	224.90	19.41

5-5 期货品种交易情况

交易所 Exchange	交易品种	Product	成交金额(亿元) Trading Turnover (100 million yuan)		成交量(万手) Trading Volume (10 thousand lots)	
			2019	2020	2019	2020
上海期货交易所 SHFE	铜	Copper	87250.76	141334.75	3652.01	5716.42
	铝	Aluminum	22746.05	37207.44	3275.76	5286.47
	锌	Zinc	72001.40	55526.59	7106.65	6033.04
	铅	Lead	6358.73	8268.46	771.02	1121.16
	黄金	Gold	149962.34	207184.99	4620.86	5240.55
	白银	Silver	89385.28	277895.30	14282.37	35723.21
	螺纹钢	Steel Rebar	169469.55	133532.24	46517.18	36604.34
	线材	Steel Wire Rod	68.34	1.61	17.41	0.40
	热轧卷板	Hot Rolled Coils	25440.30	31160.17	7041.17	8234.63
	燃料油	Fuel Oil	42709.89	84807.04	17671.94	47719.34
	石油沥青	Bitumen	32733.31	49796.60	10290.88	20475.68
	天然橡胶	Natural Rubber	64482.89	130967.09	5385.04	10094.28
	锡	Tin	4541.48	18491.77	324.61	1331.43
	镍	Nickel	183878.90	199828.43	16044.41	17976.41
	纸浆	Woodpulp	17867.81	16388.00	3634.54	3436.29
	原油	Crude Oil	154760.15	119612.04	3464.44	4158.58
	20号胶	TSR 20	997.30	4438.02	94.31	442.79
	不锈钢	Stainless Steel	439.38	7383.03	59.08	1083.13
	低硫燃料油	Low Sulfur Fuel Oil	—	2377.31	—	976.23
	铜(BC)	Copper (BC)	—	1425.69	—	55.60
	合计	Total	1125093.86	1527626.59	144253.66	211709.98
郑州商品交易所 ZCE	强麦	Wheat WH	6.03	16.72	1.24	3.21
	普麦	Wheat PM	0.08	0.88	0.01	0.08
	棉花	Cotton No.1	43616.42	69536.41	6381.15	10803.98
	白糖	White Sugar	59494.28	65175.31	11249.61	12454.28
	菜籽油	Rapeseed Oil	26958.04	89966.59	3778.50	10544.34
	早籼稻	Early Rice	1.41	1.03	0.29	0.20
	甲醇	Methanol	61001.50	68348.51	26509.42	34486.28
	玻璃	Glass	8830.09	63570.48	3091.66	18525.88
	油菜籽	Rapeseed	25.43	1.21	6.36	0.24
	菜籽粕	Rapeseed Meal	32013.33	38616.02	13808.54	15989.38
	动力煤	Thermal Coal	15956.72	37108.20	2749.32	6116.02
	粳稻	Japonica Rice	1.58	6.77	0.27	1.18
	晚籼稻	Late Indica Rice	10.04	2.60	1.88	0.45

注：1.表中数据均按单边口径统计。
2.交割金额、交割量中包含期转现。
3.上海期货交易所数据包含上海国际能源交易中心。
4.上海期货交易所铜期货数据不含自对冲。

数据来源：上海期货交易所、郑州商品交易所、大连商品交易所、中国金融期货交易所
Source: SHFE、ZCE、DCE、CFFEX

Statistics for Futures Transaction by Futures Products

持仓金额(亿元) Value of Positions (100 million yuan)		持仓量(万手) Positions (10 thousand lots)		交割金额(亿元) Delivery Amount (100 million yuan)		交割量(万手) Delivery Quantity (10 thousand lots)	
2019	2020	2019	2020	2019	2020	2019	2020
776.74	912.95	31.48	31.48	185.07	219.60	7.68	9.52
245.83	247.83	34.89	32.18	131.40	95.20	18.93	13.83
205.29	192.29	22.82	18.48	57.89	42.22	5.57	4.83
45.54	48.33	6.02	6.54	24.56	23.29	2.96	3.12
758.46	746.11	21.94	18.79	6.96	10.57	0.22	0.27
507.29	609.44	76.70	72.27	26.14	122.45	4.37	16.79
635.37	675.36	178.89	157.54	10.90	6.52	2.93	1.82
0.00	0.02	0.00	0.00	0.00	0.00	0.00	0.00
130.53	298.22	36.37	66.56	9.40	12.70	2.59	3.54
102.21	91.34	46.20	44.13	5.31	12.26	1.95	7.05
86.73	168.07	27.03	66.17	3.95	12.19	1.15	5.00
339.72	387.01	26.17	28.01	26.52	18.01	2.35	1.54
61.29	79.62	4.50	5.25	11.58	18.45	0.81	1.29
446.87	387.74	39.94	31.19	80.17	113.95	6.78	10.35
62.25	165.02	13.53	28.89	3.22	10.33	0.71	2.27
142.98	262.92	2.94	8.47	79.19	249.36	1.76	9.05
46.13	44.95	4.25	4.40	0.00	10.29	0.00	1.16
15.28	114.73	2.12	17.16	0.00	4.33	0.00	0.62
—	37.17	—	14.06	—	—	—	—
—	53.75	—	2.08	—	—	—	—
4608.50	5522.88	575.80	653.66	662.27	981.72	60.74	92.06
0.07	0.30	0.01	0.06	0.00	0.01	0.00	0.00
0.00	0.03	0.00	0.00	0.00	0.00	0.00	0.00
490.38	479.78	70.14	63.57	148.83	252.59	21.61	39.76
218.87	293.90	39.17	55.90	14.15	7.58	2.69	1.40
99.64	155.06	12.91	16.14	30.30	10.28	4.50	1.19
0.00	0.00	0.00	0.00	0.00	0.00	0.00	0.00
193.26	248.78	87.78	104.34	7.11	10.45	3.30	5.89
56.53	176.79	19.09	47.93	0.45	1.75	0.16	0.65
0.01	0.00	0.00	0.00	0.25	0.00	0.07	0.00
76.86	135.32	33.00	47.90	0.68	1.40	0.30	0.62
127.36	156.49	22.91	22.95	22.39	41.96	3.80	7.62
0.00	0.00	0.00	0.00	0.00	0.00	0.00	0.00
0.00	0.00	0.00	0.00	0.06	0.00	0.01	0.00

5-5 续表

交易所 Exchange	交易品种	Product	成交金额(亿元) Trading Turnover (100 million yuan)		成交量(万手) Trading Volume (10 thousand lots)	
			2019	2020	2019	2020
郑州商品交易所 ZCE	PTA	PTA	88820.21	59125.44	31247.02	32199.00
	硅铁	Ferrosilicon	2767.99	9330.45	930.70	3133.48
	锰硅	Manganese Silicon	3941.38	14908.01	1117.18	4528.46
	棉纱	Cotton Yarn	1810.38	2439.91	169.92	240.03
	苹果	Apple	33654.86	46761.66	3746.16	6300.93
	尿素	Urea	1630.46	5612.29	469.35	1664.61
	纯碱	Soda Ash	507.65	21701.50	156.48	6840.49
	红枣	Chinese Jujube	14245.68	3279.91	2773.40	652.62
	短纤	Polyester Staple Fiber	—	5133.18	—	1641.39
	合计	Total	395293.57	600643.07	108188.47	166126.50
大连商品交易所 DCE	玉米	Corn	18841.46	41155.98	9911.91	17771.56
	玉米淀粉	Corn Starch	3808.21	7536.08	1656.38	2830.00
	黄大豆1号	No.1 Soybean	6422.06	27968.30	1845.05	5944.52
	黄大豆2号	No.2 Soybean	5499.39	6297.94	1779.19	1835.96
	豆粕	Soybean Meal	76030.12	106208.77	27286.97	35946.47
	豆油	Soybean Oil	52511.92	114196.29	8754.32	17311.65
	棕榈油	RBD Palm Oil	71298.20	179442.66	13550.42	31516.71
	鸡蛋	Egg	15673.15	46951.14	3713.00	13205.35
	胶合板	Blockboard	0.29	1.86	0.04	0.19
	纤维板	Fiberboard	234.56	140.24	117.18	103.36
	粳米	Polished Round-grained Rice	149.78	1818.62	41.36	516.10
	聚乙烯	LLDPE	24492.19	33311.02	6343.87	9580.23
	聚氯乙烯	PVC	11246.44	19369.02	3379.29	5847.29
	聚丙烯	PP	38902.25	64746.17	9370.77	17337.45
	焦炭	Coke	111372.18	122588.39	5568.01	5746.40
	焦煤	Coking Coal	17763.06	21128.95	2287.46	2643.14
	铁矿石	Iron Ore	198731.40	215940.24	29653.80	28463.02
	乙二醇	Ethylene Glycol	34736.26	32124.98	7410.20	8332.04
	苯乙烯	Ethenylbenzene	1441.65	16786.86	395.87	5244.07
	液化石油气	Liquefied Petroleum Gas	—	33802.06	—	4825.17
	合计	Total	689154.57	1091515.58	133065.09	215000.67
中国金融期货交易所 CFFEX	2年期国债期货	2-Year Treasury Bond Futures	39847.11	46664.49	198.76	231.30
	5年期国债期货	5-Year Treasury Bond Futures	17907.74	58698.73	179.83	580.98
	10年期国债期货	10-Year Treasury Bond Futures	90403.39	158326.03	924.62	1591.23
	沪深300股指期货	CSI 300 Index Futures	267071.61	393924.28	2363.85	2999.87
	上证50股指期货	SSE 50 Index Futures	82176.45	110093.54	966.90	1174.94
	中证500股指期货	CSI 500 Index Futures	198790.84	385278.36	1994.38	3275.54
	合计	Total	696197.14	1152985.43	6628.34	9853.86
全国期货市场 Forward Market	合计	Total	2905739.14	4372770.66	392135.56	602691.01

continued

持仓金额(亿元) Value of Positions (100 million yuan)		持仓量(万手) Positions (10 thousand lots)		交割金额(亿元) Delivery Amount (100 million yuan)		交割量(万手) Delivery Quantity (10 thousand lots)	
2019	2020	2019	2020	2019	2020	2019	2020
229.12	591.34	91.89	310.53	41.97	67.11	13.85	35.73
16.70	33.46	5.71	10.07	5.07	13.33	1.71	4.53
27.33	50.92	8.54	15.04	2.42	9.21	0.62	2.79
8.90	9.01	0.81	0.83	0.01	0.79	0.00	0.09
77.00	218.51	9.94	32.92	0.82	0.53	0.08	0.08
19.91	20.25	5.79	5.57	0.00	1.28	0.00	0.39
14.05	64.54	4.28	20.37	0.00	4.10	0.00	1.39
18.95	13.71	3.48	2.69	0.05	0.37	0.01	0.08
—	36.32	—	11.41	—	0.00	—	0.00
1674.93	2684.48	415.44	768.22	274.57	422.75	52.71	102.21
225.05	425.35	118.12	155.62	27.78	27.52	15.24	12.88
20.23	53.75	8.90	17.44	1.61	1.80	0.70	0.74
37.61	61.97	9.82	10.75	8.96	4.57	2.71	1.18
15.23	20.90	4.60	5.09	2.51	2.31	0.82	0.72
817.14	790.67	292.52	230.49	4.24	5.95	1.51	2.06
544.26	461.38	80.22	58.75	32.96	12.80	6.03	2.07
562.12	290.75	88.84	41.64	7.15	5.97	1.63	1.04
139.87	67.94	39.47	33.34	0.33	0.47	0.08	0.15
0.00	0.00	0.00	0.00	0.00	0.00	0.00	0.00
1.85	0.11	1.28	0.08	0.36	0.08	0.10	0.07
2.92	17.01	0.87	4.68	0.00	0.44	0.00	0.14
153.56	100.66	41.80	26.48	2.33	2.50	0.61	0.69
85.60	145.49	26.26	41.00	5.28	5.19	1.50	1.57
132.55	119.52	34.92	30.03	3.26	2.89	0.74	0.74
342.68	594.86	18.33	21.11	4.18	2.15	0.20	0.11
63.24	125.30	9.04	12.89	1.55	4.63	0.18	0.63
452.77	598.91	70.28	60.69	8.46	16.78	1.15	1.99
96.93	117.38	21.04	27.20	7.75	5.98	1.78	1.63
31.49	32.10	8.62	10.16	0.00	5.56	0.00	1.82
—	48.97	—	6.52	—	2.97	—	0.41
3725.11	4073.02	874.94	793.97	118.71	110.58	34.98	30.63
329.43	461.46	1.64	2.30	24.58	102.08	0.12	0.51
344.49	602.39	3.45	6.04	42.46	61.25	0.42	0.60
787.96	1157.96	8.03	11.82	24.34	45.70	0.25	0.46
1548.70	3175.31	12.56	20.32	672.61	975.79	5.91	7.47
529.74	853.46	5.74	7.82	293.59	325.41	3.44	3.50
1740.19	2859.97	16.63	22.87	528.28	824.22	5.25	6.87
5280.52	9110.55	48.04	71.16	1585.86	2334.44	15.39	19.41
15289.05	21390.93	1914.23	2287.01	2641.41	3849.49	163.82	244.31

5-6 按监管辖区划分的商品期货交易情况
Statistics for Futures Transaction by Regulatory Jurisdiction

辖区	Jurisdiction	成交金额(亿元) Trading Turnover (100 million yuan)		成交量(万手) Trading Volume (10 thousand lots)		持仓金额(亿元) Value of Positions (100 million yuan)	
		2019	2020	2019	2020	2019	2020
北京	Beijing	510639.29	674337.85	93504.82	125447.60	2981.24	3619.12
天津	Tianjin	55609.83	77055.18	10438.00	15216.68	448.78	554.30
河北	Hebei	1712.63	9080.60	317.73	1681.67	5.43	16.03
山西	Shanxi	18877.78	32865.42	3304.96	5876.00	41.33	51.83
内蒙古	Inner Mongolia	0.00	0.00	0.00	0.00	0.00	0.00
辽宁	Liaoning	4441.70	4128.55	839.21	874.21	17.75	26.68
吉林	Jilin	13534.86	18757.79	1793.69	2976.07	13.38	20.72
黑龙江	Heilongjiang	1357.32	2545.24	281.71	523.96	6.14	23.97
上海	Shanghai	1785896.27	2798502.58	309751.47	512867.49	6453.78	7844.44
江苏	Jiangsu	135816.72	202387.17	26582.59	39550.09	613.99	757.39
浙江	Zhejiang	304365.97	408168.31	57969.02	78557.77	2787.09	3270.27
安徽	Anhui	217844.85	280187.92	41241.17	54731.53	480.84	533.50
福建	Fujian	106547.28	149201.91	18595.09	27740.13	372.79	331.71
江西	Jiangxi	9885.99	10773.93	1388.61	1983.52	24.83	26.49
山东	Shandong	66325.53	88329.28	12153.92	16460.36	438.07	536.38
河南	Henan	24887.64	34993.56	5177.94	7227.85	122.61	173.45
湖北	Hubei	58755.35	83821.05	10801.59	15963.54	237.13	334.97
湖南	Hunan	34250.22	43362.47	4966.49	7279.26	124.43	177.52
广东	Guangdong	410794.59	502118.65	62847.65	88772.32	1564.70	1394.43
广西	Guangxi	0.00	0.00	0.00	0.00	0.00	0.00
海南	Hainan	12851.45	11114.30	2313.82	2052.95	39.31	30.26
重庆	Chongqing	80427.04	104270.11	15143.02	20754.36	293.38	403.78
四川	Sichuan	43982.25	72145.57	8341.73	14316.19	163.33	141.80
贵州	Guizhou	0.00	0.00	0.00	0.00	0.00	0.00
云南	Yunnan	6264.19	9142.49	955.06	1567.80	87.01	130.54
西藏	Tibet	0.00	0.00	0.00	0.00	0.00	0.00
陕西	Shaanxi	56916.84	59255.00	9721.22	10819.12	148.41	159.86
甘肃	Gansu	2287.58	3674.60	440.52	612.78	9.42	27.31
青海	Qinghai	743.82	961.38	174.82	189.03	25.98	50.55
宁夏	Ningxia	0.14	0.00	0.02	0.00	0.00	0.00
新疆	Xinjiang	4917.43	6579.83	915.83	1149.41	25.67	30.89
深圳	Shenzhen	398515.63	655350.32	61556.38	113786.41	2052.40	3100.07
大连	Dalian	2412.38	622.10	691.64	144.91	2.07	3.67
宁波	Ningbo	6537.26	12442.82	807.11	1901.20	37.51	134.44
厦门	Xiamen	41684.19	83394.48	7997.59	14650.08	398.23	654.38
青岛	Qingdao	0.00	0.00	0.00	0.00	0.00	0.00

注：1.成交金额、成交量、持仓金额、持仓量按双边口径统计。交割金额、交割量为买交割与卖交割之和。交割金额、交割量中包含期转现。
2.上海期货交易所数据包含上海国际能源交易中心。
3.期货公司按总部注册地所属的监管辖区划分。

数据来源：上海期货交易所、郑州商品交易所、大连商品交易所
Source: SHFE、ZCE、DCE

5-6 续表 continued

辖区	Jurisdiction	持仓量(万手) Positions (10 thousand lots)		交割金额(亿元) Delivery Amount (100 million yuan)		交割量(万手) Delivery Quantity (10 thousand lots)	
		2019	2020	2019	2020	2019	2020
北京	Beijing	678.97	638.53	443.41	397.67	69.42	68.32
天津	Tianjin	93.14	105.30	72.87	113.09	10.35	18.91
河北	Hebei	1.20	3.37	0.00	0.05	0.00	0.01
山西	Shanxi	7.95	9.44	1.26	0.28	0.05	0.01
内蒙古	Inner Mongolia	0.00	0.00	0.00	0.00	0.00	0.00
辽宁	Liaoning	3.67	5.39	0.89	0.03	0.43	0.01
吉林	Jilin	2.66	4.12	0.00	0.00	0.00	0.00
黑龙江	Heilongjiang	1.31	4.20	0.00	0.00	0.00	0.00
上海	Shanghai	1098.46	1405.10	670.23	1042.07	85.41	142.74
江苏	Jiangsu	118.12	147.93	40.92	58.98	8.24	12.14
浙江	Zhejiang	542.48	636.11	177.04	356.96	30.77	62.50
安徽	Anhui	91.70	108.81	14.87	21.72	3.25	5.63
福建	Fujian	72.75	60.57	23.06	18.68	3.87	2.60
江西	Jiangxi	4.43	5.17	0.01	0.26	0.00	0.03
山东	Shandong	93.41	109.34	26.32	30.37	3.83	6.39
河南	Henan	25.88	32.32	12.65	27.87	2.27	5.16
湖北	Hubei	43.15	56.31	16.19	13.73	1.44	1.65
湖南	Hunan	21.31	32.44	15.00	30.15	1.87	4.91
广东	Guangdong	292.82	258.86	61.77	163.57	11.11	27.80
广西	Guangxi	0.00	0.00	0.00	0.00	0.00	0.00
海南	Hainan	10.32	5.71	0.35	0.89	0.04	0.12
重庆	Chongqing	56.01	77.92	14.69	29.86	1.52	4.67
四川	Sichuan	30.79	27.02	10.20	12.95	1.12	1.64
贵州	Guizhou	0.00	0.00	0.00	0.00	0.00	0.00
云南	Yunnan	9.70	14.20	59.48	49.15	7.08	6.79
西藏	Tibet	0.00	0.00	0.00	0.00	0.00	0.00
陕西	Shaanxi	25.96	26.86	11.19	10.74	1.24	1.35
甘肃	Gansu	1.27	2.28	0.21	11.31	0.01	0.81
青海	Qinghai	6.47	8.71	0.00	0.00	0.00	0.00
宁夏	Ningxia	0.00	0.00	0.00	0.00	0.00	0.00
新疆	Xinjiang	4.46	4.99	1.72	0.34	0.30	0.05
深圳	Shenzhen	323.67	495.33	328.43	470.24	38.29	53.03
大连	Dalian	0.58	1.20	5.26	0.10	0.83	0.20
宁波	Ningbo	6.24	17.33	8.64	16.46	1.38	2.81
厦门	Xiamen	63.51	126.82	93.83	151.31	12.63	19.29
青岛	Qingdao	0.00	0.00	0.00	0.00	0.00	0.00

5-7 2020年农产品期货交易情况
Futures Transaction of Agricultural Products in 2020

交易品种 Product	上市交易所 Listed Exchange	合约 Contract	年开盘价（元/吨） Opening Price of the Year (yuan/ton)	年最高价（元/吨） Highest Price of the Year (yuan/ton)	最高价日 Highest Day	年最低价（元/吨） Lowest Price of the Year (yuan/ton)	最低价日 Lowest Day	成交金额（万元） Trading Turnover (10 thousand yuan)	交易天数（天） Trading Days (day)	日均成交金额(万元) Daily Trading Turnover (10 thousand yuan)
		ru2001	12655.00	13450.00	20200114	11795.00	20200113	125410.26	10	12541.03
		ru2003	12980.00	13210.00	20200113	10380.00	20200312	4836.17	39	124.00
		ru2004	12830.00	13370.00	20200113	8995.00	20200330	5211.59	46	113.30
		ru2005	12980.00	13425.00	20200114	9115.00	20200330	117565679.10	87	1351329.64
		ru2006	12910.00	13480.00	20200113	9200.00	20200515	17935.75	97	184.90
		ru2007	13380.00	13505.00	20200114	8985.00	20200422	8087.21	101	80.07
		ru2008	12990.00	13415.00	20200114	9375.00	20200330	17358.06	99	175.33
		ru2009	13140.00	13635.00	20200114	9360.00	20200402	256871249.83	172	1493437.50
		ru2010	13285.00	13555.00	20200116	9490.00	20200330	58629.10	167	351.07
天然橡胶 Natural Rubber	SHFE	ru2011	13340.00	15265.00	20201029	9515.00	20200330	2064521.86	210	9831.06
		ru2101	14200.00	16635.00	20201029	10660.00	20200323	631178148.74	233	2708919.09
		ru2103	11785.00	16415.00	20201029	10340.00	20200402	15531938.13	173	89779.99
		ru2104	11640.00	16375.00	20201029	11425.00	20200630	10444718.02	135	77368.28
		ru2105	11750.00	16350.00	20201029	11530.00	20200629	258104434.39	156	1654515.61
		ru2106	11915.00	16220.00	20201028	11845.00	20200703	821122.27	83	9893.04
		ru2107	12010.00	16840.00	20201029	12005.00	20200720	423202.84	98	4318.40
		ru2108	12815.00	16085.00	20201028	12455.00	20200908	361523.46	76	4756.89
		ru2109	12695.00	16105.00	20201028	12515.00	20200922	16048238.51	71	226031.53
		ru2110	13680.00	15865.00	20201029	13620.00	20201016	11843.31	51	232.22
		c2001	1800.00	1830.00	20200102	1800.00	20200102	3338.70	10	333.87
		c2003	1863.00	2008.00	20200304	1861.00	20200102	1706337.52	46	37094.29
		c2005	1911.00	2066.00	20200427	1900.00	20200219	28652808.14	89	321941.66
		c2007	1939.00	2129.00	20200629	1927.00	20200205	2858950.82	127	22511.42
		c2009	1963.00	2367.00	20200914	1948.00	20200203	101674685.84	171	594588.81
		c2011	1976.00	2610.00	20201019	1925.00	20200203	9300666.61	209	44500.80
玉米 Corn	DCE	c2101	1973.00	2693.00	20201231	1911.00	20200203	162367545.05	233	696856.42
		c2103	2040.00	2725.00	20201231	2034.00	20200319	7765465.84	197	39418.61
		c2105	2120.00	2747.00	20201231	2087.00	20200520	72600488.46	154	471431.74
		c2107	2168.00	2766.00	20201231	2160.00	20200715	19217643.12	116	165669.34
		c2109	2488.00	2737.00	20201231	2445.00	20200915	4851699.46	72	67384.71
		c2111	2539.00	2639.00	20201231	2459.00	20201116	560214.76	34	16476.90
		cs2001	2111.00	2169.00	20200108	2050.00	20200110	1341.58	10	134.16
		cs2003	2156.00	2257.00	20200121	1920.00	20200228	62.27	46	1.35
		cs2005	2280.00	2335.00	20200511	2210.00	20200316	8920155.94	89	100226.47
玉米淀粉 Corn Starch	DCE	cs2007	—	2490.00	20200610	—	20200102	606.03	127	4.77
		cs2009	2340.00	2748.00	20200803	2303.00	20200203	18921046.74	171	110649.40
		cs2011	—	2890.00	20201022	—	20200102	2572779.47	209	12309.95
		cs2101	2356.00	2996.00	20201201	2334.00	20200226	27509640.84	233	118067.13

注：年开盘价和年最高价以自然年为统计周期。
数据来源：上海期货交易所、郑州商品交易所、大连商品交易所
Source：SHFE、ZCE、DCE

5-7 续表 1 continued

交易品种 Product	上市交易所 Listed Exchange	合约 Contract	年开盘价(元/吨) Opening Price of the Year (yuan/ton)	年最高价(元/吨) Highest Price of the Year (yuan/ton)	最高价日 Highest Day	年最低价(元/吨) Lowest Price of the Year (yuan/ton)	最低价日 Lowest Day	成交金额(万元) Trading Turnover (10 thousand yuan)	交易天数(天) Trading Days (day)	日均成交金额(万元) Daily Trading Turnover (10 thousand yuan)
玉米淀粉 Corn Starch	DCE	cs2103	2336.00	3034.00	20201231	2307.00	20200612	5844673.65	197	29668.39
		cs2105	2416.00	3110.00	20201231	2402.00	20200521	7849764.81	154	50972.50
		cs2107	2498.00	3124.00	20201231	2479.00	20200721	3050085.28	116	26293.84
		cs2109	2840.00	3116.00	20201231	2765.00	20200922	73926.24	72	1026.75
		cs2111	2988.00	3020.00	20201228	2857.00	20201223	616751.54	34	18139.75
黄大豆1号 No.1 Soybean	DCE	a2001	3266.00	3405.00	20200107	3266.00	20200102	11672.77	10	1167.28
		a2003	3360.00	3975.00	20200312	3300.00	20200203	14427.19	46	313.63
		a2005	3856.00	5414.00	20200515	3847.00	20200102	45497899.64	89	511212.36
		a2007	3935.00	6307.00	20200708	3896.00	20200106	85407.09	127	672.50
		a2009	3911.00	5000.00	20200904	3819.00	20200203	116382663.50	171	680600.37
		a2011	3799.00	5260.00	20201106	3754.00	20200203	657830.75	209	3147.52
		a2101	3910.00	5800.00	20201231	3696.00	20200203	95080403.53	233	408070.40
		a2103	4029.00	5824.00	20201230	3847.00	20200515	1542328.67	197	7829.08
		a2105	4121.00	5818.00	20201231	3906.00	20200520	19410150.80	154	126039.94
		a2107	4311.00	5743.00	20201231	4134.00	20200723	832874.30	116	7179.95
		a2109	4616.00	5630.00	20201231	4485.00	20200930	162854.67	72	2261.87
		a2111	5162.00	5333.00	20201222	5067.00	20201214	4457.20	34	131.09
黄大豆2号 No.2 Soybean	DCE	b2001	3483.00	3483.00	20200103	3482.00	20200103	181.07	10	18.11
		b2002	3311.00	3329.00	20200102	2660.00	20200204	250571.66	26	9637.37
		b2003	3295.00	3336.00	20200103	2842.00	20200228	3194538.81	46	69446.50
		b2004	3279.00	3379.00	20200103	2802.00	20200313	749393.16	68	11020.49
		b2005	3292.00	3355.00	20200330	2605.00	20200506	6774507.84	89	76118.07
		b2006	3200.00	3352.00	20200330	2813.00	20200514	3311440.87	107	30948.05
		b2007	3311.00	3349.00	20200330	2801.00	20200630	3250188.97	127	25592.04
		b2008	3288.00	3425.00	20200728	2881.00	20200514	2441651.53	150	16277.68
		b2009	3344.00	3642.00	20200904	2958.00	20200514	4999754.24	171	29238.33
		b2010	—	4190.00	20201009	—	20200102	4957017.66	193	25684.03
		b2011	3430.00	3851.00	20201012	2968.00	20200612	7042038.07	209	33693.96
		b2012	—	4066.00	20201130	—	20200102	6514101.08	230	28322.18
		b2101	3285.00	4580.00	20201231	3014.00	20200421	3831222.51	233	16443.02
		b2102	3060.00	4179.00	20201231	—	20200302	11831408.98	217	54522.62
		b2103	3416.00	4170.00	20201231	3010.00	20200520	2509780.58	197	12740.00
		b2104	—	4133.00	20201231	—	20200416	920599.21	175	5260.57
		b2105	3100.00	4092.00	20201231	3006.00	20200520	384427.93	154	2496.29
		b2106	—	4002.00	20201231	—	20200615	1800.05	136	13.24
		b2107	3149.00	3959.00	20201228	3133.00	20200811	6582.49	116	56.75
		b2108	—	3996.00	20201224	—	20200817	88.20	93	0.95
		b2109	3570.00	4050.00	20201231	3460.00	20200930	7160.13	72	99.45
		b2110	3613.00	4103.00	20201222	3522.00	20201029	537.82	50	10.76
		b2111	3761.00	4003.00	20201231	3473.00	20201203	405.78	34	11.93
		b2112	—	—	—	—	—	0.00	13	0.00

5-7 续表 2 continued

交易品种 Product	上市交易所 Listed Exchange	合约 Contract	年开盘价(元/吨) Opening Price of the Year (yuan/ton)	年最高价(元/吨) Highest Price of the Year (yuan/ton)	最高价日 Highest Day	年最低价(元/吨) Lowest Price of the Year (yuan/ton)	最低价日 Lowest Day	成交金额(万元) Trading Turnover (10 thousand yuan)	交易天数(天) Trading Days (day)	日均成交金额(万元) Daily Trading Turnover (10 thousand yuan)
豆粕 Soybean Meal	DCE	m2001	2488.00	2656.00	20200102	2488.00	20200102	27598.02	10	2759.80
		m2003	2688.00	2754.00	20200311	2479.00	20200203	4677734.65	46	101689.88
		m2005	2780.00	3030.00	20200330	2515.00	20200518	114342447.18	89	1284746.60
		m2007	2807.00	3002.00	20200330	2557.00	20200203	11999310.23	127	94482.76
		m2008	2853.00	3110.00	20200805	2559.00	20200518	4520257.44	150	30135.05
		m2009	2870.00	3057.00	20200727	2611.00	20200203	317785405.93	171	1858394.19
		m2011	2885.00	3286.00	20201021	2639.00	20200203	13901373.87	209	66513.75
		m2012	2911.00	3328.00	20201021	2689.00	20200203	4991219.53	230	21700.95
		m2101	2810.00	3419.00	20201231	2662.00	20200203	303515091.09	233	1302639.88
		m2103	2776.00	3451.00	20201231	2697.00	20200520	9120180.28	197	46295.33
		m2105	2640.00	3480.00	20201231	2613.00	20200520	206113382.35	154	1338398.59
		m2107	2743.00	3469.00	20201231	2705.00	20200813	40790063.62	116	351638.48
		m2108	2787.00	3510.00	20201231	2778.00	20200821	6143109.87	93	66054.94
		m2109	3000.00	3523.00	20201231	2863.00	20200924	24112449.49	72	334895.13
		m2111	3199.00	3472.00	20201231	3105.00	20201203	29606.81	34	870.79
		m2112	3161.00	3420.00	20201231	3120.00	20201215	18500.55	13	1423.12
豆油 Soybean Oil	DCE	y2001	7140.00	7140.00	20200102	6440.00	20200102	11961.99	10	1196.20
		y2003	6732.00	6934.00	20200109	—	20200302	3967.41	46	86.25
		y2005	6722.00	6950.00	20200110	5114.00	20200313	158149936.76	89	1776965.58
		y2007	6880.00	6880.00	20200108	5250.00	20200319	6681.80	127	52.61
		y2008	6658.00	6658.00	20200107	—	20200803	2130.90	150	14.21
		y2009	6602.00	6956.00	20200819	5230.00	20200317	242752129.38	171	1419603.10
		y2011	6576.00	7782.00	20201104	5320.00	20200506	6134104.81	209	29349.78
		y2012	—	8192.00	20201130	—	20200102	2474717.11	230	10759.64
		y2101	6608.00	8748.00	20201230	5342.00	20200317	499234726.94	233	2142638.31
		y2103	5478.00	8530.00	20201230	5402.00	20200317	7275830.37	197	36933.15
		y2105	5600.00	7966.00	20201230	5550.00	20200522	146681945.08	154	952480.16
		y2107	6134.00	7606.00	20201225	6016.00	20200728	51345085.47	116	442630.05
		y2108	6326.00	7542.00	20201228	6326.00	20200821	23199159.66	93	249453.33
		y2109	6834.00	7468.00	20201228	6432.00	20200930	4687902.74	72	65109.76
		y2111	7100.00	7370.00	20201224	6926.00	20201201	2421.52	34	71.22
		y2112	7258.00	7372.00	20201231	7132.00	20201222	217.04	13	16.70
棕榈油 RBD Palm Oil	DCE	p2001	6870.00	6870.00	20200102	6306.00	20200107	34881.80	10	3488.18
		p2002	6542.00	6798.00	20200106	6168.00	20200205	3728.39	26	143.40
		p2003	6406.00	6694.00	20200106	4758.00	20200304	17744.90	46	385.76
		p2004	6410.00	6546.00	20200103	—	20200401	2553.55	68	37.55
		p2005	6278.00	6476.00	20200110	4370.00	20200507	420245733.77	89	4721862.18
		p2006	6232.00	6358.00	20200103	—	20200601	6391.73	107	59.74
		p2007	6174.00	6174.00	20200102	—	20200701	5583.20	127	43.96

5-7 续表 3 continued

交易品种 Product	上市交易所 Listed Exchange	合约 Contract	年开盘价(元/吨) Opening Price of the Year (yuan/ton)	年最高价(元/吨) Highest Price of the Year (yuan/ton)	最高价日 Highest Day	年最低价(元/吨) Lowest Price of the Year (yuan/ton)	最低价日 Lowest Day	成交金额(万元) Trading Turnover (10 thousand yuan)	交易天数(天) Trading Days (day)	日均成交金额(万元) Daily Trading Turnover (10 thousand yuan)
棕榈油 RBD Palm Oil	DCE	p2008	6074.00	6362.00	20200729	—	20200803	5874.89	150	39.17
		p2009	5976.00	6556.00	20200908	4274.00	20200427	505579291.98	171	2956604.05
		p2010	5762.00	7046.00	20200930	—	20201009	3855754.22	193	19978.00
		p2011	5808.00	7144.00	20201030	4078.00	20200515	4886752.22	209	23381.59
		p2012	6086.00	7010.00	20201211	4314.00	20200514	20637466.94	230	89728.12
		p2101	5902.00	7444.00	20201228	4414.00	20200427	538660671.54	233	2311848.38
		p2102	—	7572.00	20201225	—	20200217	133544125.51	217	615410.72
		p2103	4798.00	7510.00	20201225	4558.00	20200514	21801895.12	197	110669.52
		p2104	—	7278.00	20201225	—	20200416	29326468.88	175	167579.82
		p2105	4836.00	7046.00	20201225	4754.00	20200522	111149611.13	154	721750.72
		p2106	4862.00	6862.00	20201225	4862.00	20200616	1904.00	136	14.00
		p2107	5538.00	6660.00	20201231	5372.00	20200729	2653452.81	116	22874.59
		p2108	—	6604.00	20201225	—	20200817	407.69	93	4.38
		p2109	5800.00	6538.00	20201228	5400.00	20201020	2003031.04	72	27819.88
		p2110	5578.00	6462.00	20201225	5410.00	20201029	1972.69	50	39.45
		p2111	6126.00	6462.00	20201224	5902.00	20201203	1175.37	34	34.57
		p2112	6066.00	6428.00	20201225	6066.00	20201215	148.20	13	11.40
鸡蛋(元/500千克) Egg (yuan/500kg)	DCE	jd2001	3100.00	3150.00	20200121	2956.00	20200121	5083.00	14	363.07
		jd2002	3150.00	3184.00	20200108	2102.00	20200217	1436432.77	33	43528.27
		jd2003	3200.00	3265.00	20200120	2450.00	20200228	5323691.59	55	96794.39
		jd2004	3286.00	3398.00	20200224	2666.00	20200325	10035199.14	76	132042.09
		jd2005	3615.00	3636.00	20200102	2402.00	20200525	97680873.27	94	1039158.23
		jd2006	3420.00	3685.00	20200220	2454.00	20200618	40023420.13	114	351082.63
		jd2007	3483.00	3908.00	20200211	2713.00	20200619	29416137.90	137	214716.34
		jd2008	3930.00	4379.00	20200211	3367.00	20200819	30524444.35	158	193192.69
		jd2009	4098.00	4429.00	20200303	3448.00	20200907	93469522.38	180	519275.12
		jd2010	3743.00	4130.00	20200217	3222.00	20200921	42217306.76	196	215394.42
		jd2011	3722.00	4147.00	20200217	3350.00	20201113	25849881.85	217	119123.88
		jd2012	3749.00	4527.00	20201228	3420.00	20201125	5829006.05	240	24287.53
		jd2101	3877.00	4387.00	20201231	3628.00	20201127	46283540.94	229	202111.53
		jd2102	3828.00	3828.00	20200226	3146.00	20201203	4869449.82	210	23187.86
		jd2103	3550.00	3793.00	20201221	3167.00	20201203	4507580.37	188	23976.49
		jd2104	3550.00	4132.00	20201221	3401.00	20200428	612307.62	167	3666.51
		jd2105	3608.00	4355.00	20201228	3520.00	20200831	27369491.37	149	183687.86
		jd2106	3530.00	4137.00	20201228	3352.00	20200831	1281167.43	129	9931.53
		jd2107	3708.00	4286.00	20201228	3608.00	20200826	329390.71	106	3107.46
		jd2108	3919.00	4806.00	20201228	3919.00	20200827	719444.02	85	8464.05
		jd2109	4150.00	4538.00	20201228	4040.00	20200929	1596085.75	63	25334.69
		jd2110	3829.00	4261.00	20201228	3766.00	20201113	113595.91	47	2416.93
		jd2111	3900.00	4241.00	20201228	3900.00	20201126	17095.19	26	657.51
		jd2112	4345.00	4345.00	20201229	4271.00	20201229	1297.90	3	432.63

5-7 续表 4 continued

交易品种 Product	上市交易所 Listed Exchange	合约 Contract	年开盘价(元/吨) Opening Price of the Year (yuan/ton)	年最高价(元/吨) Highest Price of the Year (yuan/ton)	最高价日 Highest Day	年最低价(元/吨) Lowest Price of the Year (yuan/ton)	最低价日 Lowest Day	成交金额(万元) Trading Turnover (10 thousand yuan)	交易天数(天) Trading Days (day)	日均成交金额(万元) Daily Trading Turnover (10 thousand yuan)
纤维板(元/立方米) Fiberboard (yuan/cubic metres)	DCE	fb2001	1460.50	1606.50	20200103	1366.00	20200115	89.38	10	8.94
		fb2002	1370.50	1443.00	20200204	1356.50	20200103	12.55	26	0.48
		fb2003	—	—	20200102	—	20200102	0.00	46	0.00
		fb2004	1482.00	1482.00	20200103	—	20200302	13.11	68	0.19
		fb2005	1441.00	1489.00	20200116	1104.50	20200506	726989.07	89	8168.42
		fb2006	1352.50	1479.50	20200421	—	20200203	621.92	107	5.81
		fb2007	—	1285.00	20200521	—	20200102	27.38	127	0.22
		fb2008	—	—	20200102	—	20200102	0.00	150	0.00
		fb2009	1381.00	1489.50	20200311	1037.00	20200902	86480.65	171	505.73
		fb2010	—	1478.50	20200420	—	20200102	39935.31	193	206.92
		fb2011	1374.50	1469.00	20200227	—	20200506	153440.27	209	734.16
		fb2012	—	1346.00	20201105	—	20200102	657.93	230	2.86
		fb2101	—	1505.00	20201208	—	20200116	390706.35	233	1676.85
		fb2102	—	1440.00	20201209	—	20200217	2856.51	217	13.16
		fb2103	—	1447.50	20201204	—	20200316	92.86	197	0.47
		fb2104	—	—	20200416	—	20200416	0.00	175	0.00
		fb2105	—	1400.00	20201217	—	20200520	155.75	154	1.01
		fb2106	—	1398.50	20201218	—	20200615	20.02	136	0.15
		fb2107	—	—	20200715	—	20200715	0.00	116	0.00
		fb2108	—	1300.00	20201015	—	20200817	20.53	93	0.22
		fb2109	1123.00	1421.00	20201202	1100.00	20201028	238.88	72	3.32
		fb2110	—	—	20201023	—	20201023	0.00	50	0.00
		fb2111	—	—	20201116	—	20201116	0.00	34	0.00
		fb2112	—	—	20201215	—	20201215	0.00	13	0.00
胶合板(元/张) Blockboard (yuan/piece)	DCE	bb2001	—	—	20200102	—	20200102	0.00	10	0.00
		bb2002	—	—	20200102	—	20200102	0.00	26	0.00
		bb2003	—	247.30	20200305	—	20200102	534.92	46	11.63
		bb2004	—	230.50	20200402	—	20200102	3099.92	68	45.59
		bb2005	—	226.50	20200430	—	20200102	12146.71	89	136.48
		bb2006	—	263.70	20200602	—	20200102	783.96	107	7.33
		bb2007	—	—	20200102	—	20200102	0.00	127	0.00
		bb2008	—	294.45	20200804	—	20200102	553.24	150	3.69
		bb2009	—	224.40	20200819	—	20200102	176.87	171	1.03
		bb2010	—	232.45	20200910	—	20200102	26.62	193	0.14
		bb2011	—	226.15	20201016	—	20200102	121.41	209	0.58
		bb2012	—	340.65	20200907	—	20200102	1142.30	230	4.97
		bb2101	—	249.00	20201125	—	20200116	58.99	233	0.25
		bb2102	—	—	20200217	—	20200217	0.00	217	0.00
		bb2103	—	—	20200316	—	20200316	0.00	197	0.00

5-7 续表 5 continued

交易品种 Product	上市交易所 Listed Exchange	合约 Contract	年开盘价(元/吨) Opening Price of the Year (yuan/ton)	年最高价(元/吨) Highest Price of the Year (yuan/ton)	最高价日 Highest Day	年最低价(元/吨) Lowest Price of the Year (yuan/ton)	最低价日 Lowest Day	成交金额(万元) Trading Turnover (10 thousand yuan)	交易天数(天) Trading Days (day)	日均成交金额(万元) Daily Trading Turnover (10 thousand yuan)
胶合板(元/张) Blockboard (yuan/piece)	DCE	bb2104	—	—	20200416	—	20200416	0.00	175	0.00
		bb2105	—	—	20200520	—	20200520	0.00	154	0.00
		bb2106	—	—	20200615	—	20200615	0.00	136	0.00
		bb2107	—	—	20200715	—	20200715	0.00	116	0.00
		bb2108	—	—	20200817	—	20200817	0.00	93	0.00
		bb2109	—	—	20200915	—	20200915	0.00	72	0.00
		bb2110	—	—	20201023	—	20201023	0.00	50	0.00
		bb2111	—	—	20201116	—	20201116	0.00	34	0.00
		bb2112	—	—	20201215	—	20201215	0.00	13	0.00
粳米 Polished Round-grained Rice	DCE	rr2001	3056.00	3233.00	20200114	2968.00	20200103	768.41	10	76.84
		rr2002	3096.00	3216.00	20200122	2977.00	20200110	144.36	26	5.55
		rr2003	3203.00	3488.00	20200218	—	20200302	627.10	46	13.63
		rr2004	3260.00	3410.00	20200219	—	20200401	51.78	68	0.76
		rr2005	3369.00	3552.00	20200224	3280.00	20200203	706143.21	89	7934.19
		rr2006	3223.00	3603.00	20200506	3180.00	20200324	748.18	107	6.99
		rr2007	—	3580.00	20200413	—	20200102	474.98	127	3.74
		rr2008	3379.00	3543.00	20200330	3236.00	20200318	58821.53	150	392.14
		rr2009	3386.00	3700.00	20200330	3224.00	20200210	2938581.45	171	17184.69
		rr2010	3420.00	3595.00	20200728	—	20200302	1759669.20	193	9117.46
		rr2011	—	3706.00	20200330	—	20200102	1381627.54	209	6610.66
		rr2012	3317.00	3588.00	20200728	3317.00	20200110	3528573.03	230	15341.62
		rr2101	3335.00	3618.00	20200331	3335.00	20200117	1691277.45	233	7258.70
		rr2102	—	3683.00	20201204	—	20200217	3364856.82	217	15506.25
		rr2103	3583.00	3685.00	20201109	3423.00	20200721	1595340.37	197	8098.17
		rr2104	3587.00	3706.00	20201110	3416.00	20200604	1104186.63	175	6309.64
		rr2105	3549.00	3730.00	20201102	3451.00	20200624	37803.80	154	245.48
		rr2106	3451.00	3717.00	20201028	3437.00	20200617	3137.91	136	23.07
		rr2107	3604.00	3782.00	20200730	3556.00	20200730	3321.62	116	28.63
		rr2108	3586.00	3747.00	20201023	3534.00	20200824	6955.06	93	74.79
		rr2109	3600.00	3747.00	20201116	3579.00	20200925	2968.20	72	41.22
		rr2110	3729.00	3739.00	20201110	—	20201201	92.92	50	1.86
		rr2111	3725.00	3732.00	20201203	3611.00	20201127	66.21	34	1.95
		rr2112	3658.00	3697.00	20201225	3658.00	20201225	7.36	13	0.57
棉花 Cotton No.1	ZCE	CF001	13515.00	14015.00	20200113	13220.00	20200115	263909.11	10	26390.91
		CF003	13775.00	14280.00	20200114	11475.00	20200204	1532852.86	46	33322.89
		CF005	13940.00	14450.00	20200114	9935.00	20200324	137467409.90	89	1544577.64
		CF007	14075.00	14535.00	20200113	10080.00	20200324	4433689.83	127	34910.94
		CF009	14360.00	14855.00	20200114	10385.00	20200324	230988214.89	171	1350808.27
		CF011	14895.00	15245.00	20201020	10700.00	20200324	8456719.09	209	40462.77
		CF101	14825.00	15405.00	20200122	11000.00	20200324	231013054.83	233	991472.34

5-7 续表 6 continued

交易品种 Product	上市交易所 Listed Exchange	合约 Contract	年开盘价（元/吨）Opening Price of the Year (yuan/ton)	年最高价（元/吨）Highest Price of the Year (yuan/ton)	最高价日 Highest Day	年最低价（元/吨）Lowest Price of the Year (yuan/ton)	最低价日 Lowest Day	成交金额（万元）Trading Turnover (10 thousand yuan)	交易天数（天）Trading Days (day)	日均成交金额(万元) Daily Trading Turnover (10 thousand yuan)
棉花 Cotton No.1	ZCE	CF103	12875.00	15340.00	20201019	11350.00	20200324	7017051.26	197	35619.55
		CF105	12655.00	15350.00	20201019	12345.00	20200601	71453173.52	154	463981.65
		CF107	13070.00	15340.00	20201019	12715.00	20200909	329356.53	116	2839.28
		CF109	13335.00	15440.00	20201019	13300.00	20200915	2406722.78	72	33426.71
		CF111	13055.00	15490.00	20201231	13055.00	20201116	1993.45	34	58.63
粳稻 Japonica Rice	ZCE	JR001	—	—	—	—	—	0.00	10	0.00
		JR003	—	—	—	—	—	0.00	46	0.00
		JR005	2900.00	3000.00	20200415	2864.00	20200415	64.73	89	0.01
		JR007	2989.00	3196.00	20200218	2599.00	20200630	50262.40	127	5.03
		JR009	3247.00	3247.00	20200210	2332.00	20200831	8410.89	171	0.84
		JR011	3338.00	3338.00	20200211	2653.00	20200930	2979.22	209	0.30
		JR101	3196.00	3196.00	20200304	2471.00	20201230	5957.51	233	0.60
		JR103	2575.00	3137.00	20201028	2575.00	20201028	17.10	197	0.00
		JR105	2702.00	3032.00	20200611	2590.00	20200914	22.07	154	0.00
		JR107	—	—	—	—	—	0.00	116	0.00
		JR109	—	—	—	—	—	0.00	72	0.00
		JR111	—	—	—	—	—	0.00	34	0.00
晚籼稻 Late Indica Rice	ZCE	LR001	—	—	—	—	—	0.00	10	0.00
		LR003	2526.00	2526.00	20200103	2526.00	20200103	10.10	46	0.22
		LR005	2600.00	2821.00	20200430	2553.00	20200416	47.95	89	0.54
		LR007	2708.00	2966.00	20200331	2451.00	20200629	4230.79	127	33.31
		LR011	2850.00	3400.00	20201103	2752.00	20200901	21650.60	82	264.03
		LR101	—	—	—	—	—	0.00	116	0.00
		LR103	—	—	—	—	—	0.00	116	0.00
		LR105	—	—	—	—	—	0.00	116	0.00
		LR107	2800.00	2900.00	20200716	2522.00	20200716	49.66	116	0.43
		LR109	—	—	—	—	—	0.00	72	0.00
		LR111	—	—	—	—	—	0.00	34	0.00
菜籽油 Rapeseed Oil	ZCE	OI001	8030.00	8030.00	20200102	7514.00	20200102	6974.73	10	0.70
		OI003	7788.00	8000.00	20200225	6982.00	20200303	5822.79	46	0.58
		OI005	7665.00	7918.00	20200113	6570.00	20200319	81494827.09	89	8149.48
		OI007	7524.00	8046.00	20200713	6562.00	20200401	23050257.06	127	2305.03
		OI009	7560.00	9680.00	20200911	6454.00	20200319	256888438.95	171	25688.84
		OI011	7636.00	10750.00	20201113	6481.00	20200427	40878438.51	209	4087.84
		OI101	7595.00	10024.00	20201119	6383.00	20200422	416059086.36	233	41605.91
		OI103	6710.00	10010.00	20201231	6499.00	20200427	11801113.67	197	1180.11
		OI105	6727.00	9699.00	20201228	6551.00	20200525	68306687.17	154	6830.67
		OI107	7584.00	9681.00	20201228	7584.00	20200717	55519.55	116	5.55
		OI109	8200.00	9618.00	20201228	7835.00	20200930	1100440.51	72	110.04
		OI111	8600.00	9241.00	20201228	8478.00	20201210	18261.82	34	1.83

5-7 续表 7 continued

交易品种 Product	上市交易所 Listed Exchange	合约 Contract	年开盘价(元/吨) Opening Price of the Year (yuan/ton)	年最高价(元/吨) Highest Price of the Year (yuan/ton)	最高价日 Highest Day	年最低价(元/吨) Lowest Price of the Year (yuan/ton)	最低价日 Lowest Day	成交金额(万元) Trading Turnover (10 thousand yuan)	交易天数(天) Trading Days (day)	日均成交金额(万元) Daily Trading Turnover (10 thousand yuan)
普麦 Wheat PM	ZCE	PM001	—	—	—	—	—	0.00	10	0.00
		PM003	—	—	—	—	—	0.00	46	0.00
		PM005	—	—	—	—	—	0.00	89	0.00
		PM007	2187.00	2419.00	20200331	2114.00	20200512	5730.37	127	45.12
		PM009	2131.00	2405.00	20200727	2131.00	20200507	792.67	171	4.64
		PM011	—	—	—	—	—	0.00	209	0.00
		PM101	2102.00	2343.00	20200324	2102.00	20200324	219.83	233	0.94
		PM103	2363.00	2653.00	20201021	2235.00	20200326	908.36	197	4.61
		PM105	2335.00	2648.00	20201021	2301.00	20201218	632.64	154	4.11
		PM107	2415.00	2606.00	20201021	2264.00	20201009	479.99	116	4.14
		PM109	—	—	—	—	—	0.00	72	0.00
		PM111	—	—	—	—	—	0.00	34	0.00
早籼稻 Early Rice	ZCE	RI001	—	—	—	—	—	0.00	10	0.00
		RI003	—	—	—	—	—	0.00	46	0.00
		RI005	2746.00	2786.00	20200410	2451.00	20200227	8075.09	89	90.73
		RI007	—	—	—	—	—	0.00	127	0.00
		RI009	2927.00	2927.00	20200219	2452.00	20200421	2173.63	171	12.71
		RI011	—	—	—	—	—	0.00	209	0.00
		RI101	3000.00	3000.00	20200715	2492.00	20200804	70.50	233	0.30
		RI103	—	—	—	—	—	0.00	197	0.00
		RI105	—	—	—	—	—	0.00	154	0.00
		RI107	—	—	—	—	—	0.00	116	0.00
		RI109	—	—	—	—	—	0.00	72	0.00
		RI111	—	—	—	—	—	0.00	34	0.00
菜籽粕 Rapeseed Meal	ZCE	RM001	2096.00	2198.00	20200107	2080.00	20200114	1749.49	10	174.95
		RM003	2226.00	2380.00	20200303	1966.00	20200203	4117.98	46	89.52
		RM005	2330.00	2581.00	20200330	2086.00	20200203	58054435.02	89	652297.02
		RM007	2337.00	2568.00	20200330	2108.00	20200203	2892245.03	127	22773.58
		RM008	2380.00	2555.00	20200330	2265.00	20200203	5332.34	150	35.55
		RM009	2368.00	2555.00	20200330	2132.00	20200203	127083014.06	171	743175.52
		RM011	2327.00	2473.00	20200330	2095.00	20200203	5569070.76	209	26646.27
		RM101	2266.00	2803.00	20201231	2080.00	20200203	132323241.70	233	567910.91
		RM103	2219.00	2789.00	20201231	2154.00	20200417	4459309.79	197	22636.09
		RM105	2250.00	2886.00	20201231	2196.00	20200520	52216656.24	154	339069.20
		RM107	2500.00	2867.00	20201231	2102.00	20200715	71364.72	116	615.21
		RM108	2511.00	2890.00	20201231	2240.00	20200817	48229.31	93	518.59
		RM109	2455.00	2888.00	20201231	2340.00	20200930	3335792.84	72	46330.46
		RM111	2490.00	2738.00	20201231	2375.00	20201203	95662.45	34	2813.60

5-7 续表 8 continued

交易品种 Product	上市交易所 Listed Exchange	合约 Contract	年开盘价(元/吨) Opening Price of the Year (yuan/ton)	年最高价(元/吨) Highest Price of the Year (yuan/ton)	最高价日 Highest Day	年最低价(元/吨) Lowest Price of the Year (yuan/ton)	最低价日 Lowest Day	成交金额(万元) Trading Turnover (10 thousand yuan)	交易天数(天) Trading Days (day)	日均成交金额(万元) Daily Trading Turnover (10 thousand yuan)
油菜籽 Rapeseed	ZCE	RS007	4438.00	4879.00	20200116	4005.00	20200203	2845.13	127	22.40
		RS008	4101.00	6630.00	20200803	4001.00	20200521	383.13	150	2.55
		RS009	4150.00	6347.00	20200810	3961.00	20200512	6915.79	171	40.44
		RS011	5599.00	6480.00	20201030	4822.00	20200928	1644.80	209	7.87
		RS107	5006.00	5499.00	20201120	5006.00	20200820	288.20	116	2.48
		RS108	—	—	—	—	—	0.00	93	0.00
		RS109	—	—	—	—	—	0.00	72	0.00
		RS111	—	—	—	—	—	0.00	34	0.00
白糖 White Sugar	ZCE	SR001	5555.00	5820.00	20200109	5520.00	20200102	5347.98	10	534.80
		SR003	5587.00	5958.00	20200220	5300.00	20200309	2048106.75	46	44524.06
		SR005	5584.00	5921.00	20200113	5141.00	20200428	112551712.31	89	1264625.98
		SR007	5600.00	5903.00	20200116	4835.00	20200428	7075127.56	127	55709.67
		SR009	5612.00	5925.00	20200113	4762.00	20200428	227240333.81	171	1328890.84
		SR011	5610.00	5904.00	20200116	4748.00	20200428	7852042.67	209	37569.58
		SR101	5808.00	5880.00	20200116	4678.00	20200428	212996782.49	233	914149.28
		SR103	5336.00	5390.00	20200401	4682.00	20200428	6671857.70	197	33867.30
		SR105	4700.00	5316.00	20201020	4700.00	20200520	70184326.62	154	455742.38
		SR107	4915.00	5322.00	20201020	4786.00	20200731	107725.13	116	928.66
		SR109	5149.00	5350.00	20201020	4993.00	20201209	4987258.92	72	69267.49
		SR111	5652.00	5652.00	20201116	4995.00	20201209	32462.87	34	954.79
强麦 Wheat WH	ZCE	WH001	2398.00	2398.00	20200102	2300.00	20200114	415.99	10	41.60
		WH003	2603.00	2784.00	20200217	2450.00	20200313	665.57	46	14.47
		WH005	2530.00	2750.00	20200217	2230.00	20200514	67862.90	89	762.50
		WH007	2708.00	2810.00	20200326	2450.00	20200701	1120.45	127	8.82
		WH009	2575.00	2685.00	20200217	2382.00	20200831	58384.79	171	341.43
		WH011	2776.00	2776.00	20200217	2444.00	20200309	1300.02	209	6.22
		WH101	2455.00	2769.00	20201021	2405.00	20200210	33771.39	233	144.94
		WH103	2466.00	2966.00	20201019	2466.00	20200316	335.94	197	1.71
		WH105	2557.00	2759.00	20201105	2557.00	20200527	962.37	154	6.25
		WH107	2766.00	2888.00	20201026	2649.00	20201125	284.82	116	2.46
		WH109	2701.00	2730.00	20201013	2630.00	20201208	2091.87	72	29.05
		WH111	—	—	—	—	—	0.00	34	0.00
棉纱 Cotton Yarn	ZCE	CY001	19500.00	19935.00	20200102	19500.00	20200102	826.65	10	82.66
		CY002	—	—	—	—	—	0.00	26	0.00
		CY003	20350.00	20350.00	20200102	20350.00	20200102	10.18	46	0.22
		CY004	—	—	—	—	—	0.00	68	0.00
		CY005	22145.00	22460.00	20200114	15895.00	20200422	6744630.90	89	75782.37
		CY006	21245.00	21395.00	20200206	17390.00	20200421	105.65	107	0.99
		CY007	21595.00	21595.00	43832	20355.00	43864	20.98	127	0.17
		CY008	—	—	—	—	—	0.00	150	0.00
		CY009	22555.00	22915.00	20200113	16800.00	20200909	5792982.15	171	33877.09
		CY010	17505.00	18535.00	20200908	17505.00	20200903	71.70	193	0.37

5-7 续表 9 continued

交易品种 Product	上市交易所 Listed Exchange	合约 Contract	年开盘价（元/吨） Opening Price of the Year (yuan/ton)	年最高价（元/吨） Highest Price of the Year (yuan/ton)	最高价日 Highest Day	年最低价（元/吨） Lowest Price of the Year (yuan/ton)	最低价日 Lowest Day	成交金额（万元） Trading Turnover (10 thousand yuan)	交易天数（天） Trading Days (day)	日均成交金额(万元) Daily Trading Turnover (10 thousand yuan)
棉纱 Cotton Yarn	ZCE	CY011	—	—	—	—	—	0.00	209	0.00
		CY012	—	—	—	—	—	0.00	230	0.00
		CY101	22880.00	22880.00	20200305	18935.00	20200402	9731924.86	233	41767.92
		CY102	—	—	—	—	—	0.00	217	0.00
		CY103	—	—	—	—	—	0.00	197	0.00
		CY104	22100.00	22100.00	20200526	17605.00	20200526	91.09	175	0.52
		CY105	21150.00	22740.00	20201019	19455.00	20200909	2123221.52	154	13787.15
		CY106	—	—	—	—	—	0.00	136	0.00
		CY107	20860.00	21860.00	20201029	20860.00	20201027	21.36	116	0.18
		CY108	—	—	—	—	—	0.00	93	0.00
		CY109	19700.00	22635.00	20201029	19700.00	20200915	5218.18	72	72.47
		CY110	—	—	—	—	—	0.00	50	0.00
		CY111	—	—	—	—	—	0.00	34	0.00
		CY112	—	—	—	—	—	0.00	13	0.00
苹果 Apple	ZCE	AP001	8400.00	8528.00	20200102	6999.00	20200115	3052.08	10	305.21
		AP003	7881.00	7916.00	20200102	5352.00	20200309	586381.47	46	12747.42
		AP005	7740.00	7791.00	20200102	5798.00	20200430	86276761.58	89	969401.82
		AP007	7859.00	7898.00	20200102	5973.00	20200609	3895505.34	127	30673.27
		AP010	7618.00	9409.00	20200506	6088.00	20200930	184092291.45	193	953846.07
		AP011	7491.00	9407.00	20200518	6351.00	20200929	2288357.99	209	10949.08
		AP012	7496.00	9573.00	20200518	6051.00	20201208	2233371.22	230	9710.31
		AP101	7585.00	9729.00	20200518	5850.00	20201231	137034295.63	233	588130.02
		AP103	7631.00	9800.00	20200512	6060.00	20201224	4101832.53	197	20821.48
		AP105	9800.00	10049.00	20200522	6425.00	20201216	42654000.39	154	276974.03
		AP110	6600.00	7220.00	20201229	6410.00	20201029	4279377.00	50	85587.54
		AP111	6950.00	7012.00	20201116	6666.00	20201119	126368.53	34	3716.72
		AP112	6806.00	7005.00	20201229	6675.00	20201217	44982.55	13	3460.20
红枣 Chinese Jujube	ZCE	CJ001	10990.00	10995.00	20200102	10520.00	20200108	525.08	10	52.51
		CJ003	10990.00	11070.00	20200123	10105.00	20200312	21988.76	46	478.02
		CJ005	10940.00	10970.00	20200103	9200.00	20200430	11543778.12	89	129705.37
		CJ007	10915.00	10950.00	20200103	9220.00	20200624	56827.02	127	447.46
		CJ009	10935.00	10970.00	20200103	7205.00	20200902	9420988.46	171	55093.50
		CJ012	11065.00	11085.00	20200102	9245.00	20201210	284186.77	230	1235.59
		CJ101	10850.00	10980.00	20200116	9165.00	20201210	9682207.37	233	41554.54
		CJ103	10705.00	11070.00	20200521	9300.00	20201210	25070.15	197	127.26
		CJ105	10990.00	10990.00	20200521	9455.00	20201210	1727719.94	154	11218.96
		CJ107	10330.00	10330.00	20200717	9525.00	20201217	4947.10	116	42.65
		CJ109	9870.00	10265.00	20201015	9535.00	20201211	29393.59	72	408.24
		CJ112	10115.00	10330.00	20201231	9885.00	20201222	1455.50	13	111.96

5-8 2020年金属期货交易情况

Futures Transaction of Metal Products in 2020

交易品种 Product	上市交易所 Listed Exchange	合约 Contract	年开盘价(元/吨) Opening Price of the Year (yuan/ton)	年最高价(元/吨) Highest Price of the Year (yuan/ton)	最高价日 Highest Day	年最低价(元/吨) Lowest Price of the Year (yuan/ton)	最低价日 Lowest Day	成交金额(万元) Trading Turnover (10 thousand yuan)	交易天数(天) Trading Days (day)	日均成交金额(万元) Daily Trading Turnover (10 thousand yuan)
铜 Copper	SHFE	cu2001	49150.00	49280.00	20200115	48370.00	20200106	3255765.60	10	325576.56
		cu2002	49120.00	49450.00	20200115	44640.00	20200203	15438119.62	27	571782.21
		cu2003	49290.00	49610.00	20200115	42320.00	20200316	48916486.57	47	1040776.31
		cu2004	49320.00	49680.00	20200115	35170.00	20200323	60721585.08	68	892964.49
		cu2005	49460.00	49690.00	20200115	35300.00	20200323	89371623.52	87	1027260.04
		cu2006	49450.00	49720.00	20200115	35400.00	20200323	89357146.17	108	827380.98
		cu2007	49530.00	53470.00	20200713	35480.00	20200323	106617703.83	128	832950.81
		cu2008	49560.00	53520.00	20200713	35590.00	20200323	133541272.46	151	884379.29
		cu2009	49680.00	56550.00	20200909	35680.00	20200323	155278355.20	172	902781.13
		cu2010	49680.00	53310.00	20200713	35720.00	20200323	144761352.27	188	770007.19
		cu2011	49750.00	53720.00	20201116	35830.00	20200323	119512999.94	209	571832.54
		cu2012	49750.00	60390.00	20201211	36000.00	20200323	125969880.22	230	547695.13
		cu2101	49790.00	59500.00	20201218	36540.00	20200323	163413214.82	231	707416.51
		cu2102	47150.00	59640.00	20201221	36600.00	20200323	97661207.29	213	458503.32
		cu2103	43570.00	59700.00	20201221	37000.00	20200323	40397362.76	196	206108.99
		cu2104	42570.00	59720.00	20201221	40480.00	20200422	9585623.82	173	55408.23
		cu2105	43030.00	59700.00	20201221	42990.00	20200518	8067796.02	156	51716.64
		cu2106	46690.00	59640.00	20201221	46690.00	20200618	999299.25	133	7513.53
		cu2107	51600.00	59640.00	20201218	50060.00	20200810	236841.79	113	2095.95
		cu2108	51250.00	59600.00	20201218	50730.00	20200925	75069.32	90	834.10
		cu2109	52430.00	59700.00	20201218	50320.00	20200925	110593.66	70	1579.91
		cu2110	51650.00	59680.00	20201218	51400.00	20201103	38129.87	51	747.64
		cu2111	52980.00	59850.00	20201218	52340.00	20201118	15971.86	32	499.12
		cu2112	58740.00	59790.00	20201221	57500.00	20201223	4148.47	12	345.71
铝 Aluminum	SHFE	al2001	14355.00	15190.00	20200115	14260.00	20200108	512982.83	10	51298.28
		al2002	14080.00	14700.00	20200122	13265.00	20200217	4755420.01	27	176126.67
		al2003	14015.00	14375.00	20200117	12345.00	20200316	11617395.85	47	247178.64
		al2004	13980.00	14240.00	20200117	11230.00	20200402	12262827.43	68	180335.70
		al2005	14000.00	14135.00	20200117	11250.00	20200402	20247865.02	87	232734.08
		al2006	14005.00	14055.00	20200117	11225.00	20200402	24832323.71	108	229928.92
		al2007	14000.00	15545.00	20200713	10565.00	20200324	33765181.67	128	263790.48
		al2008	13970.00	15070.00	20200804	11300.00	20200402	35289799.52	151	233707.28

注：1.年开盘价和年最高价以自然年为统计周期；

2.上海期货交易所铜期货数据不含自对冲。

数据来源：上海期货交易所、郑州商品交易所、大连商品交易所

Source：SHFE、ZCE、DCE

5-8 续表 1 continued

交易品种 Product	上市交易所 Listed Exchange	合约 Contract	年开盘价(元/吨) Opening Price of the Year (yuan/ton)	年最高价(元/吨) Highest Price of the Year (yuan/ton)	最高价日 Highest Day	年最低价(元/吨) Lowest Price of the Year (yuan/ton)	最低价日 Lowest Day	成交金额(万元) Trading Turnover (10 thousand yuan)	交易天数(天) Trading Days (day)	日均成交金额(万元) Daily Trading Turnover (10 thousand yuan)
铝 Aluminum	SHFE	al2009	13965.00	14985.00	20200821	11335.00	20200402	37948815.47	172	220632.65
		al2010	14005.00	15095.00	20201015	11380.00	20200402	37450823.76	187	200271.78
		al2011	14005.00	15805.00	20201113	11405.00	20200402	29436691.00	208	141522.55
		al2012	13950.00	17085.00	20201202	11495.00	20200402	35653045.16	231	154342.19
		al2101	13895.00	16980.00	20201225	11550.00	20200402	46596045.59	229	203476.18
		al2102	13790.00	16705.00	20201202	11600.00	20200402	28413312.15	211	134660.25
		al2103	12500.00	16535.00	20201202	11700.00	20200402	9350022.51	195	47948.83
		al2104	12400.00	16425.00	20201202	12300.00	20200424	2545298.55	174	14628.15
		al2105	12495.00	16390.00	20201202	11870.00	20200529	1039432.36	156	6663.03
		al2106	13090.00	16310.00	20201202	13090.00	20200616	239394.87	131	1827.44
		al2107	13410.00	16280.00	20201202	13410.00	20200716	53002.17	114	464.93
		al2108	14230.00	16235.00	20201202	13460.00	20200925	24204.46	83	291.62
		al2109	13880.00	16195.00	20201202	13470.00	20200925	18828.62	64	294.20
		al2110	14000.00	16225.00	20201202	13900.00	20201030	7445.75	47	158.42
		al2111	14585.00	16160.00	20201202	14585.00	20201118	9330.09	32	291.57
		al2112	14945.00	15840.00	20201218	14945.00	20201216	4884.87	12	407.07
锌 Zinc	SHFE	zn2001	18030.00	18535.00	20200109	17620.00	20200106	392356.24	10	39235.62
		zn2002	17900.00	18520.00	20200109	16850.00	20200212	6809000.52	27	252185.20
		zn2003	17945.00	18555.00	20200109	15195.00	20200309	21976005.98	47	467574.60
		zn2004	17865.00	18520.00	20200109	14220.00	20200323	20832107.16	68	306354.52
		zn2005	17895.00	18465.00	20200109	14245.00	20200319	32221757.86	87	370365.03
		zn2006	17920.00	18405.00	20200109	14265.00	20200319	30740498.16	108	284634.24
		zn2007	17915.00	18700.00	20200110	14075.00	20200323	47525055.22	128	371289.49
		zn2008	17930.00	19890.00	20200817	14345.00	20200319	49473638.95	151	327639.99
		zn2009	17920.00	20480.00	20200901	14300.00	20200319	71741731.82	172	417103.09
		zn2010	17895.00	20460.00	20200901	14380.00	20200323	67729140.55	184	368093.16
		zn2011	17895.00	20500.00	20201109	14335.00	20200319	51754657.63	204	253699.30
		zn2012	17980.00	21960.00	20201211	14430.00	20200319	53294137.35	228	233746.22
		zn2101	18170.00	22305.00	20201221	14400.00	20200319	60280690.44	229	263234.46
		zn2102	17480.00	22315.00	20201221	14250.00	20200323	31205244.02	205	152220.70
		zn2103	15860.00	22255.00	20201221	14690.00	20200319	6667860.74	192	34728.44
		zn2104	16265.00	22210.00	20201221	15825.00	20200421	1713761.69	162	10578.78
		zn2105	16605.00	22160.00	20201221	15995.00	20200528	676838.66	154	4395.06
		zn2106	16225.00	22090.00	20201221	16225.00	20200616	192767.89	120	1606.40
		zn2107	17685.00	22000.00	20201221	17540.00	20200721	14283.08	100	142.83
		zn2108	19190.00	21725.00	20201218	18610.00	20201016	7615.73	75	101.54
		zn2109	19210.00	22105.00	20201218	18255.00	20200925	8814.80	57	154.65

5-8 续表 2 continued

交易品种 Product	上市交易所 Listed Exchange	合约 Contract	年开盘价(元/吨) Opening Price of the Year (yuan/ton)	年最高价(元/吨) Highest Price of the Year (yuan/ton)	最高价日 Highest Day	年最低价(元/吨) Lowest Price of the Year (yuan/ton)	最低价日 Lowest Day	成交金额(万元) Trading Turnover (10 thousand yuan)	交易天数(天) Trading Days (day)	日均成交金额(万元) Daily Trading Turnover (10 thousand yuan)
锌 Zinc	SHFE	zn2110	19150.00	21885.00	20201221	18535.00	20201016	3776.19	46	82.09
		zn2111	20105.00	21645.00	20201221	19845.00	20201118	2158.32	26	83.01
		zn2112	21080.00	21570.00	20201228	20425.00	20201231	1990.49	9	221.17
铅 Lead	SHFE	pb2001	15030.00	15070.00	20200102	14505.00	20200103	86303.59	10	8630.36
		pb2002	15060.00	15485.00	20200120	13890.00	20200210	1440077.85	27	53336.22
		pb2003	15100.00	15515.00	20200120	13815.00	20200210	3755390.11	47	79901.92
		pb2004	15110.00	15505.00	20200120	12730.00	20200319	3735388.90	67	55752.07
		pb2005	15095.00	15475.00	20200120	12620.00	20200319	5421048.81	87	62310.91
		pb2006	15150.00	15470.00	20200121	12600.00	20200323	4781320.39	108	44271.49
		pb2007	15075.00	16055.00	20200713	12590.00	20200319	6232596.89	128	48692.16
		pb2008	15090.00	16520.00	20200807	12605.00	20200319	5652800.90	149	37938.26
		pb2009	15070.00	16585.00	20200807	12630.00	20200319	7579048.07	171	44321.92
		pb2010	15085.00	16505.00	20200807	12650.00	20200319	8144538.92	180	45247.44
		pb2011	15030.00	16430.00	20200807	12715.00	20200319	6292589.08	196	32105.05
		pb2012	15105.00	16365.00	20200807	12750.00	20200319	8002740.26	211	37927.68
		pb2101	15250.00	16340.00	20200807	12705.00	20200319	13312987.56	218	61068.75
		pb2102	14550.00	16240.00	20200810	13045.00	20200319	6683896.25	177	37762.13
		pb2103	13955.00	16355.00	20200807	12805.00	20200319	1276750.58	158	8080.70
		pb2104	13725.00	16100.00	20200820	13355.00	20200515	129826.01	122	1064.15
		pb2105	13550.00	16195.00	20200807	13400.00	20200529	115053.62	135	852.25
		pb2106	14475.00	16090.00	20200807	14250.00	20201104	20934.85	101	207.28
		pb2107	14710.00	16080.00	20200820	14340.00	20201026	9840.75	91	108.14
		pb2108	15750.00	15960.00	20201130	14450.00	20201021	3895.24	66	59.02
		pb2109	15230.00	16025.00	20201130	14265.00	20201026	5845.11	65	89.92
		pb2110	14495.00	15865.00	20201130	14350.00	20201026	974.11	33	29.52
		pb2111	14950.00	15795.00	20201130	14640.00	20201222	527.74	19	27.78
		pb2112	15090.00	15470.00	20201218	14700.00	20201222	196.86	6	32.81
黄金(元/克) Gold (yuan/g)	SHFE	au2001	—	—	20200102	—	20200102	0.00	0	—
		au2002	342.00	361.80	20200108	340.00	20200123	6757398.10	26	259899.93
		au2003	344.50	381.00	20200224	342.50	20200114	8318.68	29	286.85
		au2004	344.96	379.54	20200309	327.16	20200102	31850313.45	68	468386.96
		au2005	357.02	394.54	20200512	329.12	20200317	135003.35	55	2454.61
		au2006	346.00	400.58	20200518	330.12	20200317	364993910.98	108	3379573.25
		au2007	377.50	419.96	20200519	370.66	20200420	66086.61	50	1321.73
		au2008	347.80	450.40	20200807	331.38	20200317	77243104.12	149	518410.09
		au2009	392.36	451.88	20200807	389.04	20200618	186704.42	57	3275.52
		au2010	348.50	452.20	20200807	332.32	20200319	65338434.35	187	349403.39

5-8 续表 3 continued

交易品种 Product	上市交易所 Listed Exchange	合约 Contract	年开盘价(元/吨) Opening Price of the Year (yuan/ton)	年最高价(元/吨) Highest Price of the Year (yuan/ton)	最高价日 Highest Day	年最低价(元/吨) Lowest Price of the Year (yuan/ton)	最低价日 Lowest Day	成交金额(万元) Trading Turnover (10 thousand yuan)	交易天数(天) Trading Days (day)	日均成交金额(万元) Daily Trading Turnover (10 thousand yuan)
黄金(元/克) Gold (yuan/g)	SHFE	au2011	425.60	435.28	20200819	390.94	20201103	48459.88	47	1031.06
		au2012	349.44	454.08	20200807	333.68	20200317	1114518349.68	231	4824754.76
		au2101	404.04	412.02	20201109	368.12	20201130	2665567.08	55	48464.86
		au2102	353.38	455.88	20200807	335.90	20200317	254901701.07	231	1103470.57
		au2103	392.34	403.14	20201221	383.06	20201216	16868.91	12	1405.74
		au2104	364.16	457.80	20200807	316.12	20200324	72470913.26	190	381425.86
		au2106	394.98	459.56	20200807	371.12	20200619	69147624.88	156	443254.01
		au2108	406.74	460.00	20200807	373.82	20201130	11282354.90	114	98968.03
		au2110	426.56	427.26	20200921	376.48	20201201	196487.02	70	2806.96
		au2112	403.00	408.36	20201221	378.28	20201130	22280.37	32	696.26
白银(元/千克) Silver (yuan/kg)	SHFE	ag2001	4307.00	4536.00	20200113	4218.00	20200114	8780.01	10	878.00
		ag2002	4341.00	4548.00	20200108	4051.00	20200212	12231555.84	27	453020.59
		ag2003	4405.00	4555.00	20200108	3432.00	20200316	11112.08	45	246.94
		ag2004	4389.00	4574.00	20200108	2850.00	20200319	17704143.55	68	260355.05
		ag2005	4381.00	4583.00	20200108	2854.00	20200319	263019.32	85	3094.34
		ag2006	4400.00	4608.00	20200108	2857.00	20200319	211931108.60	108	1962325.08
		ag2007	4415.00	4741.00	20200713	2863.00	20200319	12319743.17	128	96247.99
		ag2008	4460.00	6791.00	20200811	2872.00	20200319	29932123.91	151	198225.99
		ag2009	4444.00	6821.00	20200811	2882.00	20200319	28731947.17	172	167046.20
		ag2010	4422.00	6840.00	20200811	2884.00	20200319	32363194.28	186	173995.67
		ag2011	4450.00	6856.00	20200811	2866.00	20200319	9520827.75	204	46670.72
		ag2012	4527.00	6877.00	20200811	2904.00	20200319	1773262546.42	231	7676461.24
		ag2101	4422.00	6888.00	20200811	2916.00	20200319	197895280.44	232	852996.90
		ag2102	4441.00	6906.00	20200811	2920.00	20200319	342993552.33	216	1587933.11
		ag2103	3338.00	6910.00	20200811	2941.00	20200319	39133207.89	196	199659.22
		ag2104	3800.00	6897.00	20200811	3625.00	20200422	7622185.68	173	44058.88
		ag2105	4125.00	7040.00	20200807	4043.00	20200519	9860638.68	156	63209.22
		ag2106	4233.00	6940.00	20200811	4212.00	20200616	52707671.69	135	390427.20
		ag2107	4677.00	6946.00	20200811	4618.00	20200717	314535.95	115	2735.10
		ag2108	6388.00	6670.00	20200819	4727.00	20201130	31764.97	92	345.27
		ag2109	6029.00	6075.00	20200917	4740.00	20201130	37592.51	71	529.47
		ag2110	5319.00	5930.00	20201221	4777.00	20201130	27309.67	54	505.73
		ag2111	5266.00	5952.00	20201221	4785.00	20201130	8447.83	32	263.99
		ag2112	5298.00	5956.00	20201221	5269.00	20201216	40670.93	12	3389.24
螺纹钢 Steel Rebar	SHFE	rb2001	3764.00	3990.00	20200115	3739.00	20200103	417921.41	10	41792.14
		rb2002	3660.00	3727.00	20200121	3300.00	20200204	24764.73	24	1031.86
		rb2003	3645.00	3699.00	20200108	3270.00	20200204	49973.93	46	1086.39

5-8 续表 4 continued

交易品种 Product	上市交易所 Listed Exchange	合约 Contract	年开盘价(元/吨) Opening Price of the Year (yuan/ton)	年最高价(元/吨) Highest Price of the Year (yuan/ton)	最高价日 Highest Day	年最低价(元/吨) Lowest Price of the Year (yuan/ton)	最低价日 Lowest Day	成交金额(万元) Trading Turnover (10 thousand yuan)	交易天数(天) Trading Days (day)	日均成交金额(万元) Daily Trading Turnover (10 thousand yuan)
螺纹钢 Steel Rebar	SHFE	rb2004	3619.00	3682.00	20200120	3211.00	20200228	40681.96	67	607.19
		rb2005	3584.00	3622.00	20200109	3207.00	20200204	249747771.76	87	2870664.04
		rb2006	3480.00	3653.00	20200522	3162.00	20200204	126497.51	98	1290.79
		rb2007	3455.00	3868.00	20200630	3169.00	20200203	78367.68	121	647.67
		rb2008	3495.00	3967.00	20200731	3183.00	20200203	49981.55	144	347.09
		rb2009	3488.00	3948.00	20200914	3168.00	20200203	979926.34	170	5764.27
		rb2010	3480.00	3888.00	20200807	3103.00	20200402	518611596.06	188	2758572.32
		rb2011	3380.00	3968.00	20201111	3072.00	20200203	73150.75	204	358.58
		rb2012	3380.00	4400.00	20201210	3045.00	20200203	104832.59	222	472.22
		rb2101	3281.00	4679.00	20201222	3011.00	20200402	296842217.07	233	1274000.93
		rb2102	3327.00	4520.00	20201222	2980.00	20200402	4042990.34	216	18717.55
		rb2103	3307.00	4535.00	20201222	2978.00	20200402	11152320.20	196	56899.59
		rb2104	3250.00	4555.00	20201222	3110.00	20200619	8950928.32	175	51148.16
		rb2105	3230.00	4603.00	20201222	3200.00	20200518	232668959.15	156	1491467.69
		rb2106	3307.00	4579.00	20201222	3275.00	20200617	932118.77	135	6904.58
		rb2107	3400.00	4550.00	20201222	3400.00	20200716	524118.80	114	4597.53
		rb2108	3590.00	4505.00	20201222	3419.00	20200930	23379.45	92	254.12
		rb2109	3533.00	4492.00	20201222	3411.00	20200928	31571.11	71	444.66
		rb2110	3443.00	4443.00	20201222	3405.00	20201026	9837202.56	55	178858.23
		rb2111	3529.00	4408.00	20201222	3521.00	20201118	7655.55	33	231.99
		rb2112	3950.00	4406.00	20201222	3945.00	20201216	3512.73	12	292.73
不锈钢 Stainless Steel	SHFE	ss2002	14410.00	14490.00	20200102	12820.00	20200203	90551.70	21	4311.99
		ss2003	14340.00	14340.00	20200102	12150.00	20200309	598.94	17	35.23
		ss2004	14425.00	14425.00	20200102	11995.00	20200330	208.22	14	14.87
		ss2005	14370.00	14385.00	20200102	11635.00	20200316	62063.05	82	756.87
		ss2006	14390.00	14400.00	20200102	11680.00	20200323	8492344.95	105	80879.48
		ss2007	14235.00	14235.00	20200102	11680.00	20200319	5648185.65	120	47068.21
		ss2008	14225.00	14950.00	20200806	11755.00	20200319	4492922.76	138	32557.41
		ss2009	14200.00	15625.00	20200831	11745.00	20200319	4378953.12	169	25910.97
		ss2010	14030.00	15410.00	20200903	11865.00	20200324	5387856.97	153	35214.75
		ss2011	13910.00	15470.00	20200903	11965.00	20200324	7692024.22	153	50274.67
		ss2012	13925.00	15440.00	20200903	12025.00	20200324	4947658.85	155	31920.38
		ss2101	14020.00	15450.00	20200903	12110.00	20200330	9926690.50	168	59087.44
		ss2102	13445.00	15365.00	20200902	11835.00	20200323	14640824.87	154	95070.29
		ss2103	12195.00	15135.00	20200903	12195.00	20200402	5845945.32	110	53144.96
		ss2104	13270.00	15265.00	20200903	12325.00	20200615	962092.56	104	9250.89
		ss2105	13555.00	15225.00	20200901	12420.00	20200615	1044169.40	106	9850.65

5-8 续表 5 continued

交易品种 Product	上市交易所 Listed Exchange	合约 Contract	年开盘价(元/吨) Opening Price of the Year (yuan/ton)	年最高价(元/吨) Highest Price of the Year (yuan/ton)	最高价日 Highest Day	年最低价(元/吨) Lowest Price of the Year (yuan/ton)	最低价日 Lowest Day	成交金额(万元) Trading Turnover (10 thousand yuan)	交易天数(天) Trading Days (day)	日均成交金额(万元) Daily Trading Turnover (10 thousand yuan)
不锈钢 Stainless Steel	SHFE	ss2106	12625.00	15215.00	20200902	12370.00	20200618	146416.40	78	1877.13
		ss2107	13005.00	15130.00	20200901	12960.00	20201118	28273.94	50	565.48
		ss2108	14840.00	14840.00	20200819	13000.00	20201210	13562.84	42	322.92
		ss2109	14275.00	14525.00	20201012	12980.00	20201210	23770.80	40	594.27
		ss2110	14195.00	14195.00	20201030	13005.00	20201207	4604.91	37	124.46
		ss2111	13100.00	13825.00	20201221	13095.00	20201119	589.59	22	26.80
		ss2112	13385.00	13665.00	20201221	13350.00	20201229	33.67	3	11.22
线材 Steel Wire Rod	SHFE	wr2001	4381	4381	20200102	4381	20200102	4.38	1	4.38
		wr2002	—	—	20200102	—	20200102	0.00	0	0.00
		wr2003	—	—	20200102	—	20200102	0.00	0	0.00
		wr2004	3535	4102	20200330	3535	20200325	11.44	2	5.72
		wr2005	3907.00	4388.00	20200506	3610.00	20200228	7537.24	74	101.85
		wr2006	3444	4509	20200331	3444	20200331	62.92	4	15.73
		wr2007	3914	4030	20200318	3800	20200318	39.36	2	19.68
		wr2008	4011	4089	20200619	3869	20200619	193.90	3	64.63
		wr2009	3749	4020	20200521	3749	20200512	326.19	11	29.65
		wr2010	3778	4189	20200825	3656	20200408	1427.59	58	24.61
		wr2011	3800	3999	20200108	3689	20200701	234.49	4	58.62
		wr2012	3990.00	4010.00	20200911	3799.00	20200615	235.25	12	19.60
		wr2101	3756	4532	20201224	3707	20200929	1926.97	53	36.36
		wr2102	3789	4156	20201211	3789	20200609	121.62	12	10.14
		wr2103	4350.00	4350.00	20200409	3716.00	20200410	112.90	14	8.06
		wr2104	3554	4050	20200417	3554	20200417	89.78	5	17.96
		wr2105	4350.00	4799.00	20201222	3350.00	20200518	2685.49	46	58.38
		wr2106	3889.00	4721.00	20201222	3873.00	20200910	490.69	20	24.53
		wr2107	3970.00	4166.00	20201130	3869.00	20200730	514.38	10	51.44
		wr2108	3878.00	4050.00	20200831	3840.00	20201029	51.23	4	12.81
		wr2109	—	—	20200916	—	20200916	0.00	0	0.00
		wr2110	4099	4560	20201228	4099	20201228	43.34	3	14.45
		wr2111	—	—	20201117	—	20201117	0.00	0	0.00
		wr2112	—	—	20201216	—	20201216	0.00	0	0.00
热轧卷板 Hot Rolled Coils	SHFE	hc2001	3768.00	3874.00	20200115	3742.00	20200102	121300.69	10	12130.07
		hc2002	3766.00	3920.00	20200122	3420.00	20200206	1321.82	16	82.61
		hc2003	3697.00	3773.00	20200121	3288.00	20200204	1747.70	26	67.22
		hc2004	3651.00	3751.00	20200318	3140.00	20200330	1782.96	33	54.03
		hc2005	3601.00	3655.00	20200120	3101.00	20200402	36455081.00	87	419023.92
		hc2006	3513.00	3754.00	20200529	3084.00	20200402	9847.81	67	146.98

5-8 续表 6 continued

交易品种 Product	上市交易所 Listed Exchange	合约 Contract	年开盘价(元/吨) Opening Price of the Year (yuan/ton)	年最高价(元/吨) Highest Price of the Year (yuan/ton)	最高价日 Highest Day	年最低价(元/吨) Lowest Price of the Year (yuan/ton)	最低价日 Lowest Day	成交金额(万元) Trading Turnover (10 thousand yuan)	交易天数(天) Trading Days (day)	日均成交金额(万元) Daily Trading Turnover (10 thousand yuan)
热轧卷板 Hot Rolled Coils	SHFE	hc2007	3527.00	3903.00	20200715	3164.00	20200401	5189.03	43	120.68
		hc2008	3264.00	4155.00	20200731	3115.00	20200401	3599.77	49	73.46
		hc2009	3463.00	4279.00	20200831	2812.00	20200403	56450.75	157	359.56
		hc2010	3440.00	4064.00	20200902	2933.00	20200402	108593938.30	188	577627.33
		hc2011	3399.00	4094.00	20200907	2954.00	20200402	9263.46	112	82.71
		hc2012	3514.00	4263.00	20201126	3070.00	20200330	3782.63	92	41.12
		hc2101	3320.00	5055.00	20201222	2875.00	20200402	75174172.65	233	322635.93
		hc2102	3233.00	4978.00	20201222	2964.00	20200402	2137250.71	134	15949.63
		hc2103	3009.00	4960.00	20201222	2936.00	20200407	7729637.46	159	48614.07
		hc2104	3139.00	4948.00	20201222	3134.00	20200514	5716699.17	135	42345.92
		hc2105	3200.00	4939.00	20201222	3180.00	20200518	72325489.87	156	463624.94
		hc2106	3409.00	4894.00	20201222	3310.00	20200703	786620.23	85	9254.36
		hc2107	3544.00	4900.00	20201222	3543.00	20200917	299874.45	35	8567.84
		hc2108	3786.00	4791.00	20201222	3786.00	20201118	15736.38	21	749.35
		hc2109	3646.00	4752.00	20201222	3437.00	20200930	7558.33	41	184.35
		hc2110	3500.00	4731.00	20201222	3481.00	20201016	2144431.33	55	38989.66
		hc2111	3782.00	4656.00	20201222	3698.00	20201124	752.20	22	34.19
		hc2112	4248.00	4515.00	20201222	4189.00	20201217	160.64	8	20.08
锡 Tin	SHFE	sn2001	141650.00	144290.00	20200113	139020.00	20200106	71222.44	10	7122.24
		sn2002	138530.00	142140.00	20200123	136150.00	20200106	207.20	5	41.44
		sn2003	142940.00	144480.00	20200117	126500.00	20200210	292.38	6	48.73
		sn2004	110050.00	121450.00	20200327	110050.00	20200324	70.69	4	17.67
		sn2005	137280.00	141620.00	20200121	103880.00	20200323	1345610.79	87	15466.79
		sn2006	134200.00	141250.00	20200116	103200.00	20200323	30798323.42	108	285169.66
		sn2007	134580.00	144000.00	20200710	102890.00	20200323	21122089.52	128	165016.32
		sn2008	132120.00	153950.00	20200728	104870.00	20200320	19664189.04	135	145660.66
		sn2009	135500.00	154150.00	20200728	103300.00	20200323	13293924.39	172	77290.26
		sn2010	141290.00	154400.00	20200728	109630.00	20200320	21106517.03	124	170213.85
		sn2011	134630.00	154250.00	20200728	115730.00	20200330	17464081.42	112	155929.30
		sn2012	127020.00	153490.00	20201215	115540.00	20200325	15350985.48	143	107349.55
		sn2101	137700.00	154890.00	20201218	109120.00	20200323	19935762.17	204	97724.32
		sn2102	137780.00	155940.00	20201221	119280.00	20200327	15974822.75	110	145225.66
		sn2103	123450.00	155640.00	20201221	109070.00	20200320	7086335.77	98	72309.55
		sn2104	137140.00	155500.00	20201221	137140.00	20200703	1168942.37	49	23855.97
		sn2105	128880.00	155050.00	20201218	128560.00	20200526	528475.36	101	5232.43
		sn2106	134080.00	154140.00	20201221	134080.00	20200630	1648.94	38	43.39
		sn2107	151540	154270	20201221	140880	20200925	472.48	18	26.25

5-8 续表 7 continued

交易品种 Product	上市交易所 Listed Exchange	合约 Contract	年开盘价(元/吨) Opening Price of the Year (yuan/ton)	年最高价(元/吨) Highest Price of the Year (yuan/ton)	最高价日 Highest Day	年最低价(元/吨) Lowest Price of the Year (yuan/ton)	最低价日 Lowest Day	成交金额(万元) Trading Turnover (10 thousand yuan)	交易天数(天) Trading Days (day)	日均成交金额(万元) Daily Trading Turnover (10 thousand yuan)
锡 Tin	SHFE	sn2108	142730.00	151770.00	20201118	138820.00	20200928	276.74	8	34.59
		sn2109	140450.00	153640.00	20201217	140450.00	20200918	2888.84	10	288.88
		sn2110	147600	153270	20201217	142580	20201028	522.08	4	130.52
		sn2111	150790.00	150790.00	20201211	150170.00	20201214	30.10	2	15.05
		sn2112	—	—	20201216	—	20201216	0.00	0	—
镍 Nickel	SHFE	ni2001	110190.00	112520.00	20200113	104500.00	20200115	184589.80	10	18458.98
		ni2002	111000.00	113090.00	20200113	95690.00	20200203	6412130.50	27	237486.31
		ni2003	111490.00	113390.00	20200113	96160.00	20200313	103337021.36	47	2198660.03
		ni2004	111600.00	113150.00	20200113	89690.00	20200402	100733853.68	68	1481380.20
		ni2005	111110.00	112900.00	20200113	89840.00	20200402	25239272.03	87	290106.58
		ni2006	111230.00	112560.00	20200113	89550.00	20200402	185332998.17	108	1716046.28
		ni2007	110870.00	112290.00	20200113	89530.00	20200402	128578659.41	128	1004520.78
		ni2008	111350.00	116280.00	20200806	89640.00	20200402	148833832.98	151	985654.52
		ni2009	111600.00	123100.00	20200903	89870.00	20200402	29537954.53	172	171732.29
		ni2010	111340.00	123670.00	20200903	89210.00	20200417	352112061.99	188	1872936.50
		ni2011	111460.00	125290.00	20201028	90660.00	20200402	218943646.68	210	1042588.79
		ni2012	111590.00	134500.00	20201214	91000.00	20200402	191555993.12	231	829246.72
		ni2101	108920.00	133670.00	20201216	91100.00	20200402	24197426.46	232	104299.25
		ni2102	105030.00	134180.00	20201216	91680.00	20200402	332144407.90	214	1552076.67
		ni2103	99420.00	133980.00	20201216	91790.00	20200402	134113682.11	193	694889.54
		ni2104	97820.00	133960.00	20201216	96890.00	20200422	12138687.43	167	72686.75
		ni2105	99550.00	134050.00	20201216	98400.00	20200522	4460635.92	156	28593.82
		ni2106	103570.00	133880.00	20201216	102380.00	20200629	301570.18	128	2356.02
		ni2107	107640.00	135870.00	20201216	106170.00	20200723	20025.88	106	188.92
		ni2108	117400.00	134280.00	20201221	112260.00	20200925	7369.55	76	96.97
		ni2109	117950.00	134580.00	20201221	105710.00	20200930	75605.51	69	1095.73
		ni2110	120170.00	134570.00	20201221	115010.00	20201109	14073.77	54	260.63
		ni2111	117430.00	133680.00	20201216	117330.00	20201119	6141.65	31	198.12
		ni2112	131980	134580	20201221	123880	20201223	2694.11	11	244.92
铜(BC) Copper (BC)	INE	bc2103	47500.00	53110.00	20201221	45600.00	20201119	11973638.95	31	386246.42
		bc2104	46790.00	54090.00	20201211	46790.00	20201119	1552024.40	31	50065.30
		bc2105	47450.00	53220.00	20201218	47090.00	20201120	674407.70	31	21755.09
		bc2106	48010.00	52950.00	20201221	47120.00	20201120	55915.89	23	2431.13
		bc2107	49540.00	52510.00	20201218	49540.00	20201127	180.17	5	36.03
		bc2108	51170.00	51400.00	20201202	51170.00	20201201	51.29	2	25.64
		bc2109	47680.00	48450.00	20201123	47680.00	20201119	456.99	3	152.33
		bc2110	47680.00	48340.00	20201123	47350.00	20201120	119.47	3	39.82
		bc2111	47810.00	52420.00	20201229	46380.00	20201119	144.44	3	48.15
		bc2112	—	—	20201216	—	20201216	0.00	0	0.00

5-8 续表 8 continued

交易品种 Product	上市交易所 Listed Exchange	合约 Contract	年开盘价(元/吨) Opening Price of the Year (yuan/ton)	年最高价(元/吨) Highest Price of the Year (yuan/ton)	最高价日 Highest Day	年最低价(元/吨) Lowest Price of the Year (yuan/ton)	最低价日 Lowest Day	成交金额(万元) Trading Turnover (10 thousand yuan)	交易天数(天) Trading Days (day)	日均成交金额(万元) Daily Trading Turnover (10 thousand yuan)
铁矿石 Iron Ore	DCE	i2001	701.00	749.00	20200108	654.00	20200102	38385.17	10	3838.52
		i2002	686.00	766.00	20200203	648.50	20200207	376093.67	26	14465.14
		i2003	683.00	725.00	20200311	603.00	20200204	3087773.06	46	67125.50
		i2004	667.00	752.00	20200320	585.00	20200210	1014156.11	68	14914.06
		i2005	650.00	812.00	20200519	569.50	20200204	340871977.06	89	3830022.21
		i2006	643.00	840.00	20200611	559.50	20200204	3335178.10	107	31169.89
		i2007	631.50	840.00	20200708	554.50	20200204	4507517.95	127	35492.27
		i2008	619.00	963.50	20200804	556.00	20200204	2859119.03	150	19060.79
		i2009	607.00	972.00	20200907	541.00	20200204	714232770.96	171	4176799.83
		i2010	598.50	1048.00	20201009	534.00	20200204	16084653.47	193	83340.17
		i2011	588.00	941.00	20201012	525.50	20200402	6956266.31	209	33283.57
		i2012	576.50	1080.00	20201210	503.00	20200204	28678684.55	230	124689.93
		i2101	575.00	1202.00	20201221	511.00	20200402	586637065.50	233	2517755.65
		i2102	572.50	1194.00	20201221	503.50	20200402	191031032.00	217	880327.34
		i2103	607.00	1187.50	20201221	501.50	20200402	24193447.49	197	122809.38
		i2104	537.00	1171.50	20201221	534.50	20200507	39387795.61	175	225073.12
		i2105	606.50	1147.00	20201221	583.00	20200527	180254830.40	154	1170485.91
		i2106	631.00	1157.50	20201222	606.00	20200629	28220.73	136	207.51
		i2107	665.00	1110.00	20201221	655.00	20200727	52777.65	116	454.98
		i2108	730.00	1090.50	20201221	666.50	20200922	36030.82	93	387.43
		i2109	744.50	1083.50	20201221	660.50	20200923	15692803.65	72	217955.61
		i2110	693.00	1069.50	20201221	660.00	20201026	27540.38	50	550.81
		i2111	696.00	1048.50	20201221	685.50	20201116	14074.50	34	413.96
		i2112	877.00	1079.00	20201222	854.50	20201230	4163.11	13	320.24
硅铁 Ferrosilicon	ZCE	SF001	5890.00	5892.00	20200102	5674.00	20200110	23813.38	10	2381.34
		SF002	5776.00	5776.00	20200114	5776.00	20200114	1530.64	26	58.87
		SF003	5838.00	6338.00	20200211	5838.00	20200102	222.60	46	4.84
		SF004	6000.00	6000.00	20200212	5502.00	20200324	23.19	68	0.34
		SF005	5870.00	6150.00	20200205	5266.00	20200518	8122672.03	89	91265.98
		SF006	5542.00	5906.00	20200217	5202.00	20200325	11956.00	107	111.74
		SF007	5730.00	6418.00	20200622	5332.00	20200402	4801119.36	127	37804.09
		SF008	5924.00	6444.00	20200622	5348.00	20200402	6558037.52	150	43720.25
		SF009	5798.00	6176.00	20200622	5366.00	20200330	11727529.29	171	68582.04
		SF010	5946.00	6122.00	20200622	5286.00	20200416	24242872.65	193	125610.74
		SF011	5910.00	6152.00	20200622	5442.00	20200407	4650554.13	209	22251.46

5-8 续表 9 continued

交易品种 Product	上市交易所 Listed Exchange	合约 Contract	年开盘价（元/吨）Opening Price of the Year (yuan/ton)	年最高价（元/吨）Highest Price of the Year (yuan/ton)	最高价日 Highest Day	年最低价（元/吨）Lowest Price of the Year (yuan/ton)	最低价日 Lowest Day	成交金额（万元）Trading Turnover (10 thousand yuan)	交易天数（天）Trading Days (day)	日均成交金额（万元）Daily Trading Turnover (10 thousand yuan)
硅铁 Ferrosilicon	ZCE	SF012	5984.00	6888.00	20201208	5302.00	20200803	1139826.13	230	4955.77
		SF101	5762.00	7124.00	20201228	5270.00	20200416	19437626.09	233	83423.29
		SF102	5932.00	7142.00	20201228	5376.00	20200717	34156.38	217	157.40
		SF103	5800.00	7348.00	20201228	5584.00	20200911	2644898.92	197	13425.88
		SF104	5732.00	7354.00	20201228	5732.00	20201102	1091261.76	175	6235.78
		SF105	5692.00	7356.00	20201228	5500.00	20200803	8674751.67	154	56329.56
		SF106	6506.00	7158.00	20201228	6502.00	20201231	828.58	136	6.09
		SF107	5920.00	5936.00	20200917	5700.00	20200922	17.43	116	0.15
		SF108	5970.00	6710.00	20201223	5556.00	20201030	62.45	93	0.67
		SF109	5718.00	7098.00	20201228	5680.00	20200930	140674.44	72	1953.81
		SF110	5948.00	5948.00	20201102	5568.00	20201204	14.42	50	0.29
		SF111	6054.00	6562.00	20201221	5702.00	20201123	77.00	34	2.26
		SF112	—	—	—	—	—	0.00	13	0.00
锰硅 Manganese Silicon	ZCE	SM001	6352.00	6802.00	20200102	6352.00	20200102	10621.32	10	1062.13
		SM002	—	—	—	—	—	0.00	26	0.00
		SM003	6666.00	6666.00	20200120	6212.00	20200120	6.44	46	0.14
		SM004	6466.00	6720.00	20200211	6010.00	20200224	35.06	68	0.52
		SM005	6398.00	7544.00	20200427	5926.00	20200309	18633419.73	89	209364.27
		SM006	6480.00	7688.00	20200428	5940.00	20200305	53847.76	107	503.25
		SM007	6710.00	7604.00	20200427	6252.00	20200629	4407508.49	127	34704.79
		SM008	6964.00	7518.00	20200423	6128.00	20200803	7376363.78	150	49175.76
		SM009	6308.00	7472.00	20200421	6004.00	20200309	53928091.02	171	315368.95
		SM010	6494.00	7408.00	20200423	5968.00	20200930	7165770.42	193	37128.34
		SM011	6544.00	6840.00	20200616	5982.00	20201012	3954773.49	209	18922.36
		SM012	6480.00	6884.00	20200331	5978.00	20201012	2236271.68	230	9722.92
		SM101	6198.00	7060.00	20200421	5970.00	20200309	34008774.53	233	145960.41
		SM102	7136.00	7216.00	20200416	5880.00	20200928	752.25	217	3.47
		SM103	6434.00	7102.00	20200417	5964.00	20201012	3379991.21	197	17157.32
		SM104	7020.00	7064.00	20201221	5912.00	20201102	1969645.00	175	11255.11
		SM105	6958.00	7088.00	20201221	6014.00	20201026	11862644.82	154	77030.16
		SM106	6456.00	7006.00	20201228	6428.00	20201208	279.50	136	2.06
		SM107	6080.00	7124.00	20201222	6024.00	20201104	355.21	116	3.06
		SM108	5800.00	7146.00	20200821	5800.00	20200821	744.24	93	8.00
		SM109	6286.00	6994.00	20201221	6014.00	20201026	89854.65	72	1247.98
		SM110	6066.00	6858.00	20201230	5964.00	20201104	304.53	50	6.09
		SM111	6614.00	6614.00	20201207	6168.00	20201209	15.90	34	0.47
		SM112	6668.00	6668.00	20201222	6668.00	20201222	3.33	13	0.26

5-9 2020年能源、化工及其他期货交易情况
Futures Transaction of Energy & Chemical Products & Others in 2020

交易品种 Product	上市交易所 Listed Exchange	合约 Contract	年开盘价(元/吨) Opening Price of the Year (yuan/ton)	年最高价(元/吨) Highest Price of the Year (yuan/ton)	最高价日 Highest Day	年最低价(元/吨) Lowest Price of the Year (yuan/ton)	最低价日 Lowest Day	成交金额(万元) Trading Turnover (10 thousand yuan)	交易天数(天) Trading Days (day)	日均成交金额(万元) Daily Trading Turnover (10 thousand yuan)
聚乙烯 LLDPE	DCE	l2001	7105.00	7380.00	20200108	7100.00	20200102	15210.34	10	1521.03
		l2002	7300.00	7560.00	20200117	7010.00	20200122	710.14	26	27.31
		l2003	7380.00	7520.00	20200114	6000.00	20200228	315.89	46	6.87
		l2004	7450.00	7450.00	20200108	5455.00	20200330	254164.09	68	3737.71
		l2005	7325.00	7570.00	20200108	5350.00	20200330	44368464.82	89	498522.08
		l2006	7510.00	7570.00	20200114	—	20200601	896241.52	107	8376.09
		l2007	7455.00	7465.00	20200107	5400.00	20200330	732989.12	127	5771.57
		l2008	7400.00	7555.00	20200103	5420.00	20200330	1076893.77	150	7179.29
		l2009	7375.00	7840.00	20200902	5410.00	20200331	133250051.02	171	779240.06
		l2010	7540.00	7865.00	20200902	5445.00	20200331	2549161.12	193	13208.09
		l2011	7500.00	7855.00	20200902	5485.00	20200330	2106228.68	209	10077.65
		l2012	7480.00	8300.00	20201214	5555.00	20200330	1833091.81	230	7969.96
		l2101	7515.00	8200.00	20201214	5485.00	20200401	100786977.45	233	432562.13
		l2102	—	8180.00	20201214	—	20200217	15991013.39	217	73691.31
		l2103	7590.00	8140.00	20201214	5635.00	20200401	3576508.75	197	18154.87
		l2104	6230.00	8190.00	20201214	5870.00	20200421	1854963.49	175	10599.79
		l2105	6450.00	8195.00	20201214	6395.00	20200520	23715385.61	154	153996.01
		l2106	—	8125.00	20201214	—	20200615	570.62	136	4.20
		l2107	7005.00	7910.00	20201221	6950.00	20200722	693.64	116	5.98
		l2108	7000.00	7905.00	20201208	7000.00	20200817	132.21	93	1.42
		l2109	7305.00	8100.00	20201214	7100.00	20201030	99394.37	72	1380.48
		l2110	7145.00	7900.00	20201208	6905.00	20201109	334.99	50	6.70
		l2111	7435.00	7930.00	20201221	7370.00	20201117	128.53	34	3.78
		l2112	7905.00	7980.00	20201218	7665.00	20201231	567.26	13	43.64
聚氯乙烯 PVC	DCE	v2001	6700.00	6700.00	20200102	6585.00	20200102	13811.05	10	1381.11
		v2002	6450.00	6490.00	20200121	—	20200203	636.91	26	24.50
		v2003	6590.00	6605.00	20200107	—	20200203	26.15	46	0.57
		v2004	—	6415.00	20200204	—	20200102	151749.41	68	2231.61
		v2005	6520.00	6635.00	20200113	4940.00	20200401	20963147.41	89	235540.98
		v2006	6565.00	6565.00	20200110	4955.00	20200422	676378.45	107	6321.29
		v2007	6305.00	6695.00	20200714	4945.00	20200401	450925.07	127	3550.59
		v2008	—	7000.00	20200807	—	20200102	803871.48	150	5359.14
		v2009	6490.00	6815.00	20200902	4950.00	20200401	57050006.66	171	333625.77
		v2010	6545.00	7200.00	20201012	—	20200203	1298075.18	193	6725.78
		v2011	—	7500.00	20201109	—	20200102	1139544.37	209	5452.37
		v2012	6535.00	8200.00	20201202	—	20200506	1766991.03	230	7682.57
		v2101	6390.00	8560.00	20201214	4955.00	20200401	70018938.66	233	300510.47
		v2102	—	8250.00	20201214	—	20200217	13483061.26	217	62133.92
		v2103	5425.00	8200.00	20201214	5175.00	20200331	2090762.22	197	10613.01
		v2104	—	8155.00	20201214	—	20200416	2140727.17	175	12232.73

注：年开盘价和年最高价以自然年为统计周期。

数据来源：上海期货交易所、郑州商品交易所、大连商品交易所

Source：SHFE、ZCE、DCE

5-9 续表 1 continued

交易品种 Product	上市交易所 Listed Exchange	合约 Contract	年开盘价(元/吨) Opening Price of the Year (yuan/ton)	年最高价(元/吨) Highest Price of the Year (yuan/ton)	最高价日 Highest Day	年最低价(元/吨) Lowest Price of the Year (yuan/ton)	最低价日 Lowest Day	成交金额(万元) Trading Turnover (10 thousand yuan)	交易天数(天) Trading Days (day)	日均成交金额(万元) Daily Trading Turnover (10 thousand yuan)
聚氯乙烯 PVC	DCE	v2105	5730.00	8130.00	20201214	5730.00	20200520	21535186.70	154	139838.87
		v2106	—	8060.00	20201214	—	20200615	2438.57	136	17.93
		v2107	6395.00	6560.00	20200918	—	20200803	25.17	116	0.22
		v2108	—	7715.00	20201221	—	20200817	39.28	93	0.42
		v2109	6515.00	8075.00	20201221	6305.00	20200925	102983.88	72	1430.33
		v2110	6290.00	7200.00	20201202	6290.00	20201027	851.01	50	17.02
		v2111	—	—	20201116	—	20201116	0.00	34	0.00
		v2112	7560.00	7560.00	20201221	7200.00	20201225	10.98	13	0.84
聚丙烯 PP	DCE	pp2001	7500.00	7610.00	20200114	7388.00	20200115	21849.94	10	2184.99
		pp2002	7682.00	7821.00	20200114	6468.00	20200205	465.95	26	17.92
		pp2003	7598.00	7773.00	20200113	6305.00	20200219	814.33	46	17.70
		pp2004	7645.00	8700.00	20200415	5480.00	20200331	268585.28	68	3949.78
		pp2005	7592.00	8556.00	20200414	5658.00	20200330	86615714.37	89	973210.27
		pp2006	7622.00	7902.00	20200529	5661.00	20200330	696977.55	107	6513.81
		pp2007	7626.00	7810.00	20200706	5679.00	20200330	1308830.43	127	10305.75
		pp2008	7600.00	8056.00	20200731	5628.00	20200330	2390564.62	150	15937.10
		pp2009	7590.00	8618.00	20200914	5638.00	20200330	263503955.37	171	1540958.80
		pp2010	7604.00	8318.00	20200930	5722.00	20200331	7955169.29	193	41218.49
		pp2011	—	8473.00	20201030	—	20200102	6863632.48	209	32840.35
		pp2012	7619.00	9506.00	20201130	5750.00	20200330	7507015.95	230	32639.20
		pp2101	7639.00	8910.00	20201125	5713.00	20200330	171396203.28	233	735606.02
		pp2102	—	9057.00	20201204	—	20200217	38480601.52	217	177329.96
		pp2103	6616.00	8700.00	20201214	5785.00	20200330	14892386.51	197	75595.87
		pp2104	6888.00	8745.00	20201214	—	20200601	10514984.20	175	60085.62
		pp2105	6820.00	8748.00	20201214	6740.00	20200525	34883558.13	154	226516.61
		pp2106	7105.00	8574.00	20201126	6919.00	20200622	1455.65	136	10.70
		pp2107	—	8494.00	20201123	—	20200715	564.65	116	4.87
		pp2108	7870.00	8422.00	20201218	7407.00	20201119	262.13	93	2.82
		pp2109	7650.00	8575.00	20201214	7401.00	20200924	156948.75	72	2179.84
		pp2110	7490.00	8521.00	20201214	7305.00	20201026	905.89	50	18.12
		pp2111	—	8442.00	20201214	—	20201116	224.44	34	6.60
		pp2112	—	—	20201215	—	20201215	0.00	13	0.00
焦炭 Coke	DCE	j2001	1940.00	1970.00	20200103	1900.00	20200114	47977.33	10	4797.73
		j2002	1953.00	1962.50	20200121	—	20200203	151.70	26	5.83
		j2003	1896.50	1976.50	20200108	—	20200302	1162.72	46	25.28
		j2004	1887.50	1918.00	20200120	—	20200401	313.52	68	4.61
		j2005	1893.00	1927.00	20200108	1683.00	20200430	119668162.32	89	1344586.09
		j2006	1853.00	1971.00	20200522	1633.00	20200421	7368.58	107	68.87
		j2007	1848.50	2289.00	20200630	1656.50	20200407	11473.70	127	90.34
		j2008	—	2285.50	20200727	—	20200102	3971.91	150	26.48
		j2009	1852.00	2540.00	20200911	1568.00	20200402	305932880.56	171	1789081.17
		j2010	1862.00	2270.50	20201014	1565.00	20200402	13428095.63	193	69575.63
		j2011	—	2679.00	20201030	—	20200102	5039202.02	209	24111.01

5-9 续表 2 continued

交易品种 Product	上市交易所 Listed Exchange	合约 Contract	年开盘价(元/吨) Opening Price of the Year (yuan/ton)	年最高价(元/吨) Highest Price of the Year (yuan/ton)	最高价日 Highest Day	年最低价(元/吨) Lowest Price of the Year (yuan/ton)	最低价日 Lowest Day	成交金额(万元) Trading Turnover (10 thousand yuan)	交易天数(天) Trading Days (day)	日均成交金额(万元) Daily Trading Turnover (10 thousand yuan)
焦炭 Coke	DCE	j2012	1831.50	2640.00	20201214	1584.00	20200401	10457390.77	230	45466.92
		j2101	1800.00	3229.50	20201231	1540.00	20200402	349657256.36	233	1500674.92
		j2102	1803.00	3000.00	20201228	—	20200701	171583463.55	217	790707.21
		j2103	—	2955.50	20201228	—	20200316	43460548.55	197	220611.92
		j2104	—	2913.50	20201228	—	20200416	51080739.58	175	291889.94
		j2105	1736.00	2886.00	20201228	1700.00	20200522	154734147.50	154	1004767.19
		j2106	—	2859.50	20201228	—	20200615	8171.60	136	60.09
		j2107	—	2702.50	20201225	—	20200715	1593.67	116	13.74
		j2108	1935.50	2670.00	20201221	—	20200901	1512.29	93	16.26
		j2109	1863.00	2656.00	20201222	1775.50	20200928	755602.84	72	10494.48
		j2110	—	2630.00	20201228	—	20201023	1104.27	50	22.09
		j2111	2079.50	2603.00	20201225	2044.00	20201124	1296.15	34	38.12
		j2112	2579.50	2579.50	20201221	2430.00	20201223	277.48	13	21.34
焦煤 Coking Coal	DCE	jm2001	1220.00	1290.00	20200106	1135.00	20200102	59870.18	10	5987.02
		jm2002	1235.00	1287.00	20200211	1219.50	20200121	83.01	26	3.19
		jm2003	1237.50	1292.00	20200225	—	20200302	2643.73	46	57.47
		jm2004	1187.00	1391.00	20200331	—	20200401	192.50	68	2.83
		jm2005	1167.50	1299.00	20200317	1158.00	20200203	27046760.63	89	303896.19
		jm2006	1187.00	1299.50	20200226	—	20200601	1113.15	107	10.40
		jm2007	—	1266.00	20200618	—	20200102	366.07	127	2.88
		jm2008	—	1356.50	20200727	—	20200102	1212.52	150	8.08
		jm2009	1145.00	1324.00	20200914	1027.50	20200429	46863874.88	171	274057.75
		jm2010	1177.50	1391.00	20200930	—	20201009	1617366.90	193	8380.14
		jm2011	—	1356.50	20201013	—	20200102	1167795.88	209	5587.54
		jm2012	1189.00	1573.50	20201203	1011.00	20200429	3856755.41	230	16768.50
		jm2101	1178.50	1644.00	20201210	1002.00	20200429	56738253.20	233	243511.82
		jm2102	—	1673.00	20201228	—	20200217	30859954.68	217	142211.77
		jm2103	1169.50	1696.00	20201228	—	20200506	7007620.78	197	35571.68
		jm2104	—	1716.50	20201228	—	20200416	8147799.11	175	46558.85
		jm2105	1105.50	1744.50	20201228	1059.00	20200527	27866457.42	154	180951.02
		jm2106	—	1739.00	20201228	—	20200615	2939.62	136	21.61
		jm2107	—	1671.00	20201225	—	20200715	432.35	116	3.73
		jm2108	—	1583.00	20201221	—	20200817	116.35	93	1.25
		jm2109	1222.00	1650.00	20201228	1161.00	20200925	47657.60	72	661.91
		jm2110	—	1577.50	20201225	—	20201023	81.89	50	1.64
		jm2111	1229.50	1518.00	20201224	1229.50	20201117	101.00	34	2.97
		jm2112	1542.00	1565.00	20201221	1503.50	20201221	55.33	13	4.26
乙二醇 Ethylene Glycol	DCE	eg2001	4800.00	5668.00	20200113	4754.00	20200102	25701.24	14	1835.80
		eg2002	4878.00	5777.00	20200205	4687.00	20200107	142.85	33	4.33
		eg2003	4828.00	5084.00	20200113	—	20200302	379.16	55	6.89
		eg2004	4790.00	4998.00	20200113	—	20200401	474619.63	76	6245.00
		eg2005	4594.00	4988.00	20200113	2926.00	20200330	67576538.21	94	718899.34
		eg2006	4659.00	4925.00	20200114	2986.00	20200330	771707.61	114	6769.37

5-9 续表 3 continued

交易品种 Product	上市交易所 Listed Exchange	合约 Contract	年开盘价(元/吨) Opening Price of the Year (yuan/ton)	年最高价(元/吨) Highest Price of the Year (yuan/ton)	最高价日 Highest Day	年最低价(元/吨) Lowest Price of the Year (yuan/ton)	最低价日 Lowest Day	成交金额(万元) Trading Turnover (10 thousand yuan)	交易天数(天) Trading Days (day)	日均成交金额(万元) Daily Trading Turnover (10 thousand yuan)
乙二醇 Ethylene Glycol	DCE	eg2007	4685.00	4873.00	20200108	3018.00	20200331	592557.08	137	4325.23
		eg2008	4788.00	4818.00	20200108	3084.00	20200330	663810.97	158	4201.34
		eg2009	4609.00	4859.00	20200108	3131.00	20200330	100640838.13	180	559115.77
		eg2010	4807.00	4807.00	20200108	3263.00	20200330	4784603.77	196	24411.24
		eg2011	4940.00	4940.00	20200108	3247.00	20200330	3041139.53	217	14014.47
		eg2012	4823.00	4859.00	20200113	3303.00	20200330	3672575.98	240	15302.40
		eg2101	4640.00	4661.00	20200123	3290.00	20200330	75592419.36	229	330097.90
		eg2102	—	4546.00	20200305	—	20200226	25366990.96	210	120795.20
		eg2103	3429.00	4355.00	20201231	—	20200601	5298599.13	188	28184.04
		eg2104	—	4387.00	20201228	—	20200428	6305047.65	167	37754.78
		eg2105	4025.00	4425.00	20201228	3664.00	20201019	26409964.62	149	177248.08
		eg2106	3993.00	4435.00	20201228	—	20200701	1640.10	129	12.71
		eg2107	—	4451.00	20201231	—	20200729	603.11	106	5.69
		eg2108	4174.00	4752.00	20201228	3930.00	20201116	512.54	85	6.03
		eg2109	4019.00	4530.00	20201228	3889.00	20201113	29056.49	63	461.21
		eg2110	—	4545.00	20201231	—	20201028	341.59	47	7.27
		eg2111	—	4496.00	20201228	—	20201126	48.09	26	1.85
		eg2112	—	—	20201229	—	20201229	0.00	3	0.00
苯乙烯 Ethenylbenzene	DCE	eb2004	7332.00	7588.00	20200113	3947.00	20200331	20155.82	76	265.21
		eb2005	7288.00	7587.00	20200114	4338.00	20200330	16738090.88	94	178064.80
		eb2006	7305.00	7542.00	20200113	4357.00	20200331	400923.59	114	3516.87
		eb2007	—	7089.00	20200221	—	20200102	463606.46	137	3383.99
		eb2008	—	7021.00	20200304	—	20200102	564899.11	158	3575.31
		eb2009	7265.00	7560.00	20200114	4623.00	20200330	30771746.49	180	170954.15
		eb2010	—	7025.00	20200206	—	20200102	2093421.00	196	10680.72
		eb2011	—	9657.00	20201116	—	20200102	2820985.29	217	12999.93
		eb2012	—	9132.00	20201116	—	20200102	3257676.32	240	13573.65
		eb2101	—	8435.00	20201116	—	20200122	74288060.79	229	324402.01
		eb2102	—	7393.00	20201116	—	20200226	22249496.16	210	105949.98
		eb2103	5105.00	7177.00	20201117	5049.00	20200402	7169199.18	188	38134.04
		eb2104	—	7127.00	20201218	—	20200428	4910797.22	167	29405.97
		eb2105	6033.00	7150.00	20201218	5776.00	20201009	2112808.04	149	14179.92
		eb2106	—	7083.00	20201117	—	20200624	808.56	129	6.27
		eb2107	—	7014.00	20201116	—	20200729	303.07	106	2.86
		eb2108	6066.00	7100.00	20201221	6066.00	20200828	683.13	85	8.04
		eb2109	—	7279.00	20201218	—	20200928	4414.02	63	70.06
		eb2110	—	6983.00	20201218	—	20201028	476.71	47	10.14
		eb2111	—	7095.00	20201224	—	20201126	20.95	26	0.81
		eb2112	—	—	20201229	—	20201229	0.00	3	0.00
液化石油气 Liquefied Petroleum Gas	DCE	pg2011	2350.00	4059.00	20200722	2318.00	20200330	265715333.56	161	1650405.80
		pg2012	2406.00	4200.00	20201217	2357.00	20200330	37476831.35	184	203678.43
		pg2101	2536.00	4152.00	20200722	2405.00	20200330	19730269.66	187	105509.46
		pg2102	2842.00	4150.00	20201221	2439.00	20200330	11494454.30	187	61467.67
		pg2103	2610.00	4038.00	20201221	2458.00	20200330	1891127.20	187	10112.98

5-9 续表 4 continued

交易品种 Product	上市交易所 Listed Exchange	合约 Contract	年开盘价(元/吨) Opening Price of the Year (yuan/ton)	年最高价(元/吨) Highest Price of the Year (yuan/ton)	最高价日 Highest Day	年最低价(元/吨) Lowest Price of the Year (yuan/ton)	最低价日 Lowest Day	成交金额(万元) Trading Turnover (10 thousand yuan)	交易天数(天) Trading Days (day)	日均成交金额(万元) Daily Trading Turnover (10 thousand yuan)
液化石油气 Liquefied Petroleum Gas	DCE	pg2104	—	4100.00	20201224	—	20200428	1223316.61	167	7325.25
		pg2105	3371.00	4068.00	20201224	3134.00	20200612	446337.64	149	2995.55
		pg2106	3251.00	3718.00	20201221	3251.00	20200630	13567.50	129	105.17
		pg2107	3547.00	3745.00	20200810	3307.00	20200923	12013.22	106	113.33
		pg2108	—	3778.00	20201221	—	20200827	4663.79	85	54.87
		pg2109	3325.00	3876.00	20201218	3325.00	20200930	1882.96	63	29.89
		pg2110	3552.00	3970.00	20201221	3550.00	20201029	6011.28	47	127.90
		pg2111	3755.00	4012.00	20201221	3680.00	20201126	4619.64	26	177.68
		pg2112	4060.00	4060.00	20201229	3817.00	20201229	172.78	3	57.59
甲醇 Methanol	ZCE	MA001	2030.00	2391.00	20200114	2030.00	20200102	23024.68	10	2302.47
		MA002	2131.00	2465.00	20200115	2127.00	20200102	751.63	26	28.91
		MA003	2148.00	2449.00	20200114	1710.00	20200313	1112698.50	46	24189.10
		MA004	2225.00	2387.00	20200114	1419.00	20200331	4141.63	68	60.91
		MA005	2185.00	2398.00	20200114	1531.00	20200402	124677453.62	89	1400870.27
		MA006	2255.00	2378.00	20200114	1463.00	20200527	19210.90	107	179.54
		MA007	2201.00	2345.00	20200113	1564.00	20200527	3639374.36	127	28656.49
		MA008	2240.00	2301.00	20200114	1607.00	20200729	54227.16	150	361.51
		MA009	2192.00	2344.00	20200108	1619.00	20200402	220726071.61	171	1290795.74
		MA010	2200.00	2338.00	20200113	1673.00	20200422	1345683.42	193	6972.45
		MA011	2219.00	2325.00	20200108	1688.00	20200402	5547567.45	209	26543.38
		MA012	2336.00	2380.00	20200113	1752.00	20200402	1399940.34	230	6086.70
		MA101	2251.00	2617.00	20201224	1710.00	20200402	240904807.40	233	1033926.21
		MA102	2191.00	2658.00	20201224	1713.00	20200331	4874990.39	217	22465.39
		MA103	2061.00	2674.00	20201224	1774.00	20200422	4131868.33	197	20973.95
		MA104	1853.00	2609.00	20201224	1839.00	20200428	194478.68	175	1111.31
		MA105	2134.00	2562.00	20201218	1860.00	20200520	74305996.27	154	482506.47
		MA106	1901.00	2548.00	20201218	1895.00	20200622	1957.52	136	14.39
		MA107	2060.00	2538.00	20201218	1988.00	20200806	52593.99	116	453.40
		MA108	2097.00	2528.00	20201222	2007.00	20200821	65394.25	93	703.16
		MA109	2322.00	2518.00	20201218	2053.00	20200930	383523.76	72	5326.72
		MA110	2178.00	2532.00	20201218	2121.00	20201030	883.16	50	17.66
		MA111	2305.00	2520.00	20201215	2287.00	20201120	18406.37	34	541.36
		MA112	2506.00	2549.00	20201222	2358.00	20201231	88.30	13	6.79
PTA	ZCE	TA001	4886.00	5060.00	20200106	4788.00	20200115	161283.58	10	16128.36
		TA002	4870.00	4906.00	20200113	3996.00	20200204	78.98	26	3.04
		TA003	4934.00	5106.00	20200106	3690.00	20200310	3192600.81	46	69404.37
		TA004	4980.00	5106.00	20200106	3136.00	20200330	3662.92	68	53.87
		TA005	4972.00	5148.00	20200106	3028.00	20200422	75228257.83	89	845261.32
		TA006	4992.00	5190.00	20200106	3054.00	20200422	15579.95	107	145.61
		TA007	5006.00	5156.00	20200106	3066.00	20200422	10327997.23	127	81322.81
		TA008	4998.00	5152.00	20200106	3114.00	20200423	157866.97	150	1052.45
		TA009	5052.00	5154.00	20200106	3128.00	20200422	165827770.80	171	969753.05

5-9 续表 5 continued

交易品种 Product	上市交易所 Listed Exchange	合约 Contract	年开盘价(元/吨) Opening Price of the Year (yuan/ton)	年最高价(元/吨) Highest Price of the Year (yuan/ton)	最高价日 Highest Day	年最低价(元/吨) Lowest Price of the Year (yuan/ton)	最低价日 Lowest Day	成交金额(万元) Trading Turnover (10 thousand yuan)	交易天数(天) Trading Days (day)	日均成交金额(万元) Daily Trading Turnover (10 thousand yuan)
PTA	ZCE	TA010	4986.00	4986.00	20200113	3222.00	20200422	2997072.80	193	15528.87
		TA011	5048.00	5204.00	20200106	3148.00	20201109	10488338.91	209	50183.44
		TA012	5060.00	5226.00	20200106	3172.00	20201109	5540300.48	230	24088.26
		TA101	4932.00	4974.00	20200120	3196.00	20201109	172288830.90	233	739437.04
		TA102	4782.00	4782.00	20200217	3236.00	20201109	12632326.47	217	58213.49
		TA103	3986.00	3988.00	20200608	3262.00	20201109	9348085.65	197	47452.21
		TA104	3694.00	4004.00	20200608	3290.00	20201109	212286.67	175	1213.07
		TA105	3998.00	4038.00	20200608	3328.00	20201109	113533127.46	154	737228.10
		TA106	3964.00	3982.00	20200619	3358.00	20201109	10833.16	136	79.66
		TA107	3932.00	4036.00	20200807	3386.00	20201109	95258.99	116	821.20
		TA108	3988.00	4024.00	20200903	3420.00	20201109	24666.30	93	265.23
		TA109	3808.00	4008.00	20201218	3446.00	20201109	9146776.58	72	127038.56
		TA110	3716.00	4122.00	20201218	3550.00	20201109	9702.63	50	194.05
		TA111	3676.00	4160.00	20201218	3676.00	20201116	10849.42	34	319.10
		TA112	4140.00	4190.00	20201221	4030.00	20201223	802.90	13	61.76
动力煤 Thermal Coal	ZCE	ZC001	547.80	571.80	20200108	518.40	20200107	76686.13	5	15337.23
		ZC002	—	—	—	—	—	0.00	21	0.00
		ZC003	559.20	584.00	20200306	532.00	20200228	2328199.68	41	56785.36
		ZC004	573.60	573.60	20200203	509.20	20200325	212.45	63	3.37
		ZC005	557.40	580.00	20200203	462.00	20200414	19690610.20	84	234412.03
		ZC006	556.00	572.40	20200217	472.60	20200423	1231.28	102	12.07
		ZC007	550.60	605.00	20200707	476.20	20200414	12835117.74	122	105205.88
		ZC008	547.20	595.80	20200714	486.20	20200423	446.05	145	3.08
		ZC009	549.20	579.20	20200813	476.40	20200414	74812327.68	166	450676.67
		ZC010	482.20	617.80	20200921	482.20	20200409	3712119.82	188	19745.32
		ZC011	549.20	637.80	20201102	481.20	20200414	49404645.74	204	242179.64
		ZC012	554.00	669.00	20201201	520.20	20200518	4092926.26	225	18190.78
		ZC101	540.20	809.00	20201231	482.20	20200414	113191804.28	238	475595.82
		ZC102	549.00	764.40	20201211	486.20	20200401	12144064.92	222	54703.00
		ZC103	530.00	736.60	20201221	479.60	20200414	7763324.57	202	38432.30
		ZC104	552.20	733.20	20201221	552.20	20200915	869064.49	180	4828.14
		ZC105	508.00	730.00	20201221	498.00	20200515	69697861.47	159	438351.33
		ZC106	547.40	721.20	20201221	547.40	20200923	13213.89	141	93.72
		ZC107	539.20	718.80	20201221	520.40	20200717	85371.54	121	705.55
		ZC108	520.00	709.40	20201221	520.00	20200814	3807.93	98	38.86
		ZC109	551.20	704.40	20201221	543.00	20200911	337054.00	77	4377.32
		ZC110	568.60	691.00	20201221	552.60	20201022	748.18	55	13.60
		ZC111	551.00	683.00	20201221	551.00	20201116	15075.45	39	386.55
		ZC112	635.80	678.00	20201221	613.80	20201210	6070.76	18	337.26
玻璃 Glass	ZCE	FG001	1510.00	1548.00	20200102	1495.00	20200102	1621.50	10	162.15
		FG002	1529.00	1529.00	20200103	1496.00	20200121	989.84	26	38.07
		FG003	1478.00	1525.00	20200302	1376.00	20200210	1897.71	46	41.25
		FG004	1395.00	1518.00	20200325	1395.00	20200205	11.56	68	0.17

5-9 续表 6 continued

交易品种 Product	上市交易所 Listed Exchange	合约 Contract	年开盘价(元/吨) Opening Price of the Year (yuan/ton)	年最高价(元/吨) Highest Price of the Year (yuan/ton)	最高价日 Highest Day	年最低价(元/吨) Lowest Price of the Year (yuan/ton)	最低价日 Lowest Day	成交金额(万元) Trading Turnover (10 thousand yuan)	交易天数(天) Trading Days (day)	日均成交金额(万元) Daily Trading Turnover (10 thousand yuan)
玻璃 Glass	ZCE	FG005	1480.00	1527.00	20200115	1131.00	20200424	17934438.51	89	201510.55
		FG006	1499.00	1499.00	20200103	1146.00	20200423	7845.73	107	73.32
		FG007	1389.00	1580.00	20200629	1164.00	20200423	1564704.15	127	12320.51
		FG008	1401.00	1808.00	20200804	1199.00	20200414	7503019.76	150	50020.13
		FG009	1464.00	1968.00	20200811	1177.00	20200414	97895411.23	171	572487.78
		FG010	1475.00	1956.00	20200812	1172.00	20200414	5422834.32	193	28097.59
		FG011	1455.00	2011.00	20201102	1203.00	20200414	2348386.62	209	11236.30
		FG012	1456.00	2002.00	20201209	1201.00	20200414	2349264.05	230	10214.19
		FG101	1380.00	2082.00	20201218	1161.00	20200414	409909514.55	233	1759268.30
		FG102	1402.00	2021.00	20201221	1198.00	20200413	59064.48	217	272.19
		FG103	1265.00	1969.00	20201221	1170.00	20200414	1591607.47	197	8079.23
		FG104	1255.00	2010.00	20201221	1248.00	20200428	1836843.85	175	10496.25
		FG105	1340.00	1998.00	20201221	1310.00	20200522	86003420.11	154	558463.77
		FG106	1345.00	1959.00	20201221	1345.00	20200615	11512.39	136	84.65
		FG107	1482.00	1940.00	20201221	1468.00	20200716	13910.38	116	119.92
		FG108	1700.00	1976.00	20201221	1538.00	20200915	29199.91	93	313.98
		FG109	1528.00	1967.00	20201221	1528.00	20200915	1214274.48	72	16864.92
		FG110	1612.00	1974.00	20201224	1606.00	20201028	1762.96	50	35.26
		FG111	1716.00	1930.00	20201221	1682.00	20201130	2985.50	34	87.81
		FG112	1887.00	1920.00	20201221	1779.00	20201229	269.94	13	20.76
尿素 Urea	ZCE	UR001	1610.00	1687.00	20200106	1610.00	20200102	677.85	10	67.79
		UR002	1679.00	1714.00	20200116	1520.00	20200203	640.81	26	24.65
		UR003	1763.00	1807.00	20200226	1645.00	20200205	381.98	46	8.30
		UR004	1753.00	1817.00	20200302	1606.00	20200331	156.33	68	2.30
		UR005	1722.00	1834.00	20200306	1560.00	20200519	10404232.77	89	116901.49
		UR006	1778.00	1820.00	20200225	1540.00	20200331	1047.20	107	9.79
		UR007	1717.00	1768.00	20200305	1523.00	20200629	23520.24	127	185.20
		UR008	1726.00	1815.00	20200305	1474.00	20200722	795.99	150	5.31
		UR009	1701.00	1824.00	20200807	1492.00	20200624	14336207.32	171	83837.47
		UR010	1729.00	1809.00	20200807	1443.00	20201009	8433.29	193	43.70
		UR011	1698.00	1847.00	20201113	1504.00	20200506	6328.99	209	30.28
		UR012	1786.00	1835.00	20200224	1501.00	20200624	3025.03	230	13.15
		UR101	1745.00	1880.00	20201210	1485.00	20200428	26973363.84	233	115765.51
		UR102	1758.00	1878.00	20201210	1487.00	20200525	1296.88	217	5.98
		UR103	1697.00	1869.00	20201210	1488.00	20200619	6689.38	197	33.96
		UR104	1567.00	1875.00	20201222	1527.00	20200525	1690.79	175	9.66
		UR105	1570.00	1913.00	20201222	1545.00	20200629	4306667.04	154	27965.37
		UR106	1640.00	1846.00	20201222	1617.00	20200928	5511.92	136	40.53
		UR107	1544.00	1791.00	20201231	1511.00	20200717	1882.57	116	16.23
		UR108	1719.00	1769.00	20201223	1719.00	20201028	6.98	93	0.08
		UR109	1787.00	1787.00	20200915	1627.00	20200929	37660.89	72	523.07
		UR110	1704.00	1740.00	20201230	1656.00	20201208	2584.18	50	51.68
		UR111	1726.00	1775.00	20201221	1680.00	20201208	34.68	34	1.02
		UR112	1775.00	1799.00	20201229	1758.00	20201230	14.22	13	1.09

5-9 续表 7 continued

交易品种 Product	上市交易所 Listed Exchange	合约 Contract	年开盘价（元/吨） Opening Price of the Year (yuan/ton)	年最高价（元/吨） Highest Price of the Year (yuan/ton)	最高价日 Highest Day	年最低价（元/吨） Lowest Price of the Year (yuan/ton)	最低价日 Lowest Day	成交金额（万元） Trading Turnover (10 thousand yuan)	交易天数（天） Trading Days (day)	日均成交金额(万元) Daily Trading Turnover (10 thousand yuan)
纯碱 Soda Ash	ZCE	SA005	1633.00	1691.00	20200115	1118.00	20200506	5203233.95	89	58463.30
		SA006	1634.00	1715.00	20200114	1160.00	20200522	8918.91	107	83.35
		SA007	1701.00	1716.00	20200117	1087.00	20200703	6991.80	127	55.05
		SA008	1670.00	1734.00	20200114	1281.00	20200721	64167.99	150	427.79
		SA009	1691.00	1830.00	20200911	1288.00	20200721	29533651.48	171	172711.41
		SA010	1641.00	1900.00	20200914	1351.00	20200727	472121.80	193	2446.23
		SA011	1699.00	1892.00	20200914	1359.00	20200720	9049277.04	209	43297.98
		SA012	1700.00	1840.00	20200907	1395.00	20201207	5652793.67	230	24577.36
		SA101	1594.00	1822.00	20200903	1317.00	20201214	140732440.17	233	604001.89
		SA102	1641.00	1792.00	20200903	1359.00	20201210	93903.21	217	432.73
		SA103	1595.00	1752.00	20200903	1372.00	20201210	1450546.07	197	7363.18
		SA104	1524.00	1732.00	20200903	1448.00	20201210	1189756.74	175	6798.61
		SA105	1550.00	1728.00	20200825	1441.00	20201210	23434833.81	154	152174.25
		SA106	1509.00	1724.00	20201229	1478.00	20201210	20055.86	136	147.47
		SA107	1507.00	1731.00	20201229	1480.00	20201210	5977.17	116	51.53
		SA108	1716.00	1806.00	20201223	1542.00	20201210	1245.63	93	13.39
		SA109	1651.00	1779.00	20201224	1550.00	20201210	87110.72	72	1209.87
		SA110	1569.00	1799.00	20201224	1552.00	20201210	808.74	50	16.17
		SA111	1608.00	1783.00	20201224	1533.00	20201202	7061.71	34	207.70
		SA112	1694.00	1786.00	20201228	1691.00	20201217	55.66	13	4.28
短纤 Polyester Staple Fiber	ZCE	PF105	5798.00	6618.00	20201020	5750.00	20201012	50983400.17	59	864125.43
		PF106	5710.00	6540.00	20201020	5710.00	20201012	7381.86	59	125.12
		PF107	5714.00	6516.00	20201214	5714.00	20201012	2533.52	59	42.94
		PF108	5720.00	6472.00	20201019	5720.00	20201012	1797.86	59	30.47
		PF109	5750.00	6500.00	20201020	5744.00	20201012	336230.63	59	5698.82
		PF110	6182.00	6438.00	20201231	5862.00	20201028	429.52	50	8.59
		PF111	6062.00	6380.00	20201214	5866.00	20201123	24.52	34	0.72
		PF112	6028.00	6368.00	20201231	6028.00	20201221	12.49	13	0.96
燃料油 Fuel Oil	SHFE	fu2002	2111.00	2582.00	20200114	2110.00	20200102	1265.38	10	126.54
		fu2003	2135.00	2529.00	20200108	1863.00	20200204	707746.85	35	20221.34
		fu2004	2146.00	2537.00	20200108	1253.00	20200323	320887.45	57	5629.60
		fu2005	2162.00	2556.00	20200108	932.00	20200429	185098686.62	79	2343021.35
		fu2006	2144.00	2528.00	20200108	1053.00	20200428	15278638.59	97	157511.74
		fu2007	2193.00	2558.00	20200108	1120.00	20200428	9388063.46	117	80239.86
		fu2008	2232.00	2530.00	20200108	1247.00	20200428	6035718.77	139	43422.44
		fu2009	2250.00	2525.00	20200108	1361.00	20200428	318879328.46	161	1980616.95
		fu2010	2316.00	2483.00	20200108	1453.00	20200428	3883237.37	170	22842.57
		fu2011	2287.00	2497.00	20200108	1547.00	20200422	884766.61	187	4731.37
		fu2012	2274.00	2488.00	20200108	1526.00	20201102	1686292.75	209	8068.39
		fu2101	2242.00	2500.00	20200108	1598.00	20201102	230440721.92	238	968238.33
		fu2102	2306.00	2390.00	20200117	1656.00	20201102	99591.09	223	446.60
		fu2103	2248.00	2248.00	20200302	1690.00	20201102	2027639.50	204	9939.41

5-9 续表 8 continued

交易品种 Product	上市交易所 Listed Exchange	合约 Contract	年开盘价（元/吨） Opening Price of the Year (yuan/ton)	年最高价（元/吨） Highest Price of the Year (yuan/ton)	最高价日 Highest Day	年最低价（元/吨） Lowest Price of the Year (yuan/ton)	最低价日 Lowest Day	成交金额（万元） Trading Turnover (10 thousand yuan)	交易天数（天） Trading Days (day)	日均成交金额(万元) Daily Trading Turnover (10 thousand yuan)
燃料油 Fuel Oil	SHFE	fu2104	1909.00	2194.00	20201221	1720.00	20201102	19669.17	185	106.32
		fu2105	1992.00	2442.00	20200506	1745.00	20201102	71727274.79	164	437361.43
		fu2106	2070.00	2355.00	20200623	1799.00	20201102	14821.83	146	101.52
		fu2107	2108.00	2280.00	20201221	1840.00	20201030	3615.88	113	32.00
		fu2108	2137.00	2294.00	20201221	1855.00	20201030	4306.30	98	43.94
		fu2109	2178.00	2299.00	20201221	1907.00	20201102	1561418.71	82	19041.69
		fu2110	2060.00	2309.00	20201221	1946.00	20201030	3182.02	63	50.51
		fu2111	2000.00	2337.00	20201221	1981.00	20201102	1767.81	44	40.18
		fu2112	2226.00	2374.00	20201221	2170.00	20201223	1437.58	23	62.50
		fu2201	2212.00	2301.00	20201228	2180.00	20201228	356.15	5	71.23
纸浆 Woodpulp	SHFE	sp2001	4458.00	4572.00	20200113	4404.00	20200107	43890.05	10	4389.01
		sp2002	4442.00	4556.00	20200121	4120.00	20200203	623.59	14	44.54
		sp2003	4550.00	4608.00	20200120	4246.00	20200203	239.54	14	17.11
		sp2004	4628.00	4656.00	20200116	4318.00	20200203	623.48	27	23.09
		sp2005	4606.00	4740.00	20200120	4252.00	20200203	21235078.01	87	244081.36
		sp2006	4632.00	4778.00	20200121	4070.00	20200610	3604.46	57	63.24
		sp2007	4742.00	4778.00	20200120	4150.00	20200630	1018.46	43	23.69
		sp2008	4800.00	4800.00	20200121	4292.00	20200605	876.92	39	22.49
		sp2009	4748.00	4940.00	20200901	4344.00	20200615	30015528.49	172	174508.89
		sp2010	4776.00	5018.00	20200901	4340.00	20200930	7278.01	100	72.78
		sp2011	4756.00	5004.00	20200901	4410.00	20201110	2338.12	62	37.71
		sp2012	4818.00	5160.00	20201211	4372.00	20200728	52693925.46	126	418205.76
		sp2101	4888.00	5686.00	20201231	4466.00	20200416	20595393.05	233	88392.24
		sp2102	4790.00	5698.00	20201231	4542.00	20200629	7976650.27	132	60429.17
		sp2103	4766.00	5748.00	20201231	4514.00	20200522	24812450.15	103	240897.57
		sp2104	4696.00	5800.00	20201231	4572.00	20200731	4372536.18	87	50259.04
		sp2105	4676.00	5810.00	20201231	4624.00	20200529	2026198.81	149	13598.65
		sp2106	4688.00	5838.00	20201231	4646.00	20200707	53885.31	54	997.88
		sp2107	4764.00	5760.00	20201228	4764.00	20200813	646.69	25	25.87
		sp2108	4676.00	5746.00	20201228	4676.00	20200819	588.19	35	16.81
		sp2109	5026.00	5926.00	20201231	4808.00	20201102	34625.01	65	532.69
		sp2110	5070.00	5908.00	20201231	4840.00	20201103	741.07	27	27.45
		sp2111	5072.00	5958.00	20201231	5072.00	20201119	489.99	11	44.54
		sp2112	5988.00	5988.00	20201217	5268.00	20201217	817.89	11	74.35
石油沥青 Bitumen	SHFE	bu2001	3076.00	3344.00	20200113	3050.00	20200110	2159.00	9	239.89
		bu2002	3010.00	3306.00	20200107	2950.00	20200205	361.36	13	27.80
		bu2003	3126.00	3374.00	20200107	2500.00	20200312	1276.76	30	42.56
		bu2004	3250.00	3250.00	20200109	1822.00	20200403	1861.25	36	51.70
		bu2005	3202.00	3570.00	20200108	1750.00	20200422	296853.97	87	3412.11
		bu2006	3192.00	3524.00	20200108	1758.00	20200330	153075410.70	108	1417364.91
		bu2007	3048.00	3144.00	20200220	1804.00	20200330	35649.04	87	409.76
		bu2008	2542.00	2868.00	20200707	1860.00	20200319	32748.48	105	311.89
		bu2009	3132.00	3444.00	20200108	1850.00	20200402	11851951.22	172	68906.69

5-9 续表 9 continued

交易品种 Product	上市交易所 Listed Exchange	合约 Contract	年开盘价(元/吨) Opening Price of the Year (yuan/ton)	年最高价(元/吨) Highest Price of the Year (yuan/ton)	最高价日 Highest Day	年最低价(元/吨) Lowest Price of the Year (yuan/ton)	最低价日 Lowest Day	成交金额(万元) Trading Turnover (10 thousand yuan)	交易天数(天) Trading Days (day)	日均成交金额(万元) Daily Trading Turnover (10 thousand yuan)
石油沥青 Bitumen	SHFE	bu2010	2392.00	2896.00	20200703	1822.00	20201013	21553.56	120	179.61
		bu2011	2494.00	2920.00	20200722	2022.00	20201105	13153.96	102	128.96
		bu2012	3072.00	3348.00	20200108	1926.00	20200319	252514246.00	231	1093135.26
		bu2101	2882.00	2948.00	20200722	2130.00	20201106	14522136.14	115	126279.44
		bu2102	2758.00	2790.00	20200901	2176.00	20201106	3528166.96	92	38349.64
		bu2103	3048.00	3168.00	20200107	2038.00	20200319	8430528.16	223	37805.06
		bu2104	2474.00	2746.00	20201215	2268.00	20201106	1893451.78	52	36412.53
		bu2105	2504.00	2790.00	20201215	2350.00	20201118	975949.44	33	29574.23
		bu2106	3048.00	3298.00	20200108	2056.00	20200319	50519683.23	243	207899.93
		bu2109	3032.00	3236.00	20200108	2118.00	20200323	61414.79	239	256.97
		bu2112	3060.00	3290.00	20200108	2110.00	20200319	168057.05	243	691.59
		bu2203	2336.00	2978.00	20201218	2336.00	20200325	3483.28	146	23.86
		bu2206	2892.00	3076.00	20200623	2560.00	20200629	12245.67	133	92.07
		bu2209	2920.00	3010.00	20201217	2740.00	20201106	3160.37	71	44.51
		bu2212	3052.00	3052.00	20201216	2886.00	20201223	538.97	12	44.91
原油 Crude Oil	INE	sc2002	483.10	517.60	20200108	450.10	20200116	6243798.27	11	567618.02
		sc2003	483.70	529.80	20200108	345.00	20200228	63471126.93	36	1763086.86
		sc2004	478.90	525.00	20200108	206.10	20200319	32519990.42	58	560689.49
		sc2005	474.70	519.90	20200108	178.60	20200423	51085479.10	79	646651.63
		sc2006	472.60	515.30	20200108	205.10	20200428	118620993.13	97	1222896.84
		sc2007	467.00	505.00	20200108	219.00	20200423	182162375.20	112	1626449.78
		sc2008	476.30	498.00	20200106	234.50	20200423	106549232.07	121	880572.17
		sc2009	455.20	511.30	20200108	242.00	20200319	137469751.56	158	870061.72
		sc2010	475.00	490.00	20200106	234.50	20200923	70196333.17	159	441486.37
		sc2011	480.00	480.30	20200106	206.40	20201030	68772112.43	176	390750.64
		sc2012	458.20	498.90	20200108	215.00	20201102	110277007.00	211	522639.84
		sc2101	428.10	454.50	20200122	225.00	20201102	117533608.65	205	573334.68
		sc2102	399.50	399.50	20200227	237.90	20201102	99822005.64	195	511907.72
		sc2103	453.70	453.70	20200102	248.00	20201102	22270329.72	219	101691.00
		sc2104	334.30	398.20	20200430	256.00	20201102	5642424.47	124	45503.42
		sc2105	344.00	375.80	20200608	266.80	20201102	1300251.81	99	13133.86
		sc2106	453.40	453.40	20200109	276.00	20201102	1713614.07	202	8483.24
		sc2107	356.60	368.70	20200703	293.50	20201109	146578.22	50	2931.56
		sc2108	362.10	371.90	20200806	301.00	20201103	15384.90	34	452.50
		sc2109	460.20	471.50	20200109	298.90	20201030	67021.05	166	403.74
		sc2110	346.00	356.90	20201221	325.20	20201204	4365.60	19	229.77
		sc2111	341.50	352.00	20201211	339.50	20201120	483.49	7	69.07
		sc2112	451.00	463.00	20200106	315.50	20201030	81315.55	181	449.26
		sc2201	347.80	350.80	20201230	347.80	20201230	69.86	1	69.86
		sc2203	430.20	468.00	20200106	316.70	20200319	35572.13	165	215.59
		sc2206	429.90	462.00	20200106	332.30	20200319	29050.55	148	196.29
		sc2209	445.00	453.20	20200430	339.20	20200319	15037.72	111	135.47

5-9 续表 10 continued

交易品种 Product	上市交易所 Listed Exchange	合约 Contract	年开盘价(元/吨) Opening Price of the Year (yuan/ton)	年最高价(元/吨) Highest Price of the Year (yuan/ton)	最高价日 Highest Day	年最低价(元/吨) Lowest Price of the Year (yuan/ton)	最低价日 Lowest Day	成交金额(万元) Trading Turnover (10 thousand yuan)	交易天数(天) Trading Days (day)	日均成交金额(万元) Daily Trading Turnover (10 thousand yuan)
原油 Crude Oil	INE	sc2212	440.00	460.00	20200106	340.30	20200319	38390.32	151	254.24
		sc2303	355.00	468.80	20200430	339.60	20200310	24193.92	115	210.38
		sc2306	424.90	443.30	20200618	378.80	20201222	7092.98	48	147.77
		sc2309	430.90	435.50	20200917	393.40	20201102	4012.34	30	133.74
		sc2312	425.00	425.00	20201202	390.30	20201223	1391.14	10	139.11
低硫燃料油 Low Sulfur Fuel Oil	INE	lu2101	2570.00	2763.00	20200622	1970.00	20201102	10984416.40	125	87875.33
		lu2102	2489.00	2831.00	20200622	2017.00	20201102	1865707.15	125	14925.66
		lu2103	2499.00	2864.00	20200622	2070.00	20201102	6834958.67	126	54245.70
		lu2104	2673.00	2892.00	20200622	2090.00	20201102	3059585.56	98	31220.26
		lu2105	2883.00	2949.00	20200622	2143.00	20201102	837228.13	131	6391.05
		lu2106	2782.00	2938.00	20200622	2260.00	20201030	139990.99	89	1572.93
		lu2107	2678.00	2816.00	20201218	2186.00	20201030	48186.98	41	1175.29
		lu2108	2724.00	2838.00	20201215	2370.00	20201030	110.75	20	5.54
		lu2109	2796.00	2941.00	20201217	2393.00	20201102	2892.04	63	45.91
		lu2110	—	—	20200924	—	20200924	0.00	0	—
		lu2111	—	—	20201102	—	20201102	0.00	0	—
		lu2112	2974.00	2974.00	20201217	2850.00	20201224	8.75	3	2.92
		lu2201	2979.00	2979.00	20201229	2979.00	20201229	5.96	1	5.96
20号胶 TSR 20	INE	nr2002	10745.00	11150.00	20200122	8120.00	20200204	98528.71	25	3941.15
		nr2003	10780.00	11105.00	20200114	8135.00	20200204	686110.75	46	14915.45
		nr2004	10900.00	11210.00	20200114	7180.00	20200409	3595215.78	66	54472.97
		nr2005	10940.00	11295.00	20200114	7345.00	20200401	3207014.74	86	37290.87
		nr2006	11075.00	11355.00	20200114	7480.00	20200402	1767086.37	107	16514.83
		nr2007	9835.00	10010.00	20200224	7595.00	20200402	998836.85	97	10297.29
		nr2008	9825.00	9825.00	20200203	7680.00	20200402	543037.99	95	5716.19
		nr2009	9475.00	9880.00	20200304	7900.00	20200401	2270041.87	124	18306.79
		nr2010	8420.00	9940.00	20201014	8420.00	20200324	2935920.44	104	28230.00
		nr2011	9590.00	11930.00	20201028	8360.00	20200410	2943966.98	101	29148.19
		nr2012	11275.00	12150.00	20201028	8620.00	20200324	4740525.68	121	39177.90
		nr2101	11400.00	12480.00	20200116	8720.00	20200324	10589444.37	173	61210.66
		nr2102	8820.00	12310.00	20201028	8820.00	20200324	6745285.53	94	71758.36
		nr2103	8920.00	12335.00	20201028	8920.00	20200324	2576886.61	84	30677.22
		nr2104	10035.00	12340.00	20201028	10030.00	20201230	457680.21	59	7757.29
		nr2105	10175.00	12400.00	20201028	10135.00	20201019	208117.43	54	3854.03
		nr2106	11580.00	11580.00	20201203	10280.00	20201230	15702.36	15	1046.82
		nr2107	10320.00	10975.00	20201215	10320.00	20201013	63.96	4	15.99
		nr2108	—	—	20200818	—	20200818	0.00	0	—
		nr2109	10830.00	12300.00	20201029	10685.00	20201019	586.85	9	65.21
		nr2110	10900.00	12195.00	20201026	10800.00	20201228	102.52	4	25.63
		nr2111	—	—	20201117	—	20201117	0.00	0	—
		nr2112	—	—	20201216	—	20201216	0.00	0	—

5-10　2020年金融期货交易情况

Futures Transaction of Financial Futures in 2020

交易品种 Product	上市交易所 Listed Exchange	合约 Contract	年开盘价(元) Opening Price of the Year (yuan)	年最高价(元) Highest Price of the Year (yuan)	最高价日 Highest Day	年最低价(元) Lowest Price of the Year (yuan)	最低价日 Lowest Day	成交金额(亿元) Trading Turnover (100 million yuan)	交易天数(天) Trading Days (day)	日均成交金额(亿元) Daily Trading Turnover (100 million yuan)
2年期国债期货 2-Year Treasury Bond Futures	CFFEX	TS2003	100.40	101.37	20200304	100.27	20200103	8510.75	46	185.02
		TS2006	100.22	102.86	20200423	100.12	20200107	11550.30	107	107.95
		TS2009	100.05	102.52	20200423	99.95	20200107	12420.65	170	73.06
		TS2012	100.83	102.28	20200423	99.75	20201120	9830.06	183	53.72
		TS2103	100.90	100.90	20200615	99.82	20201120	4265.95	136	31.37
		TS2106	99.92	100.40	20201231	99.76	20201012	83.00	73	1.14
		TS2109	100.04	100.26	20201221	100.04	20201216	3.79	14	0.27
5年期国债期货 5-Year Treasury Bond Futures	CFFEX	TF2003	99.92	102.73	20200309	99.76	20200103	3733.11	46	81.15
		TF2006	99.57	105.20	20200429	99.45	20200103	11122.47	107	103.95
		TF2009	99.27	104.38	20200429	98.98	20200110	20996.45	170	123.51
		TF2012	101.18	103.70	20200429	98.70	20200914	14976.92	183	81.84
		TF2103	101.24	101.24	20200615	98.76	20201120	7794.42	136	57.31
		TF2106	98.88	99.97	20201231	98.68	20201120	74.67	73	1.02
		TF2109	98.95	99.72	20201230	98.95	20201214	0.69	14	0.05
10年期国债期货 10-Year Treasury Bond Futures	CFFEX	T2003	98.09	102.43	20200309	97.86	20200103	11032.62	46	239.84
		T2006	97.70	103.49	20200424	97.47	20200103	38332.08	107	358.24
		T2009	97.38	102.85	20200429	97.19	20200103	50386.88	170	296.39
		T2012	100.61	102.24	20200429	96.98	20201120	39654.02	183	216.69
		T2103	99.96	99.96	20200615	96.76	20201120	18563.55	136	136.50
		T2106	96.99	98.13	20201231	96.67	20201120	351.34	73	4.81
		T2109	96.98	99.60	20201230	96.89	20201218	5.55	14	0.40
沪深300股指期货 CSI 300 Index Futures	CFFEX	IF2001	4131.20	4235.00	20200114	4103.40	20200106	9167.33	12	763.94
		IF2002	4140.20	4243.20	20200114	3591.20	20200203	16703.96	31	538.84
		IF2003	4158.20	4250.00	20200114	3480.00	20200319	35975.78	51	705.41
		IF2004	4131.40	4210.20	20200305	3458.00	20200319	24432.80	39	626.48
		IF2005	3512.00	3994.00	20200511	3466.80	20200323	15910.19	36	441.95
		IF2006	4142.20	4243.20	20200114	3418.00	20200319	35900.99	112	320.54
		IF2007	3831.80	4887.60	20200713	3728.60	20200525	29264.01	43	680.56
		IF2008	4017.60	4888.00	20200713	4004.80	20200623	44286.84	43	1029.93
		IF2009	4189.40	4898.00	20200831	3381.00	20200319	53996.94	163	331.27
		IF2010	4717.40	4879.20	20200831	4519.00	20200909	19519.42	34	574.10
		IF2011	4742.60	5005.80	20201109	4500.00	20200924	28819.75	39	738.97
		IF2012	3668.00	5095.80	20201202	3601.40	20200421	51196.73	164	312.18

注：年开盘价和年最高价以自然年为统计周期；出现相同最值，提供最值出现的第一个交易日；若自然年首个交易日无交易，则使用第一个交易日的开盘价作为年开盘价。

数据来源：中国金融期货交易所

Source：CFFEX

5-10 续表 continued

交易品种 Product	上市交易所 Listed Exchange	合约 Contract	年开盘价(元) Opening Price of the Year (yuan)	年最高价(元) Highest Price of the Year (yuan)	最高价日 Highest Day	年最低价(元) Lowest Price of the Year (yuan)	最低价日 Lowest Day	成交金额(亿元) Trading Turnover (100 million yuan)	交易天数(天) Trading Days (day)	日均成交金额(亿元) Daily Trading Turnover (100 million yuan)
沪深300股指期货 CSI 300 Index Futures	CFFEX	IF2101	4941.40	5231.20	20201231	4846.00	20201211	14207.78	29	489.92
		IF2102	4983.20	5228.60	20201231	4950.20	20201222	159.45	9	17.72
		IF2103	4512.80	5226.00	20201231	4321.80	20200724	12156.53	113	107.58
		IF2106	4683.00	5182.80	20201231	4483.20	20201026	2225.80	54	41.22
上证50股指期货 SSE 50 Index Futures	CFFEX	IH2001	3093.00	3116.80	20200102	3034.00	20200108	2346.68	12	195.56
		IH2002	3096.60	3122.00	20200102	2636.60	20200203	4330.83	31	139.70
		IH2003	3099.80	3127.80	20200102	2496.80	20200319	9130.81	51	179.04
		IH2004	2949.80	3026.40	20200305	2468.40	20200319	5933.89	39	152.15
		IH2005	2527.20	2893.00	20200511	2499.00	20200323	3863.50	36	107.32
		IH2006	3100.00	3126.80	20200102	2432.20	20200319	10064.26	112	89.86
		IH2007	2742.40	3523.80	20200707	2693.60	20200525	8460.31	43	196.75
		IH2008	2880.60	3546.40	20200707	2831.80	20200623	11499.93	43	267.44
		IH2009	3084.20	3552.80	20200707	2385.20	20200319	15966.73	163	97.96
		IH2010	3308.80	3410.20	20200831	3191.80	20200924	5152.22	34	151.54
		IH2011	3341.80	3436.00	20201110	3180.00	20200924	7790.07	39	199.75
		IH2012	2657.60	3584.00	20201130	2602.20	20200424	16363.14	164	99.78
		IH2101	3426.20	3655.00	20201231	3402.40	20201211	4271.41	29	147.29
		IH2102	3491.40	3648.80	20201231	3463.20	20201222	73.04	9	8.12
		IH2103	3188.20	3648.80	20201231	3102.80	20200724	3994.67	113	35.35
		IH2106	3343.00	3636.20	20201231	3201.20	20201102	852.06	54	15.78
中证500股指期货 CSI 500 Index Futures	CFFEX	IC2001	5300.00	5594.60	20200114	5281.00	20200102	7938.42	12	661.54
		IC2002	5288.20	5821.60	20200221	4805.40	20200203	15842.88	31	511.06
		IC2003	5269.60	5868.00	20200225	4781.00	20200203	38603.75	51	756.94
		IC2004	5720.80	5834.80	20200225	4909.00	20200330	23763.20	39	609.31
		IC2005	4960.00	5543.20	20200515	4855.60	20200330	16370.33	36	454.73
		IC2006	5210.00	5788.60	20200619	4710.00	20200204	42401.65	112	378.59
		IC2007	5379.80	6909.20	20200713	5150.00	20200528	24176.27	43	562.24
		IC2008	5648.80	6866.00	20200713	5603.20	20200629	38141.96	43	887.02
		IC2009	5387.80	6809.60	20200713	4652.60	20200203	56166.62	163	344.58
		IC2010	6484.00	6652.00	20200831	6103.00	20200930	17959.31	34	528.22
		IC2011	6411.80	6473.20	20201013	6020.00	20200930	26365.64	39	676.04
		IC2012	4969.00	6690.00	20200713	4747.60	20200428	48479.80	164	295.61
		IC2101	6378.80	6440.20	20201123	6102.20	20201211	11622.75	29	400.78
		IC2102	5949.60	6330.00	20201221	5949.60	20201221	189.55	9	21.06
		IC2103	6100.00	6348.00	20201123	5770.00	20200930	13046.89	113	115.46
		IC2106	6006.00	6215.20	20201123	5683.40	20201030	4209.31	54	77.95

5-11 2020年期货市场主力合约情况

Statistics of Dominate Contract in 2020

交易所 Exchange	交易品种	Product	持仓量 (手) Positions (lot)	上年末最后交易日结算价 (元/吨) Last Trading Day Clearing Price of Last Year (yuan/ton)	本年末最后交易日结算价 (元/吨) Last Trading Day Clearing Price of This Year (yuan/ton)	涨跌幅 (%) Range of Fluctuation (%)
上海期货交易所 SHFE	铜	Copper	105758	49280.00	57970.00	17.63
	铝	Aluminum	112085	14090.00	15475.00	9.83
	锌	Zinc	82749	18020.00	20835.00	15.62
	铅	Lead	31284	15115.00	14745.00	-2.45
	黄金(元/克)	Gold(yuan/g)	88524	346.54	397.62	14.74
	白银 (元/千克)	Silver(yuan/kg)	265768	4432.00	5661.00	27.73
	螺纹钢	Steel Rebar	1217327	3558.00	4306.00	21.02
	线材	Steel Wire Rod	32	3857.00	4689.00	21.57
	热轧卷板	Hot Rolled Coils	523892	3590.00	4488.00	25.01
	燃料油	Fuel Oil	384076	2210.00	2066.00	-6.52
	石油沥青	Bitumen	418360	3212.00	2562.00	-20.24
	天然橡胶	Natural Rubber	214097	12970.00	13800.00	6.40
	锡	Tin	31376	134950.00	151660.00	12.38
	镍	Nickel	154265	112070.00	124330.00	10.94
	不锈钢	Stainless Steel	78764	14350.00	13370.00	-6.83
	原油(元/桶)	Crude Oil	31114	488.10	303.30	-37.86
	20号胶	TSR 20	27264	10815	10190.00	-5.78
	纸浆	Woodpulp	155921	4612	5698.00	23.55
	低硫燃料油	Low Sulfur Fuel Oil	66358	—	2642.00	—
	铜(BC)	copper (BC)	10556	—	51610.00	—
郑州商品交易所 ZCE	强麦	Wheat WH	284	2359.00	2615.00	10.85
	普麦	Wheat PM	10	2230.00	2648.00	18.74
	棉花	Cotton No.1	496560	13985.00	15085.00	7.87
	白糖	White Sugar	438538	5582.00	5251.00	-5.93
	菜籽油	Rapeseed Oil	138737	7732.00	9606.00	24.24
	早籼稻	Early Rice	0	2626.00	2656.00	1.14
	甲醇	Menthanol	863234	2203.00	2375.00	7.81
	玻璃	Glass	433791	1482.00	1844.00	24.43
	油菜籽	Rapeseed	0	4435.00	5365.00	20.97
	菜籽粕	Rapeseed Meal	395271	2323.00	2831.00	21.87

注：1.主力合约选用统计期末各期限合约中持仓量最大的合约，如持仓量相同则选取成交量最大合约为主力合约。
2.持仓量为2020年年末数据。
3.上海期货交易所数据包含上海国际能源交易中心。
4.上海期货交易所铜期货数据不含自对冲。
5.上年末最后交易日结算价指的是上年末最后交易日按持仓量最大来选取的主力合约结算价，本年末最后交易日结算价指的是本年末最后交易日按持仓量最大来选取的主力合约的结算价。
6.郑商所PM、RI、LR、RS品种在20201231出现多合约持仓量和成交量均相同的情况，取最近月份合约为主力合约。年末结算价取该合约结算价。

数据来源：上海期货交易所、郑州商品交易所、大连商品交易所、中国金融期货交易所

Source: SHFE、ZCE、DCE、CFFEX

5-11 续表 continued

交易所 Exchange	交易品种	Product	持仓量(手) Positions (lot)	上年末最后交易日结算价(元/吨) Last Trading Day Clearing Price of Last Year (yuan/ton)	本年末最后交易日结算价(元/吨) Last Trading Day Clearing Price of This Year (yuan/ton)	涨跌幅(%) Range of Fluctuation (%)
郑州商品交易所 ZCE	动力煤	Thermal Coal	168261	557.40	671.40	20.45
	粳稻	Japonica Rice	3	2970.00	2520.00	-15.15
	晚籼稻	Late Indica Rice	0	2720.00	3011.00	10.70
	PTA	PTA	2493363	4992.00	3802.00	-23.84
	硅铁	Ferrosilicon	77504	5844.00	6654.00	13.86
	锰硅	Manganese Silicon	111880	6402.00	6778.00	5.87
	棉纱	Cotton Yarn	6835	22125.00	21865.00	-1.18
	苹果	Apple	251065	7751.00	6627.00	-14.50
	尿素	Urea	48102	1722.00	1829.00	6.21
	纯碱	Soda Ash	146448	1635.00	1605.00	-1.83
	红枣	Chinese Jujube	22707	10895.00	10205.00	-6.33
	短纤	Polyester Staple Fiber	110849	—	6364.00	—
大连商品交易所 DCE	玉米	Corn	1061496	1911.00	2737.00	43.22
	玉米淀粉	Corn Starch	115943	2273.00	3095.00	36.16
	黄大豆1号	No.1 Soybean	91740	3863.00	5772.00	49.42
	黄大豆2号	No.2 Soybean	28700	3315.00	4120.00	24.28
	豆粕	Soybean Meal	1656152	2773.00	3423.00	23.44
	豆油	Soybean Oil	490617	6808.00	7886.00	15.83
	棕榈油	RBD Palm Oil	324266	6352.00	6942.00	9.29
	鸡蛋(元/500千克)	Egg(yuan/500kg)	137044	3586.00	4141.00	15.48
	胶合板(元/张)	Blockboard(yuan/piece)	0	158.00	237.50	50.32
	纤维板(元/立方米)	Fiberboard(yuan/cubic metres)	673	1442.00	1308.00	-9.29
	粳米	Polished Round-grained Rice	19254	3363.00	3642.00	8.30
	聚乙烯	LLDPE	226111	7345.00	7605.00	3.54
	聚氯乙烯	PVC	360400	6520.00	7100.00	8.90
	聚丙烯	PP	262965	7594.00	7963.00	4.86
	焦炭	Coke	185506	1871.50	2804.50	49.85
	焦煤	Coking Coal	103492	1164.00	1638.00	40.72
	铁矿石	Iron Ore	418984	646.50	986.50	52.59
	乙二醇	Ethylene Glycol	239343	4603.00	4324.00	-6.06
	苯乙烯	Ethenylbenzene	57144	7304.00	6249.00	-14.44
	液化石油气	Liquefied Petroleum Gas	40213	—	3758.00	—
中国金融期货交易所 CFFEX	2年期国债期货	2-Year Treasury Bond Futures	22040	100.42	100.39	-0.03
	5年期国债期货	5-Year Treasury Bond Futures	59524	99.95	99.81	-0.14
	10年期国债期货	10-Year Treasury Bond Futures	113589	98.16	97.97	-0.19
	沪深300股指期货	CSI 300 Index Futures	90826	4105.00	5216.20	27.07
	上证50股指期货	SSE 50 Index Futures	38318	3070.60	3643.20	18.65
	中证500股指期货	CSI 500 Index Futures	91004	5266.80	6343.80	20.45

5-12　2020年农产品期货持仓情况

Positions of Agricultural Products Futures in 2020

交易品种 Product	上市交易所 Listed Exchange	合约 Contract	最高持仓量（手） Highest Positions (lot)	最高持仓日期 Highest Positions Day	最后持仓量（手） Last Positions (lot)	最后持仓日期 Last Positions Day	年末持仓量（手） Positions at the End of the Year (lot)
玉米 Corn	DCE	c2001	1279	20200102	0	20200114	—
		c2003	300005	20200102	392	20200312	—
		c2005	822612	20200117	2988	20200518	—
		c2007	70541	20200306	0	20200713	—
		c2009	908904	20200427	1550	20200911	—
		c2011	58064	20200727	2917	20201112	—
		c2101	1584047	20200922	45267	20201231	45267
		c2103	87972	20201225	83341	20201231	83341
		c2105	1061496	20201231	1061496	20201231	1061496
		c2107	152905	20201225	147344	20201231	147344
		c2109	202695	20201231	202695	20201231	202695
		c2111	16091	20201231	16091	20201231	16091
玉米淀粉 Corn Starch	DCE	cs2001	1487	20200102	1254	20200114	—
		cs2003	8	20200204	7	20200312	—
		cs2005	114864	20200226	2200	20200518	—
		cs2007	21	20200601	0	20200713	—
		cs2009	108209	20200723	1100	20200911	—
		cs2011	19924	20200921	300	20201112	—
		cs2101	155717	20201016	3191	20201231	3191
		cs2103	26657	20201231	26657	20201231	26657
		cs2105	123194	20201228	115943	20201231	115943
		cs2107	21414	20201229	20834	20201231	20834
		cs2109	3619	20201231	3619	20201231	3619
		cs2111	5026	20201229	4197	20201231	4197
黄大豆1号 No.1 Soybean	DCE	a2001	1447	20200102	0	20200114	—
		a2003	1275	20200217	11	20200312	—
		a2005	145872	20200305	210	20200518	—
		a2007	2157	20200520	71	20200713	—
		a2009	185868	20200703	789	20200911	—
		a2011	5686	20200820	0	20201112	—
		a2101	155571	20200915	4755	20201231	4755
		a2103	6728	20201230	5904	20201231	5904
		a2105	95886	20201230	91740	20201231	91740
		a2107	4635	20201125	2498	20201231	2498
		a2109	3178	20201208	2468	20201231	2468
		a2111	124	20201231	124	20201231	124

注：1.若合约最后到期日在2020年内，则最后持仓日期为合约最后交易日的前一交易日；
2.若合约最后到期日在2020年12月31日之后，则最后持仓日期为2020年12月31日；
3.最后持仓量为最后持仓日期的持仓量；
4.数据为单边。

数据来源：上海期货交易所、郑州商品交易所、大连商品交易所
Source: SHFE、ZCE、DCE

5-12 续表 1 continued

交易品种 Product	上市交易所 Listed Exchange	合约 Contract	最高持仓量（手） Highest Positions (lot)	最高持仓日期 Highest Positions Day	最后持仓量（手） Last Positions (lot)	最后持仓日期 Last Positions Day	年末持仓量（手） Positions at the End of the Year (lot)
黄大豆2号 No.2 Soybean	DCE	b2001	52	20200102	0	20200114	—
		b2002	31531	20200102	0	20200213	—
		b2003	171884	20200115	800	20200312	—
		b2004	18202	20200225	900	20200414	—
		b2005	58662	20200306	203	20200518	—
		b2006	31527	20200420	419	20200611	—
		b2007	22659	20200526	0	20200713	—
		b2008	24829	20200622	0	20200813	—
		b2009	31254	20200727	2000	20200911	—
		b2010	28382	20200819	0	20201021	—
		b2011	34154	20200914	0	20201112	—
		b2012	25180	20201021	0	20201211	—
		b2101	19836	20201119	41	20201231	41
		b2102	36905	20201202	28700	20201231	28700
		b2103	13182	20201231	13182	20201231	13182
		b2104	4962	20201231	4962	20201231	4962
		b2105	4958	20201012	3639	20201231	3639
		b2106	77	20201014	15	20201231	15
		b2107	118	20201104	34	20201231	34
		b2108	5	20201009	3	20201231	3
		b2109	242	20201208	203	20201231	203
		b2110	34	20201216	29	20201231	29
		b2111	67	20201231	67	20201231	67
		b2112	0	20201215	0	20201231	0
豆粕 Soybean Meal	DCE	m2001	6440	20200102	1955	20200114	—
		m2003	287876	20200107	1119	20200312	—
		m2005	1772734	20200109	1000	20200518	—
		m2007	100018	20200408	0	20200713	—
		m2008	35818	20200529	0	20200813	—
		m2009	1842453	20200416	489	20200911	—
		m2011	79894	20200827	0	20201112	—
		m2012	8534	20200706	0	20201211	—
		m2101	1581386	20200915	5009	20201231	5009
		m2103	43301	20201228	38998	20201231	38998
		m2105	1757196	20201126	1656152	20201231	1656152
		m2107	69454	20201231	69454	20201231	69454
		m2108	13046	20201113	12714	20201231	12714
		m2109	524134	20201230	520168	20201231	520168
		m2111	1219	20201215	791	20201231	791
		m2112	1575	20201231	1575	20201231	1575

5-12 续表 2 continued

交易品种 Product	上市交易所 Listed Exchange	合约 Contract	最高持仓量(手) Highest Positions (lot)	最高持仓日期 Highest Positions Day	最后持仓量(手) Last Positions (lot)	最后持仓日期 Last Positions Day	年末持仓量(手) Positions at the End of the Year (lot)
豆油 Soybean Oil	DCE	y2001	3327	20200102	0	20200114	—
		y2003	418	20200109	0	20200312	—
		y2005	689672	20200109	3736	20200518	—
		y2007	629	20200309	0	20200713	—
		y2008	7	20200722	0	20200813	—
		y2009	470560	20200421	264	20200911	—
		y2011	13903	20200827	0	20201112	—
		y2012	4087	20200818	0	20201211	—
		y2101	709665	20200921	9669	20201231	9669
		y2103	12614	20201231	12614	20201231	12614
		y2105	511308	20201225	490617	20201231	490617
		y2107	21321	20201210	20789	20201231	20789
		y2108	3888	20201231	3888	20201231	3888
		y2109	51816	20201229	49832	20201231	49832
		y2111	71	20201222	52	20201231	52
		y2112	10	20201223	8	20201231	8
棕榈油 RBD Palm Oil	DCE	p2001	5573	20200102	4537	20200114	—
		p2002	283	20200102	0	20200213	—
		p2003	524	20200114	0	20200312	—
		p2004	21	20200106	0	20200414	—
		p2005	845921	20200110	4191	20200518	—
		p2006	53	20200305	0	20200611	—
		p2007	319	20200310	0	20200713	—
		p2008	10	20200422	0	20200813	—
		p2009	462085	20200619	25	20200911	—
		p2010	10806	20200825	68	20201021	—
		p2011	6561	20200828	13	20201112	—
		p2012	3267	20201023	1600	20201211	—
		p2101	512594	20200921	1953	20201231	1953
		p2102	62724	20201211	45345	20201231	45345
		p2103	12291	20201231	12291	20201231	12291
		p2104	5714	20201231	5714	20201231	5714
		p2105	392961	20201225	324266	20201231	324266
		p2106	16	20201029	9	20201231	9
		p2107	107	20201228	61	20201231	61
		p2108	10	20201104	4	20201231	4
		p2109	28961	20201225	26698	20201231	26698
		p2110	38	20201102	19	20201231	19
		p2111	34	20201208	27	20201231	27
		p2112	7	20201224	5	20201231	5

5-12 续表 3 continued

交易品种 Product	上市交易所 Listed Exchange	合约 Contract	最高持仓量（手） Highest Positions (lot)	最高持仓日期 Highest Positions Day	最后持仓量（手） Last Positions (lot)	最后持仓日期 Last Positions Day	年末持仓量（手） Positions at the End of the Year (lot)
鸡蛋 Egg	DCE	jd2001	519	20200102	64	20200120	—
		jd2002	28990	20200102	0	20200224	—
		jd2003	60887	20200113	22	20200325	—
		jd2004	35197	20200227	45	20200424	—
		jd2005	320059	20200115	30	20200525	—
		jd2006	210158	20200513	45	20200622	—
		jd2007	157433	20200610	0	20200727	—
		jd2008	171284	20200630	1	20200825	—
		jd2009	207846	20200617	67	20200924	—
		jd2010	338094	20200902	39	20201026	—
		jd2011	168577	20200921	4	20201124	—
		jd2012	49017	20201021	25	20201225	—
		jd2101	196120	20201123	512	20201231	512
		jd2102	67093	20201207	40785	20201231	40785
		jd2103	62238	20201209	35956	20201231	35956
		jd2104	13151	20201222	11797	20201231	11797
		jd2105	157007	20201215	137044	20201231	137044
		jd2106	26324	20201207	24480	20201231	24480
		jd2107	12333	20201201	10912	20201231	10912
		jd2108	21695	20201203	20084	20201231	20084
		jd2109	47246	20201224	44280	20201231	44280
		jd2110	6124	20201228	5949	20201231	5949
		jd2111	1362	20201231	1362	20201231	1362
		jd2112	203	20201231	203	20201231	203
胶合板 Blockboard	DCE	bb2001	0	20200102	0	20200114	—
		bb2002	0	20200102	0	20200213	—
		bb2003	5	20200219	0	20200312	—
		bb2004	21	20200330	0	20200414	—
		bb2005	60	20200421	0	20200518	—
		bb2006	7	20200424	0	20200611	—
		bb2007	0	20200102	0	20200713	—
		bb2008	5	20200701	0	20200813	—
		bb2009	3	20200423	0	20200911	—
		bb2010	1	20200910	0	20201021	—
		bb2011	3	20201016	0	20201112	—
		bb2012	15	20201112	0	20201211	—
		bb2101	1	20201118	0	20201231	0
		bb2102	0	20200217	0	20201231	0
		bb2103	0	20200316	0	20201231	0
		bb2104	0	20200416	0	20201231	0
		bb2105	0	20200520	0	20201231	0

5-12 续表 4 continued

交易品种 Product	上市交易所 Listed Exchange	合约 Contract	最高持仓量(手) Highest Positions (lot)	最高持仓日期 Highest Positions Day	最后持仓量(手) Last Positions (lot)	最后持仓日期 Last Positions Day	年末持仓量(手) Positions at the End of the Year (lot)
胶合板 Blockboard	DCE	bb2106	0	20200615	0	20201231	0
		bb2107	0	20200715	0	20201231	0
		bb2108	0	20200817	0	20201231	0
		bb2109	0	20200915	0	20201231	0
		bb2110	0	20201023	0	20201231	0
		bb2111	0	20201116	0	20201231	0
		bb2112	0	20201215	0	20201231	0
纤维板 Fiberboard	DCE	fb2001	52	20200102	1	20200114	—
		fb2002	5	20200102	0	20200213	—
		fb2003	0	20200102	0	20200312	—
		fb2004	3	20200103	0	20200414	—
		fb2005	11863	20200120	200	20200518	—
		fb2006	68	20200506	10	20200611	—
		fb2007	10	20200618	10	20200713	—
		fb2008	0	20200102	0	20200813	—
		fb2009	1136	20200707	0	20200911	—
		fb2010	834	20200918	134	20201021	—
		fb2011	2827	20201019	119	20201112	—
		fb2012	57	20201103	20	20201211	—
		fb2101	7549	20201208	93	20201231	93
		fb2102	673	20201231	673	20201231	673
		fb2103	21	20201225	21	20201231	21
		fb2104	0	20200416	0	20201231	0
		fb2105	19	20201231	19	20201231	19
		fb2106	2	20201216	0	20201231	0
		fb2107	0	20200715	0	20201231	0
		fb2108	1	20201125	1	20201231	1
		fb2109	41	20201231	41	20201231	41
		fb2110	0	20201023	0	20201231	0
		fb2111	0	20201116	0	20201231	0
		fb2112	0	20201215	0	20201231	0
粳米 Polished Round-grained Rice	DCE	rr2001	3	20200106	0	20200114	—
		rr2002	21	20200102	0	20200213	—
		rr2003	81	20200102	0	20200312	—
		rr2004	8	20200102	0	20200414	—
		rr2005	14200	20200217	6	20200518	—
		rr2006	33	20200407	0	20200611	—
		rr2007	20	20200514	16	20200713	—
		rr2008	1833	20200624	0	20200813	—
		rr2009	28140	20200427	0	20200911	—
		rr2010	16445	20200818	0	20201021	—

5-12 续表 5 continued

交易品种 Product	上市交易所 Listed Exchange	合约 Contract	最高持仓量（手） Highest Positions (lot)	最高持仓日期 Highest Positions Day	最后持仓量（手） Last Positions (lot)	最后持仓日期 Last Positions Day	年末持仓量（手） Positions at the End of the Year (lot)
粳米 Polished Round-grained Rice	DCE	rr2011	9583	20200901	0	20201112	—
		rr2012	23364	20201019	0	20201211	—
		rr2101	14203	20201104	360	20201231	360
		rr2102	22820	20201218	14898	20201231	14898
		rr2103	19254	20201231	19254	20201231	19254
		rr2104	8708	20201231	8708	20201231	8708
		rr2105	1737	20201228	1726	20201231	1726
		rr2106	312	20201203	300	20201231	300
		rr2107	437	20201204	433	20201231	433
		rr2108	802	20201230	802	20201231	802
		rr2109	324	20201231	324	20201231	324
		rr2110	11	20201119	9	20201231	9
		rr2111	5	20201231	5	20201231	5
		rr2112	1	20201225	1	20201231	1
粳稻 Japonica Rice	ZCE	JR001	0	—	0	20200114	—
		JR003	0	—	0	20200312	—
		JR005	0	—	0	20200518	—
		JR007	696	20200331	0	20200713	—
		JR009	129	20200813	1	20200911	—
		JR011	54	20200820	0	20201112	—
		JR101	107	20200902	3	20201231	3
		JR103	0	—	0	20201231	0
		JR105	1	20200914	1	20201231	1
		JR107	0	—	0	20201231	0
		JR109	0	—	0	20201231	0
		JR111	0	—	0	20201231	0
棉花 Cotton No.1	ZCE	CF001	30227	20200102	7111	20200114	—
		CF003	22679	20200116	2368	20200312	—
		CF005	615254	20200113	39217	20200518	—
		CF007	33034	20200507	9455	20200713	—
		CF009	415751	20200520	29246	20200911	—
		CF011	19690	20200831	4388	20201112	—
		CF101	433908	20201019	67705	20201231	67705
		CF103	19153	20201103	16052	20201231	16052
		CF105	510447	20201221	496560	20201231	496560
		CF107	9923	20201204	5550	20201231	5550
		CF109	49861	20201230	49665	20201231	49665
		CF111	160	20201231	160	20201231	160
晚籼稻 Late Indica Rice	ZCE	LR001	0	—	0	20200114	—
		LR003	1	20200102	0	20200312	—
		LR005	1	20200102	0	20200518	—

5-12　续表 6　continued

交易品种 Product	上市 交易所 Listed Exchange	合约 Contract	最高持仓量 (手) Highest Positions (lot)	最高持仓 日期 Highest Positions Day	最后持仓量 (手) Last Positions (lot)	最后持仓 日期 Last Positions Day	年末持仓量 (手) Positions at the End of the Year (lot)
晚籼稻 Late Indica Rice	ZCE	LR007	50	20200410	0	20200713	—
		LR011	1075	20200819	146	20201112	—
		LR101	0	—	0	20201231	0
		LR103	0	—	0	20201231	0
		LR105	0	—	0	20201231	0
		LR107	0	—	0	20201231	0
		LR109	0	—	0	20201231	0
		LR111	0	—	0	20201231	0
菜籽油 Rapeseed Oil	ZCE	OI001	1816	20200102	990	20200114	—
		OI003	709	20200102	5	20200312	—
		OI005	126855	20200211	1853	20200518	—
		OI007	30034	20200424	390	20200713	—
		OI009	192366	20200720	2824	20200911	—
		OI011	29419	20200629	1546	20201112	—
		OI101	214262	20201104	2277	20201231	2277
		OI103	12435	20201225	9207	20201231	9207
		OI105	152073	20201225	138737	20201231	138737
		OI107	2285	20201123	778	20201231	778
		OI109	10378	20201230	9843	20201231	9843
		OI111	550	20201230	545	20201231	545
普麦 Wheat PM	ZCE	PM001	0	—	0	20200114	—
		PM003	0	—	0	20200312	—
		PM005	0	—	0	20200518	—
		PM007	55	20200402	25	20200713	—
		PM009	7	20200721	0	20200911	—
		PM011	0	—	0	20201112	—
		PM101	0	—	0	20201231	0
		PM103	8	20201022	3	20201231	3
		PM105	11	20201123	10	20201231	10
		PM107	12	20201021	10	20201231	10
		PM109	0	—	0	20201231	0
		PM111	0	—	0	20201231	0
早籼稻 Early Rice	ZCE	RI001	0	—	0	20200114	—
		RI003	0	—	0	20200312	—
		RI005	106	20200416	0	20200518	—
		RI007	0	—	0	20200713	—
		RI009	28	20200605	0	20200911	—
		RI011	0	—	0	20201112	—
		RI101	3	20200715	0	20201231	0
		RI103	0	—	0	20201231	0
		RI105	0	—	0	20201231	0

5-12 续表 7 continued

交易品种 Product	上市交易所 Listed Exchange	合约 Contract	最高持仓量(手) Highest Positions (lot)	最高持仓日期 Highest Positions Day	最后持仓量(手) Last Positions (lot)	最后持仓日期 Last Positions Day	年末持仓量(手) Positions at the End of the Year (lot)
早籼稻 Early Rice	ZCE	RI107	0	—	0	20201231	0
		RI109	0	—	0	20201231	0
		RI111	0	—	0	20201231	0
菜籽粕 Rapeseed Meal	ZCE	RM001	1018	20200102	852	20200114	—
		RM003	855	20200103	149	20200312	—
		RM005	288251	20200114	1040	20200518	—
		RM007	31639	20200512	782	20200713	—
		RM008	441	20200319	0	20200814	—
		RM009	374829	20200521	1815	20200911	—
		RM011	46473	20200903	710	20201112	—
		RM101	400036	20201105	3898	20201231	3898
		RM103	22579	20201124	19301	20201231	19301
		RM105	395271	20201231	395271	20201231	395271
		RM107	5885	20200921	3232	20201231	3232
		RM108	8390	20201119	3979	20201231	3979
		RM109	49281	20201231	49281	20201231	49281
		RM111	5392	20201218	4033	20201231	4033
油菜籽 Rapeseed	ZCE	RS007	33	20200309	0	20200713	—
		RS008	12	20200528	0	20200814	—
		RS009	33	20200819	0	20200911	—
		RS011	10	20200923	0	20201112	—
		RS107	4	20201120	0	20201231	0
		RS108	0	—	0	20201231	0
		RS109	0	—	0	20201231	0
		RS111	0	—	0	20201231	0
白糖 White Sugar	ZCE	SR001	1328	20200102	987	20200114	—
		SR003	17302	20200102	485	20200312	—
		SR005	350535	20200114	7979	20200518	—
		SR007	18403	20200428	156	20200713	—
		SR009	457213	20200629	1333	20200911	—
		SR011	25722	20200731	1040	20201112	—
		SR101	542928	20200828	5772	20201231	5772
		SR103	13739	20201225	12753	20201231	12753
		SR105	450662	20201209	438538	20201231	438538
		SR107	5510	20201209	5295	20201231	5295
		SR109	93735	20201231	93735	20201231	93735
		SR111	3847	20201217	2936	20201231	2936
强麦 Wheat WH	ZCE	WH001	86	20200102	1	20200114	—
		WH003	61	20200217	10	20200312	—
		WH005	1434	20200330	100	20200518	—

5-12 续表 8 continued

交易品种 Product	上市交易所 Listed Exchange	合约 Contract	最高持仓量(手) Highest Positions (lot)	最高持仓日期 Highest Positions Day	最后持仓量(手) Last Positions (lot)	最后持仓日期 Last Positions Day	年末持仓量(手) Positions at the End of the Year (lot)
强麦 Wheat WH	ZCE	WH007	49	20200410	11	20200713	—
		WH009	1156	20200424	0	20200911	—
		WH011	31	20200708	6	20201112	—
		WH101	768	20201021	284	20201231	284
		WH103	4	20200713	3	20201231	3
		WH105	29	20201209	29	20201231	29
		WH107	35	20201214	35	20201231	35
		WH109	210	20201231	210	20201231	210
		WH111	0	—	0	20201231	0
苹果 Apple	ZCE	AP001	94	20200102	4	20200114	—
		AP003	8307	20200107	28	20200312	—
		AP005	142736	20200227	28	20200518	—
		AP007	10173	20200424	24	20200713	—
		AP010	163633	20200903	195	20201021	—
		AP011	12866	20200928	16	20201112	—
		AP012	10310	20201009	32	20201211	—
		AP101	198371	20201130	768	20201231	768
		AP103	31630	20201229	31261	20201231	31261
		AP105	251065	20201231	251065	20201231	251065
		AP110	40337	20201231	40337	20201231	40337
		AP111	3337	20201217	3279	20201231	3279
		AP112	2495	20201231	2495	20201231	2495
棉纱 Cotton Yarn	ZCE	CY001	132	20200102	132	20200114	—
		CY002	0	—	0	20200213	—
		CY003	0	—	0	20200312	—
		CY004	0	—	0	20200414	—
		CY005	9940	20200217	68	20200518	—
		CY006	2	20200206	0	20200611	—
		CY007	1	20200102	0	20200713	—
		CY008	0	—	0	20200813	—
		CY009	9253	20200609	280	20200911	—
		CY010	2	20200909	0	20201021	—
		CY011	0	—	0	20201112	—
		CY012	0	—	0	20201211	—
		CY101	12519	20201019	1336	20201231	1336
		CY102	0	—	0	20201231	0
		CY103	0	—	0	20201231	0
		CY104	1	20200526	0	20201231	0
		CY105	6961	20201221	6835	20201231	6835
		CY106	0	—	0	20201231	0

5-12 续表 9 continued

交易品种 Product	上市交易所 Listed Exchange	合约 Contract	最高持仓量(手) Highest Positions (lot)	最高持仓日期 Highest Positions Day	最后持仓量(手) Last Positions (lot)	最后持仓日期 Last Positions Day	年末持仓量(手) Positions at the End of the Year (lot)
棉纱 Cotton Yarn	ZCE	CY107	1	20201027	0	20201231	0
		CY108	0	—	0	20201231	19000100
		CY109	131	20201231	131	20201231	131
		CY110	0	—	0	20201231	0
		CY111	0	—	0	20201231	0
		CY112	0	—	0	20201231	0
红枣 Chinese Jujube	ZCE	CJ001	88	20200102	26	20200114	—
		CJ003	2057	20200102	17	20200312	—
		CJ005	45842	20200108	18	20200518	—
		CJ007	1506	20200115	11	20200713	—
		CJ009	25475	20200624	6	20200911	—
		CJ012	3344	20200427	1	20201211	—
		CJ101	20181	20201123	111	20201231	111
		CJ103	1028	20201230	990	20201231	990
		CJ105	22752	20201230	22707	20201231	22707
		CJ107	685	20201228	682	20201231	682
		CJ109	2340	20201231	2340	20201231	2340
		CJ112	53	20201231	53	20201231	53
天然橡胶 Natural Rubber	SHFE	ru2001	6328	20200102	3827	20200114	—
		ru2003	75	20200123	50	20200313	—
		ru2004	45	20200324	18	20200414	—
		ru2005	231514	20200113	3448	20200514	—
		ru2006	83	20200327	40	20200612	—
		ru2007	70	20200325	38	20200714	—
		ru2008	451	20200325	63	20200814	—
		ru2009	227280	20200629	5032	20200914	—
		ru2010	325	20200805	9	20201014	—
		ru2011	10360	20200826	2094	20201113	—
		ru2101	252573	20201028	4483	20201231	4483
		ru2103	10658	20201203	2539	20201231	2539
		ru2104	8916	20201223	2284	20201231	2284
		ru2105	226087	20201229	214097	20201231	214097
		ru2106	8132	20201229	8077	20201231	8077
		ru2107	7512	20201231	7512	20201231	7512
		ru2108	7349	20201231	7349	20201231	7349
		ru2109	34296	20201217	33553	20201231	33553
		ru2110	76	20201230	75	20201231	75
		ru2111	173	20201231	173	20201231	173

5-13 2020年金属期货持仓情况

Positions of Metal Products Futures in 2020

交易品种 Product	上市交易所 Listed Exchange	合约 Contract	最高持仓量(手) Highest Positions (lot)	最高持仓日期 Highest Positions Day	最后持仓量(手) Last Positions (lot)	最后持仓日期 Last Positions Day	年末持仓量(手) Positions at the End of the Year (lot)
铜 Copper	SHFE	cu2001	33020	20200102	6410	20200114	—
		cu2002	110353	20200102	20320	20200214	—
		cu2003	142706	20200114	23955	20200313	—
		cu2004	128432	20200228	11450	20200414	—
		cu2005	123968	20200316	7015	20200514	—
		cu2006	121864	20200422	12240	20200612	—
		cu2007	112770	20200521	4445	20200714	—
		cu2008	129245	20200701	4970	20200814	—
		cu2009	125420	20200803	5245	20200914	—
		cu2010	129744	20200901	8380	20201014	—
		cu2011	112206	20200924	3700	20201113	—
		cu2012	116208	20201030	2455	20201214	—
		cu2101	167810	20201127	37175	20201231	37175
		cu2102	125794	20201221	105758	20201231	105758
		cu2103	90239	20201230	88219	20201231	88219
		cu2104	36850	20201231	36850	20201231	36850
		cu2105	30891	20201231	30891	20201231	30891
		cu2106	10907	20201231	10907	20201231	10907
		cu2107	3143	20201231	3143	20201231	3143
		cu2108	711	20201231	711	20201231	711
		cu2109	759	20201225	750	20201231	750
		cu2110	258	20201231	258	20201231	258
		cu2111	118	20201231	118	20201231	118
		cu2112	61	20201231	61	20201231	61
铝 Aluminum	SHFE	al2001	45835	20200102	13090	20200115	—
		al2002	115942	20200102	19335	20200217	—
		al2003	133754	20200120	19610	20200316	—
		al2004	131547	20200227	18030	20200415	—
		al2005	155405	20200318	13650	20200515	—
		al2006	141688	20200414	3660	20200615	—
		al2007	160794	20200526	9085	20200715	—
		al2008	168349	20200701	12260	20200817	—
		al2009	134584	20200805	11125	20200915	—
		al2010	127452	20200911	8420	20201015	—
		al2011	132210	20201019	9180	20201116	—

注：1.若合约最后到期日在2020年内，则最后持仓日期为合约最后交易日的前一交易日；
2.若合约最后到期日在2020年12月31日之后，则最后持仓日期为2020年12月31日；
3.最后持仓量为最后持仓日期的持仓量；
4.数据为单边。

数据来源：上海期货交易所、郑州商品交易所、大连商品交易所
Source：SHFE、ZCE、DCE

5-13 续表 1 continued

交易品种 Product	上市交易所 Listed Exchange	合约 Contract	最高持仓量（手） Highest Positions (lot)	最高持仓日期 Highest Positions Day	最后持仓量（手） Last Positions (lot)	最后持仓日期 Last Positions Day	年末持仓量（手） Positions at the End of the Year (lot)
铝 Aluminum	SHFE	al2012	158604	20201113	855	20201215	—
		al2101	162310	20201130	36411	20201231	36411
		al2102	117590	20201228	112085	20201231	112085
		al2103	95750	20201231	95750	20201231	95750
		al2104	41633	20201231	41633	20201231	41633
		al2105	19124	20201231	19124	20201231	19124
		al2106	11066	20201230	11041	20201231	11041
		al2107	2817	20201231	2817	20201231	2817
		al2108	1132	20201231	1132	20201231	1132
		al2109	956	20201231	956	20201231	956
		al2110	252	20201231	252	20201231	252
		al2111	251	20201230	251	20201231	251
		al2112	310	20201230	309	20201231	309
锌 Zinc	SHFE	zn2001	14860	20200102	2745	20200114	—
		zn2002	75962	20200102	7660	20200214	—
		zn2003	104759	20200108	7475	20200313	—
		zn2004	92029	20200224	7105	20200414	—
		zn2005	103524	20200312	3320	20200514	—
		zn2006	98810	20200416	4095	20200612	—
		zn2007	126211	20200512	4645	20200714	—
		zn2008	96074	20200622	4570	20200814	—
		zn2009	121011	20200731	2940	20200914	—
		zn2010	116051	20200901	2280	20201014	—
		zn2011	93595	20200924	2320	20201113	—
		zn2012	111438	20201028	1655	20201214	—
		zn2101	108714	20201130	9792	20201231	9792
		zn2102	97745	20201225	82749	20201231	82749
		zn2103	47349	20201231	47349	20201231	47349
		zn2104	26351	20201231	26351	20201231	26351
		zn2105	10669	20201231	10669	20201231	10669
		zn2106	7078	20201229	7020	20201231	7020
		zn2107	455	20201223	450	20201231	450
		zn2108	107	20201230	106	20201231	106
		zn2109	102	20201221	91	20201231	91
		zn2110	102	20201231	102	20201231	102
		zn2111	26	20201221	19	20201231	19
		zn2112	64	20201230	64	20201231	64
铅 Lead	SHFE	pb2001	8170	20200102	4190	20200114	—
		pb2002	32032	20200103	3235	20200214	—
		pb2003	27476	20200120	1700	20200313	—
		pb2004	24545	20200227	200	20200414	—
		pb2005	29780	20200318	60	20200514	—

5-13　续表 2　continued

交易品种 Product	上市交易所 Listed Exchange	合约 Contract	最高持仓量（手） Highest Positions (lot)	最高持仓日期 Highest Positions Day	最后持仓量（手） Last Positions (lot)	最后持仓日期 Last Positions Day	年末持仓量（手） Positions at the End of the Year (lot)
铅 Lead	SHFE	pb2006	26427	20200420	1905	20200612	—
		pb2007	29717	20200603	6870	20200714	—
		pb2008	26870	20200706	2340	20200814	—
		pb2009	27093	20200806	3095	20200914	—
		pb2010	28351	20200827	2220	20201014	—
		pb2011	25513	20201014	2200	20201113	—
		pb2012	32337	20201026	4095	20201214	—
		pb2101	42404	20201130	6840	20201231	6840
		pb2102	34887	20201224	31284	20201231	31284
		pb2103	18413	20201231	18413	20201231	18413
		pb2104	3654	20201231	3654	20201231	3654
		pb2105	3863	20201224	3449	20201231	3449
		pb2106	968	20201231	968	20201231	968
		pb2107	431	20201231	431	20201231	431
		pb2108	209	20201229	209	20201231	209
		pb2109	121	20201027	77	20201231	77
		pb2110	53	20201225	51	20201231	51
		pb2111	47	20201231	47	20201231	47
		pb2112	23	20201222	22	20201231	22
黄金（元/克） Gold (yuan/g)	SHFE	au2001	0	20200102	0	20200114	—
		au2002	25755	20200102	405	20200214	—
		au2003	19	20200108	0	20200313	—
		au2004	56454	20200103	315	20200414	—
		au2005	95	20200316	0	20200514	—
		au2006	207305	20200221	426	20200612	—
		au2007	68	20200521	0	20200714	—
		au2008	56991	20200318	336	20200814	—
		au2009	224	20200826	33	20200914	—
		au2010	32031	20200624	336	20201014	—
		au2011	217	20200918	0	20201113	—
		au2012	248730	20200805	660	20201214	—
		au2101	3766	20201119	9	20201231	9
		au2102	69429	20201130	37201	20201231	37201
		au2103	38	20201224	27	20201231	27
		au2104	39628	20200819	38239	20201231	38239
		au2106	105409	20201130	88524	20201231	88524
		au2108	22878	20201229	22193	20201231	22193
		au2110	1641	20201231	1641	20201231	1641
		au2112	115	20201231	115	20201231	115
白银（元/千克） Silver (yuan/kg)	SHFE	ag2001	950	20200113	946	20200114	—
		ag2002	165172	20200102	18698	20200214	—
		ag2003	218	20200110	166	20200313	—
		ag2004	184166	20200120	17072	20200414	—

5-13 续表 3 continued

交易品种 Product	上市交易所 Listed Exchange	合约 Contract	最高持仓量(手) Highest Positions (lot)	最高持仓日期 Highest Positions Day	最后持仓量(手) Last Positions (lot)	最后持仓日期 Last Positions Day	年末持仓量(手) Positions at the End of the Year (lot)
白银(元/千克) Silver (yuan/kg)	SHFE	ag2005	1225	20200402	532	20200514	—
		ag2006	503389	20200221	19684	20200612	—
		ag2007	72355	20200116	1762	20200714	—
		ag2008	106156	20200320	7514	20200814	—
		ag2009	52921	20200312	25512	20200914	—
		ag2010	57951	20200615	18430	20201014	—
		ag2011	41275	20200611	2114	20201113	—
		ag2012	638981	20200805	51102	20201214	—
		ag2101	123295	20201104	15564	20201231	15564
		ag2102	356569	20201216	258538	20201231	258538
		ag2103	80907	20201231	80907	20201231	80907
		ag2104	51442	20201231	51442	20201231	51442
		ag2105	47720	20201231	47720	20201231	47720
		ag2106	265768	20201231	265768	20201231	265768
		ag2107	1321	20201231	1321	20201231	1321
		ag2108	222	20201229	218	20201231	218
		ag2109	352	20201224	331	20201231	331
		ag2110	145	20201230	139	20201231	139
		ag2111	138	20201224	125	20201231	125
		ag2112	671	20201231	671	20201231	671
螺纹钢 Steel Rebar	SHFE	rb2001	63120	20200102	3060	20200114	—
		rb2002	7423	20200102	2880	20200214	—
		rb2003	8399	20200103	3780	20200313	—
		rb2004	3077	20200303	1170	20200414	—
		rb2005	1540040	20200221	1230	20200514	—
		rb2006	5283	20200205	300	20200612	—
		rb2007	3639	20200225	840	20200714	—
		rb2008	1827	20200304	210	20200814	—
		rb2009	6560	20200526	1710	20200914	—
		rb2010	1611977	20200401	5070	20201014	—
		rb2011	1495	20200630	180	20201113	—
		rb2012	1538	20200804	0	20201214	—
		rb2101	1313209	20200915	23684	20201231	23684
		rb2102	70899	20201207	17330	20201231	17330
		rb2103	127826	20201218	80211	20201231	80211
		rb2104	88557	20201203	28018	20201231	28018
		rb2105	1217327	20201231	1217327	20201231	1217327
		rb2106	46010	20201231	46010	20201231	46010
		rb2107	32909	20201231	32909	20201231	32909
		rb2108	801	20201231	801	20201231	801
		rb2109	844	20201231	844	20201231	844
		rb2110	127980	20201218	127911	20201231	127911
		rb2111	170	20201124	100	20201231	100
		rb2112	304	20201228	281	20201231	281

5-13 续表 4 continued

交易品种 Product	上市交易所 Listed Exchange	合约 Contract	最高持仓量(手) Highest Positions (lot)	最高持仓日期 Highest Positions Day	最后持仓量(手) Last Positions (lot)	最后持仓日期 Last Positions Day	年末持仓量(手) Positions at the End of the Year (lot)
不锈钢 Stainless Steel	SHFE	ss2002	3460	20200102	372	20200214	—
		ss2003	24	20200303	24	20200313	—
		ss2004	7	20200102	0	20200414	—
		ss2005	1643	20200102	204	20200514	—
		ss2006	58511	20200305	156	20200612	—
		ss2007	56850	20200511	72	20200714	—
		ss2008	64942	20200619	1584	20200814	—
		ss2009	42996	20200714	1512	20200914	—
		ss2010	36778	20200805	492	20201014	—
		ss2011	43384	20200917	1284	20201113	—
		ss2012	37432	20201019	456	20201214	—
		ss2101	57209	20201117	8196	20201231	8196
		ss2102	80567	20201214	19751	20201231	19751
		ss2103	78764	20201231	78764	20201231	78764
		ss2104	33472	20201231	33472	20201231	33472
		ss2105	20634	20201230	20584	20201231	20584
		ss2106	7156	20201231	7156	20201231	7156
		ss2107	1578	20201231	1578	20201231	1578
		ss2108	825	20201229	795	20201231	795
		ss2109	1075	20201230	1071	20201231	1071
		ss2110	222	20201230	221	20201231	221
		ss2111	36	20201229	35	20201231	35
		ss2112	3	20201221	3	20201231	3
线材 Steel Wire Rod	SHFE	wr2001	0	20200102	0	20200114	—
		wr2002	0	20200102	0	20200214	—
		wr2003	0	20200102	0	20200313	—
		wr2004	1	20200325	0	20200414	—
		wr2005	76	20200327	0	20200514	—
		wr2006	1	20200417	0	20200612	—
		wr2007	0	20200102	0	20200714	—
		wr2008	0	20200102	0	20200814	—
		wr2009	3	20200723	0	20200914	—
		wr2010	15	20200831	0	20201014	—
		wr2011	1	20200701	0	20201113	—
		wr2012	3	20200911	0	20201214	—
		wr2101	21	20201119	0	20201231	0
		wr2102	2	20201021	0	20201231	0
		wr2103	2	20200409	0	20201231	0
		wr2104	1	20200729	0	20201231	0

5-13 续表 5 continued

交易品种 Product	上市交易所 Listed Exchange	合约 Contract	最高持仓量（手） Highest Positions (lot)	最高持仓日期 Highest Positions Day	最后持仓量（手） Last Positions (lot)	最后持仓日期 Last Positions Day	年末持仓量（手） Positions at the End of the Year (lot)
线材 Steel Wire Rod	SHFE	wr2105	37	20201225	32	20201231	32
		wr2106	12	20201221	2	20201231	2
		wr2107	6	20200804	0	20201231	0
		wr2108	1	20200820	0	20201231	0
		wr2109	0	20200916	0	20201231	0
		wr2110	5	20201231	5	20201231	5
		wr2111	0	20201117	0	20201231	0
		wr2112	0	20201216	0	20201231	0
热轧卷板 Hot Rolled Coils	SHFE	hc2001	24360	20200102	8670	20200114	—
		hc2002	298	20200102	120	20200214	—
		hc2003	397	20200212	150	20200313	—
		hc2004	137	20200123	30	20200414	—
		hc2005	304210	20200120	21570	20200514	—
		hc2006	1320	20200610	1320	20200612	—
		hc2007	780	20200713	780	20200714	—
		hc2008	480	20200812	480	20200814	—
		hc2009	691	20200703	420	20200914	—
		hc2010	609498	20200619	5160	20201014	—
		hc2011	330	20201102	330	20201113	—
		hc2012	201	20201117	180	20201214	—
		hc2101	355412	20201117	30333	20201231	30333
		hc2102	29252	20201112	3997	20201231	3997
		hc2103	45939	20200731	16740	20201231	16740
		hc2104	44934	20201127	7916	20201231	7916
		hc2105	523892	20201231	523892	20201231	523892
		hc2106	35579	20201230	35352	20201231	35352
		hc2107	17791	20201231	17791	20201231	17791
		hc2108	479	20201230	452	20201231	452
		hc2109	298	20201231	298	20201231	298
		hc2110	31817	20201222	28768	20201231	28768
		hc2111	27	20201216	11	20201231	11
		hc2112	12	20201228	11	20201231	11
锡 Tin	SHFE	sn2001	7562	20200102	4934	20200114	—
		sn2002	7	20200106	0	20200214	—
		sn2003	1	20200115	0	20200313	—
		sn2004	1	20200327	0	20200414	—
		sn2005	16198	20200102	536	20200514	—
		sn2006	42755	20200318	1156	20200612	—
		sn2007	32117	20200508	986	20200714	—
		sn2008	36931	20200603	884	20200814	—
		sn2009	32211	20200706	894	20200914	—

5-13 续表 6 continued

交易品种 Product	上市交易所 Listed Exchange	合约 Contract	最高持仓量（手） Highest Positions (lot)	最高持仓日期 Highest Positions Day	最后持仓量（手） Last Positions (lot)	最后持仓日期 Last Positions Day	年末持仓量（手） Positions at the End of the Year (lot)
锡 Tin	SHFE	sn2010	26444	20200730	1128	20201014	—
		sn2011	24163	20200902	1320	20201113	—
		sn2012	27940	20201016	1070	20201214	—
		sn2101	42430	20201118	1892	20201231	1892
		sn2102	34039	20201217	6022	20201231	6022
		sn2103	31376	20201231	31376	20201231	31376
		sn2104	12071	20201231	12071	20201231	12071
		sn2105	1140	20201231	1140	20201231	1140
		sn2106	16	20200728	1	20201231	1
		sn2107	2	20200818	2	20201231	2
		sn2108	2	20201027	1	20201231	1
		sn2109	2	20200921	2	20201231	2
		sn2110	10	20201028	1	20201231	1
		sn2111	1	20201211	0	20201231	0
		sn2112	0	20201216	0	20201231	0
镍 Nickel	SHFE	ni2001	14814	20200102	8286	20200114	—
		ni2002	88260	20200102	12540	20200214	—
		ni2003	181716	20200113	5496	20200313	—
		ni2004	131186	20200211	5652	20200414	—
		ni2005	70785	20200121	6162	20200514	—
		ni2006	123165	20200420	11088	20200612	—
		ni2007	116870	20200521	10152	20200714	—
		ni2008	124343	20200611	9924	20200814	—
		ni2009	54534	20200622	9954	20200914	—
		ni2010	183336	20200805	8784	20201014	—
		ni2011	181495	20200901	7464	20201113	—
		ni2012	147809	20201021	7332	20201214	—
		ni2101	57943	20201028	7780	20201231	7780
		ni2102	183010	20201127	44909	20201231	44909
		ni2103	154265	20201231	154265	20201231	154265
		ni2104	63028	20201231	63028	20201231	63028
		ni2105	31802	20201231	31802	20201231	31802
		ni2106	8664	20201214	8131	20201231	8131
		ni2107	181	20201211	162	20201231	162
		ni2108	54	20201231	54	20201231	54
		ni2109	1476	20201231	1476	20201231	1476
		ni2110	102	20201231	102	20201231	102
		ni2111	77	20201231	77	20201231	77
		ni2112	90	20201231	90	20201231	90

5-13 续表 7 continued

交易品种 Product	上市交易所 Listed Exchange	合约 Contract	最高持仓量(手) Highest Positions (lot)	最高持仓日期 Highest Positions Day	最后持仓量(手) Last Positions (lot)	最后持仓日期 Last Positions Day	年末持仓量(手) Positions at the End of the Year (lot)
铜(BC) Copper (BC)	SHFE	bc2103	11316	20201204	10556	20201231	10556
		bc2104	8847	20201231	8847	20201231	8847
		bc2105	1238	20201218	1044	20201231	1044
		bc2106	356	20201231	356	20201231	356
		bc2107	2	20201218	1	20201231	1
		bc2108	1	20201201	1	20201231	1
		bc2109	5	20201119	2	20201231	2
		bc2110	1	20201119	1	20201231	1
		bc2111	1	20201119	1	20201231	1
		bc2112	0	20201216	0	20201231	0
铁矿石 Iron Ore	DCE	i2001	7497	20200102	6019	20200114	—
		i2002	16967	20200102	500	20200213	—
		i2003	53220	20200113	2237	20200312	—
		i2004	10520	20200225	1315	20200414	—
		i2005	859941	20200221	5098	20200518	—
		i2006	11882	20200313	1700	20200611	—
		i2007	17336	20200313	900	20200713	—
		i2008	10380	20200619	905	20200813	—
		i2009	969900	20200529	3660	20200911	—
		i2010	34036	20200824	4108	20201021	—
		i2011	14339	20200831	1088	20201112	—
		i2012	7416	20201027	4329	20201211	—
		i2101	810703	20200916	10688	20201231	10688
		i2102	64824	20201218	35838	20201231	35838
		i2103	28901	20201228	28540	20201231	28540
		i2104	18458	20201231	18458	20201231	18458
		i2105	599405	20201210	418984	20201231	418984
		i2106	397	20200715	293	20201231	293
		i2107	497	20200914	294	20201231	294
		i2108	1029	20200930	263	20201231	263
		i2109	108261	20201222	93140	20201231	93140
		i2110	221	20201218	169	20201231	169
		i2111	280	20201214	175	20201231	175
		i2112	55	20201221	47	20201231	47
硅铁 Ferrosilicon	ZCE	SF001	10751	20200102	6458	20200114	—
		SF002	530	20200102	0	20200213	—
		SF003	20	20200210	20	20200312	—
		SF004	2	20200212	0	20200414	—
		SF005	82558	20200205	2247	20200518	—
		SF006	647	20200410	400	20200611	—
		SF007	35558	20200526	6813	20200713	—
		SF008	70986	20200624	2903	20200813	—
		SF009	72618	20200521	4782	20200911	—

5-13 续表 8 continued

交易品种 Product	上市交易所 Listed Exchange	合约 Contract	最高持仓量（手） Highest Positions (lot)	最高持仓日期 Highest Positions Day	最后持仓量（手） Last Positions (lot)	最后持仓日期 Last Positions Day	年末持仓量（手） Positions at the End of the Year (lot)
硅铁 Ferrosilicon	ZCE	SF010	78382	20200804	3025	20201021	—
		SF011	31198	20200804	4787	20201112	—
		SF012	17407	20201021	5016	20201211	—
		SF101	123592	20201123	2767	20201231	2767
		SF102	906	20201207	278	20201231	278
		SF103	15694	20201207	6893	20201231	6893
		SF104	7674	20201231	7674	20201231	7674
		SF105	106026	20201225	77504	20201231	77504
		SF106	96	20201231	96	20201231	96
		SF107	2	20200917	0	20201231	0
		SF108	3	20201221	2	20201231	2
		SF109	6657	20201221	5423	20201231	5423
		SF110	1	20201112	1	20201130	0
		SF111	21	20201217	20	20201231	20
		SF112	0	—	0	20201231	0
锰硅 Manganese Silicon	ZCE	SM001	5476	20200102	2980	20200114	—
		SM002	0	—	0	20200213	—
		SM003	0	—	0	20200312	—
		SM004	2	20200211	0	20200414	—
		SM005	94639	20200326	6715	20200518	—
		SM006	601	20200409	123	20200529	—
		SM007	18763	20200513	1322	20200713	—
		SM008	12790	20200526	1323	20200813	—
		SM009	144514	20200604	4262	20200911	—
		SM010	15196	20200629	2431	20201021	—
		SM011	19920	20200904	1477	20201112	—
		SM012	8894	20201013	2823	20201211	—
		SM101	148696	20201027	5347	20201231	5347
		SM102	27	20201215	24	20201231	24
		SM103	17735	20201225	14856	20201231	14856
		SM104	16697	20201228	16327	20201231	16327
		SM105	141521	20201221	111880	20201231	111880
		SM106	19	20201221	1	20201231	1
		SM107	52	20200825	1	20200731	1
		SM108	33	20201204	10	20201231	10
		SM109	2122	20201228	1909	20201231	1909
		SM110	44	20201231	44	20201231	44
		SM111	2	20201209	1	20201231	1
		SM112	1	20201222	1	20201231	1

5-14 2020年能源、化工及其他期货持仓情况
Positions of Energy & Chemical Products & Others in 2020

交易品种 Product	上市交易所 Listed Exchange	合约 Contract	最高持仓量(手) Highest Positions (lot)	最高持仓日期 Highest Positions Day	最后持仓量(手) Last Positions (lot)	最后持仓日期 Last Positions Day	年末持仓量(手) Positions at the End of the Year (lot)
聚乙烯 LLDPE	DCE	l2001	4434	20200102	2946	20200114	—
		l2002	187	20200102	10	20200213	—
		l2003	24	20200114	21	20200312	—
		l2004	2876	20200224	120	20200414	—
		l2005	371698	20200102	871	20200518	—
		l2006	3382	20200313	22	20200611	—
		l2007	3944	20200519	181	20200713	—
		l2008	4867	20200619	635	20200813	—
		l2009	408115	20200528	2479	20200911	—
		l2010	7280	20200827	218	20201021	—
		l2011	6483	20200827	131	20201112	—
		l2012	2476	20200820	373	20201211	—
		l2101	325822	20200904	6649	20201231	6649
		l2102	15459	20201228	12389	20201231	12389
		l2103	6546	20201231	6546	20201231	6546
		l2104	6456	20201225	5837	20201231	5837
		l2105	231225	20201230	226111	20201231	226111
		l2106	26	20200727	7	20201231	7
		l2107	10	20201204	9	20201231	9
		l2108	7	20201027	3	20201231	3
		l2109	7292	20201231	7292	20201231	7292
		l2110	5	20201109	1	20201231	1
		l2111	12	20201117	2	20201231	2
		l2112	2	20201218	2	20201231	2
聚氯乙烯 PVC	DCE	v2001	8769	20200102	7390	20200114	—
		v2002	183	20200102	0	20200213	—
		v2003	3	20200102	0	20200312	—
		v2004	2536	20200212	42	20200414	—
		v2005	269917	20200110	1721	20200518	—
		v2006	6440	20200305	70	20200611	—
		v2007	3695	20200309	44	20200713	—
		v2008	5129	20200622	40	20200813	—
		v2009	229290	20200603	4593	20200911	—
		v2010	4596	20200828	306	20201021	—
		v2011	4048	20200826	131	20201112	—
		v2012	1330	20200821	0	20201211	—
		v2101	346713	20201109	16148	20201231	16148

注：1.若合约最后到期日在2020年内，则最后持仓日期为合约最后交易日的前一交易日；
2.若合约最后到期日在2020年12月31日之后，则最后持仓日期为2020年12月31日；
3.最后持仓量为最后持仓日期的持仓量；
4.数据为单边。

数据来源：上海期货交易所、郑州商品交易所、大连商品交易所

Source：SHFE、ZCE、DCE

5-14 续表 1 continued

交易品种 Product	上市交易所 Listed Exchange	合约 Contract	最高持仓量(手) Highest Positions (lot)	最高持仓日期 Highest Positions Day	最后持仓量(手) Last Positions (lot)	最后持仓日期 Last Positions Day	年末持仓量(手) Positions at the End of the Year (lot)
聚氯乙烯 PVC	DCE	v2102	18102	20201228	12385	20201231	12385
		v2103	11305	20201231	11305	20201231	11305
		v2104	4694	20201231	4694	20201231	4694
		v2105	360400	20201231	360400	20201231	360400
		v2106	11	20201214	8	20201231	8
		v2107	2	20200717	0	20201231	0
		v2108	5	20201221	4	20201231	4
		v2109	5097	20201231	5097	20201231	5097
		v2110	107	20201109	0	20201231	0
		v2111	0	20201116	0	20201231	0
		v2112	2	20201225	2	20201231	2
聚丙烯 PP	DCE	pp2001	4167	20200102	2950	20200114	—
		pp2002	42	20200102	41	20200213	—
		pp2003	98	20200102	33	20200312	—
		pp2004	2711	20200214	213	20200414	—
		pp2005	414640	20200213	1929	20200518	—
		pp2006	3475	20200305	149	20200611	—
		pp2007	3503	20200525	511	20200713	—
		pp2008	5322	20200603	6	20200813	—
		pp2009	516506	20200601	6393	20200911	—
		pp2010	10505	20200827	912	20201021	—
		pp2011	5303	20200828	132	20201112	—
		pp2012	2722	20200831	99	20201211	—
		pp2101	396772	20201102	7397	20201231	7397
		pp2102	17542	20201224	7702	20201231	7702
		pp2103	10404	20201230	9763	20201231	9763
		pp2104	5766	20201231	5766	20201231	5766
		pp2105	290021	20201228	262965	20201231	262965
		pp2106	53	20201130	50	20201231	50
		pp2107	18	20201123	17	20201231	17
		pp2108	12	20201230	12	20201231	12
		pp2109	6587	20201231	6587	20201231	6587
		pp2110	23	20201225	16	20201231	16
		pp2111	9	20201228	9	20201231	9
		pp2112	0	20201215	0	20201231	0
焦炭 Coke	DCE	j2001	1605	20200102	718	20200114	—
		j2002	1	20200102	0	20200213	—
		j2003	4	20200213	0	20200312	—
		j2004	4	20200102	0	20200414	—
		j2005	151911	20200108	465	20200518	—
		j2006	22	20200102	0	20200611	—
		j2007	517	20200102	0	20200713	—
		j2008	46	20200410	0	20200813	—
		j2009	193379	20200604	466	20200911	—

5-14 续表 2 continued

交易品种 Product	上市交易所 Listed Exchange	合约 Contract	最高持仓量（手） Highest Positions (lot)	最高持仓日期 Highest Positions Day	最后持仓量（手） Last Positions (lot)	最后持仓日期 Last Positions Day	年末持仓量（手） Positions at the End of the Year (lot)
焦炭 Coke	DCE	j2010	7016	20200828	20	20201021	—
		j2011	3051	20200831	0	20201112	—
		j2012	484	20201016	60	20201211	—
		j2101	194366	20201106	1307	20201231	1307
		j2102	26094	20201208	17965	20201231	17965
		j2103	2807	20201125	2732	20201231	2732
		j2104	2303	20201124	652	20201231	652
		j2105	209233	20201230	185506	20201231	185506
		j2106	51	20201230	40	20201231	40
		j2107	19	20201225	19	20201231	19
		j2108	11	20201221	11	20201231	11
		j2109	3118	20201230	2882	20201231	2882
		j2110	10	20201211	8	20201231	8
		j2111	12	20201229	12	20201231	12
		j2112	5	20201228	4	20201231	4
焦煤 Coking Coal	DCE	jm2001	5554	20200102	3959	20200114	—
		jm2002	7	20200102	0	20200213	—
		jm2003	353	20200102	0	20200312	—
		jm2004	5	20200102	0	20200414	—
		jm2005	112711	20200227	2001	20200518	—
		jm2006	11	20200416	0	20200611	—
		jm2007	8	20200602	0	20200713	—
		jm2008	7	20200403	0	20200813	—
		jm2009	115327	20200428	1101	20200911	—
		jm2010	4224	20200821	0	20201021	—
		jm2011	3426	20200831	0	20201112	—
		jm2012	4472	20201104	0	20201211	—
		jm2101	111185	20201125	2337	20201231	2337
		jm2102	23248	20201228	15448	20201231	15448
		jm2103	3721	20201231	3721	20201231	3721
		jm2104	3131	20201230	2890	20201231	2890
		jm2105	118987	20201228	103492	20201231	103492
		jm2106	91	20201230	90	20201231	90
		jm2107	38	20201225	37	20201231	37
		jm2108	4	20201105	2	20201231	2
		jm2109	867	20201230	847	20201231	847
		jm2110	3	20201104	2	20201231	2
		jm2111	2	20201209	2	20201231	2
		jm2112	2	20201218	0	20201231	0
乙二醇 Ethylene Glycol	DCE	eg2001	3522	20200102	131	20200120	—
		eg2002	2	20200102	0	20200224	—
		eg2003	23	20200211	0	20200325	—
		eg2004	3389	20200224	0	20200424	—
		eg2005	199134	20200110	1051	20200525	—

5-14 续表 3 continued

交易品种 Product	上市交易所 Listed Exchange	合约 Contract	最高持仓量（手）Highest Positions (lot)	最高持仓日期 Highest Positions Day	最后持仓量（手）Last Positions (lot)	最后持仓日期 Last Positions Day	年末持仓量（手）Positions at the End of the Year (lot)
乙二醇 Ethylene Glycol	DCE	eg2006	6374	20200417	2	20200622	—
		eg2007	5032	20200519	0	20200727	—
		eg2008	5925	20200622	0	20200825	—
		eg2009	281282	20200707	0	20200924	—
		eg2010	11551	20200826	0	20201026	—
		eg2011	6587	20200831	0	20201124	—
		eg2012	2365	20201026	0	20201225	—
		eg2101	284011	20200908	3761	20201231	3761
		eg2102	16782	20201228	9762	20201231	9762
		eg2103	9912	20201230	9609	20201231	9609
		eg2104	6700	20201231	6700	20201231	6700
		eg2105	257588	20201225	239343	20201231	239343
		eg2106	54	20201207	9	20201231	9
		eg2107	51	20201218	2	20201231	2
		eg2108	37	20201112	7	20201231	7
		eg2109	2816	20201231	2816	20201231	2816
		eg2110	9	20201127	7	20201231	7
		eg2111	7	20201231	7	20201231	7
		eg2112	0	20201229	0	20201231	0
苯乙烯 Ethenylbenzene	DCE	eb2004	1663	20200225	0	20200424	—
		eb2005	92488	20200327	0	20200525	—
		eb2006	4048	20200415	1198	20200622	—
		eb2007	4081	20200518	0	20200727	—
		eb2008	4067	20200622	0	20200825	—
		eb2009	138347	20200710	0	20200924	—
		eb2010	12329	20200819	0	20201026	—
		eb2011	11969	20200921	0	20201124	—
		eb2012	6559	20200925	1504	20201225	—
		eb2101	197981	20201116	2571	20201231	2571
		eb2102	83419	20201229	57144	20201231	57144
		eb2103	15936	20201202	12147	20201231	12147
		eb2104	6156	20201228	4986	20201231	4986
		eb2105	27851	20201229	24352	20201231	24352
		eb2106	49	20201231	49	20201231	49
		eb2107	16	20201229	16	20201231	16
		eb2108	44	20201119	33	20201231	33
		eb2109	295	20201230	294	20201231	294
		eb2110	15	20201123	5	20201231	5
		eb2111	5	20201225	5	20201231	5
		eb2112	0	20201229	0	20201231	0
液化石油气 Liquefied Petroleum Gas	DCE	pg2011	118378	20200427	763	20201124	—
		pg2012	45730	20201111	26	20201225	—
		pg2101	51954	20201120	3024	20201231	3024
		pg2102	46477	20201229	40213	20201231	40213

5-14 续表 4 continued

交易品种 Product	上市交易所 Listed Exchange	合约 Contract	最高持仓量(手) Highest Positions (lot)	最高持仓日期 Highest Positions Day	最后持仓量(手) Last Positions (lot)	最后持仓日期 Last Positions Day	年末持仓量(手) Positions at the End of the Year (lot)
液化石油气 Liquefied Petroleum Gas	DCE	pg2103	10472	20201231	10472	20201231	10472
		pg2104	5671	20201231	5671	20201231	5671
		pg2105	4777	20201222	4491	20201231	4491
		pg2106	415	20201203	374	20201231	374
		pg2107	289	20201229	289	20201231	289
		pg2108	310	20201221	291	20201231	291
		pg2109	82	20201221	77	20201231	77
		pg2110	207	20201223	197	20201231	197
		pg2111	122	20201221	119	20201231	119
		pg2112	10	20201231	10	20201231	10
甲醇 Methanol	ZCE	MA001	7248	20200102	2169	20200114	—
		MA002	85	20200123	0	20200213	—
		MA003	35386	20200115	1998	20200312	—
		MA004	179	20200304	15	20200414	—
		MA005	839013	20200113	21500	20200518	—
		MA006	1100	20200604	1100	20200611	—
		MA007	65644	20200526	8732	20200713	—
		MA008	1708	20200623	863	20200813	—
		MA009	1561516	20200526	6128	20200911	—
		MA010	11752	20200810	1392	20201021	—
		MA011	94010	20200915	4373	20201112	—
		MA012	16635	20201021	931	20201211	—
		MA101	1393050	20201113	8030	20201231	8030
		MA102	45061	20201016	30442	20201231	30442
		MA103	133367	20201224	100662	20201231	100662
		MA104	10306	20200904	2539	20201231	2539
		MA105	1062474	20201228	863234	20201231	863234
		MA106	69	20201228	63	20201231	63
		MA107	11012	20201103	1256	20201231	1256
		MA108	14061	20201015	4520	20201231	4520
		MA109	25075	20201231	25075	20201231	25075
		MA110	38	20201116	11	20201231	11
		MA111	7525	20201230	7525	20201231	7525
		MA112	11	20201228	9	44196	9
PTA	ZCE	TA001	46881	20200102	29268	20200114	—
		TA002	14	20200102	3	20200213	—
		TA003	115844	20200107	66105	20200312	—
		TA004	244	20200304	116	20200414	—
		TA005	914527	20200324	77800	20200518	—
		TA006	2038	20200423	0	20200611	—
		TA007	165133	20200417	37698	20200713	—
		TA008	2346	20200428	2045	20200813	—

5-14 续表 5 continued

交易品种 Product	上市交易所 Listed Exchange	合约 Contract	最高持仓量(手) Highest Positions (lot)	最高持仓日期 Highest Positions Day	最后持仓量(手) Last Positions (lot)	最后持仓日期 Last Positions Day	年末持仓量(手) Positions at the End of the Year (lot)
PTA	ZCE	TA009	1580938	20200417	29276	20200911	—
		TA010	20770	20200827	13658	20201021	—
		TA011	113726	20200827	21375	20201112	—
		TA012	36188	20201016	8070	20201211	—
		TA101	2137897	20201109	119426	20201231	119426
		TA102	49649	20201119	20592	20201231	20592
		TA103	80468	20201228	69734	20201231	69734
		TA104	4253	20200727	3309	20201231	3309
		TA105	2784649	20201217	2493363	20201231	2493363
		TA106	992	20201027	586	20201231	586
		TA107	12760	20200928	4507	20201231	4507
		TA108	4710	20201023	865	20201231	865
		TA109	390181	20201231	390181	20201231	390181
		TA110	931	20201224	714	20201231	714
		TA111	2075	20201225	1826	20201231	1826
		TA112	189	20201230	188	20201231	188
动力煤 Thermal Coal	ZCE	ZC001	15611	20200102	4506	20200107	—
		ZC002	0	-	0	20200206	—
		ZC003	42705	20200108	4707	20200305	—
		ZC004	9	20200317	0	20200407	—
		ZC005	149121	20200108	4064	20200511	—
		ZC006	9	20200423	0	20200604	—
		ZC007	77898	20200513	3000	20200706	—
		ZC008	4	20200701	0	20200806	—
		ZC009	234487	20200414	3160	20200904	—
		ZC010	8266	20200828	1400	20201014	—
		ZC011	196386	20200929	4846	20201105	—
		ZC012	12987	20201104	1410	20201204	—
		ZC101	218313	20201117	995	20201231	995
		ZC102	40676	20201209	21551	20201231	21551
		ZC103	44702	20201209	25899	20201231	25899
		ZC104	3847	20201229	3238	20201231	3238
		ZC105	224407	20201218	168261	20201231	168261
		ZC106	229	20201231	229	20201231	229
		ZC107	1343	20201225	1175	20201231	1175
		ZC108	80	20201112	17	20201231	17
		ZC109	6909	20201229	6650	20201231	6650
		ZC110	12	20201204	9	20201231	9
		ZC111	667	20201228	648	20201231	648
		ZC112	799	20201231	799	20201231	799
玻璃 Glass	ZCE	FG001	927	20200102	851	20200114	—
		FG002	325	20200102	0	20200213	—
		FG003	575	20200103	0	20200312	—

5-14 续表 6 continued

交易品种 Product	上市交易所 Listed Exchange	合约 Contract	最高持仓量(手) Highest Positions (lot)	最高持仓日期 Highest Positions Day	最后持仓量(手) Last Positions (lot)	最后持仓日期 Last Positions Day	年末持仓量(手) Positions at the End of the Year (lot)
玻璃 Glass	ZCE	FG004	2	20200102	0	20200414	—
		FG005	256753	20200115	4491	20200518	—
		FG006	412	20200601	0	20200611	—
		FG007	28552	20200511	306	20200713	—
		FG008	54157	20200511	400	20200813	—
		FG009	278167	20200717	320	20200911	—
		FG010	20763	20200529	151	20201021	—
		FG011	12624	20200616	0	20201112	—
		FG012	12080	20200916	51	20201211	—
		FG101	857662	20200831	1785	20201231	1785
		FG102	824	20201217	342	20201231	342
		FG103	7380	20201030	5014	20201231	5014
		FG104	9808	20201210	8518	20201231	8518
		FG105	478550	20201221	433791	20201231	433791
		FG106	784	20200828	83	20201231	83
		FG107	266	20201224	216	20201231	216
		FG108	1692	20201211	893	20201231	893
		FG109	28469	20201231	28469	20201231	28469
		FG110	96	20201228	86	20201231	86
		FG111	129	20201225	110	20201231	110
		FG112	18	20201231	18	20201231	18
尿素 Urea	ZCE	UR001	779	20200102	652	20200114	—
		UR002	105	20200106	64	20200213	—
		UR003	32	20200113	0	20200312	—
		UR004	12	20200113	0	20200414	—
		UR005	89171	20200225	871	20200518	—
		UR006	24	20200409	0	20200611	—
		UR007	2644	20200210	24	20200713	—
		UR008	11	20200722	8	20200731	—
		UR009	102364	20200624	965	20200911	—
		UR010	304	20200904	0	20201021	—
		UR011	345	20200924	83	20201112	—
		UR012	259	20200902	33	20201211	—
		UR101	81839	20200831	3666	20201231	3666
		UR102	45	20201216	29	20201231	29
		UR103	338	20200922	106	20201231	106
		UR104	194	20201215	10	20201231	10
		UR105	61768	20201221	48102	20201231	48102
		UR106	802	20201102	3	20201231	3
		UR107	271	20200731	12	20201231	12
		UR108	2	20201223	2	20201231	2
		UR109	3057	20201231	3057	20201231	3057
		UR110	725	20201225	725	20201231	725
		UR111	8	20201223	7	20201231	7
		UR112	2	20201229	2	20201231	2

5-14 续表 7 continued

交易品种 Product	上市交易所 Listed Exchange	合约 Contract	最高持仓量（手） Highest Positions (lot)	最高持仓日期 Highest Positions Day	最后持仓量（手） Last Positions (lot)	最后持仓日期 Last Positions Day	年末持仓量（手） Positions at the End of the Year (lot)
纯碱 Soda Ash	ZCE	SA005	39616	20200110	1570	20200518	—
		SA006	460	20200601	460	20200611	—
		SA007	409	20200527	216	20200713	—
		SA008	4626	20200708	1155	20200813	—
		SA009	163018	20200720	1406	20200911	—
		SA010	6207	20200903	1574	20201021	—
		SA011	37286	20200902	2290	20201112	—
		SA012	12792	20200831	2000	20201211	—
		SA101	316523	20201201	3891	20201231	3891
		SA102	4615	20201230	4370	20201231	4370
		SA103	27876	20201216	26250	20201231	26250
		SA104	18175	20201231	18175	20201231	18175
		SA105	161163	20201230	146448	20201231	146448
		SA106	267	20201019	210	20201231	210
		SA107	509	20201113	197	20201231	197
		SA108	84	20201117	72	20201231	72
		SA109	4018	20201231	4018	20201231	4018
		SA110	40	20201223	31	20201231	31
		SA111	105	20201210	46	20201231	46
		SA112	2	20201231	2	20201231	2
短纤 Polyester Staple Fiber	ZCE	PF105	316768	20201019	110849	20201231	110849
		PF106	173	20201013	30	20201231	30
		PF107	87	20201013	23	20201231	23
		PF108	90	20201022	13	20201231	13
		PF109	7359	20201022	3199	20201231	3199
		PF110	26	20201111	10	20201231	10
		PF111	3	20201221	3	20201231	3
		PF112	1	20201221	0	20201231	0
燃料油 Fuel Oil	SHFE	fu2002	260	20200115	260	20200115	—
		fu2003	25833	20200102	11038	20200227	—
		fu2004	20834	20200102	3189	20200330	—
		fu2005	370930	20200312	7286	20200429	—
		fu2006	106398	20200317	5828	20200528	—
		fu2007	91286	20200420	5514	20200629	—
		fu2008	91892	20200421	4393	20200730	—
		fu2009	880157	20200427	9756	20200828	—
		fu2010	25753	20200810	2371	20200922	—
		fu2011	6074	20200917	3023	20201029	—
		fu2012	13482	20201029	8560	20201127	—
		fu2101	647231	20200917	14773	20201223	—
		fu2102	1935	20201229	1925	20201231	1925

5-14 续表 8 continued

交易品种 Product	上市交易所 Listed Exchange	合约 Contract	最高持仓量（手）Highest Positions (lot)	最高持仓日期 Highest Positions Day	最后持仓量（手）Last Positions (lot)	最后持仓日期 Last Positions Day	年末持仓量（手）Positions at the End of the Year (lot)
燃料油 Fuel Oil	SHFE	fu2103	16243	20201209	12049	20201231	12049
		fu2104	378	20200518	212	20201231	212
		fu2105	478414	20201217	384076	20201231	384076
		fu2106	377	20201102	186	20201231	186
		fu2107	213	20201230	207	20201231	207
		fu2108	211	20201223	162	20201231	162
		fu2109	42335	20201230	42097	20201231	42097
		fu2110	159	20201203	152	20201231	152
		fu2111	92	20201217	55	20201231	55
		fu2112	103	20201228	87	20201231	87
		fu2201	50	20201231	50	20201231	50
纸浆 Woodpulp	SHFE	sp2001	8592	20200102	5662	20200114	—
		sp2002	33	20200102	10	20200214	—
		sp2003	26	20200203	24	20200313	—
		sp2004	46	20200302	42	20200414	—
		sp2005	146486	20200113	7340	20200514	—
		sp2006	89	20200413	78	20200612	—
		sp2007	61	20200514	52	20200714	—
		sp2008	39	20200603	30	20200814	—
		sp2009	138676	20200727	4864	20200914	—
		sp2010	281	20200902	276	20201014	—
		sp2011	35	20200720	18	20201113	—
		sp2012	230730	20200902	3998	20201214	—
		sp2101	129278	20201118	5712	20201231	5712
		sp2102	77351	20201202	17478	20201231	17478
		sp2103	161805	20201223	155921	20201231	155921
		sp2104	78822	20201231	78822	20201231	78822
		sp2105	29768	20201230	28593	20201231	28593
		sp2106	1159	20201230	1096	20201231	1096
		sp2107	19	20201229	16	20201231	16
		sp2108	16	20201228	16	20201231	16
		sp2109	1499	20201223	1167	20201231	1167
		sp2110	25	20201229	25	20201231	25
		sp2111	16	20201231	16	20201231	16
		sp2112	65	20201231	65	20201231	65
石油沥青 Bitumen	SHFE	bu2001	1094	20200103	1031	20200114	—
		bu2002	47	20200210	46	20200214	—
		bu2003	107	20200228	105	20200313	—
		bu2004	33	20200403	16	20200414	—
		bu2005	2618	20200416	2019	20200514	—
		bu2006	548154	20200331	20134	20200612	—
		bu2007	743	20200519	142	20200714	—
		bu2008	644	20200709	51	20200814	—

5-14 续表 9 continued

交易品种 Product	上市交易所 Listed Exchange	合约 Contract	最高持仓量（手） Highest Positions (lot)	最高持仓日期 Highest Positions Day	最后持仓量（手） Last Positions (lot)	最后持仓日期 Last Positions Day	年末持仓量（手） Positions at the End of the Year (lot)
石油沥青 Bitumen	SHFE	bu2009	97838	20200602	8247	20200914	—
		bu2010	513	20200701	84	20201014	—
		bu2011	841	20200903	434	20201113	—
		bu2012	667206	20200918	18056	20201214	—
		bu2101	149282	20201106	10552	20201231	10552
		bu2102	74332	20201124	9412	20201231	9412
		bu2103	115762	20201203	96511	20201231	96511
		bu2104	60538	20201231	60538	20201231	60538
		bu2105	63240	20201231	63240	20201231	63240
		bu2106	448878	20201221	418360	20201231	418360
		bu2109	1791	20200422	1259	20201231	1259
		bu2112	2778	20200422	1548	20201231	1548
		bu2203	80	20201217	71	20201231	71
		bu2206	139	20201103	95	20201231	95
		bu2209	87	20201217	58	20201231	58
		bu2212	27	20201224	22	20201231	22
20号胶 TSR 20	INE	nr2002	4275	20200102	70	20200214	—
		nr2003	17693	20200102	1712	20200313	—
		nr2004	19776	20200213	1627	20200414	—
		nr2005	21515	20200313	1740	20200514	—
		nr2006	12330	20200415	1350	20200612	—
		nr2007	14472	20200521	864	20200714	—
		nr2008	11562	20200615	839	20200814	—
		nr2009	21325	20200716	584	20200914	—
		nr2010	27346	20200807	1166	20201014	—
		nr2011	25798	20200904	442	20201113	—
		nr2012	24085	20201015	1256	20201214	—
		nr2101	32611	20201105	738	20201231	738
		nr2102	29468	20201209	5157	20201231	5157
		nr2103	27264	20201231	27264	20201231	27264
		nr2104	8048	20201231	8048	20201231	8048
		nr2105	2491	20201230	2419	20201231	2419
		nr2106	394	20201230	393	20201231	393
		nr2107	3	20201230	2	20201231	2
		nr2108	0	20200818	0	20201231	0
		nr2109	3	20201019	3	20201231	3
		nr2110	3	20201228	1	20201231	1
		nr2111	0	20201117	0	20201231	0
		nr2112	0	20201216	0	20201231	0
原油 Crude Oil	INE	sc2002	10614	20200102	1210	20200115	—
		sc2003	22523	20200116	1350	20200227	—
		sc2004	31630	20200212	2491	20200330	—

5-14 续表 10 continued

交易品种 Product	上市 交易所 Listed Exchange	合约 Contract	最高持仓量 (手) Highest Positions (lot)	最高持仓 日期 Highest Positions Day	最后持仓量 (手) Last Positions (lot)	最后持仓 日期 Last Positions Day	年末持仓量 (手) Positions at the End of the Year (lot)
原油 Crude Oil	INE	sc2005	41637	20200311	6553	20200429	—
		sc2006	67631	20200417	12512	20200528	—
		sc2007	70909	20200521	11677	20200629	—
		sc2008	54343	20200619	14365	20200730	—
		sc2009	62962	20200721	12226	20200828	—
		sc2010	69492	20200818	7978	20200922	—
		sc2011	55503	20200915	7821	20201029	—
		sc2012	59576	20201022	5636	20201127	—
		sc2101	59783	20201124	1993	20201223	—
		sc2102	56815	20201217	31114	20201231	31114
		sc2103	25812	20201231	25812	20201231	25812
		sc2104	16862	20201231	16862	20201231	16862
		sc2105	4769	20201231	4769	20201231	4769
		sc2106	5749	20201215	4440	20201231	4440
		sc2107	356	20201211	281	20201231	281
		sc2108	113	20201231	113	20201231	113
		sc2109	396	20201231	396	20201231	396
		sc2110	26	20201223	25	20201231	25
		sc2111	9	20201230	9	20201231	9
		sc2112	446	20201225	443	20201231	443
		sc2201	1	20201230	1	20201231	1
		sc2203	82	20201218	82	20201231	82
		sc2206	89	20200417	68	20201231	68
		sc2209	33	20200319	23	20201231	23
		sc2212	116	20200422	97	20201231	97
		sc2303	97	20200422	91	20201231	91
		sc2306	20	20200911	16	20201231	16
		sc2309	19	20201127	17	20201231	17
		sc2312	21	20201224	21	20201231	21
低硫燃料油 Low Sulfur Fuel Oil	INE	lu2101	113488	20200917	4716	20201223	—
		lu2102	40646	20201123	1020	20201231	1020
		lu2103	100985	20201217	30023	20201231	30023
		lu2104	66358	20201231	66358	20201231	66358
		lu2105	40574	20201231	40574	20201231	40574
		lu2106	1809	20201225	1100	20201231	1100
		lu2107	1238	20201231	1238	20201231	1238
		lu2108	10	20201217	7	20201231	7
		lu2109	240	20201231	240	20201231	240
		lu2110	0	20200924	0	20201231	0
		lu2111	0	20201102	0	20201231	0
		lu2112	1	20201217	1	20201231	1
		lu2201	2	20201229	2	20201231	2

5-15　2020年金融期货持仓情况
Positions of Financial Futures in 2020

交易品种 Product	上市交易所 Futures Exchange	合约 Contract	最高持仓量(手) Highest Positions (lot)	最高持仓日期 Highest Positions Day	最后持仓量(手) Last Positions (lot)	最后持仓日期 Last Positions Day	年末持仓量(手) Positions at the End of the Year (lot)
2年期国债期货 2-Year Treasury Bond Futures	CFFEX	TS2003	17343	20200109	117	20200312	—
		TS2006	18397	20200421	350	20200611	—
		TS2009	16930	20200622	221	20200910	—
		TS2012	26859	20201102	1694	20201210	—
		TS2103	22572	20201230	22040	20201231	22040
		TS2106	887	20201231	887	20201231	887
		TS2109	60	20201229	57	20201231	57
5年期国债期货 5-Year Treasury Bond Futures	CFFEX	TF2003	39010	20200109	280	20200312	—
		TF2006	37860	20200420	665	20200611	—
		TF2009	52111	20200623	107	20200910	—
		TF2012	62016	20201019	450	20201210	—
		TF2103	60628	20201230	59524	20201231	59524
		TF2106	800	20201231	800	20201231	800
		TF2109	30	20201229	30	20201231	30
10年期国债期货 10-Year Treasury Bond Futures	CFFEX	T2003	79216	20200110	116	20200312	—
		T2006	90988	20200326	263	20200611	—
		T2009	92805	20200706	25	20200910	—
		T2012	116133	20201027	531	20201210	—
		T2103	116934	20201225	113589	20201231	113589
		T2106	4326	20201231	4326	20201231	4326
		T2109	295	20201231	295	20201231	295
沪深300股指期货 CSI 300 Index Futures	CFFEX	IF2001	81731	20200102	21918	20200116	—
		IF2002	68280	20200206	14293	20200220	—
		IF2003	104971	20200225	34065	20200319	—
		IF2004	101898	20200324	24808	20200416	—
		IF2005	87228	20200428	22113	20200514	—
		IF2006	111706	20200528	24807	20200618	—
		IF2007	106395	20200706	31587	20200716	—
		IF2008	107182	20200731	21353	20200820	—
		IF2009	140247	20200828	28924	20200917	—
		IF2010	107281	20200918	23852	20201015	—
		IF2011	82420	20201019	18945	20201119	—
		IF2012	132139	20201123	25362	20201217	—
		IF2101	90826	20201231	90826	20201231	90826

注：最后持仓量为交割日前一天的持仓量。
数据来源：中国金融期货交易所
Source：CFFEX

5-15 续表 continued

交易品种 Product	上市交易所 Futures Exchange	合约 Contract	最高持仓量(手) Highest Positions (lot)	最高持仓日期 Highest Positions Day	最后持仓量(手) Last Positions (lot)	最后持仓日期 Last Positions Day	年末持仓量(手) Positions at the End of the Year (lot)
沪深300股指期货 CSI 300 Index Futures	CFFEX	IF2102	3616	20201231	3616	20201231	3616
		IF2103	83555	20201231	83555	20201231	83555
		IF2106	25227	20201231	25227	20201231	25227
上证50股指期货 SSE 50 Index Futures	CFFEX	IH2001	30691	20200102	10393	20200116	—
		IH2002	32147	20200203	7939	20200220	—
		IH2003	48025	20200226	19846	20200319	—
		IH2004	40916	20200324	12221	20200416	—
		IH2005	31668	20200417	10800	20200514	—
		IH2006	42558	20200528	11254	20200618	—
		IH2007	49843	20200708	18863	20200716	—
		IH2008	39406	20200720	12290	20200820	—
		IH2009	50098	20200828	12135	20200917	—
		IH2010	38846	20200918	11438	20201015	—
		IH2011	33341	20201023	9295	20201119	—
		IH2012	57126	20201130	12357	20201217	—
		IH2101	38318	20201231	38318	20201231	38318
		IH2102	2346	20201231	2346	20201231	2346
		IH2103	26194	20201218	25830	20201231	25830
		IH2106	11695	20201231	11695	20201231	11695
中证500股指期货 CSI 500 Index Futures	CFFEX	IC2001	78765	20200106	19555	20200116	—
		IC2002	69925	20200206	18878	20200220	—
		IC2003	133747	20200225	30006	20200319	—
		IC2004	106990	20200324	29370	20200416	—
		IC2005	95696	20200428	25012	20200514	—
		IC2006	124013	20200518	26164	20200618	—
		IC2007	93931	20200702	25103	20200716	—
		IC2008	103706	20200731	28408	20200820	—
		IC2009	135011	20200828	30489	20200917	—
		IC2010	111116	20200924	25207	20201015	—
		IC2011	101007	20201026	22063	20201119	—
		IC2012	138216	20201123	26501	20201217	—
		IC2101	98936	20201223	91004	20201231	91004
		IC2102	4870	20201231	4870	20201231	4870
		IC2103	79417	20201224	78813	20201231	78813
		IC2106	54089	20201230	53965	20201231	53965

5-16 主要品种月度结算价
Clearing Price of Futures Products

单位：元/吨 (yuan/ton)

品种 Product	1月 Jan.	2月 Feb.	3月 Mar.	4月 Apr.	5月 May	6月 June	7月 July	8月 Aug.	9月 Sept.	10月 Oct.	11月 Nov.	12月 Dec.
铜 Copper	48959	45735	41740	41376	43414	46496	51038	51210	51714	51581	52964	57902
铝 Aluminum	14086	13625	12433	11987	12720	13498	14291	14530	14369	14623	15390	16127
锌 Zinc	18204	17019	15450	15801	16532	16611	17670	19569	19628	19462	20420	21399
铅 Lead	15010	14332	13947	13744	14047	14405	15061	16006	15214	14475	14773	14823
镍 Nickel	109634	103740	97805	97363	101244	102783	107156	115144	116655	118958	118276	125465
锡 Tin	137683	134558	124689	125440	131388	136801	142354	143834	144133	145814	146734	150930
黄金(元/克) Gold(yuan/g)	350	362	359	373	390	394	410	428	414	404	395	391
白银(元/千克) Silver(yuan/kg)	4371	4359	3650	3660	4033	4324	4850	6150	5684	5167	5073	5252
螺纹钢 Steel Rebar	3563	3382	3418	3313	3487	3606	3708	3789	3635	3632	3851	4116
线材 Steel Wire Rod	3879	3789	3827	3974	3885	3942	3933	4064	3927	3907	4032	4419
热轧卷板 Hot Rolled Coils	3590	3388	3364	3155	3386	3566	3724	3932	3764	3783	3995	4405
不锈钢 Stainless Steel	13924	13175	12200	12624	13298	12953	13503	14598	14413	14427	13503	13598
原油 Crude Oil	478	402	288	262	265	293	301	289	274	265	261	302
燃料油 Fuel Oil	2333	2152	1686	1622	1604	1703	1706	1904	1868	1874	1804	2068
低硫燃料油 Low Sulfur Fuel Oil	—	—	—	—	—	2595	2526	2471	2283	2290	2362	2591

注：1.表中空缺，表示该品种个别月份无成交、无持仓，无法计算结算价。
2.表中结算价为主力合约结算价月度均值。

数据来源：中国期货市场监控中心有限责任公司

5-16 续表 1 continued

单位：元/吨 (yuan/ton)

品种 Product	1月 Jan.	2月 Feb.	3月 Mar.	4月 Apr.	5月 May	6月 June	7月 July	8月 Aug.	9月 Sept.	10月 Oct.	11月 Nov.	12月 Dec.
石油沥青 Bitumen	3233	2961	2232	2076	2417	2606	2821	2717	2455	2383	2318	2678
天然橡胶 Natural Rubber	12978	11382	10291	9927	10284	10382	10660	12421	12481	14459	14680	14560
20号胶 TSR 20	10848	9577	8555	8059	8427	8809	8785	9409	9476	10704	10626	10582
纸浆 Woodpulp	4642	4506	4517	4566	4431	4418	4428	4579	4761	4652	4746	5252
铜(BC) Copper(BC)	—	—	—	—	—	—	—	—	—	—	48659	51598
强麦 Wheat WH	2560	2627	2572	2563	2490	2505	2524	2575	2618	2703	2672	2598
普麦 Wheat PM	2215	2300	2246	2276	2215	2188	2287	2385	2424	2431	2359	2365
棉花 Cotton NO.1	14048	12989	11584	11355	11613	11824	12010	12749	12816	14367	14342	14740
白糖 White Sugar	5731	5729	5547	5212	5020	5070	5126	5056	5212	5270	5124	5115
菜籽油 Rapeseed Oil	7748	7541	6971	6647	6775	7293	8154	8657	8836	9163	9769	9374
油菜籽 Rapeseed	4468	4368	4578	4416	4402	4755	5202	5692	5542	5518	5322	5371
菜籽粕 Rapeseed Meal	2288	2262	2367	2365	2331	2345	2393	2308	2388	2491	2533	2620
粳稻 Japonica Rice	—	3027	2822	2918	2795	2776	2732	2661	2768	2842	2880	2759
早籼稻 Early Rice	2626	2631	2632	2626	2600	2587	2608	2629	2772	2719	—	2656
晚籼稻 Late Indica Rice	2720	2728	2768	2765	2736	2644	2882	2883	2875	3031	3383	-
棉纱 Cotton Yarn	22047	20989	19339	18679	19092	19310	19245	19660	19588	21278	20645	21476
短纤 Polyester Staple Fiber	—	—	—	—	—	—	—	—	—	6233	6035	6217
苹果 Apple	7447	7039	6670	7514	9029	8340	7748	7019	7239	7898	7209	6635

5-16 续表 2 continued

单位：元/吨 (yuan/ton)

品种 Product	1月 Jan.	2月 Feb.	3月 Mar.	4月 Apr.	5月 May	6月 June	7月 July	8月 Aug.	9月 Sept.	10月 Oct.	11月 Nov.	12月 Dec.
红枣 Chinese Jujube	10562	10403	10270	10140	10154	9946	9505	9518	9996	10027	9886	9799
PTA	4933	4442	3774	3412	3574	3702	3594	3733	3629	3524	3414	3748
甲醇 Methanol	2288	2098	1827	1715	1732	1733	1779	1847	2027	2040	2189	2395
玻璃 Glass	1501	1412	1347	1247	1369	1447	1600	1791	1711	1728	1810	1905
动力煤 Thermal Coal	553	558	532	494	524	539	557	561	594	591	612	693
硅铁 Ferrosilicon	5807	5830	5553	5612	5837	5949	5673	5728	5684	5872	6007	6637
锰硅 Manganese Silicon	6325	6332	6318	7025	7042	6674	6416	6351	6290	6119	6197	6629
尿素 Urea	1739	1740	1712	1566	1535	1533	1566	1679	1635	1687	1769	1811
纯碱 Soda Ash	1648	1575	1485	1424	1445	1443	1355	1520	1732	1647	1535	1509
玉米 Corn	1923	1921	1992	2060	2048	2090	2163	2264	2391	2576	2591	2641
玉米淀粉 Corn Starch	2283	2251	2249	2381	2396	2420	2535	2618	2699	2893	2869	2973
黄大豆1号 No.1 Soybean	4026	4113	4327	4626	4452	4673	4727	4556	4491	4741	5311	5534
黄大豆2号 No.2 Soybean	3191	3055	3085	3034	2923	3050	3269	3356	3580	3765	3831	3835
豆粕 Soybean Meal	2703	2658	2816	2786	2754	2816	2916	2901	3049	3250	3166	3199
豆油 Soybean Oil	6726	5977	5494	5480	5423	5683	5980	6389	6931	7104	7612	7542
棕榈油 RBD Palm Oil	6232	5544	4824	4604	4505	4965	5320	5703	6000	6127	6626	6665
纤维板(元/立方米) Fiberboard(yuan/cubic metres)	1446	1382	1344	1323	1368	1344	1333	1257	1198	1244	1319	1361
胶合板(元/张) Blockboard(yuan/piece)	—	171	180	187	191	186	221	216	237	204	231	—

5-16 续表 3 continued

单位：元/吨 (yuan/ton)

品种 Product	1月 Jan.	2月 Feb.	3月 Mar.	4月 Apr.	5月 May	6月 June	7月 July	8月 Aug.	9月 Sept.	10月 Oct.	11月 Nov.	12月 Dec.
鸡蛋(元/500千克) Egg(yuan/500kg)	3489	3349	3208	3224	2953	3553	4060	3723	3461	3861	3843	3996
粳米 Polished Round-grained Rice	3346	3430	3435	3505	3425	3442	3450	3469	3461	3466	3578	3610
聚乙烯 LLDPE	7345	6855	6437	6036	6405	6724	7113	7153	7406	7287	7637	7821
聚氯乙烯 PVC	6503	6268	5961	5380	5872	6250	6512	6588	6618	6805	7287	7602
聚丙烯 PP	7559	6945	6615	6680	7030	7411	7568	7669	7787	7817	8332	8337
焦炭 Coke	1870	1832	1804	1682	1798	1943	1925	1988	1970	2118	2399	2638
焦煤 Coking Coal	1206	1250	1262	1109	1131	1181	1208	1209	1265	1343	1351	1585
铁矿石 Iron Ore	665	624	648	596	675	761	807	843	813	791	843	984
乙二醇 Ethylene Glycol	4750	4421	3794	3515	3699	3702	3613	3870	3921	3881	3781	4122
苯乙烯 Ethenylbenzene	7405	6931	5666	5277	5641	5789	5645	5546	5706	6296	7459	6790
液化石油气 Liquefied Petroleum Gas	—	—	2446	3130	3360	3505	3790	3790	3485	3735	3654	3843
沪深300股指期货 CSI 300 Index Futures	4151	3974	3825	3776	3876	4003	4620	4716	4648	4723	4888	5017
中证500股指期货 CSI 500 Index Futures	5475	5437	5309	5209	5378	5605	6407	6579	6346	6269	6282	6289
上证50股指期货 SSE 50 Index Futures	3057	2872	2760	2753	2805	2867	3256	3291	3265	3319	3388	3514
2年期国债期货 2-Year Treasury Bond Futures	100.5	101.0	101.2	102.3	102.0	101.2	100.8	100.5	100.3	100.2	100.1	100.2
5年期国债期货 5-Year Treasury Bond Futures	100.2	101.3	101.9	103.8	103.3	101.6	100.9	100.3	99.8	99.7	99.5	99.5
10年期国债期货 10-Year Treasury Bond Futures	98.5	100.6	101.3	102.5	101.3	100.2	99.3	98.7	98.0	97.8	97.7	97.5

5-17　2020年农产品期货实物交割情况

Physical Delivery of Agricultural Products Futures in 2020

交易品种 Product	上市交易所 Listed Exchange	合约 Contract	交割量（手） Delivery Quantity (lot)	交割金额（万元） Delivery Amount (10 thousand yuan)	成交量（手） Trading Volume (lot)	成交金额（万元） Trading Turnover(10 thousand yuan)	结算价（元/吨） Clearing Price (yuan/ton)	交割率（%） Delivery Rate (%)
玉米 Corn	DCE	c2001	5989	10565.573	1834	3338.698	1820.00	0.86
		c2003	8357	15774.38	905870	1706337.52	1900.00	2.66
		c2005	56385	111884.34	14811452	28652808.14	2010.00	6.85
		c2007	10819	22547.47	1434313	2858950.82	2103.00	15.34
		c2009	12227	27059.10	48327056	101674685.84	2271.00	1.35
		c2011	35013	87323.54	4139647	9300666.61	2526.00	60.30
玉米淀粉 Corn Starch	DCE	cs2001	1451	3089.53	629	1341.58	2132.00	1.09
		cs2003	8	16.17	30	62.27	2021.00	7.34
		cs2005	3500	8085.70	3945218	8920155.94	2308.00	3.05
		cs2009	1824	4846.32	7569872	18921046.74	2510.00	1.69
		cs2011	662	1924.54	987889	2572779.47	2802.00	3.32
黄大豆1号 No.1 Soybean	DCE	a2001	7216	24132.72	3485	11672.77	3349.00	6.01
		a2003	1067	3962.68	4049	14427.19	3698.00	83.69
		a2005	1462	7705.96	10378465	45497899.64	5275.00	1.00
		a2007	99	564.08	17136	85407.09	5770.00	4.59
		a2009	1409	6641.55	25215597	116382663.50	4699.00	0.76
		a2011	386	1990.12	150334	657830.75	5183.00	6.79
		a2101	128	687.62	19598729	95080403.53	5751.00	0.08
黄大豆2号 No.2 Soybean	DCE	b2003	800	2398.40	1006408	3194538.81	2998.00	0.47
		b2004	900	2731.50	245498	749393.16	3035.00	4.94
		b2005	200	550.60	2194576	6774507.84	2753.00	0.34
		b2006	400	1216.00	1106835	3311440.87	3040.00	1.27
		b2007	1600	4776.30	1089186	3250188.97	2981.00	7.06
		b2008	500	1700.00	795639	2441651.53	3400.00	2.01
		b2009	2000	6946.00	1525295	4999754.24	3473.00	6.40
		b2010	500	1711.00	1481886	4957017.66	4138.00	1.76
		b2011	300	1092.00	1962403	7042038.07	3640.00	0.88
豆粕 Soybean Meal	DCE	m2001	1978	5196.46	10503	27598.02	2627.00	0.16
		m2003	1237	3333.16	1788088	4677734.65	2696.00	0.43
		m2005	1000	2665.00	42049626	114342447.18	2665.00	0.06
		m2007	5677	15308.47	4405390	11999310.23	2688.00	5.68
		m2008	1000	2949.00	1609045	4520257.44	2932.00	2.79

注：1.结算价为最后交易日交割结算价。

2.交割量、交割金额包含期转现部分。

3.交割率=交割量/合约存续期内(截至2020年12月31日)的最大日持仓量*100%。

数据来源：上海期货交易所、郑州商品交易所、大连商品交易所

Source: SHFE、ZCE、DCE

5-17 续表 1 continued

交易品种 Product	上市交易所 Listed Exchange	合约 Contract	交割量（手） Delivery Quantity (lot)	交割金额（万元） Delivery Amount (10 thousand yuan)	成交量（手） Trading Volume (lot)	成交金额（万元） Trading Turnover(10 thousand yuan)	结算价（元/吨） Clearing Price (yuan/ton)	交割率（%） Delivery Rate (%)
豆粕 Soybean Meal	DCE	m2009	2534	7404.88	112394445	317785405.93	2929.00	0.14
		m2011	2438	7617.47	4746177	13901373.87	3163.00	3.05
		m2012	4697	15030.40	1672812	4991219.53	3106.00	55.04
豆油 Soybean Oil	DCE	y2001	2388	16190.99	1768	11961.99	6764.00	0.47
		y2003	2	10.56	605	3967.41	5282.00	0.45
		y2005	8785	47387.63	26307031	158149936.76	5396.00	1.27
		y2007	1	5.40	1187	6681.80	5398.00	0.13
		y2008	1	6.09	367	2130.90	6086.00	14.29
		y2009	8238	55022.80	42287619	242752129.38	6696.00	1.75
		y2011	1210	8801.54	939934	6134104.81	7336.00	8.70
		y2012	76	592.65	386784	2474717.11	7798.00	1.86
棕榈油 RBD Palm Oil	DCE	p2001	4531	29514.93	5395	34881.80	6464.00	1.02
		p2005	4159	19023.27	75981259	420245733.77	4474.00	0.49
		p2009	4	25.02	100018027	505579291.98	6206.00	0.00
		p2010	68	432.34	680237	3855754.22	6308.00	0.63
		p2011	13	92.95	835865	4886752.22	7100.00	0.20
		p2012	1600	10633.60	3308295	20637466.94	6596.00	48.97
鸡蛋 (元/500千克) Egg (yuan/500kg)	DCE	jd2001	144	438.75	1660	5083.00	3058.00	0.09
		jd2002	53	130.61	477290	1436432.77	2416.00	0.18
		jd2003	157	436.24	1798208	5323691.59	2794.00	0.26
		jd2004	73	225.94	3257715	10035199.14	3102.00	0.21
		jd2005	206	529.76	29239396	97680873.27	2559.00	0.06
		jd2006	123	331.99	12990157	40023420.13	2674.00	0.06
		jd2007	225	707.67	9430565	29416137.90	3281.00	0.14
		jd2008	57	212.50	8255212	30524444.35	3521.00	0.03
		jd2009	75	264.74	23351737	93469522.38	3529.00	0.04
		jd2010	101	352.94	11935840	42217306.76	3462.00	0.03
		jd2011	175	611.94	7303846	25849881.85	3430.00	0.10
		jd2012	116	459.50	1526215	5829006.05	4191.00	0.24
纤维板 (元/立方米) Fiberboard (yuan/cubic metres)	DCE	fb2005	200	228.10	520892	726989.07	1140.50	1.57
		fb2006	10	12.00	509	621.92	1200.00	14.71
		fb2007	10	12.58	22	27.38	1258.00	100.00
		fb2009	200	220.80	65027	86480.65	1102.00	17.61
		fb2010	134	161.87	33906	39935.31	1208.00	16.07
		fb2011	119	150.42	122347	153440.27	1264.00	4.21
		fb2012	20	26.83	523	657.93	1341.50	35.09

5-17 续表 2 continued

交易品种 Product	上市交易所 Listed Exchange	合约 Contract	交割量(手) Delivery Quantity (lot)	交割金额(万元) Delivery Amount (10 thousand yuan)	成交量(手) Trading Volume (lot)	成交金额(万元) Trading Turnover(10 thousand yuan)	结算价(元/吨) Clearing Price (yuan/ton)	交割率(%) Delivery Rate (%)
粳米 Polished Round-grained Rice	DCE	rr2001	601	1837.24	250	768.41	3073.00	3.63
		rr2005	6	20.66	205892	706143.21	3473.00	0.04
		rr2007	16	53.95	139	474.98	3372.00	80.00
		rr2008	1	3.34	17421	58821.53	3337.00	0.05
		rr2009	141	460.48	842838	2938581.45	3267.00	0.50
		rr2010	24	78.00	506696	1759669.20	3159.00	0.15
		rr2011	18	61.20	400757	1381627.54	3422.00	0.19
		rr2012	567	1930.07	1015116	3528573.03	3414.00	2.43
白糖 White Sugar	ZCE	SR001	873	4948.16	953	5347.98	5694.00	0.20
		SR003	485	2681.57	355786	2048106.75	5538.00	2.34
		SR005	5186	28745.94	19786262	112551712.31	5400.00	1.48
		SR007	156	810.58	1287935	7075127.56	5195.00	0.85
		SR009	3326	17871.66	44162305	227240333.81	5174.00	0.73
		SR011	473	2430.27	1550139	7852042.67	5000.00	1.84
		SR101	3489	18311.80	41465384	212996782.49	5140.00	0.64
		SR103	0	0.00	1289327	6671857.70	5208.00	0.00
		SR105	0	0.00	13658241	70184326.62	5251.00	0.00
		SR107	0	0.00	20984	107725.13	5266.00	0.00
		SR109	0	0.00	959087	4987258.92	5300.00	0.00
		SR111	0	0.00	6348	32462.87	5271.00	0.00
棉花 Cotton No.1	ZCE	CF001	9392	63754.88	38732	263909.11	13265.00	2.45
		CF003	2208	13583.04	223785	1532852.86	11650.00	7.47
		CF005	75776	425498.14	21836787	137467409.90	11355.00	12.32
		CF007	19208	111556.52	763475	4433689.83	11635.00	58.15
		CF009	82736	491363.36	39060404	230988214.89	12000.00	19.90
		CF011	4160	29200.22	1352517	8456719.09	14130.00	21.13
		CF101	144576	953178.72	33660460	231013054.83	15080.00	33.32
		CF103	0	0.00	966062	7017051.26	15035.00	0.00
		CF105	23848	177357.84	9766583	71453173.52	15085.00	4.67
		CF107	15800	111262.00	45284	329356.53	15125.00	159.23
		CF109	19896	149166.00	325410	2406722.78	15225.00	39.90
		CF111	0	0.00	264	1993.45	15415.00	0.00
普麦 Wheat PM	ZCE	PM001	0	0.00	0	0.00	2275.00	—
		PM003	0	0.00	0	0.00	2116.00	—
		PM005	0	0.00	0	0.00	2023.00	—
		PM007	0	0.00	503	5730.37	2289.00	0.00
		PM009	0	0.00	69	792.67	2413.00	0.00
		PM011	0	0.00	0	0.00	2431.00	—

5-17 续表 3 continued

交易品种 Product	上市交易所 Listed Exchange	合约 Contract	交割量(手) Delivery Quantity (lot)	交割金额(万元) Delivery Amount (10 thousand yuan)	成交量(手) Trading Volume (lot)	成交金额(万元) Trading Turnover(10 thousand yuan)	结算价(元/吨) Clearing Price (yuan/ton)	交割率(%) Delivery Rate (%)
普麦 Wheat PM	ZCE	PM101	0	0.00	20	219.83	2648.00	—
		PM103	0	0.00	73	908.36	2486.00	0.00
		PM105	0	0.00	52	632.64	2366.00	0.00
		PM107	0	0.00	40	479.99	2351.00	0.00
		PM109	0	0.00	0	0.00	2438.00	—
		PM111	0	0.00	0	0.00	2410.00	—
强麦 Wheat WH	ZCE	WH001	0	0.00	87	415.99	2300.00	0.00
		WH003	0	0.00	128	665.57	2495.00	0.00
		WH005	0	0.00	12879	67862.90	2227.00	0.00
		WH007	11	53.99	214	1120.45	2455.00	22.45
		WH009	0	0.00	11514	58384.79	2422.00	0.00
		WH011	6	29.72	253	1300.02	2490.00	19.35
		WH101	0	0.00	6336	33771.39	2615.00	0.00
		WH103	0	0.00	61	335.94	2634.00	0.00
		WH105	0	0.00	180	962.37	2717.00	0.00
		WH107	0	0.00	52	284.82	2680.00	0.00
		WH109	0	0.00	392	2091.87	2682.00	0.00
		WH111	0	0.00	0	0.00	2698.00	—
早籼稻 Early Rice	ZCE	RI001	0	0.00	0	0.00	2656.00	—
		RI003	0	0.00	0	0.00	2651.00	—
		RI005	0	0.00	1524	8075.09	2652.00	0.00
		RI007	0	0.00	0	0.00	2674.00	—
		RI009	0	0.00	415	2173.63	2902.00	0.00
		RI011	0	0.00	0	0.00	2775.00	—
		RI101	0	0.00	13	70.50	2656.00	0.00
		RI103	0	0.00	0	0.00	2674.00	—
		RI105	0	0.00	0	0.00	2762.00	—
		RI107	0	0.00	0	0.00	2674.00	—
		RI109	0	0.00	0	0.00	2801.00	—
		RI111	0	0.00	0	0.00	2801.00	—
晚籼稻 Late Indica Rice	ZCE	LR001	0	0.00	0	0.00	2693.00	0.00
		LR003	0	0.00	2	10.10	2560.00	0.00
		LR005	0	0.00	9	47.95	2762.00	0.00
		LR007	0	0.00	765	4230.79	2601.00	0.00
		LR011	0	0.00	3679	21650.60	3398.00	0.00
		LR101	0	0.00	0	0.00	3011.00	—
		LR103	0	0.00	0	0.00	3069.00	—

5-17 续表 4 continued

交易品种 Product	上市交易所 Listed Exchange	合约 Contract	交割量（手） Delivery Quantity (lot)	交割金额（万元） Delivery Amount (10 thousand yuan)	成交量（手） Trading Volume (lot)	成交金额（万元） Trading Turnover(10 thousand yuan)	结算价（元/吨） Clearing Price (yuan/ton)	交割率（%） Delivery Rate (%)
晚籼稻 Late Indica Rice	ZCE	LR105	0	0.00	0	0.00	3069.00	—
		LR107	0	0.00	9	49.66	2973.00	—
		LR109	0	0.00	0	0.00	2973.00	—
		LR111	0	0.00	0	0.00	2973.00	—
粳稻 Japonica Rice	ZCE	JR001	0	0.00	0	0.00	2801.00	0.00
		JR003	0	0.00	0	0.00	2560.00	—
		JR005	0	0.00	11	64.73	2825.00	—
		JR007	0	0.00	8656	50262.40	2603.00	0.00
		JR009	1	5.25	1548	8410.89	2568.00	0.78
		JR011	0	0.00	520	2979.22	2666.00	0.00
		JR101	0	0.00	1064	5957.51	2520.00	0.00
		JR103	0	0.00	3	17.10	2445.00	—
		JR105	0	0.00	4	22.07	2457.00	0.00
		JR107	0	0.00	0	0.00	2408.00	—
		JR109	0	0.00	0	0.00	2432.00	—
		JR111	0	0.00	0	0.00	2432.00	—
菜籽粕 Rapeseed Meal	ZCE	RM001	881	1895.65	814	1749.49	2108.00	0.33
		RM003	254	577.41	1896	4117.98	2190.00	4.36
		RM005	1000	2266.00	24967229	58054435.02	2150.00	0.35
		RM007	582	1333.34	1247476	2892245.03	2259.00	1.84
		RM008	83	192.39	2251	5332.34	2301.00	18.82
		RM009	1928	4379.21	53729639	127083014.06	2291.00	0.51
		RM011	1423	3372.05	2411634	5569070.76	2339.00	3.06
		RM101	0	0.00	54313457	132323241.70	2738.00	0.00
		RM103	0	0.00	1768287	4459309.79	2729.00	0.00
		RM105	0	0.00	20102318	52216656.24	2831.00	0.00
		RM107	0	0.00	28427	71364.72	2819.00	0.00
		RM108	0	0.00	18801	48229.31	2820.00	0.00
		RM109	0	0.00	1263490	3335792.84	2834.00	0.00
		RM111	0	0.00	38052	95662.45	2691.00	0.00
油菜籽 Rapeseed	ZCE	RS007	0	0.00	630	2845.13	4879.00	0.00
		RS008	0	0.00	81	383.13	7209.00	0.00
		RS009	0	0.00	1312	6915.79	5632.00	0.00
		RS011	0	0.00	301	1644.80	5905.00	0.00
		RS107	0	0.00	54	288.20	5365.00	0.00
		RS108	0	0.00	0	0.00	5260.00	—
		RS109	0	0.00	0	0.00	5227.00	—
		RS111	0	0.00	0	0.00	5227.00	—

5-17 续表 5 continued

交易品种 Product	上市交易所 Listed Exchange	合约 Contract	交割量（手） Delivery Quantity (lot)	交割金额（万元） Delivery Amount (10 thousand yuan)	成交量（手） Trading Volume (lot)	成交金额（万元） Trading Turnover(10 thousand yuan)	结算价（元/吨） Clearing Price (yuan/ton)	交割率（%） Delivery Rate (%)
菜籽油 Rapeseed Oil	ZCE	OI001	1240	9596.82	905	6974.73	7769.00	0.68
		OI003	5	36.14	770	5822.79	6846.00	0.23
		OI005	1925	13348.47	11056109	81494827.09	7032.00	1.52
		OI007	958	7505.35	3322866	23050257.06	8149.00	3.19
		OI009	2618	24242.54	31620654	256888438.95	9163.00	1.36
		OI011	1350	13855.05	5110499	40878438.51	10726.00	4.59
		OI101	0	0.00	45478823	416059086.36	9939.00	0.00
		OI103	0	0.00	1245123	11801113.67	9975.00	0.00
		OI105	3800	34238.00	7473212	68306687.17	9606.00	2.50
		OI107	0	0.00	6423	55519.55	9467.00	0.00
		OI109	0	0.00	125897	1100440.51	9259.00	0.00
		OI111	0	0.00	2083	18261.82	9086.00	0.00
棉纱 Cotton Yarn	ZCE	CY001	132	1302.18	84	826.65	19660.00	0.82
		CY002	0	0.00	0	0.00	18845.00	0.00
		CY003	0	0.00	1	10.18	18150.00	0.00
		CY004	0	0.00	0	0.00	17255.00	—
		CY005	156	1334.03	654383	6744630.90	18350.00	1.57
		CY006	0	0.00	11	105.65	18785.00	0.00
		CY007	0	0.00	2	20.98	19905.00	0.00
		CY008	0	0.00	0	0.00	19570.00	—
		CY009	612	5312.40	606011	5792982.15	17410.00	6.61
		CY010	0	0.00	8	71.70	19905.00	0.00
		CY011	0	0.00	0	0.00	18810.00	—
		CY012	0	0.00	0	0.00	19080.00	—
		CY101	0	0.00	943080	9731924.86	20795.00	0.00
		CY102	0	0.00	0	0.00	20280.00	—
		CY103	0	0.00	0	0.00	20460.00	—
		CY104	0	0.00	9	91.09	22205.00	0.00
		CY105	0	0.00	196228	2123221.52	21865.00	0.00
		CY106	0	0.00	0	0.00	21400.00	—
		CY107	0	0.00	2	21.36	22410.00	0.00
		CY108	0	0.00	0	0.00	22510.00	—
		CY109	0	0.00	477	5218.18	22315.00	0.00
		CY110	0	0.00	0	0.00	22065.00	—
		CY111	0	0.00	0	0.00	22065.00	—
		CY112	0	0.00	0	0.00	22065.00	—

5-17 续表 6 continued

交易品种 Product	上市交易所 Listed Exchange	合约 Contract	交割量(手) Delivery Quantity (lot)	交割金额(万元) Delivery Amount (10 thousand yuan)	成交量(手) Trading Volume (lot)	成交金额(万元) Trading Turnover(10 thousand yuan)	结算价(元/吨) Clearing Price (yuan/ton)	交割率(%) Delivery Rate (%)
苹果 Apple	ZCE	AP001	64	533.67	367	3052.08	6999.00	0.07
		AP003	120	748.65	81693	586381.47	5690.00	1.25
		AP005	100	634.69	12496607	86276761.58	6343.00	0.07
		AP007	36	227.92	548229	3895505.34	6012.00	0.35
		AP010	300	2061.46	23349822	184092291.45	7243.00	0.18
		AP011	26	177.76	304797	2288357.99	7009.00	0.20
		AP012	136	924.90	296083	2233371.22	6073.00	1.32
		AP101	0	0.00	18478586	137034295.63	6012.00	0.00
		AP103	0	0.00	571260	4101832.53	6130.00	0.00
		AP105	0	0.00	6233193	42654000.39	6627.00	0.00
		AP110	0	0.00	623472	4279377.00	7071.00	0.00
		AP111	0	0.00	18563	126368.53	6895.00	0.00
		AP112	0	0.00	6605	44982.55	6890.00	0.00
红枣 Chinese Jujube	ZCE	CJ001	85	462.33	97	525.08	10850.00	0.20
		CJ003	86	458.28	4162	21988.76	10220.00	3.35
		CJ005	173	838.49	2224849	11543778.12	9850.00	0.38
		CJ007	73	345.38	11112	56827.02	9385.00	4.85
		CJ009	188	792.05	1919451	9420988.46	7755.00	0.74
		CJ012	166	818.95	55653	284186.77	9750.00	4.96
		CJ101	0	0.00	1951089	9682207.37	9905.00	0.00
		CJ103	0	0.00	5061	25070.15	10040.00	0.00
		CJ105	0	0.00	347571	1727719.94	10205.00	0.00
		CJ107	0	0.00	1011	4947.10	10205.00	0.00
		CJ109	0	0.00	5880	29393.59	10215.00	0.00
		CJ112	0	0.00	288	1455.50	10290.00	0.00
天然橡胶 Natural Rubber	SHFE	ru2001	3827	48698.58	9874	125410.26	12725.00	2.06
		ru2003	50	526.75	400	4836.17	10380.00	66.67
		ru2004	18	170.55	477	5211.59	10000.00	33.96
		ru2005	3891	40124.33	10254275	117565679.10	9845.00	1.68
		ru2006	40	412.80	1734	17935.75	10460.00	48.19
		ru2007	38	396.15	786	8087.21	10700.00	54.29
		ru2008	63	689.22	1715	17358.06	11095.00	13.97
		ru2009	5098	57940.67	24578266	256871249.83	11515.00	2.24
		ru2010	9	107.46	5354	58629.10	12300.00	2.77
		ru2011	2407	31056.67	180171	2064521.86	13435.00	23.23

5-18 2020年金属期货实物交割情况
Physical Delivery of Metal Products Futures in 2020

交易品种 Product	上市交易所 Listed Exchange	合约 Contract	交割量（手）Delivery Quantity (lot)	交割金额（万元）Delivery Amount (10 thousand yuan)	成交量（手）Trading Volume (lot)	成交金额（万元）Trading Turnover (10 thousand yuan)	结算价（元/吨）Clearing Price (yuan/ton)	交割率（%）Delivery Rate (%)
铜 Copper	SHFE	cu2001	5980	146569.80	133534	3255765.60	49020.00	5.37
		cu2002	20355	465620.63	639469	15438119.62	45750.00	14.23
		cu2003	22825	491907.43	2066852	48916486.57	43080.00	15.99
		cu2004	12410	258168.48	2754261	60721585.08	41730.00	9.66
		cu2005	4705	101103.48	4261355	89371623.52	43190.00	3.80
		cu2006	8275	194669.38	4237355	89357146.17	47050.00	6.79
		cu2007	3240	84904.20	4774767	106617703.83	52410.00	2.87
		cu2008	3315	83355.68	5517430	133541272.46	50290.00	2.56
		cu2009	4265	110804.70	6184120	155278355.20	51960.00	3.40
		cu2010	6705	171513.90	5665979	144761352.27	51160.00	5.17
		cu2011	1440	38253.60	4654619	119512999.94	53130.00	1.28
		cu2012	1710	49128.30	4834435	125969880.22	57460.00	1.47
铝 Aluminum	SHFE	al2001	13090	95753.35	71051	512982.83	14630.00	11.19
		al2002	19335	131139.64	676798	4755420.01	13565.00	14.76
		al2003	19610	125160.83	1676725	11617395.85	12765.00	14.66
		al2004	18030	107323.58	1867817	12262827.43	11905.00	13.71
		al2005	13650	88963.88	3249102	20247865.02	13035.00	8.78
		al2006	3660	25308.90	4021587	24832323.71	13830.00	2.58
		al2007	9085	67160.86	5243947	33765181.67	14785.00	5.65
		al2008	12260	88486.55	5197596	35289799.52	14435.00	7.28
		al2009	11125	81101.25	5430067	37948815.47	14580.00	8.27
		al2010	8420	62729.00	5292675	37450823.76	14900.00	6.61
		al2011	9180	71787.60	4126718	29436691.00	15640.00	6.94
		al2012	855	7060.16	4786346	35653045.16	16515.00	0.54
锌 Zinc	SHFE	zn2001	2460	22342.95	43164	392356.24	18165.00	1.89
		zn2002	8080	68821.40	753790	6809000.52	17035.00	7.26
		zn2003	7245	56637.79	2447945	21976005.98	15635.00	6.92
		zn2004	6990	55413.23	2501976	20832107.16	15855.00	7.60
		zn2005	2925	24116.63	4094948	32221757.86	16490.00	2.83
		zn2006	3525	28852.13	3862040	30740498.16	16370.00	3.57

注：1.结算价为最后交易日交割结算价。
2.交割金额、交割量包含期转现部分。
3.交割率=交割量/合约存续期内(截至2020年12月31日)的最大日持仓量*100%。

数据来源：上海期货交易所、郑州商品交易所、大连商品交易所

Source：SHFE、ZCE、DCE

5-18 续表 1 continued

交易品种 Product	上市交易所 Listed Exchange	合约 Contract	交割量（手）Delivery Quantity (lot)	交割金额（万元）Delivery Amount (10 thousand yuan)	成交量（手）Trading Volume (lot)	成交金额（万元）Trading Turnover (10 thousand yuan)	结算价（元/吨）Clearing Price (yuan/ton)	交割率（%）Delivery Rate (%)
锌 Zinc	SHFE	zn2007	4535	40622.26	5788991	47525055.22	17915.00	3.59
		zn2008	4300	41849.75	5808254	49473638.95	19465.00	4.48
		zn2009	2780	27758.30	7769511	71741731.82	19970.00	2.30
		zn2010	1960	18909.10	6978660	67729140.55	19295.00	1.69
		zn2011	1590	16102.73	5354539	51754657.63	20255.00	1.70
		zn2012	1935	20723.85	5351479	53294137.35	21420.00	1.74
铅 Lead	SHFE	pb2001	3270	24467.78	11650	86303.59	14965.00	7.51
		pb2002	3225	23236.13	193625	1440077.85	14410.00	9.16
		pb2003	1840	13091.60	506400	3755390.11	14230.00	6.70
		pb2004	200	1420.00	518620	3735388.90	14200.00	0.81
		pb2005	60	415.80	787074	5421048.81	13860.00	0.20
		pb2006	1965	13853.25	689905	4781320.39	14100.00	7.44
		pb2007	6820	53213.05	876942	6232596.89	15605.00	22.95
		pb2008	2260	18221.25	766566	5652800.90	16125.00	8.41
		pb2009	3105	23256.45	975373	7579048.07	14980.00	11.46
		pb2010	2220	15989.55	1048673	8144538.92	14405.00	7.83
		pb2011	2225	16353.75	846393	6292589.08	14700.00	8.72
		pb2012	4005	29356.65	1096360	8002740.26	14660.00	12.39
黄金（元/克）Gold (yuan/g)	SHFE	au2001	0	0.00	0	0.00	346.22	0.00
		au2002	393	13824.95	193208	6757398.10	354.94	0.51
		au2003	0	0.00	235	8318.68	366.16	0.00
		au2004	315	11783.52	904092	31850313.45	376.36	0.56
		au2005	0	0.00	3728	135003.35	383.12	0.00
		au2006	672	24985.10	10052577	364993910.98	391.10	0.32
		au2007	0	0.00	1697	66086.61	400.12	0.00
		au2008	336	14683.20	2077044	77243104.12	420.00	0.59
		au2009	42	1759.46	4415	186704.42	417.08	18.75
		au2010	336	13586.50	1680746	65338434.35	400.00	1.05
		au2011	0	0.00	1179	48459.88	395.64	0.00
		au2012	654	25093.98	27205070	1114518349.68	388.74	0.26
白银（元/千克）Silver (yuan/kg)	SHFE	ag2001	946	5986.76	1350	8780.01	4219.00	47.97
		ag2002	22066	141591.72	1866289	12231555.84	4277.00	6.92
		ag2003	168	921.56	1709	11112.08	3657.00	53.85
		ag2004	17052	96915.04	2724382	17704143.55	3789.00	9.26
		ag2005	536	3178.21	46344	263019.32	3953.00	43.76
		ag2006	20576	129220.47	35516130	211931108.60	4202.00	4.09

5-18 续表 2 continued

交易品种 Product	上市交易所 Listed Exchange	合约 Contract	交割量（手）Delivery Quantity (lot)	交割金额（万元）Delivery Amount (10 thousand yuan)	成交量（手）Trading Volume (lot)	成交金额（万元）Trading Turnover (10 thousand yuan)	结算价（元/吨）Clearing Price (yuan/ton)	交割率（%）Delivery Rate (%)
白银（元/千克）Silver (yuan/kg)	SHFE	ag2007	1742	11928.35	2063113	12319743.17	4565.00	2.41
		ag2008	8204	73944.25	5062863	29932123.91	6161.00	7.73
		ag2009	25626	226713.22	4443616	28731947.17	5898.00	48.42
		ag2010	18262	139375.58	4553729	32363194.28	5088.00	31.51
		ag2011	2116	16511.15	1283651	9520827.75	5202.00	5.13
		ag2012	50594	378240.74	218417348	1773262546.42	4984.00	7.92
螺纹钢 Steel Rebar	SHFE	rb2001	2520	9765.00	110838	417921.41	3875.00	0.15
		rb2002	2880	9728.64	6863	24764.73	3378.00	34.13
		rb2003	3780	13290.48	14415	49973.93	3516.00	44.49
		rb2004	930	3180.60	11833	40681.96	3420.00	30.22
		rb2005	1230	4180.77	72208609	249747771.76	3399.00	0.08
		rb2006	300	1080.00	37080	126497.51	3600.00	5.59
		rb2007	840	3066.84	22624	78367.68	3651.00	19.74
		rb2008	210	780.78	14165	49981.55	3718.00	11.49
		rb2009	1500	5557.50	278383	979926.34	3705.00	22.87
		rb2010	3840	13900.80	147019731	518611596.06	3620.00	0.24
		rb2011	180	714.24	20521	73150.75	3968.00	12.04
		rb2012	0	0.00	29286	104832.59	4400.00	0.00
线材 Steel Wire Rod	SHFE	wr2001	0	0.00	1	4.38	4381.00	0.00
		wr2002	0	0.00	0	0.00	4161.00	0.00
		wr2003	0	0.00	0	0.00	4063.00	0.00
		wr2004	0	0.00	3	11.44	4102.00	0.00
		wr2005	0	0.00	1938	7537.24	4388.00	0.00
		wr2006	0	0.00	16	62.92	3874.00	0.00
		wr2007	0	0.00	10	39.36	3980.00	0.00
		wr2008	0	0.00	49	193.90	3922.00	0.00
		wr2009	0	0.00	83	326.19	3958.00	0.00
		wr2010	0	0.00	363	1427.59	3970.00	0.00
		wr2011	0	0.00	60	234.49	3970.00	0.00
		wr2012	0	0.00	60	235.25	3887.00	0.00
热轧卷板 Hot Rolled Coils	SHFE	hc2001	5010	19243.41	32052	121300.69	3841.00	1.49
		hc2002	120	410.40	366	1321.82	3420.00	21.09
		hc2003	150	528.00	494	1747.70	3520.00	27.47
		hc2004	30	96.00	506	1782.96	3200.00	21.90
		hc2005	21810	74481.15	10647280	36455081.00	3415.00	7.17

5-18　续表 3　continued

交易品种 Product	上市交易所 Listed Exchange	合约 Contract	交割量（手）Delivery Quantity (lot)	交割金额（万元）Delivery Amount (10 thousand yuan)	成交量（手）Trading Volume (lot)	成交金额（万元）Trading Turnover (10 thousand yuan)	结算价（元/吨）Clearing Price (yuan/ton)	交割率（%）Delivery Rate (%)
热轧卷板 Hot Rolled Coils	SHFE	hc2006	1320	4791.60	2830	9847.81	3630.00	100.00
		hc2007	780	3034.98	1449	5189.03	3891.00	100.00
		hc2008	480	1934.40	976	3599.77	4030.00	100.00
		hc2009	420	1659.00	16312	56450.75	3950.00	60.78
		hc2010	4770	18703.17	30949561	108593938.30	3921.00	0.78
		hc2011	330	1346.40	2493	9263.46	4080.00	100.00
		hc2012	180	750.60	1039	3782.63	4170.00	89.55
锡 Tin	SHFE	sn2001	4932	69871.64	5059	71222.44	141670.00	22.27
		sn2002	0	0.00	15	207.20	140120.00	0.00
		sn2003	0	0.00	21	292.38	137020.00	0.00
		sn2004	0	0.00	6	70.69	120820.00	0.00
		sn2005	510	6791.67	100852	1345610.79	133170.00	2.85
		sn2006	1076	14807.91	2400847	30798323.42	137620.00	2.52
		sn2007	982	13914.94	1649441	21122089.52	141700.00	3.06
		sn2008	888	12650.45	1477387	19664189.04	142460.00	2.40
		sn2009	1006	14379.04	942176	13293924.39	142510.00	3.12
		sn2010	1138	16600.01	1464735	21106517.03	145870.00	4.30
		sn2011	1318	19339.01	1211407	17464081.42	146730.00	5.45
		sn2012	1076	16187.34	1058145	15350985.48	150440.00	3.85
镍 Nickel	SHFE	ni2001	8340	90088.68	16980	184589.80	108020.00	6.69
		ni2002	12552	130992.67	587534	6412130.50	104360.00	6.11
		ni2003	5484	54664.51	9431612	103337021.36	99680.00	3.02
		ni2004	5850	57019.95	9567286	100733853.68	97470.00	4.46
		ni2005	6786	68036.44	2449404	25239272.03	100260.00	9.59
		ni2006	10776	108535.87	18992064	185332998.17	100720.00	8.75
		ni2007	9780	105496.86	12772053	128578659.41	107870.00	8.37
		ni2008	9984	114276.86	14522788	148833832.98	114460.00	8.03
		ni2009	10086	119387.98	2852758	29537954.53	118370.00	18.49
		ni2010	8862	103703.12	32079904	352112061.99	117020.00	4.83
		ni2011	7464	88978.34	18696600	218943646.68	119210.00	4.11
		ni2012	7530	98296.62	16387033	191555993.12	130540.00	5.09
不锈钢 Stainless Steel	SHFE	ss2002	372	2445.90	12780	90551.70	13230.00	3.48
		ss2003	24	156.00	91	598.94	12150.00	82.76
		ss2004	0	0.00	31	208.22	11995.00	0.00
		ss2005	204	1353.54	9139	62063.05	13355.00	9.29

5-18 续表 4 continued

交易品种 Product	上市交易所 Listed Exchange	合约 Contract	交割量(手) Delivery Quantity (lot)	交割金额(万元) Delivery Amount (10 thousand yuan)	成交量(手) Trading Volume (lot)	成交金额(万元) Trading Turnover (10 thousand yuan)	结算价(元/吨) Clearing Price (yuan/ton)	交割率(%) Delivery Rate (%)
不锈钢 Stainless Steel	SHFE	ss2006	168	1094.94	1320692	8492344.95	12700.00	0.29
		ss2007	72	480.78	869292	5648185.65	13510.00	0.13
		ss2008	1584	11499.84	691013	4492922.76	14300.00	2.44
		ss2009	1512	10848.60	647676	4378953.12	14290.00	3.52
		ss2010	492	3526.41	744470	5387856.97	14295.00	1.34
		ss2011	1284	8830.71	1062832	7692024.22	13750.00	2.96
		ss2012	456	3017.58	686874	4947658.85	13470.00	1.22
铁矿石 Iron Ore	DCE	i2001	3900	27904.50	5363	38385.17	715.50	0.44
		i2002	500	3427.50	53653	376093.67	685.50	0.68
		i2003	400	2798.00	447962	3087773.06	699.50	0.75
		i2004	1300	8703.50	153441	1014156.11	669.50	12.36
		i2005	1700	11696.00	52578951	340871977.06	688.00	0.20
		i2006	600	4704.00	513770	3335178.10	784.00	5.05
		i2007	900	7267.50	680306	4507517.95	807.50	5.19
		i2008	900	8113.50	403577	2859119.03	901.50	8.67
		i2009	2600	24505.00	100246892	714232770.96	942.50	0.27
		i2010	2700	25272.00	1832939	16084653.47	936.00	7.93
		i2011	600	5196.00	835316	6956266.31	866.00	4.18
		i2012	3700	37155.00	3409457	28678684.55	1005.00	49.89
		i2102	100	1101.00	22448274	191031032.00	1160.00	0.15
硅铁 Ferrosilicon	ZCE	SF001	6397	18636.89	8173	23813.38	5750.00	7.86
		SF002	0	0.00	530	1530.64	5838.00	0.00
		SF003	20	60.50	73	222.60	5846.00	100.00
		SF004	0	0.00	8	23.19	5574.00	0.00
		SF005	4040	11243.18	2868141	8122672.03	5510.00	4.89
		SF006	436	1249.84	4345	11956.00	5800.00	67.39
		SF007	7014	21200.48	1667071	4801119.36	5802.00	19.73
		SF008	5416	15304.05	2225526	6558037.52	5692.00	7.63
		SF009	7628	21678.00	4074854	11727529.29	5634.00	10.50
		SF010	4859	13914.77	8446291	24242872.65	5744.00	6.20
		SF011	3603	10780.18	1590246	4650554.13	5884.00	11.55
		SF012	5048	16337.93	389690	1139826.13	6416.00	29.00
		SF101	878	2916.60	6251772	19437626.09	6644.00	0.71
		SF102	0	0.00	10784	34156.38	6622.00	0.00
		SF103	0	0.00	840007	2644898.92	6672.00	0.00

5-18 续表 5 continued

交易品种 Product	上市交易所 Listed Exchange	合约 Contract	交割量(手) Delivery Quantity (lot)	交割金额(万元) Delivery Amount (10 thousand yuan)	成交量(手) Trading Volume (lot)	成交金额(万元) Trading Turnover (10 thousand yuan)	结算价(元/吨) Clearing Price (yuan/ton)	交割率(%) Delivery Rate (%)
硅铁 Ferrosilicon	ZCE	SF104	0	0.00	338970	1091261.76	6680.00	0.00
		SF105	0	0.00	2574775	8674751.67	6654.00	0.00
		SF106	0	0.00	244	828.58	6544.00	0.00
		SF107	0	0.00	6	17.43	6572.00	0.00
		SF108	0	0.00	20	62.45	6494.00	0.00
		SF109	0	0.00	43243	140674.44	6506.00	0.00
		SF110	0	0.00	5	14.42	6292.00	0.00
		SF111	0	0.00	25	77.00	6634.00	0.00
		SF112	0	0.00	0	0.00	6440.00	—
锰硅 Manganese Silicon	ZCE	SM001	3141	10048.05	3318	10621.32	6450.00	2.60
		SM002	0	0.00	0	0.00	6390.00	0.00
		SM003	0	0.00	2	6.44	6110.00	0.00
		SM004	0	0.00	11	35.06	6656.00	0.00
		SM005	8244	29920.83	5738261	18633419.73	7244.00	8.71
		SM006	121	403.78	15435	53847.76	6730.00	20.13
		SM007	1692	5547.79	1235801	4407508.49	6484.00	9.02
		SM008	1377	4383.24	2145269	7376363.78	6518.00	10.77
		SM009	6285	19852.83	15994735	53928091.02	6162.00	4.35
		SM010	2276	6916.76	2135275	7165770.42	5974.00	14.98
		SM011	1315	4094.91	1223873	3954773.49	6356.00	6.60
		SM012	2925	9305.92	719264	2236271.68	6324.00	32.89
		SM101	453	1474.52	10833918	34008774.53	6758.00	0.30
		SM102	0	0.00	233	752.25	6680.00	0.00
		SM103	0	0.00	1053357	3379991.21	6754.00	0.00
		SM104	0	0.00	605573	1969645.00	6754.00	0.00
		SM105	40	136.64	3552001	11862644.82	6778.00	0.03
		SM106	0	0.00	82	279.50	6748.00	0.00
		SM107	0	0.00	114	355.21	6848.00	0.00
		SM108	0	0.00	231	744.24	6684.00	0.00
		SM109	0	0.00	27739	89854.65	6692.00	0.00
		SM110	0	0.00	97	304.53	6732.00	0.00
		SM111	0	0.00	5	15.90	6742.00	0.00
		SM112	0	0.00	1	3.33	6800.00	0.00

5-19 2020年能源、化工及其他期货实物交割情况
Physical Delivery of Energy & Chemical Products & Others Futures in 2020

交易品种 Product	上市交易所 Listed Exchange	合约 Contract	交割量（手）Delivery Quantity (lot)	交割金额（万元）Delivery Amount (10 thousand yuan)	成交量（手）Trading Volume (lot)	成交金额（万元）Trading Turnover(10 thousand yuan)	结算价（元/吨）Clearing Price (yuan/ton)	交割率（%）Delivery Rate (%)
聚乙烯 LLDPE	DCE	l2001	2295	8267.74	4222	15210.34	7205.00	0.45
		l2002	10	35.05	194	710.14	7010.00	3.24
		l2003	21	67.20	92	315.89	6400.00	87.50
		l2004	120	365.10	74016	254164.09	6085.00	4.17
		l2005	760	2422.50	13262112	44368464.82	6375.00	0.20
		l2006	22	75.52	281996	896241.52	6865.00	0.65
		l2007	181	647.98	230469	732989.12	7160.00	4.59
		l2008	635	2263.78	337685	1076893.77	7130.00	13.05
		l2009	2146	8085.06	40788723	133250051.02	7535.00	0.53
		l2010	218	795.70	717685	2549161.12	7300.00	2.99
		l2011	131	481.43	585023	2106228.68	7350.00	2.02
		l2012	373	1515.31	508954	1833091.81	8125.00	15.06
聚氯乙烯 PVC	DCE	v2001	7380	24520.05	4156	13811.05	6645.00	3.43
		v2004	42	115.50	48199	151749.41	5500.00	1.66
		v2005	1717	4949.25	6894916	20963147.41	5765.00	0.64
		v2006	70	214.55	232550	676378.45	6130.00	1.09
		v2007	44	139.81	153226	450925.07	6355.00	1.19
		v2008	40	129.30	265495	803871.48	6465.00	0.78
		v2009	3979	13339.60	18920961	57050006.66	6705.00	1.74
		v2010	306	1058.76	397939	1298075.18	6920.00	6.66
		v2011	131	486.67	348728	1139544.37	7430.00	3.24
		v2101	2015	6971.90	19859548	70018938.66	7040.00	0.58
聚丙烯 PP	DCE	pp2001	1925	7187.95	5851	21849.94	7468.00	0.48
		pp2002	41	132.59	124	465.95	6468.00	11.52
		pp2003	33	113.85	225	814.33	6900.00	33.67
		pp2004	222	868.46	77116	268585.28	7824.00	8.19
		pp2005	972	3678.53	24787452	86615714.37	7569.00	0.23
		pp2006	98	373.92	203946	696977.55	7631.00	2.82
		pp2007	498	1919.04	379987	1308830.43	7707.00	14.22
		pp2008	5	18.00	672546	2390564.62	7200.00	0.09
		pp2009	2716	11067.33	74134943	263503955.37	8179.00	0.53
		pp2010	643	2635.01	2093385	7955169.29	8196.00	6.12
		pp2011	120	489.72	1796954	6863632.48	8162.00	2.26
		pp2012	87	377.97	1937321	7507015.95	8689.00	3.20
焦炭 Coke	DCE	j2001	340	6648.70	2453	47977.33	1955.50	0.16
		j2005	160	2751.20	6534330	119668162.32	1719.50	0.09
		j2009	480	10206.30	16460753	305932880.56	2102.00	0.25
		j2010	20	420.40	678253	13428095.63	2102.00	0.29
		j2012	60	1520.10	510695	10457390.77	2533.50	12.40
焦煤 Coking Coal	DCE	jm2001	3300	24284.70	8133	59870.18	1226.50	2.58
		jm2005	2400	17553.30	3624112	27046760.63	1234.50	2.13
		jm2009	600	4472.10	6740417	46863874.88	1246.00	0.52

注：1.结算价为最后交易日交割结算价。

2.交割金额、交割量包含期转现部分。

3.交割率=交割量/合约存续期内(截至2020年12月31日)的最大日持仓量*100%。

数据来源：上海期货交易所、郑州商品交易所、大连商品交易所

Source：SHFE、ZCE、DCE

5-19 续表 1 continued

交易品种 Product	上市交易所 Listed Exchange	合约 Contract	交割量（手）Delivery Quantity (lot)	交割金额（万元）Delivery Amount (10 thousand yuan)	成交量（手）Trading Volume (lot)	成交金额（万元）Trading Turnover(10 thousand yuan)	结算价（元/吨）Clearing Price (yuan/ton)	交割率(%) Delivery Rate (%)
乙二醇 Ethylene Glycol	DCE	eg2001	233	1233.15	5110	25701.24	5306.00	0.09
		eg2003	16	67.68	82	379.16	4230.00	69.57
		eg2004	88	280.72	108147	474619.63	3190.00	2.60
		eg2005	5037	17471.18	16901549	67576538.21	3500.00	2.13
		eg2006	935	3304.55	199901	771707.61	3573.00	14.67
		eg2007	476	1665.08	156667	592557.08	3488.00	9.46
		eg2008	102	362.87	183546	663810.97	3600.00	1.72
		eg2009	6574	25384.25	27536565	100640838.13	3827.00	2.34
		eg2010	1479	5262.01	1267771	4784603.77	3752.00	12.80
		eg2011	710	2639.67	797675	3041139.53	3743.00	10.78
		eg2012	636	2164.94	957264	3672575.98	3404.00	26.89
苯乙烯 Ethenylbenzene	DCE	eb2004	802	1858.36	6177	20155.82	5162.00	13.10
		eb2005	1892	4938.85	5806490	16738090.88	5199.00	1.96
		eb2006	1198	3294.50	154613	400923.59	5500.00	29.59
		eb2007	600	1618.20	174366	463606.46	5360.00	14.70
		eb2008	1183	2979.11	207739	564899.11	5250.00	29.09
		eb2009	5178	13860.43	11125383	30771746.49	5883.00	3.74
		eb2010	1849	4992.30	747027	2093421.00	5400.00	15.00
		eb2011	2783	12275.75	1018506	2820985.29	8837.00	23.25
		eb2012	2744	9787.41	1051496	3257676.32	7079.00	41.84
液化石油气 Liquefied Petroleum Gas	DCE	pg2011	1829	12797.77	38513491	265715333.56	3458.00	1.55
		pg2012	2319	16895.25	5067820	37476831.35	3744.00	5.07
甲醇 Methanol	ZCE	MA001	1533	3458.88	10414	23024.68	2360	0.13
		MA002	85	180.97	321	751.63	2056	10.47
		MA003	688	1288.20	486684	1112698.50	1760	1.94
		MA004	0	0.00	2012	4141.63	1626	0.00
		MA005	29909	51620.87	61879819	124677453.62	1721	3.53
		MA006	1100	1722.60	11311	19210.90	1568	100.00
		MA007	11600	19443.94	2113735	3639374.36	1701	17.67
		MA008	703	1181.04	31947	54227.16	1700	22.64
		MA009	6900	12557.42	125912320	220726071.61	1838	0.44
		MA010	1282	2460.16	747677	1345683.42	1960	10.91
		MA011	4356	8782.51	2953151	5547567.45	2286	4.63
		MA012	789	1759.47	695399	1399940.34	2386	4.74
		MA101	0	0.00	114975749	240904807.40	2416	0.00
		MA102	0	0.00	2169600	4874990.39	2457	0.00
		MA103	0	0.00	1692409	4131868.33	2459	0.00
		MA104	0	0.00	84082	194478.68	2421	0.00
		MA105	0	0.00	30872630	74305996.27	2375	0.00
		MA106	0	0.00	831	1957.52	2373	0.00
		MA107	0	0.00	23235	52593.99	2329	0.00
		MA108	0	0.00	29033	65394.25	2352	0.00
		MA109	0	0.00	162332	383523.76	2317	0.00
		MA110	0	0.00	388	883.16	2351	0.00
		MA111	0	0.00	7639	18406.37	2375	0.00
		MA112	0	0.00	36	88.30	2365	0.00

5-19 续表 2 continued

交易品种 Product	上市 交易所 Listed Exchange	合约 Contract	交割量 (手) Delivery Quantity (lot)	交割金额 (万元) Delivery Amount (10 thousand yuan)	成交量 (手) Trading Volume (lot)	成交金额 (万元) Trading Turnover(10 thousand yuan)	结算价 (元/吨) Clearing Price (yuan/ton)	交割率 (%) Delivery Rate (%)
PTA	ZCE	TA001	28047	68634.97	65855	161283.58	4820	3.25
		TA002	3	6.44	33	78.98	4334	0.62
		TA003	64717	131181.36	1331828	3192600.81	3752	48.54
		TA004	114	191.06	1736	3662.92	3408	9.76
		TA005	70289	119766.63	36701800	75228257.83	3522	7.69
		TA006	748	1364.35	9020	15579.95	3598	36.70
		TA007	30535	54443.91	5622777	10327997.23	3528	18.49
		TA008	2045	3670.78	86040	157866.97	3576	87.17
		TA009	52882	92741.72	92146087	165827770.80	3410	3.34
		TA010	13590	23673.78	1618413	2997072.80	3564	65.43
		TA011	21138	34602.91	5640652	10488338.91	3252	18.59
		TA012	8888	15633.99	3130414	5540300.48	3638	24.56
		TA101	3827	6667.95	97004348	172288830.90	3684	0.18
		TA102	0	0.00	7158732	12632326.47	3714	0.00
		TA103	0	0.00	5213495	9348085.65	3738	0.00
		TA104	0	0.00	115113	212286.67	3766	0.00
		TA105	60499	118510.11	61267908	113533127.46	3802	2.17
		TA106	0	0.00	5821	10833.16	3844	0.00
		TA107	0	0.00	51384	95258.99	3868	0.00
		TA108	0	0.00	13054	24666.30	3900	0.00
		TA109	0	0.00	4794625	9146776.58	3904	0.00
		TA110	0	0.00	5007	9702.63	4028	0.00
		TA111	0	0.00	5468	10849.42	4062	0.00
		TA112	0	0.00	391	802.90	4108	0.00
动力煤 Thermal Coal	ZCE	ZC001	11800	64637.20	14067	76686.13	541.2	6.18
		ZC002	0	0.00	0	0.00	563.8	0.00
		ZC003	2800	15584.00	417499	2328199.68	552.2	5.95
		ZC004	0	0.00	39	212.45	512.6	0.00
		ZC005	17200	81523.20	3641638	19690610.20	472	11.51
		ZC006	0	0.00	246	1231.28	491.6	0.00
		ZC007	13000	73842.00	2460886	12835117.74	590.2	16.69
		ZC008	0	0.00	83	446.05	558	0.00
		ZC009	18200	101663.04	14015741	74812327.68	559.6	7.76
		ZC010	2200	13164.40	669485	3712119.82	588.2	26.62
		ZC011	6000	36579.20	8450128	49404645.74	626.4	3.06
		ZC012	4200	26622.40	697577	4092926.26	636.2	32.34
		ZC101	800	6008.00	17250633	113191804.28	794.4	0.37
		ZC102	0	0.00	1860523	12144064.92	750	0.00
		ZC103	0	0.00	1201972	7763324.57	702.2	0.00
		ZC104	0	0.00	129728	869064.49	679.6	0.00
		ZC105	0	0.00	10279073	69697861.47	671.4	0.00
		ZC106	0	0.00	1969	13213.89	667.4	0.00
		ZC107	0	0.00	13208	85371.54	662.4	0.00
		ZC108	0	0.00	619	3807.93	656.4	0.00
		ZC109	0	0.00	51582	337054.00	648.6	0.00
		ZC110	0	0.00	120	748.18	637.6	0.00
		ZC111	0	0.00	2411	15075.45	634.6	0.00
		ZC112	0	0.00	945	6070.76	629.4	0.00

5-19 续表 3 continued

交易品种 Product	上市交易所 Listed Exchange	合约 Contract	交割量（手）Delivery Quantity (lot)	交割金额（万元）Delivery Amount (10 thousand yuan)	成交量（手）Trading Volume (lot)	成交金额（万元）Trading Turnover(10 thousand yuan)	结算价（元/吨）Clearing Price (yuan/ton)	交割率（%）Delivery Rate (%)
玻璃 Glass	ZCE	FG001	800	2446.40	536	1621.50	1550	0.21
		FG002	0	0.00	328	989.84	1413	0.00
		FG003	0	0.00	663	1897.71	1483	0.00
		FG004	0	0.00	4	11.56	1438	0.00
		FG005	4475	10766.85	6430417	17934438.51	1214	1.74
		FG006	0	0.00	2966	7845.73	1409	0.00
		FG007	306	951.66	617254	1564704.15	1628	1.07
		FG008	400	1478.40	2730499	7503019.76	1915	0.74
		FG009	300	1136.40	31873708	97895411.23	1920	0.11
		FG010	151	564.44	1755106	5422834.32	1835	0.73
		FG011	0	0.00	715747	2348386.62	1963	0.00
		FG012	51	198.80	665593	2349264.05	1982	0.42
		FG101	0	0.00	116080542	409909514.55	1994	0.00
		FG102	0	0.00	16584	59064.48	1921	0.00
		FG103	0	0.00	452782	1591607.47	1856	0.00
		FG104	0	0.00	494747	1836843.85	1876	0.00
		FG105	0	0.00	23075828	86003420.11	1844	0.00
		FG106	0	0.00	3469	11512.39	1849	0.00
		FG107	0	0.00	4046	13910.38	1825	0.00
		FG108	0	0.00	8194	29199.91	1849	0.00
		FG109	0	0.00	328468	1214274.48	1824	0.00
		FG110	0	0.00	481	1762.96	1831	0.00
		FG111	0	0.00	811	2985.50	1808	0.00
		FG112	0	0.00	73	269.94	1808	0.00
尿素 Urea	ZCE	UR001	652	2162.03	203	677.85	1663	1.00
		UR002	61	189.10	196	640.81	1554	20.75
		UR003	0	0.00	111	381.98	1705	0.00
		UR004	0	0.00	45	156.33	1694	0.00
		UR005	1732	5704.71	2997867	10404232.77	1583	1.94
		UR006	0	0.00	312	1047.20	1567	0.00
		UR007	24	75.65	7243	23520.24	1597	0.91
		UR008	8	27.84	248	795.99	1695	72.73
		UR009	1236	3856.25	4483091	14336207.32	1571	1.21
		UR010	135	414.12	2602	8433.29	1699	44.41
		UR011	83	288.18	1935	6328.99	1847	24.06
		UR012	17	60.62	913	3025.03	1772	6.56
		UR101	0	0.00	7943472	26973363.84	1742	0.00
		UR102	0	0.00	371	1296.88	1755	0.00
		UR103	0	0.00	1989	6689.38	1793	0.00
		UR104	0	0.00	477	1690.79	1813	0.00
		UR105	0	0.00	1190995	4306667.04	1829	0.00
		UR106	0	0.00	1630	5511.92	1803	0.00
		UR107	0	0.00	573	1882.57	1774	0.00
		UR108	0	0.00	2	6.98	1754	0.00
		UR109	0	0.00	11024	37660.89	1742	0.00

5-19 续表 4 continued

交易品种 Product	上市交易所 Listed Exchange	合约 Contract	交割量(手) Delivery Quantity (lot)	交割金额(万元) Delivery Amount (10 thousand yuan)	成交量(手) Trading Volume (lot)	成交金额(万元) Trading Turnover(10 thousand yuan)	结算价(元/吨) Clearing Price (yuan/ton)	交割率(%) Delivery Rate (%)
尿素 Urea	ZCE	UR110	0	0.00	758	2584.18	1727	0.00
		UR111	0	0.00	10	34.68	1757	0.00
		UR112	0	0.00	4	14.22	1769	0.00
纯碱 Soda Ash	ZCE	SA005	1661	3953.35	1678145	5203233.95	1166	3.77
		SA006	359	862.32	3351	8918.91	1181	78.04
		SA007	343	771.12	2792	6991.80	1123	83.86
		SA008	1205	3404.94	23338	64167.99	1385	26.05
		SA009	3623	11681.53	10441789	29533651.48	1793	2.22
		SA010	1774	6100.49	134128	472121.80	1630	28.58
		SA011	3020	8904.86	2632859	9049277.04	1467	8.10
		SA012	1915	5308.38	1668487	5652793.67	1323	14.97
		SA101	0	0.00	43562469	140732440.17	1383	0.00
		SA102	0	0.00	31653	93903.21	1467	0.00
		SA103	0	0.00	485377	1450546.07	1481	0.00
		SA104	0	0.00	376834	1189756.74	1601	0.00
		SA105	0	0.00	7326899	23434833.81	1605	0.00
		SA106	0	0.00	6280	20055.86	1653	0.00
		SA107	0	0.00	1862	5977.17	1673	0.00
		SA108	0	0.00	380	1245.63	1707	0.00
		SA109	0	0.00	25804	87110.72	1724	0.00
		SA110	0	0.00	236	808.74	1754	0.00
		SA111	0	0.00	2175	7061.71	1722	0.00
		SA112	0	0.00	16	55.66	1729	0.00
短纤 Polyester Staple Fiber	ZCE	PF105	0	0.00	16300877	50983400.17	6364	0.00
		PF106	0	0.00	2424	7381.86	6354	0.00
		PF107	0	0.00	830	2533.52	6434	0.00
		PF108	0	0.00	589	1797.86	6436	0.00
		PF109	0	0.00	109075	336230.63	6404	0.00
		PF110	0	0.00	141	429.52	6438	0.00
		PF111	0	0.00	8	24.52	6418	0.00
		PF112	0	0.00	4	12.49	6368	0.00
燃料油 Fuel Oil	SHFE	fu2001	9844	19756.91	0	0.00	2004.00	0.02
		fu2002	260	619.84	547	1265.38	2371.00	1.00
		fu2003	11038	22683.09	310513	707746.85	1871.00	0.09
		fu2004	3189	4470.98	153000	320887.45	1334.00	0.05
		fu2005	6762	7634.30	99968264	185098686.62	1161.00	0.02
		fu2006	5823	8041.56	9458328	15278638.59	1374.00	0.05
		fu2007	5469	8291.00	5998074	9388063.46	1443.00	0.06
		fu2008	4393	7191.34	3739008	6035718.77	1631.00	0.05
		fu2009	9740	18817.68	194111181	318879328.46	1855.00	0.01
		fu2010	2356	4108.86	2203449	3883237.37	1639.00	0.09
		fu2011	3022	5173.66	491832	884766.61	1601.00	0.50
		fu2012	8558	15857.97	922375	1686292.75	1854.00	0.63
石油沥青 Bitumen	SHFE	bu2001	1031	3326.01	678	2159.00	3300.00	0.30
		bu2002	46	138.92	116	361.36	2982.00	0.98
		bu2003	105	286.44	408	1276.76	2324.00	0.90

5-19 续表 5 continued

交易品种 Product	上市交易所 Listed Exchange	合约 Contract	交割量（手） Delivery Quantity (lot)	交割金额（万元） Delivery Amount (10 thousand yuan)	成交量（手） Trading Volume (lot)	成交金额（万元） Trading Turnover(10 thousand yuan)	结算价（元/吨） Clearing Price (yuan/ton)	交割率(%) Delivery Rate (%)
石油沥青 Bitumen	SHFE	bu2004	17	33.86	748	1861.25	2032.00	0.52
		bu2005	2007	4009.99	126683	296853.97	2020.00	0.77
		bu2006	19973	48374.61	68551951	153075410.70	2368.00	0.04
		bu2007	142	391.64	15721	35649.04	2690.00	0.19
		bu2008	51	132.70	13852	32748.48	2518.00	0.08
		bu2009	8247	19875.27	4963371	11851951.22	2550.00	0.08
		bu2010	84	173.38	8485	21553.56	2130.00	0.16
		bu2011	434	939.18	5291	13153.96	2180.00	0.52
		bu2012	17903	44220.41	100225042	252514246.00	2520.00	0.03
纸浆 Woodpulp	SHFE	sp2001	5656	25395.44	9826	43890.05	4484.00	0.03
		sp2002	4	17.22	140	623.59	4350.00	0.04
		sp2003	24	105.02	53	239.54	4468.00	0.92
		sp2004	42	189.59	138	623.48	4494.00	0.91
		sp2005	7364	31915.58	4657864	21235078.01	4320.00	0.05
		sp2006	78	327.44	798	3604.46	4072.00	0.88
		sp2007	52	222.04	227	1018.46	4194.00	0.85
		sp2008	30	134.04	194	876.92	4616.00	0.77
		sp2009	4858	22696.58	6704956	30015528.49	4690.00	0.04
		sp2010	276	1254.14	1556	7278.01	4514.00	0.98
		sp2011	18	82.91	509	2338.12	4612.00	0.51
		sp2012	4286	20943.29	11145197	52693925.46	4912.00	0.02
20号胶 TSR 20	INE	nr2002	70	659.40	9657	98528.71	9410.00	0.00
		nr2003	1712	14860.16	66076	686110.75	8340.00	0.06
		nr2004	1627	12820.76	353665	3595215.78	8000.00	0.08
		nr2005	1740	14320.20	357821	3207014.74	8050.00	0.08
		nr2006	1306	11225.07	200857	1767086.37	8440.00	0.11
		nr2007	860	7451.90	118642	998836.85	8855.00	0.06
		nr2008	839	7488.08	63012	543037.99	8900.00	0.07
		nr2009	584	5384.48	258462	2270041.87	9100.00	0.03
		nr2010	1166	11100.32	316946	2935920.44	9940.00	0.04
		nr2011	410	4214.80	310604	2943966.98	10350.00	0.02
		nr2012	1256	13351.28	455758	4740525.68	9960.00	0.05
原油 Crude Oil	INE	sc2001	3342	159146.04	0	0.00	467.00	0.19
		sc2002	1044	48713.04	126983	6243798.27	469.20	0.05
		sc2003	1311	49136.28	1331548	63471126.93	349.90	0.06
		sc2004	2493	61128.36	826057	32519990.42	248.00	0.08
		sc2005	6153	133150.92	1799328	51085479.10	220.40	0.15
		sc2006	12611	321076.06	4686724	118620993.13	260.10	0.19
		sc2007	11172	317619.96	6756683	182162375.20	283.70	0.16
		sc2008	13859	387359.05	3651968	106549232.07	277.30	0.26
		sc2009	12678	359194.08	4664498	137469751.56	284.60	0.20
		sc2010	9688	249412.40	2427202	70196333.17	249.10	0.14
		sc2011	8562	202856.05	2519358	68772112.43	211.80	0.15
		sc2012	7578	204793.76	4168497	110277007.00	279.80	0.13

5-20 2020年金融期货交割情况
Cash Delivery of Financial Futures in 2020

交易品种 Product	上市交易所 Listed Exchange	合约 Contract	交割量(手) Delivery Quantity (lot)	交割金额(亿元) Delivery Amount (100 million yuan)	成交量(手) Trading Volume (lot)	成交金额(亿元) Trading Turnover (100 million yuan)	结算价(元) Clearing Price (yuan)	交割率(%) Delivery Rate (%)
2年期国债期货 2-Year Treasury Bond Futures	CFFEX	TS2003	117	2.39	422540	8510.75	101.29	0.67
		TS2006	350	7.06	568680	11550.30	101.33	1.90
		TS2009	366	7.40	614280	12420.65	100.28	2.16
		TS2012	4245	85.22	490236	9830.06	100.06	15.80
		TS2103	—	—	212887	4265.95	100.39	—
		TS2106	—	—	4144	83.00	100.31	—
		TS2109	—	—	189	3.79	100.20	—
5年期国债期货 5-Year Treasury Bond Futures	CFFEX	TF2003	1844	19.51	370528	3733.11	101.76	4.73
		TF2006	1670	17.43	1080561	11122.47	103.38	4.41
		TF2009	107	1.10	2066465	20996.45	99.93	0.21
		TF2012	2400	23.22	1500910	14976.92	99.35	3.87
		TF2103	—	—	783746	7794.42	99.81	—
		TF2106	—	—	7513	74.67	99.76	—
		TF2109	—	—	69	0.69	99.66	—
10年期国债期货 10-Year Treasury Bond Futures	CFFEX	T2003	226	2.29	1108465	11032.62	102.00	0.29
		T2006	1017	10.53	3773914	38332.08	101.21	1.12
		T2009	25	0.24	5042830	50386.88	98.21	0.03
		T2012	3351	32.64	4045622	39654.02	97.23	2.89
		T2103	—	—	1904808	18563.55	97.97	—
		T2106	—	—	36102	351.34	97.80	—
		T2109	—	—	570	5.55	97.66	—
沪深300股指期货 CSI 300 Index Futures	CFFEX	IF2001	6213	77.38	734013	9167.33	4151.47	7.60
		IF2002	3442	42.90	1403119	16703.96	4154.14	5.04
		IF2003	8151	88.63	3010866	35975.78	3624.55	7.77
		IF2004	5959	68.82	2201932	24432.80	3849.47	5.85
		IF2005	6018	70.82	1379747	15910.19	3922.45	6.90
		IF2006	7190	88.32	3080361	35900.99	4094.62	6.44
		IF2007	7620	103.41	2194781	29264.01	4523.53	7.16
		IF2008	5468	77.33	3168924	44286.84	4713.82	5.10
		IF2009	7550	106.61	3945717	53996.94	4706.70	5.38
		IF2010	5123	73.59	1396171	19519.42	4788.37	4.78
		IF2011	4382	64.91	2001705	28819.75	4937.41	5.32
		IF2012	7544	113.09	3547380	51196.73	4996.89	5.71
		IF2101	—	—	940611	14207.78	5216.20	—

数据来源：中国金融期货交易所
Source：CFFEX

5-20　续表　continued

交易品种 Product	上市交易所 Listed Exchange	合约 Contract	交割量（手） Delivery Quantity (lot)	交割金额（亿元） Delivery Amount (100 million yuan)	成交量（手） Trading Volume (lot)	成交金额（亿元） Trading Turnover (100 million yuan)	结算价（元） Clearing Price (yuan)	交割率（%） Delivery Rate (%)
沪深300股指期货 CSI 300 Index Futures	CFFEX	IF2102	—	—	10479	159.45	5210.40	—
		IF2103	—	—	831388	12156.53	5211.60	—
		IF2106	—	—	151528	2225.80	5168.00	—
上证50股指期货 SSE 50 Index Futures	CFFEX	IH2001	2881	26.35	254439	2346.68	3048.78	9.39
		IH2002	1707	15.21	498319	4330.83	2971.02	5.31
		IH2003	3823	29.90	1061924	9130.81	2607.11	7.96
		IH2004	2047	17.28	736508	5933.89	2814.37	5.00
		IH2005	2613	22.15	460109	3863.50	2825.83	8.25
		IH2006	3331	29.18	1196909	10064.26	2920.52	7.83
		IH2007	5345	50.91	888259	8460.31	3174.63	10.72
		IH2008	2593	25.51	1175410	11499.93	3278.87	6.58
		IH2009	2480	24.75	1674762	15966.73	3326.29	4.95
		IH2010	2409	24.43	522298	5152.22	3379.81	6.20
		IH2011	2800	28.62	775617	7790.07	3407.55	8.40
		IH2012	2959	31.12	1620395	16363.14	3505.22	5.18
		IH2101	—	—	404111	4271.41	3643.20	—
		IH2102	—	—	6867	73.04	3636.00	—
		IH2103	—	—	390850	3994.67	3636.80	—
		IH2106	—	—	82622	852.06	3627.00	—
中证500股指期货 CSI 500 Index Futures	CFFEX	IC2001	4695	51.79	725842	7938.42	5515.93	5.96
		IC2002	4302	49.75	1473727	15842.88	5782.59	6.15
		IC2003	6399	66.24	3506548	38603.75	5175.80	4.78
		IC2004	5671	60.58	2314226	23763.20	5341.41	5.30
		IC2005	4712	52.08	1541567	16370.33	5526.27	4.92
		IC2006	6330	73.19	3949804	42401.65	5781.53	5.10
		IC2007	5102	64.54	1962318	24176.27	6325.10	5.43
		IC2008	6565	87.16	2928323	38141.96	6637.99	6.33
		IC2009	7027	90.51	4565461	56166.62	6440.14	5.20
		IC2010	6305	80.95	1420650	17959.31	6419.33	5.67
		IC2011	5519	70.76	2103484	26365.64	6410.62	5.46
		IC2012	6089	76.66	3898876	48479.80	6294.83	4.41
		IC2101	—	—	928648	11622.75	6343.80	—
		IC2102	—	—	15250	189.55	6297.20	—
		IC2103	—	—	1068538	13046.89	6251.40	—
		IC2106	—	—	352177	4209.31	6102.40	—

5-21 2020年农产品期货合约汇总

交易品种 Product	交易单位 Contract Size	报价单位 Quotation Unit	最小变动价位 Minimum Tick Size	涨跌停板幅度 Daily Price Limit	最低交易保证金 Minimum Trading Margin	合约月份 Contract Months	交易时间 Trading Hours
玉米 Corn	10吨/手	元(人民币)/吨	1元/吨	上一交易日结算价的4%	合约价值的5%	1、3、5、7、9、11月	每周一至周五上午9:00-11:30，下午13:30-15:00
玉米淀粉 Corn Starch	10吨/手	元(人民币)/吨	1元/吨	上一交易日结算价的4%	合约价值的5%	1、3、5、7、9、11月	每周一至周五上午9:00-11:30，下午13:30-15:00，以及交易所公布的其他时间
黄大豆1号 No.1 Soybean	10吨/手	元(人民币)/吨	1元/吨	上一交易日结算价的4%	合约价值的5%	1、3、5、7、9、11月	每周一至周五上午9:00-11:30，下午13:30-15:00，以及交易所公布的其他时间
黄大豆2号 No.2 Soybean	10吨/手	元(人民币)/吨	1元/吨	上一交易日结算价的4%	合约价值的5%	1-12月	每周一至周五上午9:00-11:30，下午13:30-15:00，以及交易所规定的其他时间
豆粕 Soybean Meal	10吨/手	元(人民币)/吨	1元/吨	上一交易日结算价的4%	合约价值的5%	1、3、5、7、8、9、11、12月	每周一至周五上午9:00-11:30，下午13:30-15:00，以及交易所公布的其他时间
豆油 Soybean Oil	10吨/手	元(人民币)/吨	2元/吨	上一交易日结算价的4%	合约价值的5%	1、3、5、7、8、9、11、12月	每周一至周五上午9:00-11:30，下午13:30-15:00，以及交易所公布的其他时间
棕榈油 RBD Palm Oil	10吨/手	元(人民币)/吨	2元/吨	上一交易日结算价的4%	合约价值的5%	1-12月	每周一至周五上午9:00-11:30,下午13:30-15:00，以及交易所公布的其他时间
纤维板 Fiberboard	10立方米/手	元(人民币)/立方米	0.5元/立方米	上一交易日结算价的4%	合约价值的5%	1-12月	每周一至周五上午9:00-11:30，下午13:30-15:00，以及交易所规定的其他时间
胶合板 Blockboard	500张/手	元(人民币)/张	0.05元/张	上一交易日结算价的4%	合约价值的5%	1-12月	每周一至周五上午9:00-11:30，下午13:30-15:00，以及交易所规定的其他时间
鸡蛋 Egg	5吨/手	元（人民币）/500千克	1元/500千克	上一交易日结算价的4%	合约价值的5%	1-12月	每周一至周五上午9:00-11:30，下午13:30-15:00，以及交易所规定的其他时间
粳米 Polished Round-grained Rice	10吨/手	元(人民币)/吨	1元/吨	上一交易日结算价的4%	合约价值的5%	1-12月	每周一至周五上午9:00-11:30，下午13:30-15:00，以及交易所规定的其他时间
强麦 Wheat WH	20吨/手	元(人民币)/吨	1元/吨	上一交易日结算价±4%及《郑州商品交易所期货交易风险控制管理办法》相关规定	合约价值的5%	1、3、5、7、9、11月	每周一至周五(北京时间 法定节假日除外)上午9:00-11:30 下午1:30-3:00

数据来源：上海期货交易所、郑州商品交易所、大连商品交易所

Source：SHFE、ZCE、DCE

Collection of Agricultural Products Futures Contracts in 2020

最后交易日 Last Trading Day	最后交割日 Last Delivery Day	交割品级 Delivery Grade	交割地点 Delivery Venue	交割方式 Delivery Form	交易代码 Trading Code	上市交易所 Listed Exchange
合约月份第10个交易日	最后交易日后第3个交易日	大连商品交易所玉米交割质量标准（FC/DCE D001-2015）	大连商品交易所玉米指定交割仓库	实物交割	C	大连商品交易所
合约月份第10个交易日	最后交易日后第3个交易日	大连商品交易所玉米淀粉交割质量标准 （F/DCE CS002-2018）	大连商品交易所玉米淀粉指定交割仓库	实物交割	CS	大连商品交易所
合约月份第10个交易日	最后交易日后第3个交易日	大连商品交易所黄大豆1号交割质量标准（F/DCE A001-2018）	大连商品交易所指定交割仓库	实物交割	A	大连商品交易所
合约月份第10个交易日	最后交易日后第3个交易日	大连商品交易所黄大豆2号交割质量标准（F/DCE B003-2017）	大连商品交易所指定交割仓库	实物交割	B	大连商品交易所
合约月份第10个交易日	最后交易日后第3个交易日	大连商品交易所豆粕交割质量标准(F/DCE D001-2006)	大连商品交易所指定交割仓库	实物交割	M	大连商品交易所
合约月份第10个交易日	最后交易日后第3个交易日	大连商品交易所豆油交割质量标准	大连商品交易所指定交割仓库	实物交割	Y	大连商品交易所
合约月份第10个交易日	最后交易日后第3个交易日	大连商品交易所棕榈油交割质量标准（F/DCE P002-2011）	大连商品交易所棕榈油指定交割仓库	实物交割	P	大连商品交易所
合约月份第10个交易日	最后交易日后第3个交易日	大连商品交易所纤维板交割质量标准（F/DCE FB001-2019）	大连商品交易所纤维板指定交割仓库	实物交割	FB	大连商品交易所
合约月份第10个交易日	最后交易日后第3个交易日	大连商品交易所胶合板交割质量标准（F/DCE BB002-2018）	大连商品交易所胶合板指定交割仓库	实物交割	BB	大连商品交易所
合约月份倒数第4个交易日	最后交易日后第3个交易日	大连商品交易所鸡蛋交割质量标准（F/DCE JD002-2015）	大连商品交易所鸡蛋指定交割仓库、指定车板交割场所	实物交割	JD	大连商品交易所
合约月份第10个交易日	最后交易日后第3个交易日	大连商品交易所粳米交割质量标准（F/DCE RR001-2019）	大连商品交易所粳米指定交割仓库名录	实物交割	RR	大连商品交易所
合约交割月份的第10个交易日	合约交割月份的次月20日	符合《中华人民共和国国家标准 小麦》（GB 1351-2008）的三等及以上小麦，且容重、稳定时间、湿面筋等指标符合《郑州商品交易所期货交割细则》规定要求	交易所指定交割地点	实物交割	WH	郑州商品交易所

5-21 续表 1

交易品种 Product	交易单位 Contract Size	报价单位 Quotation Unit	最小变动价位 Minimum Tick Size	涨跌停板幅度 Daily Price Limit	最低交易保证金 Minimum Trading Margin	合约月份 Contract Months	交易时间 Trading Hours
普麦 Wheat PM	50吨/手	元(人民币)/吨	1元/吨	上一交易日结算价±4%及《郑州商品交易所期货交易风险控制管理办法》相关规定	合约价值的5%	1、3、5、7、9、11月	每周一至周五(北京时间 法定节假日除外)上午9:00-11:30 下午1:30-3:00
菜籽油 Rapeseed Oil	10吨/手	元(人民币)/吨	1元/吨	上一交易日结算价±4%及《郑州商品交易所期货交易风险控制管理办法》相关规定	合约价值的5%	1、3、5、7、9、11月	每周一至周五(北京时间 法定节假日除外)上午9:00-11:30 下午1:30-3:00及交易所规定的其他交易时间
早籼稻 Early Rice	20吨/手	元(人民币)/吨	1元/吨	上一交易日结算价±4%及《郑州商品交易所期货交易风险控制管理办法》相关规定	合约价值的5%	1、3、5、7、9、11月	每周一至周五(北京时间 法定节假日除外)上午9:00-11:30 下午1:30-3:00
油菜籽 Rapeseed	10吨/手	元(人民币)/吨	1元/吨	上一交易日结算价±4%及《郑州商品交易所期货交易风险控制管理办法》相关规定	合约价值的5%	7、8、9、11月	每周一至周五(北京时间 法定节假日除外)上午9:00-11:30，下午1:30-3:00
菜籽粕 Rapeseed Meal	10吨/手	元(人民币)/吨	1元/吨	上一交易日结算价±4%及《郑州商品交易所期货交易风险控制管理办法》相关规定	合约价值的5%	1、3、5、7、8、9、11月	每周一至周五(北京时间 法定节假日除外)上午9:00-11:30，下午1:30-3:00及交易所规定的其他交易时间
粳稻 Japonica Rice	20吨/手	元(人民币)/吨	1元/吨	上一交易日结算价±4%及《郑州商品交易所风险控制管理办法》相关规定	合约价值的5%	1、3、5、7、9、11月	每周一至周五(北京时间 法定节假日除外)上午9:00-11:30 下午1:30-3:00
晚籼稻 Late Indica Rice	20吨/手	元(人民币)/吨	1元/吨	上一交易日结算价±4%及《郑州商品交易所风险控制管理办法》相关规定	合约价值的5%	1、3、5、7、9、11月	每周一至周五(北京时间 法定节假日除外)上午9:00-11:30 下午1:30-3:00

continued

最后交易日 Last Trading Day	最后交割日 Last Delivery Day	交割品级 Delivery Grade	交割地点 Delivery Venue	交割方式 Delivery Form	交易代码 Trading Code	上市交易所 Listed Exchange
合约交割月份的第10个交易日	仓单交割：合约交割月份的第13个交易日 车（船）板交割：合约交割月份的次月20日	符合《中华人民共和国国家标准 小麦》(GB1351-2008)的三等及以上小麦，且物理指标等符合《郑州商品交易所期货交割细则》规定要求	交易所指定交割仓库及指定交割计价点	实物交割	PM	郑州商品交易所
合约交割月份的第10个交易日	合约交割月份的第13个交易日	基准交割品：符合《中华人民共和国国家标准菜籽油》(GB1536-2004)四级质量指标的菜油。替代品及升贴水见《郑州商品交易所期货交割细则》	交易所指定交割地点	实物交割	OI	郑州商品交易所
合约交割月份的第10个交易日	合约交割月份的第13个交易日	基准交割品：符合《中华人民共和国国家标准 稻谷》(GB1350-2009)三等及以上等级质量指标及《郑州商品交易所期货交割细则》规定的早籼稻谷 。替代品及升贴水见《郑州商品交易所期货交割细则》	交易所指定交割仓库	实物交割	RI	郑州商品交易所
合约交割月份的第10个交易日	仓单交割：合约交割月份的第13个交易日 车（船）板交割：合约交割月份的次月20日	见《郑州商品交易所期货交割细则》	交易所指定交割地点	实物交割	RS	郑州商品交易所
合约交割月份的第10个交易日	合约交割月份的第13个交易日	见《郑州商品交易所期货交割细则》	交易所指定交割地点	实物交割	RM	郑州商品交易所
合约交割月份的第10个交易日	合约交割月份的第13个交易日	见《郑州商品交易所期货交割细则》	交易所指定交割地点	实物交割	JR	郑州商品交易所
合约交割月份的第10个交易日	合约交割月份的第13个交易日	见《郑州商品交易所期货交割细则》	交易所指定交割地点	实物交割	LR	郑州商品交易所

5-21 续表 2

交易品种 Product	交易单位 Contract Size	报价单位 Quotation Unit	最小变动价位 Minimum Tick Size	涨跌停板幅度 Daily Price Limit	最低交易保证金 Minimum Trading Margin	合约月份 Contract Months	交易时间 Trading Hours
棉花 Cotton No.1	5吨/手(公定重量)	元(人民币)/吨	5元/吨	上一交易日结算价±4%及《郑州商品交易所期货交易风险控制管理办法》相关规定	合约价值的5%	1、3、5、7、9、11月	每周一至周五(北京时间 法定节假日除外)上午9:00–11:30 ，下午1:30–3:00及交易所规定的其他交易时间
白糖 White Sugar	10吨/手	元(人民币)/吨	1元/吨	上一交易日结算价±4%及《郑州商品交易所期货交易风险控制管理办法》相关规定	合约价值的5%	1、3、5、7、9、11月	每周一至周五(北京时间 法定节假日除外)上午9:00–11:30 ，下午1:30–3:00及交易所规定的其他交易时间
棉纱 Cotton Yarn	5吨/手(公定重量)	元(人民币)/吨	5元/吨	上一交易日结算价±4%及《郑州商品交易所期货交易风险控制管理办法》相关规定	合约价值的5%	1–12月	每周一至周五(北京时间 法定节假日除外)上午9:00–11:30 下午1:30–3:00及交易所规定的其他交易时间
苹果 Apple	10吨/手	元(人民币)/吨	1元/吨	上一交易日结算价±5%及《郑州商品交易所期货交易风险控制管理办法》相关规定	合约价值的7%	1、3、5、7、10、11、12月	每周一至周五(北京时间 法定节假日除外)上午9:00–11:30，下午1:30–3:00及交易所规定的其他交易时间
红枣 Chinese Jujube	5吨/手	元(人民币)/吨	5元/吨	上一交易日结算价±5%及《郑州商品交易所期货交易风险控制管理办法》相关规定	合约价值的7%	1、3、5、7、9、12月	每周一至周五(北京时间 法定节假日除外)上午9:00–11:30 ，下午1:30–3:00及交易所规定的其他交易时间
天然橡胶 Natural Rubber	10吨/手	元(人民币)/吨	5元/吨	上一交易日结算价±3%	合约价值的5%	1、3、4、5、6、7、8、9、10、11月	上午9:00 – 11:30，下午1:30 – 3:00和交易所规定的其他交易时间

continued

最后交易日 Last Trading Day	最后交割日 Last Delivery Day	交割品级 Delivery Grade	交割地点 Delivery Venue	交割方式 Delivery Form	交易代码 Trading Code	上市交易所 Listed Exchange
合约交割月份的第10个交易日	合约交割月份的第13个交易日	基准交割品：符合GB1103.1-2012《棉花 第1部分：锯齿加工细绒棉》规定的3128B级，且长度整齐度为U3档，断裂比强度为S3档，轧工质量为P2档的国产棉花。替代品详见交易所交割细则。替代品升贴水由交易所另行制定并公告	交易所指定棉花交割仓库	实物交割	CF	郑州商品交易所
合约交割月份的第10个交易日	合约交割月份的第13个交易日	见《郑州商品交易所期货交割细则》	交易所指定交割仓库	实物交割	SR	郑州商品交易所
合约交割月份的第10个交易日	合约交割月份的第13个交易日	见《郑州商品交易所期货交割细则》	交易所指定交割地点	实物交割	CY	郑州商品交易所
合约交割月份的第10个交易日	仓单交割：合约交割月份的第13个交易日 车（船）板交割：合约交割月份的次月20日	见《郑州商品交易所期货交割细则》	交易所指定交割地点	实物交割	AP	郑州商品交易所
合约交割月份的第10个交易日	合约交割月份的第13个交易日	见《郑州商品交易所期货交割细则》	交易所指定交割仓库	实物交割	CJ	郑州商品交易所
合约月份的15日（遇国家法定节假日顺延，春节月份等最后交易日交易所可另行调整并通知）	最后交易日后连续三个工作日	标准品：1.国产天然橡胶（SCR WF），质量符合国标GB/T8081-2018。 2.进口3号烟胶片（RSS3），质量符合《天然橡胶等级的品质与包装国际标准（绿皮书）》（1979年版）。	交易所指定交割仓库	实物交割	RU	上海期货交易所

5-22　2020年金属期货合约汇总

交易品种 Product	交易单位 Contract Size	报价单位 Quotation Unit	最小变动价位 Minimum Tick Size	涨跌停板幅度 Daily Price Limit	最低交易保证金 Minimum Trading Margin	合约月份 Contract Months	交易时间 Trading Hours	最后交易日 Last Trading Day
铜 Copper	5吨/手	元（人民币）/吨	10元/吨	上一交易日结算价±3%	合约价值的5%	1-12月	上午9:00-11:30，下午1:30-3:00和交易所规定的其他交易时间	合约月份的15日（遇国家法定节假日顺延，春节月份等最后交易日交易所可另行调整并通知）
铜(BC) Copper (BC)	5吨/手	元（人民币）/吨（交易报价为不含税价格）	10元（人民币）/吨	上一交易日结算价±3%	合约价值的5%	1月、2月、3月、4月、5月、6月、7月、8月、9月、10月、11月、12月	上午9:00－11:30，下午1:30－3:00以及上海国际能源交易中心规定的其他交易时间	交割月份的15日（遇国家法定节假日、休息日顺延；上海国际能源交易中心可以根据国家法定节假日、休息日调整最后交易日）
铝 Aluminum	5吨/手	元（人民币）/吨	5元/吨	上一交易日结算价±3%	合约价值的5%	1-12月	上午9:00-11:30，下午1:30-3:00和交易所规定的其他交易时间	合约月份的15日（遇国家法定节假日顺延，春节月份等最后交易日交易所可另行调整并通知）
锌 Zinc	5吨/手	元（人民币）/吨	5元/吨	上一交易日结算价±4%	合约价值的5%	1-12月	上午9:00-11:30，下午1:30-3:00和交易所规定的其他交易时间	合约月份的15日（遇国家法定节假日顺延，春节月份等最后交易日交易所可另行调整并通知）
铅 Lead	5吨/手	元（人民币）/吨	5元/吨	上一交易日结算价±4%	合约价值的5%	1-12月	上午9:00-11:30，下午1:30-3:00和交易所规定的其他交易时间	合约月份的15日（遇国家法定节假日顺延，春节月份等最后交易日交易所可另行调整并通知）
镍 Nickel	1吨/手	元（人民币）/吨	10元/吨	上一交易日结算价±4%	合约价值的5%	1-12月	上午9:00-11:30，下午1:30-3:00和交易所规定的其他交易时间	合约月份的15日（遇国家法定节假日顺延，春节月份等最后交易日交易所可另行调整并通知）
锡 Tin	1吨/手	元（人民币）/吨	10元/吨	上一交易日结算价±4%	合约价值的5%	1-12月	上午9:00-11:30，下午1:30-3:00和交易所规定的其他交易时间	合约月份的15日（遇国家法定节假日顺延，春节月份等最后交易日交易所可另行调整并通知）
黄金 Gold	1000克/手	元(人民币)/克	0.02元/克	上一交易日结算价±3%	合约价值的4%	最近三个连续月份的合约以及最近13个月以内的双月合约	上午9:00-11:30，下午1:30-3:00和交易所规定的其他交易时间	合约月份的15日（遇国家法定节假日顺延，春节月份等最后交易日交易所可另行调整并通知）

数据来源：上海期货交易所、郑州商品交易所、大连商品交易所

Source：SHFE、ZCE、DCE

Collection of Metal Products Futures Contracts in 2020

最后交割日 Last Delivery Date	交割品级 Delivery Grade	交割地点 Delivery Venue	最小交割单位 Minimum Delivery Unit	交割方式 Delivery Form	交易代码 Trading Code	上市交易所 Listed Exchange
最后交易日后连续三个工作日	标准品：阴极铜，符合国标GB/T467-2010中1号标准铜(Cu-CATH-2)规定，其中主成份铜加银含量不小于99.95%。 替代品：阴极铜，符合国标GB/T467-2010中A级铜(Cu-CATH-1)规定；或符合BS EN 1978:1998中A级铜(Cu-CATH-1)规定。	交易所指定交割仓库	25吨	实物交割	CU	上海期货交易所
最后交易日后连续五个交易日	阴极铜，符合国标GB/T467-2010中A级铜(Cu-CATH-1)规定； 或者符合BS EN 1978:1998中A级铜(Cu-CATH-1)规定	上海国际能源交易中心指定交割仓库	—	实物交割	BC	上海国际能源交易中心
最后交易日后连续三个工作日	标准品：铝锭，符合国标GB/T1196-2017 AL99.70规定，其中铝含量不低于99.70%。 替代品：1、铝锭，符合国标GB/T1196-2017 AL99.80，AL99.85规定。2、铝锭，符合P1020A标准。	交易所指定交割仓库	25吨	实物交割	AL	上海期货交易所
最后交易日后连续三个工作日	标准品：锌锭，符合国标GB/T470-2008 ZN99.995规定，其中锌含量不小于99.995%。 替代品：锌锭，符合BS EN 1179:2003 Z1规定，其中锌含量不小于99.995%。	交易所指定交割仓库	25吨	实物交割	ZN	上海期货交易所
最后交易日后连续三个工作日	标准品：铅锭，符合国标GB/T 469-2013 Pb99.994规定，其中铅含量不小于99.994%。	交易所指定交割仓库	25吨	实物交割	PB	上海期货交易所
最后交易日后连续三个工作日	标准品：电解镍，符合国标GB/T 6516-2010Ni9996规定，其中镍和钴的总含量不小于99.96%。 替代品：电解镍，符合国标GB/T 6516-2010 Ni9999规定，其中镍和钴的总含量不小于99.99%；或符合ASTM B39-79(2013)规定，其中镍的含量不小于99.8%。	交易所指定交割仓库	6吨	实物交割	NI	上海期货交易所
最后交易日后连续三个工作日	标准品：锡锭，符合国标GB/T 728-2010 Sn99.90A牌号规定，其中锡含量不小于99.90%。 替代品：锡锭，符合国标GB/T 728-2010 Sn99.90AA牌号规定，其中锡含量不小于99.90%；Sn99.95A、Sn99.95AA牌号规定，其中锡含量不小99.95%；Sn99.99A牌号规定，其中锡含量不小于99.99%。	交易所指定交割仓库	2吨	实物交割	SN	上海期货交易所
最后交易日后第一个工作日	金含量不小于99.95%的国产金锭及经交易所认可的伦敦金银市场协会（LBMA）认定的合格供货商或精炼厂生产的标准金锭（具体质量规定见附件）。	交易所指定交割金库	3000克	实物交割	AU	上海期货交易所

5-22 续表

交易品种 Product	交易单位 Contract Size	报价单位 Quotation Unit	最小变动价位 Minimum Tick Size	涨跌停板幅度 Daily Price Limit	最低交易保证金 Minimum Trading Margin	合约月份 Contract Months	交易时间 Trading Hours	最后交易日 Last Trading Day
白银 Silver	15千克/手	元（人民币）/千克	1元/千克	上一交易日结算价±3%	合约价值的4%	1-12月	上午9:00-11:30，下午1:30-3:00和交易所规定的其他交易时间	合约月份的15日（遇国家法定节假日顺延，春节月份等最后交易日交易所可另行调整并通知）
螺纹钢 Steel Rebar	10吨/手	元（人民币）/吨	1元/吨	上一交易日结算价±3%	合约价值的5%	1-12月	上午9:00-11:30，下午1:30-3:00和交易所规定的其他交易时间	合约月份的15日（遇国家法定节假日顺延，春节月份等最后交易日交易所可另行调整并通知）
线材 Steel Wire Rod	10吨/手	元（人民币）/吨	1元/吨	上一交易日结算价±5%	合约价值的7%	1-12月	上午9:00-11:30，下午1:30-3:00和交易所规定的其他交易时间	合约月份的15日（遇国家法定节假日顺延，春节月份等最后交易日交易所可另行调整并通知）
热轧卷板 Hot Rolled Coils	10吨/手	元（人民币）/吨	1元/吨	上一交易日结算价±3%	合约价值的4%	1-12月	上午9:00-11:30，下午1:30-3:00和交易所规定的其他交易时间	合约月份的15日（遇国家法定节假日顺延，春节月份等最后交易日交易所可另行调整并通知）
不锈钢 Stainless Steel	5吨/手	元（人民币）/吨	5元/吨	上一交易日结算价±4%	合约价值的5%	1-12月	上午9:00-11:30,下午1:30-3:00和交易所规定的其他交易时间	合约月份的15日（遇国家法定节假日顺延，春节月份等最后交易日交易所可另行调整并通知）
硅铁 Ferrosi-licon	5吨/手	元(人民币)/吨	2元/吨	上一交易日结算价±4%及《郑州商品交易所期货交易风险控制管理办法》相关规定	合约价值的5%	1-12月	每周一至周五（北京时间 法定节假日除外）上午9:00-11:30，下午1:30-3:00及交易所规定的其他交易时间	合约交割月份的第10个交易日
锰硅 Mang-anese Silicon	5吨/手	元(人民币)/吨	2元/吨	上一交易日结算价±4%及《郑州商品交易所期货交易风险控制管理办法》相关规定	合约价值的5%	1-12月	每周一至周五（北京时间 法定节假日除外）上午9:00-11:30，下午1:30-3:00及交易所规定的其他交易时间	合约交割月份的第10个交易日
铁矿石 Iron Ore	100吨/手	元（人民币）/吨	0.5元/吨	上一交易日结算价的4%	合约价值的5%	1-12月	每周一至周五上午9:00-11:30,下午13:30-15:00，以及交易所公布的其他时间	合约月份的第10个交易日

continued

最后交割日 Last Delivery Date	交割品级 Delivery Grade	交割地点 Delivery Venue	最小交割单位 Minimum Delivery Unit	交割方式 Delivery Form	交易代码 Trading Code	上市交易所 Listed Exchange
最后交易日后连续三个工作日	标准品：符合国标GB/T 4135-2016 IC-Ag99.99规定，其中银含量不低于99.99%。	交易所指定交割仓库	30千克	实物交割	AG	上海期货交易所
最后交易日后连续三个工作日	标准品：符合国标GB/T 1499.2-2018《钢筋混凝土用钢第2部分：热轧带肋钢筋》HRB400牌号的Φ16mm、Φ18mm、Φ20mm、Φ22mm、Φ25mm螺纹钢。 替代品：符合国标GB/T 1499.2-2018《钢筋混凝土用钢第2部分:热轧带肋钢筋》的HRB400E牌号的Φ16mm、Φ18mm、Φ20mm、Φ22mm、Φ25mm螺纹钢。	交易所指定交割仓库	300吨	实物交割	RB	上海期货交易所
最后交易日后连续三个工作日	标准品：符合国标GB/T 1499.1-2017《钢筋混凝土用钢第1部分：热轧光圆钢筋》HPB300牌号的φ8mm 线材。 替代品：符合国标GB/T 1499.1-2017《钢筋混凝土用钢第1部分：热轧光圆钢筋》HPB300牌号的φ10mm线材。	交易所指定交割仓库	300吨	实物交割	WR	上海期货交易所
最后交易日后连续三个工作日	标准品：符合GB/T 3274-2017《碳素结构钢和低合金结构钢热轧厚钢板和钢带》的Q235B或符合JIS G 3101-2015《一般结构用轧制钢材》的SS400，厚度5.75mm、宽度1500mm热轧卷板。 替代品：符合GB/T 3274-2017《碳素结构钢和低合金结构钢热轧厚钢板和钢带》的Q235B或符合JIS G 3101-2015《一般结构用轧制钢材》的SS400，厚度9.75mm、9.5mm、7.75mm、7.5mm、5.80mm、5.70mm、5.60mm、5.50mm、5.25mm、4.75mm、4.50mm、4.25mm、3.75mm、3.50mm，宽度1500mm热轧卷板。	交易所指定交割仓库	300吨	实物交割	HC	上海期货交易所
最后交易日后连续三个工作日	标准品为厚度2.0mm、宽度1219mm、表面加工类型为2B、边部状态为切边的304奥氏体不锈钢冷轧卷板。 替代交割品厚度可选0.5mm、0.6mm、0.7mm、0.8mm、0.9mm、1.0mm、1.2mm、1.5mm、3.0mm，宽度可选1000mm、1500mm，边部状态可选毛边（厚度升贴水、边部状态升贴水由交易所另行规定并公告）。 质量符合GB/T3280-2015《不锈钢冷轧钢板和钢带》要求的06Cr19Ni10，或者符合JIS G 4305：2012《冷轧不锈钢钢板及钢带》的SUS304。	交易所指定交割地点	60吨	实物交割	SS	上海期货交易所
合约交割月份的第13个交易日	见《郑州商品交易所期货交割细则》	交易所指定交割地点	—	实物交割	SF	郑州商品交易所
合约交割月份的第13个交易日	见《郑州商品交易所期货交割细则》	交易所指定交割地点	—	实物交割	SM	郑州商品交易所
最后交易日后第3个交易日	大连商品交易所铁矿石交割质量标准（F/DCE I001-2019）	大连商品交易所铁矿石指定交割仓库及指定交割地点	—	实物交割	I	大连商品交易所

5-23 2019年能源、化工及其他期货合约汇总

交易品种 Product	交易单位 Contract Size	报价单位 Quotation Unit	最小变动价位 Minimum Tick Size	涨跌停板幅度 Daily Price Limit	最低交易保证金 Minimum Trading Margin	合约月份 Contract Months	交易时间 Trading Hours
聚乙烯 LLDPE	5吨/手	元(人民币)/吨	5元/吨	上一交易日结算价的4%	合约价值的5%	1-12月	每周一至周五上午9:00-11:30,下午13:30-15:00，以及交易所公布的其他时间
聚氯乙烯 PVC	5吨/手	元(人民币)/吨	5元/吨	上一交易日结算价的4%	合约价值的5%	1-12月	每周一至周五上午9:00-11:30,下午13:30-15:00，以及交易所公布的其他时间
聚丙烯 PP	5吨/手	元(人民币)/吨	1元/吨	上一交易日结算价的4%	合约价值的5%	1-12月	每周一至周五上午9:00-11:30,下午13:30-15:00，以及交易所公布的其他时间
焦炭 Coke	100吨/手	元(人民币)/吨	0.5元/吨	上一交易日结算价的4%	合约价值的5%	1-12月	每周一至周五上午9:00-11:30,下午13:30-15:00，以及交易所公布的其他时间
焦煤 Coking Coal	60吨/手	元(人民币)/吨	0.5元/吨	上一交易日结算价的4%	合约价值的5%	1-12月	每周一至周五上午9:00-11:30,下午13:30-15:00，以及交易所公布的其他时间
乙二醇 Ethylene Glycol	10吨/手	元（人民币）/吨	1元/吨	上一交易日结算价的4%	合约价值的5%	1-12月	每周一至周五上午9:00-11:30,下午13:30-15:00，以及交易所公布的其他时间
苯乙烯 Ethenylbenzene	5吨/手	元（人民币）/吨	1元/吨	上一交易日结算价的4%	合约价值的5%	1-12月	每周一至周五上午9:00-11:30,下午13:30-15:00，以及交易所公布的其他时间
液化石油气 Liquefied Petroleum Gas	20吨/手	元（人民币）/吨	1元/吨	上一交易日结算价的4%	合约价值的5%	1-12月	每周一至周五上午9:00-11:30,下午13:30-15:00，以及交易所公布的其他时间
燃料油 Fuel Oil	10吨/手	元(人民币)/吨(交易报价为不含税价格)	1元/吨	上一交易日结算价±5%	合约价值的8%	1-12月	上午9:00-11:30，下午1:30-3:00和交易所规定的其他交易时间

数据来源：上海期货交易所、郑州商品交易所、大连商品交易所
Source：SHFE、ZCE、DCE

Collection of Energy & Chemical Products & Others Futures Contracts in 2020

最后交易日 Last Trading Day	最后交割日 Last Delivery Day	交割品级 Delivery Grade	交割地点 Delivery Venue	交割方式 Trading Form	交易代码 Trading Code	上市交易所 Listed Exchange
合约月份第10个交易日	最后交易日后第3个交易日	大连商品交易所线型低密度聚乙烯交割质量标准	大连商品交易所线型低密度聚乙烯指定交割仓库	实物交割	L	大连商品交易所
合约月份第10个交易日	最后交易日后第3个交易日	质量标准符合《悬浮法通用型聚氯乙烯树脂（GB/T 5761-2018）》规定的SG5型一等品和优等品（干流性指标不做要求）	大连商品交易所指定交割仓库	实物交割	V	大连商品交易所
合约月份第10个交易日	最后交易日后第3个交易日	大连商品交易所聚丙烯交割质量标准	大连商品交易所聚丙烯指定交割仓库	实物交割	PP	大连商品交易所
合约月份第10个交易日	最后交易日后第3个交易日	大连商品交易所焦炭交割质量标准	大连商品交易所焦炭指定交割仓库	实物交割	J	大连商品交易所
合约月份第10个交易日	最后交易日后第3个交易日	大连商品交易所焦煤交割质量标准（F/DCE JM001-2018）	大连商品交易所焦煤指定交割仓库	实物交割	JM	大连商品交易所
合约月份倒数第4个交易日	最后交易日后第3个交易日	大连商品交易所乙二醇交割质量标准（F/DCE EG001-2018）	大连商品交易所乙二醇指定交割仓库	实物交割	EG	大连商品交易所
合约月份倒数第4个交易日	最后交易日后第3个交易日	大连商品交易所苯乙烯交割质量标准（F/DCE EB001-2019）	大连商品交易所苯乙烯指定交割仓库	实物交割	EB	大连商品交易所
合约月份倒数第4个交易日	最后交易日后第3个交易日	大连商品交易所液化石油气交割质量标准（F/DCE PG001-2020）	大连商品交易所液化石油气指定交割仓库	实物交割	PG	大连商品交易所
合约月份前一月份的最后一个交易日；交易所可以根据国家法定节假日调整最后交易日	最后交易日后连续三个工作日	RMG 380船用燃料油（硫含量为I级、II级）或者质量优于该标准的船用燃料油	交易所指定交割地点	实物交割	FU	上海期货交易所

5-23 续表 1

交易品种 Product	交易单位 Contract Size	报价单位 Quotation Unit	最小变动价位 Minimum Tick Size	涨跌停板幅度 Daily Price Limit	最低交易保证金 Minimum Trading Margin	合约月份 Contracts Months	交易时间 Trading Hours
低硫燃料油 Low Sulfur Fuel Oil	10吨/手	元(人民币)/吨(交易报价为不含税价格)	1元/吨	不超过上一交易日结算价±5%	合约价值的8%	1-12月	上午9:00-11:30，下午1:30-3:00以及上海国际能源交易中心规定的其他交易时间
石油沥青 Bitumen	10吨/手	元(人民币)/吨	2元/吨	上一交易日结算价±3%	合约价值的4%	24个月以内，其中最近1-6个月为连续月份合约，6个月以后为季月合约	上午9:00-11:30，下午1:30-3:00和交易所规定的其他交易时间
纸浆 Woodpulp	10吨/手	元(人民币)/吨	2元/吨	上一交易日结算价±3%	合约价值的4%	1-12月	上午9:00-11:30，下午1:30-3:00和交易所规定的其他交易时间
20号胶 TSR 20	10吨/手	元(人民币)/吨(交易报价为不含税价格)	5元/吨	不超过上一交易日结算价±5%	合约价值的7%	1-12月	上午9:00-11:30，下午1:30-3:00和上海国际能源交易中心规定的其他交易时间
原油 Crude Oil	1000桶/手	元(人民币)/桶(交易报价为不含税价格)	0.1元（人民币）/桶	不超过上一交易日结算价±4%	合约价值的5%	最近1-12个月为连续月份以及随后八个季月	上午9:00-11:30，下午1:30-3:00和上海国际能源交易中心规定的其他交易时间
甲醇 Menthanol	10吨/手	元(人民币)/吨	1元/吨	上一交易日结算价±4%及《郑州商品交易所期货交易风险控制管理办法》相关规定	合约价值的5%	1-12月	每周一至周五（北京时间 法定节假日除外）上午9:00-11:30 下午1:30-3:00及交易所规定的其他交易时间

continued

最后交易日 Last Trading Day	最后交割日 Last Delivery Day	交割品级 Delivery Grade	交割地点 Delivery Venue	交割方式 Trading Form	交易代码 Trading Code	上市交易所 Listed Exchange
交割月份前第一月的最后一个交易日（遇国家法定节假日、休息日顺延；上海国际能源交易中心可以根据国家法定节假日、休息日调整最后交易日）	最后交易日后连续五个交易日	低硫船用燃料油（具体质量规定见《上海国际能源交易中心低硫燃料油期货标准合约附件》）	上海国际能源交易中心指定交割仓库	实物交割	LU	上海国际能源交易中心
合约月份的15日（遇国家法定节假日顺延，春节月份等最后交易日交易所可另行调整并通知）	最后交易日后连续三个工作日	70号A级道路石油沥青，具体内容见《上海期货交易所石油沥青期货交割实施细则（试行）》	交易所指定交割地点	实物交割	BU	上海期货交易所
合约月份的15日（遇国家法定节假日顺延，春节月份等最后交易日交易所可另行调整并通知）	最后交易日后连续三个工作日	漂白硫酸盐针叶木浆，具体质量规定见《上海期货交易所漂白硫酸盐针叶木浆期货合约附件》	交易所指定交割仓库	实物交割	SP	上海期货交易所
交割月份的15日（遇国家法定节假日、休息日顺延；上海国际能源交易中心可以根据国家法定节假日、休息日调整最后交易日）	最后交易日后连续五个交易日	具体规定见《上海国际能源交易中心20号胶期货标准合约附件》	上海国际能源交易中心指定交割仓库	实物交割	NR	上海国际能源交易中心
交割月份前第一月的最后一个交易日；上海国际能源交易中心有权根据国家法定节假日调整最后交易日	最后交易日后连续五个交易日	中质含硫原油，基准品质为API度32.0，硫含量1.5%，具体可交割油种及升贴水由上海国际能源交易中心另行规定	上海国际能源交易中心指定交割仓库	实物交割	SC	上海国际能源交易中心
合约交割月份的第10个交易日	合约交割月份的第13个交易日	见《郑州商品交易所期货交割细则》	交易所指定交割地点	实物交割	MA	郑州商品交易所

5-23 续表 2

交易品种 Product	交易单位 Contract Size	报价单位 Quotation Unit	最小变动价位 Minimum Tick Size	涨跌停板幅度 Daily Price Limit	最低交易保证金 Minimum Trading Margin	合约月份 Contracts Months	交易时间 Trading Hours
玻璃 Glass	20吨/手	元(人民币)/吨	1元/吨	上一交易日结算价±4%及《郑州商品交易所期货交易风险控制管理办法》相关规定	合约价值的5%	1-12月	每周一至周五（北京时间 法定节假日除外）上午9:00-11:30；下午1:30-3:00及交易所规定的其他交易时间
动力煤 Thermal Coal	100吨/手	元(人民币)/吨	0.2元/吨	上一交易日结算价±4%及《郑州商品交易所期货交易风险控制管理办法》相关规定	合约价值的5%	1-12月	每周一至周五（北京时间 法定节假日除外）上午9:00-11:30，下午1:30-3:00及交易所规定的其他交易时间
尿素 Urea	20吨/手	元(人民币)/吨	1元/吨	上一交易日结算价±4%及《郑州商品交易所期货交易风险控制管理办法》相关规定	合约价值的5%	1-12月	每周一至周五（北京时间 法定节假日除外）上午9:00-11:30 下午1:30-3:00及交易所规定的其他交易时间
纯碱 Soda Ash	20吨/手	元(人民币)/吨	1元/吨	上一交易日结算价±4%及《郑州商品交易所期货交易风险控制管理办法》相关规定	合约价值的5%	1-12月	每周一至周五（北京时间 法定节假日除外）上午9:00-11:30，下午1:30-3:00及交易所规定的其他交易时间
PTA	5吨/手	元(人民币)/吨	2元/吨	上一交易日结算价±4%及《郑州商品交易所期货交易风险控制管理办法》相关规定	合约价值的5%	1-12月	每周一至周五（北京时间 法定节假日除外）上午9:00-11:30，下午1:30-3:00及交易所规定的其他交易时间
短纤 Polyester Staple Fiber	5吨/手	元(人民币)/吨	2元/吨	上一交易日结算价±4%及《郑州商品交易所期货交易风险控制管理办法》相关规定	合约价值的5%	1-12月	每周一至周五（北京时间 法定节假日除外）上午9:00-11:30，下午1:30-3:00及交易所规定的其他交易时间

continued

最后交易日 Last Trading Day	最后交割日 Last Delivery Day	交割品级 Delivery Grade	交割地点 Delivery Venue	交割方式 Trading Form	交易代码 Trading Code	上市交易所 Listed Exchange
合约交割月份的第10个交易日	合约交割月份的第13个交易日	见《郑州商品交易所期货交割细则》	交易所指定交割地点	实物交割	FG	郑州商品交易所
合约交割月份的第5个交易日	车（船）板交割：合约交割月份的最后1个日历日 仓单交割：合约交割月份的第8个交易日	见《郑州商品交易所期货交割细则》	交易所指定交割地点	实物交割	ZC	郑州商品交易所
合约交割月份的第10个交易日	合约交割月份的第13个交易日	见《郑州商品交易所期货交割细则》	交易所指定交割地点	实物交割	UR	郑州商品交易所
合约交割月份的第10个交易日	合约交割月份的第13个交易日	见《郑州商品交易所期货交割细则》	交易所指定交割地点	实物交割	SA	郑州商品交易所
合约交割月份的第10个交易日	合约交割月份的第13个交易日	见《郑州商品交易所期货交割细则》	交易所指定交割仓库	实物交割	TA	郑州商品交易所
合约交割月份的第10个交易日	合约交割月份的第13个交易日	见《郑州商品交易所期货交割细则》	交易所指定交割地点	实物交割	PF	郑州商品交易所

5-24 2020年金融期货合约汇总

合约标的 Underlying Bond	合约乘数 Contract Multiplier	报价单位 Quotation Unit	最小变动价位 Minimum Tick Size	合约月份 Contract Months	交易时间 Trading Hours
中证500指数 CSI 500 Index	每点200元	指数点	0.2点	当月、下月及随后两个季月	上午：9:30-11:30 下午：13:00-15:00
沪深300指数 CSI 300 Index	每点300元	指数点	0.2点	当月、下月及随后两个季月	上午：9:30-11:30 下午：13:00-15:00
上证50指数 SSE 50 Index	每点300元	指数点	0.2点	当月、下月及随后两个季月	上午：9:30-11:30 下午：13:00-15:00

合约标的 Underlying Bond	可交割国债 Deliverable Treasury Bond	报价方式 Quotation Method	最小变动价位 Minimum Tick Size	合约月份 Contract Months	交易时间 Trading Hours
面值为200万元人民币、票面利率为3%的名义中短期国债 Nominal Medium-term and Short-term Treasury Bond With Face Value of RMB 2 Million and Coupon Rate of 3%	发行期限不高于5年、合约到期月份首日剩余期限为1.5-2.25年的记账式附息国债	百元净价报价	0.005元	最近的三个季月（3月、6月、9月、12月中的最近三个月循环）	上午：9:30-11:30 下午：13:00-15:15
面值为100万元人民币、票面利率为3%的名义中期国债 Nominal Medium-term Treasury Bond With Face Value of RMB 1 Million and Coupon Rate of 3%	发行期限不高于7年、合约到期月份首日剩余期限为4-5.25年的记账式附息国债	百元净价报价	0.005元	最近的三个季月（3月、6月、9月、12月中的最近三个月循环）	上午：9:30-11:30 下午：13:00-15:15
面值为100万元人民币、票面利率为3%的名义长期国债 Nominal Long-term Treasury Bond With Face Value of RMB 1 Million and Coupon Rate of 3%	发行期限不高于10年、合约到期月份首日剩余期限不低于6.5年的记账式附息国债	百元净价报价	0.005元	最近的三个季月（3月、6月、9月、12月中的最近三个月循环）	上午：9:30-11:30 下午：13:00-15:15

数据来源：中国金融期货交易所
Source：CFFEX

Collection of Financial Futures Contracts in 2020

最后交易日交易时间 Trading Hours on Last Trading Day	每日价格最大波动限制 Daily Price Limit	最低交易保 证 金 Minimum Trading Margin	最后交易日 Last Trading Day	交割日期 Delivery Date	交割方式 Delivery Method	交易代码 Trading Code	上市交易所 Listed Exchange
上午：9:30-11:30 下午：13:00-15:00	上一个交易日结算价的±10%	合约价值的8%	合约到期月份的第三个周五，遇国家法定假日顺延	同最后交易日	现金交割	IC	中国金融期货交易所
上午：9:30-11:30 下午：13:00-15:00	上一个交易日结算价的±10%	合约价值的8%	合约到期月份的第三个周五，遇国家法定假日顺延	同最后交易日	现金交割	IF	中国金融期货交易所
上午：9:30-11:30 下午：13:00-15:00	上一个交易日结算价的±10%	合约价值的8%	合约到期月份的第三个周五，遇国家法定假日顺延	同最后交易日	现金交割	IH	中国金融期货交易所

最后交易日交易时间 Trading Hours on Last Trading Day	每日价格最大波动限制 Daily Price Limit	最低交易保 证 金 Minimum Trading Margin	最后交易日 Last Trading Day	交割日期 Delivery Date	交割方式 Delivery Method	交易代码 Trading Code	上市交易所 Futures Exchange
上午：9:30-11:30	上一个交易日结算价的±0.5%	合约价值的0.5%	合约到期月份的第二个星期五	最后交易日后的第三个交易日	实物交割	TS	中国金融期货交易所
上午：9:30-11:30	上一个交易日结算价的±1.2%	合约价值的1%	合约到期月份的第二个星期五	最后交易日后的第三个交易日	实物交割	TF	中国金融期货交易所
上午：9:30-11:30	上一个交易日结算价的±2%	合约价值的2%	合约到期月份的第二个星期五	最后交易日后的第三个交易日	实物交割	T	中国金融期货交易所

5-25 商品期权交易概况

年份 Year	成交金额(亿元) Trading Turnover (100 million yuan)	成交量(万手) Trading Volume (10 thousand lots)	持仓金额(亿元) Value of Positions (10 thousand lots)
2017	38.24	512.81	12.74
2018	210.16	1836.35	4.23
2019	333.27	4059.51	11.12
2020	1122.33	10897.31	29.26

注：上海期货交易所数据包含上海国际能源交易中心。
数据来源：上海期货交易所、郑州商品交易所、大连商品交易所
Source：SHFE、ZCE、DCE

Overview of Commodity Options Transaction

持仓量(万手) Positions (10 thousand lots)	行权金额(亿元) Value of Delivery (100 million yuan)	行权量(万手) Delivery Quantity (10 thousand lots)
23.61	37.89	7.15
31.56	63.24	15.39
127.46	184.21	34.51
186.43	552.07	105.60

5-26 商品期权品种交易情况

交易品种 Product	交易所 Exchange	成交金额 （亿元） Trading Turnover (100 million yuan)		成交量 （万手） Trading Volume (10 thousand lots)	
		2019	2020	2019	2020
豆粕期权 Soybean Meal Options	DCE	73.15	175.47	1780.92	3012.09
玉米期权 Corn Options	DCE	16.62	32.46	676.02	1044.46
铁矿石期权 Iron Ore Options	DCE	8.83	231.24	36.39	1159.91
聚乙烯期权 LLDPE Options	DCE	—	7.66	—	92.45
聚氯乙烯期权 PVC Options	DCE	—	10.21	—	133.85
聚丙烯期权 PP Options	DCE	—	9.74	—	159.90
液化石油气期权 LPG Options	DCE	—	30.78	—	129.46
铜期权 Copper Options	SHFE	113.55	123.36	419.75	460.26
黄金期权 Gold Options	SHFE	3.20	156.26	4.09	234.74
天胶期权 Natural Rubber Options	SHFE	22.38	89.24	82.21	253.36
铝期权 Aluminum Options	SHFE	—	6.54	—	84.64
锌期权 Zinc Options	SHFE	—	13.14	—	118.39
白糖期权 White Sugar Options	ZCE	53.37	47.47	677.27	625.43
棉花期权 Cotton No.1 Options	ZCE	40.37	55.35	346.35	498.21
PTA期权 PTA Options	ZCE	0.86	40.63	19.37	1178.83
甲醇期权 Methanol Options	ZCE	0.94	46.17	17.14	1016.39
菜籽粕期权 Rapeseed Meal Options	ZCE	—	13.60	—	338.35
动力煤期权 Thermal Coal	ZCE	—	33.01	—	356.60

数据来源：上海期货交易所、郑州商品交易所、大连商品交易所
Source：SHFE、ZCE、DCE

Statistics for Commodity Options by Options Products

持仓金额（亿元）Value of Positions (100 million yuan)		持仓量（万手）Positions (10 thousand lots)		行权金额（亿元）Value of Delivery (100 million yuan)		行权量（万手）Delivery Quantity (10 thousand lots)	
2019	2020	2019	2020	2019	2020	2019	2020
2.62	4.60	43.55	38.54	30.05	54.77	10.63	18.53
1.05	1.12	41.05	22.86	20.93	52.96	10.96	23.17
1.98	7.08	9.15	18.41	0.03	117.72	0.01	13.43
—	0.30	—	2.78	—	6.34	—	1.65
—	0.52	—	4.98	—	8.63	—	2.31
—	0.35	—	3.23	—	7.53	—	1.82
—	0.44	—	2.12	—	9.13	—	1.21
1.02	1.22	3.23	2.61	67.21	87.73	2.76	3.63
0.91	2.46	1.00	4.01	0.00	49.65	0.00	1.28
0.62	2.39	1.99	3.92	8.60	17.98	0.71	1.46
—	0.17	—	1.44	—	8.59	—	1.14
—	0.17	—	1.10	—	8.41	—	0.83
0.97	1.04	9.07	10.71	27.43	24.96	5.22	4.71
1.51	2.61	10.71	10.58	29.95	33.91	4.21	5.35
0.22	1.79	4.35	32.01	—	18.40	—	9.88
0.21	0.89	3.36	13.08	—	18.48	—	9.27
—	0.44	—	5.10	—	5.49	—	2.32
—	1.71	—	8.96	—	21.37	—	3.62

5-27 2020年商品期权合约汇总

合约标的物 Underlying Instrument	合约类型 Contracts Type	交易单位 Contract Size	报价单位 Quotation Unit	最小变动价位 Minimum Tick Size	涨跌停板幅度 Daily Price Limit	合约月份 Contracts Months	交易时间 Trading Hours
豆粕期货合约 Soybean Meal Futures Contract	看涨期权、看跌期权	1手（10吨）豆粕期货合约	元（人民币）/吨	0.5元/吨	与豆粕期货合约涨跌停板幅度相同	1、3、5、7、8、9、11、12月	每周一至周五上午9:00-11:30，下午13:30-15:00，以及交易所规定的其他时间
玉米期货合约 Corn Futures Contract	看涨期权、看跌期权	1手（10吨）玉米期货合约	元（人民币）/吨	0.5元/吨	与玉米期货合约涨跌停板幅度相同	1、3、5、7、9、11月	每周一至周五上午9:00-11:30，下午13:30-15:00，以及交易所规定的其他时间
铁矿石期货合约 Iron Ore Futures Contract	看涨期权、看跌期权	1手（100吨）铁矿石期货合约	元（人民币）/吨	0.1元/吨	与铁矿石期货合约涨跌停板幅度相同	1、2、3、4、5、6、7、8、9、10、11、12月	每周一至周五上午9:00-11:30，下午13:30-15:00，以及交易所规定的其他时间
聚乙烯期货合约 Linear Low Density Polyethylene Futures Contract	看涨期权、看跌期权	1手(5吨)聚乙烯期货合约	元（人民币）/吨	0.5元/吨	与聚乙烯期货合约涨跌停板幅度相同	1、2、3、4、5、6、7、8、9、10、11、12月	每周一至周五上午9:00-11:30,下午13:30-15:00,以及交易所规定的其他时间
聚氯乙烯期货合约 Polyvinyl Chloride Futures Contract	看涨期权、看跌期权	1手（5吨）聚氯乙烯期货合约	元（人民币）/吨	0.5元/吨	与聚氯乙烯期货合约涨跌停板幅度相同	1、2、3、4、5、6、7、8、9、10、11、12月	每周一至周五上午9:00-11:30，下午13:30-15:00，以及交易所规定的其他时间
聚丙烯期货合约 Polypropylene Futures Contract	看涨期权、看跌期权	1手（5吨）聚丙烯期货合约	元（人民币）/吨	0.5元/吨	与聚丙烯期货合约涨跌停板幅度相同	1、2、3、4、5、6、7、8、9、10、11、12月	每周一至周五上午9:00-11:30，下午13:30-15:00，以及交易所规定的其他时间

数据来源：上海期货交易所、郑州商品交易所、大连商品交易所

Source：SHFE、ZCE、DCE

Collection of Commodity Options Contracts in 2020

最后交易日 Last Trading Day	到期日 Expiration Day	行权价格 Strike Price	行权方式 Exercise Style	交易代码 Trading Code	上市交易所 Listed Exchange
标的期货合约交割月份前一个月的第5个交易日	同最后交易日	行权价格覆盖豆粕期货合约上一交易日结算价上下浮动1.5倍当日涨跌停板幅度对应的价格范围。行权价格≤2000元/吨，行权价格间距为25元/吨；2000元/吨＜行权价格≤5000元/吨，行权价格间距为50元/吨；行权价格＞5000元/吨，行权价格间距为100元/吨	美式。买方可以在到期日之前任一交易日的交易时间，以及到期日15:30之前提出行权申请	看涨期权：M-合约月份-C-行权价格 看跌期权：M-合约月份-P-行权价格	大连商品交易所
标的期货合约交割月份前一个月的第5个交易日	同最后交易日	行权价格覆盖玉米期货合约上一交易日结算价上下浮动1.5倍当日涨跌停板幅度对应的价格范围。行权价格≤1000元/吨，行权价格间距为10元/吨；1000元/吨＜行权价格≤3000元/吨，行权价格间距为20元/吨；行权价格＞3000元/吨，行权价格间距为40元/吨	美式。买方可以在到期日之前任一交易日的交易时间，以及到期日15:30之前提出行权申请	看涨期权：C-合约月份-C-行权价格 看跌期权：C-合约月份-P-行权价格	大连商品交易所
标的期货合约交割月份前一个月的第5个交易日	同最后交易日	行权价格覆盖铁矿石期货合约上一交易日结算价上下浮动1.5倍当日涨跌停板幅度对应的价格范围。行权价格≤300元/吨，行权价格间距为5元/吨；300元/吨＜行权价格≤1000元/吨，行权价格间距为10元/吨；行权价格＞1000元/吨，行权价格间距为20元/吨	美式。买方可以在到期日之前任一交易日的交易时间，以及到期日15:30之前提出行权申请	看涨期权：I-合约月份-C-行权价格 看跌期权：I-合约月份-P-行权价格	大连商品交易所
标的期货合约交割月份前一个月的第5个交易日	同最后交易日	行权价格覆盖线型低密度聚乙烯期货合约上一交易日结算价上下浮动1.5倍当日涨跌停板幅度对应的价格范围.行权价格≤5000元/吨,行权价格间距为50元/吨;5000元/吨＜行权价格≤10000元/吨,行权价格间距为100元/吨;行权价格＞10000元/吨,行权价格间距为200元/吨.	美式.买方可以在到期日之前任一交易日的交易时间,以及到期日15:30之前提出行权申请	看涨期权:L-合约月份-C-行权价格 看跌期权:L-合约月份-P-行权价格	大连商品交易所
标的期货合约交割月份前一个月的第5个交易日	同最后交易日	行权价格覆盖聚氯乙烯期货合约上一交易日结算价上下浮动1.5倍当日涨跌停板幅度对应的价格范围。行权价格≤5000元/吨，行权价格间距为50元/吨；5000元/吨＜行权价格≤10000元/吨，行权价格间距为100元/吨；行权价格＞10000元/吨，行权价格间距为200元/吨。	美式。买方可以在到期日之前任一交易日的交易时间，以及到期日15:30之前提出行权申请。	看涨期权：V-合约月份-C-行权价格 看跌期权：V-合约月份-P-行权价格	大连商品交易所
标的期货合约交割月份前一个月的第5个交易日	同最后交易日	行权价格覆盖聚丙烯期货合约上一交易日结算价上下浮动1.5倍当日涨跌停板幅度对应的价格范围。行权价格≤5000元/吨，行权价格间距为50元/吨；5000元/吨＜行权价格≤10000元/吨，行权价格间距为100元/吨；行权价格＞10000元/吨，行权价格间距为200元/吨。	美式。买方可以在到期日之前任一交易日的交易时间，以及到期日15:30之前提出行权申请。	看涨期权：PP-合约月份-C-行权价格 看跌期权：PP-合约月份-P-行权价格	大连商品交易所

5-27 续表 1

合约标的物 Underlying Instrument	合约类型 Contracts Type	交易单位 Contract Size	报价单位 Quotation Unit	最小变动价位 Minimum Tick Size	涨跌停板幅度 Daily Price Limit	合约月份 Contracts Months	交易时间 Trading Hours
液化石油气期货合约 Liquefied Petroleum gas Futures Contract	看涨期权、看跌期权	1手（20吨）液化石油气期货合约	元（人民币）/吨	0.2元/吨	与液化石油气期货合约涨跌停板幅度相同	1、2、3、4、5、6、7、8、9、10、11、12月	每周一至周五上午9:00-11:30，下午13:30-15:00，以及交易所规定的其他时间
阴极铜期货合约(5吨) Copper Cathode Futures Contract(five metric tons(MT))	看涨期权，看跌期权	1手阴极铜期货合约	元（人民币）/吨	2 元/吨	与阴极铜期货合约涨跌停板幅度相同	最近两个连续月份合约，其后月份在标的期货合约结算后持仓量达到一定数值之后的第二个交易日挂牌。具体数值交易所另行发布	上午9:00-11:30下午13:30-15:00及交易所规定的其他时间
黄金期货合约(1000克) Gold Futures Contract(1 kilogram)	看涨期权，看跌期权	1手黄金期货合约	元（人民币）/克	0.02 元/克	与黄金期货合约涨跌停板幅度相同	最近两个连续月份合约，其后月份在标的期货合约结算后持仓量达到一定数值之后的第二个交易日挂牌。具体数值交易所另行发布	上午9:00-11:30下午13:30-15:00及交易所规定的其他时间
天然橡胶期货合约(10吨) Natural Rubber futures contract(10 metric tons(MT))	看涨期权，看跌期权	1手天然橡胶期货合约	元（人民币）/吨	1 元/吨	与天然橡胶期货合约涨跌停板幅度相同	最近两个连续月份合约，其后月份在标的期货合约结算后持仓量达到一定数值之后的第二个交易日挂牌。具体数值交易所另行发布	上午9:00-11:30下午13:30-15:00及交易所规定的其他时间
铝期货合约（5吨） Aluminum Futures Contract(5 tons)	看涨期权，看跌期权	1手铝期货合约	元（人民币）/吨	1 元/吨	与标的期货合约涨跌停板幅度相同	最近两个连续月份合约，其后月份在标的期货合约结算后持仓量达到一定数值之后的第二个交易日挂牌。具体数值交易所另行发布	上午9:00-11:30下午13:30-15:00及交易所规定的其他时间
锌期货合约（5吨） Zinc Futures Contract(5 tons)	看涨期权，看跌期权	1手锌期货合约	元（人民币）/吨	1 元/吨	与标的期货合约涨跌停板幅度相同	最近两个连续月份合约，其后月份在标的期货合约结算后持仓量达到一定数值之后的第二个交易日挂牌。具体数值交易所另行发布	上午9:00-11:30下午13:30-15:00及交易所规定的其他时间

continued

最后交易日 Last Trading Day	到期日 Expiration Day	行权价格 Strike Price	行权方式 Exercise Style	交易代码 Trading Code	上市交易所 Listed Exchange
标的期货合约交割月份前一个月的第5个交易日	同最后交易日	行权价格覆盖液化石油气期货合约上一交易日结算价上下浮动1.5倍当日涨跌停板幅度对应的价格范围。行权价格≤2000元/吨，行权价格间距为25元/吨；2000元/吨行权价格≤6000元/吨，行权价格间距为50元/吨；行权价格＞6000元/吨，行权价格间距为100元/吨。	美式。买方可以在到期日之前任一交易日的交易时间，以及到期日15:30之前提出行权申请。	看涨期权：PG-合约月份-C-行权价格 看跌期权：PG-合约月份-P-行权价格	大连商品交易所
标的期货合约交割月前第一月的倒数第五个交易日，交易所可以根据国家法定节假日调整最后交易日	同最后交易日	行权价格覆盖阴极铜期货合约上一交易日结算价上下1倍当日涨跌停板幅度对应的价格范围。行权价格≤40000元/吨，行权价格间距为500元/吨；40000元/吨＜行权价格≤80000元/吨，行权价格间距为1000元/吨；行权价格＞80000元/吨，行权价格间距为2000元/吨	美式。买方可以在到期日前任一交易日的交易时间提交行权申请；买方可以在到期日15:30之前提出行权申请、放弃申请	看涨期权：CU-合约月份-C-行权价格 看跌期权：CU-合约月份-P-行权价格	上海期货交易所
标的期货合约交割月前第一月的倒数第五个交易日，交易所可以根据国家法定节假日调整最后交易日	同最后交易日	行权价格覆盖黄金期货合约上一交易日结算价上下浮动1.5倍当日涨跌停板幅度对应的价格范围。行权价格≤200元/克，行权价格间距为2元/克；200元/克＜行权价格≤400元/克，行权价格间距为4元/克；行权价格＞400元/克，行权价格间距为8元/克	美式。买方可以在到期日前任一交易日的交易时间提交行权申请；买方可以在到期日15:30之前提出行权申请、放弃申请	看涨期权：AU-合约月份-C-行权价格 看跌期权：AU-合约月份-P-行权价格	上海期货交易所
标的期货合约交割月前第一月的倒数第五个交易日，交易所可以根据国家法定节假日调整最后交易日	同最后交易日	行权价格覆盖天然橡胶期货合约上一交易日结算价上下浮动1.5倍当日涨跌停板幅度对应的价格范围。行权价格≤10000元/吨，行权价格间距为100元/吨；10000元/吨＜行权价格≤25000元/吨，行权价格间距为250元/吨；行权价格＞25000元/吨，行权价格间距为500元/吨	美式。买方可在到期日前任一交易日的交易时间提交行权申请；买方可在到期日15:30之前提交行权申请、放弃申请	看涨期权：RU-合约月份-C-行权价格 看跌期权：RU-合约月份-P-行权价格	上海期货交易所
标的期货合约交割月前第一月的倒数第五个交易日，交易所可以根据国家法定节假日调整最后交易日	同最后交易日	行权价格覆盖标的期货合约上一交易日结算价上下浮动1.5倍当日涨跌停板幅度对应的价格范围。行权价格≤10000元/吨，行权价格间距为50元/吨；10000元/吨＜行权价格≤20000元/吨，行权价格间距为100元/吨；行权价格＞20000元/吨，行权价格间距为200元/吨	美式。买方可以在到期日前任一交易日的交易时间提交行权申请；买方可以在到期日15:30之前提出行权申请、放弃申请	看涨期权：AL-合约月份-C-行权价格 看跌期权：AL-合约月份-P-行权价格	上海期货交易所
标的期货合约交割月前第一月的倒数第五个交易日，交易所可以根据国家法定节假日调整最后交易日	同最后交易日	行权价格覆盖标的期货合约上一交易日结算价上下浮动1.5倍当日涨跌停板幅度对应的价格范围。行权价格≤10000元/吨，行权价格间距为100元/吨；10000元/吨＜行权价格≤25000元/吨，行权价格间距为200元/吨；行权价格＞25000元/吨，行权价格间距为500元/吨	美式。买方可以在到期日前任一交易日的交易时间提交行权申请；买方可以在到期日15:30之前提出行权申请、放弃申请	看涨期权：ZN-合约月份-C-行权价格 看跌期权：ZN-合约月份-P-行权价格	上海期货交易所

5-27 续表 2

合约标的物 Underlying Instrument	合约类型 Contracts Type	交易单位 Contract Size	报价单位 Quotation Unit	最小变动价位 Minimum Tick Size	涨跌停板幅度 Daily Price Limit	合约月份 Contracts Months	交易时间 Trading Hours
白糖期货合约 White Sugar Futures Contract	看涨期权、看跌期权	1手（10吨）白糖期货合约	元(人民币)/吨	0.5元/吨	与白糖期货合约涨跌停板幅度相同	标的期货合约中的连续两个近月，其后月份在标的期货合约结算后持仓量达到5000手（单边）之后的第二个交易日挂牌	每周一至周五上午9:00-11:30，下午1:30-3:00及交易所规定的其他交易时间
一号棉花期货合约 Cotton No.1 Futures Contract	看涨期权、看跌期权	1手一号棉花期货合约	元(人民币)/吨	1元/吨	与棉花期货合约涨跌停板幅度相同	标的期货合约中的连续两个近月，其后月份在标的期货合约结算后持仓量达到5000手(单边)之后的第二个交易日挂牌	每周一至周五上午9:00-11:30，下午1:30-3:00及交易所规定的其他交易时间
精对苯二甲酸(PTA)期货合约 Purified Terephthalic Acid(PTA) Futures Contract	看涨期权、看跌期权	1手PTA期货合约	元(人民币)/吨	0.5元/吨	与PTA期货合约涨跌停板幅度相同	标的期货合约中的连续两个近月，其后月份在标的期货合约结算后持仓量达到10000手（单边）之后的第二个交易日挂牌	每周一至周五上午9:00-11:30，下午1:30-3:00及交易所规定的其他交易时间
甲醇期货合约 Methanol Futures Contract	看涨期权、看跌期权	1手甲醇期货合约	元(人民币)/吨	0.5元/吨	与甲醇期货合约涨跌停板幅度相同	标的期货合约中的连续两个近月，其后月份在标的期货合约结算后持仓量达到10000手（单边）之后的第二个交易日挂牌	每周一至周五上午9:00-11:30，下午1:30-3:00及交易所规定的其他交易时间
菜籽粕期货合约 Rapeseed Meal Futures Contract	看涨期权、看跌期权	1手菜籽粕期货合约	元(人民币)/吨	0.5元/吨	与菜籽粕期货合约涨跌停板幅度相同	标的期货合约中的连续两个近月，其后月份在标的期货合约结算后持仓量达到5000手（单边）之后的第二个交易日挂牌	每周一至周五上午9:00-11:30，下午1:30-3:00及交易所规定的其他交易时间
动力煤期货合约 Thermal Coal Futures Contract	看涨期权、看跌期权	1手动力煤期货合约	元(人民币)/吨	0.1元/吨	与动力煤期货合约涨跌停板幅度相同	标的期货合约中的连续两个近月，其后月份在标的期货合约结算后持仓量达到10000手（单边）之后的第二个交易日挂牌	每周一至周五上午9:00-11:30，下午1:30-3:00及交易所规定的其他交易时间

continued

最后交易日 Last Trading Day	到期日 Expiration Day	行权价格 Strike Price	行权方式 Exercise Style	交易代码 Trading Code	上市交易所 Listed Exchange
标的期货合约交割月份前一个月的第3个交易日，以及交易所规定的其他日期	同最后交易日	以白糖期货前一交易日结算价为基准，按行权价格间距挂出5个实值期权、1个平值期权和5个虚值期权。行权价格≤3000元/吨，行权价格间距为50元/吨；3000元/吨≤行权价格≤10000元/吨，行权价格间距为100元/吨；行权价格＞10000元/吨，行权价格间距为200元/吨	美式。买方可在到期日前任一交易日的交易时间提交行权申请；买方可在到期日15:30之前提交行权申请、放弃申请	看涨期权：SR-合约月份-C-行权价格 看跌期权：SR-合约月份-P-行权价格	郑州商品交易所
标的期货合约交割月份前一个月的第3个交易日，以及交易所规定的其他日期	同最后交易日	以棉花期货前一交易日结算价为基准，按行权价格间距挂出6个实值期权、1个平值期权和6个虚值期权。行权价格≤10000元/吨，行权价格间距为100元/吨；10000元/吨≤行权价格≤20000元/吨，行权价格间距为200元/吨；行权价格＞20000元/吨，行权价格间距为400元/吨	美式。买方可在到期日前任一交易日的交易时间提交行权申请；买方可在到期日15:30之前提交行权申请、放弃申请	看涨期权：CF-合约月份-C-行权价格 看跌期权：CF-合约月份-P-行权价格	郑州商品交易所
标的期货合约交割月份前一个月的第3个交易日，以及交易所规定的其他日期	同最后交易日	以PTA期货前一交易日结算价为基准，按行权价格间距挂出6个实值期权、1个平值期权和5个虚值期权。行权价格≤5000元/吨，行权价格间距为50元/吨；5000元/吨≤行权价格≤10000元/吨，行权价格间距为100元/吨；行权价格＞10000元/吨，行权价格间距为200元/吨	美式。买方可在到期日前任一交易日的交易时间提交行权申请；买方可在到期日15:30之前提交行权申请、放弃申请	看涨期权：TA-合约月份-C-行权价格 看跌期权：TA-合约月份-P-行权价格	郑州商品交易所
标的期货合约交割月份前一个月的第3个交易日，以及交易所规定的其他日期	同最后交易日	以甲醇期货前一交易日结算价为基准，按行权价格间距挂出6个实值期权、1个平值期权和5个虚值期权。行权价格≤2500元/吨，行权价格间距为25元/吨；2500元/吨≤行权价格≤5000元/吨，行权价格间距为50元/吨；行权价格＞5000元/吨，行权价格间距为100元/吨	美式。买方可在到期日前任一交易日的交易时间提交行权申请；买方可在到期日15:30之前提交行权申请、放弃申请	看涨期权：MA-合约月份-C-行权价格 看跌期权：MA-合约月份-P-行权价格	郑州商品交易所
标的期货合约交割月份前一个月的第3个交易日，以及交易所规定的其他日期	同最后交易日	以菜籽粕期货前一交易日结算价为基准，按行权价格间距挂出6个实值期权、1个平值期权和5个虚值期权。行权价格≤2500元/吨，行权价格间距为25元/吨；2500元/吨≤行权价格≤5000元/吨，行权价格间距为50元/吨；行权价格＞5000元/吨，行权价格间距为100元/吨	美式。买方可在到期日前任一交易日的交易时间提交行权申请；买方可在到期日15:30之前提交行权申请、放弃申请	看涨期权：RM-合约月份-C-行权价格 看跌期权：RM-合约月份-P-行权价格	郑州商品交易所
标的期货合约交割月份前一个月的第3个交易日，以及交易所规定的其他日期	同最后交易日	以动力煤期货前一交易日结算价为基准，按行权价格间距挂出6个实值期权、1个平值期权和6个虚值期权。行权价格≤500元/吨，行权价格间距为5元/吨；行权价格＞500元/吨，行权价格间距为10元/吨	美式。买方可在到期日前任一交易日的交易时间提交行权申请；买方可在到期日15:30之前提交行权申请、放弃申请	看涨期权：ZC-合约月份-C-行权价格 看跌期权：ZC-合约月份-P-行权价格	郑州商品交易所

5-28 金融期权品种交易情况
Statistics for Financial Options

交易品种 Product	交易所 Exchange	成交金额(亿元) Trading Turnover (100 million yuan)		成交量(万手) Trading Volume (10 thousand lots)	
		2019	2020	2019	2020
沪深300股指期权 CSI300 Index Options	CFFEX	13.02	1365.53	12.70	1674.28

注：金融期权的行权金额采用执行盈亏值汇总统计。
数据来源：中国金融期货交易所
Source: CFFEX

5-28 续表 1 continued

交易品种 Product	交易所 Exchange	持仓金额(亿元) Value of Positions (100 million yuan)		持仓量(万手) Positions (10 thousand lots)	
		2019	2020	2019	2020
沪深300股指期权 CSI300 Index Options	CFFEX	3.54	19.50	2.72	14.31

5-28 续表 2 continued

交易品种 Product	交易所 Exchange	行权金额(亿元) Value of Delivery (100 million yuan)		行权量(万手) Delivery Quantity (10 thousand lots)	
		2019	2020	2019	2020
沪深300股指期权 CSI300 Index Options	CFFEX	—	17.45	—	6.96

5-29 金融期权合约汇总
Collection of Financial Options Contracts

合约标的物 Underlying Instrument	合约类型 Contracts Type	交易单位 Contract Size	报价单位 Quotation Unit	最小变动价位 Minimum Tick Size	涨跌停板幅度 Limit Up/Limit Down	合约月份 Contracts Months
沪深300指数 CSI 300 Index	看涨期权、看跌期权	手	指数点	0.2点	上一交易日沪深300指数收盘价的±10%	当月、下2个月及随后3个季月

数据来源：中国金融期货交易所
Source：CFFEX

5-29 续表 continued

交易时间 Trading Hours	最后交易日 Last Trading Day	到期日 Expiration Day	行权价格 Strike Price	行权方式 Exercise Style	交易代码 Trading Code	上市交易所 Listed Exchange
9:30-11:30，13:00-15:00	合约到期月份的第三个星期五，遇国家法定假日顺延	同最后交易日	行权价格覆盖沪深300指数上一交易日收盘价上下浮动10%对应的价格范围 对当月与下2个月合约：行权价格≤2500点时，行权价格间距为25点；2500点<行权价格≤5000点时，行权价格间距为50点；5000点<行权价格≤10000点时，行权价格间距为100点；行权价格>10000点时，行权价格间距为200点 对随后3个季月合约：行权价格≤2500点时，行权价格间距为50点；2500点<行权价格≤5000点时，行权价格间距为100点；5000点<行权价格≤10000点时，行权价格间距为200点；行权价格>10000点时，行权价格间距为400点	欧式	看涨期权：IO合约月份-C-行权价格 看跌期权：IO合约月份-P-行权价格	中国金融期货交易所

主要统计指标解释

Explanatory Notes on Main Statistical Indicators

交易保证金 指统计期末已被合约占用的保证金。

公式: 交易保证金=合约价值×期货交易所规定的交易保证金比率

期货账户数 指统计期末在中国期货市场监控中心有限责任公司办理登记的期货账户数量合计。

期货客户数 指统计期末已在期货市场开户，按照“客户全称相同且证件代码相同”原则合并的客户数量。

涨跌幅 指统计期内期货合约的结算价与前结算价变动幅度。

公式: 涨跌幅=(区间最后交易日结算价-区间前一交易日结算价)/区间前一交易日结算价×100%

指标说明: 1.期货交易品种的涨跌幅以其对应的主力合约进行计算，即通过主力合约的涨跌幅反映期货品种的价格变动幅度。

2.主力合约通常选用统计期末各期货合约中持仓量最大的合约，如持仓量相同则选取成交量最大合约为主力合约。如统计期末该品种的所有合约均无成交和持仓，则选用与统计期末最近且持仓量最大的合约为主力合约。

3.若统计期包括主力合约挂牌日，则区间前一交易日结算价取合约挂牌价。

成交量 指统计期内全部期货（期权）合约成交数量合计。除备注中注明双边口径外，其余均按单边口径统计。

成交金额 指统计期内全部期货（期权）合约成交金额合计。除备注中注明双边口径外，其余均按单边口径统计。

持仓量 指统计期末未平仓期货（期权）合约数量的合计。除备注中注明双边口径外，其余均按单边口径统计。

持仓金额 指统计期末未平仓期货（期权）合约的金额合计。除备注中注明双边口径外，其余均按单边口径统计。

交割量 交割是指期货投资者了结到期未平仓合约的过程，交割量即进行交割的期货合约数量。除备注中注明双边口径外，其余均按单边口径统计。

公式: 交割量＝交割合约数量×合约单位

交割率 指统计期内期货品种的交割量与合约最大日持仓量的比率。

公式:交割率=交割量/统计期内合约最大日持仓量*100%

指标说明: 定义中合约最大日持仓量指的是合约存续周期内的最大持仓量。

贰 零 贰 壹

六. 上市和挂牌公司

Listed Companies

贰 零 贰 壹

2020 年上市公司及挂牌公司综述

一、公司规模

（一）上市公司规模概况。截至 2020 年底，沪深两市共有上市公司 4154 家。其中，沪市 1800 家，深市 2354 家；主板、中小板、创业板、科创板上市公司数量分别为 2053、994、892、215 家，总市值分别为 51.90、13.54、10.93、3.35 万亿元，流通市值分别为 45.79、10.61、6.96、1.00 万亿元。公司家数前三的行业是制造业，信息传输、软件和信息技术服务业，批发零售业，合计占比 76.28%；公司家数前三的辖区是江苏、浙江（不含宁波）、北京，合计占比 30.77%。

（二）挂牌公司规模概况。截至 2020 年底，新三板共有挂牌公司 8187 家。其中，制造业，信息传输、软件和信息技术服务业，租赁和商务服务业公司数量最多，分别为 4016、1605、422 家，合计占比 73.81%；广东（含深圳）、北京、江苏是公司数量前三的地区，分别为 1181、1079、987 家，合计占比 39.66%。

2020 年，新挂牌公司 136 家，总股本 39.73 亿股。其中，制造业，信息传输、软件和信息技术服务业新挂牌公司最多，分别为 74 家和 21 家。

二、上市公司现金分红情况

上市公司现金分红规模稳定。2020 年共有 2737 家公司实施了现金分红，占公司总数的 65.89%。现金分红总额 13725.07 亿元，同比上升 34.21%。2020 年，分红公司家数前三的行业为制造业，信息传输、软件和信息技术服务业，批发零售业，分别为 1748、217、108 家，合计占比 75.74%；分红金额前三的行业则是金融业、制造业、和采矿业，分别为 6140.09、3795.09、1078.35 亿元，合计占比 80.24%。

三、公司财务状况

（一）上市公司财务概况。2020 年沪深两市上市公司实现营业收入 53.13 万亿元，同比增长 5.25%；归属于母公司股东净利润 3.95 万亿元，同比增长 5.33%。截至 2020 年底，上市公司总资产为 313.43 万亿元，同比增长 11.63%；归属于母公司股东净资产 46.53 万亿元，同比增长 12.66%。2020 年底上市公司整体资产负债率 83.47%，同比下降 0.22 个百分点，其中非金融上市公司整体资产负债率 60.34%，同比上升 0.14 个百分点；总资产收益率为 5.19%，同比上升 3.85 个百分点；平均净资产收益率 8.93%，同比下降 0.66 个百分点。每股净资产为 6.31 元，每股收益为 0.54 元，每股经营活动现金流量净额为 0.04 元。

（二）挂牌公司财务概况。2020 年挂牌公司实现营业收入 14388.01 亿元，同比下降 15.56%；利润总额 767.40 亿元，同比下降 4.91%；净利润 616.03 亿元，同比下降 4.79%；经营活动产生的现金流量净额 1184.92 亿元，同比下降 2.41%。截至 2020 年底，挂牌公司总资产 22606.06 亿元，同比下降 15.98%；净资产 10098.82 亿元，同比下降 10.47%。2020 年底挂牌公司整体资产负债率 55.33%，同比下降 2.75 个百分点；平均净资产收益率 6.10%，同比上升 0.22 个百分点。

6-1 上市公司数量
Number of Listed Companies

单位：家 (unit)

年份 Year	上交所 SSE 小计 Total	上交所 SSE 主板 Main Board	上交所 SSE 科创板 STAR Market	深交所 SZSE 小计 Total	深交所 SZSE 主板 Main Board	深交所 SZSE 中小板 SME Board	深交所 SZSE 创业板 ChiNext Board	合计 Total
1991	7	7	—	6	6	—	—	13
1992	29	29	—	24	24	—	—	53
1993	106	106	—	77	77	—	—	183
1994	171	171	—	120	120	—	—	291
1995	188	188	—	135	135	—	—	323
1996	293	293	—	237	237	—	—	530
1997	383	383	—	362	362	—	—	745
1998	438	438	—	414	414	—	—	852
1999	484	484	—	465	465	—	—	949
2000	572	572	—	516	516	—	—	1088
2001	646	646	—	514	514	—	—	1160
2002	715	715	—	509	509	—	—	1224
2003	780	780	—	507	507	—	—	1287
2004	837	837	—	540	502	38	—	1377
2005	834	834	—	547	497	50	—	1381
2006	842	842	—	592	490	102	—	1434
2007	860	860	—	690	488	202	—	1550
2008	864	864	—	761	488	273	—	1625
2009	870	870	—	848	485	327	36	1718
2010	894	894	—	1169	485	531	153	2063
2011	931	931	—	1411	484	646	281	2342
2012	954	954	—	1540	484	701	355	2494
2013	953	953	—	1536	480	701	355	2489
2014	995	995	—	1618	480	732	406	2613
2015	1081	1081	—	1746	478	776	492	2827
2016	1182	1182	—	1870	478	822	570	3052
2017	1396	1396	—	2089	476	903	710	3485
2018	1450	1450	—	2134	473	922	739	3584
2019	1572	1502	70	2205	471	943	791	3777
2020	1800	1585	215	2354	468	994	892	4154

注：上市公司数量按上市日口径统计。
数据来源：上海证券交易所、深圳证券交易所
Source:SSE、SZSE

6-2 分行业上市公司数量

Number of Listed Companies by Industry

单位：家 (unit)

行业 Industry	上交所 SSE		深交所 SZSE		合计 Total	
	2019	2020	2019	2020	2019	2020
农、林、牧、渔 Agriculture,Forestry,Animal Husbandry and Fishery	15	16	27	28	42	44
采矿业 Mining	52	51	26	27	78	78
制造业 Manufacturing	897	1076	1477	1583	2374	2659
电力、热力、燃气及水生产和供应业 Production and Supply of Electricity,Gas and Water	64	69	45	45	109	114
建筑业 Construction	48	47	48	54	96	101
批发和零售业 Wholesale and Retail Trades	97	100	68	70	165	170
交通运输、仓储和邮政业 Transport,Storage and Post	71	74	33	34	104	108
住宿和餐饮业 Hotels and Catering Services	3	4	6	6	9	10
信息传输、软件和信息技术服务业 Information Transmission,Computer Services and Software	80	104	218	236	298	340
金融业 Financial Intermediation	72	82	36	40	108	122
房地产业 Real Estate	69	66	59	58	128	124
租赁和商务服务业 Leasing and Business Services	17	19	38	39	55	58
科学研究和技术服务业 Scientific Research,Technical Service	22	23	36	35	58	58
水利、环境和公共设施管理业 Management of Water Conservancy,Environment and Public Facilities	18	27	33	45	51	72
居民服务、修理和其他服务业 Resident Services,Repairing and Other Services	0	0	1	1	1	1
教育 Education	3	3	5	5	8	8
卫生和社会工作 Health and Social Works	3	3	9	9	12	12
文化、体育和娱乐业 Culture,Sports and Entertainment	26	27	33	32	59	59
综合 Others	15	9	7	7	22	16

注：上市公司数量按上市日口径统计。

数据来源：上海证券交易所、深圳证券交易所

Source:SSE、SZSE

6-3 分辖区上市公司数量
Number of Listed Companies by Jurisdiction

单位：家 (unit)

辖区	Jurisdiction	上交所 SSE		深交所 SZSE		合计 Total	
		2019	2020	2019	2020	2019	2020
北京	Beijing	159	186	184	194	343	380
天津	Tianjin	28	32	25	28	53	60
河北	Hebei	22	23	36	38	58	61
山西	Shanxi	20	20	18	19	38	39
内蒙古	Inner Mongolia	16	16	10	10	26	26
辽宁	Liaoning	19	21	28	28	47	49
吉林	Jilin	17	18	25	27	42	45
黑龙江	Heilongjiang	26	27	11	12	37	39
上海	Shanghai	228	258	81	85	309	343
江苏	Jiangsu	194	236	234	246	428	482
浙江	Zhejiang	164	191	216	234	380	425
安徽	Anhui	48	57	57	69	105	126
福建	Fujian	37	42	52	51	89	93
江西	Jiangxi	17	24	27	31	44	55
山东	Shandong	62	70	111	115	173	185
河南	Henan	31	31	51	56	82	87
湖北	Hubei	42	48	64	66	106	114
湖南	Hunan	30	37	75	80	105	117
广东	Guangdong	67	76	252	268	319	344
广西	Guangxi	17	17	21	21	38	38
海南	Hainan	11	12	20	20	31	32
重庆	Chongqing	29	29	26	28	55	57
四川	Sichuan	43	49	82	87	125	136
贵州	Guizhou	14	15	15	16	29	31
云南	Yunnan	14	15	22	22	36	37
西藏	Tibet	9	9	10	11	19	20
陕西	Shaanxi	26	28	28	31	54	59
甘肃	Gansu	16	16	18	18	34	34
青海	Qinghai	8	8	4	4	12	12
宁夏	Ningxia	6	6	8	8	14	14
新疆	Xinjiang	29	31	26	28	55	59
深圳	Shenzhen	28	40	271	293	299	333
大连	Dalian	14	14	14	13	28	27
宁波	Ningbo	46	56	31	37	77	93
厦门	Xiamen	17	21	32	37	49	58
青岛	Qingdao	18	21	20	23	38	44

注：1.上市公司数量按上市日口径统计。
2.所属辖区按上市公司注册地划分，注册地为境外的上市公司，以其实际办公地为口径统计上市公司家数，以注册地(境外)为口径统计IPO家数，以沪深交易所股东大会公告为准。

数据来源：上海证券交易所、深圳证券交易所
Source:SSE、SZSE

6-4 2020年分辖区上市公司数量按行业分布

Number of Listed Companies by Jurisdiction and by Industry in 2020

单位：家 (unit)

辖区	Jurisdiction	农、林、牧、渔 Agriculture, Forestry, Animal Husbandry and Fishery	采矿业 Mining	制造业 Manufacturing	电力、热力、燃气及水生产和供应业 Production and Supply of Electricity, Gas and Water	建筑业 Construction	批发和零售业 Wholesale and Retail Trades	交通运输、仓储和邮政业 Transport, Storage and Post
北京	Beijing	2	13	138	12	22	14	4
天津	Tianjin	0	3	35	1	0	4	4
河北	Hebei	1	2	46	3	0	1	2
山西	Shanxi	0	6	23	4	0	2	2
内蒙古	Inner Mongolia	0	6	17	1	0	0	0
辽宁	Liaoning	0	1	34	3	0	3	2
吉林	Jilin	0	0	26	3	1	2	1
黑龙江	Heilongjiang	2	0	25	2	2	1	2
上海	Shanghai	2	4	177	3	11	22	20
江苏	Jiangsu	1	0	362	6	7	17	10
浙江	Zhejiang	0	2	319	4	6	10	1
安徽	Anhui	2	3	86	2	3	5	2
福建	Fujian	3	1	59	4	1	5	2
江西	Jiangxi	0	1	43	3	0	2	2
山东	Shandong	6	6	139	2	5	5	5
河南	Henan	2	4	66	3	1	0	2
湖北	Hubei	0	0	74	4	5	11	3
湖南	Hunan	4	2	75	3	2	7	2
广东	Guangdong	2	1	252	9	2	6	12
广西	Guangxi	1	0	19	3	0	3	2
海南	Hainan	3	3	13	0	1	0	3
重庆	Chongqing	0	1	30	5	2	3	2
四川	Sichuan	1	1	86	11	4	4	2
贵州	Guizhou	0	1	21	2	0	1	1
云南	Yunnan	2	1	21	2	0	3	0
西藏	Tibet	0	3	11	0	0	0	0
陕西	Shaanxi	0	3	39	1	1	1	0
甘肃	Gansu	3	3	23	1	0	2	0
青海	Qinghai	0	1	9	0	1	0	0
宁夏	Ningxia	0	0	10	2	0	1	1
新疆	Xinjiang	5	5	25	6	2	5	2
深圳	Shenzhen	0	0	200	6	17	16	7
大连	Dalian	1	0	10	2	0	5	3
宁波	Ningbo	0	0	75	1	5	3	3
厦门	Xiamen	0	1	38	0	0	5	2
青岛	Qingdao	1	0	33	0	0	1	2

注：1.上市公司数量按上市日口径统计。
2.所属辖区按上市公司注册地划分，注册地为境外的上市公司，以其实际办公地为口径统计上市公司家数，以注册地(境外)为口径统计IPO家数，以沪深交易所股东大会公告为准。

数据来源：上海证券交易所、深圳证券交易所
Source:SSE、SZSE

6-4 续表 1 continued

单位：家 (unit)

辖区	Jurisdiction	住宿和餐饮业 Hotels and Catering Services	信息传输、软件和信息技术服务业 Information Transmission, Computer Services and Software	金融业 Financial Intermediation	房地产业 Real Estate	租赁和商务服务业 Leasing and Business Services	科学研究和技术服务业 Scientific Research, Technical Service
北京	Beijing	3	89	22	13	13	12
天津	Tianjin	0	2	0	7	0	2
河北	Hebei	0	2	1	2	0	0
山西	Shanxi	0	0	1	0	0	0
内蒙古	Inner Mongolia	0	0	1	0	0	0
辽宁	Liaoning	0	3	0	0	0	0
吉林	Jilin	0	6	1	3	0	0
黑龙江	Heilongjiang	0	2	3	0	0	0
上海	Shanghai	1	41	17	21	6	5
江苏	Jiangsu	1	20	14	9	3	10
浙江	Zhejiang	0	34	8	9	9	2
安徽	Anhui	1	5	3	2	0	1
福建	Fujian	0	12	2	4	0	0
江西	Jiangxi	0	1	1	0	0	0
山东	Shandong	0	7	2	3	0	0
河南	Henan	0	2	3	1	0	2
湖北	Hubei	0	4	3	4	0	0
湖南	Hunan	1	7	4	0	0	1
广东	Guangdong	1	22	4	9	7	6
广西	Guangxi	0	5	1	1	0	0
海南	Hainan	1	1	1	3	0	0
重庆	Chongqing	0	2	2	6	0	1
四川	Sichuan	0	13	4	1	2	3
贵州	Guizhou	0	2	1	1	0	1
云南	Yunnan	0	1	2	3	0	0
西藏	Tibet	0	2	1	1	0	1
陕西	Shaanxi	1	1	4	1	2	0
甘肃	Gansu	0	0	0	0	0	1
青海	Qinghai	0	1	0	0	0	0
宁夏	Ningxia	0	0	0	0	0	0
新疆	Xinjiang	0	3	2	0	1	1
深圳	Shenzhen	0	39	8	17	12	7
大连	Dalian	0	2	0	1	0	1
宁波	Ningbo	0	1	1	2	2	0
厦门	Xiamen	0	6	2	0	1	1
青岛	Qingdao	0	2	3	0	0	0

6-4 续表 2 continued

单位：家 (unit)

辖区	Jurisdiction	水利、环境和公共设施管理业 Management of Water Conservancy, Environment and Public Facilities	居民服务、修理和其他服务业 Resident Services, Repairing and Other Services	教育 Education	卫生和社会工作 Health and Social Works	文化、体育和娱乐业 Culture, Sports and Entertainment	综合 Others
北京	Beijing	7	1	3	0	11	1
天津	Tianjin	1	0	0	0	1	0
河北	Hebei	1	0	0	0	0	0
山西	Shanxi	0	0	0	0	1	0
内蒙古	Inner Mongolia	1	0	0	0	0	0
辽宁	Liaoning	1	0	0	0	2	0
吉林	Jilin	2	0	0	0	0	0
黑龙江	Heilongjiang	0	0	0	0	0	0
上海	Shanghai	4	0	1	0	6	2
江苏	Jiangsu	12	0	0	1	5	4
浙江	Zhejiang	6	0	0	4	11	0
安徽	Anhui	8	0	1	0	2	0
福建	Fujian	0	0	0	0	0	0
江西	Jiangxi	1	0	0	0	1	0
山东	Shandong	1	0	0	0	2	2
河南	Henan	0	0	0	0	1	0
湖北	Hubei	3	0	0	0	3	0
湖南	Hunan	3	0	1	1	4	0
广东	Guangdong	4	0	0	2	3	2
广西	Guangxi	2	0	0	0	0	1
海南	Hainan	0	0	0	1	1	1
重庆	Chongqing	2	0	0	0	1	0
四川	Sichuan	1	0	0	0	2	1
贵州	Guizhou	0	0	0	0	0	0
云南	Yunnan	2	0	0	0	0	0
西藏	Tibet	1	0	0	0	0	0
陕西	Shaanxi	3	0	0	1	0	1
甘肃	Gansu	0	0	0	0	1	0
青海	Qinghai	0	0	0	0	0	0
宁夏	Ningxia	0	0	0	0	0	0
新疆	Xinjiang	1	0	0	1	0	0
深圳	Shenzhen	3	0	0	0	0	1
大连	Dalian	1	0	1	0	0	0
宁波	Ningbo	0	0	0	0	0	0
厦门	Xiamen	1	0	1	0	0	0
青岛	Qingdao	0	0	0	1	1	0

6-5　分股份类型上市公司数量
Number of Listed Companies by Stock Type

单位：家　　　　(unit)

年份 Year	仅发A股 Only A-Shares	仅发B股 Only B-Shares	仅发A、B股 Only A&B Shares	仅发A、H股 Only A&H Shares	发A、B、H股 A,B&H Shares	仅发B、H股 Only B&H Shares	A股合计 Total of A-Shares	B股合计 Total of B-Shares	合计 Total
1994	227	4	54	6	0	0	287	58	291
1995	242	12	58	11	0	0	311	70	323
1996	431	16	69	14	0	0	514	85	530
1997	627	25	76	17	0	0	720	101	745
1998	728	26	80	18	0	0	826	106	852
1999	822	26	82	19	0	0	923	108	949
2000	955	28	86	19	0	0	1060	114	1088
2001	1025	24	88	23	0	0	1136	112	1160
2002	1085	24	87	28	0	0	1200	111	1224
2003	1146	24	87	30	0	0	1263	111	1287
2004	1236	24	86	31	0	0	1353	110	1377
2005	1240	23	86	32	0	0	1358	109	1381
2006	1287	23	86	38	0	0	1411	109	1434
2007	1389	23	86	52	0	0	1527	109	1550
2008	1459	23	85	57	1	0	1602	109	1625
2009	1549	22	85	61	1	0	1696	108	1718
2010	1892	22	85	63	1	0	2041	108	2063
2011	2162	22	85	72	1	0	2320	108	2342
2012	2306	21	84	81	1	1	2472	107	2494
2013	2300	20	84	83	1	1	2468	106	2489
2014	2424	20	82	85	1	1	2592	104	2613
2015	2640	18	81	86	1	1	2808	101	2827
2016	2861	17	81	91	1	1	3034	100	3052
2017	3288	17	81	97	1	1	3467	100	3485
2018	3379	16	81	106	1	1	3567	99	3584
2019	3560	16	79	120	1	1	3760	97	3777
2020	3921	13	77	137	5	1	4140	96	4154

注：1.上市公司数量按上市日口径统计。

　　2.本表H股上市公司指在香港上市、在内地注册的公司。

数据来源：上海证券交易所、深圳证券交易所

Source:SSE、SZSE

6-6 上海证券交易所分股份类型上市公司数量
Number of Listed Companies by Stock Type of SSE

单位：家 (unit)

年份 Year	仅发A股 Only A-Shares	仅发B股 Only B-Shares	仅发A、B股 Only A&B Shares	仅发A、H股 Only A&H Shares	发A、B、H股 A,B&H Shares	仅发B、H股 Only B&H Shares	A股合计 Total of A-Shares	B股合计 Total of B-Shares	合计 Total
1994	131	2	32	6	0	0	169	34	171
1995	142	4	32	10	0	0	184	36	188
1996	240	6	36	11	0	0	287	42	293
1997	321	11	39	12	0	0	372	50	383
1998	373	13	39	13	0	0	425	52	438
1999	417	13	41	13	0	0	471	54	484
2000	504	13	42	13	0	0	559	55	572
2001	573	10	44	19	0	0	636	54	646
2002	639	10	44	22	0	0	705	54	715
2003	702	10	44	24	0	0	770	54	780
2004	759	10	44	24	0	0	827	54	837
2005	755	10	44	25	0	0	824	54	834
2006	756	10	44	32	0	0	832	54	842
2007	761	10	44	45	0	0	850	54	860
2008	760	10	44	50	0	0	854	54	864
2009	762	10	44	54	0	0	860	54	870
2010	784	10	44	56	0	0	884	54	894
2011	816	10	44	61	0	0	921	54	931
2012	833	9	44	67	0	1	944	54	954
2013	832	8	44	68	0	1	944	53	953
2014	873	8	44	69	0	1	986	53	995
2015	959	7	44	70	0	1	1073	52	1081
2016	1056	6	44	75	0	1	1175	51	1182
2017	1265	6	44	80	0	1	1389	51	1396
2018	1312	6	44	87	0	1	1443	51	1450
2019	1425	6	43	97	0	1	1565	50	1572
2020	1642	4	43	110	0	1	1795	48	1800

注：1.上市公司数量按上市日口径统计。
2.本表H股上市公司指在香港上市、在内地注册的公司。
数据来源：上海证券交易所
Source：SSE

6-7 深圳证券交易所分股份类型上市公司数量
Number of Listed Companies by Stock Type of SZSE

单位：家 (unit)

年份 Year	仅发A股 Only A-Shares	仅发B股 Only B-Shares	仅发A、B股 Only A&B Shares	仅发A、H股 Only A&H Shares	发A、B、H股 A,B&H Shares	仅发B、H股 Only B&H Shares	A股合计 Total of A-Shares	B股合计 Total of B-Shares	合计 Total
1994	96	2	22	0	0	0	118	24	120
1995	100	8	26	1	0	0	127	34	135
1996	191	10	33	3	0	0	227	43	237
1997	306	14	37	5	0	0	348	51	362
1998	355	13	41	5	0	0	401	54	414
1999	405	13	41	6	0	0	452	54	465
2000	451	15	44	6	0	0	501	59	516
2001	452	14	44	4	0	0	500	58	514
2002	446	14	43	6	0	0	495	57	509
2003	444	14	43	6	0	0	493	57	507
2004	477	14	42	7	0	0	526	56	540
2005	485	13	42	7	0	0	534	55	547
2006	531	13	42	6	0	0	579	55	592
2007	628	13	42	7	0	0	677	55	690
2008	699	13	41	7	1	0	748	55	761
2009	787	12	41	7	1	0	836	54	848
2010	1108	12	41	7	1	0	1157	54	1169
2011	1346	12	41	11	1	0	1399	54	1411
2012	1473	12	40	14	1	0	1528	54	1540
2013	1468	12	40	15	1	0	1524	53	1536
2014	1551	12	38	16	1	0	1606	51	1618
2015	1681	11	37	16	1	0	1735	49	1746
2016	1805	11	37	16	1	0	1859	49	1870
2017	2023	11	37	17	1	0	2078	49	2089
2018	2067	10	37	19	1	0	2124	48	2134
2019	2135	10	36	23	1	0	2195	47	2205
2020	2279	9	34	27	5	0	2345	48	2354

注：1.上市公司数量按上市日口径统计。
2.本表H股上市公司指在香港上市、在内地注册的公司。

数据来源：深圳证券交易所

Source：SZSE

6-8 按股本规模划分上市公司数量
Number of Listed Companies by Equity Scale

单位：家 (unit)

年份 Year	1亿股以下 Below 100 million shares			1-2亿股 100-200 million shares			2-3亿股 200-300 million shares		
	合计 Total	上交所 SSE	深交所 SZSE	合计 Total	上交所 SSE	深交所 SZSE	合计 Total	上交所 SSE	深交所 SZSE
2001	64	35	29	384	204	180	285	153	132
2002	75	50	25	394	224	170	280	152	128
2003	78	55	23	392	240	152	297	163	134
2004	102	51	51	399	250	149	306	181	125
2005	88	41	47	393	236	157	304	182	122
2006	80	29	51	385	211	174	296	174	122
2007	113	22	91	365	172	193	297	169	128
2008	91	17	74	346	136	210	308	152	156
2009	103	16	87	352	118	234	313	137	176
2010	191	11	180	459	109	350	332	115	217
2011	197	10	187	495	82	413	379	112	267
2012	148	8	140	513	70	443	410	107	303
2013	65	5	60	436	55	381	420	103	317
2014	80	12	68	342	61	281	419	97	322
2015	74	15	59	286	80	206	299	91	208
2016	120	24	96	290	80	210	303	106	197
2017	200	54	146	421	148	273	324	135	189
2018	122	40	82	458	163	295	344	136	208
2019	134	55	79	472	185	287	368	148	220
2020	207	109	98	557	217	340	424	184	240

注：1.上市公司数量按上市日口径统计。

2.上表分组遵循“上组限不在内”的原则，如“1-2亿股”包括1亿股，不包括2亿股。

数据来源：上海证券交易所、深圳证券交易所

Source:SSE、SZSE

6-8　续表　continued

单位：家　(unit)

年份 Year	3-5亿股 300-500 million shares			5-10亿股 500-1000 million shares			10亿股及以上 Above 1000 million shares		
	合计 Total	上交所 SSE	深交所 SZSE	合计 Total	上交所 SSE	深交所 SZSE	合计 Total	上交所 SSE	深交所 SZSE
2001	263	149	114	112	70	42	52	35	17
2002	285	167	118	128	78	50	62	44	18
2003	300	180	120	143	86	57	77	56	21
2004	309	191	118	169	98	71	92	66	26
2005	319	202	117	174	103	71	103	70	33
2006	344	221	123	195	113	82	134	94	40
2007	365	228	137	231	139	92	179	130	49
2008	379	232	147	269	164	105	232	163	69
2009	391	233	158	292	176	116	267	190	77
2010	425	229	196	333	203	130	323	227	96
2011	485	235	250	411	226	185	375	266	109
2012	515	220	295	479	247	232	429	302	127
2013	556	216	340	534	255	279	478	319	159
2014	604	210	394	628	267	361	540	348	192
2015	610	196	414	812	275	537	746	420	326
2016	597	202	395	834	285	549	908	485	423
2017	638	240	398	866	294	572	1036	525	511
2018	640	245	395	905	309	596	1115	557	558
2019	678	268	410	941	323	618	1184	593	591
2020	752.00	323.00	429.00	968.00	335	633	1246	632	614

6-9 按市值规模划分上市公司数量

Number of Listed Companies by Market Capitalization

单位：家 (unit)

年份 Year	1亿元以下 Below 100 million yuan			1-5亿元 100-500 million yuan			5-10亿元 500-1000 million yuan		
	合计 Total	上交所 SSE	深交所 SZSE	合计 Total	上交所 SSE	深交所 SZSE	合计 Total	上交所 SSE	深交所 SZSE
2001	5	5	0	1	0	1	30	14	16
2002	4	4	0	13	5	8	75	35	40
2003	1	1	0	33	19	14	267	142	125
2004	1	0	1	96	48	48	399	237	162
2005	4	2	2	204	107	97	479	270	209
2006	8	7	1	113	57	56	339	174	165
2007	11	10	1	12	1	11	34	11	23
2008	9	8	1	70	33	37	350	151	199
2009	8	8	0	10	2	8	28	10	18
2010	11	11	0	9	2	7	19	7	12
2011	6	6	0	15	5	10	74	24	50
2012	3	3	0	11	3	8	89	23	66
2013	4	2	2	6	2	4	20	9	11
2014	5	1	4	6	2	4	8	4	4
2015	4	2	2	1	0	1	6	0	6
2016	5	2	3	1	0	1	5	1	4
2017	2	2	0	3	0	3	8	3	5
2018	2	2	0	11	2	9	9	4	5
2019	2	2	0	12	3	9	9	6	3
2020	6	6	0	9	4	5	37	15	22

注：1.暂停上市的上市公司市值记为0。
2.上市公司数量按上市日口径统计。
3.上表分组遵循“上组限不在内”的原则，如“10-20亿元”包括10亿元，不包括20亿元。

数据来源：上海证券交易所、深圳证券交易所

Source:SSE、SZSE

6-9 续表 continued

单位：家 (unit)

年份 Year	10-20亿元 1000-2000 million yuan			20-30亿元 2000-3000 million yuan			30-50亿元 3000-5000 million yuan			50亿元及以上 Above 5000 million yuan		
	合计 Total	上交所 SSE	深交所 SZSE	合计 Total	上交所 SSE	深交所 SZSE	合计 Total	上交所 SSE	深交所 SZSE	合计 Total	上交所 SSE	深交所 SZSE
2001	306	145	161	357	199	158	286	163	123	175	120	55
2002	536	307	229	290	166	124	177	106	71	129	92	37
2003	496	305	191	196	120	76	142	90	52	152	103	49
2004	486	300	186	149	94	55	123	74	49	123	84	39
2005	383	248	135	113	76	37	93	61	32	105	70	35
2006	423	258	165	173	98	75	156	96	60	222	152	70
2007	220	99	121	271	137	134	321	173	148	681	429	252
2008	498	241	257	225	127	98	180	100	80	293	204	89
2009	236	97	139	309	138	171	389	176	213	738	439	299
2010	192	79	113	339	111	228	541	198	343	952	486	466
2011	584	151	433	496	169	327	470	183	287	697	393	304
2012	650	135	515	503	172	331	496	199	297	742	419	323
2013	456	115	341	490	157	333	592	205	387	921	463	458
2014	135	45	90	380	97	283	693	201	492	1386	645	741
2015	12	5	7	63	32	31	666	203	463	2075	806	1269
2016	11	6	5	14	2	12	510	172	338	2506	999	1507
2017	40	14	26	419	149	270	857	301	556	2156	927	1229
2018	473	179	294	733	245	488	908	328	580	1448	690	758
2019	316	117	199	622	216	406	924	353	571	1892	875	1017
2020	318	132	186	614	225	389	916	336	580	2254	1082	1172

6-10 2020年主板上市公司分行业规模
Industry Scale of Main Board Listed Companies in 2020

行业 Industry	上市公司家数（家）Number of Listed Companies (unit)	上市公司股本（亿股）Share Capital of Listed Companies (100 million shares)	其中：流通股本（亿股）Thereinto: Negotiable Shares (100 million shares)	上市公司市值（亿元）Market Capitalization of Listed Companies (100 million yuan)	其中：流通市值（亿元）Thereinto: Negotiable Market Capitalization (100 million yuan)
农、林、牧、渔 Agriculture,Forestry,Animal Husbandry and Fishery	22	204.55	197.53	1631.27	1525.12
采矿业 Mining	65	4684.60	4503.99	26267.78	25412.14
制造业 Manufacturing	1147	14764.78	13061.13	252489.57	223267.59
电力、热力、燃气及水生产和供应业 Production and Supply of Electricity,Gas and Water	99	3085.34	2902.38	17479.35	16319.04
建筑业 Construction	54	1902.55	1706.40	9626.22	8777.57
批发和零售业 Wholesale and Retail Trades	134	1460.39	1271.40	12192.38	10375.83
交通运输、仓储和邮政业 Transport,Storage and Post	91	3333.45	2570.76	19747.38	14363.96
住宿和餐饮业 Hotels and Catering Services	8	49.98	47.66	828.86	788.11
信息传输、软件和信息技术服务业 Information Transmission,Computer Services and Software	81	1194.03	1047.97	13765.07	11700.70
金融业 Financial Intermediation	99	16022.74	14141.53	127601.52	111057.58
房地产业 Real Estate	111	2393.47	2204.65	18256.56	17131.83
租赁和商务服务业 Leasing and Business Services	27	376.68	305.91	7506.80	7006.13
科学研究和技术服务业 Scientific Research,Technical Service	23	118.78	107.15	4184.93	3146.07
水利、环境和公共设施管理业 Management of Water Conservancy,Environment and Public Facilities	31	226.88	190.83	2010.16	1717.89
居民服务、修理和其他服务业 Resident Services,Repairing and Other Services	0	0.00	0.00	0.00	0.00
教育 Education	4	15.57	15.57	233.21	233.21
卫生和社会工作 Health and Social Works	5	46.54	43.84	1790.27	1776.59
文化、体育和娱乐业 Culture,Sports and Entertainment	36	376.29	359.45	2572.61	2469.51
综合 Others	16	146.96	136.94	847.38	798.89

注：上市公司数量按上市日口径统计。
数据来源：上海证券交易所、深圳证券交易所
Source:SSE、SZSE

6-11 2020年科创板上市公司分行业规模

Industry Scale of STAR Market Listed Companies in 2020

行业 Industry	上市公司家数（家） Number of Listed Companies (unit)	上市公司股本（亿股） Share Capital of Listed Companies (100 million shares)	其中：流通股本（亿股） Thereinto: Negotiable Shares (100 million shares)	上市公司市值（亿元） Market Capitalization of Listed Companies (100 million yuan)	其中：流通市值（亿元） Thereinto: Negotiable Market Capitalization (100 million yuan)
农、林、牧、渔 Agriculture,Forestry,Animal Husbandry and Fishery	0	0.00	0.00	0.00	0.00
采矿业 Mining	0	0.00	0.00	0.00	0.00
制造业 Manufacturing	166	553.04	147.35	25321.39	7540.82
电力、热力、燃气及水生产和供应业 Production and Supply of Electricity,Gas and Water	0	0.00	0.00	0.00	0.00
建筑业 Construction	0	0.00	0.00	0.00	0.00
批发和零售业 Wholesale and Retail Trades	0	0.00	0.00	0.00	0.00
交通运输、仓储和邮政业 Transport,Storage and Post	0	0.00	0.00	0.00	0.00
住宿和餐饮业 Hotels and Catering Services	0	0.00	0.00	0.00	0.00
信息传输、软件和信息技术服务业 Information Transmission,Computer Services and Software	39	74.69	19.88	7548.66	2316.95
金融业 Financial Intermediation	0	0.00	0.00	0.00	0.00
房地产业 Real Estate	0	0.00	0.00	0.00	0.00
租赁和商务服务业 Leasing and Business Services	0	0.00	0.00	0.00	0.00
科学研究和技术服务业 Scientific Research,Technical Service	4	6.40	1.03	400.68	92.76
水利、环境和公共设施管理业 Management of Water Conservancy,Environment and Public Facilities	6	7.47	1.76	219.99	51.59
居民服务、修理和其他服务业 Resident Services,Repairing and Other Services	0	0.00	0.00	0.00	0.00
教育 Education	0	0.00	0.00	0.00	0.00
卫生和社会工作 Health and Social Works	0	0.00	0.00	0.00	0.00
文化、体育和娱乐业 Culture,Sports and Entertainment	0	0.00	0.00	0.00	0.00
综合 Others	0	0.00	0.00	0.00	0.00

注：上市公司数量按上市日口径统计。

数据来源：上海证券交易所

Source:SSE

6-12 2020年中小板上市公司分行业规模

Industry Scale of SME Board Listed Companies in 2020

行业 Industry	上市公司家数（家） Number of Listed Companies (unit)	上市公司股本（亿股） Share Capital of Listed Companies (100 million shares)	其中：流通股本（亿股） Thereinto: Negotiable Shares (100 million shares)	上市公司市值（亿元） Market Capitalization of Listed Companies (100 million yuan)	其中：流通市值（亿元） Thereinto: Negotiable Market Capitalization (100 million yuan)
农、林、牧、渔 Agriculture,Forestry,Animal Husbandry and Fishery	14	109.81	85.97	3867.71	2723.90
采矿业 Mining	8	62.21	51.97	835.29	589.52
制造业 Manufacturing	727	6092.16	5043.66	94515.54	75105.44
电力、热力、燃气及水生产和供应业 Production and Supply of Electricity,Gas and Water	12	507.79	195.39	1845.70	933.21
建筑业 Construction	37	323.22	267.31	1857.84	1501.85
批发和零售业 Wholesale and Retail Trades	27	346.03	297.70	2428.33	2019.95
交通运输、仓储和邮政业 Transport,Storage and Post	14	163.92	152.01	5255.36	5038.12
住宿和餐饮业 Hotels and Catering Services	2	11.48	11.01	53.35	52.07
信息传输、软件和信息技术服务业 Information Transmission,Computer Services and Software	72	770.81	636.02	8966.04	7133.54
金融业 Financial Intermediation	18	620.47	417.96	7487.24	5694.97
房地产业 Real Estate	12	197.54	154.79	965.94	770.58
租赁和商务服务业 Leasing and Business Services	17	340.84	320.18	2634.24	2434.98
科学研究和技术服务业 Scientific Research,Technical Service	7	25.86	14.83	403.61	154.71
水利、环境和公共设施管理业 Management of Water Conservancy,Environment and Public Facilities	13	147.62	95.27	862.18	539.13
居民服务、修理和其他服务业 Resident Services,Repairing and Other Services	0	0.00	0.00	0.00	0.00
教育 Education	3	75.92	20.35	2242.34	331.38
卫生和社会工作 Health and Social Works	3	48.86	46.85	543.41	524.49
文化、体育和娱乐业 Culture,Sports and Entertainment	8	79.04	74.81	613.46	557.15
综合 Others	0	0.00	0.00	0.00	0.00

注：上市公司数量按上市日口径统计。
数据来源：深圳证券交易所
Source:SZSE

6-13　2020年创业板上市公司分行业规模
Industry Scale of ChiNext Board Listed Companies in 2020

行业 Industry	上市公司家数(家) Number of Listed Companies (unit)	上市公司股本(亿股) Share Capital of Listed Companies (100 million shares)	其中：流通股本(亿股) Negotiable Shares (100 million shares)	上市公司市值(亿元) Market Capitalization of Listed Companies (100 million yuan)	其中：流通市值(亿元) Negotiable Market Capitalization (100 million yuan)
农、林、牧、渔 Agriculture,Forestry,Animal Husbandry and Fishery	8	101.18	78.75	1683.72	1250.51
采矿业 Mining	5	20.7959357	16.885622	175.680938	123.187992
制造业 Manufacturing	619	2780.24	2117.85	79054.11	47806.88
电力、热力、燃气及水生产和供应业 Production and Supply of Electricity,Gas and Water	3	16.313292	14.0925842	113.082983	94.1723707
建筑业 Construction	10	63.36	49.84	398.36	308.13
批发和零售业 Wholesale and Retail Trades	9	42.2137601	30.3206908	634.4531961	366.0364635
交通运输、仓储和邮政业 Transport,Storage and Post	3	9.46	8.39	110.70	67.03
住宿和餐饮业 Hotels and Catering Services	0	0.00	0.00	0.00	0.00
信息传输、软件和信息技术服务业 Information Transmission,Computer Services and Software	148	799.866054	633.391981	11494.83904	8388.919922
金融业 Financial Intermediation	5	107.58	87.17	3531.63	2670.73
房地产业 Real Estate	1	1	0.2383295	40.5	9.65234475
租赁和商务服务业 Leasing and Business Services	14	74.63	62.03	663.08	520.90
科学研究和技术服务业 Scientific Research,Technical Service	24	86.0627121	58.6519791	2637.57522	1582.468812
水利、环境和公共设施管理业 Management of Water Conservancy,Environment and Public Facilities	22	159.20	126.19	1315.73	829.34
居民服务、修理和其他服务业 Resident Services,Repairing and Other Services	1	1.3027336	0.81101974	12.0502858	7.501932595
教育 Education	1	3.41	3.02	23.95	21.17
卫生和社会工作 Health and Social Works	4	61.3352763	49.4719626	4637.526979	3713.577501
文化、体育和娱乐业 Culture,Sports and Entertainment	15	182.49	145.20	2811.55	1870.20
综合 Others	0	0.00	0.00	0.00	0.00

注：上市公司数量按上市日口径统计。
数据来源：深圳证券交易所
Source:SZSE

6-14 2020年分行业新上市的上市公司数量

行业 Industry	上交所 SSE		
	新上市 公司家数 (家) Number of Newly Listed Companies (unit)	新上市 公司市值 (亿元) Market Capitalization of Newly Listed Companies (100 million yuan)	占上交所新上市公司市值比重 (%) Proportion (%)
农、林、牧、渔 Agriculture,Forestry,Animal Husbandry and Fishery	0	0.00	0.00
采矿业 Mining	0	0.00	0.00
制造业 Manufacturing	181	24216.27	63.18
电力、热力、燃气及水生产和供应业 Production and Supply of Electricity,Gas and Water	3	443.49	1.16
建筑业 Construction	2	325.10	0.85
批发和零售业 Wholesale and Retail Trades	5	507.74	1.32
交通运输、仓储和邮政业 Transport,Storage and Post	3	2978.52	7.77
住宿和餐饮业 Hotels and Catering Services	1	47.62	0.12
信息传输、软件和信息技术服务业 Information Transmission,Computer Services and Software	23	3961.76	10.34
金融业 Financial Intermediation	5	5019.90	13.10
房地产业 Real Estate	0	0.00	0.00
租赁和商务服务业 Leasing and Business Services	2	165.81	0.43
科学研究和技术服务业 Scientific Research,Technical Service	3	303.20	0.79
水利、环境和公共设施管理业 Management of Water Conservancy,Environment and Public Facilities	7	358.95	0.94
居民服务、修理和其他服务业 Resident Services,Repairing and Other Services	0	0.00	0.00
教育 Education	0	0.00	0.00
卫生和社会工作 Health and Social Works	0	0.00	0.00
文化、体育和娱乐业 Culture,Sports and Entertainment	0	0.00	0.00
综合 Others	0	0.00	0.00

注：上市公司数量按上市日口径统计。
数据来源：上海证券交易所、深圳证券交易所
Source:SSE、SZSE

Number of Newly Listed Companies by Industry in 2020

深交所 SZSE			合计 Total		
新上市公司家数（家） Number of Newly Listed Companies (unit)	新上市公司市值（亿元） Market Capitalization of Newly Listed Companies (100 million yuan)	占深交所新上市公司市值比重 (%) Proportion (%)	新上市公司家数（家） Number of Newly Listed Companies (unit)	新上市公司市值（亿元） Market Capitalization of Newly Listed Companies (100 million yuan)	占新上市公司市值比重 (%) Proportion (%)
1	66.53	0.35	1	66.53	0.12
1	183.86	0.97	1	183.86	0.32
120	16521.38	87.48	301	40737.65	71.20
0	0.00	0.00	3	443.49	0.78
2	86.19	0.46	4	411.28	0.72
3	126.83	0.67	8	634.56	1.11
1	56.88	0.30	4	3035.40	5.31
0	0.00	0.00	1	47.62	0.08
16	840.22	4.45	39	4801.97	8.39
0	0.00	0.00	5	5019.90	8.77
1	40.50	0.21	1	40.50	0.07
0	0.00	0.00	2	165.81	0.29
6	322.80	1.71	9	626.00	1.09
9	547.49	2.90	16	906.44	1.58
0	0.00	0.00	0	0.00	0.00
0	0.00	0.00	0	0.00	0.00
0	0.00	0.00	0	0.00	0.00
1	94.20	0.50	1	94.20	0.16
0	0.00	0.00	0	0.00	0.00

6-15 2020年分辖区新上市的上市公司数量

单位：家

辖区	Jurisdiction	上交所 SSE		
		新上市公司家数（家）Number of Newly Listed Companies (unit)	新上市公司市值（亿元）Market Capitalization of Newly Listed Companies (100 million yuan)	占上交所新上市公司市值比例（%）Proportion (%)
北京	Beijing	27	10985.99	28.66
天津	Tianjin	3	633.82	1.65
河北	Hebei	1	202.30	0.53
山西	Shanxi	1	48.45	0.13
内蒙古	Inner Mongolia	0	0.00	0.00
辽宁	Liaoning	1	69.95	0.18
吉林	Jilin	1	40.35	0.11
黑龙江	Heilongjiang	0	0.00	0.00
上海	Shanghai	35	6914.15	18.04
江苏	Jiangsu	44	5434.54	14.18
浙江	Zhejiang	31	3051.53	7.96
安徽	Anhui	9	620.42	1.62
福建	Fujian	4	513.60	1.34
江西	Jiangxi	7	949.23	2.48
山东	Shandong	8	1625.34	4.24
河南	Henan	1	108.19	0.28
湖北	Hubei	7	668.47	1.74
湖南	Hunan	7	952.21	2.48
广东	Guangdong	9	610.61	1.59
广西	Guangxi	0	0.00	0.00
海南	Hainan	1	96.51	0.25
重庆	Chongqing	1	138.96	0.36
四川	Sichuan	5	632.78	1.65
贵州	Guizhou	1	82.52	0.22
云南	Yunnan	1	58.89	0.15
西藏	Tibet	0	0.00	0.00
陕西	Shaanxi	3	518.66	1.35
甘肃	Gansu	0	0.00	0.00
青海	Qinghai	0	0.00	0.00
宁夏	Ningxia	0	0.00	0.00
新疆	Xinjiang	1	40.42	0.11
深圳	Shenzhen	12	946.22	2.47
大连	Dalian	1	47.18	0.12
宁波	Ningbo	7	1618.51	4.22
厦门	Xiamen	4	621.37	1.62
青岛	Qingdao	2	97.17	0.25

注：1.上市公司数量按上市日口径统计。

2.所属辖区按上市公司注册地划分，注册地为境外的上市公司，以其实际办公地为口径统计上市公司家数，以注册地(境外)为口径统计IPO家数，以沪深交易所股东大会公告为准。

数据来源：上海证券交易所、深圳证券交易所

Source:SSE、SZSE

Number of Newly Listed Companies by Jurisdiction in 2020

(unit)

深交所 SZSE			合计 Total		
新上市公司家数（家） Number of Newly Listed Companies (unit)	新上市公司市值（亿元） Market Capitalization of Newly Listed Companies (100 million yuan)	占深交所新上市公司市值比例(%) Proportion (%)	新上市公司家数（家） Number of Newly Listed Companies (unit)	新上市公司市值（亿元） Market Capitalization of Newly Listed Companies (100 million yuan)	占全部新上市公司市值比重(%) Proportion (%)
15	1777.81	9.41	42	12763.81	22.31
3	130.14	0.69	6	763.96	1.34
3	569.69	3.02	4	771.99	1.35
1	30.44	0.16	2	78.89	0.14
0	0.00	0.00	0	0.00	0.00
0	0.00	0.00	1	69.95	0.12
2	76.33	0.40	3	116.68	0.20
1	95.22	0.50	1	95.22	0.17
4	6015.22	31.85	39	12929.36	22.60
17	752.01	3.98	61	6186.55	10.81
18	867.95	4.60	49	3919.48	6.85
11	563.70	2.98	20	1184.11	2.07
0	0.00	0.00	4	513.60	0.90
3	127.97	0.68	10	1077.20	1.88
5	424.42	2.25	13	2049.76	3.58
6	507.37	2.69	7	615.56	1.08
2	72.40	0.38	9	740.87	1.29
4	833.97	4.42	11	1786.18	3.12
17	1101.82	5.83	26	1712.43	2.99
0	0.00	0.00	0	0.00	0.00
0	0.00	0.00	1	96.51	0.17
2	179.01	0.95	3	317.97	0.56
6	683.18	3.62	11	1315.96	2.30
1	465.52	2.46	2	548.04	0.96
0	0.00	0.00	1	58.89	0.10
1	88.21	0.47	1	88.21	0.15
3	388.72	2.06	6	907.37	1.59
0	0.00	0.00	0	0.00	0.00
0	0.00	0.00	0	0.00	0.00
0	0.00	0.00	0	0.00	0.00
1	31.37	0.17	2	71.79	0.13
22	2388.28	12.65	34	3334.50	5.83
0	0.00	0.00	1	47.18	0.08
6	246.63	1.31	13	1865.14	3.26
5	263.95	1.40	9	885.32	1.55
2	205.56	1.09	4	302.73	0.53

6-16 上市公司现金分红情况
Summary of Cash Dividend of Listed Companies

年份 Year	上市公司数量(家) Number of Listed Companies (unit)	其中：分红公司数量(家) Thereinto: Have Distributed Dividend (unit)	现金分红总额(亿元) Total Amount of Dividends Actually Distributed (100 million yuan)
2006	1434	643	784.50
2007	1550	726	1180.05
2008	1625	816	2524.51
2009	1718	855	2526.74
2010	2063	1031	3023.97
2011	2342	1347	3900.69
2012	2494	1688	4764.21
2013	2489	1831	5323.82
2014	2613	1887	7638.62
2015	2827	1977	7876.03
2016	3052	2054	8301.09
2017	3485	2451	9792.79
2018	3584	2832	9400.49
2019	3777	2626	10226.90
2020	4154	2737	13725.07

注：1.上市公司数量按上市日口径统计。

2.分红数据按除权除息日口径，基于上市公司境内总股本计算。

数据来源：中证数据

Source:CSDATA

6-17　分行业上市公司现金分红情况
Summary of Cash Dividend of Listed Companies by Industry

行业 Industry	上市公司数量(家) Number of Listed Companies (unit)		其中：分红公司数量(家) Thereinto: Have istributed Dividend(uni		现金分红总额(亿元) Total Amount of Dividends Actually Distributed (100 million yuan)	
	2019	2020	2019	2020	2019	2020
农、林、牧、渔 Agriculture,Forestry,Animal Husbandry and Fishery	42	44	22	24	79.25	128.74
采矿业 Mining	78	78	51	51	1014.84	1078.35
制造业 Manufacturing	2374	2659	1659	1748	3453.02	3795.09
电力、热力、燃气及水生产和供应业 Production and Supply of Electricity,Gas and Water	109	114	79	84	431.81	518.80
建筑业 Construction	96	101	74	72	263.51	301.68
批发和零售业 Wholesale and Retail Trades	165	170	110	108	194.99	191.16
交通运输、仓储和邮政业 Transport,Storage and Post	104	108	91	83	360.37	406.84
住宿和餐饮业 Hotels and Catering Services	9	10	5	4	9.50	7.42
信息传输、软件和信息技术服务业 Information Transmission,Computer Services and Software	298	340	185	217	160.31	194.39
金融业 Financial Intermediation	108	122	89	100	3412.87	6140.09
房地产业 Real Estate	128	124	91	86	636.04	727.16
租赁和商务服务业 Leasing and Business Services	55	58	33	34	59.28	67.02
科学研究和技术服务业 Scientific Research,Technical Service	58	58	40	38	23.37	27.52
水利、环境和公共设施管理业 Management of Water Conservancy,Environment and Public Facilities	51	72	39	44	22.74	30.43
居民服务、修理和其他服务业 Resident Services,Repairing and Other Services	1	1	1	0	0.25	0.00
教育 Education	8	8	5	2	18.94	15.96
卫生和社会工作 Health and Social Works	12	12	6	4	10.54	8.15
文化、体育和娱乐业 Culture,Sports and Entertainment	59	59	37	32	67.58	79.16
综合 Others	22	16	9	6	7.70	7.11

注：1.上市公司数量按上市日口径统计。
　　2.分红数据按除权除息日口径，基于上市公司境内总股本计算。

数据来源：中证数据

Source:CSDATA

6-18 分类别上市公司现金分红情况
Summary of Cash Dividend of Listed Companies by Category

	2019	2020
分红上市公司数量(家) Number of Listed Companies Have Distributed Dividend (unit)	2626	2737
其中：主板 Main Board	1399	1388
科创板 STAR Market	0	106
中小板 SME Board	653	649
创业板 ChiNext Board	574	594
其中：上交所 SSE	1123	1226
深交所 SZSE	1503	1511
上市公司实际分红总额(亿元) Total Amount of Dividends Actually Distributed (100 million yuan)	10226.90	13725.07
其中：主板 Main Board	8870.94	12132.82
科创板 STAR Market	0.00	82.57
中小板 SME Board	1016.57	1080.67
创业板 ChiNext Board	339.39	429.01
其中：上交所 SSE	7695.41	10767.86
深交所 SZSE	2531.49	2957.21

注：1.上市公司数量按上市日口径统计。
2.分红数据按除权除息日口径，基于上市公司境内总股本计算。
数据来源：中证数据
Source:CSDATA

6-19　上市公司主要财务指标
Financial Indicators of Listed Companies

年份 Year	资产规模 Asset Size				经营情况 Business Circumstance	
	总资产（亿元） Total Asset (100 million yuan)	其中：非金融上市公司总资产（亿元） Thereinto: Total Asset of Non-financial Listed Companies (100 million yuan)	归属母公司股东净资产（亿元） Net Asset Attributable to Parent Company Shareholders (100 million yuan)	其中：非金融上市公司归属母公司净资产（亿元） Thereinto:Net Asset Attributable to Parent Company Shareholders of Non-financial Listed Companies (100 million yuan)	营业收入（亿元） Revenue (100 million yuan)	利润总额（亿元） Total Profit (100 million yuan)
1995	4301.61	4024.03	1951.20	1914.24	2202.05	264.91
1996	6346.68	5962.19	2944.35	2895.20	3253.04	347.84
1997	9681.16	9202.94	4828.11	4725.17	5117.70	580.43
1998	12404.86	11836.01	6237.42	6120.51	6246.24	613.45
1999	16174.41	14485.64	7651.99	7458.82	7961.96	795.93
2000	21676.39	18778.83	10068.08	9798.93	10715.19	997.02
2001	30457.30	25862.66	12929.06	12663.01	15398.83	1000.46
2002	41539.86	30653.72	14603.34	14167.44	18908.60	1289.65
2003	53302.61	36167.56	16989.94	16307.99	24874.35	1844.36
2004	63277.29	42776.28	19078.26	18314.86	33885.96	2552.87
2005	72769.33	47907.48	20402.38	19546.93	40784.35	2535.22
2006	221069.33	61114.65	34120.86	24119.59	55555.63	5256.47
2007	414286.97	93475.93	63548.44	40477.95	91931.90	13446.40
2008	487007.21	114899.25	71131.38	46349.41	113233.89	10718.78
2009	617738.72	146061.96	85135.77	55180.06	121654.87	14553.27
2010	862290.24	185015.50	114091.20	69977.02	173389.61	22208.16
2011	1028873.51	228335.20	135847.32	83479.44	221275.29	26107.86
2012	1193598.71	266291.64	156762.70	94557.84	246104.25	26986.96
2013	1330017.51	300540.26	174511.40	108491.44	270556.52	30914.63
2014	1501082.96	339763.64	204689.62	118591.68	289130.24	33287.47
2015	1724649.05	394828.33	243815.18	138978.54	294081.84	34545.36
2016	2019170.62	464045.20	284311.36	163658.63	323793.93	37658.75
2017	2205062.02	540920.63	325028.73	189800.69	391171.88	44941.10
2018	2412856.04	609412.82	359922.26	207529.42	452680.62	46832.22
2019	2807826.22	926671.12	412953.37	262292.94	504793.39	51617.72
2020	3134275.88	760871.53	465259.15	257098.97	531266.93	53682.92

注：1.每股指标按境内股本数量计算。
　　2.每股指标采用整体法计算。
　　3.财务数据按2020年12月31日的上市公司为样本进行统计。

数据来源：中证数据
Source:CSDATA

6-19 续表 1 continued

年份 Year	归属母公司股东净利润(亿元) Net Profit Attributable to Parent Company Shareholders (100 million yuan)	其中：非金融上市公司归属母公司股东净利润(亿元) Thereinto:Net Profit Attributable to Parent Company Shareholders of Non-financial Listed Companies (100 million yuan)	经营活动产生的现金流量净额(亿元) Net Cash Flow from Operating Activities (100 million yuan)	资产负债率(%) Asset-liability Ratio (%)	其中：非金融上市公司资产负债率(%) Thereinto:Asset-liability Ratio of Non-financial Listed Companies (%)	总资产收益率(%) ROA (%)	其中：非金融上市公司总资产收益率(%) Thereinto:ROA of Non-financial Listed Companies (%)
1995	210.99	204.24	—	52.20	49.82	4.90	5.08
1996	281.75	271.02	—	51.32	49.01	4.44	4.55
1997	469.86	453.62	—	48.06	46.49	4.85	4.93
1998	465.91	450.48	449.69	47.58	46.05	3.76	3.81
1999	617.94	601.50	793.72	50.51	46.08	3.82	4.15
2000	758.50	736.57	1180.28	51.18	45.09	3.50	3.92
2001	687.38	666.16	2266.94	54.50	47.45	2.26	2.58
2002	807.84	766.06	3337.57	61.56	49.33	1.94	2.50
2003	1221.10	1156.98	3376.18	65.03	50.35	2.29	3.20
2004	1649.80	1571.88	3808.47	66.69	52.53	2.61	3.67
2005	1584.55	1496.59	4625.05	68.88	54.55	2.18	3.12
2006	3469.29	2362.05	11737.86	83.21	56.22	1.57	3.86
2007	9332.14	5748.67	19916.13	83.60	52.48	2.25	6.15
2008	8178.61	4193.81	26207.73	84.14	54.70	1.68	3.65
2009	10666.19	5510.23	28406.09	85.02	57.55	1.73	3.77
2010	16455.95	8729.75	26158.81	85.74	57.66	1.91	4.72
2011	19116.22	9608.09	30092.22	85.72	59.06	1.86	4.21
2012	19652.78	8795.95	45527.09	85.77	60.05	1.65	3.30
2013	22494.88	9984.22	30509.23	85.75	60.87	1.78	3.52
2014	24189.85	10222.51	48693.60	85.25	60.69	1.71	3.18
2015	24719.78	9140.10	84691.48	84.66	60.16	1.43	2.31
2016	27319.72	12044.25	74060.11	84.64	60.01	1.35	2.60
2017	33266.58	16779.57	32742.70	83.87	60.07	1.51	3.10
2018	33644.69	16496.76	46308.72	83.54	60.76	1.39	2.71
2019	37536.39	20793.30	57069.92	83.69	67.11	1.34	2.25
2020	39530.81	18485.05	89557.65	83.47	60.34	1.26	2.43

6-19　续表 2　continued

年份 Year	平均净资产收益率 (%) Average ROE (%)	其中：非金融上市公司平均净资产收益率 (%) Thereinto:Average ROE of Non-financial Listed Companies (%)	每股指标 Share Index 每股净资产 (元) BPS (yuan)	每股收益 (元) EPS (yuan)	每股经营活动现金流量净额 (元) Net Cash Flow from Operating Activities Per Share (yuan)
1995	11.26	11.11	2.29	0.25	—
1996	10.63	10.40	2.42	0.23	—
1997	11.31	11.15	2.47	0.24	—
1998	8.14	8.02	2.46	0.18	0.18
1999	8.62	8.59	2.47	0.20	0.26
2000	8.29	8.26	2.65	0.20	0.31
2001	5.53	5.47	2.48	0.13	0.43
2002	5.73	5.58	2.48	0.14	0.57
2003	7.61	7.49	2.64	0.19	0.52
2004	9.08	9.01	2.66	0.23	0.53
2005	7.99	7.87	2.67	0.21	0.61
2006	11.52	10.63	2.30	0.23	0.79
2007	16.73	15.98	2.85	0.42	0.89
2008	12.07	9.57	2.92	0.34	1.08
2009	13.60	10.81	3.25	0.41	1.08
2010	16.04	13.75	3.43	0.49	0.79
2011	15.19	12.39	3.75	0.53	0.83
2012	13.35	9.78	4.07	0.51	1.18
2013	13.58	10.06	4.29	0.55	0.75
2014	12.71	9.14	4.66	0.55	1.11
2015	9.47	6.10	4.87	0.49	1.69
2016	10.27	7.92	5.73	0.55	1.49
2017	10.84	9.40	5.98	0.61	0.60
2018	9.75	8.26	5.53	0.52	0.71
2019	9.59	8.29	5.93	0.54	0.82
2020	8.93	7.53	6.31	0.54	1.22

6-20 2020年上市公司分行业主要财务指标

行业 Industry	资产规模 Asset Size	
	总资产 (亿元) Total Asset (100 million yuan)	归属母公司股东净资产 (亿元) Net Asset Attributable to Parent Company Shareholders (100 million yuan)
农、林、牧、渔 Agriculture,Forestry,Animal Husbandry and Fishery	3823.08	1925.93
采矿业 Mining	73162.34	32422.15
制造业 Manufacturing	278285.68	123123.33
电力、热力、燃气及水生产和供应业 Production and Supply of Electricity,Gas and Water	52828.85	16155.50
建筑业 Construction	98914.37	17871.73
批发和零售业 Wholesale and Retail Trades	31615.75	9438.09
交通运输、仓储和邮政业 Transport,Storage and Post	41856.97	16123.62
住宿和餐饮业 Hotels and Catering Services	736.69	309.11
信息传输、软件和信息技术服务业 Information Transmission,Computer Services and Software	22065.68	11080.05
金融业 Financial Intermediation	2373404.35	208160.19
房地产业 Real Estate	132284.55	18154.31
租赁和商务服务业 Leasing and Business Services	8812.40	2809.36
科学研究和技术服务业 Scientific Research,Technical Service	2459.84	1414.21
水利、环境和公共设施管理业 Management of Water Conservancy,Environment and	6977.52	2534.74
Public Facilities	2.72	1.84
居民服务、修理和其他服务业 Resident Services,Repairing and Other Services	382.38	139.17
教育 Education	1024.10	566.44
卫生和社会工作 Health and Social Works		
文化、体育和娱乐业 Culture,Sports and Entertainment	4406.54	2598.39
综合 Others	1232.07	431.00

注：1.每股指标按境内股本数量计算。
2.每股指标采用整体法计算。
3.财务数据按2020年12月31日的上市公司为样本进行统计。
数据来源：中证数据
Source:CSDATA

Financial Indicators of Listed Companies by Industry in 2020

经营情况 Business Circumstance				每股指标 Share Index	
营业收入 (亿元) Revenue (100 million yuan)	归属母公司股东净利润 (亿元) Net Profit Attributable to Parent Company Shareholders (100 million yuan)	资产负债率 (%) Asset-liability Ratio (%)	平均净资产收益率 (%) Average ROE (%)	每股净资产 (元) BPS (yuan)	每股收益 (元) EPS (yuan)
2304.22	377.52	43.93	21.15	4.71	0.92
58686.25	1532.91	48.59	4.75	32103.56	0.28
187030.17	10804.68	51.78	9.38	107148.26	0.44
14800.69	1305.64	61.36	8.58	14292.29	0.33
63955.79	1570.48	74.50	9.26	16041.15	0.65
43732.17	316.62	65.30	3.40	9208.18	0.17
14797.33	-99.78	55.48	-0.62	16033.99	-0.03
214.90	-11.87	55.53	-3.77	321.32	-0.19
11405.13	350.78	39.83	3.29	10256.02	0.12
93819.44	21045.76	90.89	10.66	186650.32	0.92
27501.73	1957.00	79.22	11.21	16771.10	0.75
7077.16	145.16	63.08	5.15	2826.05	0.18
1164.49	132.45	40.87	10.41	1129.78	0.55
1943.84	122.41	60.63	5.15	2221.83	0.22
4.89	-0.87	32.37	-38.48	2.71	-0.67
187.69	10.20	59.99	7.35	138.35	0.10
494.50	61.71	39.71	13.01	382.20	0.39
1723.14	-91.81	39.30	-3.47	2687.70	-0.14
423.40	1.83	0.03	0.42	2.93	0.01

6-21　2020年上市公司分辖区主要财务指标

辖区	Jurisdiction	资产规模 Asset Size		营业收入（亿元） Revenue (100 million yuan)	利润总额（亿元） Total Profit (100 million yuan)
		总资产（亿元） Total Asset (100 million yuan)	归属母公司股东净资产（亿元） Net Asset Attributable to Parent Company Shareholders (100 million yuan)		
北京	Beijing	1797650.43	199089.72	184921.96	22481.24
天津	Tianjin	11942.22	4200.45	9294.94	260.78
河北	Hebei	21237.29	5905.25	8717.46	747.46
山西	Shanxi	10130.71	4032.12	4511.43	421.15
内蒙古	Inner Mongolia	6603.62	2776.35	3731.50	-117.21
辽宁	Liaoning	4484.58	2071.82	3487.14	58.20
吉林	Jilin	5175.49	2000.47	2583.86	228.03
黑龙江	Heilongjiang	7453.47	1717.71	1689.31	76.97
上海	Shanghai	334830.05	49342.46	52505.05	4876.97
江苏	Jiangsu	105770.54	22461.51	25919.00	2397.11
浙江	Zhejiang	69084.53	18535.23	25077.90	2337.89
安徽	Anhui	15455.27	7009.36	10483.91	1040.90
福建	Fujian	96073.24	10995.76	9450.31	1303.10
江西	Jiangxi	6494.65	2975.62	6940.60	299.24
山东	Shandong	28212.58	10534.72	17769.53	1257.39
河南	Henan	17967.84	5015.73	6689.38	672.14
湖北	Hubei	19419.73	6512.32	8696.63	579.78
湖南	Hunan	19501.05	5564.96	7194.05	635.14
广东	Guangdong	58505.54	18523.79	23791.00	2215.78
广西	Guangxi	4963.76	1621.55	2665.09	159.51
海南	Hainan	3644.90	494.36	1068.44	-823.04
重庆	Chongqing	24658.02	4486.41	5594.44	522.29
四川	Sichuan	24039.57	7154.85	7991.06	963.55
贵州	Guizhou	11475.12	3086.43	2301.61	814.68
云南	Yunnan	7363.33	2615.50	4086.68	226.24
西藏	Tibet	1173.67	547.46	465.06	71.90
陕西	Shaanxi	13381.53	4312.22	4937.81	470.94
甘肃	Gansu	2987.27	1294.25	1700.10	47.48
青海	Qinghai	1337.22	379.79	828.13	25.67
宁夏	Ningxia	982.94	576.63	362.88	73.03
新疆	Xinjiang	24494.27	4571.51	5333.14	314.19
深圳	Shenzhen	318417.16	42398.35	51447.11	7277.10
大连	Dalian	8975.39	2509.28	5388.08	389.77
宁波	Ningbo	24782.46	4708.33	4944.84	629.24
厦门	Xiamen	11569.97	2256.96	14385.71	365.57
青岛	Qingdao	14036.50	2979.94	4311.77	382.74

注：1.每股指标按境内股本数量计算。
2.每股指标采用整体法计算。
3.财务数据按2020年12月31日的上市公司为样本进行统计。
4.所属辖区按上市公司注册地划分，注册地为境外的上市公司，以其实际办公地为口径统计上市公司家数，以注册地(境外)为口径统计IPO家数，以沪深交易所股东大会公告为准。

数据来源：中证数据
Source:CSDATA

Financial Indicators of Listed Companies by Jurisdiction in 2020

经营情况 Business Circumstance				每股指标 Share Index		
归属母公司股东净利润（亿元） Net Profit Attributable to Parent Company Shareholders (100 million yuan)	经营活动产生的现金流量净额（亿元） Net Cash Flow from Operating Activities (100 million yuan)	资产负债率（%） Asset-liability Ratio (%)	平均净资产收益率（%） Average ROE (%)	每股净资产（元） BPS (yuan)	每股收益（元） EPS (yuan)	每股经营活动现金流量净额（元） Net Cash Flow from Operating Activities Per Share (yuan)
16758.53	43167.15	87.80	8.76	7.21	0.61	1.56
158.02	951.35	59.24	4.02	4.78	0.18	1.08
416.98	571.77	66.46	7.36	5.24	0.37	0.51
288.52	575.62	57.26	7.52	4.40	0.31	0.63
116.90	531.99	51.42	4.23	2.80	0.12	0.54
25.51	224.70	52.45	1.20	3.48	0.04	0.38
179.25	198.99	58.17	9.80	3.88	0.35	0.39
19.19	203.86	73.16	1.20	2.96	0.03	0.35
3652.62	8082.27	83.76	7.84	8.11	0.60	1.33
1871.24	2919.45	77.17	8.89	5.36	0.45	0.70
1758.74	2975.27	71.41	10.15	4.78	0.45	0.77
781.30	921.75	51.58	11.79	5.37	0.60	0.71
1005.03	663.85	87.63	9.68	8.11	0.74	0.49
229.14	386.25	50.66	8.39	6.57	0.51	0.85
929.24	2391.69	57.97	9.21	5.26	0.46	1.20
524.95	787.61	69.14	11.11	4.26	0.45	0.67
390.18	1052.32	62.60	6.27	5.29	0.32	0.85
485.96	861.38	69.77	9.45	4.88	0.43	0.75
1576.12	3052.58	63.28	8.89	5.34	0.45	0.88
120.58	235.64	61.59	7.75	3.41	0.25	0.50
-745.39	29.97	82.94	-75.58	0.96	-1.45	0.06
385.16	842.16	78.92	9.21	4.83	0.41	0.91
717.53	530.85	67.21	10.69	4.91	0.49	0.36
600.76	879.66	71.46	20.70	9.97	1.94	2.84
167.89	570.20	61.68	6.67	4.09	0.26	0.89
57.50	173.60	50.00	10.90	3.76	0.40	1.19
323.93	818.62	65.37	8.03	5.03	0.38	0.95
14.43	154.69	53.09	1.13	2.65	0.03	0.32
0.92	52.44	64.25	0.42	2.28	0.01	0.31
60.23	77.34	40.31	10.86	2.80	0.29	0.38
148.79	-29.30	76.59	3.29	4.43	0.14	-0.03
5233.88	11852.41	84.13	13.25	9.12	1.13	2.55
241.05	739.08	63.18	10.05	3.74	0.36	1.10
513.68	1068.90	80.02	11.81	6.01	0.66	1.36
233.66	156.39	73.79	11.18	6.23	0.64	0.43
288.80	885.14	77.90	10.38	5.69	0.55	1.69

6-22 货币金融服务类上市公司与其他上市公司主要财务指标对比
Financial Indicator of Monetary Financial Listed Companies and Others

年份 Year	总资产(亿元) Total Asset (100 million yuan)		归属母公司股东净利润(亿元) Net Profit Attributable to Parent Company Shareholders (100 million yuan)		平均净资产收益率(%) Average ROE (%)	
	货币金融服务类上市公司 Monetary Financial Listed Companies	其他上市公司 Others	货币金融服务类上市公司 Monetary Financial Listed Companies	其他上市公司 Others	货币金融服务类上市公司 Monetary Financial Listed Companies	其他上市公司 Others
2001	4327.16	26130.14	21.11	666.27	12.31	5.43
2002	10634.08	30905.79	43.43	764.40	15.79	5.53
2003	16756.94	36545.67	63.05	1158.04	14.03	7.43
2004	20123.09	43154.21	84.19	1565.61	14.76	8.89
2005	24438.87	48330.46	106.09	1478.46	15.77	7.72
2006	158639.16	62430.17	1076.63	2392.65	14.02	10.67
2007	298402.19	115884.78	2809.64	6522.50	16.99	16.62
2008	349114.31	137892.90	3734.00	4444.61	18.89	9.26
2009	439733.86	178004.86	4348.33	6317.86	19.20	11.32
2010	638362.13	223928.11	6773.89	9682.06	20.69	13.86
2011	744953.81	283919.70	8750.06	10366.15	21.35	12.21
2012	859022.11	334576.59	10269.28	9383.51	20.98	9.55
2013	951375.30	378642.22	11584.11	10910.76	20.28	10.05
2014	1057628.16	443454.80	12473.85	11716.00	18.59	9.51
2015	1188446.68	536951.56	12696.67	12075.64	14.77	7.42
2016	1393070.19	632689.64	13270.64	14354.96	14.16	10.49
2017	1480171.96	724890.06	13910.26	19356.31	13.32	9.56
2018	1591159.84	821696.20	14825.18	18819.50	12.70	8.24
2019	1881155.09	926671.12	16743.09	20793.30	11.91	8.29
2020	2076948.02	1057327.86	16874.65	22656.16	10.61	7.98

注：1.每股指标按境内股本数量计算。
2.每股指标采用整体法计算。
3.财务数据按2019年12月31日的上市公司为样本进行统计。

数据来源：中证数据
Source:CSDATA

6-22 续表 continued

年份 Year	每股收益(元) EPS (yuan)		每股净资产(元) BPS (yuan)		每股经营活动现金流量净额(元) Net Cash Flow from Operating Activities Per Share (yuan)	
	货币金融服务类上市公司 Monetary Financial Listed Companies	其他上市公司 Others	货币金融服务类上市公司 Monetary Financial Listed Companies	其他上市公司 Others	货币金融服务类上市公司 Monetary Financial Listed Companies	其他上市公司 Others
2001	0.32	0.13	2.44	2.48	4.89	0.38
2002	0.31	0.13	2.44	2.49	5.85	0.44
2003	0.34	0.19	2.81	2.63	2.50	0.47
2004	0.38	0.23	2.79	2.66	0.91	0.52
2005	0.38	0.20	2.63	2.67	1.27	0.58
2006	0.17	0.28	1.56	2.83	0.95	0.68
2007	0.29	0.52	1.92	3.56	0.93	0.86
2008	0.38	0.30	2.16	3.42	1.66	0.69
2009	0.44	0.39	2.47	3.72	1.12	1.06
2010	0.47	0.51	2.61	4.04	0.77	0.80
2011	0.60	0.48	3.07	4.21	1.22	0.57
2012	0.70	0.39	3.62	4.35	1.75	0.83
2013	0.77	0.42	4.08	4.42	0.80	0.72
2014	0.82	0.41	4.82	4.57	1.63	0.83
2015	0.83	0.35	5.59	4.55	3.75	0.78
2016	0.84	0.66	6.26	4.64	0.30	0.67
2017	1.27	0.45	10.01	4.96	0.91	0.53
2018	0.89	0.39	7.38	4.89	0.52	0.78
2019	0.92	0.40	8.29	5.09	0.37	0.98
2020	0.92	0.41	9.14	5.38	1.94	0.97

6-23　2020年上市公司分行业每股收益

单位：家

行业 Industry	1.00元以上 Above 1.00 yuan	0.80-1.00元 0.80-1.00 yuan	0.50-0.80元 0.50-0.80 yuan
农、林、牧、渔业 Agriculture,Forestry,Animal Husbandry and Fishery	4	0	6
采矿业 Mining	7	2	12
制造业 Manufacturing	447	168	399
电力、热力、燃气及水生产和供应业 Production and Supply of Electricity,Gas and Water	4	6	14
建筑业 Construction	7	9	12
批发和零售业 Wholesale and Retail Trades	21	10	18
交通运输、仓储和邮政业 Transport,Storage and Post	7	4	12
住宿和餐饮业 Hotels and Catering Services	0	1	0
信息传输、软件和信息技术服务业 Information Transmission,Computer Services and Software	52	15	42
金融业 Financial Intermediation	30	5	31
房地产业 Real Estate	21	8	12
租赁和商务服务业 Leasing and Business Services	7	0	2
科学研究和技术服务业 Scientific Research,Technical Service	13	5	10
水利、环境和公共设施管理业 Management of Water Conservancy,Environment and Public Facilities	13	3	11
居民服务、修理和其他服务业 Resident Services,Repairing and Other Services	0	0	0
教育 Education	0	0	0
卫生和社会工作 Health and Social Works	4	0	0
文化、体育和娱乐业 Culture,Sports and Entertainment	7	3	5
综合 Others	0	0	1

注：1.每股指标按境内股本数量计算。
2.每股指标采用整体法计算。
3.财务数据按2020年12月31日的上市公司为样本进行统计。
4.上表分组遵循“上组限不在内”的原则，如“0.80-1.00元”包括0.80元，不包括1.00元。

数据来源：中证数据
Source:CSDATA

EPS of Listed Companies by Industry in 2020

(unit)

0.20-0.50元 0.20-0.50 yuan	0.10-0.20元 0.10-0.20 yuan	0.05-0.10元 0.05-0.10 yuan	0.00-0.05元 0.00-0.05 yuan	亏损 Deficit	合计 Total
4	6	6	9	9	44
13	13	5	7	19	78
649	312	168	199	317	2659
45	18	10	10	7	114
26	14	4	10	19	101
39	33	11	9	29	170
36	15	8	5	21	108
0	2	0	1	6	10
73	39	24	27	68	340
30	9	4	2	11	122
26	15	13	6	23	124
13	7	5	6	18	58
16	4	2	1	7	58
14	7	1	4	19	72
0	0	0	0	1	1
3	0	0	1	4	8
1	2	2	1	2	12
7	3	4	3	27	59
4	4	1	1	5	16

6-24 2020年上市公司分辖区每股收益

单位：家

辖区	Jurisdiction	1.00元以上 Above 1.00 yuan	0.80-1.00元 0.80-1.00 yuan	0.50-0.80元 0.50-0.80 yuan
北京	Beijing	66	25	52
天津	Tianjin	6	7	7
河北	Hebei	8	4	10
山西	Shanxi	1	0	6
内蒙古	Inner Mongolia	3	0	2
辽宁	Liaoning	3	2	6
吉林	Jilin	3	3	5
黑龙江	Heilongjiang	2	0	3
上海	Shanghai	60	19	50
江苏	Jiangsu	78	27	86
浙江	Zhejiang	77	33	79
安徽	Anhui	19	5	20
福建	Fujian	13	3	10
江西	Jiangxi	5	3	15
山东	Shandong	38	11	23
河南	Henan	14	5	13
湖北	Hubei	14	7	15
湖南	Hunan	20	10	6
广东	Guangdong	54	23	41
广西	Guangxi	2	3	3
海南	Hainan	0	1	0
重庆	Chongqing	5	3	12
四川	Sichuan	22	3	21
贵州	Guizhou	7	0	4
云南	Yunnan	5	1	3
西藏	Tibet	3	1	3
陕西	Shaanxi	6	5	5
甘肃	Gansu	2	1	2
青海	Qinghai	0	0	0
宁夏	Ningxia	1	0	1
新疆	Xinjiang	3	0	10
深圳	Shenzhen	62	19	37
大连	Dalian	3	1	2
宁波	Ningbo	18	6	16
厦门	Xiamen	14	4	11
青岛	Qingdao	7	4	8

注：1.每股指标按境内股本数量计算。
2.每股指标采用整体法计算。
3.财务数据按2020年12月31日的上市公司为样本进行统计。
4.所属辖区按上市公司注册地划分，注册地为境外的上市公司，以其实际办公地为口径统计上市公司家数，以注册地(境外)为口径统计IPO家数，以沪深交易所股东大会公告为准。
5.上表分组遵循“上组限不在内”的原则，如“0.80-1.00元”包括0.80元，不包括1.00元。

数据来源：中证数据
Source:CSDATA

EPS of Listed Companies by Jurisdiction in 2020

(unit)

0.20−0.50元 0.20-0.50 yuan	0.10−0.20元 0.10-0.20 yuan	0.05−0.10元 0.05-0.10 yuan	0.00−0.05元 0.00-0.05 yuan	亏损 Deficit	合计 Total
81	39	19	21	77	380
9	8	7	5	11	60
15	6	6	7	5	61
16	4	4	4	4	39
7	4	0	3	7	26
10	5	5	4	14	49
9	5	2	7	11	45
8	8	5	5	8	39
82	40	18	22	52	343
124	57	27	31	52	482
108	41	19	16	52	425
44	14	7	5	12	126
26	15	6	10	10	93
12	8	1	2	9	55
43	20	10	12	28	185
19	8	8	7	13	87
30	11	9	9	19	114
24	15	11	17	14	117
79	41	25	28	53	344
6	8	4	6	6	38
4	4	7	3	13	32
12	11	4	5	5	57
28	25	12	9	16	136
9	6	1	1	3	31
9	5	3	5	6	37
5	4	1	2	1	20
18	7	3	5	10	59
4	7	4	4	10	34
2	2	3	1	4	12
2	3	2	4	1	14
7	11	5	6	17	59
88	37	19	23	48	333
3	4	4	4	6	27
30	9	3	3	8	93
16	2	2	6	3	58
10	9	2	0	4	44

6-25 2020年上市公司分行业每股净资产

单位：家

行业 Industry	5.00元以上 Above 5.00 yuan	3.00-5.00元 3.00-5.00 yuan	2.00-3.00元 2.00-3.00 yuan
农、林、牧、渔业 Agriculture,Forestry,Animal Husbandry and Fishery	10	10	9
采矿业 Mining	27	24	14
制造业 Manufacturing	1226	743	357
电力、热力、燃气及水生产和供应业 Production and Supply of Electricity,Gas and Water	40	39	18
建筑业 Construction	39	32	19
批发和零售业 Wholesale and Retail Trades	83	38	26
交通运输、仓储和邮政业 Transport,Storage and Post	46	43	9
住宿和餐饮业 Hotels and Catering Services	4	2	1
信息传输、软件和信息技术服务业 Information Transmission,Computer Services and Software	149	75	48
金融业 Financial Intermediation	81	25	6
房地产业 Real Estate	55	31	19
租赁和商务服务业 Leasing and Business Services	14	20	6
科学研究和技术服务业 Scientific Research,Technical Service	32	16	5
水利、环境和公共设施管理业 Management of Water Conservancy,Environment and Public Facilities	36	24	6
居民服务、修理和其他服务业 Resident Services,Repairing and Other Services	0	0	0
教育 Education	0	3	0
卫生和社会工作 Health and Social Works	4	2	4
文化、体育和娱乐业 Culture,Sports and Entertainment	19	15	12
综合 Others	2	4	6

注：1.每股指标按境内股本数量计算。
2.每股指标采用整体法计算。
3.财务数据按2020年12月31日的上市公司为样本进行统计。
4.上表分组遵循“上组限不在内”的原则，如“0.50-1.00元”包括0.50元，不包括1.00元。

数据来源：中证数据
Source:CSDATA

BPS of Listed Companies by Industry in 2020

(unit)

1.00-2.00元 1.00-2.00 yuan	0.50-1.00元 0.50-1.00 yuan	0.00-0.50元 0.00-0.50 yuan	小于0.00元 Below 0.00 yuan	合计 Total
10	2	3	0	44
6	3	4	0	78
217	31	63	22	2659
10	2	5	0	114
3	6	2	0	101
12	4	4	3	170
5	0	3	2	108
1	0	2	0	10
36	18	8	6	340
4	3	3	0	122
7	7	2	3	124
9	2	5	2	58
2	1	2	0	58
5	1	0	0	72
1	0	0	0	1
4	1	0	0	8
0	1	1	0	12
8	1	2	2	59
1	2	1	0	16

6-26 2020年上市公司分辖区每股净资产

单位：家

辖区	Jurisdiction	5.00元以上 Above 5.00 yuan	3.00-5.00元 3.00-5.00 yuan	2.00-3.00元 2.00-3.00 yuan
北京	Beijing	187	102	46
天津	Tianjin	29	9	12
河北	Hebei	27	17	9
山西	Shanxi	11	10	9
内蒙古	Inner Mongolia	8	6	8
辽宁	Liaoning	14	17	8
吉林	Jilin	14	12	9
黑龙江	Heilongjiang	11	9	7
上海	Shanghai	177	89	37
江苏	Jiangsu	247	126	53
浙江	Zhejiang	199	136	39
安徽	Anhui	67	33	16
福建	Fujian	35	26	16
江西	Jiangxi	28	15	5
山东	Shandong	93	48	20
河南	Henan	40	22	13
湖北	Hubei	54	28	14
湖南	Hunan	51	23	25
广东	Guangdong	146	100	50
广西	Guangxi	9	12	6
海南	Hainan	3	6	10
重庆	Chongqing	20	21	10
四川	Sichuan	52	40	23
贵州	Guizhou	14	8	7
云南	Yunnan	12	11	8
西藏	Tibet	5	7	7
陕西	Shaanxi	23	21	7
甘肃	Gansu	7	10	8
青海	Qinghai	0	5	3
宁夏	Ningxia	4	4	1
新疆	Xinjiang	17	14	13
深圳	Shenzhen	151	97	41
大连	Dalian	7	8	5
宁波	Ningbo	45	31	11
厦门	Xiamen	34	11	7
青岛	Qingdao	26	12	2

注：1.每股指标按境内股本数量计算。
2.每股指标采用整体法计算。
3.财务数据按2020年12月31日的上市公司为样本进行统计。
4.所属辖区按上市公司注册地划分，注册地为境外的上市公司，以其实际办公地为口径统计上市公司家数，以注册地(境外)为口径统计IPO家数，以沪深交易所股东大会公告为准。
5.上表分组遵循“上组限不在内”的原则，如“0.50-1.00元”包括0.50元，不包括1.00元。

数据来源：中证数据
Source:CSDATA

BPS of Listed Companies by Jurisdiction in 2020

(unit)

1.00-2.00元 1.00-2.00 yuan	0.50-1.00元 0.50-1.00 yuan	0.00-0.50元 0.00-0.50 yuan	小于0.00元 Below 0.00 yuan	合计 Total
30	3	8	4	380
8	1	0	1	60
4	1	2	1	61
5	3	0	1	39
4	0	0	0	26
4	2	3	1	49
5	1	4	0	45
6	1	3	2	39
24	8	7	1	343
34	9	10	3	482
33	10	4	4	425
6	3	0	1	126
13	1	1	1	93
3	2	1	1	55
12	4	8	0	185
7	1	3	1	87
6	1	8	3	114
9	5	4	0	117
35	5	5	3	344
5	0	5	1	38
6	4	1	2	32
5	0	1	0	57
9	3	8	1	136
1	0	0	1	31
2	1	2	1	37
0	0	1	0	20
7	0	1	0	59
4	1	3	1	34
2	2	0	0	12
2	2	1	0	14
7	2	4	2	59
26	7	9	2	333
5	0	2	0	27
5	0	0	1	93
3	2	1	0	58
4	0	0	0	44

6-27　2020年上市公司分行业平均净资产收益率

单位：家

行业 Industry	100%以上 Above 100%	60%-100%	40%-60%
农、林、牧、渔业 Agriculture,Forestry,Animal Husbandry and Fishery	1	1	0
采矿业 Mining	0	0	0
制造业 Manufacturing	13	9	22
电力、热力、燃气及水生产和供应业 Production and Supply of Electricity,Gas and Water	0	1	0
建筑业 Construction	0	0	0
批发和零售业 Wholesale and Retail Trades	1	2	0
交通运输、仓储和邮政业 Transport,Storage and Post	0	0	1
住宿和餐饮业 Hotels and Catering Services	0	0	0
信息传输、软件和信息技术服务业 Information Transmission,Computer Services and Software	4	2	5
金融业 Financial Intermediation	0	0	0
房地产业 Real Estate	1	0	0
租赁和商务服务业 Leasing and Business Services	3	0	0
科学研究和技术服务业 Scientific Research,Technical Service	0	0	1
水利、环境和公共设施管理业 Management of Water Conservancy,Environment and Public Facilities	0	0	0
居民服务、修理和其他服务业 Resident Services,Repairing and Other Services	0	0	0
教育 Education	0	0	1
卫生和社会工作 Health and Social Works	0	0	1
文化、体育和娱乐业 Culture,Sports and Entertainment	0	0	0
综合 Others	0	0	0

注：1.每股指标按境内股本数量计算。
2.每股指标采用整体法计算。
3.财务数据按2020年12月31日的上市公司为样本进行统计。
4.上表分组遵循“上组限不在内”的原则，如“0%-5%”包括0%，不包括5%。

数据来源：中证数据
Source:CSDATA

ROE of Listed Companies by Industry in 2020

(unit)

30%-40%	20%-30%	10%-20%	5%-10%	0%-5%	小于0% Below 0%	合计 Total
0	3	5	7	18	9	44
0	4	11	20	24	19	78
45	186	817	647	611	309	2659
0	2	27	45	32	7	114
1	6	22	29	24	19	101
0	4	50	34	53	26	170
0	3	22	30	32	20	108
0	0	1	0	3	6	10
4	12	89	85	77	62	340
1	1	37	54	18	11	122
2	8	32	24	35	22	124
1	5	8	8	16	17	58
2	0	26	15	7	7	58
2	5	21	14	11	19	72
0	0	0	0	0	1	1
1	0	0	1	1	4	8
0	2	2	3	2	2	12
0	2	15	7	8	27	59
0	0	5	3	3	5	16

6-28 2020年上市公司分辖区平均净资产收益率

单位：家

辖区	Jurisdiction	100%以上 Above 100%	60%-100%	40%-60%
北京	Beijing	3	1	0
天津	Tianjin	1	0	0
河北	Hebei	1	0	1
山西	Shanxi	0	0	1
内蒙古	Inner Mongolia	0	0	0
辽宁	Liaoning	0	1	0
吉林	Jilin	0	0	0
黑龙江	Heilongjiang	0	0	2
上海	Shanghai	0	3	1
江苏	Jiangsu	1	1	3
浙江	Zhejiang	2	3	3
安徽	Anhui	0	0	2
福建	Fujian	0	1	0
江西	Jiangxi	0	0	0
山东	Shandong	1	1	1
河南	Henan	1	1	1
湖北	Hubei	3	0	3
湖南	Hunan	2	1	0
广东	Guangdong	1	1	3
广西	Guangxi	1	0	1
海南	Hainan	0	0	0
重庆	Chongqing	1	0	1
四川	Sichuan	0	1	1
贵州	Guizhou	0	0	0
云南	Yunnan	0	0	0
西藏	Tibet	0	0	0
陕西	Shaanxi	0	0	0
甘肃	Gansu	0	0	0
青海	Qinghai	0	0	0
宁夏	Ningxia	0	0	0
新疆	Xinjiang	1	0	0
深圳	Shenzhen	2	0	6
大连	Dalian	1	0	0
宁波	Ningbo	1	0	1
厦门	Xiamen	0	0	0
青岛	Qingdao	0	0	0

注：1.每股指标按境内股本数量计算。
2.每股指标采用整体法计算。
3.财务数据按2020年12月31日的上市公司为样本进行统计。
4.上表分组遵循“上组限不在内”的原则，如“0%-5%”包括0%，不包括5%。
5.所属辖区按上市公司注册地划分，注册地为境外的上市公司，以其实际办公地为口径统计上市公司家数，以注册地(境外)为口径统计IPO家数，以沪深交易所股东大会公告为准。

数据来源：中证数据
Source:CSDATA

ROE of Listed Companies by Jurisdiction in 2020

(unit)

30%-40%	20%-30%	10%-20%	5%-10%	0%-5%	小于0% Below 0%	合计 Total
6	13	99	101	84	73	380
1	2	16	12	18	10	60
0	2	16	22	15	4	61
1	2	8	12	10	5	39
0	3	3	8	5	7	26
0	3	8	10	14	13	49
1	0	11	7	14	12	45
1	1	7	10	12	6	39
0	15	105	93	75	51	343
5	28	156	129	108	51	482
5	38	149	105	71	49	425
1	9	37	38	27	12	126
1	4	32	20	26	9	93
1	2	19	13	12	8	55
1	11	57	49	37	27	185
3	5	23	19	22	12	87
2	7	23	28	31	17	114
2	12	28	21	37	14	117
6	25	85	86	85	52	344
2	0	9	8	12	5	38
0	2	1	3	12	14	32
0	5	17	14	14	5	57
3	9	42	29	35	16	136
1	1	11	7	8	3	31
0	1	8	9	13	6	37
1	1	9	3	5	1	20
2	3	15	14	15	10	59
1	2	4	9	8	10	34
0	0	0	2	5	5	12
0	0	2	2	9	1	14
1	0	8	18	15	16	59
2	23	107	74	72	47	333
1	1	4	4	10	6	27
2	8	32	23	18	8	93
6	3	25	10	11	3	58
0	2	14	14	10	4	44

6-29 2020年上市公司分行业每股经营活动产生的现金流量净额

单位：家

行业 Industry	3.00元以上 Above 3.00 yuan	2.50-3.00元 2.50-3.00 yuan	2.00-2.50元 2.00-2.50 yuan
农、林、牧、渔业 Agriculture,Forestry,Animal Husbandry and Fishery	1	1	0
采矿业 Mining	5	1	4
制造业 Manufacturing	88	40	80
电力、热力、燃气及水生产和供应业 Production and Supply of Electricity,Gas and Water	2	5	1
建筑业 Construction	1	3	1
批发和零售业 Wholesale and Retail Trades	11	7	4
交通运输、仓储和邮政业 Transport,Storage and Post	2	2	2
住宿和餐饮业 Hotels and Catering Services	0	0	0
信息传输、软件和信息技术服务业 Information Transmission,Computer Services and Software	9	2	5
金融业 Financial Intermediation	29	4	7
房地产业 Real Estate	12	6	7
租赁和商务服务业 Leasing and Business Services	1	0	1
科学研究和技术服务业 Scientific Research,Technical Service	2	0	3
水利、环境和公共设施管理业 Management of Water Conservancy,Environment and Public Facilities	1	1	2
居民服务、修理和其他服务业 Resident Services,Repairing and Other Services	0	0	0
教育 Education	0	0	0
卫生和社会工作 Health and Social Works	1	0	2
文化、体育和娱乐业 Culture,Sports and Entertainment	0	0	1
综合 Others	0	0	0

注：1.每股指标按境内股本数量计算。
2.每股指标采用整体法计算。
3.财务数据按2020年12月31日的上市公司为样本进行统计。
4.上表分组遵循“上组限不在内”的原则，如“0.50-1.00元”包括0.50元，不包括1.00元。

数据来源：中证数据
Source:CSDATA

Net Cash Flow from Operating Activities Per Share of Listed Companies by Industry in 2020

(unit)

1.50-2.00元 1.50-2.00 yuan	1.00-1.50元 1.00-1.50 yuan	0.50-1.00元 0.50-1.00 yuan	0.00-0.50元 0.00-0.50 yuan	小于0.00元 below 0.00 yuan	合计 Total
1	5	7	19	10	44
7	10	18	25	8	78
140	284	622	1039	366	2659
13	18	37	35	3	114
3	10	15	33	35	101
13	12	27	62	34	170
3	12	36	35	16	108
0	1	0	5	4	10
11	24	59	169	61	340
6	8	9	14	45	122
6	7	20	32	34	124
2	3	11	26	14	58
4	6	24	14	5	58
3	7	13	25	20	72
0	0	0	0	1	1
1	1	1	1	4	8
0	1	1	6	1	12
2	5	13	28	10	59
0	1	2	8	5	16

6-30 2020年上市公司分辖区每股经营活动产生的现金流量净额

单位：家

辖区	Jurisdiction	3.00元以上 Above 3.00 yuan	2.50-3.00元 2.50-3.00 yuan	2.00-2.50元 2.00-2.50 yuan
北京	Beijing	15	8	13
天津	Tianjin	3	0	1
河北	Hebei	3	0	0
山西	Shanxi	0	0	3
内蒙古	Inner Mongolia	2	1	1
辽宁	Liaoning	0	1	0
吉林	Jilin	2	1	0
黑龙江	Heilongjiang	0	0	2
上海	Shanghai	15	5	16
江苏	Jiangsu	19	6	9
浙江	Zhejiang	17	3	11
安徽	Anhui	3	3	2
福建	Fujian	2	2	4
江西	Jiangxi	2	1	2
山东	Shandong	11	9	7
河南	Henan	2	2	3
湖北	Hubei	6	0	6
湖南	Hunan	4	4	1
广东	Guangdong	15	7	10
广西	Guangxi	0	1	0
海南	Hainan	0	0	0
重庆	Chongqing	2	4	1
四川	Sichuan	3	1	4
贵州	Guizhou	3	0	1
云南	Yunnan	2	2	0
西藏	Tibet	1	0	0
陕西	Shaanxi	2	2	1
甘肃	Gansu	0	1	1
青海	Qinghai	0	0	0
宁夏	Ningxia	0	0	1
新疆	Xinjiang	2	0	2
深圳	Shenzhen	18	4	10
大连	Dalian	1	0	0
宁波	Ningbo	5	2	4
厦门	Xiamen	3	1	1
青岛	Qingdao	2	1	3

注：1.每股指标按境内股本数量计算。
2.每股指标采用整体法计算。
3.财务数据按2020年12月31日的上市公司为样本进行统计。
4.上表分组遵循“上组限不在内”的原则，如“0.50-1.00元”包括0.50元，不包括1.00元。
5.所属辖区按上市公司注册地划分，注册地为境外的上市公司，以其实际办公地为口径统计上市公司家数，以注册地(境外)为口径统计IPO家数，以沪深交易所股东大会公告为准。

数据来源：中证数据
Source:CSDATA

Net Cash Flow from Operating Activities Per Share of Listed Companies by Jurisdiction in 2020

(unit)

1.50-2.00元 1.50-2.00 yuan	1.00-1.50元 1.00-1.50 yuan	0.50-1.00元 0.50-1.00 yuan	0.00-0.50元 0.00-0.50 yuan	小于0.00元 below 0.00 yuan	合计 Total
28	44	78	127	67	380
4	4	15	25	8	60
2	10	14	27	5	61
1	4	8	18	5	39
2	0	8	6	6	26
2	2	8	27	9	49
2	2	8	21	9	45
1	3	4	16	13	39
14	42	66	125	60	343
30	44	117	183	74	482
24	43	117	148	62	425
4	19	28	47	20	126
4	7	21	41	12	93
3	9	14	17	7	55
9	19	43	66	21	185
4	15	19	32	10	87
8	10	20	46	18	114
8	12	21	45	22	117
15	36	75	141	45	344
3	6	7	15	6	38
1	0	2	14	15	32
2	7	13	22	6	57
4	8	32	58	26	136
2	2	5	15	3	31
2	5	11	12	3	37
4	0	5	8	2	20
1	5	11	22	15	59
0	2	5	16	9	34
0	1	3	2	6	12
1	0	2	4	6	14
2	6	9	19	19	59
12	29	71	134	55	333
1	1	6	11	7	27
7	6	28	29	12	93
7	9	11	18	8	58
1	3	10	19	5	44

6-31 按股本规模划分挂牌公司数量
Number of Listed NEEQ Companies by Equity Scale

单位：家 (unit)

年份 Year	合计 Total	1000万股以下 Below 10 million	1000-5000万股 10-50 million	5000万-1亿股 50-100 million	1亿股以上 Above 100 million
2012	200	40	131	25	4
2013	356	68	237	42	9
2014	1572	215	944	324	89
2015	3565	624	1906	709	326
2016	10163	879	5948	2275	1061
2017	11630	922	6844	2627	1237
2018	10691	802	6185	2510	1194
2019	8953	640	5016	2203	1094
2020	8187	846	4200	2097	1044

注：上表分组遵循“上组限不在内”的原则，如“1000-5000万股”包括1000万股，不包括5000万股。
数据来源：全国中小企业股份转让系统
Source:NEEQ

6-32　2020年分辖区挂牌公司数量按行业分布

Number of Listed NEEQ Companies by Jurisdiction and by Industry in 2020

单位：家　　　　　　　　　　　　　　　　　　　　　　　　　　　　　　　(unit)

辖区	Jurisdiction	农、林、牧、渔业 Agriculture, Forestry, Animal Husbandry and Fishery	采矿业 Mining	制造业 Manufacturing	电力、热力、燃气及水生产和供应业 Production and Supply of Electricity, Gas and Water	建筑业 Construction
北京	Beijing	2	5	231	6	20
天津	Tianjin	0	1	69	3	8
河北	Hebei	7	0	118	4	5
山西	Shanxi	3	0	40	1	6
内蒙古	Inner Mongolia	7	1	23	1	2
辽宁	Liaoning	3	1	58	3	8
吉林	Jilin	4	0	31	1	4
黑龙江	Heilongjiang	6	0	28	1	2
上海	Shanghai	3	0	240	3	19
江苏	Jiangsu	14	1	651	8	33
浙江	Zhejiang	8	0	371	8	16
安徽	Anhui	13	1	196	6	10
福建	Fujian	8	0	90	3	8
江西	Jiangxi	4	0	79	1	2
山东	Shandong	11	3	239	9	15
河南	Henan	14	0	162	4	23
湖北	Hubei	9	0	153	4	11
湖南	Hunan	5	2	84	3	7
广东	Guangdong	13	0	424	10	15
广西	Guangxi	4	0	28	1	2
海南	Hainan	4	0	7	1	0
重庆	Chongqing	2	0	42	2	7
四川	Sichuan	8	4	112	5	5
贵州	Guizhou	2	0	14	3	4
云南	Yunnan	5	0	26	0	11
西藏	Tibet	0	2	1	1	0
陕西	Shaanxi	2	1	67	4	5
甘肃	Gansu	7	0	17	0	1
青海	Qinghai	1	0	1	0	0
宁夏	Ningxia	8	0	18	1	2
新疆	Xinjiang	4	3	19	2	7
深圳	Shenzhen	1	0	214	1	13
大连	Dalian	3	0	29	0	3
宁波	Ningbo	0	0	59	0	1
厦门	Xiamen	3	0	47	1	4
青岛	Qingdao	1	0	28	0	1

注：1.挂牌公司数量按挂牌日口径统计。
　　2.挂牌公司辖区按挂牌公司注册地划分。

数据来源：全国中小企业股份转让系统

Source:NEEQ

6-32 续表 1 continued

单位：家 (unit)

辖区	Jurisdiction	批发和零售业 Wholesale and Retail Trades	交通运输、仓储和邮政业 Transport, Storage and Post	住宿和餐饮业 Hotels and Catering Services	信息传输、软件和信息技术服务业 Information Transmission, Computer Services and Software	金融业 Financial Intermediation
北京	Beijing	56	8	1	446	9
天津	Tianjin	5	10	0	21	1
河北	Hebei	2	5	1	30	3
山西	Shanxi	3	0	0	14	1
内蒙古	Inner Mongolia	2	2	1	4	0
辽宁	Liaoning	4	2	0	15	0
吉林	Jilin	3	1	0	8	0
黑龙江	Heilongjiang	4	1	0	13	1
上海	Shanghai	38	13	3	179	7
江苏	Jiangsu	27	22	2	114	16
浙江	Zhejiang	23	2	4	81	10
安徽	Anhui	11	2	2	21	5
福建	Fujian	6	4	0	28	2
江西	Jiangxi	8	2	0	16	1
山东	Shandong	15	7	0	64	10
河南	Henan	7	2	2	43	1
湖北	Hubei	14	3	3	45	1
湖南	Hunan	5	5	1	20	1
广东	Guangdong	39	15	3	120	7
广西	Guangxi	5	1	0	9	0
海南	Hainan	2	1	0	4	3
重庆	Chongqing	3	3	0	15	1
四川	Sichuan	8	3	0	54	1
贵州	Guizhou	3	1	0	8	1
云南	Yunnan	4	3	0	9	1
西藏	Tibet	1	0	0	2	0
陕西	Shaanxi	1	0	1	24	3
甘肃	Gansu	2	0	0	1	1
青海	Qinghai	0	0	0	0	0
宁夏	Ningxia	1	1	0	8	0
新疆	Xinjiang	5	0	2	10	1
深圳	Shenzhen	30	9	1	90	10
大连	Dalian	3	0	0	16	3
宁波	Ningbo	10	7	0	12	2
厦门	Xiamen	6	3	0	44	1
青岛	Qingdao	6	10	1	17	0

6-32 续表 2 continued

单位：家 (unit)

辖区	Jurisdiction	房地产业 Real Estate	租赁和商务服务业 Leasing and Business Services	科学研究和技术服务业 Scientific Research, Technical Service	水利、环境和公共设施管理业 Management of Water Conservancy, Environment and Public Facilities
北京	Beijing	3	94	69	21
天津	Tianjin	1	10	8	6
河北	Hebei	1	8	9	4
山西	Shanxi	1	3	7	4
内蒙古	Inner Mongolia	1	1	2	2
辽宁	Liaoning	0	4	3	1
吉林	Jilin	1	3	4	1
黑龙江	Heilongjiang	0	5	5	0
上海	Shanghai	5	57	42	4
江苏	Jiangsu	5	26	34	18
浙江	Zhejiang	2	23	27	11
安徽	Anhui	1	8	10	5
福建	Fujian	0	7	4	1
江西	Jiangxi	0	1	5	0
山东	Shandong	2	15	19	6
河南	Henan	2	7	10	5
湖北	Hubei	2	9	18	12
湖南	Hunan	1	8	8	8
广东	Guangdong	6	43	35	9
广西	Guangxi	1	3	7	1
海南	Hainan	1	3	1	1
重庆	Chongqing	0	11	4	6
四川	Sichuan	5	10	12	8
贵州	Guizhou	1	1	5	3
云南	Yunnan	0	2	8	2
西藏	Tibet	0	4	0	1
陕西	Shaanxi	6	9	6	2
甘肃	Gansu	0	0	1	0
青海	Qinghai	0	0	0	1
宁夏	Ningxia	1	2	3	1
新疆	Xinjiang	1	1	1	5
深圳	Shenzhen	6	26	12	2
大连	Dalian	0	4	4	0
宁波	Ningbo	1	5	4	1
厦门	Xiamen	1	3	0	0
青岛	Qingdao	2	6	6	0

6-32 续表 3 continued

单位：家 (unit)

辖区	Jurisdiction	居民服务、修理和其他服务业 Resident services, Repairing and other services	教育 Education	卫生和社会工作 Health and Social Works	文化、体育和娱乐业 Culture, Sports and Entertainment
北京	Beijing	5	25	5	67
天津	Tianjin	1	0	0	4
河北	Hebei	0	1	1	4
山西	Shanxi	0	1	0	0
内蒙古	Inner Mongolia	0	1	0	0
辽宁	Liaoning	0	0	1	1
吉林	Jilin	1	0	0	1
黑龙江	Heilongjiang	0	0	0	0
上海	Shanghai	4	7	4	19
江苏	Jiangsu	1	2	4	9
浙江	Zhejiang	1	2	1	19
安徽	Anhui	0	2	0	1
福建	Fujian	0	1	0	4
江西	Jiangxi	0	0	0	0
山东	Shandong	0	1	3	6
河南	Henan	0	1	1	6
湖北	Hubei	0	4	0	6
湖南	Hunan	0	3	1	3
广东	Guangdong	1	3	2	8
广西	Guangxi	1	0	1	1
海南	Hainan	0	0	0	2
重庆	Chongqing	0	1	1	3
四川	Sichuan	1	1	1	1
贵州	Guizhou	0	0	1	0
云南	Yunnan	0	2	0	4
西藏	Tibet	0	0	0	1
陕西	Shaanxi	0	0	0	4
甘肃	Gansu	0	0	1	1
青海	Qinghai	0	0	0	0
宁夏	Ningxia	0	0	1	1
新疆	Xinjiang	0	0	1	0
深圳	Shenzhen	1	0	2	10
大连	Dalian	0	1	0	0
宁波	Ningbo	0	0	0	2
厦门	Xiamen	1	1	0	1
青岛	Qingdao	0	1	2	0

6-33　2020年新挂牌的挂牌公司数量按行业分布
Dimensions of Newly Listed NEEQ Companies by Industry in 2020

行业 Industry	新挂牌公司家数 (家) Number of Newly Listed Companies (unit)	新挂牌公司总股本 (万股) Share Capital of Newly Listed Companies (10 thousand shares)
农、林、牧、渔业 Agriculture,Forestry,Animal Husbandry and Fishery	2	2532.00
采矿业 Mining	0	0.00
制造业 Manufacturing	74	235505.37
电力、热力、燃气及水生产和供应业 Production and Supply of Electricity,Gas and Water	0	0.00
建筑业 Construction	6	17891.38
批发和零售业 Wholesale and Retail Trades	8	11600.00
交通运输、仓储和邮政业 Transport,Storage and Post	2	4500.00
住宿和餐饮业 Hotels and Catering Services	0	0.00
信息传输、软件和信息技术服务业 Information Transmission,Computer Services and Software	21	70572.09
金融业 Financial Intermediation	0	0.00
房地产业 Real Estate	2	2500.00
租赁和商务服务业 Leasing and Business Services	7	17648.91
科学研究和技术服务业 Scientific Research,Technical Service	8	9479.30
水利、环境和公共设施管理业 Management of Water Conservancy,Environment and Public Facilities	5	20250.00
居民服务、修理和其他服务业 Resident services，Repairing and other services	0	0.00
教育 Education	0	0.00
卫生和社会工作 Health and Social Works	0	0.00
文化、体育和娱乐业 Culture,Sports and Entertainment	1	4860.00

注：挂牌公司数量按挂牌日口径统计。
数据来源：全国中小企业股份转让系统
Source: NEEQ

6-34 挂牌公司主要财务指标

年份 Year	总资产 (亿元) Total Asset (100 million yuan)	净资产 (亿元) Net Asset (100 million yuan)	营业收入 (亿元) Revenue (100 million yuan)	利润总额 (亿元) Total Profit (100 million yuan)
2012	239.65	123.00	188.57	19.57
2013	345.13	185.67	253.54	25.56
2014	3232.85	1469.44	2174.10	191.84
2015	11608.91	4786.75	6392.54	648.85
2016	28266.63	12813.34	17428.80	1428.94
2017	30805.51	13727.18	19819.02	1424.01
2018	28220.69	12368.57	18527.26	1001.69
2019	26906.24	11280.42	17039.88	807.05
2020	22606.06	10098.82	14388.01	767.40

注：2020年财务数据按披露年报的6972家挂牌公司为样本进行统计。

数据来源：全国中小企业股份转让系统

Source:NEEQ

Financial Indicators of NEEQ Companies

净利润 (亿元) Net Profit (100 million yuan)	经营活动产生的现金流量净额 (亿元) Net Cash Flow from Operating Activities (100 million yuan)	资产负债率 (%) Asset-liability Ratio (%)	净资产收益率 (%) ROE (%)	研发费用 (亿元) R & D expense (100 million yuan)
16.45	3.71	48.68	13.37	—
21.09	6.78	46.00	11.36	—
160.20	189.84	54.55	10.90	—
523.93	631.40	57.79	13.02	—
1160.66	550.69	54.67	9.06	—
1154.84	540.58	55.44	8.41	—
808.16	885.80	56.17	6.53	—
647.00	1214.23	58.08	5.88	—
616.03	1184.92	55.33	6.10	490.51

6-35 2020年挂牌公司分行业主要财务指标

行业 Industry	总资产 (亿元) Total Asset (100 million yuan)	净资产 (亿元) Net Asset (100 million yuan)
农、林、牧、渔业 Agriculture,Forestry,Animal Husbandry and Fishery	557.99	274.36
采矿业 Mining	109.23	49.40
制造业 Manufacturing	8439.32	4578.62
电力、热力、燃气及水生产和供应业 Production and Supply of Electricity,Gas and Water	622.78	236.19
建筑业 Construction	1395.19	380.89
批发和零售业 Wholesale and Retail Trades	865.21	371.32
交通运输、仓储和邮政业 Transport,Storage and Post	346.42	173.05
住宿和餐饮业 Hotels and Catering Services	32.67	16.78
信息传输、软件和信息技术服务业 Information Transmission,Computer Services and Software	2359.02	1287.52
金融业 Financial Intermediation	5112.40	1384.13
房地产业 Real Estate	121.29	77.97
租赁和商务服务业 Leasing and Business Services	1077.99	430.88
科学研究和技术服务业 Scientific Research,Technical Service	566.39	323.26
水利、环境和公共设施管理业 Management of Water Conservancy,Environment and Public Facilities	413.17	208.68
居民服务、修理和其他服务业 Resident services，Repairing and other services	12.49	5.72
教育 Education	49.84	25.33
卫生和社会工作 Health and Social Works	60.92	30.11
文化、体育和娱乐业 Culture,Sports and Entertainment	463.75	244.61

注：财务数据按披露年报的6972家挂牌公司为样本进行统计。
数据来源：全国中小企业股份转让系统
Source:NEEQ

Financial Indicators of NEEQ Companies by Industry in 2020

营业收入（亿元）Revenue (100 million yuan)	利润总额（亿元）Total Profit (100 million yuan)	净利润（亿元）Net Profit (100 million yuan)	经营活动产生的现金流量净额（亿元）Net Cash Flow from Operating Activities (10 thousand yuan)	资产负债率(%) Assetliability Ratio (%)	净资产收益率(%) ROE (%)	研发费用（亿元）R & D expense (100 million yuan)
306.14	10.22	9.32	33.10	50.83	3.40	4.93
91.86	4.16	3.30	5.13	54.78	6.68	0.58
6373.27	442.08	375.52	531.11	45.75	8.20	287.39
164.95	20.02	16.80	41.98	62.08	7.11	2.57
775.81	7.71	4.00	35.50	72.70	1.05	15.38
1545.22	47.55	35.45	38.57	57.08	9.55	5.86
368.25	-0.89	-5.05	11.29	50.05	-2.92	2.83
29.56	-3.04	-3.22	2.36	48.62	-19.19	0.02
2491.20	104.43	90.20	80.53	45.42	7.01	128.70
831.70	79.68	60.39	260.10	72.93	4.36	2.14
76.93	7.64	5.91	8.67	35.72	7.58	0.29
590.12	-9.64	-20.31	41.92	60.03	-4.71	7.44
353.14	38.71	32.23	39.57	42.93	9.97	19.35
166.72	17.02	13.90	17.76	49.49	6.66	6.29
16.89	0.33	0.38	2.46	54.19	6.61	0.20
26.70	-1.11	-1.61	1.03	49.17	-6.35	1.20
47.54	1.97	1.06	7.94	50.58	3.51	0.42
132.02	0.55	-2.25	25.90	47.25	-0.92	4.92

6-36 2020年挂牌公司分行业每股收益

单位：家

行业 Industry	1.00元及以上 Above 1.00 yuan	0.80-1.00元 0.80-1.00 yuan	0.50-0.80元 0.50-0.80 yuan
农、林、牧、渔业 Agriculture,Forestry,Animal Husbandry and Fishery	5	4	6
采矿业 Mining	1	2	1
制造业 Manufacturing	185	100	311
电力、热力、燃气及水生产和供应业 Production and Supply of Electricity,Gas and Water	2	3	7
建筑业 Construction	7	5	10
批发和零售业 Wholesale and Retail Trades	15	9	29
交通运输、仓储和邮政业 Transport,Storage and Post	3	5	14
住宿和餐饮业 Hotels and Catering Services	0	1	0
信息传输、软件和信息技术服务业 Information Transmission,Computer Services and Software	63	31	124
金融业 Financial Intermediation	3	3	4
房地产业 Real Estate	7	4	6
租赁和商务服务业 Leasing and Business Services	24	6	30
科学研究和技术服务业 Scientific Research,Technical Service	19	13	38
水利、环境和公共设施管理业 Management of Water Conservancy,Environment and Public Facilities	8	3	10
居民服务、修理和其他服务业 Resident services，Repairing and other services	0	2	0
教育 Education	3	1	1
卫生和社会工作 Health and Social Works	3	0	2
文化、体育和娱乐业 Culture,Sports and Entertainment	1	2	7

注：1.每股指标按境内股本数量计算。
2.每股指标采用整体法计算。
3.财务数据按披露年报的6972家挂牌公司为样本进行统计。
4.上表分组遵循“上组限不在内”的原则，如“0.80-1.00元”包括0.80元，不包括1.00元。

数据来源：全国中小企业股份转让系统
Source:NEEQ

EPS of Listed NEEQ Companies by Industry in 2020

(unit)

0.20−0.50元 0.20-0.50 yuan	0.10−0.20元 0.10-0.20 yuan	0.05−0.10元 0.05-0.10 yuan	0.00−0.05元 0.00-0.05 yuan	亏损 Deficit	合计 Total
26	20	16	14	59	150
7	2	0	4	5	22
913	456	291	332	868	3456
21	14	8	12	16	83
41	31	23	46	78	241
54	31	21	38	97	294
24	21	12	16	41	136
1	1	2	0	18	23
241	141	118	143	494	1355
6	19	16	23	18	92
13	4	4	1	11	50
52	40	25	41	145	363
82	43	26	23	90	334
34	14	11	16	36	132
5	1	0	2	4	14
3	7	1	2	35	53
3	2	4	1	13	28
20	17	10	8	81	146

6-37 2020年挂牌公司分行业每股净资产

单位：家

行业 Industry	5.00元及以上 Above 5.00 yuan	3.00-5.00元 3.00-5.00 yuan	2.00-3.00元 2.00-3.00 yuan
农、林、牧、渔业 Agriculture,Forestry,Animal Husbandry and Fishery	9	23	35
采矿业 Mining	2	4	6
制造业 Manufacturing	228	527	770
电力、热力、燃气及水生产和供应业 Production and Supply of Electricity,Gas and Water	3	12	20
建筑业 Construction	14	18	52
批发和零售业 Wholesale and Retail Trades	14	30	58
交通运输、仓储和邮政业 Transport,Storage and Post	9	20	19
住宿和餐饮业 Hotels and Catering Services	1	3	4
信息传输、软件和信息技术服务业 Information Transmission,Computer Services and Software	53	155	250
金融业 Financial Intermediation	7	8	7
房地产业 Real Estate	7	8	10
租赁和商务服务业 Leasing and Business Services	10	42	66
科学研究和技术服务业 Scientific Research,Technical Service	21	57	80
水利、环境和公共设施管理业 Management of Water Conservancy,Environment and Public Facilities	10	17	31
居民服务、修理和其他服务业 Resident services，Repairing and other services	0	0	4
教育 Education	2	4	4
卫生和社会工作 Health and Social Works	3	3	5
文化、体育和娱乐业 Culture,Sports and Entertainment	8	13	21

注：1.每股指标按境内股本数量计算。
2.每股指标采用整体法计算。
3.财务数据按披露年报的6972家挂牌公司为样本进行统计。
4.上表分组遵循“上组限不在内”的原则，如“0.50-1.00元”包括0.50元，不包括1.00元。

数据来源：全国中小企业股份转让系统
Source:NEEQ

BPS of Listed NEEQ Companies by Industry in 2020

(unit)

1.00−2.00元 1.00-2.00 yuan	0.50−1.00元 0.50-1.00 yuan	0.00−0.50元 0.00-0.50 yuan	小于0.00元 Below 0.00 yuan	合计 Total
53	23	4	3	150
6	2	1	1	22
1410	330	151	40	3456
37	8	2	1	83
114	28	10	5	241
114	45	24	9	294
67	14	5	2	136
9	4	1	1	23
500	201	148	48	1355
58	5	6	1	92
23	0	1	1	50
130	55	45	15	363
112	41	20	3	334
56	11	6	1	132
7	2	0	1	14
16	12	12	3	53
12	1	1	3	28
46	28	20	10	146

6-38 2020年挂牌公司分行业净资产收益率

单位：家

行业 Industry	100%及以上 Above 100%	60%-100%	40%-60%
农、林、牧、渔业 Agriculture,Forestry,Animal Husbandry and Fishery	1	1	2
采矿业 Mining	0	0	0
制造业 Manufacturing	4	16	59
电力、热力、燃气及水生产和供应业 Production and Supply of Electricity,Gas and Water	0	3	0
建筑业 Construction	0	2	3
批发和零售业 Wholesale and Retail Trades	0	5	9
交通运输、仓储和邮政业 Transport,Storage and Post	0	1	3
住宿和餐饮业 Hotels and Catering Services	0	0	0
信息传输、软件和信息技术服务业 Information Transmission,Computer Services and Software	10	18	25
金融业 Financial Intermediation	0	0	1
房地产业 Real Estate	0	0	3
租赁和商务服务业 Leasing and Business Services	1	5	16
科学研究和技术服务业 Scientific Research,Technical Service	1	3	6
水利、环境和公共设施管理业 Management of Water Conservancy,Environment and Public Facilities	0	0	4
居民服务、修理和其他服务业 Resident services，Repairing and other services	0	0	1
教育 Education	0	1	0
卫生和社会工作 Health and Social Works	0	0	1
文化、体育和娱乐业 Culture,Sports and Entertainment	1	2	2

注：1.财务数据按披露年报的6972家挂牌公司为样本进行统计。
2.上表分组遵循“上组限不在内”的原则，如“5%-10%”包括5%，不包括10%。

数据来源：全国中小企业股份转让系统
Source:NEEQ

ROE of Listed NEEQ Companies by Industry in 2020

(unit)

30%-40%	20%-30%	10%-20%	5%-10%	0%-5%	小于0% Below 0%	净资产为负 Negative Net Asset	合计 Total
3	5	19	32	28	56	3	150
2	5	1	4	5	4	1	22
111	362	904	577	551	832	40	3456
3	8	16	20	17	15	1	83
3	13	39	44	59	73	5	241
9	29	49	45	50	89	9	294
3	11	31	22	24	39	2	136
0	1	2	1	1	17	1	23
61	123	252	159	205	454	48	1355
0	5	11	30	27	17	1	92
7	6	14	4	5	10	1	50
14	36	55	41	49	131	15	363
13	45	79	50	47	87	3	334
5	18	23	20	26	35	1	132
2	2	2	1	2	3	1	14
2	4	5	3	2	33	3	53
3	1	2	3	5	10	3	28
4	7	15	14	19	72	10	146

6-39 2020年挂牌公司分行业每股经营活动产生的现金流量净额

单位：家

行业 Industry	3.00元及以上 Above 3.00 yuan	2.50-3.00元 2.50-3.00 yuan	2.00-2.50元 2.00-2.50 yuan
农、林、牧、渔业 Agriculture,Forestry,Animal Husbandry and Fishery	59	5	11
采矿业 Mining	8	0	1
制造业 Manufacturing	1425	179	214
电力、热力、燃气及水生产和供应业 Production and Supply of Electricity,Gas and Water	37	5	3
建筑业 Construction	99	7	9
批发和零售业 Wholesale and Retail Trades	93	17	15
交通运输、仓储和邮政业 Transport,Storage and Post	49	5	9
住宿和餐饮业 Hotels and Catering Services	11	1	1
信息传输、软件和信息技术服务业 Information Transmission,Computer Services and Software	519	39	67
金融业 Financial Intermediation	34	7	3
房地产业 Real Estate	9	0	3
租赁和商务服务业 Leasing and Business Services	114	13	17
科学研究和技术服务业 Scientific Research,Technical Service	113	17	27
水利、环境和公共设施管理业 Management of Water Conservancy,Environment and Public Facilities	53	6	7
居民服务、修理和其他服务业 Resident services，Repairing and other services	3	0	0
教育 Education	12	3	1
卫生和社会工作 Health and Social Works	5	2	1
文化、体育和娱乐业 Culture,Sports and Entertainment	55	2	7

注：1.每股指标按境内股本数量计算。
2.每股指标采用整体法计算。
3.财务数据按披露年报的6972家挂牌公司为样本进行统计。
4.上表分组遵循“上组限不在内”的原则，如“0.50-1.00元”包括0.50元，不包括1.00元。

数据来源：全国中小企业股份转让系统

Source:NEEQ

Net Cash Flow from Operating Activities Per Share of Listed NEEQ Companies by Industry in 2020

(unit)

1.50-2.00元 1.50-2.00 yuan	1.00-1.50元 1.00-1.50 yuan	0.50-1.00元 0.50-1.00 yuan	0.00-0.50元 0.00-0.50 yuan	小于0.00元 below 0.00 yuan	合计 Total
6	11	7	6	45	150
2	2	1	1	7	22
261	282	198	62	835	3456
5	12	5	1	15	83
8	11	8	4	95	241
18	26	18	4	103	294
10	11	8	3	41	136
2	1	2	0	5	23
58	78	65	27	502	1355
3	2	7	7	29	92
3	9	7	2	17	50
28	30	28	13	120	363
23	29	23	8	94	334
8	9	9	1	39	132
1	4	4	0	2	14
3	0	4	1	29	53
8	1	2	3	6	28
3	12	2	2	63	146

主要统计指标解释

Explanatory Notes on Main Statistical Indicators

上市公司家数　指在统计期末其发行的股票在沪、深交易所上市的股份有限公司的数量。以股票上市日进行统计，同时发行 A、B 股的上市公司，按一家计算。

挂牌公司家数　指统计期末其股票在全国股转公司挂牌的股份有限公司的数量。

上市公司股本　也称上市公司总股本，是指统计期末上市公司在境内发行的全部股份数量合计，包括 A 股股本、B 股股本和其他不流通的境内股本。

挂牌公司股本　也称挂牌公司总股本，是指统计期末挂牌公司全部股份数量合计。

非限售股本　非限售股本通常也称为流通股本。

计算公式为：非限售股本=上市公司股本-限售股本

股票市值　指统计期末根据上市公司股票价格和对应股票数量计算的股权价值合计。具体统计口径和计算方法如下：如当日无交易价格，采用最后交易日的收盘价；暂停上市股票的价格以零计算；未股改公司的非流通股以流通 A 股价格计算市值；仅发行 B 股的上市公司，其非流通股不进行股票市值计算；对当日除权股票进行市值计算时需要包含在途股份（已登记未上市）的市值。

上市公司市值　指统计期末根据上市公司股票价格和对应股本计算的股权价值合计。

计算公式为：上市公司市值=A 股价格 × A 股股本+B 股价格 × B 股股本

上市公司流通市值　指上市公司 A 股流通市值和 B 股流通市值的合计。

贰零贰壹

七. 证券期货经营机构

Securities and Futures Institutions

贰零贰壹

2020 年证券期货经营机构综述

2020 年，证券基金经营机构在抓实抓细疫情防控的基础上，支持实体经济恢复发展，不断提升自身质量做优做强。一是行业机构全力做好新冠疫情防控工作，稳妥有序推进复产复工，多措并举支持春节后平稳开市。二是行业机构整体竞争力不断增强。进一步完善股权管理，强化公司治理，通过公开发行次级债券等多种方式增强资本实力，风险管理能力较强的证券公司实现集团化协同发展。三是服务能力不断提升。证券公司建立以机构投资者为主体的市场化询价、配售机制，以注册制改革为突破口，不断提升投行业务服务功能，为上市公司并购重组、产业整合提供融资及配套服务；基金行业大力发展权益类基金，加大公募基金产品供给，不断提升基金管理人专业管理能力。

一、证券经营机构发展概况

截至 2020 年底，全国 138 家证券公司（其中新设证券公司 6 家）总资产 8.90 万亿元，净资产 2.30 万亿元，负债 6.60 万亿元。本年累计营业收入 4475.69 亿元，本年累计净利润 1466.91 亿元，分别较 2019 年增长 24.33%、22.79%。2020 年，5 家证券公司上市，行业资本实力进一步提升。

二、基金经营机构发展概况

截至 2020 年底，全国基金管理公司 133 家，其中新设基金公司 5 家，总资产 2576.44 亿元、净资产 1882.84 亿元，本年累计管理费收入 1073.95 亿元、本年累计净利润 376.99 亿元。管理资产中，公募基金 19.85 万亿元，社保基金 13739.51 亿元，企业年金 8448.98 亿元，基本养老金 5876.48 亿元，职业年金 5560.78 亿元，基金公司及基金子公司管理的基金专户规模 8.11 万亿元。

三、期货经营机构发展概况

截至 2020 年底，全国共有 149 家期货公司，总资产（含客户资产）9845.14 亿元，净资产 1362.01 亿元。全年累计实现营业收入 352.27 亿元，净利润 82.96 亿元，分别同比增长 29.19%和 46.65%。

四、证券基金公司国际化发展情况

2020 年，证券基金行业双向开放继续积极推进。“引进来”方面，自 2020 年 4 月 1 日起取消证券公司、基金管理公司外资股比限制，截至 2020 年底，10 家外资机构申请设立外资控股（含 1 家独资）证券公司或变更实际控制人，8 家已获批；5 家外资机构申请设立外商独资基金管理公司，1 家已核准设立。修订发布《证券投资基金托管业务管理办法》，允许外国银行在华分行申请基金托管资格。截至 2020 年底，4 家外国银行境内子行申请基金托管资格，3 家已获批。“走出去”方面，2020 年核准 2 家机构在香港设立、收购子公司，批准 8 家证券公司、基金公司境外子公司增资以及 3 家证券公司境外子公司再设立机构，更好服务实体经济“走出去”和国家“一带一路”战略。

7-1 证券期货经营机构数量
Number of Securities and Futures Institutions

单位：家 (unit)

年份 Year	证券公司家数 Number of Securities Companies			证券营业部家数 Number of Securities Business Departments	证券投资咨询机构家数 Number of Security Investment Consulting Institutions
	合计 Total	中资 China-funded	中外合资 Sino-foreign Joint Venture		
1994	91	—	—	2262	—
1995	97	—	—	—	—
1996	94	—	—	2420	—
1997	90	—	—	2412	—
1998	90	—	—	2412	—
1999	90	—	—	2412	—
2000	100	—	—	2680	—
2001	109	—	—	2700	—
2002	127	—	—	2936	—
2003	133	—	—	3020	111
2004	133	—	—	3075	116
2005	116	—	—	3090	109
2006	104	—	—	3105	102
2007	106	—	—	3060	101
2008	107	—	—	3170	100
2009	106	—	—	3956	98
2010	106	97	9	4644	91
2011	109	97	12	5008	88
2012	114	101	13	5261	89
2013	115	102	13	5821	86
2014	121	110	11	6969	84
2015	125	114	11	7705	84
2016	129	116	13	9061	84
2017	131	118	13	10528	84
2018	131	118	13	11013	84
2019	133	118	15	11390	84
2020	138	123	15	11649	83

数据来源：中国证券监督管理委员会、中国证券投资基金业协会
Source: CSRC、AMAC

7-1 续表 1 continued

单位：家 (unit)

年份 Year	基金管理公司家数 Number of Fund Management Companies			基金管理公司专户子公司家数 Number of Subsidiaries with asset management of Fund Management Companies	已登记私募基金管理人 Registered Private Fund Manager
	合计 Total	中资 China-funded	中外合资 Sino-foreign Joint Venture		
1994	—	—	—	—	—
1995	—	—	—	—	—
1996	—	—	—	—	—
1997	—	—	—	—	—
1998	6	3	3	—	—
1999	10	4	6	—	—
2000	10	4	6	—	—
2001	15	8	7	—	—
2002	21	10	11	—	—
2003	33	15	18	—	—
2004	44	20	24	—	—
2005	52	23	29	—	—
2006	57	23	34	—	—
2007	58	23	35	—	—
2008	60	23	37	4	—
2009	60	23	37	7	—
2010	63	24	39	12	—
2011	69	29	40	15	—
2012	77	34	43	33	—
2013	89	41	48	64	—
2014	95	49	46	73	5052
2015	101	56	45	79	25065
2016	109	64	45	79	17433
2017	113	69	44	79	22446
2018	120	76	44	79	24448
2019	128	84	44	79	24471
2020	133	89	44	79	24561

7-1　续表 2　continued

单位：家　　(unit)

年份 Year	期货公司家数 Number of Futures Companies			期货资管子公司家数 Number of Subsidiaries With Asset Management of Futures Company	期货风险管理公司家数 Number of Subsidiaries with Risk Management of Futures Company	期货营业部家数 Number of Future Business Departments
	合计 Total	中资 China-funded	中外合资 Sino-foreign Joint Venture			
1994	—	—	—	—	—	—
1995	—	—	—	—	—	—
1996	329	—	—	—	—	—
1997	294	—	—	—	—	—
1998	278	—	—	—	—	—
1999	213	—	—	—	—	—
2000	178	—	—	—	—	—
2001	200	—	—	—	—	—
2002	179	—	—	—	—	—
2003	186	—	—	—	—	—
2004	188	—	—	—	—	—
2005	183	—	—	—	—	—
2006	183	—	—	—	—	—
2007	177	—	—	—	—	—
2008	171	—	—	—	—	—
2009	167	—	—	—	—	—
2010	163	—	—	—	—	—
2011	163	160	3	—	—	1186
2012	161	158	3	—	—	1330
2013	156	153	3	—	20	1469
2014	152	149	3	—	33	1547
2015	150	148	2	11	51	1618
2016	149	147	2	11	62	1603
2017	149	147	2	11	70	1725
2018	149	147	2	10	79	1909
2019	149	147	2	10	86	1957
2020	149	148	1	10	88	1939

7-2 2020年证券期货经营机构按监管辖区分布

Regulatory Jurisdiction Distribution of Securities and Futures Institutions in 2020

单位：家 (unit)

辖区	Jurisdiction	证券公司 Securities Companies	基金管理公司 Fund Management Companies	已登记私募基金管理人 Registered Private Fund Manager	期货公司 Futures Companies	合计 Total
北京	Beijing	17	36	4336	19	4408
天津	Tianjin	1	1	470	6	478
河北	Hebei	1	0	125	1	127
山西	Shanxi	2	0	65	3	70
内蒙古	Inner Mongolia	2	0	54	0	56
辽宁	Liaoning	2	0	76	1	79
吉林	Jilin	2	0	69	2	73
黑龙江	Heilongjiang	1	0	60	2	63
上海	Shanghai	30	59	4648	34	4771
江苏	Jiangsu	6	0	1165	9	1180
浙江	Zhejiang	5	1	2074	11	2091
安徽	Anhui	2	0	224	3	229
福建	Fujian	3	0	239	3	245
江西	Jiangxi	2	0	265	1	268
山东	Shandong	1	0	345	3	349
河南	Henan	1	0	148	2	151
湖北	Hubei	2	0	383	2	387
湖南	Hunan	3	0	263	3	269
广东	Guangdong	6	4	1746	8	1764
广西	Guangxi	1	0	86	0	87
海南	Hainan	2	0	70	2	74
重庆	Chongqing	1	1	210	4	216
四川	Sichuan	4	0	434	3	441
贵州	Guizhou	2	0	85	0	87
云南	Yunnan	2	0	87	2	91
西藏	Tibet	2	0	214	0	216
陕西	Shaanxi	3	0	260	3	266
甘肃	Gansu	1	0	36	1	38
青海	Qinghai	1	0	14	1	16
宁夏	Ningxia	0	0	55	0	55
新疆	Xinjiang	2	0	135	2	139
深圳	Shenzhen	23	30	4473	14	4540
大连	Dalian	1	0	88	1	90
宁波	Ningbo	1	0	844	1	846
厦门	Xiamen	2	0	353	2	357
青岛	Qingdao	1	1	362	0	364
合计	Total	138	133	24561	149	24981

注：证券公司和期货公司按照公司注册地所在辖区统计，基金管理公司按照公司办公地所在辖区统计。

数据来源：中国证券监督管理委员会、中国证券投资基金业协会

Source: CSRC、AMAC

7-3　证券期货经营机构业务资格情况

Qualification of Securities and Futures Institutions

单位：家　　(unit)

年份 Year	证券公司家数 Number of Securities Companies	其中具有： Which having: 资产管理业务资格 Qualification for Asset Management Business	保荐机构资格 Qualification for Sponsor Institution	基金代销业务资格 Qualification for Fund Sales Agency Business	全国中小企业股份转让系统主办券商业务资格 Qualification for Broker-dealer Business on NEEQ	融资融券业务资格 Qualification for Margin Financing and Securities Lending Business	转融通业务资格 Qualification for Refinancing Business
1995	97	—	—	—	—	—	—
1996	94	—	—	—	—	—	—
1997	90	—	—	—	—	—	—
1998	90	—	—	—	—	—	—
1999	90	—	—	—	—	—	—
2000	100	—	—	—	—	—	—
2001	109	—	—	6	—	—	—
2002	127	61	—	13	—	—	—
2003	133	70	—	17	—	—	—
2004	133	71	75	28	—	—	—
2005	116	62	76	10	—	—	—
2006	104	53	68	2	—	—	—
2007	106	54	67	2	—	—	—
2008	107	55	67	22	—	—	—
2009	106	69	71	17	—	—	—
2010	106	70	72	18	—	25	—
2011	109	76	74	18	—	25	—
2012	114	87	77	27	66	74	30
2013	115	89	79	98	80	84	74
2014	121	93	80	77	87	92	81
2015	125	95	86	77	95	95	80
2016	129	98	92	77	100	93	92
2017	131	99	96	96	101	94	92
2018	131	99	98	97	102	95	92
2019	133	99	99	99	102	94	91
2020	138	99	100	98	107	94	93

数据来源：中国证券监督管理委员会、全国中小企业股份转让系统、中国证券金融公司
Source: CSRC、NEEQ、CSF

7-3 续表 continued

单位：家 (unit)

年份 Year	基金管理公司家数 Number of Fund Management Companies	其中具有: Which having: 私募资产管理业务资格 Qualification for Account Management Business	QDII业务资格 QDII Qualification	期货公司家数 Number of Future Companies	其中具有: Which having: 金融期货经纪业务资格 Qualification for Financial Futures Brokerage Business	期货投资咨询业务资格 Qualification for Futures Investment Consulting Business	资产管理业务资格 Qualification for Futures Asset Management Business	风险管理业务试点备案 Qualification for Futures Risk Management Business
1995	—	—	—	—	—	—	—	—
1996	—	—	—	329	—	—	—	—
1997	—	—	—	294	—	—	—	—
1998	6	—	—	278	—	—	—	—
1999	10	—	—	213	—	—	—	—
2000	10	—	—	178	—	—	—	—
2001	15	—	—	200	—	—	—	—
2002	21	—	—	179	—	—	—	—
2003	33	—	—	186	—	—	—	—
2004	44	—	—	188	—	—	—	—
2005	52	—	—	183	—	—	—	—
2006	57	—	1	183	—	—	—	—
2007	58	—	15	177	—	—	—	—
2008	60	32	26	171	—	—	—	—
2009	60	35	31	167	—	—	—	—
2010	63	35	31	163	—	—	—	—
2011	69	63	32	163	—	—	—	—
2012	77	76	32	161	152	83	18	—
2013	89	88	32	156	149	88	29	20
2014	95	95	32	152	147	97	46	33
2015	101	101	38	150	148	103	123	50
2016	109	109	42	149	147	102	129	61
2017	113	93	45	149	147	113	129	68
2018	120	110	45	149	147	117	129	66
2019	128	112	48	149	147	120	129	84
2020	133	115	50	149	148	121	129	85

7-4　证券公司重要指标情况
Important Indicators of Securities Companies

单位：亿元　　(100 million yuan)

年份 Year	总资产 Total Assets	净资产 Net Assets	净资本 Net Capital	营业收入 Operating Revenue	营业利润 Operating Profit	利润总额 Total Profit	净利润 Net Profit	期末风险资本准备 Risk Capital Reserves at the End of This Period
2007	17313.39	3446.91	2976.83	2847.49	1909.42	1910.69	1320.46	—
2008	11912.23	3584.83	2916.62	1247.28	603.88	609.16	500.43	625.25
2009	20286.91	4840.38	3819.54	2052.95	1195.79	1209.43	933.87	975.60
2010	19686.13	5674.36	4338.22	1926.29	999.24	1010.29	783.05	1105.18
2011	15722.53	6298.25	4648.71	1359.32	482.85	503.37	389.06	1071.54
2012	17209.32	6946.15	4964.36	1301.21	401.76	422.88	331.40	604.02
2013	20803.46	7538.15	5193.74	1593.43	571.79	570.70	440.47	850.03
2014	40340.65	9046.75	6645.61	2553.80	1204.08	1238.24	948.50	1216.47
2015	64170.00	14515.42	12523.03	5751.55	3179.84	3189.87	2447.63	1767.00
2016	57934.47	16457.94	14753.54	3286.09	1514.69	1547.44	1232.31	5871.78
2017	61413.53	18482.25	15742.63	3127.65	1388.75	1407.16	1119.74	6473.05
2018	62592.58	18808.32	15704.31	2632.87	831.51	839.93	708.24	6233.45
2019	72586.78	20156.08	16176.61	3599.76	1491.51	1481.87	1194.51	6383.71
2020	89018.09	22962.41	18072.87	4475.69	1835.01	1817.48	1466.91	7221.78

数据来源：中国证券监督管理委员会
Source: CSRC

7-5 2020年证券公司资产负债表
Balance Sheet of Securities Companies in 2020

单位：亿元 (100 million yuan)

资产	Assets	期初余额 Beginning Balance	期末余额 Ending Balance
资产	**Assets:**		
货币资金	Monetary Assets	14603.55	17680.67
其中：自有资金存款	Thereinto: Self-Owned Fund Deposit	3537.65	3863.66
自有信用资金存款	Self-Owned Credit Fund Deposit	71.75	110.36
客户资金存款	Clients' Capital Deposit	9744.16	12021.01
客户信用资金存款	Clients' Credit Fund Deposit	1227.65	1659.88
结算备付金	Transaction Settlement Funds	3021.93	4155.05
其中：自有备付金	Thereinto: Self-Owned Reserve for Settlement	787.18	1112.76
客户备付金	Clients' Reserve for Settlement	1942.70	2609.87
信用备付金	Credit Reserve for Settlement	284.96	420.80
拆出资金	Inter-bank Lending Capital	41.30	14.39
融出资金	Capital Lending	10247.16	15025.20
衍生金融资产	Derivative Financial Assets	167.50	579.63
存出保证金	Margin Paid	430.59	853.98
其中：交易保证金	Thereinto:Trading Margin	186.19	336.75
信用保证金	Credit Margin	56.08	125.84
履约保证金	Performance Bond Margin	149.03	332.46
应收款项	Accounts Receivable	506.24	1046.35
其中：应收清算款	Thereinto: Clearing accounts receivable	61.30	108.10
合同资产	Contract Assets	0.76	0.05
买入返售金融资产	Financial Assets Purchased under Agreements to Resell	5945.32	5105.46
其中：约定购回融出资金	Thereinto:Capital Lending of Pre-arranged Repo	16.63	23.02
股票质押回购融出资金	Capital Lending of Pledge-style Repo	4314.21	2991.15
其中：减值准备	Thereinto: Provision for impairment	269.14	390.83
债券质押回购融出资金	Bond Pledge Repurchase Financing Funds	1398.34	1998.38
债券买断式回购融出资金	Bond Outright Repo Financing Funds	196.04	95.68
持有待售资产	Assets Held for Trade	7.28	22.26
交易性金融资产	Financial Assets Held for Trade	21507.64	25331.34
其中：流动性受限证券	Thereinto: Liquidity Restricted Securities	5881.91	7265.12
债权投资	Debt Investment	727.71	651.40
其他债权投资	Other Debt Investment	8095.38	9943.85
其他权益工具投资	Investment in Other Equity Instruments	1727.29	1918.41
长期股权投资	Long-term Equity Investment	3920.63	4535.87
投资性房地产	Investment Real Estate	40.64	38.29
固定资产	Fixed Assets	293.91	369.18
在建工程	Construction in Progress	40.64	57.95
无形资产	Intangible Assets	147.29	167.21
商誉	Goodwill	42.89	42.87
递延所得税资产	Deferred Income Tax Assets	300.52	448.26
其他资产	Other Assets	772.72	1030.43
其中：应收利息	Thereinto: Interest Receivable	8.88	13.68
其他应收款	Other Receivable	477.63	671.31
应收股利	Dividends Receivable	36.63	45.92
抵债资产	Debt- expiated Assets	1.24	0.38
长期待摊费用	Proxy Cashing Bonds	43.66	41.10
资产总计	Total Assets	72588.90	89018.09

数据来源：中国证券监督管理委员会
Source: CSRC

7-5 续表 continued

单位：亿元 (100 million yuan)

资产	Assets	期初余额 Beginning Balance	期末余额 Ending Balance
负债	**Liabilities:**		
短期借款	Short-term Loan	4.10	6.13
其中：质押借款	Thereinto: Pledge Loan	0.00	6.13
信用借款	Credit Loan	1.00	0.00
应付短期融资款	Short Term Financing Payable	3983.86	6093.43
其中：短期次级债	Thereinto:Short-term Subordinated Debt	46.75	37.49
收益凭证	Income Certificate	2042.02	3334.36
拆入资金	Money Borrowing	2121.67	2211.29
其中：转融通融入资金	Thereinto: Money Borrowing from Refinancing Business	725.43	665.34
交易性金融负债	Financial Liabilities Held for Trade	794.71	988.89
衍生金融负债	Derivative Financial Liabilities	234.46	777.00
卖出回购金融资产款	Money from Selling Repo Financial Assets	14495.82	17018.02
其中：报价回购融入资金	Thereinto:Money Borrowing from Quotation-based Repo	845.79	1159.95
质押式卖出回购融入资金	Money Borrowing from Pledged Repurchase	12179.74	14224.28
买断式卖出回购融入资金	Money Borrowing from Bonds Outright Repo	579.34	441.97
代理买卖证券款	Money from Acting Securities Trading	11570.20	14561.43
信用交易代理买卖证券款	Money from Acting Securities Trading for Credit Transaction	1439.01	1980.20
代理承销证券款	Money from Acting to Underwrite Securities	223.03	56.93
应付职工薪酬	Employee Salary Payable	970.80	1228.87
应交税费	Tax Payable	191.11	347.68
应付款项	Accounts Payable	1001.69	2541.42
其中：应付清算款	Clearing Accounts Payable	134.23	338.58
合同负债	Contractual Liabilities	5.03	10.06
持有待售负债	Liabilities Held for Trade	0.00	11.57
预计负债	Estimated Liabilities	50.28	99.43
长期借款	Long-term Equity Loan	124.82	131.32
应付债券	Bonds Payable	14607.60	17155.42
其中：优先股	Thereinto: Preferred Stock	0.00	0.00
永续债	Perpetual Debt	0.00	0.00
公司债券	Corporate Bonds	8640.34	11952.19
长期次级债	Long-term Subordinated Debt	4759.00	4165.69
长期收益凭证	Long-term Income Certificate	840.11	766.19
递延所得税负债	Deferred Income Tax Liabilities	64.86	66.42
其他负债	Other Liabilities	550.31	770.18
其中：应付利息	Thereinto: Interest Payable	3.47	7.84
负债合计	Total Liabilities	52433.36	66055.68
所有者(或股东)权益	**Equities:**		
实收资本(或股本)	Paid in Capital	5118.88	5592.45
其他权益工具	Other Equity Instruments	597.05	673.23
其中：优先股	Thereinto: Preferred Stock	0.00	0.00
永续债	Perpetual Debt	571.81	643.63
资本公积	Capital Reserve	7116.60	8480.18
减：库存股	Less:Treasury Stock	7.41	25.82
其他综合收益	Other Comprehensive Income	77.92	57.18
盈余公积	Surplus Reserve	1089.68	1215.29
一般风险准备	General Contingency Reserve	1255.30	1428.81
交易风险准备	Risk Reserves for Exchange	1203.79	1362.01
未分配利润	Undistributed Profits	3703.73	4179.09
所有者(或股东)权益合计	Total Equity	20155.54	22962.41
负债和所有者(或股东)权益合计	Total Liability & Equity	72588.90	89018.09

7-6 2020年证券公司利润表
Income Statement of Securities Companies in 2020

单位：亿元 (100 million yuan)

项目	Item	上期金额 Beginning Balance	本期金额 Ending Balance
一、营业收入	**Operating Revenue:**	**3599.69**	**4475.69**
手续费及佣金净收入(净损失以“－”号填列)	Net Income from Commissions	1666.49	2350.34
其中：证券经纪业务净收入	Thereinto:Net Income from Brokerage Business	842.40	1297.67
其中：代理买卖证券业务净收入	Thereinto: Net Income from Acting Securities Trading	686.44	994.10
交易单元席位租赁净收入	Net Income from Trading unit seat lease	99.48	167.78
代理销售金融产品净收入	Net Income from Financial Sales Agency Business	53.95	135.80
投资银行业务净收入	Net Income from Investment banking Business	483.40	675.10
其中：承销业务净收入	Thereinto: Net Income from Securities Underwriting Business	360.44	560.42
保荐业务净收入	Net Income from Sponsor Business	16.48	31.13
财务顾问业务净收入	Net Income from Financial Advisory Business	105.48	81.82
其中：并购重组财务顾问业务净收入	Thereinto:Net Income from Merger and Reorganization	28.09	19.36
投资咨询业务净收入	Net Income from Investment Consulting Business	39.02	46.99
资产管理业务净收入	Net Income from Asset Management Business	274.52	299.68
其中：公募基金管理业务净收入(含大集合)	Thereinto:Net Income from Public Funds Management Business	100.90	108.74
集合资产管理业务净收入	Net Income from Aggregate Asset Management Business	62.78	82.64
定向资产管理业务净收入	Net Income from Directional Asset Management Business	100.09	98.21
专项资产管理业务净收入	Net Income from Specific Asset Management Business	10.26	9.85
利息净收入(净损失以“－”号填列)	Net Interests Income	458.29	596.63
其中：1.利息收入(收入以“+”号填列)	Thereinto: Interests Income	1779.54	1970.58
其中：货币资金及结算备付金利息收入	Thereinto: Interests Income of Monetary Funds and Settlement Provisions	367.25	441.28
其中：自有资金存款利息收入	Thereinto:Interests Income of Self-Owned Fund Deposit	114.98	127.52
客户资金存款利息收入	Interests Income of Clients' Capital Deposit	251.95	313.34
融资业务利息收入	Interests Income of Financing Business	1027.61	1130.04
其中：融资融券业务利息收入	Thereinto:Interests Income of Margin Requirement	651.75	882.47
约定购回利息收入	Interests Income of Pre-arranged Repo	1.86	1.10
股票质押回购利息收入	Interests Income of Pledge-style Repo	352.64	230.66
债权投资利息收入	Interests Income of Investments in Debt	29.62	23.38
其他债权投资利息收入	Interests Income of Other Debt Investments	326.35	346.43
2.利息支出(支出以“－”号填列)	Interests Expense	-1310.18	-1364.68
其中：卖出回购金融资产利息支出	Thereinto: Interests Expense of Repurchase of Financial Assets	-365.94	-375.68
其中：报价回购利息支出	Thereinto: Interests Expense of Price Repurchase	-20.52	-25.60

注：净损失以“－”号填列，冲回以“－”列示。
数据来源：中国证券监督管理委员会
Source: CSRC

7-6　续表　continued

单位：亿元　　(100 million yuan)

项目	Item	上期金额 Beginning Balance	本期金额 Ending Balance
拆入资金利息支出	Interests Expense of Money Borrowing	-62.01	-81.48
其中：转融通利息支出	Thereinto: Interests Expense of Refinancing	-15.72	-40.79
债券利息支出	Interests Expense of Bonds	-761.80	-762.59
投资收益(净损失以“－”号填列)	Investment Income	1095.57	1528.45
其中：成本法核算的长期股权投资收益	Thereinto:Return of Long-term Investment on Stocks Accounted by Cost Method	121.64	140.65
权益法核算的长期股权投资收益	Return of Long-term Investment on Stocks Accounted by Equity Method	58.04	88.18
处置长期股权投资产生的投资收益	Return of Investment on Trading Long-term Investment on Stocks	14.26	11.66
股权类金融工具投资确认的投资收益	Return of Investment on Financial Assets on Stocks	204.40	618.42
固定收益类投资确认的投资收益	Return of Investment on Financial Assets on Debts	647.62	663.03
衍生金融工具投资确认的投资收益	Return of Investment on Derivative Financial Instrument	-75.42	-164.31
其他金融工具投资确认的投资收益	Return of Investment on Other Financial Assets	124.83	170.59
净敞口套期收益(净损失以“－”号填列)	Net Exposure Hedging Gains	0.00	0.00
其他收益	Other Incomes	34.83	42.41
公允价值变动收益(净损失以“－”号填列)	Profit from Fair Value Change	322.44	-45.20
汇兑收益(净损失以“－”号填列)	Net Exchange Gain	4.23	-11.35
其他业务收入	Other Business Income	16.14	13.03
资产处置收益(净损失以“－”号填列)	Return on Disposal of Fixed Assets	1.70	1.40
二、营业支出	**Operating Cost:**	**2108.15**	**2640.68**
税金及附加	Business Tax and Surcharges	26.05	32.99
业务及管理费	General and Administrative Expenses	1862.46	2166.46
其中：职工薪酬	Thereinto:Employee Salary	1278.85	1514.75
折旧及摊销	Depreciation and Amortization	130.07	162.90
投资者保护基金	Securities Investor Protection Fund	18.66	21.11
信用减值损失(冲回以“－”号列示)	Credit Impairment Loss	182.25	420.17
其中：股票质押回购融出资金减值损失	Thereinto: Impairment Loss on Financing Funds of Pledge-style Repo	120.64	198.11
其他资产减值损失(冲回以“－”号列示)	Asset Impairment Loss	34.57	18.26
其他业务成本	Cost of Other Businesses	2.83	2.79
三、营业利润	**Operating Profit:**	**1491.55**	**1835.01**
加：营业外收入	Add: Non-operating Income	14.37	11.21
减：营业外支出	Less: Non-operating Expenditure	24.02	28.74
四、利润总额	**Total Profit:**	1481.90	1817.48
减：所得税费用	Less: Income Tax	287.23	350.57
五、净利润	**Net Profit**	1194.67	1466.91

7-7 2020年证券公司净资本表
Net Capital Sheet of Securities Companies in 2020

单位：亿元 (100 million yuan)

项目	Item	期初余额 Beginning Balance	期末余额 Ending Balance
净资产	Net assets	20155.93	22962.41
减：优先股及永续次级债等	Less:Preferred stock perpetual subordinated debt etc.	571.81	644.19
减：资产项目的风险调整合计	Less: Risk Adjustment of Derivative Financial Assets	5211.40	6238.33
减：或有负债的风险调整合计	Less: Risk Adjustment of Contingent Liabilities	491.75	508.39
加：中国证监会认定或核准的其他调整项目合计	Add: Other Adjustment of CSRC	374.08	370.26
减：中国证监会认定或核准的其他调整项目合计	Less: Other Adjustment of CSRC	59.97	55.47
核心净资本	Core Net Capital	14195.09	15886.28
加：附属净资本	Add: Additional Net Capital	2024.15	2132.22
净资本	Net Capital	16219.24	18072.87

数据来源：中国证券监督管理委员会
Source: CSRC

7-8 2020年证券公司风险资本准备表
Risk Capital Reserve Sheet of Securities Companies in 2020

单位：亿元 (100 million yuan)

项目	Item	期初余额 Beginning Balance	期末余额 Ending Balance
1. 市场风险资本准备	Market Risk Capital Reserves	4729.21	5691.17
2. 信用风险资本准备	Credit Risk Capital Reserves	2569.59	3556.01
3. 操作风险资本准备	Operational Risk Capital Reserves	488.97	528.47
4. 特定风险资本准备	Specific Risk Capital Reserves	1494.01	1262.76
分类调整前的各项风险资本准备合计	Total Risk Capital Reserves(Before the adjustment)	9193.82	10967.93
分类调整后的各项风险资本准备合计	Total Risk Capital Reserves(After the adjustment)	6363.20	7221.78

数据来源：中国证券监督管理委员会
Source: CSRC

7-9　期货公司重要指标情况
Important Indicators of Futures Companies

单位：亿元　　　　(100 million yuan)

年份 Year	总资产 Total Assets	净资产 Net Assets	净资本 Net Capital	营业收入 Operating Revenue	营业利润 Operating Profit	利润总额 Total Profit	净利润 Net Profit	期末风险资本准备 Risk Capital Reserves at the end of This Period
2013	2569.82	521.87	439.37	184.85	46.77	48.15	35.69	116.57
2014	3431.99	612.74	472.47	198.04	52.91	54.58	40.73	144.45
2015	4749.67	783.41	596.65	236.2	76.87	78.18	59.13	203.44
2016	5438.31	910.54	684.8	233.45	82.13	84.96	64.75	267.76
2017	5247.48	1060.11	750.51	275.47	103.31	104.57	80.79	145.15
2018	5142.50	1100.71	752.04	261.87	32.19	33.65	13.62	133.59
2019	6451.18	1210.16	717.46	272.67	74.70	75.23	56.57	171.63
2020	9845.13	1362.43	789.59	352.27	107.43	107.48	82.96	275.11

数据来源：中国证券监督管理委员会
Source: CSRC

7-10　2020年期货公司资产负债表
Balance Sheet of Futures Companies in 2020

单位：亿元　　(100 million yuan)

资产	Assets	期初余额 Beginning Balance	期末余额 Ending Balance
货币资金	Monetary Assets	3144.11	4639.29
其中：期货保证金存款	Thereinto:Futures Margin Deposit	3005.39	4507.31
应收货币保证金	Monetary Margin Receivable	2239.01	3747.67
应收质押保证金	Pledged Margin Receivable	226.92	425.40
存出保证金	Margin Paid	5.88	2.47
交易性金融资产	Financial Assets Held for Trade	396.24	521.98
应收结算担保金	Receivable Guaranty Money for Settlement	17.78	26.55
应收风险损失款	Receivable Money for Risk Loss	0.97	2.13
其他应收款(合计)	Total Other Receviable	30.15	21.72
应收股利	Dividends Receivable	不适用	0.66
应收利息	Interests Receivable	11.50	2.65
其他应收款	Other Receviable	18.65	18.41
应收佣金	Commission Receivable	0.37	0.36
可供出售金融资产	Financial Assets Available for Sales	27.82	11.95
持有至到期投资	Held-to-Maturity Investment	20.17	1.76
债权投资	Debt Investment	不适用	23.77
其他权益工具投资	Investment in Other Equity Instruments	不适用	1.12
其他债权投资	Other Equity Investments	不适用	4.76
买入返售金融资产	Purchase of Resale Financial Assets	不适用	20.99
长期股权投资	Long-term Equity Investment	265.23	311.94
期货会员资格投资	Futures Membership Investment	2.20	2.10
持有待售资产	Assets Held for Sale	不适用	0.01
固定资产	Fixed Assets	18.29	20.38
使用权资产	Right of Use Assets	不适用	4.82
无形资产	Intangible Assets	12.29	9.89
递延所得税资产	Deferred Income Tax Assets	5.82	6.71
其他资产	Other Assets	37.93	37.39
资产总计	Total Assets	6451.18	9845.14

注：因会计准则变更以及报表审计，期初数字可能出现不可比的情况。
数据来源：中国证监会
Source: CSRC

7-10 续表 continued

单位：亿元 (100 million yuan)

负债和所有者权益	Liabilities and Owner's Equity	期初余额 Beginning Balance	期末余额 Ending Balance
负债:	**Liabilities:**		
短期借款	Short-term Loan	0.00	0.00
应付货币保证金	Monetary Margin Payable	4840.28	7815.12
应付质押保证金	Pledged Margin Payable	230.08	433.10
交易性金融负债	Financial Liabilities Held for Trade	8.02	14.58
期货风险准备金	Capital Reserve for Futures	66.26	75.50
应付期货投资者保障基金	Futures Investors Protection Fund Payable	0.42	0.60
应付职工薪酬	Employee Salary Payable	29.80	44.77
应交税费	Tax Payable	6.78	12.48
应付手续费及佣金	Fees and Commission Payable	1.17	2.64
其他应付款(合计)	Total Other Payable	14.99	31.79
应付利息	Interests Payable	0.23	0.16
应付股利	Dividends Payable	不适用	4.67
其他应付款	Other Payable	14.76	26.97
预计负债	Estimated Liabilities	1.09	1.59
持有待售负债	Liabilities Held for Sale	不适用	0.00
应付债券	Bonds Payable	不适用	24.70
长期借款	Long-term Equity Loan	14.91	0.09
递延所得税负债	Deferred Income Tax Liabilities	3.37	5.52
租赁负债	Lease Lianilities	不适用	4.84
其他负债	Other Liabilities	24.32	31.78
负债合计	Total Liabilities	5241.49	8499.12
所有者权益(或股东权益):	**Owners' Equity**		
实收资本(或股本)	Equity	773.14	862.51
其他权益工具	Other Equity Instruments	不适用	1.09
资本公积	Capital Reserve	176.45	175.35
减：库存股	less:Treasury Stock	0.00	0.00
其他综合收益	Other Comprehensive Income	不适用	0.43
盈余公积	Surplus Reserve	49.15	57.33
一般风险准备	General Contingency Reserve	47.50	56.04
未分配利润	Undistributed Profits	163.46	193.27
所有者权益合计	Owner's Equity-Total	1209.69	1346.01
负债和所有者权益总计	Total Liabilities and Owner's Equity	6451.18	9845.14

注：因会计准则变更以及报表审计，期初数字可能出现不可比的情况。
数据来源：中国证监会
Source: CSRC

7-11 2020年期货公司利润表

Income Statement of Futures Companies in 2020

单位：亿元 (100 million yuan)

项目	Item	上期金额 Beginning Balance	本期金额 Ending Balance
营业收入：	**Operating Revenue:**	**275.59**	**352.27**
手续费收入	Net Income from Fees	135.88	192.90
佣金净收入	Net Income from Commissions	-0.78	8.26
利息净收入	Net Interests Income	95.22	94.40
投资收益	Investment Income	22.86	35.70
公允价值变动收益	Profit from Fair Value Change	15.18	12.95
汇兑净收益	Net Exchange Gain	0.02	-0.05
其他业务收入	Other Business Income	7.21	8.10
营业支出：	**Operating Cost:**	**198.70**	**244.84**
提取期货风险准备金	Reserve for Futures Risk	6.19	9.34
营业税金及附加	Business Tax and Surcharges	0.67	1.07
业务及管理费	General and Administrative Expenses	187.20	228.82
资产减值损失	Asset Impairment Loss	1.64	3.30
其他业务成本	Cost of Other Businesses	3.00	2.31
营业利润：	**Operating Profit:**	**76.89**	**107.43**
加：营业外收入	Add: Non-operating Income	2.78	1.87
减：营业外支出	Less: Non-operating Expenditure	1.20	1.82
利润总额：	**Total Profit:**	**78.46**	**107.48**
减：所得税费用	Less: Income Tax	17.92	24.52
净利润	**Net Profit**	**60.55**	**82.96**

数据来源：中国证券监督管理委员会
Source: CSRC

7-12 2020年证券公司财务情况前20排名表

Top 20 Securities Companies Ranked by Pecuniary Condition in 2020

排名 Rank	总资产 Total Assets			排名 Rank	净利润 Net Profit		
	公司名称 Company Name	金额(亿元) Amount (100 million yuan)	占比(%) Proportion (%)		公司名称 Company Name	金额(亿元) Amount (100 million yuan)	占比(%) Proportion (%)
1	中信证券	7783.48	8.74	1	中信证券	123.42	7.95
2	华泰证券	5243.38	5.89	2	中信建投	86.76	5.59
3	国泰君安	4948.51	5.56	3	招商证券	86.10	5.55
4	招商证券	4571.09	5.13	4	国泰君安	83.50	5.38
5	申万宏源	3977.75	4.47	5	申万宏源	82.80	5.33
6	海通证券	3976.93	4.47	6	广发证券	73.40	4.73
7	广发证券	3969.20	4.46	7	海通证券	72.75	4.68
8	银河证券	3837.65	4.31	8	银河证券	66.09	4.26
9	中信建投	3430.96	3.85	9	国信证券	65.56	4.22
10	国信证券	2876.96	3.23	10	华泰证券	59.24	3.82
11	中金公司	2860.94	3.21	11	光大证券	46.99	3.03
12	东方证券	2286.15	2.57	12	安信证券	32.11	2.07
13	平安证券	1879.92	2.11	13	兴业证券	29.61	1.91
14	光大证券	1851.38	2.08	14	平安证券	29.45	1.90
15	安信证券	1695.80	1.90	15	西藏东方财富证券	28.91	1.86
16	中泰证券	1512.54	1.70	16	中金公司	25.90	1.67
17	兴业证券	1432.47	1.61	17	中泰证券	24.26	1.56
18	长江证券	1268.33	1.42	18	长江证券	18.58	1.20
19	方正证券	1052.48	1.18	19	国金证券	17.94	1.16
20	中金财富	987.13	1.11	20	华西证券	17.32	1.12
合计		61443.06	69.01	合计		1070.69	68.95

注："占比"是指单个公司数据占全行业公司数据的比重。
数据来源：中国证券监督管理委员会
Source:CSRC

7-13 2020年证券公司股票成交金额前20排名表

Top 20 Securities Companies Ranked by Stock Trading Turnover in 2020

排名 Rank	A股 A-Shares 公司名称 Company Name	A股 A-Shares 金额(亿元) Amount (100 million yuan)	A股 A-Shares 占比(%) Proportion (%)	排名 Rank	B股 B-Shares 公司名称 Company Name	B股 B-Shares 金额(亿元) Amount (100 million yuan)	B股 B-Shares 占比(%) Proportion (%)
1	华泰证券	264921.37	7.87	1	申万宏源	117.00	9.72
2	中信证券	204074.22	6.06	2	招商证券	90.09	7.48
3	国泰君安	157113.70	4.67	3	广发证券	87.23	7.25
4	招商证券	155635.85	4.62	4	海通证券	77.34	6.43
5	广发证券	150984.85	4.49	5	国泰君安	75.07	6.24
6	平安证券	140994.39	4.19	6	华泰证券	74.96	6.23
7	东方财富	125673.32	3.73	7	银河证券	61.10	5.08
8	中泰证券	113215.64	3.36	8	国信证券	51.07	4.24
9	银河证券	111000.97	3.30	9	中信证券	50.93	4.23
10	中信建投	108732.32	3.23	10	中金财富	28.38	2.36
11	国信证券	106564.33	3.17	11	光大证券	27.08	2.25
12	海通证券	102795.13	3.05	12	安信证券	26.18	2.17
13	申万宏源	100274.91	2.98	13	中金公司	25.92	2.15
14	中金财富	82356.68	2.45	14	方正证券	25.49	2.12
15	安信证券	79363.96	2.36	15	中信建投	24.77	2.06
16	方正证券	70971.72	2.11	16	东方证券	24.68	2.05
17	长江证券	63628.81	1.89	17	上海证券	24.49	2.03
18	财通证券	57893.63	1.72	18	长江证券	21.04	1.75
19	兴业证券	56706.24	1.68	19	华鑫证券	20.46	1.70
20	光大证券	48104.58	1.43	20	中银国际	19.70	1.64
合计		2301006.61	68.36	合计		952.97	79.18

注：1.“占比”是指单个公司数据占全行业公司数据的比重。

2.股票成交金额按双边计算。

数据来源：中国证券业协会

Source:SAC

7-14　2020年证券公司债券交易金额前20排名表

Top 20 Securities Companies Ranked by Bond Trading Turnover in 2020

排名 Rank	现货 Spot Transaction		
	公司名称 Company Name	金额(亿元) Amount(100 million yuan)	占比(%) Proportion(%)
1	华鑫证券	18133.58	8.34
2	中泰证券	16598.67	7.63
3	华宝证券	14686.40	6.75
4	光大证券	12582.30	5.79
5	东方财富	11816.03	5.43
6	华泰证券	11678.64	5.37
7	中信证券	11434.64	5.26
8	中信建投	10905.52	5.02
9	广发证券	7437.97	3.42
10	平安证券	6911.07	3.18
11	银河证券	6733.38	3.10
12	财通证券	6102.97	2.81
13	国泰君安	5962.49	2.74
14	国金证券	4797.01	2.21
15	招商证券	4493.57	2.07
16	海通证券	3843.43	1.77
17	东莞证券	3652.83	1.68
18	湘财证券	3523.04	1.62
19	东方证券	3034.92	1.40
20	华西证券	2990.23	1.38
合计		167318.68	76.95

注：1.本表仅统计交易所债券的交易情况。
2.“占比”是指单个公司数据占全行业公司数据的比重。
3.债券交易金额按双边口径计算。

数据来源：中国证券业协会
Source:SAC

7-14　续表　continued

排名 Rank	回购 Repo Transaction		
	公司名称 Company Name	金额(亿元) Amount(100 million yuan)	占比(%) Proportion(%)
1	中信证券	154979.43	9.34
2	华泰证券	105603.87	6.37
3	中信建投	78649.53	4.74
4	广发证券	78525.02	4.73
5	国泰君安	70566.31	4.25
6	招商证券	70124.48	4.23
7	申万宏源	65102.49	3.93
8	银河证券	62272.64	3.75
9	平安证券	55163.35	3.33
10	长江证券	54918.38	3.31
11	海通证券	52518.76	3.17
12	兴业证券	46446.40	2.80
13	安信证券	43773.25	2.64
14	东方证券	34120.15	2.06
15	光大证券	34046.68	2.05
16	国信证券	33524.72	2.02
17	中金财富	26469.58	1.60
18	中金公司	26121.07	1.57
19	中泰证券	24858.87	1.50
20	第一创业	22365.67	1.35
合计		1140150.67	68.74

7-15 2020年证券公司经纪业务前20排名表
Top 20 Securities Companies Ranked by Brokerage Business in 2020

排名 Rank	代理买卖证券业务净收入(含席位租赁) Net Income from Acting Securities Trading		
	公司名称 Company Name	金额(亿元) Amount(100 million yuan)	占比(%) Proportion(%)
1	国泰君安	66.68	5.75
2	招商证券	56.28	4.86
3	中信证券	56.01	4.83
4	国信证券	54.04	4.66
5	广发证券	53.92	4.65
6	银河证券	53.82	4.64
7	华泰证券	53.05	4.58
8	申万宏源	41.50	3.58
9	海通证券	41.28	3.56
10	中信建投	38.54	3.32
11	平安证券	34.38	2.97
12	方正证券	33.55	2.89
13	中泰证券	31.88	2.75
14	东方财富	28.65	2.47
15	光大证券	26.27	2.27
16	长江证券	25.92	2.24
17	安信证券	25.27	2.18
18	兴业证券	20.83	1.80
19	中金财富	20.58	1.78
20	东方证券	17.09	1.47
合计		779.52	67.26

注："占比"是指单个公司数据占全行业公司数据的比重。
数据来源：中国证券业协会
Source: SAC

7-16 2020年证券公司承销业务前20排名表
Top 20 Securities Companies Ranked by Underwriting Business in 2020

排名 Rank	承销与保荐业务净收入 Net Income of Underwritings and Sponsors		
	公司名称 Company Name	金额(亿元) Amount (100 million yuan)	占比(%) Proportion(%)
1	中信建投	52.61	8.92
2	中信证券	49.88	8.46
3	中金公司	34.24	5.81
4	海通证券	33.33	5.65
5	国泰君安	29.05	4.92
6	华泰联合	25.14	4.26
7	招商证券	18.93	3.21
8	光大证券	18.60	3.15
9	国信证券	17.67	3.00
10	国金证券	15.88	2.69
11	民生证券	15.31	2.59
12	兴业证券	12.51	2.12
13	平安证券	12.05	2.04
14	东兴证券	11.49	1.95
15	东吴证券	9.23	1.56
16	浙商证券	9.17	1.56
17	安信证券	8.67	1.47
18	东方花旗	8.46	1.43
19	开源证券	8.24	1.40
20	银河证券	8.08	1.37
合计		398.53	67.56

注："占比"是指单个公司数据占全行业公司数据的比重。
数据来源：中国证券业协会
Source: SAC

7-16　续表

continued

排名 Rank	并购重组财务顾问业务净收入 Net Income of Take Over Consultants		
	公司名称 Company Name	金额(亿元) Amount(100 million yuan)	占比(%) Proportion(%)
1	中金公司	3.57	18.46
2	中信证券	2.51	12.96
3	中信建投	2.19	11.33
4	华泰联合	1.88	9.70
5	国泰君安	1.34	6.95
6	招商证券	0.80	4.12
7	海通证券	0.70	3.60
8	平安证券	0.48	2.46
9	东兴证券	0.41	2.11
10	申万宏源承销保荐	0.38	1.97
11	民生证券	0.32	1.66
12	中泰证券	0.31	1.62
13	东吴证券	0.29	1.49
14	长江保荐	0.28	1.46
15	国信证券	0.26	1.36
16	银河证券	0.22	1.16
17	中原证券	0.20	1.04
18	国元证券	0.20	1.01
19	中天国富	0.19	0.99
20	华金证券	0.19	0.98
合计		16.73	86.44

7-17　2020年证券公司资产管理业务前20排名表

Top 20 Securities Companies Ranked by Asset Management Business in 2020

排名 Rank	受托管理资金本金总额 Total Collocation Capital		
	公司名称 Company Name	金额(亿元) Amount(100 million yuan)	占比(%) Proportion(%)
1	中信证券	14921.20	14.34
2	中金公司	6064.73	5.83
3	华泰资管	5618.91	5.40
4	招商资管	5353.34	5.14
5	中银国际	5118.17	4.92
6	国君资管	5063.76	4.87
7	中信建投	4902.82	4.71
8	申万宏源	3555.41	3.42
9	广发资管	2728.88	2.62
10	平安证券	2726.35	2.62
11	海通资管	2297.42	2.21
12	光证资管	2195.69	2.11
13	东证资管	2124.96	2.04
14	财通资管	1534.54	1.47
15	银河金汇	1526.39	1.47
16	天风资管	1485.51	1.43
17	信达证券	1407.80	1.35
18	国信证券	1354.39	1.30
19	中泰资管	1299.32	1.25
20	浙商资管	1289.04	1.24
合计		72568.65	69.74

注：“占比”是指单个公司数据占全行业公司数据的比重。

数据来源：中国证券业协会

Source: SAC

7-17 续表

continued

排名 Rank	受托客户资产管理业务净收入 Net Income from Asset Management Business		
	公司名称 Company Name	金额(亿元) Amount(100 million yuan)	占比(%) Proportion(%)
1	东证资管	24.40	8.21
2	中信证券	24.08	8.10
3	华泰资管	21.15	7.12
4	国君资管	17.38	5.85
5	光证资管	14.26	4.80
6	海通资管	14.07	4.73
7	申万宏源	13.22	4.45
8	广发资管	12.82	4.31
9	财通资管	11.76	3.95
10	招商资管	11.52	3.88
11	中金公司	10.84	3.65
12	中信建投	10.00	3.36
13	中银国际	8.09	2.72
14	天风证券	7.85	2.64
15	银河金汇	5.71	1.92
16	长江资管	4.79	1.61
17	中天资管	4.27	1.44
18	平安证券	4.26	1.43
19	浙商资管	4.02	1.35
20	华安证券	3.69	1.24
合计		228.20	76.77

7-18　2020年证券公司客户交易结算资金余额前20排名表
Top 20 Securities Companies Ranked by Balance of Clients' Transaction Settlement Funds in 2020

排名 Rank	客户交易结算资金余额 Balance of Clients' Transaction Settlement Funds		
	公司名称 Company Name	金额(亿元) Amount(100 million yuan)	占比(%) Proportion(%)
1	中信证券	844.35	5.94
2	华泰证券	825.61	5.81
3	广发证券	684.66	4.82
4	国泰君安	658.31	4.63
5	招商证券	581.68	4.09
6	银河证券	581.57	4.09
7	海通证券	569.11	4.01
8	中信建投	538.67	3.79
9	国信证券	498.74	3.51
10	平安证券	460.41	3.24
11	申万宏源	425.90	3.00
12	安信证券	325.91	2.29
13	中泰证券	285.65	2.01
14	光大证券	280.08	1.97
15	东方财富	275.34	1.94
16	中金财富	264.01	1.86
17	兴业证券	248.75	1.75
18	长江证券	242.88	1.71
19	方正证券	242.64	1.71
20	东方证券	225.94	1.59
合计		9060.21	63.76

注：1.“占比”是指单个公司数据占全行业公司数据的比重。
2.“证券交易结算资金”是指“证券市场交易结算资金监控系统”获取的有经纪业务的证券公司全部经纪业务客户(含部分采取证券公司结算模式的资产管理计划)从事证券交易等的人民币交易结算资金，不包括投资者从事B股交易、融资融券业务等的资金，也不包括证券公司自营、QFII以及采用托管人结算模式的证券公司资产管理计划和公开募集证券投资基金等从事证券交易的资金。

数据来源：中国证券投资者保护基金有限责任公司
Source: SIPF

7-19　2020年期货公司期货成交金额前20排名表
Top 20 Futures Companies Ranked by Futures Trading Turnover in 2020

排名 Rank	商品期货 Commodity Futures			排名 Rank	金融期货 Financial Futures		
	公司名称 Company Name	金额(亿元) Amount (100 million yuan)	占比(%) Proportion (%)		公司名称 Company Name	金额(亿元) Amount (100 million yuan)	占比(%) Proportion (%)
1	东证期货	531556.69	8.30	1	中信期货	202179.63	8.76
2	海通期货	482585.84	7.53	2	东证期货	170187.11	7.38
3	华泰期货	364763.50	5.69	3	国泰君安	158320.38	6.86
4	中信期货	362670.31	5.66	4	海通期货	124730.42	5.41
5	国泰君安	242327.46	3.78	5	华泰期货	91453.56	3.96
6	国富期货	194066.46	3.03	6	银河期货	70691.21	3.06
7	光大期货	175300.85	2.74	7	国投安信期货	70347.01	3.05
8	银河期货	151270.64	2.36	8	兴证期货	70176.28	3.04
9	方正中期期货	145813.70	2.28	9	华闻期货	57688.90	2.50
10	兴证期货	130550.04	2.04	10	申银万国	50985.57	2.21
11	徽商期货	129595.74	2.02	11	五矿经易期货	50611.79	2.19
12	华闻期货	123211.71	1.92	12	方正中期期货	46216.76	2.00
13	申银万国	121187.57	1.89	13	东兴期货	44937.83	1.95
14	国信期货	119164.78	1.86	14	永安期货	44703.45	1.94
15	国投安信期货	109010.79	1.70	15	国信期货	42823.26	1.86
16	永安期货	105490.83	1.65	16	西部期货	38505.49	1.67
17	华安期货	98142.84	1.53	17	中信建投	38020.38	1.65
18	新湖期货	90428.77	1.41	18	光大期货	37828.19	1.64
19	中辉期货	86442.78	1.35	19	平安期货	31677.26	1.37
20	东吴期货	81075.50	1.27	20	广发期货	30371.83	1.32
合计		3844656.80	60.00	合计		1472456.29	63.83

注：1.“占比”是指单个公司数据占全行业公司数据的比重。
　　2.期货成交金额按双边口径计算。

数据来源:中国证券监督管理委员会

Source: CSRC

7-20　2020年期货公司期末客户权益总额前20排名表

Top 20 Futures Companies Ranked by Total Value of Customer Equity in 2020

排名 Rank	公司名称 Company Name	金额(亿元) Amount(100 million yuan)	占比(%) Proportion(%)
1	中信期货有限公司	659.63	8.00
2	国泰君安期货有限公司	528.28	6.40
3	上海东证期货有限公司	406.54	4.93
4	华泰期货有限公司	396.09	4.80
5	海通期货股份有限公司	324.92	3.94
6	永安期货股份有限公司	307.36	3.73
7	银河期货有限公司	297.47	3.61
8	国投安信期货有限公司	236.76	2.87
9	广发期货有限公司	195.90	2.38
10	申银万国期货有限公司	184.54	2.24
11	南华期货股份有限公司	151.35	1.83
12	光大期货有限公司	148.91	1.81
13	中粮期货有限公司	143.48	1.74
14	中信建投期货有限公司	142.54	1.73
15	兴证期货有限公司	135.85	1.65
16	浙商期货有限公司	125.34	1.52
17	招商期货有限公司	124.00	1.50
18	五矿期货有限公司	114.83	1.39
19	一德期货有限公司	114.68	1.39
20	方正中期期货有限公司	112.63	1.37
合计		4851.11	58.81

注：“占比”是指单个公司数据占全行业公司数据的比重。
数据来源：中国期货业协会
Source: CFA

7-21　2020年期货公司财务情况前20排名表
Top 20 Futures Companies Ranked by Pecuniary Condition in 2020

排名 Rank	总资产 Total Assets			排名 Rank	净利润 Net Profit		
	公司名称 Company Name	金额(亿元) Amount (100 million yuan)	占比(%) Proportion (%)		公司名称 Company Name	金额(亿元) Amount (100 million yuan)	占比(%) Proportion (%)
1	中信期货	731.33	7.43	1	永安期货	9.16	11.04
2	国泰君安	583.91	5.93	2	中信期货	4.13	4.98
3	东证期货	447.25	4.54	3	国泰君安	3.38	4.08
4	华泰期货	429.98	4.37	4	银河期货	3.09	3.73
5	永安期货	394.29	4.00	5	海通期货	2.78	3.35
6	海通期货	357.04	3.63	6	国投安信期货	2.77	3.34
7	银河期货	337.65	3.43	7	国信期货	2.55	3.07
8	国投安信期货	272.42	2.77	8	中信建投	2.50	3.02
9	申银万国	227.89	2.31	9	瑞达期货	2.49	3.00
10	广发期货	224.81	2.28	10	华泰期货	2.42	2.91
11	中粮期货	180.52	1.83	11	混沌天成	2.18	2.63
12	招商期货	179.31	1.82	12	申银万国	2.18	2.62
13	南华期货	177.26	1.80	13	招商期货	2.12	2.55
14	中信建投	177.18	1.80	14	广发期货	2.07	2.49
15	光大期货	172.44	1.75	15	浙商期货	1.79	2.16
16	五矿经易期货	158.16	1.61	16	东证期货	1.79	2.16
17	兴证期货	153.09	1.55	17	中粮期货	1.75	2.11
18	浙商期货	151.03	1.53	18	五矿经易期货	1.62	1.95
19	鲁证期货	132.24	1.34	19	光大期货	1.60	1.93
20	方正中期期货	129.26	1.31	20	平安期货	1.40	1.69
合计		5617.04	57.05	合计		53.74	64.78

注：“占比”是指单个公司数据占全行业公司数据的比重。
数据来源：中国期货业协会
Source: CFA

7-22　2020年期货公司经纪业务收入前20排名表

Top 20 Futures Companies Ranked by Brokerage Business Income in 2020

排名 Rank	期货公司经纪业务收入 Futures Companies Brokerage Business Income		
	公司名称 Company Name	金额(亿元) Amount(100 million yuan)	占比(%) Proportion(%)
1	国泰君安	5.82	3.02
2	山西三立	5.70	2.95
3	新纪元期货	5.60	2.90
4	永安期货	4.88	2.53
5	东证期货	4.79	2.48
6	瑞达期货	4.61	2.39
7	方正中期期货	4.60	2.38
8	银河期货	4.55	2.36
9	徽商期货	4.52	2.34
10	中信期货	4.48	2.32
11	华泰期货	4.14	2.15
12	海通期货	3.91	2.03
13	东方财富期货	3.77	1.95
14	中信建投	3.76	1.95
15	上海大陆	3.59	1.86
16	申银万国	3.58	1.86
17	平安期货	3.35	1.74
18	河北恒银	3.24	1.68
19	华安期货	3.24	1.68
20	迈科期货	3.04	1.58
合计		85.17	44.15

注：1.“占比”是指单个公司数据占全行业公司数据的比重。
　　2.按合并口径统计。

数据来源：中国期货业协会

Source: CFA

7-23 2020年期货公司投资咨询业务收入前20排名表
Top 20 Futures Companies Ranked by Investment Consultant Business Income in 2020

排名 Rank	投资咨询业务收入 Investment Consultant Business Income		
	公司名称 Company Name	金额(亿元) Amount(100 million yuan)	占比(%) Proportion(%)
1	中融汇信	0.38	29.78
2	申银万国	0.26	20.69
3	国信期货	0.10	8.11
4	国富期货	0.06	4.71
5	瑞达期货	0.05	4.18
6	中银国际期货	0.05	3.84
7	南华期货	0.03	2.04
8	中信期货	0.02	1.87
9	国泰君安	0.02	1.72
10	和合期货	0.02	1.71
11	华闻期货	0.02	1.66
12	先锋期货	0.02	1.49
13	宏源期货	0.02	1.42
14	招商期货	0.02	1.40
15	上海东亚	0.02	1.32
16	平安期货	0.01	0.99
17	海通期货	0.01	0.97
18	西南期货	0.01	0.88
19	混沌天成	0.01	0.85
20	西部期货	0.01	0.83
合计		1.15	90.46

注：1.“占比”是指单个公司数据占全行业公司数据的比重。
2.按合并口径统计。

数据来源：中国期货业协会

Source: CFA

7-24　2020年期货公司资产管理业务收入前20排名表

Top 20 Futures Companies Ranked by Asset Management Business Income in 2020

排名 Rank	资产管理业务收入 Asset Management Business Income		
	公司名称 Company Name	金额(亿元) Amount(100 million yuan)	占比(%) Proportion(%)
1	瑞达期货股份有限公司	0.93	10.35
2	海通期货股份有限公司	0.82	9.11
3	上海东证期货有限公司	0.61	6.83
4	中电投先融期货股份有限公司	0.58	6.42
5	中信期货有限公司	0.54	6.04
6	永安期货股份有限公司	0.48	5.31
7	申银万国期货有限公司	0.32	3.52
8	天风期货股份有限公司	0.31	3.49
9	兴业期货有限公司	0.30	3.32
10	华融融达期货股份有限公司	0.28	3.14
11	迈科期货股份有限公司	0.26	2.91
12	国投安信期货有限公司	0.26	2.90
13	银河期货有限公司	0.24	2.69
14	广发期货有限公司	0.17	1.88
15	和合期货有限公司	0.17	1.88
16	五矿经易期货有限公司	0.16	1.79
17	混沌天成期货股份有限公司	0.14	1.58
18	浙商期货有限公司	0.14	1.51
19	国泰君安期货有限公司	0.13	1.44
20	弘业期货股份有限公司	0.13	1.42
合计		6.95	77.53

注：1.“占比”是指单个公司数据占全行业公司数据的比重。
　　2.按合并口径统计。
数据来源：中国期货业协会
Source: CFA

7-25 2020年期货公司风险管理业务收入前20排名表
Top 20 Futures Companies Ranked by Risk Management Business Income in 2020

排名 Rank	风险管理业务收入 Risk Management Business Income		
	公司名称 Company Name	金额(亿元) Amount(100 million yuan)	占比(%) Proportion(%)
1	浙江永安资本管理有限公司	237.10	11.38
2	上期资本管理有限公司	170.58	8.19
3	浙江南华资本管理有限公司	91.67	4.40
4	浙江济海贸易发展有限公司	89.50	4.30
5	东证润和资本管理有限公司	89.13	4.28
6	宏源恒利(上海)实业有限公司	85.43	4.10
7	上海新湖瑞丰金融服务有限公司	70.60	3.39
8	中电投先融(天津)风险管理有限公司	69.91	3.36
9	国贸启润资本管理有限公司	66.67	3.20
10	银河德睿资本管理有限公司	63.66	3.06
11	五矿产业金融服务(深圳)有限公司	62.78	3.01
12	国泰君安风险管理有限公司	53.96	2.59
13	上海夯石商贸有限公司	53.83	2.58
14	浙江浙期实业有限公司	52.93	2.54
15	上海滇晟商贸有限公司	52.61	2.53
16	上海海通资源管理有限公司	51.26	2.46
17	平安商贸有限公司	41.30	1.98
18	广期资本管理(上海)有限公司	37.26	1.79
19	兴证风险管理有限公司	36.57	1.76
20	苏州创元和赢资本管理有限公司	34.55	1.66
合计		1511.32	72.54

注：1.“占比”是指单个公司数据占全行业公司数据的比重。
2.按合并口径统计。
3.本表中期货公司指期货公司风险管理子公司。
数据来源：中国期货业协会
Source: CFA

7-26　2020年全国股转系统主办券商推荐业务前20排名表

Top 20 Lead Brokers in the NEEQ System of IPO Recommendation in 2020

排名 Rank	推荐业务 IPO Recommendation		
	主办券商名称 Name of Lead Brokers	推荐家数 Number of IPO Recommendations	占比(%) Proportion(%)
1	开源证券股份有限公司	33	24.09
2	国融证券股份有限公司	19	13.87
3	东吴证券股份有限公司	9	6.57
4	恒泰长财证券有限责任公司	8	5.84
5	中泰证券股份有限公司	8	5.84
6	申万宏源证券承销保荐有限责任公司	6	4.38
7	山西证券股份有限公司	6	4.38
8	西南证券股份有限公司	4	2.92
9	江海证券有限公司	3	2.19
10	财通证券股份有限公司	3	2.19
11	天风证券股份有限公司	3	2.19
12	长江证券股份有限公司	3	2.19
13	安信证券股份有限公司	2	1.46
14	粤开证券股份有限公司	2	1.46
15	金元证券股份有限公司	2	1.46
16	南京证券股份有限公司	2	1.46
17	五矿证券有限公司	2	1.46
18	中邮证券有限责任公司	2	1.46
19	东莞证券股份有限公司	2	1.46
20	西部证券股份有限公司	2	1.46
合计		121	88.32

注：1.“占比”是指单个公司数据占全行业公司数据的比重。
　　2.以年末存量挂牌公司的推荐券商进行统计。
数据来源：全国中小企业股份转让系统
Source:NEEQ

7-27 2020年全国股转系统主办券商做市业务前20排名表
Top 20 Lead Brokers in the NEEQ System of Market Making in 2020

排名 Rank	做市业务 Market Making		
	主办券商名称 Name of Lead Brokers	做市交易金额(亿元) Trading Turnover of Market Making(100 Million Yuan)	占比(%) Proportion(%)
1	九州证券股份有限公司	51.94	12.76
2	中泰证券股份有限公司	37.90	9.31
3	国泰君安证券股份有限公司	34.30	8.43
4	上海证券有限责任公司	30.38	7.46
5	中山证券有限责任公司	24.66	6.06
6	东北证券股份有限公司	24.13	5.93
7	安信证券股份有限公司	16.45	4.04
8	广发证券股份有限公司	16.30	4.01
9	申万宏源证券有限公司	15.50	3.81
10	中信证券股份有限公司	14.02	3.44
11	第一创业证券股份有限公司	12.93	3.18
12	天风证券股份有限公司	10.54	2.59
13	海通证券股份有限公司	9.81	2.41
14	国信证券股份有限公司	8.41	2.07
15	粤开证券股份有限公司	7.54	1.85
16	东莞证券股份有限公司	7.47	1.84
17	金元证券股份有限公司	6.70	1.65
18	开源证券股份有限公司	5.82	1.43
19	银泰证券有限责任公司	5.77	1.42
20	首创证券股份有限公司	5.72	1.40
合计		346.29	85.08

注：1.“占比”是指单个公司数据占全行业公司数据的比重。
2.做市交易金额按双边口径计算。

数据来源：全国中小企业股份转让系统
Source:NEEQ

7-28　2020年全国股转系统主办券商经纪业务前20排名表

Top 20 Lead Brokers in the NEEQ System of Brokerage in 2020

排名 Rank	经纪业务 Brokerage		
	主办券商名称 Name of Lead Brokers	代理买卖证券交易金额(亿元) Amount of Acting Trading Securities (100 Million Yuan)	占比(%) Proportion(%)
1	华泰证券股份有限公司	138.15	6.47
2	中信建投证券股份有限公司	131.73	6.17
3	国泰君安证券股份有限公司	120.98	5.67
4	中信证券股份有限公司	118.19	5.54
5	申万宏源证券有限公司	92.86	4.35
6	广发证券股份有限公司	89.93	4.21
7	海通证券股份有限公司	88.02	4.12
8	招商证券股份有限公司	81.42	3.82
9	中国银河证券股份有限公司	77.81	3.65
10	光大证券股份有限公司	55.42	2.60
11	国信证券股份有限公司	53.36	2.50
12	安信证券股份有限公司	52.17	2.44
13	中泰证券股份有限公司	50.70	2.38
14	东方证券股份有限公司	43.19	2.02
15	兴业证券股份有限公司	42.09	1.97
16	平安证券股份有限公司	40.29	1.89
17	方正证券股份有限公司	39.54	1.85
18	长江证券股份有限公司	38.30	1.79
19	东方财富证券股份有限公司	31.33	1.47
20	东吴证券股份有限公司	30.74	1.44
合计		1416.23	66.36

注：1.“占比”是指单个公司数据占全行业公司数据的比重。

2.代理买卖证券交易金额按双边口径计算。

数据来源：全国中小企业股份转让系统

Source:NEEQ

主要统计指标解释

Explanatory Notes on Main Statistical Indicators

证券公司家数 指统计期末已获得中国证监会颁发经营证券期货业务许可证的证券公司数量合计。证券公司家数以获得经营证券期货业务许可证证为标准，已办理机构注销的证券公司从统计中剔除。

证券公司分公司家数 指统计期末经中国证监会批准，依法设立的从事证券业务的证券公司分公司数量合计。

证券公司营业部家数 指统计期末经中国证监会批准，依法设立的从事证券业务的营业网点数量合计。证券营业部家数以获得经营证券期货业务许可证为标准，已办理机构注销的证券营业部从统计中剔除。

期货公司家数 指统计期末经中国证监会批准，并获得中国证监会颁发经营期货业务许可证的期货公司数量合计。期货公司家数以获得经营期货业务许可证为标准，已办理机构注销的期货公司从统计中剔除。

期货公司营业部家数 指统计期末经中国证监会批准，依法设立的从事期货业务的营业网点数量合计。期货营业部家数以获得经营期货业务许可证为标准，已办理机构注销的期货营业部从统计中剔除。

基金管理公司家数 指统计期末经中国证监会批准，并获得经营证券期货业务许可证的基金管理公司的数量合计。基金管理公司家数以获得经营证券期货业务许可证为标准，已办理取消经营证券期货业务许可证的基金管理公司从统计中剔除。

基金管理公司子公司家数 指统计期末经中国证监会批准，依法设立的从事基金管理业务的基金管理公司子公司数量合计。

证券投资咨询机构家数 指统计期末取得经营证券期货业务许可证的证券投资咨询机构的数量合计。指为证券投资人或者客户提供证券投资分析、预测或者建议等直接或者间接有偿咨询服务的机构的数量合计。

总资产 指统计期末证券期货经营机构全部资产总额合计。

净资产 指统计期末证券期货经营机构净资产合计。

净资本 指统计期末证券公司和期货公司净资本金额的合计。

营业收入 指统计期内证券期货经营机构营业收入金额合计。包括手续费及佣金净收入、利息净收入、投资收益、公允价值变动收益、汇兑净收益及其他业务收入等。

利润总额 指统计期内证券期货经营机构利润总额的合计。

净利润 指统计期内证券期货经营机构净利润的合计。

风险资本准备总额 指统计期末全部证券公司风险资本准备的合计。

代理买卖证券业务总额 指统计期内证券公司代理投资者进行证券买卖的金额合计。代理买卖证券总额包含证券公司出租交易单元上所发生的证券买卖金额。

资产管理业务规模 指统计期末证券公司、基金管理公司和期货公司提供专业资产管理服务的资产金额合计，一般按公允价值计算。

期货公司客户权益总额 指统计期末由期货公司带来进行期货交易的客户的资产总额合计，包括被合约占用的保证金以及未被合约占用的可用资金。

就业人员数量 指统计期末在证券公司、基金管理公司和期货公司工作的人员数量合计。

证券交易结算资金指有经纪业务的证券公司全部经纪业务客户（含部分采取证券公司结算模式的资产管理计划）从事证券交易等的人民币交易结算资金。

期货公司资产管理业务 是指期货公司可以接受客户委托，根据《期货公司监督管理办法》《私募投资基金监督管理暂行办法》规定和合同约定，运用客户资产进行投资，并按照合同约定收取费用或者报酬的业务活动。

期货公司风险管理公司 是指由一家期货公司控股 50%以上的子公司，根据《公司法》设立的以开展风险管理服务为主要业务的有限责任公司或股份有限公司。

期货风险资本准备 是指期货公司在开展各项业务过程中，为应对可能发生的风险损失所需要的资本。

期货经纪业务 是指代理客户进行期货交易并收取交易佣金的业务。

期货投资咨询业务 是指期货公司基于客户委托，期货公司及其从业人员向客户提供风险管理顾问、研究分析、交易咨询等服务并获得合理报酬。

主办券商推荐业务 是指证券公司在全国中小企业股份转让系统推荐申请挂牌公司挂牌，持续督导挂牌公司，为挂牌公司股票发行、并购重组提供的相关服务。

主办券商做市业务 是指证券公司在全国中小企业股份转让系统发布买卖双向报价，并在其报价数量范围内按其报价履行与投资者成交义务的相关业务。

主办券商经纪业务 是指证券公司在全国中小企业股份转让系统代理开立证券账户、代理买卖股票等业务。

贰零贰壹

附录

Appendix

贰零贰壹

附录1-1　2020年世界主要国家(地区)的证券化率
Securitisation Ratio of the World's Major Countries (Regions) in 2020

中文名称 Chinese Name	英文名称 English Name	2019			2020		
		市值(十亿美元) Market Capitalization (In Billions)	GDP(十亿美元) GDP (In Billions)	证券化率(%) Securitisation Ratio (%)	市值(十亿美元) Market Capitalization (In Billions)	GDP(十亿美元) GDP (In Billions)	证券化率(%) Securitisation Ratio (%)
中国内地	China Mainland	8515.50	22492.45	37.86	12214.47	23009.78	53.08
美国	United States	33890.83	20563.59	164.81	40719.66	19846.72	205.17
日本	Japan	6191.07	5224.85	118.49	6718.22	—	—
英国	Britain	4182.87	3101.64	134.86	4045.60	2797.98	144.59
法国	France	4701.71	3082.30	152.54	5443.95	2832.17	192.22
德国	Germany	2098.17	4457.05	47.08	2284.11	4238.80	53.89
俄罗斯	Russia	791.52	3993.55	19.82	694.74	3875.69	17.93
印度	India	—	9174.04	—	—	8443.36	—
巴西	Brazil	1187.36	3115.91	38.11	988.37	2989.43	33.06
南非	South Africa	1056.34	730.91	144.52	1051.53	680.04	154.63
韩国	Korea	1484.84	2208.96	67.22	2176.19	2187.80	99.47

注：计算证券化率所使用各国(地区)股市市值数据来自世界交易所联合会。

数据来源：世界交易所联合会、世界银行。

Source: WFE、IBRD

附录1-2　2020年世界主要交易所业务量排名表

Ranking of the World's Major Exchanges by Volume of Business in 2020

中文名称 Chinese Name	英文名称 English Name	2019			
		市值 Market Capitalization		成交金额 Trading Turnover	
		交易所市值（十亿美元）Market Capitalization of Exchange(In Billions)	排名 Ranking	成交金额（十亿美元）Trading Turnover (In Billions)	排名 Ranking
纽约证券交易所	NYSE Euronext(US)	20888.78	1	19490.73	2
纳斯达克证券交易所	NASDAQ OMX	13002.05	2	39683.15	1
上海证券交易所	Shanghai Stock Exchange	5105.84	4	7959.14	4
日本交易所集团	Japan Exchange Group	6191.07	3	5879.44	7
香港证券交易所	Hong Kong Exchanges and Clearing	4899.23	5	1990.61	10
泛欧证券交易所	NYSE Euronext(Europe)	4701.71	6	1981.80	11
深圳证券交易所	Shenzhen Stock Exchange	3409.66	8	10663.38	3
伦敦证券交易所	London SE Group	4182.87	7	4185.00	9
多伦多证券交易所集团	TMX Group	2409.10	9	1415.44	14
印度国家证券交易所	National Stock Exchange of India Limited	2162.70	11	1186.93	15
沙特证券交易所	Saudi Exchange (Tadawul)	2406.82	10	235.35	26
法兰克福证券交易所	Deutsche Börse	2098.17	12	1609.53	13
韩国证券交易所	Korea Exchange	1484.84	16	1955.18	12
纳斯达克(北欧)证券交易所	Nasdaq Nordic Exchanges	1612.58	14	803.11	20
瑞士证券交易所	SIX Swiss Exchange	1834.45	13	1107.74	16
澳大利亚证券交易所	Australian Securities Exchange	1487.60	15	1009.87	18
台湾证券交易所	Taiwan Stock Exchange	1217.27	17	857.80	19
德黑兰证券交易所	Tehran Stock Exchange	320.67	27	68.44	34
约翰内斯堡证券交易所	Johannesburg Stock Exchange	1056.34	19	355.01	24
巴西证券交易所	B3 - Brasil Bolsa Balcão	1187.36	18	1065.52	17

注：此表样本选用2020年末股票市值全球排名前20位的交易所。
数据来源：世界交易所联合会
Source: WFE

附录1-2 续表 continued

中文名称 Chinese Name	英文名称 English Name	2020			
		市值 Market Capitalization		成交金额 Trading Turnover	
		交易所市值(十亿美元) Market Capitalization of Exchange(In Billions)	排名 Ranking	成交金额(十亿美元) Trading Turnover (In Billions)	排名 Ranking
纽约证券交易所	NYSE Euronext(US)	21659.29	1	26445.84	2
纳斯达克证券交易所	NASDAQ OMX	19060.37	2	63634.28	1
上海证券交易所	Shanghai Stock Exchange	6975.97	3	12213.48	5
日本交易所集团	Japan Exchange Group	6718.22	4	6982.75	6
香港证券交易所	Hong Kong Exchanges and Clearing	6130.42	5	3315.17	10
泛欧证券交易所	NYSE Euronext(Europe)	5443.95	6	2582.05	11
深圳证券交易所	Shenzhen Stock Exchange	5238.50	7	17849.42	4
伦敦证券交易所	London SE Group	4045.60	8	4480.54	8
多伦多证券交易所集团	TMX Group	2608.38	9	1871.42	13
印度国家证券交易所	National Stock Exchange of India Limited	2552.46	10	1816.94	14
沙特证券交易所	Saudi Exchange (Tadawul)	2429.10	11	558.34	22
法兰克福证券交易所	Deutsche Börse	2284.11	12	2153.04	12
韩国证券交易所	Korea Exchange	2176.19	13	4878.59	7
纳斯达克(北欧)证券交易所	Nasdaq Nordic Exchanges	2110.44	14	1093.45	20
瑞士证券交易所	SIX Swiss Exchange	2001.60	15	1399.02	16
澳大利亚证券交易所	Australian Securities Exchange	1720.56	16	1279.03	18
台湾证券交易所	Taiwan Stock Exchange	1598.57	17	1566.56	15
德黑兰证券交易所	Tehran Stock Exchange	1218.39	18	481.83	24
约翰内斯堡证券交易所	Johannesburg Stock Exchange	1051.53	19	348.60	28
巴西证券交易所	B3 - Brasil Bolsa Balcão	988.37	20	1381.96	17

附录1-3　2020年全球主要经济体资本市场业务量排名表
Ranking of the World's Major Economies by Volume of Business in Capital Markets in 2020

中文名称 Chinese Name	英文名称 English Name	2019 市值 Market Capitalization		2019 成交金额 Trading Turnover		2020 市值 Market Capitalization		2020 成交金额 Trading Turnover	
		市值（十亿美元）Market Capitalization (In Billions)	排名 Ranking	成交金额（十亿美元）Trading Turnover (In Billions)	排名 Ranking	市值（十亿美元）Market Capitalization (In Billions)	排名 Ranking	成交金额（十亿美元）Trading Turnover (In Billions)	排名 Ranking
美国	America	33890.83	1	59173.88	1	40719.66	1	90080.11	1
中国内地	China Mainland	8515.50	2	18622.52	2	12214.47	2	30062.90	2
日本	Japan	6191.07	3	5879.44	3	6718.22	3	6982.75	3
中国香港	Hong Kong, China	4899.23	4	1990.61	5	6130.42	4	3315.17	6
法国	French	4701.71	5	1981.80	6	5443.95	5	2582.05	7
英国	Britain	4182.87	6	4185.00	4	4045.60	6	4480.54	5
加拿大	Cananda	2409.10	7	1415.44	9	2608.38	7	1871.42	9
德国	Germany	2098.17	8	1609.53	8	2284.11	8	2153.04	8
韩国	Korea	1484.84	12	1955.18	7	2176.19	9	4878.59	4
瑞典	Sweden	1612.58	10	803.11	14	2110.44	10	1093.45	14
瑞士	Switzerland	1834.45	9	1107.74	10	2001.60	11	1399.02	11
澳大利亚	Australia	1487.60	11	1009.87	12	1720.56	12	1279.03	13
台湾	Taiwan, China	1217.27	13	857.80	13	1598.57	13	1566.56	10
南非	South Africa	1056.34	15	355.01	17	1051.53	14	348.60	18
巴西	Brazil	1187.36	14	1065.52	11	988.37	15	1381.96	12
西班牙	Spain	797.29	16	523.91	15	759.17	16	483.98	15
俄罗斯	Russia	791.52	17	221.65	18	694.74	17	353.75	17
新加坡	Singapore	697.27	18	194.42	19	652.61	18	259.48	19
泰国	Thailand	569.23	19	366.65	16	543.16	19	477.81	16
马来西亚	Malaysia	403.96	20	120.28	20	436.54	20	245.21	20

注：1.各主要经济体市值为所在地在各经济体的会员交易所国内市值合计。
2.此表样本选用2020年末股票市值全球排名前20位的经济体。
3.法国市值为泛欧交易所市值，包含法国、荷兰、比利时、葡萄牙四个国家的市值，因为无法单独提取，所以使用泛欧交易所市值作为法国市值进行计算，法国实际市值应为泛欧交易所市值60%左右。
4.因WFE提供的成交金额不全，个别数据存在缺失情况。

数据来源：世界交易所联合会

Source: WFE

附录1-4 2020年全球期货及期权市场前30大交易所排名表
Ranking of Top 30 Exchanges in Global Futures and Options Markets in 2020

中文名称 Chinese Name	英文名称 English Name	2019		2020	
		期货和期权成交量(百万手) Futures and Option Trading Volume (in millions)	排名 Ranking	期货和期权成交量(百万手) Futures and Option Trading Volume (in millions)	排名 Ranking
印度国家证券交易所	National Stock Exchange of India	5977.22	1	8850.47	1
巴西期货交易所	B3 - Brasil Bolsa Balcão	3880.62	3	6307.56	2
芝加哥商业交易所集团	CME Group	4830.05	2	4820.59	3
洲际交易所	Intercontinental Exchange	2256.76	4	2788.94	4
纳斯达克证券交易所	Nasdaq	1785.34	7	2660.60	5
芝加哥期权交易所集团	CBOE Holdings	1912.08	6	2614.11	6
大连商品交易所	Dalian Commodity Exchange	1355.58	11	2207.33	7
韩国交易所	Korea Exchange	1546.72	8	2184.93	8
上海期货交易所	Shanghai Futures Exchange	1447.60	10	2128.61	9
莫斯科交易所	Moscow Exchange	1455.04	9	2119.94	10
欧洲期权与期货交易所	Eurex	1947.14	5	1861.42	11
郑州商品交易所	Zhengzhou Commodity Exchange	1092.70	12	1701.85	12
伊斯坦布尔证券交易所	Borsa Istanbul	388.00	16	1517.48	13
孟买证券交易所	BSE	1026.43	13	924.43	14
迈阿密洲际证券交易所	Miami International Holdings1	440.05	14	827.45	15
日本交易所集团	Japan Exchange	361.10	17	454.26	16
香港交易所	Hong Kong Exchanges and Clearing	438.69	15	437.07	17
台湾期货交易所	Taiwan Futures Exchange	260.77	19	341.39	18
加拿大TMX集团	TMX Group	228.77	22	318.02	19
新加坡交易所	Singapore Exchange	239.87	21	247.15	20
澳大利亚证券交易所	ASX	260.48	20	224.85	21
印度多种商品交易所	Multi Commodity Exchange of India	307.10	18	221.02	22
泛欧衍生品市场	Euronext	152.02	25	175.58	23
约翰内斯堡证券交易所	JSE Securities Exchange	156.86	24	169.73	24
泰国期货交易所	Thailand Futures Exchange	104.52	26	120.19	25
阿根廷布宜诺斯艾利斯罗萨里奥交易所	MATba ROFEX	210.14	23	117.49	26
中国金融期货交易所	China Financial Futures Exchange	66.41	27	115.28	27
东京金融交易所	Tokyo Financial Exchange	33.46	30	49.69	28
特拉维夫证券交易所	Tel-Aviv Stock Exchange	35.56	29	42.41	29
西班牙金融期货交易所	MEFF	44.92	28	40.48	30

注：1.排名不包括未向FIA报告交易数据的交易所。
2.此表样本选用2020年期货和期权成交量全球排名前30位的交易所。
3.东京证券交易所与大阪证券交易所合并为日本交易所集团，洲际交易所集团收购纽约泛欧交易所，阿根廷阿根廷布宜诺斯艾利斯交易所和罗萨里奥交易所与2019年8月合并。

数据来源：美国期货业协会
Source: FIA

附录1-5 历年退市公司名录

序号 No.	股票代码 Stock Code	退市公司全称 Delisting Company Name	股票简称 Stock Abbreviation	退市日期 Delisting Date
1	600687.SH	甘肃刚泰控股(集团)股份有限公司	*ST刚泰	2020/12/29
2	000939.SZ	凯迪生态环境科技股份有限公司	凯迪退	2020/12/17
3	600817.SH	郑州德恒宏盛科技发展股份有限公司	ST宏盛	2020/12/15
4	900956.SH	黄石东贝电器股份有限公司	东贝B股	2020/11/23
5	300431.SZ	暴风集团股份有限公司	暴风退	2020/11/10
6	000927.SZ	天津一汽夏利汽车股份有限公司	*ST夏利	2020/10/10
7	300216.SZ	湖南千山制药机械股份有限公司	千山退	2020/09/16
8	300156.SZ	神雾环保技术股份有限公司	神雾退	2020/08/25
9	300090.SZ	安徽盛运环保(集团)股份有限公司	盛运退	2020/08/25
10	002220.SZ	大连天宝绿色食品股份有限公司	天宝退	2020/08/11
11	300028.SZ	金亚科技股份有限公司	金亚退	2020/08/03
12	300104.SZ	乐视网信息技术(北京)股份有限公司	乐视退	2020/07/21
13	200160.SZ	东沣科技集团股份有限公司	东沣B退	2020/07/21
14	002509.SZ	天广中茂股份有限公司	天茂退	2020/07/20
15	002604.SZ	山东龙力生物科技股份有限公司	龙力退	2020/07/15
16	900951.SH	大化集团大连化工股份有限公司	退市大化B	2020/07/02
17	600069.SH	河南银鸽实业投资股份有限公司	退市银鸽	2020/07/02
18	000691.SZ	海南亚太实业发展股份有限公司	亚太实业	2020/06/30
19	002758.SZ	浙江华通医药股份有限公司	华通医药	2020/06/26
20	600175.SH	美都能源股份有限公司	退市美都	2020/06/17
21	002532.SZ	新界泵业集团股份有限公司	新界泵业	2020/06/11
22	600821.SH	天津劝业场(集团)股份有限公司	*ST劝业	2020/06/05
23	601558.SH	华锐风电科技(集团)股份有限公司	退市锐电	2020/04/30
24	600074.SH	江苏保千里视像科技集团股份有限公司	退市保千	2020/04/01
25	000800.SZ	一汽轿车股份有限公司	一汽轿车	2020/02/28
26	002082.SZ	万邦德新材股份有限公司	万邦德	2020/01/16
27	000018.SZ	神州长城股份有限公司	神城A退	2020/01/07
28	200018.SZ	神州长城股份有限公司	神城B退	2020/01/07
29	002793.SZ	浙江东音泵业股份有限公司	东音股份	2019/12/31
30	300111.SZ	浙江向日葵光能科技股份有限公司	向日葵	2019/12/31
31	000953.SZ	广西河池化工股份有限公司	*ST河化	2019/12/24
32	002761.SZ	多喜爱集团股份有限公司	多喜爱	2019/12/17
33	600747.SH	大连大福控股股份有限公司	退市大控	2019/12/12
34	600240.SH	北京华业资本控股股份有限公司	退市华业	2019/12/04
35	002143.SZ	印纪娱乐传媒股份有限公司	印纪退	2019/11/29
36	002680.SZ	长生生物科技股份有限公司	长生退	2019/11/27
37	000785.SZ	武汉中商集团股份有限公司	武汉中商	2019/11/26
38	600131.SH	四川岷江水利电力股份有限公司	岷江水电	2019/11/01
39	002018.SZ	安徽华信国际控股股份有限公司	华信退	2019/11/01

注：1.同时发A、B股公司所用股票代码、简称、股价和净资产数据均为其A股对应数据。
2.从2019年开始，退市公司在原有范围基础上增加重组退市-重组上市和重组退市-出清式资产置换。出清式资产置换是指在上市公司实际控制人未发生变更的前提下，上市公司将原有主要业务置出，同时置入新业务。

数据来源：中国证监会、上海证券交易所、深圳证券交易所
Source:CSRC、SSE、SZSE

List of Delisting Companies

退市时股价 Delisting Share Price	退市时每股净资产 Delisting Book Value Per Share	退市原因 Delisting Reason
0.50	0.5944	强制退市-交易类
0.15	-0.9175	连续3年亏损，第4年净利润、净资产为负，被出具无法表示意见审计报告
14.88	0.6120	重组退市-重组上市
3.07	6.0859	重组退市-吸收合并
0.28	-1.9223	未在法定期限内披露年度报告
3.82	1.3134	重组退市-出清式资产置换
0.19	-7.6393	2年净资产为负，第2年净利润、扣非净利润、净资产均为负，且审计意见类型为无法表示意见。
0.12	-0.3100	股票低于面值
0.12	-2.8014	股票低于面值
0.26	0.5425	股票低于面值
0.3	0.3175	连续3年亏损，第4年净利润、扣非净利润、净资产均为负。
0.18	-3.6343	2年净资产为负，第2年净利润、扣非净利润、净资产均为负，且审计意见类型为保留意见。
0.18	0.3572	股票低于面值
0.15	0.6060	股票低于面值
0.25	-6.9159	连续三年亏损，且审计意见类型为无法表示意见
0.074	-0.7692	强制退市-交易类
0.92	0.8092	强制退市-交易类
5.09	0.2327	重组退市-出清式资产置换
11.07	12.5424	重组退市-重组上市
0.41	2.5717	强制退市-交易类
7.18	3.6993	重组退市-重组上市
3.96	-0.0436	重组退市-出清式资产置换
0.65	0.2495	强制退市-交易类
1.04	-2.4525	强制退市-财务类
9	4.9468	重组退市-出清式资产置换
9.87	6.2726	重组退市-重组上市
0.27	-0.7640	股票低于面值
0.17	-0.7640	股票低于面值
13.5	2.7765	重组退市-重组上市
2.34	0.3416	重组退市-出清式资产置换
4.1	-0.8495	重组退市-出清式资产置换
11.56	5.5798	重组退市-重组上市
0.26	0.2848	其它不符合挂牌的情形
0.86	-3.3844	强制退市-交易类
0.25	0.6090	连续20个交易日收盘价低于1元
0.77	3.8467	重大违法强制退市
9.97	1.9727	重组退市-重组上市
21.65	2.6000	重组退市-出清式资产置换
0.26	-0.5249	连续20个交易日收盘价低于1元

附录1-5　续表 1

序号 No.	股票代码 Stock Code	退市公司全称 Delisting Company Name	股票简称 Stock Abbreviation	退市日期 Delisting Date
40	002459.SZ	秦皇岛天业通联重工股份有限公司	天业通联	2019/10/28
41	002477.SZ	雏鹰农牧集团股份有限公司	雏鹰退	2019/10/16
42	600732.SH	上海新梅置业股份有限公司	ST新梅	2019/09/06
43	600556.SH	广西慧金科技股份有限公司	ST慧球	2019/09/06
44	600401.SH	海润光伏科技股份有限公司	退市海润	2019/07/12
45	000693.SZ	成都华泽钴镍材料股份有限公司	华泽退	2019/07/09
46	002070.SZ	福建众和股份有限公司	众和退	2019/07/09
47	000418.SZ	无锡小天鹅股份有限公司	小天鹅A	2019/06/21
48	200418.SZ	无锡小天鹅股份有限公司	小天鹅B	2019/05/27
49	600680.SH	上海普天邮通科技股份有限公司	*ST上普	2019/05/23
50	900930.SH	上海普天邮通科技股份有限公司	*ST沪普B	2019/05/23
51	002015.SZ	江苏霞客环保色纺股份有限公司	霞客环保	2019/04/25
52	002059.SZ	云南旅游股份有限公司	云南旅游	2019/03/29
53	002053.SZ	云南能源投资股份有限公司	云南能投	2019/02/27
54	600877.SH	中国嘉陵工业股份有限公司(集团)	*ST嘉陵	2019/01/30
55	600270.SH	中外运空运发展股份有限公司	外运发展	2018/12/28
56	000979.SZ	中弘控股股份有限公司	中弘退	2018/12/28
57	000511.SZ	银基烯碳新材料集团股份有限公司	烯碳退	2018/07/18
58	600806.SH	沈机集团昆明机床股份有限公司	退市昆机	2018/07/13
59	600432.SH	吉林吉恩镍业股份有限公司	退市吉恩	2018/07/13
60	200053.SZ	深圳赤湾石油基地股份有限公司	深基地B	2018/06/15
61	000916.SZ	华北高速公路股份有限公司	华北高速(退市)	2017/12/25
62	300372.SZ	丹东欣泰电气股份有限公司	欣泰退(退市)	2017/08/28
63	000033.SZ	深圳新都酒店股份有限公司	新都退(退市)	2017/07/07
64	600005.SH	武汉钢铁股份有限公司	武钢股份(退市)	2017/02/14
65	000748.SZ	长城信息产业股份有限公司	长城信息(退市)	2017/01/18
66	900935.SH	上海阳晨投资股份有限公司	阳晨B股(退市)	2016/12/16
67	600656.SH	珠海市博元投资股份有限公司	退市博元(退市)	2016/05/13
68	000024.SZ	招商局地产控股股份有限公司	招商地产(退市)	2015/12/30
69	200024.SZ	招商局地产控股股份有限公司	招商局B(退市)	2015/12/11
70	900950.SH	江苏新城地产股份有限公司	新城B股(退市)	2015/11/23
71	300186.SZ	广东大华农动物保健品股份有限公司	大华农(退市)	2015/11/02
72	200770.SZ	武汉锅炉股份有限公司	武锅B(退市)	2015/07/13
73	000594.SZ	天津国恒铁路控股股份有限公司	国恒(退市)	2015/07/13
74	601268.SH	国机重型装备集团股份有限公司	*ST二重(退市)	2015/05/21
75	600832.SH	上海东方明珠(集团)股份有限公司	东方明珠(退市)	2015/05/20
76	601299.SH	中国北车股份有限公司	中国北车(退市)	2015/05/20
77	000562.SZ	宏源证券股份有限公司	宏源证券(退市)	2015/01/26
78	200002.SZ	万科企业股份有限公司	万科B(退市)	2014/06/19
79	600087.SH	中国长江航运集团南京油运股份有限公司	长油(退市)	2014/06/05
80	200513.SZ	丽珠医药集团股份有限公司	丽珠B(退市)	2014/01/10
81	900949.SH	浙江东南发电股份有限公司	东电B股(退市)	2013/11/07
82	000527.SZ	广东美的电器股份有限公司	美的电器(退市)	2013/09/18
83	000602.SZ	广东金马旅游集团股份有限公司	金马集团(退市)	2013/08/14

continued

退市时股价 Delisting Share Price	退市时每股净资产 Delisting Book Value Per Share	退市原因 Delisting Reason
11.63	5.5925	重组退市-重组上市
0.17	-0.1420	连续20个交易日收盘价低于1元
8.68	1.0299	重组退市-重组上市
7.92	-0.0119	重组退市-重组上市
0.15	-0.8366	连续三年亏损
0.37	-2.9437	暂停上市后未披露定期报告
0.71	-1.9063	连续三年亏损
57.39	14.1189	吸收合并
51.65	14.1189	吸收合并
7.69	0.3704	其它不符合挂牌的情形
0.402	0.3704	其它不符合挂牌的情形
6.33	1.3204	重组退市-重组上市
6.93	2.7159	重组退市-重组上市
7.62	4.3348	重组退市-重组上市
4.48	-0.2804	重组退市-出清式资产置换
20.99	9.0350	吸收合并
0.22	0.8731	连续20个交易日收盘价低于1元
0.61	0.8440	连续三年亏损
1.47	-0.0720	连续三年亏损
1.38	-0.1237	连续三年亏损
22.75	7.3792	吸收合并
8.82	4.4121	吸收合并
1.48	2.8728	其它不符合挂牌的情形
1.7	0.0448	连续三年亏损
3.71	—	吸收合并
20.31	5.1469	吸收合并
2.922	2.6470	吸收合并
4.49	2.3633	其它不符合挂牌的情形
40.5	12.7608	吸收合并
35.3	12.7608	吸收合并
2.216	5.3324	吸收合并
45.72	3.9355	吸收合并
2.05	-4.8625	连续四年亏损
1.29	1.7278	连续四年亏损
2.35	-2.7793	连续四年亏损
23.18	3.1361	吸收合并
29.98	4.0638	吸收合并
30.5	3.9770	吸收合并
12.41	6.6800	转板上市
0.83	-0.7026	连续三年亏损
37.92	11.3100	转板上市
0.825	5.1473	吸收合并
14.02	6.6685	吸收合并
13.41	3.5977	私有化

附录1-5 续表 2

序号 No.	股票代码 Stock Code	退市公司全称 Delisting Company Name	股票简称 Stock Abbreviation	退市日期 Delisting Date
84	600253.SH	河南天方药业股份有限公司	天方药业(退市)	2013/07/15
85	000522.SZ	广州白云山制药股份有限公司	白云山A(退市)	2013/04/26
86	000805.SZ	江苏高能时代在线股份有限公司	*ST炎黄(退市)	2013/03/27
87	000787.SZ	创智信息科技股份有限公司	*ST创智(退市)	2013/02/08
88	200039.SZ	中国国际海运集装箱(集团)股份有限公司	中集B(退市)	2012/12/14
89	600991.SH	广汽长丰汽车股份有限公司	广汽长丰(退市)	2012/03/20
90	600263.SH	路桥集团国际建设股份有限公司	路桥建设(退市)	2012/03/01
91	600102.SH	莱芜钢铁股份有限公司	莱钢股份(退市)	2012/02/28
92	600631.SH	上海百联集团股份有限公司(原)	百联股份(退市)	2011/08/23
93	000578.SZ	青海盐湖工业集团股份有限公司	盐湖集团(退市)	2011/03/22
94	600553.SH	河北太行水泥股份有限公司	太行水泥(退市)	2011/02/18
95	600003.SH	东北高速公路股份有限公司	ST东北高(退市)	2010/02/26
96	600607.SH	上海实业医药投资股份有限公司	上实医药(退市)	2010/02/12
97	600842.SH	上海中西药业股份有限公司	中西药业(退市)	2010/02/12
98	600591.SH	上海航空股份有限公司	*ST上航(退市)	2010/01/25
99	600001.SH	邯郸钢铁股份有限公司	邯郸钢铁(退市)	2009/12/29
100	600357.SH	承德新新钒钛股份有限公司	承德钒钛(退市)	2009/12/29
101	200041.SZ	深圳本鲁克斯实业股份有限公司	*ST本实B(退市)	2009/12/04
102	600840.SH	浙江新湖创业投资股份有限公司	新湖创业(退市)	2009/08/27
103	000515.SZ	攀钢集团重庆钛业股份有限公司	攀渝钛业(退市)	2009/05/06
104	000569.SZ	攀钢集团四川长城特殊钢股份有限公司	长城股份(退市)	2009/05/06
105	600627.SH	上海输配电股份有限公司	上电股份(退市)	2008/11/26
106	600786.SH	东方电气集团东方锅炉股份有限公司	东方锅炉(退市)	2008/03/18
107	600472.SH	包头铝业股份有限公司	包头铝业(退市)	2007/12/26
108	600065.SH	大庆联谊石化股份有限公司	*ST联谊(退市)	2007/12/13
109	600762.SH	衡阳市金荔科技农业股份有限公司	S*ST金荔(退市)	2007/11/20
110	600181.SH	云大科技股份有限公司	*ST云大(退市)	2007/06/01
111	600286.SH	湖南国光瓷业集团股份有限公司	S*ST国瓷(退市)	2007/05/31
112	000583.SZ	四川托普软件投资股份有限公司	S*ST托普(退市)	2007/05/21
113	600205.SH	山东铝业股份有限公司	S山东铝(退市)	2007/04/30
114	600296.SH	兰州铝业股份有限公司	S兰铝(退市)	2007/04/30
115	000549.SZ	湘火炬汽车集团股份有限公司	S湘火炬(退市)	2007/04/27
116	000699.SZ	佳木斯金地造纸股份有限公司	S*ST佳纸(退市)	2007/04/04
117	600772.SH	中油龙昌股份有限公司	S*ST龙昌(退市)	2006/11/30
118	600092.SH	陕西精密合金股份有限公司	S*ST精密(退市)	2006/11/30
119	T00018.SH	上海港集装箱股份有限公司	上港集箱(退市)	2006/10/20
120	000832.SZ	黑龙江龙涤股份有限公司	*ST龙涤(退市)	2006/06/29
121	600002.SH	中国石化齐鲁股份有限公司	齐鲁石化(退市)	2006/04/24
122	000406.SZ	中国石化胜利油田大明(集团)股份有限公司	石油大明(退市)	2006/04/21
123	000866.SZ	中国石化扬子石油化工股份有限公司	扬子石化(退市)	2006/04/21
124	000956.SZ	中国石化中原油气高新股份有限公司	中原油气(退市)	2006/04/21
125	600659.SH	辽宁闽越花雕股份有限公司	*ST花雕(退市)	2006/03/23
126	000618.SZ	吉林化学工业股份有限公司	吉林化工(退市)	2006/02/20
127	000763.SZ	锦州石化股份有限公司	锦州石化(退市)	2006/01/04

continued

退市时股价 Delisting Share Price	退市时每股净资产 Delisting Book Value Per Share	退市原因 Delisting Reason
6.26	2.1200	吸收合并
23.27	3.5533	吸收合并
1.88	0.2365	连续三年亏损
4.68	0.0389	连续三年亏损
9.7	7.1644	转板上市
17.82	4.4700	吸收合并
16.43	5.2700	吸收合并
7.13	6.7000	吸收合并
15.68	6.1100	吸收合并
24.44	2.9223	吸收合并
14.98	2.4900	吸收合并
3.87	3.1100	证券置换
23.52	6.2826	吸收合并
13.96	1.7120	吸收合并
7.27	0.8360	吸收合并
5.29	4.4100	吸收合并
7.4	3.5500	吸收合并
1.16	-6.4500	暂停上市后未披露定期报告
23.8	2.8000	吸收合并
15.29	1.3400	吸收合并
7.05	0.0460	吸收合并
28.73	5.4000	吸收合并
82.2	6.4400	私有化
51.82	4.9747	吸收合并
1.7	0.6133	连续三年亏损
0.77	-3.4300	连续三年亏损
1.02	-0.6700	连续四年亏损
0.67	-4.2000	连续三年亏损
0.76	-6.0800	连续三年亏损
25.41	6.0300	吸收合并
14.61	5.8520	吸收合并
8.9	2.1700	吸收合并
0.81	-3.1355	连续三年亏损
1.3	1.8200	暂停上市后未披露定期报告
0.96	—	暂停上市后未披露定期报告
16.37	4.0637	吸收合并
1.45	-1.8569	连续三年亏损
10.09	3.9200	私有化
10.12	5.2000	私有化
13.84	6.1300	私有化
11.91	6.2534	私有化
1.41	0.8800	暂停上市后未披露定期报告
5.24	1.6000	私有化
4.22	1.0070	私有化

附录1-5 续表 3

序号 No.	股票代码 Stock Code	退市公司全称 Delisting Company Name	股票简称 Stock Abbreviation	退市日期 Delisting Date
128	600799.SH	黑龙江省科利华网络股份有限公司	*ST龙科(退市)	2006/01/04
129	000817.SZ	辽河金马油田股份有限公司	辽河油田(退市)	2006/01/04
130	600752.SH	哈慈股份有限公司	*ST哈慈(退市)	2005/09/22
131	000827.SZ	大连长兴实业股份有限公司	*ST长兴(退市)	2005/09/21
132	000769.SZ	沈阳菲菲澳家现代农业股份有限公司	*ST大菲(退市)	2005/09/21
133	600899.SH	浙江信联股份有限公司	*ST信联(退市)	2005/09/21
134	200057.SZ	深圳大洋海运股份有限公司	*ST大洋B(退市)	2005/09/21
135	000535.SZ	猴王股份有限公司	*ST猴王(退市)	2005/09/21
136	600700.SH	陕西煤航数码测绘(集团)股份有限公司	*ST数码(退市)	2005/09/20
137	600852.SH	中国四川国际合作股份有限公司	*ST中川(退市)	2005/09/16
138	600672.SH	广东华圣科技投资股份有限公司	*ST华圣(退市)	2005/08/05
139	000765.SZ	汇绿生态科技集团股份有限公司	*ST华信(退市)	2005/07/04
140	600788.SH	西安达尔曼实业股份有限公司	*ST达曼(退市)	2005/03/25
141	600632.SH	上海华联商厦股份有限公司	华联商厦(退市)	2004/11/18
142	000621.SZ	比特科技控股股份有限公司	*ST比特(退市)	2004/09/27
143	600670.SH	长春高斯达生物科技集团股份有限公司	*ST斯达(退市)	2004/09/24
144	000730.SZ	沈阳天创信息科技股份有限公司	*ST环保(退市)	2004/09/24
145	000013.SZ	深圳石化工业集团股份有限公司	*ST石化A(退市)	2004/09/20
146	200013.SZ	深圳石化工业集团股份有限公司	*ST石化B(退市)	2004/09/20
147	600878.SH	大连北大科技(集团)股份有限公司	*ST北科(退市)	2004/09/15
148	600669.SH	鞍山合成(集团)股份有限公司	*ST鞍成(退市)	2004/09/15
149	000660.SZ	广州大通资源开发股份有限公司	*ST南华(退市)	2004/09/13
150	000405.SZ	珠海金马控股股份有限公司	ST鑫光(退市)	2004/03/19
151	000542.SZ	TCL通讯设备股份有限公司	TCL通讯(退市)	2004/01/13
152	600646.SH	上海国嘉实业股份有限公司	ST国嘉(退市)	2003/09/22
153	000412.SZ	长春北方五环实业股份有限公司	ST五环(退市)	2003/09/19
154	000047.SZ	深圳市中侨发展股份有限公司	ST中侨(退市)	2003/05/30
155	600709.SH	湖北洪湖生态农业股份有限公司	ST生态(退市)	2003/05/23
156	000658.SZ	厦门海洋实业(集团)股份有限公司	ST海洋(退市)	2002/09/20
157	600813.SH	辽宁华夏大地生态技术股份有限公司	ST鞍一工(退市)	2002/09/16
158	000653.SZ	福建九州集团股份有限公司	ST九州(退市)	2002/09/13
159	000689.SZ	汕头宏业(集团)股份有限公司	ST宏业(退市)	2002/09/05
160	000675.SZ	四川银山化工(集团)股份有限公司	ST银山(退市)	2002/08/20
161	200003.SZ	金田实业(集团)股份有限公司	PT金田B(退市)	2002/06/14
162	000003.SZ	金田实业(集团)股份有限公司	PT金田A(退市)	2002/06/14
163	000556.SZ	南洋航运集团股份有限公司	PT南洋(退市)	2002/05/29
164	200015.SZ	深圳中浩(集团)股份有限公司	PT中浩B(退市)	2001/10/22
165	000015.SZ	深圳中浩(集团)股份有限公司	PT中浩A(退市)	2001/10/22
166	000588.SZ	广东金曼集团股份有限公司	PT粤金曼(退市)	2001/06/15
167	600625.SH	上海水仙电器股份有限公司	PT水仙(退市)	2001/04/23
168	900931.SH	上海水仙电器股份有限公司	PT水仙B(退市)	2001/04/23
169	000508.SZ	海南民源现代农业发展股份有限公司	琼民源A(退市)	1999/07/12

continued

退市时股价 Delisting Share Price	退市时每股净资产 Delisting Book Value Per Share	退市原因 Delisting Reason
0.54	-1.1960	连续三年亏损
8.75	2.9500	私有化
0.84	0.2700	连续三年亏损
1.16	0.1890	连续三年亏损
0.9	0.2870	连续三年亏损
1.13	-1.1370	连续三年亏损
0.27	-1.2100	连续三年亏损
0.5	-2.2300	连续三年亏损
0.64	-1.7600	连续三年亏损
0.72	-3.1800	连续三年亏损
0.7	-1.0900	连续三年亏损
2.36	-1.1500	连续三年亏损
0.91	-3.0700	连续三年亏损
9.53	4.0000	吸收合并
2.66	-1.4200	连续三年亏损
2.87	-0.8830	连续三年亏损
2.6	0.1045	连续三年亏损
2.47	-8.8000	连续三年亏损
1.47	-8.8000	连续三年亏损
2.64	-1.7800	连续三年亏损
2.19	-2.2000	连续三年亏损
2.38	-5.3200	连续三年亏损
2.86	-0.3100	连续三年亏损
27.34	3.2940	吸收合并
5.82	-2.7431	连续三年亏损
2.89	-0.1597	连续三年亏损
8.03	—	连续三年亏损
3.02	-0.2270	连续三年亏损
4.24	-3.2160	连续三年亏损
3.83	-3.5020	连续三年亏损
2.51	-4.4500	连续三年亏损
4.88	-4.1540	连续三年亏损
7.94	-1.5400	连续三年亏损
1.6	-2.9935	连续三年亏损
2.71	-2.9935	连续三年亏损
1.5	0.7262	连续三年亏损
1.95	-6.5000	连续三年亏损
6.85	-6.5000	连续三年亏损
4.37	—	连续三年亏损
4.8	-0.2500	连续三年亏损
0.176	-0.2500	连续三年亏损
23.5	4.0300	证券置换

附录1-6 2020年境外上市公司名录
List of Overseas Listed Company in 2020

序号 No.	股票代码 Stock Code	上市场所 Listed Exchange	公司全称 Company Name	对应A股代码 Corresponding A Stock Code
1	0038.HK	香港联交所主板	第一拖拉机股份有限公司	601038.SH
2	0042.HK	香港联交所主板	东北电气发展股份有限公司	000585.SZ
3	0107.HK	香港联交所主板	四川成渝高速公路股份有限公	601107.SH
4	0168.HK	香港联交所主板	青岛啤酒股份有限公司	600600.SH
5	0177.HK	香港联交所主板	江苏宁沪高速公路股份有限公	600377.SH
6	0187.HK	香港联交所主板	北京京城机电股份有限公司	600860.SH
7	0317.HK	香港联交所主板	中船海洋与防务装备股份有限	600685.SH
8	0323.HK	香港联交所主板	马鞍山钢铁股份有限公司	600808.SH
9	0338.HK	香港联交所主板	中国石化上海石油化工股份有	600688.SH
10	0347.HK	香港联交所主板	鞍钢股份有限公司	000898.SZ
11	0358.HK	香港联交所主板	江西铜业股份有限公司	600362.SH
12	0386.HK	香港联交所主板	中国石油化工股份有限公司	600028.SH
13	0390.HK	香港联交所主板	中国中铁股份有限公司	601390.SH
14	0525.HK	香港联交所主板	广深铁路股份有限公司	601333.SH
15	0548.HK	香港联交所主板	深圳高速公路股份有限公司	600548.SH
16	0553.HK	香港联交所主板	南京熊猫电子股份有限公司	600775.SH
17	0564.HK	香港联交所主板	郑州煤矿机械集团股份有限公	601717.SH
18	0568.HK	香港联交所主板	山东墨龙石油机械股份有限公	002490.SZ
19	0588.HK	香港联交所主板	北京北辰实业股份有限公司	601588.SH
20	0598.HK	香港联交所主板	中国外运股份有限公司	601598.SH
21	0670.HK	香港联交所主板	中国东方航空股份有限公司	600115.SH
22	0719.HK	香港联交所主板	山东新华制药股份有限公司	000756.SZ
23	0753.HK	香港联交所主板	中国国际航空股份有限公司	601111.SH
24	0763.HK	香港联交所主板	中兴通讯股份有限公司	000063.SZ
25	0811.HK	香港联交所主板	新华文轩出版传媒股份有限公	601811.SH
26	0857.HK	香港联交所主板	中国石油天然气股份有限公司	601857.SH
27	0874.HK	香港联交所主板	广州白云山医药集团股份有限	600332.SH
28	0895.HK	香港联交所主板	东江环保股份有限公司	002672.SZ
29	0902.HK	香港联交所主板	华能国际电力股份有限公司	600011.SH
30	0914.HK	香港联交所主板	安徽海螺水泥股份有限公司	600585.SH
31	0921.HK	香港联交所主板	海信家电集团股份有限公司	000921.SZ
32	0939.HK	香港联交所主板	中国建设银行股份有限公司	601939.SH
33	0956.HK	香港联交所主板	新天绿色能源股份有限公司	600956.SH
34	0991.HK	香港联交所主板	大唐国际发电股份有限公司	601991.SH
35	0995.HK	香港联交所主板	安徽皖通高速公路股份有限公	600012.SH

数据来源：中国证监会
Source: CSRC

附录1-6 续表 1 continued

序号 No.	股票代码 Stock Code	上市场所 Listed Exchange	公司全称 Company Name	对应A股代码 Corresponding A Stock Code
36	0998.HK	香港联交所主板	中信银行股份有限公司	601998.SH
37	1033.HK	香港联交所主板	中石化石油工程技术服务股份有限公司	600871.SH
38	1053.HK	香港联交所主板	重庆钢铁股份有限公司	601005.SH
39	1055.HK	香港联交所主板	中国南方航空股份有限公司	600029.SH
40	1057.HK	香港联交所主板	浙江世宝股份有限公司	002703.SZ
41	1065.HK	香港联交所主板	天津创业环保集团股份有限公司	600874.SH
42	1071.HK	香港联交所主板	华电国际电力股份有限公司	600027.SH
43	1072.HK	香港联交所主板	东方电气股份有限公司	600875.SH
44	1088.HK	香港联交所主板	中国神华能源股份有限公司	601088.SH
45	1108.HK	香港联交所主板	洛阳玻璃股份有限公司	600876.SH
46	1138.HK	香港联交所主板	中远海运能源运输股份有限公司	600026.SH
47	1157.HK	香港联交所主板	中联重科股份有限公司	000157.SZ
48	1171.HK	香港联交所主板	兖州煤业股份有限公司	600188.SH
49	1186.HK	香港联交所主板	中国铁建股份有限公司	601186.SH
50	1211.HK	香港联交所主板	比亚迪股份有限公司	002594.SZ
51	1288.HK	香港联交所主板	中国农业银行股份有限公司	601288.SH
52	1330.HK	香港联交所主板	绿色动力环保集团股份有限公司	601330.SH
53	1336.HK	香港联交所主板	新华人寿保险股份有限公司	601336.SH
54	1339.HK	香港联交所主板	中国人民保险集团股份有限公司	601319.SH
55	1349.HK	香港联交所主板	上海复旦张江生物医药股份有限公司	688505.SH
56	1375.HK	香港联交所主板	中原证券股份有限公司	601375.SH
57	1398.HK	香港联交所主板	中国工商银行股份有限公司	601398.SH
58	1456.HK	香港联交所主板	国联证券股份有限公司	601456.SH
59	1513.HK	香港联交所主板	丽珠医药集团股份有限公司	000513.SZ
60	1528.HK	香港联交所主板	红星美凯龙家居集团股份有限公司	601828.SH
61	1533.HK	香港联交所主板	兰州庄园牧场股份有限公司	002910.SZ
62	1618.HK	香港联交所主板	中国冶金科工股份有限公司	601618.SH
63	1635.HK	香港联交所主板	上海大众公用事业(集团)股份有限公司	600635.SH
64	1658.HK	香港联交所主板	中国邮政储蓄银行股份有限公司	601658.SH
65	1766.HK	香港联交所主板	中国中车股份有限公司	601766.SH
66	1772.HK	香港联交所主板	江西赣锋锂业股份有限公司	002460.SZ
67	1776.HK	香港联交所主板	广发证券股份有限公司	000776.SZ
68	1787.HK	香港联交所主板	山东黄金矿业股份有限公司	600547.SH
69	1800.HK	香港联交所主板	中国交通建设股份有限公司	601800.SH
70	1812.HK	香港联交所主板	山东晨鸣纸业集团股份有限公司	000488.SZ
71	1816.HK	香港联交所主板	中国广核电力股份有限公司	003816.SZ
72	1877.HK	香港联交所主板	上海君实生物医药科技股份有限公司	688180.SH
73	1898.HK	香港联交所主板	中国中煤能源股份有限公司	601898.SH

附录1-6 续表 2 continued

序号 No.	股票代码 Stock Code	上市场所 Listed Exchange	公司全称 Company Name	对应A股代码 Corresponding A Stock Code
74	1919.HK	香港联交所主板	中远海运控股股份有限公司	601919.SH
75	1963.HK	香港联交所主板	重庆银行股份有限公司	601963.SH
76	1988.HK	香港联交所主板	中国民生银行股份有限公司	600016.SH
77	2009.HK	香港联交所主板	北京金隅集团股份有限公司	601992.SH
78	2016.HK	香港联交所主板	浙商银行股份有限公司	601916.SH
79	2039.HK	香港联交所主板	中国国际海运集装箱(集团)股份有限公司	000039.SZ
80	2068.HK	香港联交所主板	中铝国际工程股份有限公司	601068.SH
81	2196.HK	香港联交所主板	上海复星医药(集团)股份有限公司	600196.SH
82	2202.HK	香港联交所主板	万科企业股份有限公司	000002.SZ
83	2208.HK	香港联交所主板	新疆金风科技股份有限公司	002202.SZ
84	2218.HK	香港联交所主板	烟台北方安德利果汁股份有限公司	605198.SH
85	2238.HK	香港联交所主板	广州汽车集团股份有限公司	601238.SH
86	2318.HK	香港联交所主板	中国平安保险(集团)股份有限公司	601318.SH
87	2333.HK	香港联交所主板	长城汽车股份有限公司	601633.SH
88	2338.HK	香港联交所主板	潍柴动力股份有限公司	000338.SZ
89	2359.HK	香港联交所主板	无锡药明康德新药开发股份有限公司	603259.SH
90	2600.HK	香港联交所主板	中国铝业股份有限公司	601600.SH
91	2601.HK	香港联交所主板	中国太平洋保险(集团)股份有限公司	601601.SH
92	2607.HK	香港联交所主板	上海医药集团股份有限公司	601607.SH
93	2611.HK	香港联交所主板	国泰君安证券股份有限公司	601211.SH
94	2628.HK	香港联交所主板	中国人寿保险股份有限公司	601628.SH
95	2727.HK	香港联交所主板	上海电气集团股份有限公司	601727.SH
96	2866.HK	香港联交所主板	中远海运发展股份有限公司	601866.SH
97	2880.HK	香港联交所主板	大连港股份有限公司	601880.SH
98	2883.HK	香港联交所主板	中海油田服务股份有限公司	601808.SH
99	2899.HK	香港联交所主板	紫金矿业集团股份有限公司	601899.SH
100	3328.HK	香港联交所主板	交通银行股份有限公司	601328.SH
101	3347.HK	香港联交所主板	杭州泰格医药科技股份有限公司	300347.SZ
102	3369.HK	香港联交所主板	秦皇岛港股份有限公司	601326.SH
103	3606.HK	香港联交所主板	福耀玻璃工业集团股份有限公司	600660.SH
104	3618.HK	香港联交所主板	重庆农村商业银行股份有限公司	601077.SH
105	3759.HK	香港联交所主板	康龙化成(北京)新药技术股份有限公司	300759.SZ
106	3866.HK	香港联交所主板	青岛银行股份有限公司	002948.SZ
107	3908.HK	香港联交所主板	中国国际金融股份有限公司	601995.SH
108	3958.HK	香港联交所主板	东方证券股份有限公司	600958.SH
109	3968.HK	香港联交所主板	招商银行股份有限公司	600036.SH
110	3969.HK	香港联交所主板	中国铁路通信信号股份有限公司	688009.SH
111	3988.HK	香港联交所主板	中国银行股份有限公司	601988.SH

附录1-6 续表 3 continued

序号 No.	股票代码 Stock Code	上市场所 Listed Exchange	公司全称 Company Name	对应A股代码 Corresponding A Stock Code
112	3993.HK	香港联交所主板	洛阳栾川钼业集团股份有限公司	603993.SH
113	6030.HK	香港联交所主板	中信证券股份有限公司	600030.SH
114	6066.HK	香港联交所主板	中信建投证券股份有限公司	601066.SH
115	6099.HK	香港联交所主板	招商证券股份有限公司	600999.SH
116	6116.HK	香港联交所主板	新疆拉夏贝尔服饰股份有限公司	603157.SH
117	6178.HK	香港联交所主板	光大证券股份有限公司	601788.SH
118	6185.HK	香港联交所主板	康希诺生物股份公司	688185.SH
119	6196.HK	香港联交所主板	郑州银行股份有限公司	002936.SZ
120	6198.HK	香港联交所主板	青岛港国际股份有限公司	601298.SH
121	6690.HK	香港联交所主板	海尔智家股份有限公司	600690.SH
122	6806.HK	香港联交所主板	申万宏源集团股份有限公司	000166.SZ
123	6818.HK	香港联交所主板	中国光大银行股份有限公司	601818.SH
124	6826.HK	香港联交所主板	上海昊海生物科技股份有限公司	688366.SH
125	6837.HK	香港联交所主板	海通证券股份有限公司	600837.SH
126	6865.HK	香港联交所主板	福莱特玻璃集团股份有限公司	601865.SH
127	6869.HK	香港联交所主板	长飞光纤光缆股份有限公司	601869.SH
128	6881.HK	香港联交所主板	中国银河证券股份有限公司	601881.SH
129	6886.HK	香港联交所主板	华泰证券股份有限公司	601688.SH
130	9989.HK	香港联交所主板	深圳市海普瑞药业集团股份有限公司	002399.SZ
131	0357.HK	香港联交所主板	海南美兰国际空港股份有限公司	—
132	0416.HK	香港联交所主板	锦州银行股份有限公司	—
133	0438.HK	香港联交所主板	彩虹集团新能源股份有限公司	—
134	0489.HK	香港联交所主板	东风汽车集团股份有限公司	—
135	0552.HK	香港联交所主板	中国通信服务股份有限公司	—
136	0576.HK	香港联交所主板	浙江沪杭甬高速公路股份有限公司	—
137	0579.HK	香港联交所主板	北京京能清洁能源电力股份有限公司	—
138	0694.HK	香港联交所主板	北京首都国际机场股份有限公司	—
139	0696.HK	香港联交所主板	中国民航信息网络股份有限公司	—
140	0728.HK	香港联交所主板	中国电信股份有限公司	—
141	0747.HK	香港联交所主板	沈阳公用发展股份有限公司	—
142	0788.HK	香港联交所主板	中国铁塔股份有限公司	—
143	0814.HK	香港联交所主板	北京京客隆商业集团股份有限公司	—
144	0840.HK	香港联交所主板	新疆天业节水灌溉股份有限公司	—
145	0916.HK	香港联交所主板	龙源电力集团股份有限公司	—
146	0954.HK	香港联交所主板	常茂生物化学工程股份有限公司	—
147	0980.HK	香港联交所主板	联华超市股份有限公司	—
148	1000.HK	香港联交所主板	北青传媒股份有限公司	—
149	1066.HK	香港联交所主板	山东威高集团医用高分子制品股份有限公司	—

附录1-6 续表 4 continued

序号 No.	股票代码 Stock Code	上市场所 Listed Exchange	公司全称 Company Name	对应A股代码 Corresponding A Stock Code
150	1075.HK	香港联交所主板	首都信息发展股份有限公司	—
151	1099.HK	香港联交所主板	国药控股股份有限公司	—
152	1103.HK	香港联交所主板	上海大生农业金融科技股份有限公司	—
153	1122.HK	香港联交所主板	庆铃汽车股份有限公司	—
154	1133.HK	香港联交所主板	哈尔滨电气股份有限公司	—
155	1158.HK	香港联交所主板	浙江开元酒店管理股份有限公司	—
156	1202.HK	香港联交所主板	成都普天电缆股份有限公司	—
157	1216.HK	香港联交所主板	中原银行股份有限公司	—
158	1265.HK	香港联交所主板	天津津燃公用事业股份有限公司	—
159	1272.HK	香港联交所主板	大唐环境产业集团股份有限公司	—
160	1289.HK	香港联交所主板	无锡盛力达科技股份有限公司	—
161	1292.HK	香港联交所主板	重庆长安民生物流股份有限公司	—
162	1296.HK	香港联交所主板	国电科技环保集团股份有限公司	—
163	1353.HK	香港联交所主板	福建诺奇股份有限公司	—
164	1359.HK	香港联交所主板	中国信达资产管理股份有限公司	—
165	1379.HK	香港联交所主板	温岭浙江工量刃具交易中心股份有限公司	—
166	1385.HK	香港联交所主板	上海复旦微电子集团股份有限公司	—
167	1459.HK	香港联交所主板	巨匠建设集团股份有限公司	—
168	1461.HK	香港联交所主板	鲁证期货股份有限公司	—
169	1476.HK	香港联交所主板	恒泰证券股份有限公司	—
170	1501.HK	香港联交所主板	上海康德莱医疗器械股份有限公司	—
171	1502.HK	香港联交所主板	金融街物业股份有限公司	—
172	1508.HK	香港联交所主板	中国再保险(集团)股份有限公司	—
173	1527.HK	香港联交所主板	浙江天洁环境科技股份有限公司	—
174	1542.HK	香港联交所主板	台州市水务集团股份有限公司	—
175	1543.HK	香港联交所主板	广东中盈盛达融资担保投资股份有限公司	—
176	1551.HK	香港联交所主板	广州农村商业银行股份有限公司	—
177	1558.HK	香港联交所主板	宜昌东阳光长江药业股份有限公司	—
178	1576.HK	香港联交所主板	齐鲁高速公路股份有限公司	—
179	1577.HK	香港联交所主板	泉州汇鑫小额贷款股份有限公司	—
180	1578.HK	香港联交所主板	天津银行股份有限公司	—
181	1588.HK	香港联交所主板	畅捷通信息技术股份有限公司	—
182	1596.HK	香港联交所主板	河北翼辰实业集团股份有限公司	—
183	1599.HK	香港联交所主板	北京城建设计发展集团股份有限公司	—
184	1601.HK	香港联交所主板	中关村科技租赁股份有限公司	—
185	1606.HK	香港联交所主板	国银金融租赁股份有限公司	—
186	1649.HK	香港联交所主板	内蒙古能源建设投资股份有限公司	—
187	1666.HK	香港联交所主板	北京同仁堂科技发展股份有限公司	—

附录1-6 续表 5 continued

序号 No.	股票代码 Stock Code	上市场所 Listed Exchange	公司全称 Company Name	对应A股代码 Corresponding A Stock Code
188	1671.HK	香港联交所主板	天津天保能源股份有限公司	—
189	1697.HK	香港联交所主板	山东省国际信托股份有限公司	—
190	1708.HK	香港联交所主板	南京三宝科技股份有限公司	—
191	1713.HK	香港联交所主板	四川能投发展股份有限公司	—
192	1727.HK	香港联交所主板	河北建设集团股份有限公司	—
193	1743.HK	香港联交所主板	浙江苍南仪表集团股份有限公司	—
194	1749.HK	香港联交所主板	杉杉品牌运营股份有限公司	—
195	1763.HK	香港联交所主板	中国同辐股份有限公司	—
196	1785.HK	香港联交所主板	成都高速公路股份有限公司	—
197	1786.HK	香港联交所主板	中国铁建高新装备股份有限公司	—
198	1798.HK	香港联交所主板	中国大唐集团新能源股份有限公司	—
199	1799.HK	香港联交所主板	新特能源股份有限公司	—
200	1818.HK	香港联交所主板	招金矿业股份有限公司	—
201	1829.HK	香港联交所主板	中国机械设备工程股份有限公司	—
202	1835.HK	香港联交所主板	上海瑞威资产管理股份有限公司	—
203	1839.HK	香港联交所主板	中集车辆(集团)股份有限公司	—
204	1847.HK	香港联交所主板	云南建投绿色高性能混凝土股份有限公司	—
205	1853.HK	香港联交所主板	吉林省春城热力股份有限公司	—
206	1858.HK	香港联交所主板	北京市春立正达医疗器械股份有限公司	—
207	1905.HK	香港联交所主板	海通恒信国际融资租赁股份有限公司	—
208	1915.HK	香港联交所主板	扬州市广陵区泰和农村小额贷款股份有限公司	—
209	1916.HK	香港联交所主板	江西银行股份有限公司	—
210	1958.HK	香港联交所主板	北京汽车股份有限公司	—
211	1983.HK	香港联交所主板	泸州银行股份有限公司	—
212	2006.HK	香港联交所主板	上海锦江资本股份有限公司	—
213	2066.HK	香港联交所主板	盛京银行股份有限公司	—
214	2120.HK	香港联交所主板	温州康宁医院股份有限公司	—
215	2139.HK	香港联交所主板	甘肃银行股份有限公司	—
216	2163.HK	香港联交所主板	长沙远大住宅工业集团股份有限公司	—
217	2281.HK	香港联交所主板	泸州市兴泸水务(集团)股份有限公司	—
218	2289.HK	香港联交所主板	创美药业股份有限公司	—
219	2308.HK	香港联交所主板	研祥智能科技股份有限公司	—
220	2328.HK	香港联交所主板	中国人民财产保险股份有限公司	—
221	2345.HK	香港联交所主板	上海集优机械股份有限公司	—
222	2355.HK	香港联交所主板	宝业集团股份有限公司	—
223	2357.HK	香港联交所主板	中国航空科技工业股份有限公司	—
224	2386.HK	香港联交所主板	中石化炼化工程(集团)股份有限公司	—
225	2488.HK	香港联交所主板	深圳市元征科技股份有限公司	—

附录1-6 续表 6 continued

序号 No.	股票代码 Stock Code	上市场所 Listed Exchange	公司全称 Company Name	对应A股代码 Corresponding A Stock Code
226	2500.HK	香港联交所主板	杭州启明医疗器械股份有限公司	—
227	2558.HK	香港联交所主板	晋商银行股份有限公司	—
228	2606.HK	香港联交所主板	四川蓝光嘉宝服务集团股份有限公司	—
229	2696.HK	香港联交所主板	上海复宏汉霖生物技术股份有限公司	—
230	2698.HK	香港联交所主板	魏桥纺织股份有限公司	—
231	2718.HK	香港联交所主板	上海东正汽车金融股份有限公司	—
232	2722.HK	香港联交所主板	重庆机电股份有限公司	—
233	2777.HK	香港联交所主板	广州富力地产股份有限公司	—
234	2799.HK	香港联交所主板	中国华融资产管理股份有限公司	—
235	2868.HK	香港联交所主板	首创置业股份有限公司	—
236	3319.HK	香港联交所主板	雅生活智慧城市服务股份有限公司	—
237	3323.HK	香港联交所主板	中国建材股份有限公司	—
238	3330.HK	香港联交所主板	灵宝黄金集团股份有限公司	—
239	3332.HK	香港联交所主板	南京中生联合股份有限公司	—
240	3378.HK	香港联交所主板	厦门国际港务股份有限公司	—
241	3396.HK	香港联交所主板	联想控股股份有限公司	—
242	3399.HK	香港联交所主板	广东粤运交通股份有限公司	—
243	3636.HK	香港联交所主板	保利文化集团股份有限公司	—
244	3678.HK	香港联交所主板	弘业期货股份有限公司	—
245	3689.HK	香港联交所主板	广东康华医疗股份有限公司	—
246	3698.HK	香港联交所主板	徽商银行股份有限公司	—
247	3768.HK	香港联交所主板	昆明滇池水务股份有限公司	—
248	3833.HK	香港联交所主板	新疆新鑫矿业股份有限公司	—
249	3898.HK	香港联交所主板	株洲中车时代电气股份有限公司	—
250	3903.HK	香港联交所主板	瀚华金控股份有限公司	—
251	3948.HK	香港联交所主板	内蒙古伊泰煤炭股份有限公司	—
252	3983.HK	香港联交所主板	中海石油化学股份有限公司	—
253	3996.HK	香港联交所主板	中国能源建设股份有限公司	—
254	6049.HK	香港联交所主板	保利物业服务股份有限公司	—
255	6060.HK	香港联交所主板	众安在线财产保险股份有限公司	—
256	6117.HK	香港联交所主板	日照港裕廊股份有限公司	—
257	6122.HK	香港联交所主板	吉林九台农村商业银行股份有限公司	—
258	6138.HK	香港联交所主板	哈尔滨银行股份有限公司	—
259	6188.HK	香港联交所主板	北京迪信通商贸股份有限公司	—
260	6189.HK	香港联交所主板	广东爱得威建设(集团)股份有限公司	—
261	6190.HK	香港联交所主板	九江银行股份有限公司	—
262	6199.HK	香港联交所主板	贵州银行股份有限公司	—

附录1-6 续表 7 continued

序号 No.	股票代码 Stock Code	上市场所 Listed Exchange	公司全称 Company Name	对应A股代码 Corresponding A Stock Code
263	6839.HK	香港联交所主板	云南水务投资股份有限公司	—
264	6866.HK	香港联交所主板	佐力科创小额贷款股份有限公司	—
265	6885.HK	香港联交所主板	河南金马能源股份有限公司	—
266	8045.HK	香港联交所创业板	江苏南大苏富特科技股份有限公司	—
267	8049.HK	香港联交所创业板	吉林省辉南长龙生化药业股份有限公司	—
268	8095.HK	香港联交所创业板	北京北大青鸟环宇科技股份有限公司	—
269	8106.HK	香港联交所创业板	浙江升华兰德科技股份有限公司	—
270	8115.HK	香港联交所创业板	上海青浦消防器材股份有限公司	—
271	8139.HK	香港联交所创业板	浙江长安仁恒科技股份有限公司	—
272	8189.HK	香港联交所创业板	天津泰达生物医学工程股份有限公司	—
273	8205.HK	香港联交所创业板	上海交大慧谷信息产业股份有限公司	—
274	8211.HK	香港联交所创业板	浙江永安融通控股股份有限公司	—
275	8227.HK	香港联交所创业板	西安海天天线科技股份有限公司	—
276	8235.HK	香港联交所创业板	赛迪顾问股份有限公司	—
277	8247.HK	香港联交所创业板	中生北控生物科技股份有限公司	—
278	8249.HK	香港联交所创业板	浙江瑞远智控科技股份有限公司	—
279	8258.HK	香港联交所创业板	陕西西北新技术实业股份有限公司	—
280	8286.HK	香港联交所创业板	山西长城微光器材股份有限公司	—
281	8301.HK	香港联交所创业板	深圳市明华澳汉科技股份有限公司	—
282	8329.HK	香港联交所创业板	深圳市海王英特龙生物技术股份有限公司	—
283	8348.HK	香港联交所创业板	天津滨海泰达物流集团股份有限公司	—
284	8452.HK	香港联交所创业板	富银融资租赁(深圳)股份有限公司	—
285	9633.HK	香港联交所主板	农夫山泉股份有限公司	—
286	9666.HK	香港联交所主板	金科智慧服务集团股份有限公司	—
287	9668.HK	香港联交所主板	渤海银行股份有限公司	—
288	9677.HK	香港联交所主板	威海市商业银行股份有限公司	—
289	9908.HK	香港联交所主板	嘉兴市燃气集团股份有限公司	—
290	9977.HK	香港联交所主板	山东凤祥股份有限公司	—
291	9995.HK	香港联交所主板	荣昌生物制药(烟台)股份有限公司	—
292	HTSC.L	伦敦交易所上海版	华泰证券股份有限公司	—
293	CPIC.L	伦敦交易所上海版	中国太平洋保险(集团)股份有限公司	—
294	CYPC.L	伦敦交易所上海版	中国长江电力股份有限公司	—
295	SDIC.L	伦敦交易所上海版	国投电力控股股份有限公司	—
296	690D.F	中欧所D股市场	海尔智家股份有限公司	—
297	T14.SG	新加坡交易所主板	天津中新药业集团股份有限公司	—

附录1-7　2020年境内公司境外发行股票情况表

序号 No.	股票代码 Stock Code	公司名称 Company Name	上市地点 Listing Place
1	6188.HK	迪信通	香港主板
2	2868.HK	首创置业	香港主板
3	1601.HK	中关村租赁	香港主板
4	1099.HK	国药控股	香港主板
5	3988.HK	中国银行	香港主板
6	1055.HK	南方航空	香港主板
7	2202.HK	万科	香港主板
8	CPIC.L	中国太保	伦交所主板
9	1502.HK	金融街物业	香港主板
10	9989.HK	海普瑞	香港主板
11	9977.HK	凤祥股份	香港主板
12	9668.HK	渤海银行	香港主板
13	9908.HK	嘉兴燃气	香港主板
14	2359.HK	药明康德	香港主板
15	3347.HK	泰格医药	香港主板
16	6099.HK	招商证券	香港主板
17	438.HK	彩虹新能源	香港主板
18	9633.HK	农夫山泉	香港主板
19	2500.HK	启明医疗-B	香港主板
20	1772.HK	赣锋锂业	香港主板
21	1398.HK	工商银行	香港主板
22	CYPC.L	长江电力	伦交所主板
23	2777.HK	富力地产	香港主板
24	9677.HK	威海银行	香港主板
25	SDIC.L	国投电力	伦交所主板
26	9995.HK	荣昌生物	香港主板
27	9666.HK	金科服务	香港主板
28	6690.HK	海尔智家	香港主板
29	2139.HK	甘肃银行	香港主板
30	1379.HK	温岭工量刃具	香港主板

数据来源：中国证券监督管理委员会
Source:CSRC

List of Domestic Companies Issued Overseas in 2020

上市时间 Listing Date	发行价格 (港元) Issue Price (HKD)	发行数量 (百万股) The Number of Issued (million shares)	筹资金额 (百万港元) Proceeds Raised through Offering of Shares (million HKD)	发行方式 Issue Mode
2020-01-08	3.25港元	65793400.00	2.14亿港元	增发
2020-01-22	1.87港元	494833207.00	9.25亿港元	增发
2020-01-21	1.52港元	333334000.00	5.07亿港元	IPO
2020-01-23	27.30港元	149000000.00	40.67亿港元	增发
2020-02-26	14.25美元	197865300.00	28.20亿美元	增发
2020-04-15	5.75港元	609000000.00	35.02亿港元	增发
2020-06-04	25.00港元	316000000.00	79.00亿港元	增发
2020-06-17	17.60美元	111668300.00	19.65亿美元	IPO
2020-07-06	7.36港元	103500000.00	7.62亿港元	IPO
2020-07-08	18.40港元	220000000.00	40.48亿港元	IPO
2020-07-16	3.33港元	355000000.00	11.82亿港元	IPO
2020-07-16	4.80港元	3312000000.00	158.98亿港元	IPO
2020-07-16	10.00港元	37844500.00	3.78亿港元	IPO
2020-08-05	108.00港元	68205400.00	73.66亿港元	增发
2020-08-07	100.00港元	123124800.00	123.12亿港元	IPO
2020-08-20	8.18港元	294120354.00	24.07亿港元	增发
2020-08-28	1.12港元	1294092000.00	14.49亿港元	增发
2020-09-08	21.50港元	446466400.00	95.99亿港元	IPO
2020-09-10	64.19港元	18500000.00	11.88亿港元	增发
2020-09-23	36.35港元	40037000.00	14.55亿港元	增发
2020-09-23	20.00美元	145000000.00	29.00亿美元	增发
2020-09-29	26.46美元	74185923.00	19.63亿美元	IPO
2020-10-05	9.82港元	257000000.00	25.24亿港元	增发
2020-10-12	3.35港元	1008861000.00	33.80亿港元	IPO
2020-10-19	12.27美元	17985000.00	2.21亿美元	IPO
2020-11-09	52.10港元	88017500.00	45.86亿港元	IPO
2020-11-17	44.70港元	152848100.00	68.32亿港元	IPO
2020-12-23	24.00港元	—	—	IPO
2020-12-29	1.49港元	1250000000.00	18.63亿港元	增发
2020-12-30	6.25港元	20000000.00	1.25亿港元	IPO

附录1-8 2020年证券公司名录
List of Securities Companies in 2020

序号 No.	公司名称 Company Name	注册资本 (亿元) Registered Capital (100 million yuan)	注册地 Place of Registration	2020年分类评级 Category Rating for 2020	从业人员数量(个) Number of Practitioner (unit)	是否具有以下业务资格: Business Qualification Available			
						融资融券 Margin Requirement Business	转融通 Refinancing Business	全国中小企业股份转让系统主办券商 Broker-dealer Business on NEEQ	股票质押式回购 Pledge-style Repo Business
1	爱建证券有限责任公司	14.00	上海	CC	1062	是	是	是	是
2	安信证券股份有限公司	100.00	深圳	AA	7380	是	是	是	是
3	安信证券资产管理有限公司	10.00	深圳	AA	89	否	否	否	否
4	北京高华证券有限责任公司	10.72	北京	A	180	否	否	否	否
5	渤海汇金证券资产管理有限公司	11.00	深圳	A	139	否	否	否	否
6	渤海证券股份有限公司	80.37	天津	A	1788	是	是	是	是
7	财达证券股份有限公司	27.45	河北	BBB	2440	是	是	是	是
8	财通证券股份有限公司	35.89	浙江	A	3377	是	是	是	是
9	财通证券资产管理有限公司	2.00	浙江	A	237	否	否	否	否
10	财信证券有限责任公司	66.98	湖南	BB	2679	是	是	是	是
11	长城国瑞证券有限公司	33.50	厦门	BB	657	是	是	是	是
12	长城证券股份有限公司	31.03	深圳	B	4044	是	是	是	是
13	长江证券(上海)资产管理有限公司	23.00	上海	A	153	否	否	否	否
14	长江证券承销保荐有限公司	3.00	上海	A	291	否	否	否	否
15	长江证券股份有限公司	55.29	湖北	A	7343	是	是	是	是
16	川财证券有限责任公司	10.00	四川	B	503	是	是	是	是
17	大通证券股份有限公司	33.00	大连	BBB	1071	是	是	是	是
18	大同证券有限责任公司	7.30	山西	B	1487	是	是	是	是
19	德邦证券股份有限公司	39.67	上海	CCC	1109	是	是	是	是
20	德邦证券资产管理有限公司	10.00	上海	CCC	—	否	否	否	否
21	第一创业证券承销保荐有限责任公司	4.00	北京	A	139	否	否	是	否
22	第一创业证券股份有限公司	42.02	深圳	A	2702	是	是	是	是
23	东北证券股份有限公司	23.40	吉林	A	3069	是	是	是	是
24	东方财富证券股份有限公司	83.00	西藏	A	3168	是	是	是	是
25	东方证券承销保荐有限公司	8.00	上海	A	558	否	否	是	否
26	东方证券股份有限公司	69.94	上海	A	5372	是	是	是	是
27	东莞证券股份有限公司	15.00	广东	A	3621	是	是	是	是
28	东海证券股份有限公司	16.70	江苏	CC	2110	是	是	是	是
29	东吴证券股份有限公司	38.80	江苏	A	3141	是	是	是	是
30	东兴证券股份有限公司	27.58	北京	A	2840	是	是	是	是
31	东亚前海证券有限责任公司	15.00	深圳	BB	401	否	否	否	否
32	东证融汇证券资产管理有限公司	7.00	上海	A	84	否	否	否	否

注：1.全国中小企业股份转让系统主办券商资格指可开展推荐业务、经纪业务或做市业务的任意一项业务。
2.转融通业务资格指可开展转融资、转融券、代理转融资或代理转融券的任意一项业务。

数据来源：中国证监会、中国证券业协会、全国中小企业股份转让系统、中国证券金融公司

Source: CSRC、SAC 、NEEQ、CSF

附录1-8 续表 1 continued

序号 No.	公司名称 Company Name	注册资本（亿元）Registered Capital (100 million yuan)	注册地 Place of Registration	2020年分类评级 Category Rating for 2020	从业人员数量（个）Number of Practitioner (unit)	是否具有以下业务资格: Business Qualification Available 融资融券 Margin Requirement Business	转融通 Refinancing Business	全国中小企业股份转让系统主办券商 Broker-dealer Business on NEEQ	股票质押式回购 Pledge-style Repo Business
33	方正证券承销保荐有限责任公司	14.00	北京	A	341	否	否	是	是
34	方正证券股份有限公司	82.32	湖南	A	9818	是	是	是	是
35	高盛高华证券有限责任公司	10.94	北京	A	66	否	否	否	否
36	光大证券股份有限公司	46.11	上海	AA	7143	是	是	是	是
37	广发证券股份有限公司	76.21	广东	BBB	10937	是	是	是	是
38	广发证券资产管理(广东)有限公司	10.00	广东	BBB	200	否	否	否	否
39	国盛证券有限责任公司	46.95	江西	CCC	2740	是	是	是	是
40	国盛证券资产管理有限公司	4.00	深圳	CCC	83	否	否	否	否
41	国都证券股份有限公司	58.30	北京	BBB	1232	是	是	是	是
42	国海证券股份有限公司	54.45	广西	BB	3148	是	是	是	是
43	国金证券股份有限公司	30.24	四川	AA	3204	是	是	是	是
44	国开证券股份有限公司	95.00	北京	A	648	是	是	是	是
45	国联证券股份有限公司	23.78	江苏	A	1880	是	是	是	是
46	国融证券股份有限公司	17.83	内蒙古	BBB	1687	是	是	是	是
47	国泰君安证券股份有限公司	89.08	上海	AA	10871	是	是	是	是
48	国信证券股份有限公司	96.12	深圳	AA	11268	是	是	是	是
49	国元证券股份有限公司	43.64	安徽	BBB	4235	是	是	是	是
50	海通证券股份有限公司	130.64	上海	AA	9612	是	是	是	是
51	恒泰长财证券有限责任公司	2.00	吉林	A	175	否	否	是	否
52	恒泰证券股份有限公司	26.05	内蒙古	A	2930	是	是	是	是
53	宏信证券有限责任公司	10.00	四川	CC	1267	是	是	是	是
54	红塔证券股份有限公司	36.33	云南	BBB	1335	是	是	是	是
55	华安证券股份有限公司	36.21	安徽	BBB	3295	是	是	是	是
56	华宝证券有限责任公司	40.00	上海	A	817	是	是	是	是
57	华创证券有限责任公司	92.26	贵州	A	2612	是	是	是	是
58	华福证券有限责任公司	33.00	福建	BB	4195	是	是	是	是
59	华金证券股份有限公司	34.50	上海	BBB	1228	是	是	是	是
60	华林证券股份有限公司	27.00	西藏	B	2234	是	是	是	是
61	华龙证券股份有限公司	63.35	甘肃	B	1789	是	是	是	是
62	华融证券股份有限公司	58.40	北京	BBB	2261	是	是	是	是
63	华泰联合证券有限责任公司	9.97	深圳	AA	832	否	否	是	否
64	华泰证券(上海)资产管理有限公司	26.00	上海	AA	—	否	否	否	否
65	华泰证券股份有限公司	90.77	江苏	AA	7959	是	是	是	是
66	华西证券股份有限公司	26.25	四川	A	3935	是	是	是	是
67	华鑫证券有限责任公司	36.00	深圳	A	1954	是	是	是	是
68	华兴证券有限公司	30.24	上海	A	188	否	否	是	否

附录1-8 续表 2 continued

序号 No.	公司名称 Company Name	注册资本（亿元） Registered Capital (100 million yuan)	注册地 Place of Regis-tration	2020年分类评级 Category Rating for 2020	从业人员数量（个） Number of Practi-tioner (unit)	是否具有以下业务资格: Business Qualification Available 融资融券 Margin Require-ment Business	转融通 Refinan-cing Business	全国中小企业股份转让系统主办券商 Broker-dealer Business on NEEQ	股票质押式回购 Pledge-style Repo Business
69	华英证券有限责任公司	8.00	江苏	A	333	否	否	是	否
70	汇丰前海证券有限责任公司	18.00	深圳	BBB	194	否	否	否	否
71	江海证券有限公司	67.67	黑龙江	C	2423	是	是	是	是
72	金通证券有限责任公司	1.35	浙江	AA	6	否	否	否	否
73	金元证券股份有限公司	40.31	海南	CC	1728	是	是	是	是
74	金圆统一证券有限公司	12.00	厦门	—	113	否	否	是	否
75	九州证券股份有限公司	33.70	青海	BBB	2508	是	是	是	是
76	开源证券股份有限公司	34.53	陕西	BB	2651	是	是	是	是
77	联储证券有限责任公司	25.73	深圳	B	1974	是	是	是	是
78	民生证券股份有限公司	114.56	上海	BB	2734	是	是	是	是
79	摩根大通证券(中国)有限公司	8.00	上海	BBB	147	否	否	否	否
80	摩根士丹利华鑫证券有限责任公司	10.20	上海	A	140	否	否	否	否
81	南京证券股份有限公司	36.86	江苏	BBB	2222	是	是	是	是
82	平安证券股份有限公司	138.00	深圳	AA	3513	是	是	是	是
83	瑞信方正证券有限责任公司	10.89	北京	A	129	否	否	否	否
84	瑞银证券有限责任公司	14.90	北京	A	343	是	是	否	否
85	山西证券股份有限公司	35.90	山西	A	2193	是	是	是	是
86	上海东方证券资产管理有限公司	3.00	上海	A	277	否	否	否	否
87	上海光大证券资产管理有限公司	2.00	上海	AA	163	否	否	否	否
88	上海国泰君安证券资产管理有限公司	20.00	上海	AA	204	否	否	否	否
89	上海海通证券资产管理有限公司	22.00	上海	AA	167	否	否	否	否
90	上海甬兴证券资产管理有限公司	2.00	上海	—	35	否	否	否	否
91	上海证券有限责任公司	53.27	上海	AA	1744	是	是	是	是
92	申港证券股份有限公司	43.15	上海	BBB	752	否	否	是	是
93	申万宏源西部证券有限公司	47.00	新疆	AA	970	是	是	是	是
94	申万宏源证券承销保荐有限责任公司	10.00	新疆	AA	549	否	否	是	否
95	申万宏源证券有限公司	470.00	上海	AA	8107	是	是	是	是
96	世纪证券有限责任公司	40.00	深圳	BBB	1611	是	是	是	是
97	首创证券股份有限公司	24.60	北京	CCC	1629	是	是	是	是
98	太平洋证券股份有限公司	68.16	云南	CCC	2259	是	是	是	是
99	天风(上海)证券资产管理有限公司	5.00	上海	A	—	否	否	否	否
100	天风证券股份有限公司	66.66	湖北	A	4222	是	是	是	是
101	万和证券股份有限公司	22.73	海南	BBB	1513	是	是	是	是
102	万联证券股份有限公司	59.54	广东	BBB	2343	是	是	是	是
103	网信证券有限责任公司	5.00	辽宁	D	396	否	否	是	是
104	五矿证券有限公司	97.98	深圳	A	1995	是	是	是	是

附录1-8 续表 3 continued

序号 No.	公司名称 Company Name	注册资本（亿元） Registered Capital (100 million yuan)	注册地 Place of Registration	2020年分类评级 Category Rating for 2020	从业人员数量（个） Number of Practitioner (unit)	是否具有以下业务资格: Business Qualification Available			
						融资融券 Margin Requirement Business	转融通 Refinancing Business	全国中小企业股份转让系统主办券商 Broker-dealer Business on NEEQ	股票质押式回购 Pledge-style Repo Business
105	西部证券股份有限公司	44.70	陕西	A	2467	是	是	是	是
106	西南证券股份有限公司	66.45	重庆	BBB	2829	是	是	是	是
107	湘财证券股份有限公司	40.19	湖南	BBB	1955	是	是	是	是
108	新时代证券股份有限公司	29.10	北京	CCC	1863	是	是	是	是
109	信达证券股份有限公司	29.19	北京	A	2595	是	是	是	是
110	兴业证券股份有限公司	66.97	福建	A	8390	是	是	是	是
111	兴证证券资产管理有限公司	8.00	福建	A	117	否	否	否	否
112	野村东方国际证券有限公司	20.00	上海	BBB	149	否	否	否	否
113	银河金汇证券资产管理有限公司	5.00	深圳	AA	112	否	否	否	否
114	银泰证券有限责任公司	14.00	深圳	A	1412	是	是	是	是
115	英大证券有限责任公司	43.36	深圳	BB	969	是	是	是	是
116	甬兴证券有限公司	20.00	宁波	—	378	否	否	是	是
117	粤开证券股份有限公司	31.26	广东	BBB	1902	是	是	是	是
118	招商证券股份有限公司	86.97	深圳	AA	8397	是	是	是	是
119	招商证券资产管理有限公司	10.00	深圳	AA	115	否	否	否	否
120	浙江浙商证券资产管理有限公司	12.00	浙江	A	148	否	否	否	否
121	浙商证券股份有限公司	33.33	浙江	A	3377	是	是	是	是
122	中德证券有限责任公司	10.00	北京	A	247	否	否	否	否
123	中国国际金融股份有限公司	48.27	北京	AA	3871	是	是	是	是
124	中国银河证券股份有限公司	101.37	北京	AA	9605	是	是	是	是
125	中国中金财富证券有限公司	80.00	深圳	AA	3878	是	是	是	是
126	中航证券有限公司	36.34	江西	BBB	2548	是	是	是	是
127	中山证券有限责任公司	17.00	深圳	CCC	2256	是	是	是	是
128	中泰证券(上海)资产管理有限公司	1.67	上海	AA	135	否	否	否	否
129	中泰证券股份有限公司	69.69	山东	AA	7624	是	是	是	是
130	中天国富证券有限公司	32.80	贵州	A	740	否	否	是	否
131	中天证券股份有限公司	22.25	辽宁	BB	870	是	是	是	是
132	中信建投证券股份有限公司	76.46	北京	AA	9714	是	是	是	是
133	中信证券(山东)有限责任公司	24.94	青岛	AA	2580	是	是	是	否
134	中信证券股份有限公司	129.27	深圳	AA	10488	是	是	是	是
135	中信证券华南股份有限公司	100.91	广东	AA	1063	是	是	是	是
136	中银国际证券股份有限公司	27.78	上海	A	3703	是	是	是	是
137	中邮证券有限责任公司	50.60	陕西	BB	1042	是	否	是	是
138	中原证券股份有限公司	46.43	河南	A	2701	是	是	是	是

附录1-9　2020年具有外资股业务资格的境外证券经营机构名录
List of Overseas Securities Institutions with Foreign Business Qualification in 2020

序号 No.	公司名称 Company Name	注册地 Place of Registration	资格种类 Qualification Type
1	星展唯高达香港有限公司	香港	经纪商、主承销商
2	ING霸菱证券(香港)有限公司	香港	经纪商、主承销商
3	百德能证券有限公司	香港	经纪商、主承销商
4	宝来证券(香港)有限公司	香港	经纪商、主承销商
5	倍利证券(香港)有限公司	香港	主承销商
6	大福证券有限公司	香港	经纪商、主承销商
7	大和证券住银资本市场(香港)有限公司	香港	经纪商、主承销商
8	德意志证券亚洲有限公司	香港	经纪商、主承销商
9	帝杰亚洲有限公司	香港	经纪商、主承销商
10	东方惠嘉证券有限公司	香港	经纪商、主承销商
11	东亚证券有限公司	香港	经纪商
12	东洋证券亚洲有限公司	香港	经纪商
13	东洋证券株式会社	香港	经纪商、主承销商
14	发展证券香港有限公司	香港	经纪商
15	法国巴黎融资(亚太)有限公司	香港	主承销商
16	法国巴黎证券(亚洲)有限公司	香港	经纪商、主承销商
17	法国兴业证券(香港)有限公司	香港	经纪商、主承销商
18	高盛(亚洲)有限责任公司	香港	经纪商、主承销商
19	东盛证券(经纪)有限公司	香港	经纪商、主承销商
20	广利证券有限公司	香港	经纪商
21	联昌国际(香港)有限公司	香港	经纪商
22	和升国际有限公司	香港	经纪商、主承销商
23	荷银融资亚洲有限公司	香港	主承销商
24	荷银证券亚洲有限公司	香港	经纪商
25	亨泰证券有限公司	香港	经纪商
26	恒生证券有限公司	香港	经纪商
27	汇富证券有限公司	香港	经纪商、主承销商
28	极讯亚太有限公司	香港	经纪商
29	加拿大怡东融资有限公司	香港	主承销商
30	加怡证券经纪有限公司	香港	经纪商
31	嘉诚亚洲有限公司	香港	经纪商、主承销商
32	嘉佳证券有限公司	香港	经纪商
33	永丰金证券(亚洲)有限公司	香港	经纪商、主承销商
34	京华山-国际(香港)有限公司	香港	经纪商、主承销商
35	京华证券国际有限公司	香港	经纪商、主承销商
36	凯基证券亚洲有限公司	香港	经纪商、主承销商

数据来源：中国证券监督管理委员会
Source: CSRC

附录1-9 续表 continued

序号 No.	公司名称 Company Name	注册地 Place of Registration	资格种类 Qualification Type
37	乐金投资证券公司	香港	经纪商、主承销商
38	里昂证券有限公司	香港	经纪商、主承销商
39	摩根士丹利亚洲有限公司	香港	经纪商
40	内藤证券株式会社	香港	经纪商
41	培基证券有限公司	香港	主承销商
42	群益证券(香港)有限公司	香港	经纪商、主承销商
43	软库金汇投资服务有限公司	香港	经纪商、主承销商
44	瑞士信贷(香港)有限公司	香港	经纪商、主承销商
45	三星证券株式会社	香港	经纪商、主承销商
46	顺隆证券行有限公司	香港	经纪商
47	所罗门美邦香港有限公司	香港	经纪商
48	万信证券有限公司	香港	经纪商
49	联昌国际(香港)有限公司	香港	经纪商
50	新鸿基投资服务有限公司	香港	经纪商、主承销商
51	新加坡大华亚洲(香港)有限公司	香港	主承销商
52	新加坡发展亚洲融资有限公司	香港	主承销商
53	新日本证券国际(香港)有限公司	香港	经纪商、主承销商
54	信诚证券有限公司	香港	经纪商
55	野村国际(香港)有限公司	香港	经纪商、主承销商
56	怡富证券有限公司	香港	经纪商、主承销商
57	英明证券有限公司	香港	经纪商
58	元富证券(香港)有限公司	香港	经纪商、主承销商
59	中银国际证券有限公司	香港	经纪商
60	周生生证券有限公司	香港	经纪商
61	大华继显(香港)有限公司	香港	经纪商
62	东海东京证券公司	香港	经纪商
63	中国国际金融香港有限公司	香港	经纪商
64	美林远东有限公司	香港	经纪商
65	敦沛证券有限公司	香港	经纪商
66	瑞银证券亚洲有限公司	香港	经纪商
67	日本日联飞翼证券股份有限公司	香港	经纪商
68	香港上海汇丰银行有限公司	香港	经纪商
69	国泰君安证券(香港)有限公司	香港	经纪商
70	致富证券有限公司	香港	经纪商
71	申银万国证券(香港)有限公司	香港	经纪商
72	国信证券(香港)经纪有限公司	香港	经纪商

附录1-10　2020年公募基金管理人名录

List of Public Fund Management Companies in 2020

序号 No.	公募基金管理人 Public Fund Management Company	注册资本（亿元） Registered Capital (100 million yuan)	注册地 Place of Registration	成立时间 Established Time	从业人员数量 Number of Practi-tioner (unit)	管理基金只数（只） Number of Funds (unit)	管理基金份额（亿份） Fund units (100 million units)	管理基金资产规模（亿元） Fund Asset Value(100 million yuan)
1	安信基金管理有限责任公司	5.06	深圳	2011年12月	213	65	569.14	682.72
2	宝盈基金管理有限公司	1.00	深圳	2001年5月	159	45	510.89	672.42
3	北京高华证券有限责任公司	10.72	北京	2004年10月	—	—	0.00	0.00
4	北信瑞丰基金管理有限公司	1.70	北京	2014年3月	103	19	80.34	88.97
5	博道基金管理有限公司	1.00	上海	2017年6月	62	16	95.74	127.78
6	博时基金管理有限公司	2.50	深圳	1998年7月	664	239	6474.97	7164.18
7	博远基金管理有限公司	1.00	深圳	2018年12月	40	4	9.96	10.38
8	渤海汇金证券资产管理有限公司	11.00	深圳	2016年5月	143	6	113.23	113.77
9	财通基金管理有限公司	2.00	上海	2011年6月	176	36	300.52	351.89
10	财通证券资产管理有限公司	2.00	浙江	2014年12月	175	21	440.22	464.62
11	长安基金管理有限公司	2.70	上海	2011年9月	74	19	53.14	72.85
12	长城基金管理有限公司	1.50	深圳	2001年12月	192	62	1567.99	1693.00
13	长盛基金管理有限公司	2.06	深圳	1999年3月	168	62	389.78	442.75
14	长江证券(上海)资产管理有限公司	23.00	上海	2014年9月	157	13	179.67	180.53
15	长信基金管理有限责任公司	1.65	上海	2003年4月	225	69	905.82	1031.77
16	创金合信基金管理有限公司	2.33	深圳	2014年7月	284	55	363.20	415.25
17	淳厚基金管理有限公司	1.00	上海	2018年11月	44	11	202.74	209.72
18	达诚基金管理有限公司	1.00	上海	2020年4月	31	1	2.80	2.97
19	大成基金管理有限公司	2.00	深圳	1999年4月	299	108	2235.50	1980.33
20	德邦基金管理有限公司	5.90	上海	2012年3月	118	28	292.53	303.17
21	东方阿尔法基金管理有限公司	1.00	深圳	2017年7月	26	3	23.46	33.23
22	东方基金管理有限责任公司	3.33	北京	2004年6月	164	49	410.19	500.93
23	东海基金管理有限责任公司	1.50	上海	2013年2月	116	8	15.79	16.53
24	东吴基金管理有限公司	1.00	上海	2004年8月	102	30	142.61	154.83
25	东兴基金管理有限公司	2.00	北京	2020年9月	8	—	0.00	0.00
26	东兴证券股份有限公司	27.58	北京	2008年5月	64	16	66.01	67.73
27	方正富邦基金管理有限公司	6.60	北京	2011年7月	118	29	299.66	315.73
28	蜂巢基金管理有限公司	1.00	上海	2018年5月	38	12	240.93	242.13
29	富安达基金管理有限公司	8.18	上海	2011年4月	73	15	50.70	62.09
30	富国基金管理有限公司	5.20	上海	1999年4月	523	176	4470.18	5814.36
31	富荣基金管理有限公司	2.00	广东	2016年1月	94	15	163.26	169.89
32	格林基金管理有限公司	1.50	北京	2016年11月	61	12	107.73	109.62
33	工银瑞信基金管理有限公司	2.00	北京	2005年6月	617	156	5089.22	5889.38
34	光大保德信基金管理有限公司	1.60	上海	2004年4月	172	56	962.72	1068.58
35	广发基金管理有限公司	1.41	广东	2003年7月	623	217	5825.05	7382.56
36	国都证券股份有限公司	58.30	北京	2001年12月	57	4	0.34	0.61
37	国海富兰克林基金管理有限公司	2.20	广西	2004年9月	140	32	371.21	517.49
38	国金基金管理有限公司	3.60	北京	2011年11月	126	23	359.88	364.80
39	国开泰富基金管理有限责任公司	3.60	北京	2013年7月	39	2	1.03	1.05
40	国联安基金管理有限公司	1.50	上海	2003年3月	152	57	530.24	691.50
41	国融基金管理有限公司	1.50	上海	2017年6月	34	6	0.71	1.07
42	国寿安保基金管理有限公司	12.88	上海	2013年10月	244	70	2188.84	2289.23
43	国泰基金管理有限公司	1.10	上海	1998年3月	316	146	3517.69	4102.90
44	国投瑞银基金管理有限公司	1.00	上海	2002年6月	200	68	977.36	1076.20
45	海富通基金管理有限公司	3.00	上海	2003年4月	284	77	1064.79	1209.32
46	合煦智远基金管理有限公司	1.05	深圳	2017年8月	39	3	2.01	2.68
47	恒生前海基金管理有限公司	5.00	深圳	2016年7月	67	10	32.11	33.76
48	恒越基金管理有限公司	2.00	上海	2017年9月	50	2	4.97	10.55

数据来源：中国证券监督管理委员会
Source: CSRC

附录1-10 续表 1 continued

序号 No.	公募基金管理人 Public Fund Management Company	注册资本(亿元) Registered Capital (100 million yuan)	注册地 Place of Registration	成立时间 Established Time	从业人员数量 Number of Practitioner (unit)	管理基金只数(只) Number of Funds (unit)	管理基金份额(亿份) Fund units (100 million units)	管理基金资产规模(亿元) Fund Asset Value(100 million yuan)
49	弘毅远方基金管理有限公司	2.50	上海	2018年1月	41	5	6.64	11.43
50	泓德基金管理有限公司	1.43	西藏	2015年3月	108	31	727.04	1168.61
51	红塔红土基金管理有限公司	4.96	深圳	2012年6月	66	12	61.91	66.10
52	红土创新基金管理有限公司	1.50	深圳	2014年6月	67	12	71.02	76.87
53	华安基金管理有限公司	1.50	上海	1998年5月	382	136	3858.67	4681.76
54	华宝基金管理有限公司	1.50	上海	2003年2月	255	84	2829.01	2998.31
55	华宸未来基金管理有限公司	2.00	上海	2012年6月	50	2	1.30	1.55
56	华富基金管理有限公司	2.50	上海	2004年3月	130	41	614.59	645.68
57	华融基金管理有限公司	1.00	河北	2019年3月	44	4	30.18	30.35
58	华润元大基金管理有限公司	6.00	深圳	2013年1月	55	15	90.52	114.85
59	华商基金管理有限公司	1.00	北京	2005年9月	160	58	285.54	397.67
60	华泰保兴基金管理有限公司	2.40	上海	2016年7月	83	19	203.37	230.53
61	华泰柏瑞基金管理有限公司	2.00	上海	2004年11月	240	80	1000.70	1622.90
62	华泰证券(上海)资产管理有限公司	26.00	上海	2014年10月	256	16	222.47	229.01
63	华夏基金管理有限公司	2.38	北京	1998年3月	867	194	6058.71	7931.24
64	惠升基金管理有限责任公司	1.10	西藏	2018年9月	43	10	203.56	217.48
65	汇安基金管理有限责任公司	1.00	上海	2016年4月	103	44	282.65	312.26
66	汇丰晋信基金管理有限公司	2.00	上海	2005年10月	166	24	288.05	441.04
67	汇泉基金管理有限公司	1.00	北京	2020年6月	—	—	0.00	0.00
68	汇添富基金管理股份有限公司	1.33	上海	2005年1月	649	153	6187.20	7755.28
69	嘉合基金管理有限公司	3.00	上海	2014年7月	92	16	167.78	170.99
70	嘉实基金管理有限公司	1.50	上海	1999年3月	847	193	6080.51	7327.26
71	建信基金管理有限责任公司	2.00	北京	2005年9月	519	126	4428.64	4630.24
72	江信基金管理有限公司	1.80	北京	2013年1月	72	9	19.25	21.32
73	交银施罗德基金管理有限公司	2.00	上海	2005年7月	311	92	2416.87	3278.21
74	金信基金管理有限公司	1.00	深圳	2015年7月	41	14	10.12	12.59
75	金鹰基金管理有限公司	5.10	广东	2002年12月	156	46	386.68	434.23
76	金元顺安基金管理有限公司	3.40	上海	2006年11月	110	16	243.72	256.79
77	景顺长城基金管理有限公司	1.30	深圳	2003年6月	275	105	2785.44	3677.94
78	九泰基金管理有限公司	3.00	北京	2014年7月	167	28	79.36	106.70
79	凯石基金管理有限公司	1.50	上海	2017年5月	53	6	8.22	9.73
80	民生加银基金管理有限公司	3.00	深圳	2008年10月	226	77	1461.00	1492.83
81	明亚基金管理有限责任公司	1.00	深圳	2019年2月	31	1	0.45	0.55
82	摩根士丹利华鑫基金管理有限公司	2.50	深圳	2003年3月	131	29	242.64	301.29
83	南方基金管理股份有限公司	3.62	深圳	1998年3月	758	221	6875.26	8047.88
84	南华基金管理有限公司	1.80	浙江	2016年11月	65	10	33.68	35.20
85	农银汇理基金管理有限公司	17.50	上海	2008年2月	203	64	2023.62	2414.50
86	诺安基金管理有限公司	1.50	深圳	2003年12月	203	59	1051.23	1311.73
87	诺德基金管理有限公司	1.00	上海	2006年5月	125	27	204.12	258.83
88	鹏华基金管理有限公司	1.50	深圳	1998年12月	466	197	4786.00	5466.56
89	鹏扬基金管理有限公司	1.18	上海	2016年7月	180	37	587.65	636.72
90	平安基金管理有限公司	13.00	深圳	2011年1月	317	105	3344.46	3571.66
91	浦银安盛基金管理有限公司	19.10	上海	2007年7月	220	70	2245.47	2307.66
92	前海开源基金管理有限公司	2.00	深圳	2013年1月	229	90	675.04	897.43
93	融通基金管理有限公司	1.25	深圳	2001年5月	242	74	1159.12	1432.55
94	瑞达基金管理有限公司	1.00	厦门	2020年3月	21	—	0.00	0.00
95	睿远基金管理有限公司	1.00	上海	2018年10月	88	2	232.52	441.68
96	山西证券股份有限公司	35.90	山西	2008年2月	39	10	85.89	88.70
97	上海东方证券资产管理有限公司	3.00	上海	2010年6月	286	55	1293.11	1877.69
98	上投摩根基金管理有限公司	2.50	上海	2004年4月	338	67	1400.03	1669.32
99	上银基金管理有限公司	3.00	上海	2013年8月	114	26	831.04	839.56

附录1-10 续表 2 continued

序号 No.	公募基金管理人 Public Fund Management Company	注册资本（亿元） Registered Capital (100 million yuan)	注册地 Place of Registration	成立时间 Established Time	从业人员数量 Number of Practi-tioner (unit)	管理基金只数（只） Number of Funds (unit)	管理基金份额（亿份） Fund units (100 million units)	管理基金资产规模（亿元） Fund Asset Value(100 million yuan)
100	申万菱信基金管理有限公司	1.50	上海	2003年12月	170	45	553.94	619.88
101	太平基金管理有限公司	4.00	上海	2013年1月	91	16	378.92	389.12
102	泰达宏利基金管理有限公司	1.80	北京	2002年6月	140	53	382.68	456.62
103	泰康资产管理有限责任公司	10.00	北京	2006年2月	135	51	589.31	774.75
104	泰信基金管理有限公司	2.00	上海	2003年5月	100	21	114.39	128.98
105	天弘基金管理有限公司	5.14	天津	2004年10月	556	88	14253.63	14472.98
106	天治基金管理有限公司	1.60	上海	2003年5月	73	14	20.78	21.79
107	同泰基金管理有限公司	1.00	深圳	2018年10月	51	9	18.52	20.09
108	万家基金管理有限公司	3.00	上海	2002年8月	228	79	1547.35	1833.62
109	西部利得基金管理有限公司	3.50	上海	2010年7月	167	41	564.68	600.70
110	西藏东财基金管理有限公司	4.00	西藏	2018年10月	40	8	20.54	23.21
111	先锋基金管理有限公司	1.50	深圳	2016年5月	44	9	16.44	17.01
112	湘财基金管理有限公司	1.50	上海	2018年7月	86	7	19.08	21.13
113	新华基金管理股份有限公司	2.18	重庆	2004年12月	189	47	448.19	526.87
114	新疆前海联合基金管理有限公司	2.00	新疆	2015年8月	124	33	466.06	496.56
115	新沃基金管理有限公司	1.20	上海	2015年8月	38	4	7.56	7.63
116	鑫元基金管理有限公司	17.00	上海	2013年8月	118	46	325.58	339.35
117	信达澳银基金管理有限公司	1.00	深圳	2006年4月	141	30	267.15	392.62
118	兴华基金管理有限公司	1.00	青岛	2020年9月	29	2	2.15	2.16
119	兴业基金管理有限公司	12.00	福建	2013年4月	227	68	2312.24	2377.66
120	兴银基金管理有限责任公司	1.43	福建	2013年10月	124	34	532.22	536.86
121	兴证全球基金管理有限公司	1.50	上海	2003年9月	279	35	3646.84	4472.10
122	易方达基金管理有限公司	1.32	广东	2001年4月	854	188	9066.13	12088.58
123	益民基金管理有限公司	1.00	重庆	2005年12月	51	6	14.30	18.24
124	银河基金管理有限公司	2.00	上海	2002年5月	175	74	923.20	1205.82
125	银华基金管理股份有限公司	2.22	深圳	2001年5月	520	137	4213.83	4838.70
126	英大基金管理有限公司	14.16	北京	2012年8月	74	12	389.87	398.42
127	永赢基金管理有限公司	9.00	浙江	2013年11月	252	70	1808.92	1898.98
128	圆信永丰基金管理有限公司	2.00	福建	2014年1月	97	23	176.18	232.70
129	招商基金管理有限公司	13.10	深圳	2002年12月	494	170	4356.47	4862.75
130	浙江浙商证券资产管理有限公司	12.00	浙江	2013年4月	152	16	130.69	139.08
131	浙商基金管理有限公司	3.00	浙江	2010年10月	115	31	281.54	311.35
132	中庚基金管理有限公司	2.00	上海	2015年11月	71	3	43.74	65.94
133	中国人保资产管理有限公司	12.98	上海	2003年7月	62	23	117.29	121.96
134	中海基金管理有限公司	1.47	上海	2004年3月	119	30	121.24	133.84
135	中航基金管理有限公司	3.00	北京	2016年6月	66	8	102.53	104.82
136	中加基金管理有限公司	4.65	北京	2013年3月	152	52	1029.57	1055.41
137	中金基金管理有限公司	5.00	北京	2014年2月	104	37	515.04	539.98
138	中科沃土基金管理有限公司	1.30	广东	2015年9月	71	8	7.13	8.20
139	中欧基金管理有限公司	2.20	上海	2006年7月	296	87	3073.89	4040.58
140	中融基金管理有限公司	7.50	深圳	2013年5月	176	63	1145.56	1186.67
141	中泰证券(上海)资产管理有限公司	1.67	上海	2014年8月	135	9	99.94	106.56
142	中信保诚基金管理有限公司	2.00	上海	2005年8月	184	73	1032.35	1113.62
143	中信建投基金管理有限公司	3.00	北京	2013年9月	129	22	253.49	266.88
144	中银国际证券有限责任公司	27.78	上海	2002年2月	172	26	1059.50	1114.78
145	中银基金管理有限公司	1.00	上海	2004年6月	368	125	3197.76	3487.96
146	中邮创业基金管理股份有限公司	3.04	北京	2006年2月	194	47	346.97	428.64
147	朱雀基金管理有限公司	1.50	陕西	2018年10月	86	6	90.02	128.12

附录1-11　2020年基金托管人名录
List of Fund Custodians in 2020

序号 No.	托管人名称 Fund Custodian	注册地 Place of Registration	取得托管资格时间 Custody Qualification-obtaining Time	托管基金只数(只) Number of Funds under Custody (unit)	托管基金份额(亿份) Fund Units under Custody (100 million units)	托管基金资产规模(亿元) Fund Asset Value under Custody (100 million yuan)
1	中国工商银行股份有限公司	北京	1998年2月	1248	21188.46	28968.13
2	中国建设银行股份有限公司	北京	1998年3月	1108	22704.20	27662.98
3	中国农业银行股份有限公司	北京	1998年5月	611	9667.10	12009.10
4	交通银行股份有限公司	上海	1998年7月	543	13902.08	15487.22
5	中国银行股份有限公司	北京	1998年7月	957	14172.46	18687.15
6	中国光大银行股份有限公司	北京	2002年10月	208	3829.07	4212.21
7	招商银行股份有限公司	深圳	2002年11月	721	10535.49	13611.85
8	上海浦东发展银行股份有限公司	上海	2003年9月	302	9387.39	10085.44
9	中国民生银行股份有限公司	北京	2004年7月	292	7279.96	7527.68
10	中信银行股份有限公司	北京	2004年8月	209	19361.81	19808.15
11	华夏银行股份有限公司	北京	2005年2月	64	1485.46	1530.42
12	兴业银行股份有限公司	福建	2005年4月	400	14598.09	15478.94
13	北京银行股份有限公司	北京	2008年6月	50	407.62	453.15
14	平安银行股份有限公司	深圳	2008年8月	174	4034.22	4293.67
15	广东发展银行股份有限公司	广东	2009年5月	42	1579.70	1705.99
16	中国邮政储蓄银行有限责任公司	北京	2009年7月	178	3520.24	3832.35
17	上海银行股份有限公司	上海	2009年8月	75	1485.95	1542.07
18	渤海银行股份有限公司	天津	2010年6月	29	323.73	337.13
19	宁波银行股份有限公司	浙江	2012年11月	88	1143.06	1287.38
20	浙商银行股份有限公司	浙江	2013年11月	138	1635.34	1677.99
21	海通证券股份有限公司	上海	2013年12月	14	55.06	67.87
22	国信证券股份有限公司	深圳	2013年12月	7	21.79	24.87
23	徽商银行股份有限公司	安徽	2014年1月	28	460.88	466.45
24	广州农村商业银行股份有限公司	广东	2014年1月	20	171.29	191.91
25	招商证券股份有限公司	深圳	2014年1月	44	569.00	681.85

数据来源：中国证券监督管理委员会
Source: CSRC

附录1-11 续表 continued

序号 No.	托管人名称 Fund Custodian	注册地 Place of Registration	取得托管资格时间 Custody Qualification-obtaining Time	托管基金只数(只) Number of Funds under Custody (unit)	托管基金份额(亿份) Fund Units under Custody (100 million units)	托管基金资产规模(亿元) Fund Asset Value under Custody (100 million yuan)
26	恒丰银行股份有限公司	上海	2014年2月	4	49.63	51.95
27	中国证券登记结算有限责任公司	北京	2014年3月	—	—	—
28	杭州银行股份有限公司	浙江	2014年3月	43	849.58	876.23
29	南京银行股份有限公司	江苏	2014年4月	50	715.63	747.49
30	国泰君安证券股份有限公司	上海	2014年5月	36	956.82	1086.34
31	广发证券股份有限公司	广东	2014年5月	33	131.15	174.30
32	江苏银行股份有限公司	江苏	2014年5月	88	2890.55	2956.55
33	中国银河证券股份有限公司	北京	2014年6月	24	27.71	40.04
34	华泰证券股份有限公司	江苏	2014年9月	9	68.76	88.86
35	中信证券股份有限公司	深圳	2014年10月	28	137.04	189.39
36	兴业证券股份有限公司	福建	2014年11月	7	38.79	46.52
37	中信建投证券股份有限公司	北京	2015年2月	21	386.34	412.30
38	中国国际金融股份有限公司	北京	2015年6月	6	11.60	15.36
39	中国证券金融股份有限公司	北京	2015年6月	—	—	—
40	恒泰证券股份有限公司	内蒙古	2015年8月	—	—	—
41	中泰证券股份有限公司	山东	2015年12月	3	2.90	2.97
42	国金证券股份有限公司	成都	2017年6月	2	42.22	42.72
43	安信证券股份有限公司	深圳	2018年9月	1	6.32	6.82
44	东方证券股份有限公司	上海	2018年10月	4	52.36	52.77
45	渣打银行(中国)有限公司	上海	2018年10月	—	—	—
46	申万宏源证券有限公司	上海	2019年7月	3	16.47	17.38
47	万联证券股份有限公司	广东	2020年6月	—	—	—
48	华鑫证券有限责任公司	深圳	2020年6月	—	—	—
49	光大证券股份有限公司	上海	2020年6月	—	—	—
50	华安证券股份有限公司	安徽	2020年7月	—	—	—
51	华福证券有限责任公司	福建	2020年7月	—	—	—

附录1-12 2020年基金销售机构名录
List of Fund Sales Institutions in 2020

序号 No.	销售机构名称 Sales Institution Name	销售机构类型 Sales Institution Type	取得销售资格时间 Sales Qualification-Obtaining Time	注册地 Place of Registration
1	中国工商银行	商业银行	2001年8月	北京
2	中国农业银行	商业银行	2001年12月	北京
3	中国银行	商业银行	2001年12月	北京
4	中国建设银行	商业银行	2001年7月	北京
5	交通银行	商业银行	2001年9月	上海
6	中信银行	商业银行	2002年1月	北京
7	平安银行	商业银行	2002年5月	深圳
8	上海浦东发展银行	商业银行	2002年7月	上海
9	招商银行	商业银行	2001年12月	深圳
10	兴业银行	商业银行	2002年8月	福建
11	中国民生银行	商业银行	2002年9月	北京
12	中国光大银行	商业银行	2003年1月	北京
13	华夏银行	商业银行	2004年11月	北京
14	广发银行	商业银行	2005年7月	广东
15	中国邮政储蓄银行	商业银行	2006年7月	北京
16	浙商银行	商业银行	2008年8月	浙江
17	渤海银行	商业银行	2009年10月	天津
18	恒丰银行	商业银行	2014年1月	山东
19	北京银行	商业银行	2004年10月	北京
20	上海银行	商业银行	2005年1月	上海
21	宁波银行	商业银行	2008年2月	浙江
22	青岛银行	商业银行	2008年5月	山东
23	徽商银行	商业银行	2008年7月	安徽
24	东莞银行	商业银行	2008年10月	广东
25	南京银行	商业银行	2008年10月	江苏
26	杭州银行	商业银行	2009年1月	浙江
27	临商银行	商业银行	2009年2月	山东
28	温州银行	商业银行	2009年5月	浙江
29	汉口银行	商业银行	2009年6月	湖北
30	江苏银行	商业银行	2009年9月	江苏
31	洛阳银行	商业银行	2010年1月	河南
32	乌鲁木齐商业银行	商业银行	2010年2月	新疆
33	烟台银行	商业银行	2010年6月	山东
34	齐商银行	商业银行	2010年9月	山东
35	浙江民泰商业银行	商业银行	2010年10月	浙江
36	大连银行	商业银行	2010年10月	辽宁
37	哈尔滨银行	商业银行	2010年10月	黑龙江
38	重庆银行	商业银行	2010年11月	重庆
39	浙江稠州商业银行	商业银行	2010年11月	浙江
40	天津银行	商业银行	2011年2月	天津
41	河北银行	商业银行	2011年5月	河北
42	嘉兴银行	商业银行	2011年6月	浙江
43	广州银行	商业银行	2011年7月	广东
44	西安银行	商业银行	2011年9月	陕西
45	长沙银行	商业银行	2011年9月	湖南

数据来源：中国证券监督管理委员会
Source: CSRC

附录1-12 续表 1 continued

序号 No.	销售机构名称 Sales Institution Name	销售机构类型 Sales Institution Type	取得销售资格时间 Sales Qualification-Obtaining Time	注册地 Place of Registration
46	金华银行	商业银行	2011年9月	浙江
47	郑州银行	商业银行	2012年4月	河南
48	厦门银行	商业银行	2012年5月	厦门
49	吉林银行	商业银行	2012年10月	吉林
50	苏州银行	商业银行	2012年12月	江苏
51	珠海华润银行	商业银行	2012年12月	广东
52	威海市商业银行	商业银行	2013年2月	山东
53	四川天府银行	商业银行	2013年2月	四川
54	长安银行	商业银行	2013年6月	陕西
55	晋商银行	商业银行	2013年8月	山西
56	富滇银行	商业银行	2013年8月	云南
57	昆仑银行	商业银行	2013年9月	新疆
58	日照银行	商业银行	2013年12月	山东
59	江西银行	商业银行	2013年12月	江西
60	潍坊银行	商业银行	2013年12月	山东
61	福建海峡银行	商业银行	2013年12月	福建
62	绍兴银行	商业银行	2013年12月	浙江
63	攀枝花市商业银行	商业银行	2013年3月	四川
64	广东华兴银行	商业银行	2014年4月	广东
65	成都银行	商业银行	2014年7月	四川
66	龙江银行	商业银行	2014年8月	黑龙江
67	泉州银行	商业银行	2014年8月	福建
68	浙江泰隆商业银行	商业银行	2014年10月	浙江
69	兰州银行	商业银行	2014年11月	甘肃
70	锦州银行	商业银行	2015年1月	辽宁
71	辽阳银行	商业银行	2015年2月	辽宁
72	华融湘江银行	商业银行	2015年4月	湖南
73	长城华西银行	商业银行	2015年5月	四川
74	贵阳银行	商业银行	2015年5月	贵州
75	盛京银行	商业银行	2015年5月	辽宁
76	深圳前海微众银行	商业银行	2015年7月	深圳
77	广东南粤银行	商业银行	2015年8月	广东
78	晋城银行	商业银行	2015年8月	山西
79	桂林银行	商业银行	2015年9月	广西
80	德州银行	商业银行	2015年10月	山东
81	浙江网商银行股份有限公司	商业银行	2015年11月	浙江
82	焦作中旅银行股份有限公司	商业银行	2016年1月	河南
83	云南红塔银行	商业银行	2016年3月	云南
84	青海银行	商业银行	2016年3月	青海
85	中原银行	商业银行	2016年4月	河南
86	湖北银行股份有限公司	商业银行	2016年5月	湖北
87	厦门国际银行股份有限公司	商业银行	2016年6月	福建
88	宁夏银行	商业银行	2016年7月	宁夏
89	内蒙古银行	商业银行	2016年7月	内蒙古
90	营口银行	商业银行	2016年7月	辽宁
91	贵州银行股份有限公司	商业银行	2016年8月	贵州
92	丹东银行	商业银行	2016年9月	辽宁
93	阜新银行	商业银行	2016年9月	辽宁

附录1-12 续表 2 continued

序号 No.	销售机构名称 Sales Institution Name	销售机构类型 Sales Institution Type	取得销售资格时间 Sales Qualification-Obtaining Time	注册地 Place of Registration
94	九江银行股份有限公司	商业银行	2016年10月	江西
95	晋中银行股份有限公司	商业银行	2016年12月	山西
96	唐山银行股份有限公司	商业银行	2016年12月	河北
97	赣州银行股份有限公司	商业银行	2017年11月	江西
98	上饶银行股份有限公司	商业银行	2017年12月	江西
99	上海农商银行	商业银行	2008年2月	上海
100	北京农商银行	商业银行	2008年4月	北京
101	张家港农村商业银行	商业银行	2009年12月	江苏
102	深圳农村商业银行	商业银行	2010年1月	深圳
103	东莞农村商业银行	商业银行	2011年2月	广东
104	常熟农村商业银行	商业银行	2011年7月	江苏
105	顺德农村商业银行	商业银行	2011年8月	广东
106	重庆农村商业银行	商业银行	2011年8月	重庆
107	江苏苏州农村商业银行	商业银行	2011年9月	江苏
108	江南农村商业银行	商业银行	2011年9月	江苏
109	江阴农村商业银行	商业银行	2011年9月	江苏
110	昆山农村商业银行	商业银行	2011年10月	江苏
111	广州农村商业银行	商业银行	2012年7月	广东
112	成都农村商业银行	商业银行	2012年9月	四川
113	杭州联合农村商业银行	商业银行	2013年2月	浙江
114	山东寿光农村商业银行	商业银行	2013年9月	山东
115	无锡农村商业银行	商业银行	2013年11月	江苏
116	浙江绍兴瑞丰农村商业银行	商业银行	2014年1月	浙江
117	浙江温州龙湾农村商业银行	商业银行	2014年2月	浙江
118	广东南海农村商业银行	商业银行	2014年3月	广东
119	长春农村商业银行	商业银行	2014年10月	吉林
120	浙江温州鹿城农村商业银行	商业银行	2015年1月	浙江
121	天津农村商业银行	商业银行	2015年4月	天津
122	浙江乐清农村商业银行	商业银行	2015年5月	浙江
123	浙江临海农村商业银行	商业银行	2015年7月	浙江
124	青岛农村商业银行	商业银行	2015年9月	山东
125	浙江义乌农村商业银行	商业银行	2015年11月	浙江
126	浙江新昌农村商业银行	商业银行	2015年11月	浙江
127	江苏紫金农村商业银行	商业银行	2015年11月	江苏
128	天津滨海农村商业银行	商业银行	2015年12月	天津
129	吉林九台农村商业银行	商业银行	2016年2月	吉林
130	浙江杭州余杭农村商业银行	商业银行	2016年2月	浙江
131	浙江瑞安农村商业银行股份有限公司	商业银行	2016年2月	浙江
132	宁波慈溪农村商业银行	商业银行	2016年4月	浙江
133	浙江德清农村商业银行	商业银行	2016年6月	浙江
134	武汉农村商业银行	商业银行	2016年6月	湖北
135	佛山农村商业银行	商业银行	2016年7月	广东
136	浙江富阳农村商业银行	商业银行	2016年7月	浙江
137	浙江温州瓯海农村商业银行股份有限公司	商业银行	2016年8月	浙江
138	福建漳州农村商业银行	商业银行	2016年9月	福建
139	浙江萧山农村商业银行	商业银行	2016年9月	浙江
140	长春发展农村商业银行股份有限公司	商业银行	2017年1月	吉林
141	福建石狮农村商业银行股份有限公司	商业银行	2017年1月	福建

附录1-12 续表 3 continued

序号 No.	销售机构名称 Sales Institution Name	销售机构类型 Sales Institution Type	取得销售资格时间 Sales Qualification-Obtaining Time	注册地 Place of Registration
142	宁波鄞州农村商业银行股份有限公司	商业银行	2017年4月	浙江
143	渣打银行	商业银行	2013年6月	上海
144	大华银行	商业银行	2013年6月	上海
145	花旗银行	商业银行	2013年6月	上海
146	东亚银行	商业银行	2013年6月	上海
147	恒生银行	商业银行	2013年6月	上海
148	星展银行	商业银行	2013年6月	上海
149	汇丰银行	商业银行	2013年6月	上海
150	南洋商业银行	商业银行	2013年6月	上海
151	摩根大通银行	商业银行	2013年9月	北京
152	华侨永亨银行	商业银行	2013年10月	上海
153	华商银行	商业银行	2016年9月	深圳
154	瑞士银行(中国)有限公司	商业银行	2018年1月	北京
155	海南银行	商业银行	2020年4月	海南
156	中信百信银行股份有限公司	商业银行	2020年6月	北京
157	国泰君安证券	证券公司	2002年7月	上海
158	广发证券	证券公司	2002年8月	广东
159	国信证券	证券公司	2002年8月	深圳
160	招商证券	证券公司	2002年8月	深圳
161	中信证券	证券公司	2002年8月	北京
162	海通证券	证券公司	2002年10月	上海
163	西南证券	证券公司	2003年1月	重庆
164	华龙证券	证券公司	2003年1月	甘肃
165	大同证券	证券公司	2003年1月	山西
166	民生证券	证券公司	2003年1月	上海
167	山西证券	证券公司	2003年1月	山西
168	长江证券	证券公司	2003年2月	湖北
169	中信华南	证券公司	2003年2月	广东
170	兴业证券	证券公司	2003年2月	福建
171	华泰证券	证券公司	2003年2月	江苏
172	渤海证券	证券公司	2003年2月	天津
173	万联证券	证券公司	2003年2月	广东
174	国元证券	证券公司	2003年2月	安徽
175	湘财证券	证券公司	2003年3月	湖南
176	东吴证券	证券公司	2003年12月	江苏
177	东方证券	证券公司	2004年4月	上海
178	光大证券	证券公司	2004年4月	上海
179	上海证券	证券公司	2004年5月	上海
180	国联证券	证券公司	2004年6月	江苏
181	浙商证券	证券公司	2004年6月	浙江
182	平安证券	证券公司	2004年8月	深圳
183	华安证券	证券公司	2004年8月	安徽
184	东北证券	证券公司	2004年7月	吉林
185	南京证券	证券公司	2004年8月	江苏
186	长城证券	证券公司	2004年8月	深圳
187	国海证券	证券公司	2004年9月	广西
188	财信证券	证券公司	2004年9月	湖南
189	东莞证券	证券公司	2004年9月	广东

附录1-12 续表 4 continued

序号 No.	销售机构名称 Sales Institution Name	销售机构类型 Sales Institution Type	取得销售资格时间 Sales Qualification-Obtaining Time	注册地 Place of Registration
190	中原证券	证券公司	2004年10月	河南
191	国都证券	证券公司	2004年11月	北京
192	恒泰证券	证券公司	2004年11月	内蒙古
193	中银国际	证券公司	2004年11月	上海
194	中泰证券	证券公司	2004年11月	山东
195	华西证券	证券公司	2004年11月	四川
196	国盛证券	证券公司	2004年11月	江西
197	新时代证券	证券公司	2004年11月	北京
198	华林证券	证券公司	2004年11月	深圳
199	中金公司	证券公司	2004年12月	北京
200	申万宏源	证券公司	2004年12月	上海
201	华福证券	证券公司	2005年1月	福建
202	世纪证券	证券公司	2005年2月	深圳
203	德邦证券	证券公司	2005年2月	上海
204	金元证券	证券公司	2005年4月	海南
205	西部证券	证券公司	2005年4月	陕西
206	东海证券	证券公司	2004年9月	上海
207	中航证券	证券公司	2005年4月	江西
208	第一创业证券	证券公司	2005年3月	深圳
209	中信建投证券	证券公司	2005年12月	北京
210	财通证券	证券公司	2006年7月	浙江
211	安信证券	证券公司	2007年4月	深圳
212	银河证券	证券公司	2007年5月	北京
213	华鑫证券	证券公司	2008年1月	深圳
214	瑞银证券	证券公司	2008年2月	北京
215	国金证券	证券公司	2008年3月	四川
216	中金财富	证券公司	2008年3月	深圳
217	中山证券	证券公司	2008年3月	深圳
218	红塔证券	证券公司	2008年3月	云南
219	国融证券	证券公司	2008年5月	内蒙古
220	东方财富证券	证券公司	2008年5月	西藏
221	方正证券	证券公司	2008年6月	湖南
222	联讯证券	证券公司	2008年6月	广东
223	九州证券	证券公司	2008年8月	青海
224	江海证券	证券公司	2008年8月	黑龙江
225	银泰证券	证券公司	2008年12月	深圳
226	华宝证券	证券公司	2009年1月	上海
227	长城国瑞证券	证券公司	2009年1月	厦门
228	爱建证券	证券公司	2009年1月	上海
229	英大证券	证券公司	2009年3月	深圳
230	信达证券	证券公司	2009年7月	北京
231	东兴证券	证券公司	2009年7月	北京
232	华融证券	证券公司	2009年9月	北京
233	天风证券	证券公司	2009年11月	湖北
234	大通证券	证券公司	2009年12月	辽宁
235	财达证券	证券公司	2009年12月	河北
236	中天证券	证券公司	2010年1月	辽宁

附录1-12 续表 5 continued

序号 No.	销售机构名称 Sales Institution Name	销售机构类型 Sales Institution Type	取得销售资格时间 Sales Qualification-Obtaining Time	注册地 Place of Registration
237	五矿证券	证券公司	2010年4月	深圳
238	高华证券	证券公司	2010年5月	北京
239	华创证券	证券公司	2010年6月	贵州
240	恒泰长财证券	证券公司	2010年7月	吉林
241	万和证券	证券公司	2010年9月	深圳
242	中邮证券	证券公司	2010年11月	陕西
243	首创证券	证券公司	2011年2月	北京
244	国开证券	证券公司	2011年5月	北京
245	太平洋证券	证券公司	2012年11月	云南
246	开源证券	证券公司	2012年12月	陕西
247	网信证券	证券公司	2013年2月	辽宁
248	宏信证券	证券公司	2013年6月	四川
249	川财证券	证券公司	2014年1月	四川
250	申万宏源西部证券	证券公司	2015年1月	新疆
251	联储证券	证券公司	2015年11月	深圳
252	华金证券	证券公司	2018年10月	上海
253	甬兴证券	证券公司	2020年10月	宁波
254	中信建投期货有限公司	期货公司	2013年9月	重庆
255	中国国际期货有限公司	期货公司	2013年11月	北京
256	兴证期货有限公司	期货公司	2014年7月	福建
257	中信期货有限公司	期货公司	2014年11月	深圳
258	中州期货有限公司	期货公司	2014年11月	山东
259	海通期货有限公司	期货公司	2015年1月	上海
260	安粮期货有限公司	期货公司	2015年3月	安徽
261	徽商期货有限责任公司	期货公司	2015年7月	安徽
262	广发期货有限公司	期货公司	2015年7月	广州
263	东海期货有限责任公司	期货公司	2015年7月	上海
264	浙江中大期货有限公司	期货公司	2015年7月	浙江
265	中投天琪期货有限公司	期货公司	2015年8月	深圳
266	上海东证期货有限公司	期货公司	2015年10月	上海
267	申银万国期货有限公司	期货公司	2015年12月	上海
268	银河期货有限公司	期货公司	2016年1月	北京
269	南华期货股份有限公司	期货公司	2016年2月	浙江
270	西部期货有限责任公司	期货公司	2017年3月	陕西
271	永安期货股份有限公司	期货公司	2016年3月	浙江
272	弘业期货股份有限公司	期货公司	2016年4月	江苏
273	华泰期货有限公司	期货公司	2016年8月	广东
274	华信期货股份有限公司	期货公司	2016年8月	河南
275	大有期货有限公司	期货公司	2016年8月	湖南
276	长江期货股份有限公司	期货公司	2016年9月	湖北
277	中衍期货有限公司	期货公司	2016年11月	北京
278	和合期货有限公司	期货公司	2016年12月	山西
279	新纪元期货股份有限公司	期货公司	2017年1月	江苏
280	光大期货有限公司	期货公司	2017年1月	上海
281	泰康人寿保险有限公司	保险公司	2014年1月	北京
282	阳光人寿保险股份有限公司	保险公司	2014年6月	北京
283	中国平安人寿保险股份有限公司	保险公司	2014年7月	深圳

附录1-12 续表 6 continued

序号 No.	销售机构名称 Sales Institution Name	销售机构类型 Sales Institution Type	取得销售资格时间 Sales Qualification-Obtaining Time	注册地 Place of Registration
284	中宏人寿保险有限公司	保险公司	2014年12月	上海
285	中国人寿保险股份有限公司	保险公司	2015年3月	北京
286	华瑞保险销售有限公司	保险代理公司和保险经纪公司	2014年11月	上海
287	玄元保险代理有限公司	保险代理公司和保险经纪公司	2014年12月	上海
288	和谐保险销售有限公司	保险代理公司和保险经纪公司	2015年9月	北京
289	永鑫保险销售服务有限公司	保险代理公司和保险经纪公司	2015年12月	上海
290	金惠家保险代理有限公司	保险代理公司和保险经纪公司	2016年4月	北京
291	天相投资顾问有限公司	证券投资咨询机构	2004年7月	北京
292	江苏金百临投资咨询有限公司	证券投资咨询机构	2012年5月	江苏
293	鼎信汇金(北京)投资管理有限公司	证券投资咨询机构	2012年5月	北京
294	和讯信息科技有限公司	证券投资咨询机构	2012年6月	北京
295	深圳市新兰德证券投资咨询有限公司	证券投资咨询机构	2012年9月	深圳
296	厦门市鑫鼎盛控股有限公司	证券投资咨询机构	2013年2月	厦门
297	江苏天鼎证券投资咨询有限公司	证券投资咨询机构	2016年8月	江苏
298	河南和信证券投资顾问股份有限公司	证券投资咨询机构	2016年8月	河南
299	沈阳麟龙投资顾问有限公司	证券投资咨询机构	2016年9月	辽宁
300	诺亚正行基金销售有限公司	独立基金销售机构	2012年2月	上海
301	深圳众禄基金销售股份有限公司	独立基金销售机构	2012年2月	深圳
302	上海天天基金销售有限公司	独立基金销售机构	2012年2月	上海
303	上海好买基金销售有限公司	独立基金销售机构	2012年2月	上海
304	蚂蚁(杭州)基金销售有限公司	独立基金销售机构	2012年4月	浙江
305	上海长量基金销售有限公司	独立基金销售机构	2012年4月	上海
306	浙江同花顺基金销售有限公司	独立基金销售机构	2012年4月	浙江
307	北京展恒基金销售股份有限公司	独立基金销售机构	2012年6月	北京
308	上海利得基金销售有限公司	独立基金销售机构	2012年8月	上海
309	天津市凤凰财富基金销售有限公司	独立基金销售机构	2012年10月	深圳
310	北京中期时代基金销售有限公司	独立基金销售机构	2012年11月	北京
311	浙江金观诚财富管理有限公司	独立基金销售机构	2012年12月	浙江
312	北京创金启富基金销售有限公司	独立基金销售机构	2012年12月	北京
313	嘉实财富管理有限公司	独立基金销售机构	2012年12月	上海
314	浦领基金销售有限公司	独立基金销售机构	2013年2月	北京
315	北京中天嘉华基金销售有限公司	独立基金销售机构	2013年2月	北京
316	北京增财基金销售有限公司	独立基金销售机构	2013年2月	北京
317	泛华普益基金销售有限公司	独立基金销售机构	2013年2月	四川
318	宜信普泽(北京)基金销售有限公司	独立基金销售机构	2013年2月	北京
319	深圳腾元基金销售有限公司	独立基金销售机构	2013年3月	深圳
320	通华财富(上海)基金销售有限公司	独立基金销售机构	2013年6月	上海
321	北京恒天明泽基金销售有限公司	独立基金销售机构	2013年8月	北京
322	深圳宜投基金销售有限公司	独立基金销售机构	2013年9月	深圳
323	深圳前海汇联基金销售有限公司	独立基金销售机构	2013年9月	深圳
324	北京晟视天下基金销售有限公司	独立基金销售机构	2013年9月	北京
325	北京钱景基金销售有限公司	独立基金销售机构	2013年11月	北京
326	北京植信基金销售有限公司	独立基金销售机构	2013年12月	北京
327	一路财富(北京)基金销售股份有限公司	独立基金销售机构	2013年12月	北京
328	成都华羿恒信基金销售有限公司	独立基金销售机构	2014年1月	四川
329	海银基金销售有限公司	独立基金销售机构	2014年1月	上海
330	上海久富财富基金销售有限公司	独立基金销售机构	2014年1月	上海

附录1-12 续表 7 continued

序号 No.	销售机构名称 Sales Institution Name	销售机构类型 Sales Institution Type	取得销售资格时间 Sales Qualification-Obtaining Time	注册地 Place of Registration
331	北京唐鼎耀华基金销售有限公司	独立基金销售机构	2014年3月	北京
332	上海财咖啡基金销售有限公司	独立基金销售机构	2014年3月	上海
333	北京新浪仓石基金销售有限公司	独立基金销售机构	2014年3月	北京
334	上海大智慧基金销售有限公司	独立基金销售机构	2014年3月	上海
335	北京加和基金销售有限公司	独立基金销售机构	2014年4月	北京
336	北京辉腾汇富基金销售有限公司	独立基金销售机构	2014年4月	北京
337	济安财富(北京)基金销售有限公司	独立基金销售机构	2014年5月	北京
338	上海国金理益财富基金销售有限公司	独立基金销售机构	2014年6月	上海
339	佳泓(北京)基金销售有限公司	独立基金销售机构	2014年8月	北京
340	深圳市锦安基金销售有限公司	独立基金销售机构	2014年9月	深圳
341	扬州国信嘉利基金销售有限公司	独立基金销售机构	2014年9月	江苏
342	上海联泰基金销售有限公司	独立基金销售机构	2014年10月	上海
343	上海钜派钰茂基金销售有限公司	独立基金销售机构	2014年11月	上海
344	深圳市金海九州基金销售有限公司	独立基金销售机构	2014年12月	深圳
345	上海汇付基金销售有限公司	独立基金销售机构	2014年12月	上海
346	江西正融基金销售有限公司	独立基金销售机构	2014年12月	江西
347	北京坤元基金销售有限公司	独立基金销售机构	2014年12月	北京
348	泰诚财富基金销售(大连)有限公司	独立基金销售机构	2014年12月	辽宁
349	北京微动利基金销售有限公司	独立基金销售机构	2015年2月	北京
350	北京富国大通基金销售有限公司	独立基金销售机构	2015年3月	北京
351	上海基煜基金销售有限公司	独立基金销售机构	2015年3月	上海
352	泰信财富基金销售有限公司	独立基金销售机构	2015年3月	北京
353	利和财富(上海)基金销售有限公司	独立基金销售机构	2015年6月	上海
354	上海凯石财富基金销售有限公司	独立基金销售机构	2015年7月	上海
355	上海景谷基金销售有限公司	独立基金销售机构	2015年7月	上海
356	北京恒宇天泽基金销售有限公司	独立基金销售机构	2015年7月	北京
357	上海朝阳永续基金销售有限公司	独立基金销售机构	2015年7月	上海
358	上海中正达广基金销售有限公司	独立基金销售机构	2015年8月	上海
359	深圳安见基金销售有限公司	独立基金销售机构	2015年8月	深圳
360	北京虹点基金销售有限公司	独立基金销售机构	2015年8月	北京
361	上海攀赢基金销售有限公司	独立基金销售机构	2015年8月	上海
362	深圳新华信通基金销售有限公司	独立基金销售机构	2015年8月	深圳
363	上海陆金所基金销售有限公司	独立基金销售机构	2015年8月	上海
364	武汉市伯嘉基金销售有限公司	独立基金销售机构	2015年9月	湖北
365	深圳富济基金销售有限公司	独立基金销售机构	2015年9月	深圳
366	中欧钱滚滚基金销售(上海)有限公司	独立基金销售机构	2015年9月	上海
367	大泰金石基金销售有限公司	独立基金销售机构	2015年9月	江苏
368	珠海盈米基金销售有限公司	独立基金销售机构	2015年9月	广东
369	成都万华源基金销售有限责任公司	独立基金销售机构	2015年9月	四川
370	九泰基金销售(北京)有限公司	独立基金销售机构	2015年9月	北京
371	和耕传承基金销售有限公司	独立基金销售机构	2015年10月	河南
372	南京途牛基金销售有限公司	独立基金销售机构	2015年10月	江苏
373	中证金牛(北京)投资咨询有限公司	独立基金销售机构	2015年11月	北京
374	北京懒猫金融信息服务有限公司	独立基金销售机构	2015年11月	北京
375	深圳秋实惠智基金销售有限公司	独立基金销售机构	2015年12月	深圳
376	深圳市小牛基金销售有限公司	独立基金销售机构	2015年12月	深圳
377	万家财富基金销售(天津)有限公司	独立基金销售机构	2015年12月	北京

附录1-12 续表 8 continued

序号 No.	销售机构名称 Sales Institution Name	销售机构类型 Sales Institution Type	取得销售资格时间 Sales Qualification-Obtaining Time	注册地 Place of Registration
378	尚智逢源(北京)基金销售有限公司	独立基金销售机构	2016年1月	北京
379	北京电盈基金销售有限公司	独立基金销售机构	2016年1月	北京
380	奕丰基金销售有限公司	独立基金销售机构	2016年1月	深圳
381	北京肯特瑞基金销售有限公司	独立基金销售机构	2016年1月	北京
382	上海爱建基金销售有限公司	独立基金销售机构	2016年1月	上海
383	中民财富基金销售(上海)有限公司	独立基金销售机构	2016年1月	上海
384	大连网金基金销售有限公司	独立基金销售机构	2016年1月	大连
385	北京蛋卷基金销售有限公司	独立基金销售机构	2016年2月	北京
386	上海云湾基金销售有限公司	独立基金销售机构	2016年1月	上海
387	上海华夏财富投资管理有限公司	独立基金销售机构	2016年1月	北京
388	深圳市金斧子基金销售有限公司	独立基金销售机构	2016年2月	深圳
389	深圳市前海排排网基金销售有限责任公司	独立基金销售机构	2016年2月	深圳
390	深圳前海财厚基金销售有限公司	独立基金销售机构	2016年2月	深圳
391	深圳前海凯恩斯基金销售有限公司	独立基金销售机构	2016年2月	深圳
392	深圳市华融基金销售有限公司	独立基金销售机构	2016年2月	深圳
393	深圳信诚基金销售有限公司	独立基金销售机构	2016年3月	深圳
394	南京苏宁基金销售有限公司	独立基金销售机构	2016年3月	江苏
395	北京汇成基金销售有限公司	独立基金销售机构	2016年3月	北京
396	乾道盈泰基金销售(北京)有限公司	独立基金销售机构	2016年2月	北京
397	北京格上富信基金销售有限公司	独立基金销售机构	2016年3月	北京
398	深圳盈信基金销售有限公司	独立基金销售机构	2016年4月	深圳
399	北京广源达信基金销售有限公司	独立基金销售机构	2016年4月	北京
400	杭州科地瑞富基金销售有限公司	独立基金销售机构	2016年6月	浙江
401	上海万得基金销售有限公司	独立基金销售机构	2016年6月	上海
402	天津国美基金销售有限公司	独立基金销售机构	2016年6月	天津
403	上海陆享基金销售有限公司	独立基金销售机构	2016年7月	上海
404	上海有鱼基金销售有限公司	独立基金销售机构	2016年8月	上海
405	上海挖财基金销售有限公司	独立基金销售机构	2016年8月	上海
406	众惠基金销售有限公司	独立基金销售机构	2016年8月	贵州
407	凤凰金信(银川)基金销售有限公司	独立基金销售机构	2016年8月	宁夏
408	江苏汇林保大基金销售有限公司	独立基金销售机构	2016年9月	江苏
409	大河财富基金销售有限公司	独立基金销售机构	2016年10月	贵州
410	民商基金销售(上海)有限公司	独立基金销售机构	2017年10月	上海
411	苏州财路基金销售有限公司	独立基金销售机构	2016年12月	江苏
412	河南安存基金销售有限公司	独立基金销售机构	2016年12月	河南
413	嘉晟瑞信(天津)基金销售公司	独立基金销售机构	2016年12月	天津
414	资舟基金销售有限公司	独立基金销售机构	2017年1月	辽宁
415	洪泰财富(青岛)基金销售有限责任公司	独立基金销售机构	2017年1月	山东
416	青岛乐弘基金销售有限公司	独立基金销售机构	2017年1月	北京
417	贵州省贵文文化基金销售有限公司	独立基金销售机构	2017年7月	贵州
418	喜鹊财富基金销售有限公司	独立基金销售机构	2017年2月	西藏
419	腾安基金销售(深圳)有限公司	独立基金销售机构	2018年1月	深圳
420	北京百度百盈基金销售有限公司	独立基金销售机构	2018年11月	北京
421	青岛意才基金销售有限公司	独立基金销售机构	2019年10月	山东
422	上海利得基金销售有限公司	独立基金销售机构	2020年2月	上海

附录1-13 2020年合格境外投资者(QFII、RQFII)名录
List of QFII、RQFII in 2020

序号 No.	QFII、RQFII名称 Name	取得资格时间 Qualification-obtaining Time
1	瑞士银行	2003年5月23日
2	野村证券株式会社	2003年5月23日
3	摩根士丹利国际股份有限公司	2003年6月5日
4	花旗环球金融有限公司	2003年6月5日
5	高盛公司	2003年7月4日
6	德意志银行	2003年7月30日
7	香港上海汇丰银行有限公司	2003年8月4日
8	摩根大通银行	2003年9月30日
9	瑞士信贷(香港)有限公司	2003年10月24日
10	渣打银行(香港)有限公司	2003年12月11日
11	日兴资产管理有限公司	2003年12月11日
12	美林国际	2004年4月30日
13	恒生银行有限公司	2004年5月10日
14	大和证券株式会社	2004年5月10日
15	比尔及梅林达盖茨信托基金会	2004年7月19日
16	景顺资产管理有限公司	2004年8月4日
17	法国兴业银行	2004年9月2日
18	巴克莱银行	2004年9月15日
19	德国商业银行	2004年9月27日
20	法国巴黎银行	2004年9月29日
21	加拿大鲍尔公司	2004年10月15日
22	东方汇理银行	2004年10月15日
23	高盛国际资产管理公司	2005年5月9日
24	马丁可利投资管理有限公司	2005年10月25日
25	新加坡政府投资有限公司	2005年10月25日
26	柏瑞投资有限责任公司	2005年11月14日
27	淡马锡富敦投资有限公司	2005年11月15日
28	JF资产管理有限公司	2005年12月28日
29	日本第一生命保险株式会社	2005年12月28日
30	星展银行有限公司	2006年2月13日
31	安保资本投资有限公司	2006年4月10日
32	加拿大丰业银行	2006年4月10日
33	比联金融产品英国有限公司	2006年4月10日
34	爱德蒙得洛希尔(法国)	2006年4月10日
35	耶鲁大学	2006年4月14日
36	摩根士丹利投资管理公司	2006年7月7日
37	瀚亚投资(香港)有限公司	2006年7月7日
38	斯坦福大学	2006年8月5日
39	大华银行有限公司	2006年8月5日
40	施罗德投资管理有限公司	2006年8月29日
41	汇丰环球投资管理(香港)有限公司	2006年9月5日
42	瑞穗证券株式会社	2006年9月5日
43	三井住友德思资产管理株式会社	2006年9月25日
44	瑞银资产管理(新加坡)有限公司	2006年9月25日

数据来源：中国证券监督管理委员会
Source: CSRC

附录1-13 续表 1 continued

序号 No.	QFII、RQFII名称 Name	取得资格时间 Qualification-obtaining Time
45	挪威中央银行	2006年10月24日
46	百达资产管理有限公司	2006年10月25日
47	哥伦比亚大学	2008年3月12日
48	荷宝基金管理公司	2008年5月5日
49	道富环球投资管理亚洲有限公司	2008年5月16日
50	比利时联合资产管理有限公司	2008年6月2日
51	铂金投资管理有限公司	2008年6月2日
52	未来资产基金管理公司	2008年7月25日
53	安达国际控股有限公司	2008年8月5日
54	魁北克储蓄投资集团	2008年8月22日
55	哈佛大学	2008年8月22日
56	三星资产运用株式会社	2008年8月25日
57	联博有限公司	2008年8月28日
58	华侨银行有限公司	2008年8月28日
59	首源投资(英国)有限公司	2008年9月11日
60	大和资产管理株式会社	2008年9月11日
61	普信投资公司	2008年9月12日
62	壳牌资产管理有限公司	2008年9月12日
63	瑞士信贷银行股份有限公司	2008年10月14日
64	大华资产管理有限公司	2008年11月28日
65	阿布达比投资局	2008年12月3日
66	安联环球投资有限公司	2008年12月16日
67	资本国际公司	2008年12月18日
68	三菱日联摩根士丹利证券股份有限公司	2008年12月29日
69	韩华资产运用株式会社	2009年2月5日
70	安石股票投资管理(美国)有限公司	2009年2月10日
71	韩国产业银行	2009年4月23日
72	韩国友利银行股份有限公司	2009年5月4日
73	马来西亚国家银行	2009年5月19日
74	邓普顿投资顾问有限公司	2009年6月5日
75	东亚联丰投资管理有限公司	2009年6月18日
76	三井住友信托银行股份有限公司	2009年6月26日
77	韩国投资信托运用株式会社	2009年7月21日
78	霸菱资产管理有限公司	2009年8月6日
79	安石投资管理有限公司	2009年9月14日
80	纽约梅隆资产管理国际有限公司	2009年11月6日
81	宏利投资管理(香港)有限公司	2009年11月20日
82	野村资产管理株式会社	2009年11月23日
83	友利资产运用株式会社	2009年12月11日
84	加拿大皇家银行	2009年12月23日
85	英杰华投资集团全球服务有限公司	2009年12月28日
86	顶峰资产管理有限公司	2010年4月20日
87	法国欧菲资产管理公司	2010年5月21日
88	安本亚洲资产管理公司	2010年7月6日
89	KB资产运用	2010年8月9日
90	富达基金(香港)有限公司	2010年9月1日
91	美盛投资(欧洲)有限公司	2010年10月8日

附录1-13 续表 2 continued

序号 No.	QFII、RQFII名称 Name	取得资格时间 Qualification-obtaining Time
92	香港金融管理局	2010年10月27日
93	富邦证券投资信托股份有限公司	2010年10月29日
94	群益证券投资信托股份有限公司	2010年10月29日
95	蒙特利尔银行投资公司	2010年12月6日
96	瑞士宝盛银行	2010年12月14日
97	科提比资产运用株式会社	2010年12月28日
98	领先资产管理	2011年2月16日
99	元大证券投资信托股份有限公司	2011年3月4日
100	忠利保险有限公司	2011年3月18日
101	西班牙对外银行有限公司	2011年5月6日
102	国泰证券投资信托股份有限公司	2011年6月9日
103	复华证券投资信托股份有限公司	2011年6月9日
104	亢简资产管理公司	2011年6月24日
105	贝莱德机构信托公司	2011年7月14日
106	东方汇理资产管理香港有限公司	2011年7月14日
107	GMO有限责任公司	2011年8月9日
108	新加坡金融管理局	2011年10月8日
109	中国人寿保险股份有限公司(台湾)	2011年10月26日
110	新光人寿保险股份有限公司	2011年10月26日
111	普林斯顿大学	2011年11月25日
112	泛达公司	2011年12月9日
113	加拿大年金计划投资委员会	2011年12月9日
114	瀚博环球投资公司	2011年12月13日
115	安耐德合伙人有限公司	2011年12月13日
116	泰国银行	2011年12月16日
117	博时基金(国际)有限公司	2011年12月21日
118	大成国际资产管理有限公司	2011年12月21日
119	华安资产管理(香港)有限公司	2011年12月21日
120	科威特政府投资局	2011年12月21日
121	北美信托环球投资公司	2011年12月21日
122	台湾人寿保险股份有限公司	2011年12月21日
123	韩国银行	2011年12月21日
124	海富通资产管理(香港)有限公司	2011年12月21日
125	华夏基金(香港)有限公司	2011年12月21日
126	汇添富资产管理(香港)有限公司	2011年12月21日
127	嘉实国际资产管理有限公司	2011年12月21日
128	南方东英资产管理有限公司	2011年12月21日
129	易方达资产管理(香港)有限公司	2011年12月21日
130	中国国际金融(香港)有限公司	2011年12月22日
131	国信证券(香港)金融控股有限公司	2011年12月22日
132	光大证券金融控股有限公司	2011年12月22日
133	华泰金融控股(香港)有限公司	2011年12月22日
134	国泰君安金融控股有限公司	2011年12月22日
135	海通国际控股有限公司	2011年12月22日
136	广发控股(香港)有限公司	2011年12月22日
137	招商证券国际有限公司	2011年12月22日
138	申万宏源(国际)集团有限公司	2011年12月22日

附录1-13 续表 3 continued

序号 No.	QFII、RQFII名称 Name	取得资格时间 Qualification-obtaining Time
139	中信证券国际有限公司	2011年12月22日
140	安信国际金融控股有限公司	2011年12月22日
141	国元国际控股有限公司	2011年12月22日
142	安大略省教师养老金计划委员会	2011年12月22日
143	罗素投资爱尔兰有限公司	2011年12月28日
144	韩国投资公司	2011年12月28日
145	迈世勒资产管理有限责任公司	2011年12月31日
146	华宜资产运用有限公司	2011年12月31日
147	国民年金公团(韩国)	2012年1月5日
148	新韩法国巴黎资产运用株式会社	2012年1月5日
149	三商美邦人寿保险股份有限公司	2012年1月30日
150	保德信证券投资信托股份有限公司	2012年1月31日
151	信安环球投资有限公司	2012年1月31日
152	医院管理局公积金计划	2012年1月31日
153	全球人寿保险股份有限公司	2012年2月3日
154	大众信托基金有限公司	2012年2月3日
155	明治安田资产管理有限公司	2012年2月27日
156	国泰人寿保险股份有限公司	2012年2月28日
157	三井住友银行株式会社	2012年2月28日
158	富邦人寿保险股份有限公司	2012年3月1日
159	友邦保险有限公司	2012年3月5日
160	纽伯格伯曼欧洲有限公司	2012年3月5日
161	马来西亚国库控股公司	2012年3月7日
162	资金研究与管理公司	2012年3月9日
163	日本东京海上资产管理株式会社	2012年3月14日
164	韩亚金融投资株式会社	2012年3月29日
165	兴元资产管理有限公司	2012年3月30日
166	伦敦市投资管理有限公司	2012年3月30日
167	摩根资产管理(英国)有限公司	2012年3月30日
168	冈三资产管理股份有限公司	2012年3月30日
169	预知投资管理公司	2012年4月18日
170	骏利资产管理有限公司	2012年4月20日
171	东部资产运用株式会社	2012年4月20日
172	瀚森全球投资有限公司	2012年4月28日
173	欧利盛资产管理有限公司	2012年5月2日
174	中银国际英国保诚资产管理有限公司	2012年5月3日
175	富敦资金管理有限公司	2012年5月4日
176	利安资金管理公司	2012年5月7日
177	忠利银行基金管理卢森堡有限责任公司	2012年5月23日
178	威廉博莱公司	2012年5月24日
179	天达资产管理有限公司	2012年5月28日
180	安智投资管理亚太(香港)有限公司	2012年6月4日
181	三菱日联国际资产管理公司	2012年6月4日
182	中银集团人寿保险有限公司	2012年7月12日
183	霍尔资本有限公司	2012年8月6日
184	得克萨斯大学体系董事会	2012年8月6日
185	南山人寿保险股份有限公司	2012年8月6日

附录1-13 续表 4 continued

序号 No.	QFII、RQFII名称 Name	取得资格时间 Qualification-obtaining Time
186	工银瑞信资产管理(国际)有限公司	2012年8月7日
187	广发国际资产管理有限公司	2012年8月7日
188	SUVA瑞士国家工伤保险机构	2012年8月13日
189	不列颠哥伦比亚省投资管理公司	2012年8月17日
190	惠理基金管理香港有限公司	2012年8月21日
191	安大略退休金管理委员会	2012年8月29日
192	教会养老基金	2012年8月31日
193	麦格理银行有限公司	2012年9月4日
194	海通国际资产管理(香港)有限公司	2012年9月20日
195	IDG资本管理(香港)有限公司	2012年9月20日
196	瑞典第二国家养老金	2012年9月20日
197	杜克大学	2012年9月24日
198	卡塔尔控股有限责任公司	2012年9月25日
199	瑞士盈丰银行股份有限公司	2012年9月26日
200	贝莱德资产管理北亚有限公司	2012年10月26日
201	海拓投资管理公司	2012年10月26日
202	奥博医疗顾问有限公司	2012年10月26日
203	上投摩根资产管理(香港)有限公司	2012年10月26日
204	新思路投资有限公司	2012年10月26日
205	摩根证券投资信托股份有限公司	2012年11月5日
206	全球保险集团美国投资管理有限公司	2012年11月5日
207	鼎晖投资咨询新加坡有限公司	2012年11月7日
208	瑞典北欧斯安银行有限公司	2012年11月12日
209	道明资产管理公司	2012年11月21日
210	统一证券投资信托股份有限公司	2012年11月21日
211	毕盛资产管理有限公司	2012年11月27日
212	中信里昂资产管理有限公司	2012年12月11日
213	太平洋投资策略有限公司	2012年12月11日
214	高瓴资本管理有限公司	2012年12月11日
215	永丰证券投资信托股份有限公司	2012年12月13日
216	富国资产管理(香港)有限公司	2012年12月17日
217	国投瑞银资产管理(香港)有限公司	2012年12月17日
218	宜思投资管理有限责任公司	2013年1月7日
219	第一金证券投资信托股份有限公司	2013年1月24日
220	瑞银资产管理(香港)有限公司	2013年1月24日
221	太平洋投资管理公司亚洲私营有限公司	2013年1月24日
222	EJS投资管理有限公司	2013年1月31日
223	国泰君安资产管理(亚洲)有限公司	2013年2月21日
224	诺安基金(香港)有限公司	2013年2月22日
225	招商证券资产管理(香港)有限公司	2013年2月22日
226	泰康资产管理(香港)有限公司	2013年2月22日
227	国民证券株式会社	2013年3月22日
228	工银亚洲投资管理有限公司	2013年3月25日
229	建银国际资产管理有限公司	2013年3月25日
230	AZ基金管理股份有限公司	2013年4月11日
231	亚洲资本再保险集团私人有限公司	2013年4月11日
232	兴证(香港)金融控股有限公司	2013年4月25日

附录1-13 续表 5 continued

序号 No.	QFII、RQFII名称 Name	取得资格时间 Qualification-obtaining Time
233	台新证券投资信托股份有限公司	2013年4月27日
234	汇丰中华证券投资信托股份有限公司	2013年5月10日
235	农银国际资产管理有限公司	2013年5月15日
236	太平资产管理(香港)有限公司	2013年5月15日
237	东吴证券(国际)金融控股有限公司	2013年5月16日
238	中国国际金融香港资产管理有限公司	2013年5月16日
239	东方金融控股(香港)有限公司	2013年5月23日
240	中国光大资产管理有限公司	2013年5月30日
241	恒生投资管理有限公司	2013年6月4日
242	兆丰国际证券投资信托股份有限公司	2013年6月4日
243	法国巴黎投资管理亚洲有限公司	2013年6月19日
244	圣母大学	2013年6月19日
245	横华国际资产管理有限公司	2013年7月15日
246	长江证券控股(香港)有限公司	2013年7月15日
247	纽堡亚洲	2013年7月15日
248	华南永昌证券投资信托股份有限公司	2013年7月15日
249	景林资产管理香港有限公司	2013年7月15日
250	中银香港资产管理有限公司	2013年7月15日
251	中国平安资产管理(香港)有限公司	2013年7月19日
252	信达国际资产管理有限公司	2013年7月19日
253	弘收投资管理(香港)有限公司	2013年7月19日
254	东亚银行有限公司	2013年8月15日
255	永丰金资产管理(亚洲)有限公司	2013年8月15日
256	交银国际资产管理有限公司	2013年8月20日
257	中国东方国际资产管理有限公司	2013年8月20日
258	中国信托人寿保险股份有限公司	2013年8月20日
259	凯思博投资管理(香港)有限公司	2013年8月20日
260	富邦产物保险股份有限公司	2013年8月26日
261	欧特咨询有限公司	2013年8月26日
262	盛树投资管理有限公司	2013年8月26日
263	柏瑞投资香港有限公司	2013年9月26日
264	创兴银行有限公司	2013年9月26日
265	梅奥诊所	2013年9月29日
266	国信证券(香港)资产管理有限公司	2013年9月29日
267	新加坡科技资产管理有限公司	2013年10月18日
268	政府养老基金(泰国)	2013年10月24日
269	CSAM资产管理有限公司	2013年10月30日
270	摩根资产管理(亚太)有限公司	2013年10月30日
271	未来资产环球投资(香港)有限公司	2013年10月30日
272	香港沪光国际投资管理有限公司	2013年10月30日
273	中信建投(国际)金融控股有限公司	2013年10月30日
274	狮诚控股国际私人有限公司	2013年10月30日
275	中国人寿富兰克林资产管理有限公司	2013年10月30日
276	瑞银韩亚资产运用株式会社	2013年10月31日
277	国泰世华商业银行股份有限公司	2013年11月7日
278	立陶宛银行	2013年11月23日
279	富兰克林华美证券投资信托股份有限公司	2013年11月23日

附录1-13 续表 6 continued

序号 No.	QFII、RQFII名称 Name	取得资格时间 Qualification-obtaining Time
280	中国信托商业银行股份有限公司	2013年11月23日
281	国金证券(香港)有限公司	2013年12月6日
282	中国银河国际金融控股有限公司	2013年12月11日
283	永隆资产管理有限公司	2013年12月30日
284	华宝资产管理(香港)有限公司	2014年1月20日
285	易亚投资管理有限公司	2014年1月20日
286	华盛顿大学	2014年1月23日
287	澳门金融管理局	2014年1月27日
288	史帝夫尼可洛司股份有限公司	2014年1月27日
289	职总英康保险合作社有限公司	2014年1月27日
290	Invesco PowerShares资产管理有限公司	2014年1月27日
291	瑞士再保险私人有限公司	2014年1月27日
292	Nordea投资管理公司	2014年1月27日
293	嘉理资产管理有限公司	2014年3月6日
294	施罗德投资管理(香港)有限公司	2014年3月6日
295	街口证券投资信托股份有限公司	2014年3月11日
296	喀斯喀特有限责任公司	2014年3月11日
297	交银施罗德资产管理(香港)有限公司	2014年3月12日
298	铭基国际投资公司	2014年3月12日
299	奥本海默基金公司	2014年3月19日
300	越秀资产管理有限公司	2014年3月26日
301	润晖投资管理香港有限公司	2014年3月27日
302	高观投资有限公司	2014年4月8日
303	赤子之心资本亚洲有限公司	2014年4月15日
304	招商资产(香港)有限公司	2014年5月21日
305	日兴资产管理亚洲有限公司	2014年5月21日
306	辉立资本管理(香港)有限公司	2014年6月3日
307	台新国际商业银行股份有限公司	2014年6月3日
308	长盛基金(香港)有限公司	2014年6月12日
309	贝莱德顾问(英国)有限公司	2014年6月13日
310	汇丰环球资产管理(英国)有限公司	2014年6月16日
311	花旗集团基金管理有限公司	2014年6月16日
312	中泰金融国际有限公司	2014年6月27日
313	三星资产运用(香港)有限公司	2014年6月30日
314	爱斯普乐基金管理公司	2014年7月24日
315	新华资产管理(香港)有限公司	2014年7月24日
316	彭博家族基金会	2014年7月25日
317	元富证券(香港)有限公司	2014年7月28日
318	石溪集团	2014年7月28日
319	国泰君安基金管理有限公司	2014年8月11日
320	财通国际资产管理有限公司	2014年8月12日
321	联博香港有限公司	2014年8月12日
322	元大宝来证券(香港)有限公司	2014年8月15日
323	安本亚洲资产管理有限公司	2014年8月15日
324	法国巴黎投资管理	2014年8月27日
325	晋达英国有限公司	2014年8月28日
326	凯敏雅克资产管理公司	2014年9月19日

附录1-13 续表 7 continued

序号 No.	QFII、RQFII名称 Name	取得资格时间 Qualification-obtaining Time
327	麻省理工学院	2014年9月19日
328	万金全球香港有限公司	2014年9月22日
329	高盛国际	2014年9月22日
330	安盛基金管理有限公司	2014年10月8日
331	融通国际资产管理有限公司	2014年10月8日
332	上海商业银行有限公司	2014年10月13日
333	中诚国际资本有限公司	2014年10月31日
334	亨茂资产管理有限公司	2014年11月19日
335	赛德堡资本(英国)有限公司	2014年11月19日
336	霸菱资产管理(亚洲)有限公司	2014年11月25日
337	信安环球投资(香港)有限公司	2014年11月25日
338	施罗德投资管理(新加坡)有限公司	2014年12月1日
339	未来资产环球投资有限公司	2014年12月4日
340	威灵顿投资管理国际有限公司	2014年12月10日
341	加拿大丰业亚洲有限公司	2014年12月12日
342	摩根资产管理(新加坡)有限公司	2014年12月24日
343	NH-AMUNDI资产管理有限公司	2014年12月26日
344	富舜资产管理(香港)有限公司	2014年12月26日
345	申万宏源投资管理(亚洲)有限公司	2014年12月30日
346	宾夕法尼亚大学校董会	2015年1月5日
347	广发资产管理(香港)有限公司	2015年1月7日
348	路伯迈新加坡有限公司	2015年1月22日
349	TRUSTON资产管理有限公司	2015年1月22日
350	大信资产运用株式会社	2015年1月22日
351	麦盛资产管理(亚洲)有限公司	2015年1月22日
352	景顺投资管理有限公司	2015年2月6日
353	MY Asset投资管理有限公司	2015年2月6日
354	德意志资产及财富管理投资有限公司	2015年2月6日
355	新韩金融投资公司	2015年2月16日
356	兴国资产管理公司	2015年2月16日
357	英杰华投资亚洲私人有限公司	2015年2月17日
358	中国建设银行(伦敦)有限公司	2015年2月17日
359	达杰资金管理有限公司	2015年2月27日
360	玉山商业银行股份有限公司	2015年2月27日
361	KKR新加坡有限公司	2015年3月2日
362	领航投资澳洲有限公司	2015年3月2日
363	兴元投资管理有限公司	2015年3月6日
364	未来资产大宇株式会社	2015年3月25日
365	加利福尼亚大学校董会	2015年3月25日
366	信诚资产管理(新加坡)有限公司	2015年3月31日
367	三星生命保险(株)	2015年3月31日
368	教保安盛资产运用(株)	2015年4月2日
369	迈睿思资产管理有限公司	2015年4月8日
370	安联环球投资新加坡有限公司	2015年4月8日
371	方圆基金管理(香港)有限公司	2015年4月8日
372	三星证券株式会社	2015年4月17日
373	GAM国际管理有限公司	2015年4月17日

附录1-13 续表 8 continued

序号 No.	QFII、RQFII名称 Name	取得资格时间 Qualification-obtaining Time
374	华宜资产运用株式会社	2015年5月6日
375	嘉实国际资产管理(英国)有限公司	2015年5月6日
376	文莱投资局	2015年5月7日
377	台湾银行股份有限公司	2015年5月20日
378	淡水泉(香港)投资管理有限公司	2015年5月20日
379	安联证券投资信托股份有限公司	2015年5月21日
380	瑞士再保险股份有限公司	2015年6月2日
381	安信资产管理(香港)有限公司	2015年6月2日
382	日盛证券投资信托股份有限公司	2015年6月2日
383	蓝海资产管理公司	2015年6月26日
384	KB资产运用有限公司	2015年6月29日
385	CI投资管理公司	2015年6月29日
386	泛亚投资管理有限公司	2015年6月29日
387	元大证券株式会社	2015年7月28日
388	大信证券(株)	2015年7月28日
389	UBI资产管理公司	2015年7月28日
390	韩国投资证券株式会社	2015年8月10日
391	IBK投资证券株式会社	2015年8月10日
392	三星火灾海上保险公司	2015年8月31日
393	东方汇理资产管理新加坡有限公司	2015年8月31日
394	Multi Asset基金管理公司	2015年8月31日
395	忠诚保险有限公司	2015年8月31日
396	东方汇理资产管理	2015年9月17日
397	Kiwoom投资资产管理有限公司	2015年9月23日
398	现代投资公司(株)	2015年10月9日
399	摯信投资顾问(香港)有限公司	2015年10月12日
400	中国工商银行(欧洲)有限公司	2015年11月2日
401	瀚亚证券投资信托股份有限公司	2015年11月2日
402	中国银行(卢森堡)有限公司	2015年11月3日
403	柏瑞证券投资信托股份有限公司	2015年11月24日
404	广发国际资产管理(英国)有限公司	2015年12月10日
405	保宁资产有限公司	2016年1月13日
406	贝莱德(新加坡)有限公司	2016年1月25日
407	野村资产管理德国有限公司	2016年2月1日
408	法国工商信贷银行有限公司	2016年2月22日
409	忠利投资卢森堡有限公司	2016年2月22日
410	OCTO资产管理公司	2016年2月26日
411	Avanda投资管理私人有限公司	2016年3月15日
412	瀚亚投资(新加坡)有限公司	2016年3月17日
413	国泰全球投资管理有限公司	2016年3月17日
414	广发金融交易(英国)有限公司	2016年4月1日
415	安盛投资管理有限公司(巴黎)	2016年4月1日
416	辉立资金管理有限公司	2016年4月26日
417	第一商业银行股份有限公司	2016年5月3日
418	迈达思基金管理有限公司	2016年5月6日
419	富达投资管理(新加坡)有限公司	2016年6月6日
420	爱德蒙得洛希尔资产管理(法国)有限公司	2016年6月8日

附录1-13 续表 9 continued

序号 No.	QFII、RQFII名称 Name	取得资格时间 Qualification-obtaining Time
421	荷宝卢森堡股份有限公司	2016年6月8日
422	海汇通资产管理有限公司	2016年7月19日
423	元大证券股份有限公司	2016年7月19日
424	工银国际资产管理有限公司	2016年7月19日
425	有进投资证券公司	2016年8月12日
426	中国光大证券资产管理有限公司	2016年8月12日
427	株式会社新韩银行	2016年8月22日
428	领航集团有限公司	2016年9月1日
429	开泰基金管理有限公司	2016年9月9日
430	中邮创业国际资产管理有限公司	2016年9月9日
431	摩根大通证券股份有限公司	2016年9月28日
432	罗素投资管理(澳大利亚)有限公司	2016年10月27日
433	贝莱德基金顾问公司	2016年11月25日
434	Lemanik资产管理股份有限公司	2016年11月25日
435	锋裕资产管理公司	2016年12月20日
436	招银国际资产管理有限公司	2017年1月5日
437	中加国际资产管理有限公司	2017年1月10日
438	信安资产管理有限公司	2017年1月18日
439	国家第一养老金信托公司	2017年1月18日
440	海通银行股份有限公司	2017年2月13日
441	范达投资有限公司	2017年2月23日
442	兴证国际资产管理有限公司	2017年6月19日
443	申万宏源新加坡私人有限公司	2017年7月27日
444	Acadian资产管理有限责任公司	2017年7月27日
445	山证国际资产管理有限公司	2017年8月14日
446	新加坡联盟投资管理有限公司	2017年8月18日
447	WisdomTree资产管理	2017年10月16日
448	荷兰汇盈资产管理公司	2017年11月28日
449	海克利尔国际投资有限责任公司	2018年1月8日
450	美国桥水投资公司	2018年5月25日
451	道富环球投资爱尔兰有限公司	2018年5月31日
452	道富环球投资信托公司	2018年5月31日
453	道富环球投资资产管理有限公司	2018年5月31日
454	道富环球投资有限公司	2018年5月31日
455	富善国际资产管理(香港)有限公司	2018年7月16日
456	WisdomTree管理有限公司	2018年8月15日
457	中泰国际资产管理有限公司	2018年8月15日
458	耀之国际资产管理有限公司	2018年9月6日
459	三井住友银行股份有限公司	2018年9月30日
460	银华国际资本管理公司	2018年10月8日
461	中国人保香港资产管理有限公司	2018年10月12日
462	中邮国际(英国)有限公司	2018年10月23日
463	瑞士嘉盛银行有限公司	2018年11月20日
464	东吴中新资产管理(亚洲)有限公司	2018年12月3日
465	雪湖资本(香港)有限公司	2018年12月14日
466	富达管理及研究公司有限责任公司	2018年12月18日
467	盘谷资产管理有限公司	2019年2月15日

附录1-13 续表 10 continued

序号 No.	QFII、RQFII名称 Name	取得资格时间 Qualification-obtaining Time
468	柏瑞投资爱尔兰有限公司	2019年2月26日
469	思达资本(香港)有限公司	2019年2月27日
470	国际货币基金组织	2019年3月5日
471	野村新加坡有限公司	2019年3月12日
472	乐瑞资产管理(香港)有限公司	2019年4月17日
473	时和资产管理有限公司	2019年4月17日
474	三菱日联银行股份有限公司	2019年4月23日
475	新分享资产管理有限公司	2019年4月28日
476	国际金融公司	2019年7月1日
477	泰京资产管理股份有限公司	2019年7月3日
478	中信资本投资管理有限公司	2019年7月17日
479	方正资产管理(香港)有限公司	2019年8月19日
480	新永安国际资产管理有限公司	2019年8月22日
481	马歇尔·伟世有限责任公司	2019年8月22日
482	熵一资产管理有限公司	2019年11月8日
483	思佰益资产管理株式会社	2019年11月14日
484	同方证券有限公司	2019年11月26日
485	范德堡大学	2019年11月26日
486	高都管理有限责任公司	2019年12月17日
487	复星恒利证券有限公司	2019年12月31日
488	喜马拉雅资本管理公司	2020年2月12日
489	易亚阿尔法投资管理有限公司	2020年2月25日
490	绿洲管理(香港)	2020年3月25日
491	金涌资本管理有限公司	2020年4月1日
492	Join Asset国际资产运用株式会社	2020年4月1日
493	三井住友信托资产管理股份有限公司	2020年4月1日
494	华德国际资产管理有限公司	2020年4月7日
495	基斯克威尔资产管理公司	2020年4月13日
496	WT资产管理有限公司	2020年5月7日
497	Baillie Gifford Overseas Limited	2020年5月11日
498	首域投资(香港)有限公司	2020年5月13日
499	亚升资本私人有限公司	2020年5月13日
500	C.M. 资本顾问公司	2020年5月13日
501	建行证券有限公司	2020年6月2日
502	简街香港有限公司	2020年6月2日
503	九天管理(香港)有限公司	2020年8月13日
504	浦银国际投资管理有限公司	2020年8月27日
505	AHL有限责任合伙	2020年8月27日
506	格盛投资管理有限责任公司	2020年8月27日
507	普信国际	2020年9月7日
508	晋达北美公司	2020年9月10日
509	弘业国际资产管理有限公司	2020年9月27日
510	立方科研资产管理有限公司	2020年9月28日
511	L&R资本有限公司	2020年10月10日
512	琅润资本管理有限公司	2020年10月10日
513	元盛资产管理有限公司	2020年10月15日
514	HardingLoevner有限合伙	2020年11月16日

附录1-13 续表 11 continued

序号 No.	QFII、RQFII名称 Name	取得资格时间 Qualification-obtaining Time
515	瑞达国际资产管理(香港)有限公司	2020年11月16日
516	昊青咨询管理有限公司	2020年11月16日
517	LAV环球管理有限公司	2020年11月16日
518	三星风险投资株式会社	2020年11月16日
519	澳帝桦澳大利亚有限公司	2020年11月16日
520	克而瑞证券有限公司	2020年11月16日
521	开域资本(新加坡)有限公司	2020年11月16日
522	博裕资本投资管理有限公司	2020年11月16日
523	ArtisanPartners有限合伙	2020年11月16日
524	西北投资管理(香港)有限公司	2020年11月16日
525	璞林资本(香港)有限公司	2020年11月16日
526	布洛德峰投资顾问有限公司	2020年11月16日
527	金信期盈证券(香港)有限公司	2020年11月17日
528	联威投资有限公司	2020年11月17日
529	瑞士经纬投资有限公司	2020年11月17日
530	嘉谟证券有限公司	2020年11月23日
531	瑞明资本有限公司	2020年11月23日
532	智睿投资顾问有限公司	2020年11月25日
533	未来资产证券(香港)有限公司	2020年12月3日
534	中国银行(新西兰)有限公司	2020年12月3日
535	民银资产管理有限公司	2020年12月7日
536	美国华平有限公司	2020年12月7日
537	平证资产管理(香港)有限公司	2020年12月7日
538	维世资产管理(香港)有限公司	2020年12月10日
539	巨柏资产管理(香港)有限公司	2020年12月15日
540	雅典娜私人有限公司	2020年12月15日
541	建信资产管理(香港)有限公司	2020年12月15日
542	中信信惠国际资本(香港)有限公司	2020年12月15日
543	德弘美元基金管理公司	2020年12月14日
544	彬元资本有限公司	2020年12月14日
545	中欧基金国际有限公司	2020年12月14日
546	凯雷毛里求斯CIS投资管理公司	2020年12月14日
547	BFAM合伙(香港)有限公司	2020年12月14日
548	幻方资本管理(香港)有限公司	2020年12月14日
549	红杉资本投资管理有限公司	2020年12月14日
550	伟华电子有限公司	2020年12月14日
551	约克资本管理亚洲(香港)咨询有限公司	2020年12月14日
552	Systematica投资有限公司	2020年12月14日
553	太盟亚洲资本有限公司	2020年12月14日
554	华乐资本有限公司	2020年12月14日
555	淘金者证券(香港)有限公司	2020年12月14日
556	美国金瑞基金管理有限公司	2020年12月14日
557	隆奥资产管理(欧洲)有限公司	2020年12月25日
558	高谛安资本新加坡私人有限公司	2020年12月25日

附录1-14　2020年期货公司名录

序号 No.	公司名称 Company Name	注册资本（亿元） Registered Capital (100 million yuan)	注册地 Place of Registration	成立时间 Established Time
1	安粮期货股份有限公司	5.00	安徽	1996-07-09
2	宝城期货有限责任公司	6.00	浙江	1993-03-27
3	北京首创期货有限责任公司	2.00	北京	1996-01-12
4	倍特期货有限公司	3.20	四川	1993-02-08
5	渤海期货股份有限公司	5.00	上海	1996-01-12
6	财达期货有限公司	5.00	天津	1996-03-01
7	财信期货有限公司	4.73	湖南	2005-08-01
8	创元期货股份有限公司	5.00	江苏	1995-02-25
9	大地期货有限公司	5.40	浙江	1995-09-05
10	大连良运期货经纪有限公司	1.00	大连	1996-03-21
11	大通期货经纪有限公司	1.12	黑龙江	1996-03-01
12	大有期货有限公司	5.80	湖南	2002-07-28
13	大越期货股份有限公司	1.20	浙江	1995-09-14
14	道通期货经纪有限公司	3.00	江苏	1995-09-10
15	第一创业期货有限责任公司	1.70	北京	1993-03-31
16	东方汇金期货有限公司	1.53	吉林	2004-12-28
17	东海期货有限责任公司	5.00	江苏	1995-02-25
18	东航期货有限责任公司	4.50	上海	1995-02-21
19	东吴期货有限公司	7.70	上海	1993-03-18
20	东兴期货有限责任公司	5.18	上海	1995-10-23
21	方正中期期货有限公司	10.05	北京	2005-08-09
22	福能期货股份有限公司	3.00	福建	1995-05-18
23	格林大华期货有限公司	8.00	北京	1993-02-28
24	冠通期货股份有限公司	1.90	北京	1996-12-03
25	光大期货有限公司	15.00	上海	1993-04-08
26	广发期货有限公司	14.00	广东	1993-03-23
27	广州金控期货有限公司	8.00	广东	2003-06-13
28	广州期货股份有限公司	5.50	广东	2003-08-22
29	国都期货有限公司	2.00	北京	1992-09-24
30	国富期货有限公司	3.65	上海	1992-12-16
31	国海良时期货有限公司	5.00	浙江	1996-05-22
32	国金期货有限责任公司	3.00	四川	1993-07-28
33	国联期货股份有限公司	4.50	江苏	1993-04-30
34	国贸期货有限公司	5.30	厦门	1995-12-07
35	国盛期货有限责任公司	2.23	上海	1995-07-01
36	国泰君安期货有限公司	30.00	上海	2000-04-06

数据来源：中国证券监督管理委员会
Source: CSRC

List of Futures Companies in 2020

员工数量（个） Number of Practitioner (unit)	2020年分类评级 Category Rating for 2020	是否具有以下业务资格: Business Qualification Available			
		金融期货经纪业务资格 Qualification for Financial Futures Brokerage Business	期货投资咨询业务资格 Qualification for Futures Investment Consulting Business	资产管理业务资格 Qualification for Asset Management Business	风险管理业务试点备案 Qualification for Futures Risk Management Business
234	BBB	是	是	是	是
219	BBB	是	是	是	是
220	BBB	是	是	是	否
154	BB	是	是	是	是
160	A	是	是	是	是
131	BB	是	是	是	是
179	BBB	是	是	是	否
210	BBB	是	是	是	是
234	A	是	是	是	是
59	B	是	是	是	否
29	D	是	否	是	否
178	BBB	是	是	是	是
139	BBB	是	是	是	否
95	BB	是	是	是	是
40	BB	是	是	是	否
94	CC	是	否	是	否
291	A	是	是	是	是
119	BBB	是	是	是	是
290	A	是	是	是	是
126	BBB	是	是	是	是
658	AA	是	是	是	是
210	BB	是	是	是	是
321	A	是	是	是	是
135	BB	是	是	是	否
545	AA	是	是	是	是
463	AA	是	是	是	是
160	BBB	是	是	是	是
232	BB	是	是	是	是
85	BB	是	是	是	否
74	A	是	是	是	否
324	BBB	是	是	是	是
135	BBB	是	是	是	否
266	BBB	是	是	是	是
300	BBB	是	是	是	是
97	B	是	否	否	否
579	AA	是	是	是	是

附录1-14 续表 1

序号 No.	公司名称 Company Name	注册资本（亿元） Registered Capital (100 million yuan)	注册地 Place of Registration	成立时间 Established Time
37	国投安信期货有限公司	18.86	上海	1993-04-23
38	国信期货有限责任公司	20.00	上海	1995-05-04
39	国元期货有限公司	6.10	北京	1996-04-17
40	海航期货股份有限公司	5.00	深圳	1993-02-22
41	海通期货股份有限公司	13.02	上海	1993-03-18
42	海证期货有限公司	5.60	上海	1995-12-14
43	和合期货有限公司	3.90	山西	1993-04-22
44	和融期货有限责任公司	3.73	天津	2001-04-24
45	河北恒银期货经纪有限公司	2.47	河北	1995-09-21
46	恒泰期货股份有限公司	1.25	上海	1992-12-20
47	弘业期货股份有限公司	9.07	江苏	1995-07-31
48	红塔期货有限责任公司	10.00	云南	1993-04-13
49	宏源期货有限公司	10.00	北京	1995-05-02
50	华安期货有限责任公司	3.30	安徽	1995-05-15
51	华创期货有限责任公司	1.00	重庆	1995-08-23
52	华金期货有限公司	6.00	天津	1995-06-26
53	华联期货有限公司	3.76	广东	1993-04-10
54	华龙期货股份有限公司	5.00	甘肃	1992-11-12
55	华融期货有限责任公司	3.20	海南	1993-09-22
56	华融融达期货股份有限公司	18.30	河南	1993-04-08
57	华泰期货有限公司	16.09	广东	1994-03-28
58	华闻期货有限公司	3.50	上海	1995-07-31
59	华西期货有限责任公司	6.00	四川	1993-03-20
60	华鑫期货有限公司	2.90	上海	1992-12-23
61	徽商期货有限责任公司	4.10	安徽	1996-02-14
62	混沌天成期货股份有限公司	8.10	深圳	1995-01-03
63	建信期货有限责任公司	9.36	上海	1993-04-26
64	江海汇鑫期货有限公司	2.80	辽宁	1995-05-02
65	江苏东华期货有限公司	0.50	江苏	1993-10-19
66	江西瑞奇期货有限公司	3.46	江西	1993-04-10
67	金鹏期货经纪有限公司	1.01	北京	1991-05-15
68	金瑞期货股份有限公司	6.12	深圳	1996-03-18
69	金石期货有限公司	2.40	新疆	1995-03-31
70	金信期货有限公司	1.80	湖南	1995-10-23
71	金元期货股份有限公司	1.50	海南	1991-12-03
72	津投期货经纪有限公司	2.00	天津	2004-05-31
73	锦泰期货有限公司	5.07	江苏	1995-09-28
74	九州期货有限公司	3.76	北京	1993-04-18
75	鲁证期货股份有限公司	10.02	山东	1995-06-05

continued

员工数量（个） Number of Practitioner (unit)	2020年分类评级 Category Rating for 2020	是否具有以下业务资格: Business Qualification Available			
		金融期货经纪业务资格 Qualification for Financial Futures Brokerage Business	期货投资咨询业务资格 Qualification for Futures Investment Consulting Business	资产管理业务资格 Qualification for Asset Management Business	风险管理业务试点备案 Qualification for Futures Risk Management Business
364	AA	是	是	是	是
277	A	是	是	是	是
234	BBB	是	是	是	是
125	B	是	是	是	是
607	AA	是	是	是	是
174	BBB	是	是	是	否
148	BB	是	是	是	是
53	B	是	否	否	否
97	BB	是	是	否	否
102	BB	是	是	是	否
571	A	是	是	是	是
160	BBB	是	是	是	是
407	A	是	是	是	是
286	BB	是	是	是	是
82	BBB	是	是	是	否
125	BB	是	否	是	是
166	BBB	是	是	是	是
93	CC	是	是	是	是
72	BB	是	否	是	是
319	A	是	是	是	是
740	AA	是	是	是	是
209	CC	是	是	是	是
101	BBB	是	是	是	是
142	D	是	是	是	否
466	BB	是	是	是	是
147	BBB	是	是	是	是
269	A	是	是	是	是
112	B	是	是	是	否
120	B	是	否	是	否
191	BBB	是	否	否	是
61	BBB	是	是	是	否
230	A	是	是	是	是
117	BB	是	是	是	否
153	BB	是	是	是	否
103	BB	是	是	是	否
63	B	是	是	否	否
146	BB	是	是	是	是
40	BB	是	是	是	否
426	AA	是	是	是	是

附录1-14 续表 2

序号 No.	公司名称 Company Name	注册资本（亿元） Registered Capital (100 million yuan)	注册地 Place of Registration	成立时间 Established Time
76	迈科期货股份有限公司	3.28	陕西	1993-12-20
77	美尔雅期货有限公司	3.00	湖北	1995-05-15
78	民生期货有限公司	3.61	北京	1996-01-29
79	摩根大通期货有限公司	4.60	广东	1996-05-27
80	南华期货股份有限公司	5.80	浙江	1996-05-28
81	宁证期货有限责任公司	3.00	江苏	1995-05-18
82	平安期货有限公司	4.20	深圳	1996-04-10
83	前海期货有限公司	1.02	深圳	1995-07-07
84	乾坤期货有限公司	2.01	深圳	1993-11-05
85	瑞达期货股份有限公司	4.45	厦门	1993-03-24
86	瑞银期货有限责任公司	2.20	上海	1995-07-10
87	山金期货有限公司	6.00	天津	1992-11-24
88	山西三立期货经纪有限公司	0.45	山西	1993-12-20
89	上海大陆期货有限公司	1.50	上海	1993-04-21
90	上海东方财富期货有限公司	3.00	上海	1995-05-15
91	上海东方期货经纪有限责任公司	0.45	上海	1993-04-14
92	上海东亚期货有限公司	1.10	上海	1993-04-17
93	上海东证期货有限公司	23.00	上海	1995-12-08
94	上海浙石期货经纪有限公司	7.00	上海	1995-05-19
95	上海中期期货股份有限公司	12.00	上海	1995-09-19
96	申银万国期货有限公司	11.19	上海	1993-01-07
97	深圳金汇期货经纪有限公司	5.60	深圳	1993-03-19
98	神华期货有限公司	1.00	深圳	1995-01-06
99	晟鑫期货经纪有限公司	1.42	山西	1995-11-22
100	盛达期货有限公司	3.00	浙江	2003-07-07
101	首创京都期货有限公司	6.00	北京	1993-03-06
102	天风期货股份有限公司	3.14	上海	1996-03-29
103	天富期货有限公司	1.50	吉林	1996-04-17
104	天鸿期货经纪有限公司	1.68	上海	1996-06-13
105	通惠期货有限公司	1.25	上海	1995-10-30
106	铜冠金源期货有限公司	1.00	上海	1992-11-30
107	五矿经易期货有限公司	27.15	深圳	1993-04-21
108	西部期货有限公司	5.00	陕西	1993-03-29
109	西南期货有限公司	5.00	重庆	1995-06-26
110	先锋期货有限公司	1.36	深圳	1993-03-26
111	新湖期货股份有限公司	3.60	上海	1995-10-23
112	新纪元期货股份有限公司	3.75	江苏	1995-03-15
113	新晟期货有限公司	1.20	广东	1996-01-18

continued

员工数量（个） Number of Practitioner (unit)	2020年分类评级 Category Rating for 2020	是否具有以下业务资格: Business Qualification Available			
		金融期货经纪业务资格 Qualification for Financial Futures Brokerage Business	期货投资咨询业务资格 Qualification for Futures Investment Consulting Business	资产管理业务资格 Qualification for Asset Management Business	风险管理业务试点备案 Qualification for Futures Risk Management Business
174	C	是	是	是	是
302	BBB	是	是	是	是
151	BB	是	是	是	是
29	BBB	是	否	否	否
617	AA	是	是	是	是
138	CC	是	是	是	否
92	A	是	是	是	是
139	CCC	是	是	否	否
30	BB	是	否	否	否
452	A	是	是	是	是
26	BB	是	否	否	否
132	BB	是	是	是	否
93	BBB	是	否	否	否
143	CC	是	是	是	否
153	D	是	否	否	否
26	D	否	否	否	否
120	B	是	是	是	否
621	AA	是	是	是	是
42	BBB	是	否	是	是
250	BBB	是	是	是	是
440	AA	是	是	是	是
61	BBB	是	否	是	是
55	B	是	否	否	否
78	B	是	否	否	否
60	CCC	是	否	是	否
59	B	是	否	是	否
147	BBB	是	是	是	是
83	B	是	是	是	否
37	B	是	否	否	否
34	B	是	是	是	否
80	BB	是	是	是	否
389	AA	是	是	是	是
156	BB	是	是	是	是
125	BBB	是	是	是	是
146	BB	是	是	是	否
419	AA	是	是	是	是
183	D	是	是	是	是
110	BB	是	是	是	否

附录1-14 续表 3

序号 No.	公司名称 Company Name	注册资本 (亿元) Registered Capital (100 million yuan)	注册地 Place of Registration	成立时间 Established Time
114	鑫鼎盛期货有限公司	1.80	福建	1995-10-04
115	信达期货有限公司	5.00	浙江	1995-10-05
116	兴业期货有限公司	5.00	宁波	1993-03-22
117	兴证期货有限公司	12.00	福建	1995-12-14
118	一德期货有限公司	4.00	天津	1995-07-10
119	银河期货有限公司	23.00	北京	2006-12-25
120	英大期货有限公司	5.00	北京	1996-04-17
121	永安期货股份有限公司	13.10	浙江	1992-09-07
122	永商期货有限公司	0.60	黑龙江	1996-02-12
123	云财富期货有限公司	3.00	新疆	1993-05-29
124	云晨期货有限责任公司	3.00	云南	2002-03-07
125	长安期货有限公司	4.93	陕西	1993-04-06
126	长城期货股份有限公司	1.47	广东	1996-04-10
127	长江期货股份有限公司	5.88	湖北	1996-07-24
128	招金期货有限公司	1.05	山东	1993-04-09
129	招商期货有限公司	35.98	深圳	1993-01-04
130	浙江新世纪期货有限公司	1.50	浙江	1993-09-18
131	浙商期货有限公司	10.00	浙江	1995-09-07
132	中财期货有限公司	1.90	上海	1995-02-25
133	中大期货有限公司	3.60	浙江	1993-09-18
134	中电投先融期货股份有限公司	10.10	重庆	1995-08-23
135	中钢期货有限公司	2.80	北京	1996-07-10
136	中国国际期货股份有限公司	10.00	北京	1995-10-30
137	中航期货有限公司	2.80	深圳	1993-04-07
138	中辉期货有限公司	1.43	上海	1993-12-04
139	中金期货有限公司	3.50	青海	2004-07-22
140	中粮期货有限公司	8.46	北京	1996-03-01
141	中融汇信期货有限公司	3.00	上海	1995-12-14
142	中天期货有限责任公司	1.86	北京	1997-01-16
143	中投天琪期货有限公司	3.00	深圳	1996-03-01
144	中信建投期货有限公司	10.00	重庆	1993-03-16
145	中信期货有限公司	36.00	深圳	1993-03-30
146	中衍期货有限公司	2.50	北京	1996-03-29
147	中银国际期货有限责任公司	3.50	上海	2008-01-21
148	中原期货股份有限公司	3.30	河南	1993-04-18
149	中州期货有限公司	2.70	山东	1995-09-21

continued

员工数量（个）Number of Practitioner (unit)	2020年分类评级 Category Rating for 2020	是否具有以下业务资格: Business Qualification Available			
		金融期货经纪业务资格 Qualification for Financial Futures Brokerage Business	期货投资咨询业务资格 Qualification for Futures Investment Consulting Business	资产管理业务资格 Qualification for Asset Management Business	风险管理业务试点备案 Qualification for Futures Risk Management Business
77	B	是	否	是	否
267	BBB	是	是	是	否
169	A	是	是	是	是
356	CC	是	否	是	是
359	A	是	是	是	否
699	AA	是	是	是	是
160	BBB	是	是	是	否
860	AA	是	是	是	是
23	B	是	否	否	否
84	BBB	是	是	否	否
78	BB	是	否	否	是
168	BB	是	是	是	否
84	CCC	是	否	否	否
271	A	是	是	是	是
169	BB	是	是	是	否
162	A	是	是	是	是
204	CC	是	是	是	否
436	AA	是	是	是	是
279	BB	是	是	是	是
316	BBB	是	是	是	是
110	BBB	是	是	是	是
105	BBB	是	是	是	否
244	A	是	是	是	是
124	B	是	是	是	否
360	CC	是	是	是	否
49	A	是	否	是	否
343	AA	是	是	是	是
142	BBB	是	是	是	是
106	BB	是	是	否	否
102	BB	是	否	是	是
509	AA	是	是	是	是
1154	AA	是	是	是	是
108	BBB	是	是	是	是
130	A	是	是	是	否
184	BBB	是	是	是	是
158	BB	是	是	是	否

附录1-15　2020年证券投资咨询机构名录
List of Securities Investment Consulting Institutions in 2020

序号 No.	机构名称 Company Name	注册地 Place of Registration
1	鼎信汇金(北京)投资管理有限公司	北京
2	和讯信息科技有限公司	北京
3	北京指南针科技发展股份有限公司	北京
4	北京中富金石咨询有限公司	北京
5	盈亚证券投资咨询有限公司	湖南
6	北京博星证券投资顾问有限公司	北京
7	北京东方高圣投资顾问有限公司	北京
8	北京海问咨询有限公司	北京
9	北京金美林投资顾问有限公司	北京
10	北京股商证券投资咨询有限公司	北京
11	上海益学投资咨询有限公司	上海
12	北京中方信富投资管理咨询有限公司	北京
13	北京中和应泰财务顾问有限公司	北京
14	北京中资北方投资顾问有限公司	北京
15	北京首证投资顾问有限公司	北京
16	北京和众汇富科技股份有限公司	北京
17	北京天相财富管理顾问有限公司	北京
18	辽宁弘历投资咨询有限公司	辽宁
19	沈阳麟龙投资顾问有限公司	辽宁
20	四川省钱坤证券投资咨询有限公司	四川
21	成都汇阳投资顾问有限公司	四川
22	四川大决策证券投资顾问有限公司	四川
23	杭州顶点财经网络传媒有限公司	浙江
24	浙江同花顺云软件有限公司	浙江
25	广州市万隆证券咨询顾问有限公司	广东
26	上海汇正财经顾问有限公司	上海
27	广州越声理财咨询有限公司	广东
28	广东科德投资顾问有限公司	广东
29	广东博众证券投资咨询有限公司	广东
30	广州广证恒生证券研究所有限公司	广东
31	湖南金证投资咨询顾问有限公司	湖南
32	湖南巨景证券投资顾问有限公司	湖南
33	广州经传多赢投资咨询有限公司	广东
34	深圳市国诚投资咨询有限公司	深圳
35	深圳市珞珈投资咨询有限公司	深圳
36	深圳市启富证券投资顾问有限公司	深圳
37	深圳市中证投资资讯有限公司	深圳
38	深圳市尊悦证券资讯有限公司	深圳
39	深圳德讯证券顾问有限公司	深圳
40	深圳怀新企业投资顾问股份有限公司	深圳
41	深圳市中广资本管理有限公司	深圳

数据来源：中国证券监督管理委员会
Source: CSRC

附录1-15 续表 continued

序号 No.	机构名称 Company Name	注册地 Place of Registration
42	民众证券投资咨询有限公司	山西
43	深圳市新兰德证券投资咨询有限公司	深圳
44	上海东方财富证券投资咨询有限公司	上海
45	上海海能证券投资顾问有限公司	上海
46	深圳市优品投资顾问有限公司	深圳
47	上海凯石证券投资咨询有限公司	上海
48	上海迈步投资管理有限公司	上海
49	上海荣正投资咨询股份有限公司	上海
50	上海森洋投资咨询有限公司	上海
51	上海证券之星综合研究有限公司	上海
52	上海申银万国证券研究所有限公司	上海
53	上海世基投资顾问有限公司	上海
54	上海新兰德证券投资咨询顾问有限公司	上海
55	江苏百瑞赢证券咨询有限公司	江苏
56	上海亚商投资顾问有限公司	上海
57	益盟股份有限公司	上海
58	上海智蚁理财顾问有限公司	上海
59	上海证券通投资资讯科技有限公司	上海
60	陕西巨丰投资资讯有限责任公司	陕西
61	联合信用投资咨询有限公司	天津
62	北部资产经营股份有限公司	大连
63	大连华讯投资股份有限公司	大连
64	海南港澳资讯产业股份有限公司	海南
65	海顺证券投资咨询有限公司	宁波
66	重庆东金投资顾问有限公司	重庆
67	和信证券投资咨询股份有限公司	河南
68	云南约牛证券投资咨询有限公司	云南
69	安徽华安新兴证券投资咨询有限责任公司	安徽
70	安徽大时代证券投资咨询有限公司	安徽
71	青岛大摩证券投资有限公司	青岛
72	河北源达信息技术股份有限公司	河北
73	山东神光咨询服务有限责任公司	山东
74	山东阿牛智投资本管理有限公司	山东
75	江苏金百临投资咨询股份有限公司	江苏
76	江苏天鼎证券投资咨询有限公司	江苏
77	厦门市鑫鼎盛控股有限公司	厦门
78	上海九方云智能科技有限公司	上海
79	杭州高能投资咨询有限公司	浙江
80	武汉中证通投资咨询有限公司	湖北
81	福建天信投资咨询顾问股份有限公司	福建
82	福建中讯证券研究有限责任公司	福建
83	黑龙江省容维证券数据程序化有限公司	黑龙江

附录1-16　2020年区域性股权市场运营机构名录
Participants of Regional Stock Market in 2020

序号 No.	名称 Company Name	注册地 Place of Registration	注册资本(亿元) Registered Capital (100 million yuan)	营业收入(亿元) Revenue (100 million yuan)
1	北京股权交易中心有限公司	北京	4.00	0.10
2	上海股权托管交易中心股份有限公司	上海	2.68	0.63
3	天津滨海柜台交易市场股份公司	天津	2.20	0.13
4	重庆股份转让中心有限责任公司	重庆	1.56	0.98
5	浙江省股权交易中心有限公司	浙江	1.00	0.32
6	宁波股权交易中心有限公司	宁波	0.80	0.13
7	广东股权交易中心股份有限公司	广东	3.11	0.65
8	深圳前海股权交易中心有限公司	深圳	5.00	0.80
9	齐鲁股权交易中心有限公司	山东	2.25	0.68
10	青岛蓝海股权交易中心有限责任公司	青岛	1.00	0.26
11	武汉股权托管交易中心有限公司	湖北	1.00	0.22
12	湖南股权交易所有限公司	湖南	1.00	0.16
13	安徽省股权托管交易中心有限责任公司	安徽	2.00	0.75
14	辽宁股权交易中心股份有限公司	辽宁	1.00	0.17
15	大连股权交易中心股份有限公司	大连	0.50	0.01
16	天府(四川)联合股权交易中心股份有限公司	四川	1.00	0.13
17	广西北部湾股权交易所股份有限公司	广西	2.20	0.19
18	甘肃股权交易中心股份有限公司	甘肃	4.38	0.30
19	青海股权交易中心有限公司	青海	2.36	0.30
20	新疆股权交易中心有限公司	新疆	1.10	0.05
21	石家庄股权交易所股份有限公司	河北	0.45	0.24
22	山西股权交易中心有限公司	山西	1.00	0.22
23	陕西股权交易中心股份有限公司	西安	1.20	0.16
24	海峡股权交易中心(福建)有限公司	福建	2.10	0.16
25	厦门两岸股权交易中心有限公司	厦门	0.90	0.09
26	吉林省股权交易所股份有限公司	吉林	1.00	-
27	内蒙古股权交易中心股份有限公司	内蒙古	1.94	0.17
28	贵州股权交易中心有限公司	贵州	1.00	0.96
29	江苏股权交易中心有限责任公司	江苏	2.00	1.09
30	海南股权交易中心有限责任公司	海南	0.50	0.10
31	宁夏股权托管交易中心(有限公司)	宁夏	0.60	0.12
32	哈尔滨股权交易中心有限责任公司	黑龙江	1.00	0.03
33	中原股权交易中心股份有限公司	河南	3.50	0.87
34	江西联合股权交易中心股份有限公司	江西	2.21	0.76

数据来源：中国证券监督管理委员会
Source: CSRC

附录1-17 2020年外资证券经营机构驻华代表处名录

List of Chinese Representative Offices of Foreign Securities Institutions in 2020

序号 No.	机构名称 Company Name	所在地 Location
1	德国商业银行股份有限公司(证券业务)北京代表处	北京
2	法国巴黎资本(亚洲)有限公司北京代表处	北京
3	高盛(中国)有限责任公司北京代表处	北京
4	韩国三星证券公司北京代表处	北京
5	韩国投资证券株式会社北京代表处	北京
6	韩国未来资产大宇股份有限公司北京代表处	北京
7	花旗环球金融中国有限公司北京代表处	北京
8	交银国际控股有限公司北京代表处	北京
9	京华山一国际(香港)有限公司北京代表处	北京
10	美国富瑞金融集团北京代表处	北京
11	美国科本资本市场公司北京代表处	北京
12	美林国际有限公司北京代表处	北京
13	蒙特利尔银行利时证券公司北京代表处	北京
14	日本大和证券株式会社北京代表处	北京
15	日本摩乃科斯证券股份有限公司北京代表处	北京
16	日本瑞穗证券股份有限公司北京代表处	北京
17	日本三井住友信托银行股份有限公司(证券业务)北京代表处	北京
18	日本野村证券株式会社北京代表处	北京
19	瑞士信贷(香港)有限公司北京代表处	北京
20	三菱日联证券控股股份有限公司 北京代表处	北京
21	台湾元大证券股份有限公司北京代表处	北京
22	香港第一上海融资有限公司北京代表处	北京
23	香港摩根大通证券(亚太)有限公司北京代表处	北京
24	香港上海汇丰银行有限公司(证券业务)北京代表处	北京
25	中银国际控股有限公司北京代表处	北京
26	德意志银行股份有限公司(证券业务)北京代表处	北京
27	摩根士丹利亚洲有限公司北京代表处	北京
28	香港致富证券有限公司北京代表处	北京
29	日本盛华日兴证券株式会社北京代表处	北京
30	宏富投资管理有限公司北京代表处	北京
31	邓普顿国际股份有限公司北京代表处	北京
32	信安环球投资有限公司北京代表处	北京
33	香港摩根资产管理(亚太)有限公司北京代表处	北京
34	富达基金(香港)有限公司北京代表处	北京
35	法国法盛投资管理公司北京代表处	北京
36	新加坡摩根士丹利投资管理公司北京代表处	北京
37	领航投资香港有限公司北京代表处	北京
38	加拿大迈凯希金融公司北京代表处	北京
39	美国桥水投资公司北京代表处	北京
40	东洋证券股份有限公司上海代表处	上海

数据来源：中国证券监督管理委员会
Source: CSRC

附录1-17 续表 continued

序号 No.	机构名称 Company Name	所在地 Location
41	法国巴黎资本(亚洲)有限公司上海代表处	上海
42	法国兴业证券(香港)有限公司上海代表处	上海
43	富兰克林华美证券投资信托股份有限公司上海代表处	上海
44	冈三证券股份有限公司上海代表处	上海
45	高盛(中国)有限责任公司上海代表处	上海
46	海通国际证券有限公司上海代表处	上海
47	韩国爱思开证券股份有限公司上海代表处	上海
48	韩国国民证券公司上海代表处	上海
49	韩国农协投资证券公司上海代表处	上海
50	韩国投资信托运用株式会社上海代表处	上海
51	韩国未来资产大宇股份有限公司上海代表处	上海
52	韩国新韩金融投资股份有限公司上海代表处	上海
53	华南永昌综合证券股份有限公司上海代表处	上海
54	凯基证券亚洲有限公司上海代表处	上海
55	坤信国际证券有限公司上海代表处	上海
56	蓝泽证券股份有限公司上海代表处	上海
57	马来西亚城市信贷投资银行有限公司上海代表处	上海
58	麦格理证券(澳大利亚)股份有限公司上海代表处	上海
59	美国美林国际有限公司上海代表处	上海
60	内藤证券公司上海代表处	上海
61	群益国际控股有限公司上海代表处	上海
62	日本瑞穗证券股份有限公司上海代表处	上海
63	日本三井住友德思资产管理股份有限公司上海代表处	上海
64	日盛嘉富证券国际有限公司上海代表处	上海
65	瑞士信贷(香港)有限公司上海代表处	上海
66	台湾元大证券股份有限公司上海代表处	上海
67	香港大和投资管理(香港)有限公司上海代表处	上海
68	香港摩根大通证券(亚太)有限公司上海代表处	上海
69	香港上海汇丰银行有限公司(证券业务)上海代表处	上海
70	新鸿基投资服务有限公司上海代表处	上海
71	星展唯高达香港有限公司上海代表处	上海
72	野村证券株式会社上海代表处	上海
73	永丰金证券(亚洲)有限公司上海代表处	上海
74	致富证券有限公司上海代表处	上海
75	中信里昂证券有限公司上海代表处	上海
76	香港新鸿基投资服务有限公司深圳代表处	深圳
77	香港致富证券有限公司深圳代表处	深圳
78	凯基证券亚洲有限公司深圳代表处	深圳
79	元大证券(香港)有限公司深圳代表处	深圳
80	香港中国泛海证券有限公司沈阳代表处	沈阳
81	台湾统一综合证券股份有限公司厦门代表处	厦门

附录1-18 2020年境外证券交易所驻华代表处名录
List of Chinese Representative Offices of Foreign Exchanges in 2020

序号 No.	中文名称 Chinese Name	英文名称 English Name	代表处名称 Office Name	代表处所在地 Location
1	香港交易及结算所有限公司北京代表处	Hong Kong Exchanges and Clearing Limited Beijing Representative Office	香港交易及结算所有限公司北京代表处	北京
2	美国纽约证券交易所有限责任公司北京代表处	New York Stock Exchange LLC Beijing Representative Office	美国纽约证券交易所有限责任公司北京代表处	北京
3	美国纳斯达克股票市场有限责任公司北京代表处	Nasdaq Stock Market, LLC. Beijing Representative Office	美国纳斯达克股票市场有限责任公司北京代表处	北京
4	日本东京证券交易所株式会社北京代表处	Tokyo Stock Exchange, Inc. Beijing Representative Office	日本东京证券交易所株式会社北京代表处	北京
5	韩国交易所北京代表处	Korea Exchange, Inc. Beijing Representative Office	韩国交易所北京代表处	北京
6	新加坡交易所有限公司北京代表处	Singapore Exchange Limited Beijing Representative Office	新加坡交易所有限公司北京代表处	北京
7	伦敦证券交易所有限责任公司北京代表处	London Stock Exchange Plc Beijing Representative Office	伦敦证券交易所有限责任公司北京代表处	北京
8	德国德意志交易所股份有限公司北京代表处	Deutsche Boerse AG Beijing Representative Office	德国德意志交易所股份有限公司北京代表处	北京
9	巴西证券期货交易所上海代表处	B3 S.A.Shanghai Representative Office	巴西证券期货交易所上海代表处	上海

数据来源：中国证券监督管理委员会
Source: CSRC

附录1-19 交易所市场证券登记存管情况
Depository Securities Statistics of Stock Exchange Market

年份 Year	登记存管证券只数(只) Number of Securities in Deposit (unit)				
	股票 Stock	权证 Warrants	债券现货(不含资产证券化产品) Bond(Asset Backed Securities Not Included)	基金 Fund	资产证券化产品 Asset Backed Securities
2005	1468	7	162	68	4
2006	1532	27	179	79	27
2007	1637	14	179	71	20
2008	1713	17	200	71	17
2009	1775	12	352	91	10
2010	2160	4	462	146	4
2011	2432	0	640	226	6
2012	2579	0	1170	330	15
2013	2575	0	2034	436	26
2014	2697	0	3007	516	119
2015	2911	0	4088	750	795
2016	3150	0	6995	778	2132
2017	3570	0	8288	804	2787
2018	3669	0	9351	917	3407
2019	3861	0	11257	1014	4653
2020	4239	0	14739	1016	5998

注：1.登记存管证券包括A股、B股、权证、国债、地方债、政策性金融债、企业债、公司债、可转债、分离式可转债、中小企业私募债、封闭式基金、ETF、LOF和资产证券化产品，不包括开放式基金和债券回购。
2.登记存管证券只数中，包括已在中国结算办理发行登记但尚未在交易所上市的证券和已从交易所退市但尚未在中国结算办理退市登记的证券；总市值计算中,纯B股上市公司的非流通股暂未纳入计算。
3.非限售市值按期末收盘价计算。
4.B股市值以国际外汇管理局上周五公布的汇率中间价换算成人民币。
5.表中数据为沪深两市合计数。
6.登记存管证券只数不包括存管面值为零的证券。

数据来源：中国证券登记结算公司
Source：CSDC

附录1-19 续表 1 continued

年份 Year	登记存管证券总市值(亿元) Market Capitalization of Depository Securities(100 million yuan)				
	股票 Stock	权证 Warrants	债券现货 (不含资产 证券化产品) Bond(Asset Backed Securities Not Included)	基金 Fund	资产证券化产品 Asset Backed Securities
2005	32448.52	60.62	4796.24	608.64	58.08
2006	90294.17	329.37	3499.79	1424.70	163.63
2007	327970.22	494.10	3169.92	4356.91	109.39
2008	121778.98	174.50	4365.83	816.80	82.10
2009	244783.34	209.27	4698.97	1784.06	42.24
2010	266492.22	14.51	6300.53	1965.20	10.68
2011	215223.68	0.00	8252.59	1821.49	8.72
2012	230554.55	0.00	11882.23	2662.00	32.33
2013	239584.89	0.00	19542.91	2873.61	64.52
2014	374481.66	0.00	26667.00	4381.27	307.12
2015	532001.64	0.00	40016.03	7027.27	1423.98
2016	508759.22	0.00	70984.64	5804.87	4226.04
2017	568204.05	0.00	83035.95	4616.80	7482.43
2018	435066.16	0.00	91066.07	6014.39	11627.46
2019	593341.27	0.00	107604.49	8229.29	15331.21
2020	797385.72	0.00	137749.42	12089.67	20248.59

附录1-19 续表 2 continued

年份 Year	登记存管证券非限售市值(亿元) Negotiable Market Capitalization of Depository Securities(100 million yuan)			
	股票 Stock	权证 Warrants	基金 Fund	资产证券化产品 Asset Backed Securities
2005	14702.47	60.61	603.99	58.08
2006	87034.97	281.19	1413.46	162.58
2007	325326.79	477.73	4330.98	108.40
2008	121115.56	171.86	812.62	81.17
2009	151879.52	2537.70	1777.42	41.32
2010	196097.02	2342.79	1958.95	9.75
2011	166975.06	0.00	1817.36	8.00
2012	184256.53	0.00	2657.84	32.33
2013	206303.34	0.00	2870.00	64.52
2014	326384.35	0.00	4380.25	307.12
2015	439028.12	0.00	7025.96	1423.98
2016	410049.21	0.00	5804.06	4226.04
2017	465444.49	0.00	4616.80	7482.43
2018	366374.18	0.00	6014.39	11627.46
2019	500768.51	0.00	8229.29	15331.21
2020	669915.04	0.00	12089.67	20248.59

附录1-20　2020年上海证券交易所收费标准
Shanghai Stock Exchange Charging Standard in 2020

<table>
<tr><th colspan="2">业务类别
Business Lines</th><th>收费项目
Charging Item</th><th>收费标准
Fee Standard</th><th>收费对象
Fee Standard</th><th>备注
Remarks</th></tr>
<tr><td rowspan="20">交易</td><td rowspan="2">人民币普通股票（A股）竞价交易</td><td>经手费</td><td>成交金额的 0.00487%（双向）</td><td>会员等交上交所</td><td>含科创板股票盘后固定价格交易</td></tr>
<tr><td>经手费</td><td>成交金额的 0.00487%（双向）</td><td>会员等交上交所</td><td></td></tr>
<tr><td rowspan="2">优先股竞价交易</td><td>经手费</td><td>成交金额的0.0001%（双向）</td><td>会员等交上交所</td><td></td></tr>
<tr><td>经手费</td><td>成交金额的 0.00487%（双向）</td><td>会员等交上交所</td><td>含科创板存托凭证盘后固定价格交易</td></tr>
<tr><td rowspan="2">基金（封闭式基金、ETF、LOF）竞价交易</td><td>经手费</td><td>成交金额的 0.0045%（双向），货币ETF、债券ETF暂免</td><td>会员等交上交所</td><td></td></tr>
<tr><td>经手费</td><td>成交金额的 0.0045%（双向，暂免）</td><td>会员等交上交所</td><td>含非限售份额要约收购</td></tr>
<tr><td rowspan="2">基础设施公募REITs报价、询价、指定对手方和协议交易</td><td>经手费</td><td>相对于竞价市场同品种费率下浮50%（双向）</td><td>会员等交上交所</td><td></td></tr>
<tr><td>经手费</td><td>成交金额的0.0001%（双向），最高不超过100元/笔</td><td>会员等交上交所</td><td>债券现券包括国债、地方政府债、政策性金融债、公司债、企业债、可转债、可分离交易可转债、可交换债及其他债券</td></tr>
<tr><td rowspan="2">债券质押式三方回购</td><td>经手费</td><td>一天期按成交金额的千万分之5收取（双向），其他期限按成交金额的百万分之1.5收取（双向），单笔超过200元的，按200元收取。试点期间暂免。</td><td>会员等交上交所</td><td></td></tr>
<tr><td>经手费</td><td>暂免</td><td>会员等交上交所</td><td>债券质押式回购期限包括1天、2天、3天、4天、7天、14天、28天、28天以上</td></tr>
<tr><td rowspan="2">国债买断式回购</td><td>经手费</td><td>暂免</td><td>会员等交上交所</td><td>国债买断式回购期限包括7天、28天和91天</td></tr>
<tr><td>经手费</td><td>暂免</td><td>会员等交上交所</td><td></td></tr>
<tr><td rowspan="2">信用保护工具</td><td rowspan="2">经手费</td><td>按成交名义本金金额的百万分之1.5收取（双向），单笔超过200元的，按200元收取。试点期间暂免。</td><td rowspan="2">会员等交上交所</td><td rowspan="2">含信用保护合约业务和信用保护凭证业务</td></tr>
<tr><td>暂免</td></tr>
<tr><td rowspan="2">股票质押式回购</td><td>经手费</td><td>按每笔初始交易金额的0.001%收取，起点5元人民币，最高不超过100元人民币</td><td>会员等交上交所</td><td></td></tr>
<tr><td>经手费</td><td>按现有股票、基金或债券现券交易收费标准在初始交易及购回交易中收取</td><td>会员等交上交所</td><td></td></tr>
<tr><td>股份协议转让</td><td>经手费</td><td>同二级市场交易经手费，双向收取，单向每笔最低50元、最高10万元</td><td>协议双方交上交所</td><td>含科创板上市公司股东非公开转让、配售方式转让首发前股份</td></tr>
</table>

注：1.本表收费标准为价税合计数。

2.本表所称“股票”包括主板股票、科创板股票。

数据来源：上海证券交易所

Source:SSE

附录1-20 续表 1 continued

业务类别 Business Lines		收费项目 Charging Item	收费标准 Fee Standard	收费对象 Fee Standard	备注 Remarks
交易	大宗交易（含大宗专场）	经手费	相对于竞价市场同品种费率下浮30%	会员等交上交所	
		经手费	成交金额的0.0001%的90%，最高不超过100元/笔(双向)	会员等交上交所	
		经手费	相对于竞价市场同品种费率下浮30%	会员等交上交所	
		经手费	相对于竞价市场同品种费率下浮50%（双向）	会员等交上交所	
			相对于竞价市场同品种费率下浮50%（双向）		
		经手费	成交金额的0.0001%（双向）（最高不超过100元/笔）	会员等交上交所	
	期权	经手费	合约标的为股票的，每张3元；合约标的为交易所交易基金的，每张1.3元；暂免收取卖出开仓交易经手费	期权经营机构等交上交所	
	资产管理计划份额转让	经手费	按转让金额的0.00009%向转让双方收取转让经手费，最高不超过100元/笔	会员等交上交所	
	国债预发行	经手费	参照国债现券交易的收费标准执行，试点期间暂免	会员等交上交所	
发行	新股认购、优先股认购、存托凭证认购、可转换公司债券认购	经手费	暂免	会员等交上交所	
	配股、公开增发	经手费	暂免	会员等交上交所	
上市	主板人民币普通股票（A股）、人民币特种股票（B股）、存托凭证	上市初费	A、B股总股本（总份数）≤2亿的，7万元，暂免	上市公司交上交所	优先股收费标准按表中标准的80%确定，并适用同板块免收规定
			2亿＜总股本（总份数）≤4亿的，10万元，暂免		
			4亿＜总股本（总份数）≤6亿的，12.5万元		
			6亿＜总股本（总份数）≤8亿的，15万元		
			总股本（总份数）＞8亿的，17.5万元		
		上市年费	上年末A、B股总股本（总份数）≤2亿的，2.5万元/年，暂免	上市公司交上交所	优先股收费标准按表中标准的80%确定，并适用同板块免收规定
			2亿＜总股本（总份数）≤4亿的，4万元/年，暂免		
			4亿＜总股本（总份数）≤6亿的，5万元/年		
			6亿＜总股本（总份数）≤8亿的，6万元/年		
			总股本（总份数）＞8亿的，7.5万元/年		
			上市不足1年的，按实际上市月份计算，上市当月为1个月		

附录1-20 续表 2 continued

业务类别 Business Lines		收费项目 Charging Item	收费标准 Fee Standard	收费对象 Fee Standard	备注 Remarks
上市	科创板人民币普通股票、存托凭证	上市初费	普通股总股本（总份数）≤2亿的，3.5万元，暂免	上市公司交上交所	优先股收费标准按表中标准的80%确定，并适用同板块免收规定
			2亿<总股本（总份数）≤4亿的，5万元，暂免		
			4亿<总股本（总份数）≤6亿的，6.25万元，暂免		
			6亿<总股本（总份数）≤8亿的，7.5万元，暂免		
			总股本（总份数）>8亿的，8.75万元，暂免		
		上市年费	上年末普通股总股本（总份数）≤2亿的，1.25万元/年，暂免	上市公司交上交所	优先股收费标准按表中标准的80%确定，并适用同板块免收规定
			2亿<总股本（总份数）≤4亿的，2万元/年，暂免		
			4亿<总股本（总份数）≤6亿的，2.5万元/年，暂免		
			6亿<总股本（总份数）≤8亿的，3万元/年，暂免		
			总股本（总份数）>8亿的，3.75万元/年，暂免		
			上市不足1年的，按实际上市月份计算，上市当月为1个月		
	基金（封闭式基金、ETF、LOF）	上市初费	3万元，普通LOF暂免，ETF暂免	基金管理人交上交所	
		上市年费	6万元/年，普通LOF暂免，ETF暂免	基金管理人交上交所	
	基础设施公募REITs	上市初费	3万元，暂免	基金管理人交上交所	
		上市年费	6万元/年，暂免	基金管理人交上交所	
	债券（含资产支持证券）	上市初费	暂免	发行人交上交所	
			暂免		
交易单元		使用费	会员等机构拥有的每个席位可抵免一个交易单元的使用费；对超出其席位数量的部分，本所收取每个交易单元每年5万元的交易单元使用费（2010年12月1日起，暂免收取债券现券及回购交易专用的交易单元使用费）	会员等交上交所	计费期间为上年12月1日至当年11月30日。

附录1-20 续表 3 continued

业务类别 Business Lines	收费项目 Charging Item	收费标准 Fee Standard	收费对象 Fee Standard	备注 Remarks
交易单元	流速费	会员等机构接入交易系统流速之和超出其免费流速额度时，超出部分每年按每个标准流速计收1万元流速费（2010年12月1日起，暂免收取债券现券及回购交易专用的交易单元流速费）		
	流量费	（该机构所用交易单元的年交易类申报笔数总和-3万笔/年×持有席位数）×0.10 元+（该机构所用交易单元的年非交易类申报笔数总和-3万笔/年×持有席位数）×0.01元		
		暂免:		
		1. 各交易参与人参与债券现券及回购交易的流量费（2010年12月1日起）；		
		2. 货币ETF、债券ETF的交易单元流量费;		
		3. 期权经营机构流量费;		
		4. 基金做市商为提供流动性服务产生的交易单元流量费（2019年12月31日起）。		
其他业务	费用项目、标准、收取方式按照相关业务规定执行。			

附录1-21　2020年深圳证券交易所收费标准

Shenzhen Stock Exchange Charging Standard in 2020

收费对象 Charge Members	收费项目 Charging Item	收费标的 Charging Object	收费标准 Fee Standard	备注 Remarks
投资者	证券交易经手费	A股	按成交额双边收取0.0487‰	1.大宗交易收费：A股大宗交易按标准费率下浮30%收取；B股、基金大宗交易按标准费率下浮50%收取；债券大宗交易费率标准维持不变；债券回购大宗交易费率暂免。2.约定购回式证券交易参照相应品种大宗交易收费标准执行。3.债券ETF、货币ETF暂免收取证券交易经手费。4.资产管理计划份额转让暂免收取转让经手费。
		B股		
		基金	按成交额双边作取0.04‰	
		优先股	试点期间按普通股标准的80%收取	
		权证	按成交额双边收取0.045‰	
		国债现货/地方债	成交金额在100万元以下（含）每笔收0.1元；成交金额在100万元以上每笔收10元。	
		企业债/公司债现货		
		资产支持证券		
		政策性金融债/铁道债		
		债券质押式回购（含国债回购与其他债券回购）	暂免收取	
		股票质押式回购	按每笔初始交易质押标的证券面值1‰收取，最高不超过100元。	
		可转换公司债/可交换公司债	按成交金额双边收取0.04‰	
		质押式报价回购	暂免收取	
		股票期权合约	每张股票期权合约收取交易经手费1.3元	股票期权试点初期暂免收取卖出开仓交易（含备兑开仓）的相应交易经手费
	证券交易监管费	A股	按成交额双边收取0.02‰	代中国证监会收取
		B股		
		优先股		
	证券交易印花税	A股	对出让方按成交金额的1‰征收，对受让方不再征税。	代国家税务局扣缴
		B股		
		优先股		

注：收费标准为2021年7月公布的最新版本。

数据来源：深圳证券交易所

Source:SZSE

附录1-21 续表 1 continued

收费对象 Charge Members	收费项目 Charging Item	收费标的 Charging Object	收费标准 Fee Standard	备注 Remarks
发行人	上市初费	A股/B股	总股本2亿以下（含），30万元；总股本2亿至4亿（含），45万元；总股本4亿至6亿（含），55万元；总股本6亿至8亿（含），60万元；总股本8亿以上，65万元。	自2021年6月1日起，本所暂免收取总股本8亿股（含）以下的上市公司上市初费； 总股本8亿股以上的上市公司上市初费，本所在此标准上减半取整后再减半收取，即17.5万元；创业板再减半收取，即8.75万元。总股本为A、B股合计。
		优先股	试点期间按普通股标准的80%收取	
		基金	3万元	暂免收取ETF上市初费
		权证	20万元	
		企业债/公司债	暂免收取	
		可转换公司债/可交换公司债	暂免收取	
		资产支持证券	暂免收取	
	上市年费	A股/B股	总股本2亿以下（含），5万元；总股本2亿至4亿（含），8万元；总股本4亿至6亿（含），10万元；总股本6亿至8亿（含），12万元；总股本8亿以上，15万元。	自2021年6月1日起，本所暂免收取总股本8亿股（含）以下的上市公司上市年费； 总股本8亿股以上的上市公司上市年费，本所在此标准上减半收取，即7.5万元；创业板再减半收取，即3.75万元。总股本为A、B股合计。
		优先股	试点期间按普通股标准的80%收取	
		基金	6万元	自2020年1月1日起，暂免收取ETF上市年费
		企业债/公司债	暂免收取	
		可转换公司债/可交换公司债	暂免收取	
		资产支持证券	暂免收取	
会员	席位费	席位	普通60万元/个，特别席位20万元/个。	
	会员管理费用	交易单元	1. 交易单元使用费：对会员使用超出交费席位（指已交席位初费的席位）数量以外的交易单元，每年收取30000元/个的交易单元使用费。	

附录1-21 续表 2 continued

收费对象 Charge Members	收费项目 Charging Item	收费标的 Charging Object	收费标准 Fee Standard	备注 Remarks
会员	会员管理费用	交易单元	2. 流速费：对会员使用超出交费席位（指已交席位初费的席位）数量以外的流速，每年收取9600元/份的流速费。每份流速为50笔/秒。	2014年7月1日起，由深圳证券通信公司收取。
			3. 流量费：每笔交易类申报（指买入、卖出、撤单申报）收取0.1元，每笔非交易类申报（指除买入、卖出、撤单以外的申报）收取0.01元。	1.2014年7月1日起，本所与深圳证券通信公司按6:4比例分别收取；2.会员每个席位每年享有的交易类、非交易类免费申报笔数均为3万笔；3.债券ETF、货币ETF免收交易单元流量费；4.暂免收取流动性服务商为上市基金提供流动性服务产生的交易单元流量费；5.暂免收取期权业务相关的交易单元流量费。

附录1-22 2020年全国中小企业股份转让系统收费标准

NEEQ Charging Standard in 2020

收费对象 Charge Members	收费项目 Charging Item	收费标准 Fee Standard	备注 Remarks
挂牌公司	挂牌初费	总股本2000万股（含）以下，30000元； 总股本2000-5000万股（含），50000元； 总股本5000万-1亿股（含），80000元； 总股本1亿股以上，100000元。	1.自2015年1月1日起暂免征收注册地在内蒙古、广西、西藏、宁夏和新疆5个民族自治地区的挂牌公司挂牌初费。 2.自2017年1月1日起暂免征收注册在贫困地区的挂牌公司的挂牌初费。 3.两网公司及退市公司股票暂免征收。
挂牌公司	挂牌年费	总股本2000万股（含）以下，20000元； 总股本2000-5000万股（含），30000元； 总股本5000万-1亿股（含），40000元； 总股本1亿股以上，50000元。	1.自2015年1月1日起暂免征收注册地在内蒙古、广西、西藏、宁夏和新疆5个民族自治地区的挂牌公司挂牌年费。 2.两网公司及退市公司股票暂免征收。
投资者	转让经手费	挂牌公司股票，成交金额的0.5‰双边收取； 两网及退市公司A股，成交金额的0.6‰双边收取； 两网及退市公司B股，成交金额的0.8‰双边收取。	
主办券商	交易单元费	1.交易单元开设初费：50万元，在首次申请开通交易单元时收取，以后增设交易单元不再收取； 2.交易单元使用费：每个交易单元每年3万元； 3.流速费：总流速超出其享有的免费标准流速之和的部分，按每个标准流速每年人民币5000元交纳； 4.流量费：转让参与人每年流量费总额=（转让参与人所属交易单元的年交易类申报笔数总和-该转让参与人享受的年交易类免费申报笔数）×每笔交易类申报收费单价+（转让参与人所属各交易单元的年非交易类申报笔数总和-该转让参与人享有的年非交易类免费申报笔数）×每笔非交易类申报收费单价。其中：每个交易单元享受的年免费申报笔数为交易类申报、非交易类申报各5000笔；每笔交易类申报收费单价为0.15元，每笔非交易类申报收费单价为0.01元.计算的流量费每年不足2000元的，按2000元计。	
主办券商	介质服务费	1.介质初始化服务费、解锁费：50元/个； 2.介质年服务费：1000元/个。	

数据来源：全国中小企业股份转让系统

Source:NEEQ

附录1-23　2020年从事证券服务业务的会计师事务所名录

序号 No	名称 Name	所在辖区 Jurisdiction	分所数量 Number of Branch	合伙人人数 Number of Partners
1	安徽华明会计师事务所(普通合伙)	安徽	0	2
2	安永华明会计师事务所(特殊普通合伙)	北京	20	174
3	北京大地泰华会计师事务所(特殊普通合伙)	北京	2	17
4	北京国富会计师事务所(特殊普通合伙)	北京	16	30
5	北京精勤会计师事务所(普通合伙)	北京	0	2
6	北京兴昌华会计师事务所(普通合伙)	北京	0	2
7	北京兴华会计师事务所(特殊普通合伙)	北京	30	102
8	北京中名国成会计师事务所(特殊普通合伙)	北京	0	5
9	北京中天恒会计师事务所(特殊普通合伙)	北京	9	16
10	北京中天华茂会计事务所(普通合伙)	北京	0	2
11	毕马威华振会计师事务所(特殊普通合伙)	北京	16	149
12	大华会计师事务所(特殊普通合伙)	北京	30	232
13	大信会计师事务所(特殊普通合伙)	北京	31	144
14	德勤华永会计师事务所(特殊普通合伙)	上海	14	205
15	公证天业会计师事务所(特殊普通合伙)	江苏	15	42
16	广东诚安信会计师事务所(特殊普通合伙)	广东	5	17
17	广东司农会计师事务所(特殊普通合伙)	广东	0	15
18	广东正中珠江会计师事务所(特殊普通合伙)	广东	4	27
19	广东中天粤会计师事务所(特殊普通合伙)	广东	0	7
20	广东中职信会计师事务所(特殊普通合伙)	广东	3	15
21	和信会计师事务所(特殊普通合伙)	山东	10	36
22	湖南建业会计师事务所(特殊普通合伙)	湖南	3	18
23	华兴会计师事务所(特殊普通合伙)	福建	9	42
24	嘉兴市禾城中佳会计师事务所(普通合伙)	浙江	0	2
25	利安达会计师事务所(特殊普通合伙)	北京	26	44
26	立信会计师事务所(特殊普通合伙)	上海	31	228
27	立信中联会计师事务所(特殊普通合伙)	天津	14	40
28	南通万隆会计师事务所(普通合伙)	江苏	0	2
29	鹏盛会计师事务所(特殊普通合伙)	深圳	27	46
30	普华永道中天会计师事务所(特殊普通合伙)	上海	23	229
31	容诚会计师事务所(特殊普通合伙)	北京	15	132
32	瑞华会计师事务所(特殊普通合伙)	北京	20	63
33	上海友道会计师事务所(普通合伙)	上海	0	2
34	上海孜荣会计师事务所(普通合伙)	上海	0	2

注：上市公司客户家数统计口径以会计师事务所承接的上市公司年报审计业务数为准，其中上市公司*ST斯太、*ST北讯、易见股份截至2021.5.31仍未披露年度审计报告，因此未纳入上市公司客户家数统计范畴。

数据来源：中国证监会

Source: CSRC

List of Accounting Firms Engaged in Securities Services in 2020

注册会计师人数 Number of Certified Public Accountants	年末净资产(万元) Year-end Net Asset (10 thousand yuan)	收入总额(万元) Total Income (10 thousand yuan)	审计业务收入(万元) Income from Engagement (10 thousand yuan)	证券业务收入(万元) Securities Revenue (10 thousand yuan)	上市公司客户家数 Number of Customers of Listed Companies
8	490.51	707.28	707.28	0.00	0
1615	60691.86	476008.91	458863.86	214622.10	102
221	11097.96	27805.43	19594.18	0.00	0
219	1106.66	15988.01	11011.21	30.00	0
4	14.45	63.58	63.58	0.00	0
36	273.24	2078.66	2078.66	0.00	0
585	8772.03	74334.17	55571.51	6311.51	23
62	1761.28	4647.21	2271.49	0.00	0
208	8954.49	21797.21	20898.82	0.00	0
5	276.63	737.73	518.41	0.00	1
927	53974.83	341651.14	316882.67	65396.03	57
1679	19590.82	252055.32	225357.80	109535.19	376
1192	20048.08	183194.15	156785.89	58397.01	181
1239	72286.77	397858.75	311025.28	68841.72	60
346	5378.20	32227.26	28425.73	13441.31	59
115	1241.48	15186.73	11199.34	0.00	0
61	0.00	0.00	0.00	0.00	5
98	700.67	17643.08	14255.11	7975.81	2
104	2528.34	10418.02	5954.29	0.00	0
93	1690.24	12704.07	9450.04	0.00	0
276	2749.55	26793.15	22918.91	11081.42	43
109	1056.10	4233.50	2963.87	0.00	0
330	1542.59	32668.96	26277.20	13806.42	77
11	140.67	1385.39	1349.85	0.00	0
515	1716.97	40098.53	32447.95	7916.73	23
2216	18221.98	410592.00	323386.04	135727.30	587
327	7163.25	30013.02	23262.50	12270.62	29
19	435.80	1042.91	773.35	0.00	0
279	313.57	10363.34	8182.98	0.00	0
1359	177045.81	611504.31	569230.58	286121.97	103
1018	27604.25	187578.73	163126.32	73610.92	274
233	6554.83	79672.53	49811.55	12791.51	1
6	-5.54	475.52	335.26	0.00	0
4	17.56	68.37	47.33	0.00	0

附录1-23 续表

序号 No	名称 Name	所在辖区 Jurisdiction	分所数量 Number of Branch	合伙人人数 Number of Partners
35	上会会计师事务所(特殊普通合伙)	上海	20	74
36	深圳皇嘉会计师事务所(普通合伙)	深圳	0	2
37	深圳堂堂会计师事务所	深圳	0	2
38	深圳旭泰会计师事务所(普通合伙)	深圳	0	3
39	深圳永信瑞和会计师事务所(特殊普通合伙)	深圳	3	15
40	四川华信(集团)会计师事务所(特殊普通合伙)	四川	4	43
41	苏亚金诚会计师事务所(特殊普通合伙)	江苏	9	45
42	唐山市新正会计师事务所(普通合伙)	河北	0	2
43	天衡会计师事务所(特殊普通合伙)	江苏	17	76
44	天健会计师事务所(特殊普通合伙)	浙江	14	204
45	天圆全会计师事务所(特殊普通合伙)	北京	9	33
46	天职国际会计师事务所(特殊普通合伙)	北京	25	58
47	希格玛会计师事务所(特殊普通合伙)	陕西	11	52
48	新联谊会计师事务所(特殊普通合伙)	山东	9	30
49	信永中和会计师事务所(特殊普通合伙)	北京	24	229
50	亚太(集团)会计师事务所(特殊普通合伙)	北京	24	107
51	永拓会计师事务所(特殊普通合伙)	北京	28	104
52	尤尼泰振青会计师事务所(特殊普通合伙)	青岛	22	41
53	浙江天平会计师事务所(特殊普通合伙)	浙江	6	27
54	浙江至诚会计师事务所(特殊普通合伙)	浙江	2	11
55	致同会计师事务所(特殊普通合伙)	北京	26	202
56	中汇会计师事务所(特殊普通合伙)	浙江	11	69
57	中勤万信会计师事务所(特殊普通合伙)	北京	16	66
58	中瑞诚会计师事务所(特殊普通合伙)	北京	23	18
59	中审华会计师事务所(特殊普通合伙)	天津	21	102
60	中审亚太会计师事务所(特殊普通合伙)	北京	25	70
61	中审众环会计师事务所(特殊普通合伙)	湖北	36	185
62	中天运会计师事务所(特殊普通合伙)	北京	24	71
63	中喜会计师事务所(特殊普通合伙)	北京	23	70
64	中兴财光华会计师事务所(特殊普通合伙)	北京	36	143
65	中兴华会计师事务所(特殊普通合伙)	北京	32	145
66	中证天通会计师事务所(特殊普通合伙)	北京	14	40
67	中准会计师事务所(特殊普通合伙)	北京	16	48
68	众华会计师事务所(特殊普通合伙)	上海	10	44
69	重庆康华会计师事务所(特殊普通合伙)	重庆	5	16

continued

注册会计师人数 Number of Certified Public Accountants	年末净资产(万元) Year-end Net Asset (10 thousand yuan)	收入总额 (万元) Total Income (10 thousand yuan)	审计业务收入 (万元) Income from Engagement (10 thousand yuan)	证券业务收入 (万元) Securities Revenue (10 thousand yuan)	上市公司客户家数 Number of Customers of Listed Companies
415	3586.88	49718.51	29941.66	15947.09	41
33	-904.55	4288.44	3562.94	0.00	0
11	32.92	499.53	497.61	458.42	1
19	-105.95	701.09	464.91	0.00	0
98	925.31	5410.74	4870.28	0.00	0
222	1300.00	20860.55	20860.55	14907.20	39
324	7935.44	36376.52	30996.83	8039.12	30
11	91.67	121.06	86.61	5.94	0
367	4304.63	52149.90	48063.81	13195.39	76
1854	40319.75	305051.87	286180.95	181430.33	529
270	2439.07	14369.93	10623.51	2421.32	9
1254	34847.68	222772.32	169302.61	81304.75	185
259	11108.65	43139.76	34787.20	13414.30	30
183	4636.00	29039.53	16577.97	10.00	0
1605	14510.83	317364.14	226660.68	72401.54	346
562	4345.11	88907.29	68980.07	41733.63	49
508	2974.82	34289.08	29407.22	15016.76	33
189	-371.17	7659.85	5237.88	0.00	1
133	785.69	10006.09	6177.23	0.00	0
74	892.13	6635.61	5685.47	0.00	0
1274	11322.96	219572.93	168748.30	48572.15	213
660	10262.09	78812.19	63250.39	34007.91	111
466	3369.15	38805.00	33697.63	7652.17	30
244	296.08	22969.59	15932.05	0.00	0
756	9595.76	81228.07	62486.65	14865.38	26
467	3715.99	46351.76	32424.97	11384.81	26
1537	10492.01	194647.40	168805.15	46783.51	179
697	11819.34	73461.68	52413.97	19409.91	48
454	4023.51	30945.26	27006.21	10569.68	39
976	11270.63	125019.83	110049.76	38723.78	69
920	16134.29	152351.00	133493.00	35715.93	80
329	1874.67	27510.85	21990.34	3185.17	12
409	2181.02	21455.06	16440.36	3561.55	20
331	4572.08	46849.15	38993.27	16738.40	74
98	1379.06	7098.86	7098.86	0.00	0

附录1-24　2020年从事证券服务业务的资产评估机构名录

序号 No	名称 Name	所在辖区 Jurisdiction	分支机构数量 Number of Branch
1	上海财瑞资产评估有限公司	上海	0
2	上海加策资产评估有限公司	上海	0
3	上海城乡资产评估有限责任公司	上海	0
4	北京合佳资产评估有限公司	北京	0
5	中联资产评估集团(青岛)有限公司	青岛	0
6	北京国融兴华房地产土地评估有限公司	北京	12
7	中发国际资产评估有限公司	北京	0
8	北京中同华资产评估有限公司	北京	17
9	北京中天和资产评估有限公司	北京	4
10	广东惠正资产评估与房地产土地估价有限公司	广东	0
11	中联资产评估集团有限公司	北京	24
12	海南瑞衡资产评估土地房地产估价有限公司	海南	0
13	北京东审资产评估有限责任公司	北京	0
14	北京中盛行房地产土地评估有限公司	北京	0
15	江苏象仁土地房地产资产评估有限公司	江苏	4
16	深圳市国誉资产评估房地产土地估价顾问有限公司	深圳	0
17	中天成土地房地产资产评估(北京)有限公司	北京	6
18	青岛仲勋资产评估事务所(普通合伙)	青岛	0
19	上海东洲资产评估有限公司	上海	16
20	上海申威资产评估有限公司	上海	2
21	万隆(上海)资产评估有限公司	上海	13
22	上海众华资产评估有限公司	上海	3
23	中联天道土地房地产资产评估有限公司	上海	0
24	金证(上海)资产评估有限公司	上海	3
25	上海美评资产评估有限公司	上海	0
26	北京亚太联华资产评估有限公司	北京	6
27	北京国融兴华资产评估有限责任公司	北京	17
28	北京中锋资产评估有限责任公司	北京	3
29	北京北方亚事资产评估事务所(特殊普通合伙)	北京	34
30	北京高力国际房地产评估有限公司	北京	0
31	北京中金浩资产评估有限责任公司	北京	0
32	安徽建工房地产土地资产评估有限公司	安徽	0
33	江苏天地恒安房地产土地资产评估有限公司	江苏	0
34	北京华源龙泰房地产土地资产评估有限公司	北京	0
35	中通诚资产评估有限公司	北京	10
36	沃克森(北京)国际资产评估有限公司	北京	7
37	中都国脉(北京)资产评估有限公司	北京	0
38	北京市金利安房地产咨询评估有限责任公司	北京	0
39	北京中企华资产评估有限责任公司	北京	20
40	北京卓信大华资产评估有限公司	北京	11
41	北京德祥资产评估有限责任公司	北京	3
42	北京中天创意资产评估有限公司	北京	0
43	北京国友大正资产评估有限公司	北京	0
44	北京志海资产评估有限公司	北京	0
45	北京公信资产评估有限公司	北京	0
46	中瑞世联资产评估集团有限公司	北京	7
47	连城资产评估有限公司	北京	0
48	北京中和谊资产评估有限公司	北京	3
49	中致信国际土地房地产资产评估(北京)有限公司	北京	3
50	中瑞国际房地产土地资产评估有限公司	北京	1
51	中铭国际资产评估(北京)有限责任公司	北京	11
52	开元资产评估有限公司	北京	7

数据来源：中国证监会
Source: CSRC

List of Appraisal Agency in Securities Service Business in 2020

资产评估师人数(万元) Number of Asset Appraisers (10 thousand yuan)	年末净资产(万元) Year-end Net Asset (10 thousand yuan)	收入总额(万元) Total Income (10 thousand yuan)	资产评估业务收入(万元) Income from Asset Appraisal Business (10 thousand yuan)	证券业务收入(万元) Securities Revenue (10 thousand yuan)
45	744.29	3326.7	2148.98	615.61
15	229.2	374	374	0
9	88.25	600.43	600.43	8
9	37.51	391.98	92.57	0
19	246.58	1303.18	1303.18	0
12	240.09	1735.26	54.16	0
41	882.13	3377.78	3377.78	48
189	1097.81	21292.88	21215.51	3770.67
77	2224.4	7052.29	7052.29	1067.7
33	948.3	4216.68	1617.25	12.6
219	13633.44	51606.69	51606.69	11240.48
11	393.83	766.08	622.73	0
11	505.4	1639.48	1639.48	0
2	172.6	2167	0	0
19	814.68	3564.35	515	0
11	623.45	2075.89	262.52	41.81
35	694.34	647.66	323.82	0
9	14.84	152.43	152.43	0
145	3191	30779	30701	9865
80	3244.73	10001.6	10001.6	1284.32
80	1300.78	8217.48	7349.62	3146.17
48	550.14	6195.69	6195.69	1601.84
10	199.48	402.15	402.15	20.79
44	1158.44	2764.94	2764.94	1653.14
6	188.02	540.4	540.4	0
63	430.59	5222.45	3321.79	1029
198	4127.45	30198.86	30198.86	2500.47
61	178.57	3957.33	3957.33	1361.19
220	5823.18	26342.27	26342.27	3460
2	1318.82	3018.03	3018.03	0
27	1468.89	4078.2	4078.2	138.49
13	300.43	982.7	53.57	0
13	1221.1	1946.23	788.75	0
13	432.76	5364.87	1449.32	54.66
91	8393.18	16786.42	14439.33	905.18
156	872.25	20010.07	19832.44	4078.26
19	467.64	2657.7	2656.7	0
8	2347	9362.4	9362.4	0
329	10623.41	35121.76	35121.76	7048.36
75	2791.62	13213.66	8980.25	2074.09
31	397.19	239.18	108.95	0
9	109.54	293.97	293.97	0
35	3031.91	7187.39	7034.86	1142.91
7	-2.32	27.51	27.51	0
12	400.51	2299.18	2299.18	10
122	4845.05	32152.07	10717.83	2659.54
13	848.82	1400.13	1260.12	30
42	532.64	1984.89	1554.45	430.44
14	499.24	4281.09	4281.09	0.5
37	2964.52	15710.92	451.85	0
118	281.35	8784.27	8784.27	2453.7
106	608.74	13088.08	13088.08	2670.03

附录1-24 续表 1

序号 No	名称 Name	所在辖区 Jurisdiction	分支机构数量 Number of Branch
53	北京仁达房地产土地资产评估有限公司	北京	5
54	中建银(北京)资产评估有限公司	北京	0
55	江苏五星资产评估有限责任公司	江苏	1
56	汇誉中证资产评估(北京)有限公司	北京	0
57	深圳市中企华评资产评估有限公司	深圳	0
58	深圳立信土地房地产资产评估有限公司	深圳	0
59	天津华夏金信资产评估有限公司	天津	2
60	福建建友资产评估土地房地产估价有限责任公司	福建	2
61	福建联合中和资产评估土地房地产估价有限公司	福建	8
62	中联国际评估咨询有限公司	广东	3
63	福建中兴资产评估房地产土地估价有限责任公司	福建	4
64	广东财兴资产评估土地房地产估价有限公司	广东	0
65	厦门大成方华资产评估土地房地产估价有限公司	厦门	0
66	山东中新资产评估有限公司	山东	1
67	北京晟明资产评估有限公司	北京	0
68	深圳国艺珠宝艺术品资产评估有限公司	深圳	2
69	厦门银兴资产评估土地房地产评估有限公司	厦门	0
70	中和资产评估有限公司	北京	11
71	深圳中为资产评估房地产土地估价事务所(有限合伙)	深圳	0
72	北京同仁和资产评估有限责任公司	北京	0
73	北京天圆开资产评估有限公司	北京	2
74	北京戴德梁行资产评估有限公司	北京	1
75	北京中泽建信资产评估有限责任公司	北京	0
76	深圳亿通资产评估房地产土地估价有限公司	深圳	0
77	北京经纬仁达资产评估有限公司	北京	10
78	宇威国际资产评估(深圳)有限公司	深圳	0
79	深圳市国策资产评估有限公司	深圳	0
80	深圳市鹏信资产评估土地房地产估价有限公司	深圳	17
81	深圳中科华资产评估有限公司	深圳	0
82	厦门明正资产评估土地房地产估价有限公司	厦门	0
83	深圳市世联资产房地产土地评估有限公司	深圳	0
84	江苏天健华辰资产评估有限公司	江苏	0
85	厦门乾元资产评估与房地产估价有限责任公司	厦门	2
86	辽宁房信房地产土地资产评估有限公司	辽宁	0
87	深圳道衡美评国际资产评估有限公司	深圳	2
88	亚太鹏盛房地产土地资产评估有限公司	深圳	4
89	深圳长基资产评估房地产土地估价有限公司	深圳	0
90	深圳中洲资产评估有限公司	深圳	0
91	深圳市中项资产评估房地产土地估价有限公司	深圳	0
92	深圳市国房土地房地产资产评估咨询有限公司	深圳	1
93	国众联资产评估土地房地产估价有限公司	深圳	11
94	深圳市国潼联土地房地产资产评估顾问有限公司	深圳	0
95	山西中新资产评估有限公司	山西	0
96	深圳市同致诚德明资产评估有限公司	深圳	0
97	浙江中企华资产评估有限公司	浙江	0
98	湖北众联资产评估有限公司	湖北	1
99	深圳中联资产评估有限公司	深圳	1
100	厦门市大学资产评估土地房地产估价有限责任公司	厦门	7
101	江苏华信资产评估有限公司	江苏	11
102	江苏普信土地房地产资产评估测绘有限公司	江苏	0
103	浙江中衡房地产土地资产评估咨询有限公司	浙江	4
104	吉林仲谋资产评估有限责任公司	吉林	0
105	中联资产评估集团(陕西)有限公司	陕西	1
106	正衡房地产资产评估有限公司	陕西	10
107	四川金利房地产土地资产评估有限公司	四川	0

continued

资产评估师人数(万元) Number of Asset Appraisers (10 thousand yuan)	年末净资产(万元) Year-end Net Asset (10 thousand yuan)	收入总额(万元) Total Income (10 thousand yuan)	资产评估业务收入(万元) Income from Asset Appraisal Business (10 thousand yuan)	证券业务收入(万元) Securities Revenue (10 thousand yuan)
10	6149.66	19949.91	2304.83	621
56	333.27	4363.36	4363.36	3.02
16	496.36	1226.98	1226.98	0
8	12.94	221.2	104.12	0
14	149.67	379.05	379.05	0
10	211.71	345.06	59.42	0
86	857.6	3254.99	2491.18	470
26	373.52	1989.84	1020.89	0
69	725.57	5724.86	3957.57	1194.39
53	779.28	5650.51	5650.51	1383.79
53	524.51	5164.08	2346.57	660.7
10	894.61	2193.63	1390.66	0
9	504.18	1298.45	1298.45	0
44	1133.06	2769.64	2769.64	0
30	1025.57	2458.19	1661.84	0
20	3439.17	1485.87	1046.17	301
13	326.72	1008.24	353.88	0
154	10460.71	25660.17	25291.84	355.75
8	-91.73	201.75	201.75	0
11	471.04	332.07	65.28	0
64	379	2483	2207	729
36	-248.79	919.24	919.24	0
9	68.19	279.19	279.19	0
9	143.65	100.55	99.29	0
69	-207.19	2219.09	2219.09	652.5
8	16.99	488.27	62.6	0
17	82.69	1701.31	1701.31	0
134	1401.58	32741.98	3461.72	1512.93
13	291	172.68	172.68	0
14	50.79	114.36	114.36	0
29	2923.32	3789.11	3789.11	4.5
20	763.61	105.98	105.98	9.43
21	-252.72	1950.37	551.1	0
16	194.43	298.75	298.75	0
43	1110.08	767.47	767.47	171.72
21	-7.89	1100.03	1100.03	17.92
10	1533.04	995.2	65.32	25
10	1.09	365.89	365.89	0
14	1230.08	1072.38	263.47	23.5
22	1631.93	6860.69	316.8	0
138	6401	24134	16857	1569
10	1295.63	890.89	890.89	0
15	190.8	518.85	518.85	0
12	197.62	955.98	955.98	0
29	419	1975	1975	27.83
57	1360.49	3526.84	3283.17	1680.66
20	-82.74	4150.39	4150.39	62.9
77	2619.2	7957.14	4757.71	1036.91
77	1622.07	8877.53	8877.53	1404.56
7	774.1	1487.55	1426.23	0
5	348.98	1567.06	33.85	3
10	139.31	959.2	959.2	0
29	711.4	3091.84	2215.41	0
57	2292.49	6557.26	6557.26	1065.83
9	237.75	983.79	196.79	0

附录1-24　续表 2

序号 No	名称 Name	所在辖区 Jurisdiction	分支机构数量 Number of Branch
108	辽宁中联资产评估有限责任公司	辽宁	1
109	山东久丰土地房地产资产评估咨询有限公司	山东	0
110	坤信国际资产评估(山东)集团有限公司	山东	7
111	广东联信资产评估土地房地产估价有限公司	广东	0
112	北京国府嘉瑞资产评估有限公司	北京	0
113	中水致远资产评估有限公司	北京	15
114	南京长城土地房地产资产评估造价咨询有限公司	江苏	4
115	青岛天和资产评估有限责任公司	青岛	1
116	江苏天圣房地产土地资产评估测绘有限公司	江苏	3
117	新兰特资产评估有限公司	陕西	0
118	四川天健华衡资产评估有限公司	四川	0
119	北京中科华资产评估有限公司	北京	0
120	北京亚超资产评估有限公司	北京	10
121	北京中天华资产评估有限责任公司	北京	6
122	北京华亚正信资产评估有限公司	北京	16
123	安徽中联国信资产评估有限责任公司	安徽	2
124	河北立千资产评估有限责任公司	河北	0
125	山东智帮资产评估有限公司	山东	0
126	辽宁元正资产评估有限公司	辽宁	1
127	辽宁众华资产评估有限公司	辽宁	1
128	中恒誉资产评估有限公司	北京	0
129	浙江中联耀信资产评估有限公司	浙江	1
130	嘉兴求真房地产估价有限公司	浙江	0
131	天津广誉资产评估有限公司	天津	0
132	天津中联资产评估有限责任公司	天津	4
133	四川中天华资产评估有限公司	四川	1
134	北京中林资产评估有限公司	北京	3
135	广东中广信资产评估有限公司	广东	3
136	江苏中企华中天资产评估有限公司	江苏	3
137	天源资产评估有限公司	浙江	4
138	北京天健兴业资产评估有限公司	北京	16
139	桐乡市方联资产评估事务所	浙江	0
140	北京金开房地产土地资产评估有限公司	北京	2
141	山东中评恒信资产评估有限公司	山东	0
142	山东正源和信资产评估有限公司	山东	4
143	银信(宁波)资产评估有限公司	宁波	0
144	贵州黔元房地产资产评估事务所有限公司	贵州	0
145	蓝策亚洲(北京)资产评估有限公司	北京	1
146	北京中天衡平国际资产评估有限公司	北京	1
147	中威正信(北京)资产评估有限公司	北京	15
148	同致信德(北京)资产评估有限公司	北京	10
149	中资资产评估有限公司	北京	2
150	中京民信(北京)资产评估有限公司	北京	2
151	万邦资产评估有限公司	宁波	1
152	坤元资产评估有限公司	浙江	5
153	重庆华康资产评估土地房地产估价有限责任公司	重庆	0
154	中盛华资产评估有限公司	新疆	1
155	四川大友房地产评估咨询有限公司	四川	1
156	新疆天合资产评估有限责任公司	新疆	0
157	四川维诚资产评估事务所	四川	0
158	银信资产评估有限公司	上海	14
159	上海立信资产评估有限公司	上海	7
160	格律(上海)资产评估有限公司	上海	0

continued

资产评估师人数(万元) Number of Asset Appraisers (10 thousand yuan)	年末净资产(万元) Year-end Net Asset (10 thousand yuan)	收入总额(万元) Total Income (10 thousand yuan)	资产评估业务收入(万元) Income from Asset Appraisal Business (10 thousand yuan)	证券业务收入(万元) Securities Revenue (10 thousand yuan)
37	1435.63	4299.23	4299.23	0
13	564.23	2860.94	1178.27	1.5
8	4.87	363.22	363.22	0
50	1082.52	3630.2	2388.91	958.73
10	139.9	280.5	280.5	0
185	2283.7	19073.18	19073.18	3642.85
37	1197.89	6707.86	1080.57	0
42	450.33	1693.84	1669.75	501.11
6	451.57	1584.23	92	0
30	3055.58	3781.27	2136.48	4
54	1693.84	3621.7	3621.7	787.26
43	202.51	1357.76	1357.76	697.4
124	1522.92	6550.48	5623.26	1605.06
84	1352.47	12508.2	12508.2	419.77
151	2107.81	11964.5	10868.58	2454.54
37	299.61	1767.8	1767.8	346.24
14	925.39	926.7	861.4	0
5	15.03	280.76	280.76	0
45	386.51	1127.43	1127.43	23.21
38	698	2501	1503	751
13	673.47	519.62	519.62	0
32	689.36	3837	3798	39
9	346.5	431.06	215.53	1.52
20	650.21	1165.36	1165.36	84
53	1238.11	3077.4	2522.76	649.93
11	260.09	485.7	485.7	0.2
37	1771.14	12118.67	5703.61	1047.31
50	531.23	3079.07	3079.07	1733.44
75	3524.06	6835.96	6805.67	2405.09
64	1968.13	5502.08	4700.83	3547.18
182	12439.18	32094.77	31239.58	4985.76
8	212.54	382	382	0
40	702.24	1710.62	1710.62	475.11
25	818.23	2580.8	2580.8	9.43
51	450.59	2452.83	2941.91	594.61
30	379.81	2034.98	2034.98	0
11	251.44	431.7	431.7	0
34	444.69	1012.21	1012.21	55.19
35	454.22	1138.12	1138.12	930
81	441.85	5410.65	5410.65	1745.08
100	539.96	5046.77	5046.77	1443.75
48	2917	4554	4335.92	218.08
73	2317.39	6059.02	6059.02	757.84
38	1223.12	3447	3444.17	965.92
130	3901.05	12596.05	12596.05	5130.24
62	852.09	5416.14	5416.14	1183.45
30	898.21	2361.07	2317.07	125.14
10	541.98	2881.87	1541.29	21.75
23	1250.26	2230.91	1271.52	0
15	71.08	736.99	736.99	0
257	4576.82	30389.98	26558.45	7083.8
91	4552.06	29477.67	15423.37	2379.65
13	259.93	797.37	797.37	20

编委会

Editorial Committee

后　记

Postscript

在年鉴的编写过程中，我们得到了中国证监会领导的关心和指导，得到了会内外有关单位的大力支持和配合。他们是：中国证监会发行监管部、非上市公众公司监管部、证券基金机构监管部、上市公司监管部、期货监管部、会计部、国际合作部、投资者保护局、债券监管部、市场监管二部、中国人民银行调查统计司、上海证券交易所、深圳证券交易所、中国证券登记结算公司、全国中小企业股份转让系统有限责任公司、上海期货交易所、郑州商品交易所、大连商品交易所、中国金融期货交易所、中国证券金融股份有限公司、中国证券投资者保护基金有限责任公司、中国期货市场监控中心有限责任公司、中国证券业协会、中国基金业协会、中国期货业协会、中证指数有限公司。中国统计出版社在年鉴的编辑、出版及发行过程中给予了大力的支持。在此，我们对上述单位表示衷心的感谢！

参与年鉴数据提供及核对的人员有：

姜若楠　刘秀毓　孙棋琳　杨胜平　潘明阳　张瀛月　张　喆　蓝　越　王　潇
郑冰梅　董　凯　安　杰　易雄军　蔡承平　陈　刚　王阿迪　张心驰　方思颖
马泽涛　施凯英　刘洪波　李思颖　刘　艺　张　乐　马铭阳　郑　轶　邱显宏
梁宇新　武　杨　冯　靖　向春丞　袁　梦　鲍佳毅　张静硕　顿颖晖　吴　淦
郭　琪　丁晓红　胡刚旭　王星凯　曹　曦　蔡向辉　唐　兵　冯　波　叶凌云
杨　欢　侯开元　王媛媛　张韶闻　官　雨　李团团　李晓斐　阳　洪　杨雪君
田　宇　张　倩　张　程　李伟博　范　佳　高铭璇　仙　妍　耿丹凤　张倩云
张欣煜　师　潭　蔡恒培　王春卿　贾昆鹏　余秋霞　奚荣建　赵永刚

《中国证券期货统计年鉴》编委会

2021 年 9 月